ANTHOLOGIE
NÉGRO-AFRICAINE

*A mes étudiants
du Cameroun, du Mali,
de la Côte-d'Ivoire,
du Zaïre et du Sénégal*

Lilyan Kesteloot

ANTHOLOGIE NÉGRO-AFRICAINE

panorama critique des prosateurs, poètes
et dramaturges noirs du XXe siècle

EDICEF

58, rue Jean-Bleuzen, 92178 VANVES Cedex

EDICEF, 58, rue Jean-Bleuzen, 92178 Vanves Cedex

ISBN : 978-2-85069-760-9
Sources des illustrations : voir page 548.
© Gérard & Cᵒ, 1967 ; Marabout, Alleur (Belgique) 1987, pour
les chapitres I à VIII.
© Edicef 1992 pour les chapitres IX, X, XII.

Introduction

Pourquoi ANTHOLOGIE
« NEGRO-AFRICAINE » ?

Pourquoi avons-nous adopté le titre d'Anthologie « négro-africaine » pour présenter l'ensemble des œuvres littéraires, tant orales qu'écrites, qui expriment la vision du monde, les expériences et les problèmes propres aux hommes noirs d'origine africaine ?

Pourquoi ne parlons-nous pas de littérature « nègre », ou mieux de littérature africaine ? Et pourquoi spécifie-t-on la race ? A-t-on jamais parlé de littérature blanche ou jaune ? Non. Mais il faut éviter l'équivoque qu'entraînerait le seul adjectif « africain ». Car on engloberait alors abusivement la littérature des Africains du Nord, qui, culturellement, appartiennent au monde arabe.

Pourquoi « négro-africain » est-il plus précis que « nègre », encore qu'on emploie couramment l'un pour l'autre ? Négro-africain indique une nuance géographique qui est aussi une référence culturelle importante : il ne s'agit pas des Noirs de Malaisie ou de Nouvelle-Guinée. Mais bien de ceux d'Afrique qui ont, au cours des siècles, développé une civilisation bien particulière que l'on reconnait entre toutes.

Nous considérons donc la littérature négro-africaine comme manifestation et partie intégrante de la civilisation africaine. Et même lorsqu'elle se produit dans un milieu culturellement différent, anglo-saxon aux U.S.A., ibérique à Cuba et au Brésil, elle mérite encore d'être rattachée à l'Afrique tant le résultat de ces métissages conserve les caractères de l'Afrique originelle. Ceci est plus sensible encore dans la musique : qui niera par exemple l'africanité du jazz ou des rythmes cubains ?

L'aire de la littérature négro-africaine recouvre donc non

seulement l'Afrique au Sud du Sahara, mais tous les coins du monde où se sont établies des communautés de Nègres, au gré d'une histoire mouvementée qui arracha au Continent cent millions d'hommes et les transporta outre-océan, comme esclaves dans les plantations de sucre et de coton. Du Sud des Etats-Unis, des Antilles tant anglaises que françaises, de Cuba, de Haïti, des Guyanes, du Brésil, rejaillit aujourd'hui en gerbes l'écho de ces voix noires qui rendent à l'Afrique son tribut de culture : chants, danses, masques, proses, poèmes, pièces de théâtre ; dans tous les modes d'expression humaine s'épanouissent des œuvres marquées du génie de l'Afrique traditionnelle, et qui témoignent de la profondeur de ses racines autant que de la vigueur de ses greffes.

La littérature orale traditionnelle

Dans la littérature négro-africaine nous distinguerons les œuvres *écrites* en *langues européennes* et la *littérature orale* qui se fait en *langues africaines*.

Cette dernière est de loin la plus ancienne, la plus complète et la plus importante. Ancienne car pratiquée depuis des siècles et transmise fidèlement par des générations de griots ou aèdes, dont les mémoires ne sont rien de moins — dans une civilisation orale — que les archives mêmes de la société.

Complète car cette littérature comprend tous les genres et aborde tous les sujets : mythes cosmogoniques, romans d'aventures, chants rituels, poésie épique, courtoise, funèbre, guerrière, contes et fables, proverbes et devinettes. Importante par son abondance, son étendue et son incidence sur la vie de l'homme africain. En effet, cette littérature orale n'a jamais cessé, même pendant la colonisation, d'animer les cours des chefferies, comme les veillées villageoises, ni de proliférer avec une liberté et une virulence échappant au contrôle des étrangers ignorant d'habitude les langues indigènes.

Quant à sa portée sur le public africain, il faut savoir, pour en juger, que cette littérature orale charrie non seulement les trésors des mythes et les exubérances de l'imagination populaire, mais véhicule l'histoire, les généalogies, les traditions familiales, les formules du droit coutumier, aussi bien que le rituel religieux et les règles de la morale. Bien plus que la littérature écrite, elle s'insère dans la société africaine, participe à toutes ses activités ; oui, littérature active véritablement, où la parole garde toute son efficacité de verbe, où le mot a force de loi, de dogme, de charme.

Et les chefs des nouveaux Etats indépendants sentent si bien le pouvoir de cette littérature, qu'ils n'hésitent pas à confier aux griots traditionnels le soin d'exalter leur politique ou leur parti.

Littérature plus vivante parce que non figée, et transmise directement du cerveau qui l'invente au cœur qui l'accueille ; plus ardente parce que recréée à chaque fois, au feu de l'inspiration ; plus souple parce qu'adaptée, exactement, au jour, au lieu, au public et aux circonstances.

Mais certes, il faut avouer que les littératures orales sont aussi plus fragiles, difficiles à consigner, à inventorier et à cataloguer. C'est d'ailleurs à cause de ce handicap qu'elles sont encore mal connues, et méconnues ; nous faisons le point sur l'état actuel de ce problème en fin de notre ouvrage.

La littérature écrite moderne

Voilà aussi pourquoi ce livre porte surtout sur la littérature écrite. Ce qui ne veut pas dire que celle-ci soit sans intérêt, et qu'on l'aborde à défaut d'avoir accès à l'autre !

La valeur des écrivains négro-africains n'est d'ailleurs plus à démontrer. Des voix autorisées l'ont d'ores et déjà reconnue, et je songe à André Breton, Michel Leiris, Sartre, Armand Guibert, Jean Wagner, Georges Balandier, Claude Wauthier, Roger Bastide, Janheinz Jahn !

Mais à l'opposé de la littérature orale, cette littérature écrite est d'origine assez récente ; car elle n'est pas à confondre avec les œuvres que certains lettrés africains et antillais ont écrites de tout temps, à la manière française, anglaise, portugaise et même russe (comme Dumas, Pouchkine, etc.).

J'ai dit plus haut qu'une *littérature* est avant tout la *manifestation d'une culture*. On n'a donc pu parler de littérature négro-africaine qu'au moment où les livres écrits par les Noirs ont exprimé leur propre culture et non plus celle de leurs maîtres occidentaux. Or cette désaliénation de l'expression littéraire n'a pu se faire, chez les Noirs, qu'à la lumière d'une prise de conscience douloureuse de leur situation socio-politique.

C'est ce qui explique le caractère agressif de leurs œuvres, et leur prédilection pour certains thèmes : l'analyse des souffrances antiques et multiformes que la race endure comme un destin implacable, la révolte titanesque qu'elle prépare contre ses bourreaux, la vision d'un monde futur et idéal d'où le racisme serait banni et bannie l'exploitation de l'homme par l'homme, le retour enfin aux sources culturelles de l'Afrique-Mère, continent mythique certes, mais aussi très concrète matrice d'une *Weltanschauung* qui a profondément déterminé l'âme des peuples éparpillés aujourd'hui dans la vaste diaspora nègre.

La naissance de la littérature noire écrite s'est donc faite dans le *déchirement*, et cela est bien sensible dans le texte de W.E.B. Du Bois qui commence ce panorama. Dès le début de ce qu'il est maintenant convenu d'appeler « le mouvement de la négritude », l'écrivain noir fut contraint de s'engager dans ce combat étrange que menait toute une race pour la conquête de sa liberté, voire de son statut d'homme.

La littérature nègre porte donc très nettement les stigmates de ce combat. C'est seulement ces toutes dernières années, alors que certaines parties du monde accèdent à une libération effective, que des œuvres, des problèmes raciaux viennent du jour : chants d'amour batanga, drames de jalousie du Ghana, comédies sur le mariage et la dot en pays ewondo — autant de symptômes qui indiquent que la *négritude se débarrasse de l'obsession du racisme* — quand on ne lui oppose plus le racisme.

La négritude redevient simplement la manière particulière aux Négro-Africains de vivre, de voir, de comprendre, d'agir sur l'univers qui les entoure ; leur façon bien à eux de penser, de s'exprimer, de parler, de sculpter, de raconter des histoires, de faire de la musique comme de faire de la politique, bref : caractéristique culturelle. La littérature africaine nous en transmet les multiples facettes et nous souhaitons qu'elle continue à se développer dans l'épanouissement de l'authenticité retrouvée.

Littérature africaine ou littérature nationale ?

Est-ce à dire que les auteurs négro-africains n'ont plus d'autres problèmes que celui de la joie d'écrire ? Ce serait trop beau ! Entre tous, nous évoquerons trois de ces problèmes.

Tout d'abord, celui de l'*unité culturelle de l'Afrique*. Littérature nationale, tribale où littérature africaine ? C'est un faux dilemme : pour faire plus « africain », certains sont tentés de rester dans les sentiers battus des thèmes bien éprouvés : souffrance nègre, colonialisme, néocolonialisme, Afrique des Ancêtres etc... et se perdent dans la banalité ! Il faudrait que les intellectuels aient plus de foi dans la civilisation africaine et ne redoutent pas d'y plonger. Car il y a plus d'« africanité » dans *Soundiata* de Tamsir Niane, dans *Chaka* de Thomas Mofolo, dans *Trois prétendants, un mari* de Guillaume Oyono, que dans les œuvres d'Edouard Glissant ou de Paul Dakeyo.

Comme le disait Gide : *c'est en approfondissant le particulier qu'on accède au général.* Ce n'est pas en criant « Seigneur, Seigneur » ou plutôt « Afrique, Afrique » que les orphées noirs retrouveront leur négritude s'ils l'ont perdue. Mais les intellectuels formés pour la plupart en Europe et coupés de leur milieu traditionnel ont à refranchir le fossé qui les en sépare, pour manifester valablement les Africains d'aujourd'hui.

Reste à savoir s'il importe pour l'écrivain négro-africain de manifester quelqu'un d'autre que lui-même ?

La littérature engagée

Ceci nous amène à considérer le second problème que se posent les auteurs noirs. Dans quelle mesure la *littérature doit-elle rester « engagée »* ? Nous avons vu qu'à sa naissance, elle était d'emblée militante, ce qui lui donnait d'ailleurs cette exceptionnelle unité qu'a très bien fait remarquer le malgache Rabemananjara. « La vérité est que, sous l'impératif de notre drame, nous parlons malgache, arabe, wolof, bantou, dans la langue de nos maîtres. Parce que nous tenons le même langage, nous arrivons à nous entendre parfaitement de Tamatave à Kingston, de Pointe-à-Pitre à Zomba. »

Nul ne songera à nier la force et le relief que prit ainsi la littérature nègre dès ses débuts. Mais ce demi-siècle d'unanimité combattante peut commencer de peser sur la plume des jeunes. Plusieurs songent et s'essayent à une expression plus individualiste, à un lyrisme plus personnel. Et il est préférable en effet de se cantonner dans son petit moi que de jouer les grandes orgues de l'unanimité nègre sans y croire. Tous les jeunes — et même les anciens — n'ont plus la conviction qui animait encore les Maunick et les Tchicaya. Mais le passé encore proche risque d'exercer le *diktat* de l'« engagement » obligatoire.

Et ici nous rappellerons qu'en dépit de tous les impératifs extérieurs, l'art et la poésie n'obéissent à la contrainte qu'au prix de l'inspiration. Que la seule obligation péremptoire à laquelle l'artiste est tenu de se soumettre est l'*engagement en lui-même, à savoir : l'authenticité*. Et qu'on ne pourra garder grief à J. Nzouankeu ni à Nyunai, à Camara Laye ni à Birago Diop, parce qu'ils ne soulèvent pas de problèmes sociaux, raciaux, politiques, mais se contentent d'explorer leur folklore quotidien ou les labyrinthes de leur esprit inquiet.

La *question de l'engagement* se règle dans la conscience de chacun et *n'est pas un critère esthétique*. De même, il ne suffit pas de mettre en vers ses bonnes intentions pour faire un bon poème.

Il reste que l'artiste qui arrive à *exprimer l'âme de sa collectivité* tout en coïncidant parfaitement avec lui-même, *est sans doute plus représentatif*, à l'intérieur d'une littérature, d'une culture. Il reste aussi que, dans la tradition africaine, l'artiste assumait un *rôle social* qu'il n'a plus en Europe. Et dans la mesure où l'écrivain noir se soucie de « retour aux sources », il ne peut manquer d'être sensible à ce rôle traditionnel que jouait et joue encore le griot ou le conteur à l'égard de son groupe.

Langues européennes ou langues africaines ?

Le troisième problème majeur qui se pose aux écrivains noirs est celui de *la langue*. Il est assez simple de comprendre pourquoi ils ont commencé à écrire dans les langues étrangères. Comme l'a justement dit J.-P. Sartre, ils ont utilisé la langue de leurs colonisateurs — « ne croyez pas qu'ils l'aient choisie » — et ce, pour se faire plus largement entendre. De plus les masses africaines ne sachant pas lire, on ne les aurait pas atteintes beaucoup plus en écrivant dans leurs langues. Enfin les éditeurs européens ne s'intéressaient évidemment qu'à des œuvres écrites en langues européennes. Et il est vrai que ce sont le français et l'anglais qui ont permis aux intellectuels colonisés d'exposer leurs problèmes devant le monde entier, et *il n'est pas question qu'ils renoncent à ces langues de communication internationales, à la francophonie entre autre*.

Mais aujourd'hui se créent des maisons d'éditions au Nigéria, au

Ghana, au Kenya, au Cameroun. Aujourd'hui, grâce à l'alphabétisation intensive, un *public africain populaire* s'est constitué et s'accroît sans cesse. Aujourd'hui la littérature écrite n'est plus le monopole des universitaires ayant fait leurs études en Europe. Des Africains d'instruction primaire se mettent à écrire, de plus en plus nombreux, et dans un français douteux ou un anglais voisin du pidgin. On ne peut dès lors s'empêcher de penser que ceux qui ont du talent s'exprimeraient mieux dans leurs langues maternelles. Le cas le plus flagrant est celui d'Amos Tutuola : si je reconnais volontiers avec J. Jahn et Raymond Queneau que l'univers de ce planton de Lagos est rempli de la mythologie africaine la plus authentique, je regrette aussi, avec les lettrés nigérians, la bâtardise d'un langage qui n'est plus ni anglais, ni africain. Tutuola écrivant en yoruba ferait des merveilles, c'est certain, et nous donnerait des œuvres plus authentiques encore, plus purement nègres, que l'on pourrait toujours traduire par la suite comme on l'a déjà fait pour le célèbre *Chaka* (1933) du southo Thomas Mofolo.

Enfin faut-il encore insister sur l'irréparable *perte* que constituerait, pour les cultures africaines, l'abandon *des langues nationales* ? Tout un domaine de la sensibilité de l'homme ne peut s'extérioriser que dans sa langue maternelle. C'est la part inviolable, particulière, intraduisible de toute culture. L'homme africain ne peut renoncer à ses idiomes traditionnels sans ressentir une *amputation grave de sa personnalité*.

Ce mouvement de retour aux langues africaines est d'ailleurs largement amorcé surtout dans les pays de colonisation anglaise : au Nigéria où l'on écrit et enseigne le yoruba et le haoussa jusqu'à l'Université, dans l'Est africain (Kenya, Uganda, Tanganyika) se développe toute une littérature écrite en Kiswahili. Ne pourrait-on donc imaginer la formation de littératures wolof, bambara, peule, bamileke, ewondo, kikongo, dont les œuvres écrites rejoindraient l'antique courant oral pour former un vaste ensemble de littératures européennes composées cependant de langues nationales aussi différentes que le français, le russe, l'allemand, l'italien, l'anglais, l'espagnol, et j'en passe ?

Certains intellectuels africains ont compris cette nécessité et, sans abandonner le français, ils écrivent aussi en peul, comme Hampate Ba, en kinyaruanda comme Alexis Kagame, en wolof comme Cheik Ndao et Assane Sylla.

Le pari culturel de l'Afrique

La survie des langues africaines dépendra essentiellement du crédit que les Africains eux-mêmes leur accorderont.

Ceci est *aussi vrai pour la survie de la civilisation africaine toute entière. Survie nécessaire* sans laquelle jamais aucune indépendance politique, aucun développement économique, ne pourra lever le préjugé qui pèse encore aujourd'hui sur le « barbare » sur le primitif, sur l'évolué, le « singe des blancs ». Ce préjugé s'amplifie lorsque l'Africain moderne adopte sans réserves le mode de vie européen, les philosophies, l'art même de l'Europe : cela prouve qu'il n'avait rien de bien valable à conserver n'est-ce pas ? C'est donc aussi la justification a posteriori de l'action coloniale !

Tel est le *pari culturel qu'il importe que l'Afrique gagne.* De telle sorte que soit vérifiée cette profession de foi d'*Alioune Diop,* fondateur de la revue *Présence Africaine :*

« Incapables de nous assimiler à l'Anglais, au Français, au Belge, au Portugais — de laisser éliminer au profit d'une vocation hypertrophiée de l'Occident certaines dimensions originales de notre génie — nous nous efforcerons de forger à ce génie des ressources d'expression adaptées à sa vocation dans le XXe siècle. »

L.K.

Première partie

LA PRISE DE CONSCIENCE
DES INTELLECTUELS

I

Le vent de l'Amérique Noire

W.E.B. DU BOIS ET AMES NOIRES, 1903

> « Je suis nègre, et je me glorifie
> de ce nom ; je suis fier du sang
> noir qui coule dans mes veines. »

*En 1890, un étudiant tenait ces propos dans un pays où le Noir
sortait à peine de l'esclavage, où on le considérait comme un
sous-homme et où la majorité de sa race formait le prolétariat
servile, ignorant et résigné de l'Amérique blanche.*

*Né en 1868, Du Bois fut un des rares Nègres américains à
pouvoir faire des études poussées dans les universités de Fisk, de
Harvard et de Berlin, d'où il sortira docteur en philosophie.*

*Mais, contrairement à la récente bourgeoisie noire dont le
primordial souci était de copier en tous points la société
blanche, dans le vain espoir de se montrer digne de l'estime
des anciens maîtres et de s'assimiler à eux, Du Bois se sentit
solidaire de la masse noire populaire, brimée et déshéritée, et
voua sa vie à la défendre, à affirmer ses droits. En effet, point
de droit de vote ni de protection légale pour le paria qu'était
le Nègre dit affranchi dans la société des Etats-Unis. Discrimination, ségrégation, lynch, toute brimade était tolérée contre
le Noir sans risque de châtiment.*

Du Bois lança alors le Mouvement du Niagara :

*« Nous ne devons pas accepter d'être lésés, ne fusse que d'un
iota, de nos pleins droits d'homme. Nous revendiquons tout
droit particulier appartenant à tout Américain né libre au*

point de vue politique, civil et social; jusqu'à ce que nous obtenions tous ces droits, nous ne devons jamais nous arrêter de protester et d'assaillir la conscience américaine. »

S'il fonda l'Association pour la défense des personnes de couleur et fut le Défenseur officiel de sa race, Du Bois mérita aussi le nom de père du Mouvement de la Négritude[1] par sa reconnaissance de ses origines africaines. Là encore il tranche avec l'attitude de la plupart des Noirs qui, ayant atteint son niveau intellectuel et social, s'empressent de renier l'Afrique-pays-de-sauvages, adoptant en cela aussi l'opinion courante que les Américains, par ignorance, se faisaient du Continent Noir. Cette Afrique, Du Bois en a une conception mystique et c'est en poète qu'il la réinvente, à la mesure de son désir d'exilé :

« Il ne s'agit pas d'un pays, c'est un monde, un univers se suffisant à lui-même... C'est le grand cœur du Monde Noir où l'esprit désire ardemment mourir. C'est une vie si brûlante, entourée de tant de flammes qu'on y naît avec une âme terrible, pétillante de vie. On y saute à l'encontre du soleil pour y faire venir comme une grande main du destin, la force lente, tranquille et écrasante du sommeil tout-puissant, du silence d'un pouvoir immuable qui se retrouve au-delà, à l'intérieur et tout autour. »

Mais Du Bois ne s'est pas contenté d'un africanisme sentimental. Il sera secrétaire du tout premier congrès pan-africain organisé à Londres par le juriste Henry Sylvester William, et à la mort de celui-ci, Du Bois prendra, de 1919 à 1945, la direction de ce mouvement qui protestait contre la politique impérialiste en Afrique, qui luttait déjà, avant les Africains, pour l'indépendance africaine.

A la même époque, Marcus Garvey avait lancé le mouvement du « Come back Africa » (retour en Afrique des Noirs américains[2]). Avec plus de réalisme, Du Bois défendait les droits des Noirs d'Amérique en tant qu'Américains et excitait les Africains à se libérer sur leur propre sol.

L'influence de Du Bois fut énorme. Blaise Diagne, George Padmore, Nnamdi Azikiwe, Kwame Nkrumah et Jomo Kenyata furent ses héritiers africains les plus directs et leurs idées ont rayonné sur tout le continent; cependant qu'en Amérique *Ames noires,* son livre principal, qui est un témoignage pas-

---

1. Voir chapitre II, p. 75.
2. *Marcus Garvey* vit son entreprise échouer sous les coups conjugués des politiciens américains et anglais. Laisser rentrer les Noirs en Afrique constituait un danger pour l'économie américaine et la politique coloniale britannique. - Voir à ce sujet le cahier de *Réalités Africaines,* sur les Noirs américains. (Edit. J. P. Ndiaye.)

sionné sur la condition de sa race aux Etats-Unis, a été pendant plusieurs décades une véritable bible pour les intellectuels de la « négro-renaissance », et reste encore d'actualité en 1967[1].

LE MYTHE DE LA LIBERTÉ (1903)

L'émancipation était la clé d'une terre promise. Les chants et les refrains d'alors n'avaient qu'un cri : « Liberté ». Larmes et malédictions montaient vers Dieu qui détenait la Liberté. Et puis, tout d'un coup — terriblement — comme cela ne se passe qu'en rêve, le jour de Liberté vint. En un carnaval sauvage de sang et de passion. Le message porté par des rythmes plaintifs se fit entendre :

> Pleurez, enfants !
> Pleurez, vous êtes libres !
> Car Dieu vous a donné Liberté !

Depuis, les années ont passé. Dix, vingt, quarante. Quarante années de nouveau. Quarante années de développement. Pourtant, le spectacle sombre demeure, et c'est en vain que nous crions notre immense problème social.

La nation n'a pas encore trouvé la paix. L'esclave affranchi n'a pas reconnu en la Liberté accordée cette terre promise attendue. En dépit du bien qui fut fait au cours de ces années, l'ombre d'une grande désillusion s'appesantit sur le peuple noir. Désillusion plus amère que toutes, car l'idéal non atteint devient maintenant sans limite.

La première décade ne fut qu'un prolongement de cette vaine recherche, et toujours semblait sur le point d'aboutir. Pourtant, feu follet, cette liberté devint un supplice de Tantale désorientant les foules.

L'holocauste de la guerre, la terreur exercée par le K.K.K.[2] les mensonges des politiciens, la désorganisation des industries et les contradictions des amis et des ennemis, laissèrent le serf désorienté. Seul subsistait ce cri : Liberté.

(Ames Noires, Ed. Présence Africaine, Paris.)

---

1. Lire le livre de Louis Lornax : *La Révolte Noire.*
2. *Ku-Klux-Klan :* association secrète aux USA, dont le but est d'éliminer les Nègres par tous les moyens.

Au cours des années qui suivirent, un nouvel espoir commença de poindre. Lentement, graduellement, il remplaça l'ancien rêve de puissance politique. Cette colonne de feu née au cœur de la nuit se poursuit jusqu'aux approches d'un jour brumeux. Cet idéal nouveau était celui de l'« étude ». Curiosité née de l'ignorance coercitive. Il fallait au Noir connaître et apprécier la puissance des signes cabalistiques de l'homme blanc. Ardent désir de connaissance. La sente escarpée de Canaan semblait enfin être découverte. Plus longue que la grande route de l'Emancipation et des Lois, dure et raboteuse. Mais droite, toute droite, elle menait aux sommets élevés qui dévoilent l'horizon sur la vie toute entière.

Au long de cette nouvelle voie, une avant-garde peinait et progressait lentement, pesamment, opiniâtrement. Seuls ceux qui ont veillé et guidé ces pas vacillants, ces esprits embrumés, savent avec quelle fidélité, avec quelle timidité ces gens s'efforçaient d'apprendre, travail fastidieux ! Pouce à pouce le froid statisticien notait les progrès, et notait aussi qu'ici et là un pied avait glissé, que quelqu'un était tombé. Aux grimpeurs harassés, l'horizon était toujours aussi noir, les brouillards souvent froids. Canaan paraissait toujours aussi indistincte et lointaine. L'absence d'un but clair et précis avait pourtant un avantage. Le voyage donnait loisir à réflexion et examen de soi. Il transformait l'enfant de l'Emancipation en un adolescent ayant un but de demi-conscience. Dans les sombres forêts de ses luttes, son âme s'élevait. Et encore qu'indistinctement, il se voyait comme au travers d'un voile. C'est alors qu'il ressentit l'obscur sentiment de son pouvoir et de sa mission. Il comprit que pour atteindre au rang qui lui était dû, il devait être lui-même, avant toute autre chose. Pour la première fois, il pensait à examiner le fardeau qu'il portait : poids mortel de dégradation sociale partiellement dissimulé derrière un problème noir à demi-raisonné. Il prit conscience de sa pauvreté. Sans un sou, sans foyer ni terre, sans outil ni capital, il était entré en compétition avec des voisins expérimentés, propriétaires et riches.

(ibidem)

LES HANDICAPS DE LA RACE

Etre pauvre est dur. Mais être une pauvre race dans un pays de dollars est vraiment le tréfonds de la dureté. Il ressentit le poids de son ignorance non seulement des lettres, mais aussi de la vie, du travail, des humains.

La nonchalance et la maladresse accumulées au cours de décades et de siècles liaient ses mains. Mais son fardeau n'était pas que de pauvreté et d'ignorance. Le sceau rouge de la bâtardise, que deux siècles de souillures légales systématiques de la femme noire a imprimé sur la race, sous-entend non seulement la perte de l'ancienne chasteté africaine, mais aussi le poids héréditaire d'une masse corruptrice. L'adultère blanc menace presque d'oblitération les foyers noirs.

Un peuple aussi handicapé ne devrait pas se voir proposer de concourir avec le monde. Au contraire, il faudrait presque lui demander — et lui donner la possibilité — de régler d'abord ses propres problèmes. Mais hélas ! — tandis que les sociologues dénombrent joyeusement ses bâtards et ses prostituées, l'âme même de l'homme noir est assombrie par un vaste désespoir. Les hommes nomment cette ombre préjugé, et doctement l'expliquent comme la défense naturelle de la nature contre le barbarisme, de la science contre l'ignorance, de la pureté contre le crime, des races « supérieures » contre les races « inférieures ». En réponse, les Noirs disent : « Amen ! », et pleurent. Car cet étrange préjugé se présente comme un juste hommage à la civilisation, à la culture, à l'honnêteté et au progrès. Le Noir s'incline humblement, obéit et se résigne.

Bien avant toute chose se dresse le désespoir maladif qui doit désarmer et décourager toutes les nations de vouloir sauver le peuple noir. Puis viennent l'irrespect et la moquerie, l'humiliation ridicule et systématique, la déformation des faits et l'exubérante licence de fantaisie, la cynique volonté d'ignorer le meilleur et l'accueil impétueux du pire. C'est alors qu'apparaît le très répandu désir d'inculquer le dédain pour toute chose noire, de Toussaint jusqu'au démon.

Un aussi grand préjugé ne pouvait supporter qu'une interrogation de soi-même, une dépréciation de soi ; la répression et l'atmosphère de haine et de mépris ne pouvaient mener qu'à la disparition, à l'anéantissement de tout idéal.

Portés par quatre vents, nous parviennent murmures et présages :

« Regardez ! » nous sommes affaiblis et mourants » crient les gens noirs. « Nous savons écrire, et nos votes sont vains ! Pourquoi apprendre si toujours nous devons faire la cuisine et servir ! »

Et la Nation répète et renforce cette autocritique :

« Soyez heureux de pouvoir servir. Ne demandez rien de plus. Quel besoin de culture pour des demi-hommes ? »

Les votes des Noirs ne comptent point car la fraude et la force priment. Et l'on entrevoit le suicide d'une race.

(ibidem)

LEÇONS DU PASSÉ ET PROJETS D'AVENIR

Pourtant le mal lui-même porte quelque chose de bon : une plus prudente adaptation de l'éducation à la vie réelle — une plus claire perception des responsabilités sociales des Noirs — et la réalisation désenivrante de la signification du progrès.

Les brillants idéaux du passé — liberté physique, puissance politique, formation des esprits, éducation des mains — tous ont crû et décru jusqu'à ce que, imprécis, le dernier grandisse et s'obscurcisse. Tous étaient-ils mauvais ? Ou faux ? Non. Non, ils ne l'étaient pas. Mais chacun d'eux était trop simple et incomplet. Rêves d'une race enfantine et crédule. Imaginations irréfléchies d'un monde autre qui ne connaît et ne veut connaître notre puissance. Pour se réaliser pleinement, ces idéaux doivent être mêlés, soudés en un seul. Aujourd'hui plus que jamais, nous avons besoin d'écoles — de mains éduquées, d'yeux et d'oreilles exercés, et par-dessus tout de cette culture large et profonde, d'esprits doués, de cœurs purs. La puissance des bulletins de vote, il nous la faut pour notre défense — sinon qu'est-ce qui pourra nous sauver d'un second esclavage ? Liberté individuelle et d'association, liberté du travail et de la pensée, liberté de culte et d'éducation. Tout cela, nous en avons besoin, non plus séparément, mais tout ensemble, non pas les uns après les autres, mais tous à la fois, chacun grossissant et complétant les autres. Et tous combattant pour un même idéal, l'idéal de fraternité humaine gagné au travers de l'unifiant idéal de la race. Traits et talents noirs, nourris et développés, non en opposition ou mépris des autres races de la République américaine. Ainsi viendra un jour où, sur le sol américain, deux races mondiales pourront se donner l'une l'autre ces traits caractéristiques dont chacune manque si terriblement. Nous les plus noirs, même maintenant, ne nous présentons pas les mains vides. Aujourd'hui il n'est pas de plus vrais interprètes de l'esprit humain, fiers de la Déclaration d'Indépendance, que les Noirs Américains. Il n'est pas de vraie musique américaine sans les mélodies douces et sauvages des esclaves noirs. Les merveilleuses histoires américaines et le folklore sont indiens et africains.

Et, tout compte fait, nous, les hommes noirs, paraissons être l'unique oasis de foi simple et de respect dans ce désert poussiéreux où règnent les dollars et la violence.

L'Amérique serait-elle appauvrie si elle remplaçait sa brutalité maladroite par la joyeuse et ferme humilité noire ? Ou son langage grossier et son esprit cruel par la bonne humeur joviale ? Ou sa musique vulgaire par l'âme des chants tristes ?

La pierre de touche des principes profonds de la grande république est tout bonnement le problème noir. Le combat spirituel des fils d'affranchis est ce travail des âmes dont le fardeau dépasse presque la mesure de leurs forces, mais ils le portent au nom de notre race, au nom de ce pays du père de leur père, et au nom de la foi humaine.

(ibidem)

LA NEGRO-RENAISSANCE AUX ETATS-UNIS, 1918-1928

Dix ans après Ames Noires, *la parole de W.-E.-B. Du Bois avait germé dans quelques consciences nègres. On se rendait mieux compte de l'erreur d'orientation que constituait, bien malgré eux, le compromis des premiers leaders de la race, comme Booker Washington. S'il était certes souhaitable d'élever, d'éduquer, d'instruire les anciens esclaves, l'expérience prouvait que cela ne suffisait pas pour détruire les préjugés des Blancs. L'hostilité américaine ne tombait pas devant le professeur, l'avocat, l'industriel noirs, et les écoles, les centres d'apprentissage, même les universités créés pour les Noirs ne servaient qu'à renforcer le ghetto où la race de Cham était soigneusement maintenue. L'Amérique demeurait un pays exclusivement réservé aux Blancs et entendait le rester en dépit des efforts que faisaient les intellectuels noirs pour y être « intégrés », « assimilés ».*

Efforts inutiles ! C'est la vanité de ces tentatives, l'injustice du sort qui pèse sur le Noir américain, la peine et la colère qui bouillonnent dans son âme, la dénonciation des faits et des idées au moyen desquels on l'opprime, qui formeront les leitmotivs de ce premier mouvement littéraire nègre qui s'intitulera lui-même « Négro-Renaissance ». Quel est son but ? affirmer la dignité de l'homme noir, non plus en fonction de sa plus ou moins exacte ressemblance avec le monde blanc, mais en tant que Nègre ; *affirmer la liberté pour le Nègre de s'exprimer tel qu'il est, tel qu'il a toujours été ; défendre son droit au travail, à l'amour, à l'égalité, au respect ; assumer sa culture, son passé de souffrance, son origine africaine.*

La fierté de cette petite équipe qui comprenait principalement Langston Hughes, Claude Mac Kay, Countee Cullen, Sterling Brown, Jean Toomer,[1] se mesure au ton hautain de son Manifeste :

« Nous, créateurs de la nouvelle génération nègre, nous voulons exprimer notre personnalité noire sans honte ni crainte. Si cela plaît aux Blancs, nous en sommes fort heureux. Si cela ne leur plaît pas, peu importe. Nous savons que nous sommes beaux. Et laids aussi. Le tam-tam pleure et le tam-tam rit. Si cela plaît aux gens de couleur, nous en sommes fort heureux. Si cela ne leur plaît pas, peu importe. C'est pour demain que nous construisons nos temples, des temples solides comme nous savons en édifier, et nous nous tenons dressés au sommet de la montagne, libres en nous-mêmes. »

Révolutionnaire non seulement dans le style, la Négro-Renaissance se réclamera de mouvements aussi divers que le communisme en Russie et l'action de Gandhi aux Indes, de la justice chrétienne et de la révolte du prolétariat. Elle est le premier grand cri nègre qui attirera sur ce problème l'attention du monde entier. Son influence gagnera de proche en proche les Antilles françaises, Cuba, Haïti, puis la France où s'ébauche la jeune élite des colonies africaines.

LANGSTON HUGHES (1902-1967) — De père blanc et de mère noire, Langston Hughes est peut-être le Négro-Américain qui a eu le plus d'influence sur les écrivains noirs de France. Après une jeunesse d'enfant pauvre et une formation d'autodidacte, il exerça tous les métiers, puis vint à Paris où il devint l'ami personnel de Léon Damas comme de Senghor. Ce Nègre a aussi accompli son pèlerinage aux sources et récemment encore, il se trouvait au Congrès des Ecrivains noirs de langue anglaise à Kampala (Kenya)[2].

C'est un des grands parmi les poètes noirs. Parce qu'il fut vraiment

1. Pour mieux connaître ces poètes, nous conseillons vivement le livre de Jean Wagner *Les poètes nègres des Etats-Unis*, ainsi que l'étude, parue aussi chez Seghers, sur Langston Hughes. Pour les conditions générales de ce mouvement, nous signalons le livre de Margaret Just Butcher : *Les Noirs dans la civilisation américaine*.

2. En 1961.

créateur, tant par son style que par ses thèmes. Ses poèmes sont de petits chefs-d'œuvre de simplicité : pas de grands mots ; des mots vrais qui touchent juste, droit au cœur. L'humour et le tragique y côtoient la tendresse et la menace. Il parle de cette grande détresse du peuple noir en Amérique à la manière des chanteurs populaires ; tout le monde peut comprendre cette hantise de l'esclavage ancien (*Tante Suzanne*), le long voyage du Nègre à travers le monde (*Fleuves*), le malaise du Nègre dans la civilisation du Blanc (*Poème* et *Avoir peur*), la nostalgie de l'Afrique perdue (*Notre terre*), et enfin la revendication de sa place dans la société (*Moi aussi je suis l'Amérique*) et son immense désir de fraternité (*Le ciel, Lever du jour en Alabama*).

Il faut retenir ses œuvres principales : son autobiographie : *The deep sea*, le roman *Simple* et les poèmes enfin qu'il a composés en forme de blues et de négro-spirituals inspirés de la musique de jazz originelle. « Les blues, contrairement aux spirituals, sont des poèmes à forme fixe ; un long vers répété et un troisième qui rime avec les deux premiers. Quelquefois le deuxième vers est légèrement modifié et parfois même, mais très rarement, omis. A la différence des spirituals, les blues ne se chantent pas à plusieurs voix. De plus, alors que les spirituals racontent l'évasion du souci quotidien, le départ pour le ciel et le bonheur éternel, les blues disent les ennuis, la solitude, la faim, le chagrin amoureux ici-bas… Le ton des blues est presque toujours celui de la tristesse, mais quand on les chante, l'auditeur rit. »

LE BLUES DU PAYS

Le pont du chemin de fer
C'est une chanson triste dans l'air
Le pont du chemin de fer
C'est une chanson triste dans l'air
Chaque fois qu'un train passe
J'veux m'en aller dans d'autres terres

J'descendis jusqu'à la gare
Le cœur sur les lèvres
Descendis jusqu'à la gare
Le cœur sur les lèvres.
Cherchant un wagon de marchandises
Pour m'emmener vers le Sud

Le blues du pays, Seigneur,
C'est terrible de l'avoir pris,
Le blues du pays, c'est une chose
Terrible de l'avoir pris
Pour m'empêcher de pleurer
J'ouvre la bouche et puis je ris.

(Traduc. François Dodat, Ed. Seghers, Paris.)

POÈME

Tous les tam-tams de la jungle battent dans mon sang,
Toutes les lunes farouches et ardentes de la jungle brillent au
fond de mon âme.
J'ai peur de cette civilisation,
    Si dure,
       Si forte,
          Si froide.

(ibidem)

AVOIR PEUR

Nous pleurons parmi les gratte-ciel
Ainsi que nos ancêtres
Pleuraient parmi les palmiers de l'Afrique
Parce que nous sommes seuls,
C'est la nuit,
Et nous avons peur.

(ibidem)

NOTRE TERRE

Il nous faudrait une terre de soleil
De soleil resplendissant,
Et une terre d'eaux parfumées
Où le crépuscule
Est un léger foulard
D'indienne rose et or,
Et non cette terre où la vie est toute froide.

Il nous faudrait une terre pleine d'arbres,
De grands arbres touffus
Aux branches lourdes de perroquets jacassants
Et vifs comme le jour,
Et non cette terre où les oiseaux sont gris.
Ah, il nous faudrait une terre de joie
D'amour et de joie, de chansons et de vins
Et non cette terre où la joie est péché
O ma douce amie, fuyons !
Fuyons, ma bien-aimée !

(ibidem)

LE LEVER DU JOUR EN ALABAMA

Quand je serai devenu compositeur
J'écrirai pour moi de la musique sur
Le lever du jour en Alabama
J'y mettrai les airs les plus jolis
Ceux qui montent du sol comme la brume des marécages
Et qui tombent du ciel comme des rosées douces
J'y mettrai des arbres très hauts très hauts
Et le parfum des aiguilles de pin
Et l'odeur de l'argile rouge après la pluie
Et les longs cous rouges
Et les visages couleur de coquelicots
Et les gros bras bien bruns
Et les yeux pâquerettes
Des noirs et des blancs des noirs des blancs et des noirs
Et j'y mettrai des mains blanches
Et des mains noires des mains brunes et des mains jaunes
Et des mains d'argile rouge
Qui toucheront tout le monde avec des doigts amis
Qui se toucheront entre elles ainsi que des rosées
Dans cette aube harmonieuse
Quand je serai devenu compositeur
Et que j'écrirai sur le lever du jour
En Alabama.

(ibidem)

LES HISTOIRES DE TANTE SUZANNE

Tante Suzanne a la tête pleine d'histoires.
Tante Suzanne a son cœur tout plein d'histoires.
Les soirs d'été sur la véranda de la façade
Tante Suzanne serre tendrement un enfant brun sur son sein
Et lui raconte des histoires.
Des esclaves noirs
Qui travaillent à la chaleur du soleil
Des esclaves noirs
Qui marchent dans la rosée des nuits
Des esclaves noirs
Qui chantent des chansons douloureuses sur les bords d'un
immense fleuve
Se mêlent sans bruit
Dans le flot continu des paroles de la vieille Tante Suzanne,
Se mêlent sans bruit

24

Entre les ombres noires qui traversent et retraversent
Les histoires de Tante Suzanne.
Et l'enfant au visage sombre qui écoute
Sait bien que les histoires de Tante Suzanne sont de vraies
histoires.

Il sait bien que Tante Suzanne
N'a jamais tiré d'aucun livre ses histoires
Mais qu'elles ont surgi
Tout droit de sa propre existence.

Et l'enfant au visage sombre se tient tranquille
Les soirs d'été
Quand il écoute les histoires de Tante Suzanne.

(ibidem)

EN GRANDISSANT

C'était il y a si longtemps.
Mon rêve je l'ai presque oublié.
Mais alors il était bien là
Devant moi,
Vif comme un soleil...
Mon rêve.

Et puis le mur monta,
Il monta lentement,
Lentement.
Entre moi et mon rêve.
Il monta lentement, très lentement,
Obscurcissant,
Dissimulant,
L'éclat de mon rêve
Il monta et toucha le ciel.
Oh ! ce mur !

Et ce fut l'ombre.
Me voilà noir.

Je suis couché dans l'ombre.
Devant moi, au-dessus de moi
L'éclat de mon rêve n'est plus.
Il n'y a que mur épais.
Il n'y a qu'ombre.

25

Mes mains !
Mes sombres mains !
Elles traversent le mur !
Elles retrouvent mon rêve !
Aidez-moi à briser ces ténèbres,
A fracasser cette nuit,
A rompre cette ombre,
Pour en faire mille rais de soleil,
Mille tourbillons de soleil et de rêve !

(ibidem)

LE MANÈGE

Un enfant de couleur à la fête :
Où est le compartiment des nègres
Sur ce manège,
Monsieur, parce que je veux monter ?
Là-bas dans le sud d'où je viens
Les blancs et les gens de couleur
Ne peuvent pas s'asseoir côte à côte.
Là-bas dans l'autobus on nous met à l'arrière,
Mais y a pas d'arrière
Dans un manège !
Où est donc le cheval
Pour le gamin qu'est noir ?

(ibidem)

LES ÉTOILES

Cette traînée d'étoiles sur les rues de Harlem
Ce léger souffle d'oubli qu'est la nuit
Toute une ville s'élève
Au chant d'une mère
Toute une ville rêve
Au son d'une berceuse.
Tends la main, petit enfant noir, et prends une étoile.
Du fond de ce léger souffle d'oubli
Qu'est la nuit,
Ne prends
Qu'une seule étoile.

(ibidem)

Moi aussi je chante l'Amérique.
Je suis le frère obscur.
On m'envoie manger à la cuisine
Quand il vient du monde,
Mais je ris,
Je mange bien,
Et je prends des forces.
Demain,
Je resterai à table
Quand il viendra du monde.
Personne n'osera
Me dire
Alors :
« Va manger à la cuisine ».
Et puis
On verra bien comme je suis beau
Et on aura honte.
Moi aussi je suis l'Amérique.

(ibidem)

CLAUDE MAC KAY (1860-1947) — Né à la Jamaïque de famille paysanne, Mac Kay est un des plus remarquables représentants de la Négro-Renaissance. Il débuta dans la littérature par des poèmes en créole antillais, *Songs of Jamaïca*, manifestant résolument son désir de ne point rompre avec son milieu populaire, à l'opposé des « better negroes »[1], l'élite nègre instruite, dont le premier souci était de former une caste bien à part, une bourgeoisie toute orientée vers le mirage et le modèle de l'Américain blanc. Tout comme Langston Hughes, il mène une vie instable, non point par nécessité (il obtint successivement une bourse d'études commerciales, puis une autre d'agriculture pour l'Institut de Tuskegee[2] fondé par Booker Washington), mais poussé par l'insatiable curiosité de l'homme pour ses semblables. Pour vivre à Harlem, la ville noire de New York, Mac Kay sera tour à tour gérant de restaurant et laveur de vaisselle. Pour connaître l'Amérique, il sera matelot sur un caboteur et garçon de pullman sur les transaméricains ; enfin pour connaître la planète, il s'engage comme chauffeur sur un cargo et ira jusqu'en Russie ; il travaille un an à Londres dans une imprimerie, fait du reportage pour un journal ouvrier, enfin il est débardeur à Marseille, à Barcelone ; c'est de ces multiples expériences que naissent poèmes et romans.

Car Mac Kay n'a jamais cessé d'écrire ni de réfléchir. Il n'a jamais cessé son combat pour l'authenticité du Nègre. Aux Etats-Unis avec

1. *Better negroes* : littéralement : nègres améliorés ! c'est-à-dire instruits, éduqués selon les critères américains, correspond à peu près à l'« évolué » en Afrique.
2. Alabama.

l'équipe de Langston Hughes, Jean Toomer, Countee Cullen, James Weldon Johnson, Sterling Brown, il participe au Manifeste et à l'action de la Négro-Renaissance. Il milite dans le journal progressiste *Liberator*.

Il fréquente à Paris les milieux intellectuels d'où sortira le Mouvement de la Négritude. Il publie d'autres poèmes *Harmel Shadows*. Mais surtout il fonde véritablement le *roman réaliste négro-américain* avec *Home to Harlem* et *Banjo* (1928). Langston Hughes, Richard Wright, Chester Himes, lui sont débiteurs de la totale libération de leur style : l'exubérance brutale du langage et l'utilisation du dialecte, la vérité minutieuse des caractères, la fantaisie de l'action, l'accent sur des problèmes sociaux et raciaux, la critique de la civilisation américaine, sont autant de conquêtes de Claude Mac Kay sur le conformisme littéraire, spirituel et culturel de l'élite bourgeoise tant noire que blanche. Par ricochet, son influence se fera sentir sur plusieurs romanciers nègres francophones comme Ousmane Soce, Joseph Zobel, Sembene Ousmane. Le texte suivant, reproduit dans la revue *Légitime Défense*, est toujours d'actualité.

« VOUS ÊTES UNE BANDE PERDUE, VOUS LES NOIRS INSTRUITS »

Ray avait fait la rencontre d'un étudiant noir martiniquais ; pour lui, la plus grande gloire de son île était d'avoir vu naître l'impératrice Joséphine. Cet événement donnait à la Martinique une importance qui lui faisait dépasser de haut toutes les îles des Antilles.

— Je ne vois pas tes raisons d'être si fier, lui dit Ray. Ce n'était pas une femme de couleur.

— Non... Mais elle était créole et, à la Martinique, nous sommes plutôt des créoles que des noirs. Nous sommes fiers de l'impératrice, à la Martinique ; là-bas, la bonne société est très distinguée et elle parle un français très pur qui n'a rien à faire avec ce français vulgaire de Marseille.

Ray lui demanda s'il avait jamais entendu parler de *Batouala* de René Maran. Il répondit qu'on avait interdit la vente de *Batouala* sur le territoire de la colonie, il faisait mine d'approuver la mesure. Ray lui demanda si véritablement c'était exact ; il n'en avait jamais, pour sa part, entendu parler.

— C'était un livre dangereux, très fort, très fort, disait l'étudiant en manière de défense de l'interdiction.

Ils étaient dans un café de la Cannebière. Ce soir-là, Ray avait rendez-vous avec un autre étudiant, un Africain de la Côte d'Ivoire. Il demanda au Martiniquais de l'accompagner, voulant leur faire faire connaissance. L'autre refusa, disant qu'il ne tenait pas à fréquenter les Sénégalais et que le bar africain était d'ailleurs un bar des bas-fonds. Il crut devoir mettre en garde Ray contre les Sénégalais.

— Ils ne sont pas comme nous, lui dit-il. Les blancs se conduiraient mieux avec les noirs, si les Sénégalais, n'étaient pas là. Avant la guerre et le débarquement des Sénégalais, en France, c'était parfait pour les noirs. On nous aimait et l'on nous respectait, tandis que maintenant...

— C'est à peu près la même chose avec les Américains blancs, dit Ray. Il faut juger la civilisation d'après son attitude générale à l'égard des peuples primitifs et pas d'après des cas exceptionnels. Vous ne pouvez pas ignorer les Sénégalais et les autres Africains noirs ; pas davantage que vous ne pouvez ignorer le fait que nos ancêtres étaient des esclaves... Dans les Etats[1], on se comporte comme vous. Les noirs du Nord se sentent supérieurs aux noirs du Sud et aux Antillais qui ne sont pas aussi teintés qu'eux de vernis civilisé... Nous autres noirs instruits, nous parlons beaucoup de la renaissance de la race ; je me demande comment nous parviendrons à la susciter. D'un côté nous avons contre nous l'insolence arrogante du monde, quelque chose de puissant, de froid, de dur et de blanc comme la pierre. De l'autre, l'immense armée des travailleurs : notre race. C'est le prolétariat qui fournit, savez-vous, l'os, le muscle, et le sel de toute race ou de toute nation. Dans la course à la vie moderne, nous ne sommes que des débutants. Si cette renaissance dont nous parlons doit être autre chose que sporadique ou superficielle, il faut que nous plongions jusqu'aux racines de notre race pour la susciter.

— Je crois à la renaissance de la race, dit l'étudiant, mais pas au retour à l'état sauvage.

— Plonger jusqu'aux racines de notre peuple et bâtir sur notre propre fonds, dit Ray, ce n'est pas retourner à l'état sauvage, c'est la culture même.

— Je ne vous suis pas, dit l'étudiant.

— Vous êtes pareil à beaucoup de nos intellectuels noirs qui parlent constamment de « la race », dit Ray. Ce qui vous nuit, c'est votre éducation. *On vous donne une éducation d'homme blanc et vous apprenez à mépriser votre propre peuple.* Vous lisez l'histoire bourrée de parti-pris des blancs, conquérants des peuples de couleur, et cela vous émeut autant qu'un garçon blanc d'une grande nation blanche. Alors, devenus adultes, vous découvrez avec la violence d'un choc que vous n'appartenez pas et ne pouvez pas appartenir à la race blanche. Tout ce que vous avez appris ou accompli ne parviendra pas à vous ouvrir les cercles fermés des blancs et ne vous donnera pas les possibilités complètes qui s'offrent au blanc. Vous avez beau être modernes, talentueux, cultivés, vous aurez toujours le qualificatif « de couleur » pour accompagner votre nom. Et, au lieu que vous l'accep-

1. Etats-Unis.

tiez avec orgueil et courage, ce qualificatif rend amers et aigris la plupart d'entre vous, surtout vous, les sang-mêlés ; vous êtes une bande perdue, vous, les noirs instruits et vous ne pourrez jamais vous retrouver que dans le retour aux profondeurs de votre peuple. Ne prenez pas comme modèle l'orgueilleuse jeunesse cultivée d'une société blanche solidement assise sur ses conquêtes impérialistes. Une jeunesse, si comblée qu'elle peut s'offrir le luxe du mépris pour les brutes blanches qui peinent aux échelons inférieurs... Si vous étiez sincères dans votre conception de l'avancement de la race, vous iriez chercher vos exemples chez les blancs d'une autre catégorie. Vous étudierez le mouvement culturel et social des Irlandais, vous abandonneriez tous ces romans européens intelligents et ennuyeux et vous liriez, sur les paysans russes, l'histoire de leurs luttes, leur vie humble, patiente et dure. Et vous liriez aussi la vie des romanciers russes, qui l'ont décrite jusqu'à la Révolution Russe. Vous apprendriez tout ce que vous pourriez sur Gandhi et sur ce qu'il est en train de faire pour les masses populaires de l'Inde. Vous vous intéresseriez aux dialectes indigènes de l'Afrique et, si vous ne les compreniez pas tous, vous vous montreriez au moins humbles devant leur beauté simple au lieu de les mépriser.

(Banjo)

COUNTEE CULLEN (1903, New York) — Parmi les poètes de la Négro-Renaissance, Countee Cullen occupe une place bien à lui. C'est le plus nostalgique, le plus angoissé du groupe.

Son poème *Héritage* traduit admirablement ce désarroi — fait d'inquiétude et d'attirance mêlées — que le Nègre américain éprouve lorsqu'il se demande : « Qu'est l'Afrique pour moi ? moi que trois siècles séparent des lieux que chérirent mes pères. »

Afrique idéalisée, stéréotypée, qui ressemble à un livre d'images pour enfants (oiseaux chanteurs, félins, serpents d'argent, bosquets d'épices, dieux païens et Nègres nus qui dansent dans la jungle et l'innocence).

Mais Countee Cullen touche la corde sensible, la corde tragique lorsqu'il souhaite invoquer, lui le converti au dieu des chrétiens, un Christ qui ait la peau noire : « Ma chair serait ainsi certaine que la Vôtre a connu ses maux, mon cœur souhaiterait servir un dieu noir, et avoir ainsi pour guide un précédent dans la souffrance. »

Countee Cullen est aussi le poète le plus mystique de la Négro-Renaissance et la souffrance le conduit tout naturellement à la prière, alors qu'elle provoque la révolte chez Mac Kay, la menace, l'amertume, l'ironie caustique chez Langston Hughes et Sterling Brown.

HÉRITAGE

L'Afrique, qu'est-ce donc pour moi ;
Soleil cuivré, mer écarlate,

Etoile et piste de la jungle,
Forts hommes bronzés, ports de reines
Des négresses qui m'enfantèrent
Quand chantaient les oiseaux d'Eden ?
Pour moi que trois siècles séparent
Des lieux que chérirent mes pères,
Bosquets d'épices, canneliers,
L'Afrique, qu'est-ce donc pour moi ?

Me voici donc qui, tout le jour,
Ne veux entendre d'autre chant
Que le chant barbare et sauvage
Des oiseaux qui vont tourmentant
Les massifs troupeaux de la jungle,
Juggernauts de chair qui défilent,
Foulant l'herbe haute et rebelle,
Où les amants dans la forêt
Se font des serments sous le ciel.
Me voici qui toujours entends,
Même en pressant contre l'oreille
Mes deux pouces, et les y tenant,
Le battement des grands tambours.
Me voici tirant mon orgueil,
Mon cher désespoir et ma joie,
De ma chair, de ma peau foncée.
Ce sombre sang qu'elles endiguent,
Marées de vin au pouls puissant,
Doit, j'en ai peur, brûler les fins
Conduits de ce réseau qu'irritent
Ces flots d'une écume agitée.

L'Afrique ? Un livre qu'on feuillette
Distraitement, jusqu'au sommeil.
Oubliées, ses chauves-souris
Volant en cercle dans la nuit,
Ses félins tapis aux roseaux
Guettant la tendre proie qui paît
Au bord du fleuve ; plus jamais
De rugissement qui claironne :
« De la gaine où elles dormaient
Des griffes de roi ont bondi ».
Les serpents d'argent qui rejettent
Une fois l'an ces jolies peaux
Que vous portez, ne cherchant pas
Comme vous à fuir les regards ;

Que me fait votre nudité ?
Nulle fleur lépreuse ne dresse
Ici de corolle féroce ;
Ici, nul corps lisse et humide
Dégouttant de pluie et sueur
Ne danse la danse sauvage
De nos amoureux de la jungle.
Que me sont les neiges d'antan ?
Que m'est l'an passé ? Tous les ans
L'arbre qui ne bourgeonne oubliera
L'aube où le soir de son passé...
Rameaux fleuris et fleurs ou fruits,
L'oiselle, aussi timide et muette,
Toute étonnée de ses douleurs,
Et résignée dans son feuillage.
Pour moi que trois siècles séparent
Des lieux que chérirent mes pères,
Bosquets d'épices, canneliers,
L'Afrique, qu'est-ce donc pour moi ?

Me voici donc, ne trouvant paix
Ni nuit, ni jour, ni nulle trêve,
A l'implacable battement
De ces cruels pieds de velours
Qui longent la rue de mon corps...
Ils vont et viennent, et reviennent,
Traçant un sentier dans la jungle.
Me voici donc, ne trouvant guère
De nuits paisibles quand il pleut...
Je ne puis trouver le repos
Quand la pluie commence à tomber ;
Je dois comme fou de douleur,
Faire écho à son chant magique,
Me tordre et me contorsionner
Comme le ver sur l'hameçon ;
Le rythme plaintif des gouttes
Perçant me crie : « Devêts-toi !
Quitte ta jeune exubérance,
Viens danser la Danse d'amour ! »
Comme je l'ai toujours vu faire,
Nuit et jour, la pluie me travaille.

D'étranges dieux païens bizarres,
Les Noirs en sculptent dans le bois,

L'argile ou les pierres fragiles,
Sur un modèle bien à eux.
Ma conversion m'a coûté cher :
Car j'appartiens à Jésus-Christ,
Qui nous prêche l'humilité ;
Les dieux païens ne me sont rien.
O Père, et Fils, et Saint Esprit,
C'est bien en vain que je me vante ;
Jésus deux fois tendant la joue,
Agneau de Dieu, j'ai beau parler
Par ma bouche ainsi, en mon cœur
Je sais que je joue double jeu.
Même à Votre autel flamboyant
Mon cœur ne comprend plus, défaille,
Souhaiterait servir un Dieu noir,
Et avoir ainsi comme guide
Un précédent dans la souffrance,
Le bafoue ensuite qui veut ;
Ma chair serait ainsi certaine
Que la Vôtre a connu mes maux.
Seigneur, des dieux noirs, moi aussi,
J'en sculpte et j'ose Vous donner
Sous l'arc des cheveux noirs rebelles,
Des traits brunis désespérés
Où la patience chancelle
Quand l'y force un chagrin mortel,
Tandis que, vives et brûlantes,
Montent des touches de colère
Aux joues souffletées, aux yeux las.
Seigneur, pardonnez mon besoin
De me faire un credo humain.
Tout le jour et toute la nuit
Je n'ai plus qu'une chose à faire ;
Dompter l'orgueil, calmer le sang,
Afin de survivre au déluge.
De peur qu'une braise cachée
N'enflamme comme du lin sec
Un bois que je croyais mouillé,
Le fondant comme simple cire,
Et que les morts sortent des tombes.
Chez moi ni le cœur ni la tête
N'ont encore admis que nous sommes,
Eux et moi, des civilisés.

(Traduction Jean Wagner, *Trésor Africain*.)

STERLING BROWN (1901, Washington) — Sterling Brown est le plus amer et le plus ironique des poètes de la Négro-Renaissance. Qu'on ne se laisse pas fourvoyer par le « populisme » de son style. S'il partage avec ses pairs le goût du folklore, et plus celui des « works-songs » de la révolte, que celui des spirituals de la résignation, il n'en est pas moins un savant professeur de littérature américaine à l'université noire de Howard.

CHANT DU FORÇAT

Vas-y doucement - han -
Avec ce marteau, mon ga's ;
Vas-y doucement - han -
Avec ce marteau, mon ga's ;
Ca ne presse pas, mon pote,
Tu as bien le temps.

Le calibre lui a - han -
Fait sauter son cœur noir ;
Le calibre lui a - han -
Fait sauter son cœur noir ;
Ils m'ont sapé à perpète, mon pote,
Et encore un jour.

Ma fille fait la Cinquième rue - han-
Mon fils est parti ;
Ma fille fait la Cinquième rue - han -
Mon fils est parti ;
Ma femme est à l'hosto[1], mon pote
Et l'bébé qu'est pas né.

Mon vieux est mort - han -
En me maudissant ;
Mon vieux est mort - han -
En me maudissant ;
Et ma vieille mère, mon pote,
Couvre sa misère.

J'ai les fers aux deux pieds-han-
Un garde par-derrière ;
J'ai les fers aux deux pieds - han -
Un garde par-derrière ;
Le boulet et la chaîne, mon pote,
Me sortent pas de l'idée.

1. Hôpital.

L'homme blanc, il m'a dit - han -
Au diable ton âme ;
L'homme blanc, il m'a dit - han -
Au diable ton âme ;
Je n'avais pas besoin, mon pote,
Qu'on me le dise.

Le bagne jamais - han -
Ne me lâchera ;
Le bagne jamais - han -
Ne me lâchera ;
J'suis un pauvre ga's perdu, mon pote
A jamais.

(Trad. Jean Wagner, *Trésor Africain*)

RENE MARAN ET BATOUALA, 1921

RENE MARAN (1887-1960) — Ce Noir, né à la Martinique en 1887, de parents guyanais, et entièrement élevé en France, s'est révélé écrivain au contact de l'Afrique où il vint servir à l'instar de maints Antillais. Mais sa carrière littéraire porta un coup fatal à sa carrière administrative. En effet, son premier roman *Batouala, véritable roman nègre* qu'il publia en 1921 et dont l'excellence du style lui obtint le prix Goncourt, provoqua un véritable scandale. Contre tous les poncifs de la littérature coloniale, René Maran s'avisait de décrire simplement les Noirs tels qu'ils étaient, sans les déformer comme il était d'usage. Il montrait leurs vraies qualités et leurs vrais défauts, prosaïques dans leurs coutumes et poètes dans leurs croyances ; avec humour, mais sans caricature ; surtout il avait l'audace de révéler que les Noirs, eux aussi, pensaient, eux aussi regardaient, jugeaient et critiquaient avec une impitoyable logique leurs maîtres européens.

Enfin Maran osait lui-même se permettre dans sa préface une violente critique du système colonial tel qu'il en avait observé l'application de ses propres yeux et il invitait ses « frères en esprit écrivains de France » à contrôler davantage ce qu'on faisait en Afrique au nom de leur civilisation.

« C'est à redresser tout ce que l'administration désigne sous l'euphémisme d'« errements » que je vous convie. La lutte sera serrée. Vous allez affronter des négriers. A l'œuvre donc et sans plus attendre. La France le veult ». Ce fut une levée de boucliers contre ce fonctionnaire trop honnête ! Mais, cet acte de solidarité nègre, par-delà les divisions de la culture et de l'origine, fit que René Maran fut considéré comme un précurseur par les tenants du mouvement de la négritude. Il écrivit encore de nombreux romans sur l'Afrique dont *Le livre de la Brousse, Djouma chien de brousse* et des romans psychologiques *Un homme pareil aux autres* et *Le cœur serré*. Il est mort en 1960.

Ce roman est tout objectif. Il ne tâche même pas à expliquer : il constate. Il ne s'indigne pas : il enregistre. Par les soirs de lune, allongé sur ma chaise longue, de ma véranda j'écoutais les conversations de ces pauvres gens. Ils souffraient et riaient de souffrir.

....

Montesquieu a raison, qui écrivait en une page où, sous la plus froide ironie, vibre une indignation contenue : « ils sont si noirs des pieds jusqu'à la tête, et ils ont le nez si écrasé, qu'il est presque impossible de les plaindre. »

Après tout, s'ils crèvent de faim par milliers, comme des mouches, c'est que l'on met en valeur leur pays. Ne disparaissent que ceux qui ne s'adaptent pas à la civilisation.

Civilisation, civilisation, orgueil des Européens, et leur charnier d'innocents, Rabindranath Tagore, le poète hindou, un jour, à Tokyo, a dit ce que tu étais !

Tu bâtis ton royaume sur des cadavres. Quoi que tu veuilles, quoi que tu fasses, tu te meus dans le mensonge. A ta vue, les larmes de sourdre et la douleur de crier. Tu es la force qui prime le droit. Tu n'es pas un flambeau, mais un incendie. Tout ce à quoi tu touches tu le consumes...

Honneur du pays qui m'a tout donné, mes frères de France, écrivains de tous les partis, je vous appelle au secours, car j'ai foi dans votre générosité.

Mon livre n'est pas de polémique. Il vient, par hasard, à son heure. La question nègre est « actuelle »... N'est-ce pas vous « Eve[1] », petite curieuse, qui avez enquêté afin de savoir si une blanche pouvait épouser un nègre ? Depuis, Jean Finot a publié, dans la Revue, des articles sur l'emploi des troupes noires. Depuis le docteur Huot leur a consacré une étude au Mercure de France. Depuis, M. Maurice Bourgeois a dit, dans Les Lettres, leur martyre aux Etats-Unis. Enfin au cours d'une interpellation à la Chambre, le ministre de la guerre, M. André Lefèvre, ne craignit pas de déclarer que certains fonctionnaires français avaient cru pouvoir se conduire, en Alsace-Lorraine reconquise, comme s'ils étaient au Congo français.

De telles paroles prononcées en tel lieu, sont significatives. Elles prouvent à la fois que l'on sait ce qui se passe en ces terres lointaines et que jusqu'ici on n'a pas essayé de remédier aux abus, aux malversations et aux atrocités qui y abondent.

1. Journal féminin.

Mes frères en esprit, écrivains de France, cela n'est que trop vrai.

... C'est à redresser tout ce que l'administration désigne sous l'euphémisme « d'errements » que je vous convie. La lutte sera serrée. Vous allez affronter des négriers. Il vous sera plus dur de lutter contre eux que contre des moulins. Votre tâche est belle. A l'œuvre donc et sans plus attendre. La France le veut !

(*Batouala, véritable roman nègre*, Editions Albin-Michel, Paris)

LE RÉVEIL DE BATOUALA

Dehors, les coqs chantent. A leurs « kékéréké » se mêlent le chevrotement des cabris sollicitant leurs femelles, le ricanement des toucans, puis, là-bas, au fort de la haute brousse bordant les rives de la Pombo et de la Bamba, l'appel rauque des « bacouyas », singes au museau allongé comme celui d'un chien.

Le jour vient.

Bien que lourd de sommeil encore, le chef Batouala, Batouala, le mokoundji[1] de tant de villages, percevait parfaitement ces rumeurs.

Il bâillait, avec des frissons et s'étirait, ne sachant pas s'il devait se rendormir ou se lever.

Se lever, N'Gakoura[2] ! pourquoi se lever ? Il ne voulait même pas le savoir, dédaigneux qu'il était des résolutions simples à l'excès ou à l'excès compliquées.

Or, rien que pour découcher, ne fallait-il pas faire un énorme effort ? La décision à prendre semblait être très simple en soi. En fait, elle était difficile, réveil et travail n'étant qu'un, du moins pour les blancs.

Ce n'est pas que le travail l'effrayât outre mesure. Robuste, membru, excellent marcheur — au lancement de la sagaie ou du couteau de jet, à la course ou à la lutte, il n'avait pas de rival.

Le travail ne pouvait donc pas l'effrayer.

Seulement, dans la langue des blancs, ce mot revêtait un sens étonnant. Il signifiait fatigue sans résultat immédiat ou tangible, soucis, chagrins, douleur, usure de santé, poursuite de buts imaginaires.

Ah ! les blancs ! Ils feraient bien mieux de rentrer chez eux, tous. Ils feraient mieux de limiter leurs désirs à des soins

1. *Mokoundji* : chef.
2. *N'Gakoura* : bon Dieu !

37

domestiques ou à la culture de leurs terres, au lieu de les diriger à la conquête d'un argent stupide.

La vie est courte. Le travail est pour ceux qui ne la comprendront jamais. La fainéantise ne dégrade pas l'homme. A qui voit juste, elle diffère de la personne.

Au fond, pourquoi se lever ? On est mieux assis que debout, mieux couché qu'assis.

La natte sur laquelle il reposait, dégageait une bonne odeur fanée. La dépouille d'un bœuf sauvage frais tué ne pouvait la surpasser en souplesse.

Par conséquent, au lieu de rester à rêvasser, en fermant les yeux, que n'essayait-il de se rendormir ? Il lui serait ainsi loisible d'apprécier à sa valeur la perfection moelleuse de son « bogbo »[1].

Auparavant, il lui fallait ranimer le foyer.

Quelques brindilles de bois mort et un peu de paille suffiraient. Les joues gonflées, il soufflerait sur la cendre où couvaient des étincelles. Peu après, suivie de crépitements, âcre, suffocante, la fumée déroulerait ses spirales. Et viendrait l'éclosion des flammes, précédant la marche envahissante de la chaleur.

Alors dans la case attiédie — le dos au feu, il n'aurait plus qu'à dormir à nouveau, allongé comme un phacochère. Il n'aurait plus qu'à se réchauffer au brasier, comme un iguane au soleil. Il n'aurait plus qu'à imiter la « yassi »[2] avec qui il vivait depuis si longtemps.

Son exemple était excellent. Tranquille, nue, la tête appuyée contre un billot, les mains sur le ventre, les jambes écartées, elle faisait « gologolo », elle ronflait, quoi ! accotée à un foyer éteint lui-aussi.

Le bon sommeil qu'elle dormait ! Parfois elle tâtait ses mamelles flasques et ridées, semblables à des feuilles de tabac séché, se grattait en poussant de longs soupirs. Ses lèvres remuaient. Elle ébauchait des gestes. Bientôt le calme revenait, et son ronflement égal...

Dominant les poules, les canards et les cabris, en un renfoncement, derrière les fagots, tête à queue sur la pile de paniers à caoutchouc, Djouma, le petit chien roux et triste, somnolait.

De son corps amaigri de privations, on ne voyait guère que les oreilles, droites, pointues, mobiles. De temps à autre, agacé d'une puce ou piqué d'une tique, il les secouait. D'autres fois, il grognait sans bouger plus que Yassiguindja, la yassi préférée de son maître, Batouala, le mokoundji. Ou encore, visité de rêves

1. *Bogbo :* matelas.
2. *Yassi :* épouse.

cyniques, ses aboiements étouffés invectivant contre le silence, il ouvrait la gueule pour happer le vide...

Batouala s'est accoudé. Vraiment, il n'y avait même plus moyen d'essayer de dormir ! Tout se liguait contre son repos. Le brouillard bruinait par l'entrée de sa case. Il faisait froid. Il avait faim. Et le jour croissait.

D'ailleurs, où et comment dormir ? Rainettes-forgerons, crapauds-buffles et grenouilles-mugissantes, à l'envi coassaient au profond des herbes touffues et mouillées, dehors. Dehors, autour de lui, malgré le froid, et parce que le feu éteint n'avait plus de fumée pour les étourdir, « fourous [1] » et moustiques bourdonnaient, bourdonnaient. Enfin, si les cabris étaient partis au chant du coq, les poules demeuraient, qui menaient grand tapage.

(ibidem)

LA PHILOSOPHIE DES BONNES HABITUDES

Batouala songeait. Djouma, les poules, les canards et les cabris étaient partis. Il sentit qu'il se devait de les imiter. Et puis, il y avait fête de la circoncision. Il n'y avait encore invité personne. Il était temps de réparer cet oubli.

Une fois qu'il se fut frotté les yeux du revers de la main et mouché des doigts, il se leva en se grattant. Il se gratta sous les aisselles. Il se gratta les cuisses, la tête, les fesses, les bras.

Se gratter est un excellent exercice. Il active la circulation du sang. C'est aussi un plaisir et un indice.

On n'a qu'à regarder autour de soi. Tous les êtres animés se grattent, au sortir du sommeil. L'exemple est bon à suivre, puisque naturel. Est mal réveillé qui ne se gratte pas.

Mais si se gratter est bien, bâiller vaut mieux. C'est une façon de chasser le sommeil par la bouche.

On peut aisément se rendre compte de cette manifestation surnaturelle. N'est-ce pas durant les froides journées que tout le monde expire une sorte de fumée ? Entre autres choses, cela certifie que le sommeil n'est qu'une manière de feu secret. Il en avait l'assurance, lui, Batouala. Un sorcier est infaillible. Et, depuis que son vieux père lui avait transmis ses pouvoirs, il était sorcier, il était N'Gakoura [2].

D'ailleurs, voyons ! Si le sommeil n'est pas un feu intérieur, d'où peut provenir cette fumée sans feu ? Il attendait les arguments, à coups sûr remarquables, de son contradicteur.

1. Insectes.
2. Equivalent de Dieu.

Bâiller par-ci, se gratter par-là, ne sont que gestes de minime importance. Tout en les continuant, Batouala eut des renvois retentissants. Cette vieille habitude lui venait de ses parents qui, eux, l'avaient héritée des leurs.

Les anciennes coutumes sont les meilleures. On ne saurait trop les observer. Elles se fondent sur l'expérience.

Ainsi pensait Batouala. Il était gardien des mœurs désuètes, demeurait fidèle à ce que ses ancêtres lui avaient légué.

(ibidem)

Les blancs

Les blancs, ah, les blancs !

Ils pestent contre la piqûre des moustiques. Celles des fourous les irritent. Le bourdonnement des mouches les rend nerveux. Ils ont peur des scorpions, de ces noirs et venimeux « prakongos », qui vivent parmi les toitures ruineuses, la pierraille ou les décombres. Ils redoutent les mouches maçonnes. Tout les inquiète. Un homme digne de ce nom doit-il se soucier de ce qui s'agite et vit autour de lui ? Ah, les blancs !

Leurs pieds ? Une infection. Pourquoi aussi les emboîter en des peaux noires ou jaunes ou blanches ?

Et s'il n'y avait que leurs pieds qui puaient. Hélas, de leur corps entier émane une odeur de cadavre.

L'on peut admettre, à la rigueur, que l'on ait des pieds ensachés de cuir cousu.

Mais se garantir les yeux de verres blancs, jaunes, bleus, noirs ! Mais se couvrir la tête de petits paniers, N'Gakoura, voilà qui dépasse l'entendement !

(ibidem)

L'ECOLE HAITIENNE, 1928-1932

Il y avait aux Antilles depuis cent ans une littérature produite par les autochtones sur le modèle exclusif de la littérature française ; mêmes formes : sonnets, ballades, pantoums, alexandrins ou huitains aux rimes riches, masculines ou féminines ; mêmes thèmes : la nature, l'enfant, la nostalgie du temps qui passe, les émois et les souffrances de l'amour, ou encore le thème de la mer et des « isles » à la manière de Heredia ou de Desbordes-Valmore. « Littérature de tourisme » dira Suzanne Césaire ; Léon Damas sera plus sévère encore pour ces « poètes de la décalcomanie ».

Mais il est vain peut-être de critiquer cette production littéraire d'après des critères esthétiques. Certes il n'y a là aucune imagination, aucune audace, aucune innovation, aucune création. C'est un simple écho de la littérature française. Mais pourquoi n'est-ce qu'un écho ? Voilà la vraie question. Parce que c'est une production qui émane de la seule bourgeoisie antillaise entièrement polarisée par la civilisation de l'Europe. Bourgeoisie de couleur qui a honte de sa couleur[1], et qui n'a qu'une hâte : faire oublier cette couleur qui rappelle le peuple d'où elle est sortie et ce passé d'esclaves ou de « barbares » d'Afrique ! Aussi, à force d'imiter en tout le Blanc, le maître, par les mœurs, la religion, le costume, et la culture, elle espère en somme se créer une blancheur, se franciser, s'assimiler totalement à la race dominante, la race « à peau sauvée ». Elle éliminera donc de sa vie comme de ses écrits tout ce qui est nègre. Comme on le voit, ce problème littéraire est d'abord un problème social et racial qui, lui-même, a des causes politiques et économiques précises.

La traite des esclaves et la ségrégation sont les deux tares qui ont déformé les Antilles[2] et l'Amérique. La loi du plus fort impose la morale du plus fort, la culture du plus fort, et engendre chez le peuple dominé un complexe d'infériorité très difficile à extirper. Dans la mesure où on a honte de sa personnalité, on la cache et on essaye d'emprunter la personnalité de celui qu'on admire. Tel est le phénomène de l'assimilation culturelle qui s'est produit aux Antilles et qu'on peut observer aussi en Afrique, mais dans une mesure moindre, car celle-ci n'a été colonisée que de 50 à 80 ans, tandis que les Antilles le sont depuis 300 ans.

Cependant le cas de Haïti est un peu particulier. En effet cette île conquit son indépendance en 1804, profitant des remous occasionnés par la Révolution française. Il faut retenir le nom glorieux de Toussaint Louverture, cet esclave qui prit la tête de la révolution haïtienne et fut le chef de ce pays « où la négritude se mit debout pour la première fois » (Césaire). Il faut aussi retenir les noms de Dessalines et du roi Christophe qui succédèrent à Toussaint dans leur effort d'assurer une véritable indépendance à leur peuple. Hélas ! le pouvoir retomba vite aux mains des bourgeois mulâtres qui collaboraient avec l'ancien colonisateur ; depuis, Haïti se débat dans le cercle vicieux des révolutions inutiles parce qu'une faction succède à l'autre, dans

---

1. Même phénomène qu'aux Etats-Unis. Voir l'étude du psychiatre Frantz Fanon : *Peau noire, masques blancs.* (Editions du Seuil, Paris.)
2. En partie aussi l'Afrique.

la seule poursuite de ses intérêts personnels, tandis que sur le plan économique et social, le pays est livré aux trusts étrangers et le peuple croupit dans la misère.

Sur le plan culturel, il y a donc eu ce même phénomène d'assimilation, au point que les intellectuels haïtiens vantaient leur glorieuse destinée qui consistait à « maintenir avec le Canada et les Antilles françaises, les traditions et la langue françaises ».

Rien en principe n'eût pu changer cet état d'esprit. Mais il y eut en 1915 l'occupation américaine. Et ce n'est pas la France qui défendit Haïti. Alors par un retour de patriotisme authentique, les intellectuels s'intéressèrent du coup à leur folklore et aux traditions indigènes. Ils se mirent à étudier les mœurs, les croyances, les contes haïtiens que l'on retrouvait, à peu près intacts, chez les paysans pauvres et analphabètes. Ils reconnurent cette culture populaire comme la seule qui soit nationale et se mirent à son école. On fonda des revues, comme La nouvelle Ronde, La Revue indigène *et* La Revue des Griots *dont Carl Brouard, le directeur, définira ainsi l'objectif : « Nous autres griots haïtiens, devons chanter la splendeur de nos paysages, la beauté de nos femmes, les exploits de nos ancêtres, étudier passionnément notre folklore et nous souvenir que changer de religion est s'aventurer dans un désert inconnu, que devancer son destin est s'exposer à perdre le génie de sa race et ses traditions. Le Sage n'en change pas ; il se contente de les comprendre toutes ».*

Ce « retour aux sources » sera fortement accentué par l'action d'un autre éminent haïtien : Jean Price-Mars ; homme de science, professeur et diplomate, il usa de toute son autorité intellectuelle pour dénoncer les faiblesses des productions culturelles d'imitation française et pour revaloriser le folklore haïtien, le dialecte créole et la religion vaudou. Car « à force de nous croire des Français colorés, nous désapprenions à être des Haïtiens tout court ».

Enfin le renouveau haïtien doit aussi à Price-Mars d'avoir officiellement reconnu les origines africaines de sa culture. « Nous n'avons de chances d'être nous-mêmes que si nous ne répudions aucune part de l'héritage ancestral. Eh bien ! cet héritage, il est pour les huit-dixième un don de l'Afrique ».

L'ouvrage le plus célèbre de Price-Mars s'appelle Ainsi parla l'oncle, *mais ses travaux sur la culture et l'ethnographie haïtiennes, sont très nombreux, et son rôle de conseiller au groupe de* Présence Africaine *et dans la* Société Africaine de Culture, *est vraiment celui de « l'oncle », de l'ancêtre qui a initié deux générations à la fidélité et au respect des cultures négro-africaines.*

En Haïti cependant il faudra attendre quelques années pour recueillir les fruits de ces recherches passionnées : en 1931, Léon Laleau publie Musique Nègre *où se trouve le fameux huitain où il chante la nostalgie du nègre déraciné tant de son pays que de sa culture :*

> Ce cœur obsédant qui ne correspond
> Pas avec mon langage et mes costumes
> Et sur lequel mordent comme un crampon
> Des sentiments d'emprunt et des coutumes
> D'Europe sentez-vous cette souffrance
> Et ce désespoir à nul autre égal
> D'apprivoiser avec des mots de France
> Ce cœur qui m'est venu du Sénégal ?

Puis Jean-Baptiste Cinéas, Jean-François Brièrre et surtout Jacques Roumain, par leurs poèmes et leurs romans, marquèrent le vrai départ de la renaissance haïtienne qui se poursuit aujourd'hui avec les poètes Depestre, Bajeux, Bissainthe et le grand romancier Jacque-Stephen Alexis.

ETZER VILAIRE — Voici tout d'abord un exemple de la poésie post-parnassienne, en Haïti, avant le mouvement indigéniste : « L'antillais se fait un point d'honneur qu'un blanc puisse lire tout son livre sans deviner sa pigmentation ! » (E. Léro)

PLUS HAUT

Tais-toi, mon cœur, sois humble ! Et toi, front orgueilleux,
Incline-toi !... La gloire est l'éclair dans les cieux.
Et rien de ce qui luit ne s'arrête en l'espace.
La gloire est un oiseau mystérieux qui passe
Et dont l'aile brillante, en son rapide essor,
N'effleure que les fronts endormis.
C'est un bruit qui nous trompe, un mirage qui pare
L'immensité déserte où notre pas s'égare.
Qu'importe que ton nom surnage un jour ou deux ?...
Le temps fuit et n'a rien qui vaille un seul soupir ;
Attache une aile forte et pure à ton désir ;
Jette en haut un regard nostalgique, ô mon âme !

Fuis par-dessus l'azur baigné de molle flamme,
Vole plus haut, fuis, cherche une autre immensité
Va, monte ! Berce-toi dans la sérénité
Des plages de l'éther ; va ! déchire les voiles
Qui couvrent d'autres lieux peuplés d'autres étoiles ;
Monte, fuis, par-delà le suprême honneur
Vers des éternités de vie et de bonheur !...
Qu'au fond de moi, mon Dieu, s'éveille et croisse l'ange !
Que le rêve du ciel, même à travers la fange
Me montre le Thabor ! Que le goût du divin
Me pénètre le cœur, m'enivre comme un vin,
Comme un vin vendangé des vignes éternelles !
Des ailes à mon cœur, à mon esprit des ailes,
O Mon Dieu ! Remplis-moi, tout moi, d'un peu de toi,
De parfum, de rosée et d'immortelle foi,
D'azur, de miel, d'aurore, d'extase et de prière
De suave paix, de ta clarté plénière !

CARL BROUARD (Les Griots, Oct.-Nov. 1958) — Puis, chez les poètes indigénistes, on découvre la prise de conscience des origines africaines enveloppée d'une nostalgie encore très littéraire.

AFRIQUE

Tes enfants perdus t'envoient le salut, maternelle Afrique. Des Antilles aux Bermudes, et des Bermudes aux Etats-Unis, ils soupirent après toi. Ils songent aux baobabs, aux gommiers bleus pleins du vol des toucans. Dans la nuit de leurs rêves, Tombouctou est un onyx mystérieux, un diamant noir, Abomey, ou Gao. Les guerriers du Bornou sont partis pour le pays des choses mortes. L'empire du Manding est tombé comme une feuille sèche. Et partout la misère, la douleur, la mort. Dans quel lieu n'égrènent-ils pas l'interminable rosaire de leurs misères ?

« Les fils paient la faute des pères jusqu'à la quatrième génération », as-tu dit, Seigneur. Cependant la malédiction des fils de Cham dure encore !

Jusques à quand, Eternel ?

Consolation des affligés, élixir des souffrants, source des assoiffés, sommeil des dormants, mystérieux tambour nègre, berce les Chamites nostalgiques, endors leurs souffrances immémoriales !

ROGER DORSINVILLE — L'émancipation du style abandonne, par exemple chez Roger Dorsinville, la prosodie classique pour se lancer dans l'aventure du vers libre.

POUR CÉLÉBRER LA TERRE

Pour célébrer la terre hors de la nuit
Vaste et fraîche
Mille rayons clairs debout
Derrière des mornes

Jusqu'à d'autres rayons clairs

Derrière d'autres mornes.
Mille rayons clairs
De mornes à mornes
Dentelés
Dans les rayons clairs
Mille par mille rayons clairs
Font une tente de clarté
Au-dessus des creux profonds
Arrachés à la nuit
Au-dessus des creux profonds
Hors de la nuit
Au-dessus des cieux
Entre les mornes
Crêtés de rayons clairs
Hors du creux profond de la nuit
Hors du creux noir et mouillé de la nuit.

Dans un creux profond de mornes
Dans un creux couvert de clarté
Couvert de clarté
Des tentes de la clarté
Un arbre seul
Pour célébrer la terre
Un arbre seul
Dur et droit
Que cachait la nuit
Solidité dressée
Dans la clarté tremblante à son sommet
Dans la clarté seul et droit
Couronné de clarté
Vivant dans la clarté
Vivant de clarté

Pour célébrer la terre
Eveillée réveillée

Et l'espérance muette des bêtes à l'abreuvoir
Et l'espérance engourdie dans les cases
Et l'espérance des premiers pas
Dans la vie des sentiers
Morts dans la nuit
Nus dans la nuit
Vides dans la nuit
Silencieux dans la nuit
Et sans but
Sentiers dans la nuit
Comme des sillages perdus
Pour célébrer la terre dans la clarté
Et la clarté des sentiers
Hors de la nuit.

MARIE-T. COLIMON — Avec M.-T. Colimon, c'est l'amour du pays natal, la liberté nationale qui pénètrent dans la poésie haïtienne.

S'IL FALLAIT, AU MONDE, PRÉSENTER MON PAYS

S'il fallait, au monde, présenter mon pays,
Je dirais la beauté, la douceur et la grâce
De ses matins chantants, de ses soirs glorieux ;
Je dirais son ciel pur, je dirais son air doux.
L'étagement harmonieux des mornes bleuissants ;
Les molles ondulations de ses collines proches
La changeante émeraude des cannes au soleil
Les cascatelles glissant entre les grosses pierres :
Diaphanes chevelures entre les doigts noueux
Et les soleils plongeant dans des mers de turquoise…
Je dirais, torches rouges tendues au firmament,
La beauté fulgurante des flamboyants ardents
Et ce bleu, et ce vert, si doré, si limpide
Qu'on voudrait dans ses bras serrer le paysage.
Je dirais le madras de la femme en bleu
Qui descend le sentier son panier sur la tête,
L'onduleux balancement de ses hanches robustes

Et la mélopée grave des hommes dans le champ,
Et le moulin grinçant sous la lune la nuit,
Les feux sur la montagne à mi-chemin du ciel ;
Le café qu'on recueille sur les sommets altiers
L'entêtante senteur des goyaves trop mûres...
Je dirais dans les villes, les torses nus et bronzés
De ceux qui, dans la rue sous la dure chaleur,
Ne se laissent pas effrayer par la plus lourde peine ;
Et les rameurs menant, à l'abri de nos ports,
Lorsque revient le soir, les corallins dansants
Cependant que les îles au large, paresseuses,
Laissent monter en fumée, au fond du crépuscule
La lente imploration de leurs boucans lointains...
Mais j'affermis ma voix d'une ardeur plus guerrière
Pour dire la vaillance de ceux qui l'ont forgé ;
Je dirais la leçon qu'au monde plus qu'étonné.
Donnèrent ceux qu'on croyait des esclaves soumis.
Je dirais la fierté, je dirais l'âpre orgueil,
Présents qu'à nos berceaux nous trouvons déposés,
Et le farouche amour que nous portons en nous
Pour une liberté au prix trois fois sanglant...
Et le bouillonnement vif montant dans nos artères
Lorsqu'au fond de nos bois nous entendons, la nuit,
Le conique tambour que nos lointains ancêtres
Ont porté jusqu'à nous des rives de l'Afrique,
Mère vers qui sans cesse sont tournés nos regards...
S'il fallait au monde présenter mon pays,
Je dirais plus encor, je dirais moins encor.
Je dirais ton cœur bon, ô peuple de chez nous.

JEAN-FRANÇOIS BRIERRE —— Avec Brierre, éclatent la solidarité triomphante de la race et le
cri de révolte qui mettra le feu à la nouvelle littérature nègre. J.-Fr. Brierre,
chassé d'Haïti comme tant d'autres, poursuit au Sénégal sa quête ardente
d'un avenir qui s'enracine dans un passé retrouvé.

BLACK SOUL

Cinq siècles vous ont vus les armes à la main
et vous avez appris aux races exploitantes
la passion de la liberté.

A Saint-Domingue
vous jalonniez de suicidés
et paviez de pierres anonymes
le sentier tortueux qui s'ouvrit un matin
sur la voie triomphale de l'indépendance.
Et vous avez tenu sur les fonts baptismaux
étreignant d'une main la torche de Vertières
et de l'autre brisant les fers de l'esclavage,
la naissance à la Liberté
de toute l'Amérique Espagnole.

Vous avez construit Chicago
En chantant des blues,
bâti les Etats-Unis
au rythme des spirituals
Et votre sang fermente
dans les rouges sillons du drapeau étoilé.

Sortant des ténèbres
Vous sautez sur le ring
champions du monde
et frappez à chaque victoire
le gong sonore des revendications de la race.

Au Congo
En Guinée[1],
vous vous êtes dressés contre l'impérialisme
et l'avez combattu
avec des tambours,
des airs étranges
où grondait, houle omniprésente,
le chœur de vos haines séculaires.
Vous avez éclairé le monde
à la lumière de vos incendies.

Et aux jours sombres de l'Ethiopie martyre
vous êtes accourus de tous les coins du monde
mâchant les mêmes airs amers,
la même rage,
les mêmes cris.
En France,
En Belgique,
En Italie,

1. Je rappelle que ce poème fut publié en 1947.

En Grèce,
vous avez affronté les dangers et la mort.
Et au jour du triomphe,
après que des soldats
vous eussent chassés avec René Maran
d'un café de Paris,
vous êtes revenus
sur des bateaux
où l'on vous mesurait déjà la place
et refoulait à la cuisine,
vers vos outils,
votre balai,
votre amertume,
à Paris,
à New-York,
à Alger,
au Texas,
derrière les barbelés féroces
de tous les pays du monde.
On vous a désarmés partout.
Mais peut-on désarmer le cœur d'un homme noir ?
Si vous avez remis l'uniforme de guerre,
vous avez bien gardé vos nombreuses blessures
dont les lèvres fermées vous parlent à voix basse.

Vous attendez le prochain appel,
l'inévitable mobilisation,
car votre guerre à vous n'a connu que des trêves,
car il n'est pas de terre où n'ait coulé ton sang,
de langue où ta couleur n'ait été insultée.
Vous souriez, Black Boy,
vous chantez,
vous dansez,
vous bercez les générations
qui montent à toutes les heures
sur les fronts du travail et de la peine,
qui monteront demain à l'assaut des bastilles
vers les bastions de l'avenir
pour écrire dans toutes les langues,
aux pages claires de tous les ciels,
la déclaration de tes droits méconnus
depuis plus de cinq siècles
en Guinée,
au Maroc,
au Congo,

partout enfin où vos mains noires
ont laissé aux murs de la Civilisation
des empreintes d'amour, de grâce et de lumière...

(Anthologie de la Nouvelle poésie nègre et malgache,
Presses Universitaires de France, Paris)

JACQUES ROUMAIN (1907-1944) — Ecrivain, diplomate et militant communiste, Jacques Roumain fut aussi un grand voyageur. Il vécut notamment en Allemagne et en Belgique. Mais toute son œuvre s'enracine profondément dans son pays. Son roman *Gouverneurs de la Rosée* reste encore aujourd'hui le plus beau roman des Antilles[1]. Mais ce fut surtout par quelques poèmes, les plus agressifs qu'ait jamais écrits un poète noir, qu'il marqua fortement Césaire, Damas et David Diop, sans compter ses compatriotes cités ci-dessus. Jusqu'au doux Senghor qui, les rares fois qu'il se fâche, retrouve spontanément des accents, des rythmes, des images de Roumain. Rien de plus violent et de plus humaniste à la fois que les trois poèmes de *Bois d'Ebène*. Tous les grands thèmes de la révolte nègre s'y trouvent condensés en quelques pages : esclavage, exil, travail forcé, lynch, ségrégation, oppression coloniale, nostalgie de l'Afrique, rassemblement de la diaspora nègre sous le drapeau de la révolution : « nous ne chanterons plus les tristes spirituals désespérés ».

Mais Roumain ne se contente pas d'une revendication raciale. Il exige la justice pour tous « les forçats de la faim » et élargit son appel à ces « opprimés de tous les pays » au-delà des différences de couleur. Ce qui constitue la grandeur de Roumain, et ce qui excuse la brutalité de son langage, c'est justement qu'il a su donner cette ampleur à son humanisme. Et sa poésie raboteuse, remplie de prosaïsmes tirés des slogans politiques, est cependant chargée d'une telle force et d'une si intense émotion qu'on dirait que sa plume nous transmet la voix même, l'immense cri des « damnés de la terre »[2]. Le poème ci-dessous est devenu un classique de la Négritude.

BOIS D'ÉBÈNE

Si l'été est pluvieux et morne
si le ciel voile l'étang d'une paupière de nuage
si la palme se dénoue en haillons
si les arbres sont d'orgueil et noirs dans le vent et la brume
si le vent rabat vers la savane un lambeau de chant funèbre
si l'ombre s'accroupit autour du foyer éteint
si une voilure d'ailes sauvages emporte l'île vers les naufrages

---

1. Voir p. 55.
2. Titre du dernier livre de Frantz Fanon.

si le crépuscule noie l'envol déchiré d'un dernier mouchoir et si
le cri blesse l'oiseau
tu partiras
abandonnant ton village
sa langue et ses raisiniers amers
la trace de tes pas dans ses sables
le reflet d'un songe au fond d'un puits
et la vieille tour attachée au tournant du chemin
comme un chien fidèle au bout de sa laisse
et qui aboie dans le soir
un appel fêlé dans les herbages...

Nègre colporteur de révolte
tu connais tous les chemins du monde
depuis que tu fus vendu en Guinée
une lumière chavirée t'appelle
une pirogue livide
échouée dans la suie d'un ciel de faubourg

Cheminées d'usine
palmistes décapités d'un feuillage de fumée
délivrent une signature véhémente

La sirène ouvre ses vannes
du pressoir des fonderies coule un vin de haine
une houle d'épaules l'écume des cris
et se répand dans les ruelles
et fermente en silence
dans les taudis cuves d'émeute

Voici pour ta voix un écho de chair et de sang
noir messager d'espoir
car tu connais tous les chants du monde
depuis ceux des chantiers immémoriaux du Nil

Tu te souviens de chaque mot le poids des pierres d'Egypte
Et l'élan de ta misère a dressé les colonnes des temples
comme un sanglot de sève la tige des roseaux

Cortège titubant ivre de mirages
sur la piste des caravanes d'esclaves
élèvent
maigres branchages d'ombres enchaînés de soleil
des bras implorant vers nos dieux

51

Mandingue Arada Bambara Ibo[1]
gémissant un chant qu'étranglaient les carcans

(et quand nous arrivâmes à la côte
Bambara Ibo
il ne restait de nous
Bambara Ibo
qu'une poignée de grains épars
dans la main du semeur de mort)

Mais quand donc ô mon peuple
les névées en flamme dispersant un orage
d'oiseau de cendre
reconnaîtrai-je la révolte de tes mains ?

Et que j'écoutais aux Antilles
car ce chant négresse
qui t'enseigna négresse ce chant d'immense
peine
négresse des Iles négresse des plantations
cette plainte désolée
comme dans la conque le souffle oppressé des mers ?

Mais je sais aussi un silence
un silence de vingt-cinq mille cadavres de nègres
de vingt-cinq mille traverses de Bois-d'Ebène

Sur les rails du Congo-Océan
mais je sais
des suaires de silence aux branches des cyprès
des pétales de noirs caillots aux ronces
de ce bois où fut lynché mon frère de Géorgie
et berger d'Abyssinie

Quelle épouvante te fit berger d'Abyssinie
ce masque de silence minéral
quelle rosée infâme de tes brebis un troupeau de marbre
dans les pâturages de la mort

Non il n'est pas de gangue ni de lierre pour l'étouffer
de geôle de tombeau pour l'enfermer
d'éloquence pour le travestir des verroteries du mensonge

1. Noms de tribus africaines.

52

le silence

plus déchirant qu'un simoun de sagaies
plus rugissant qu'un cyclone de fauves
et qui hurle
s'élève
appelle
vengeance et châtiment
un ras de marée de pus et de lave
sur la félonie du monde
et le tympan du ciel crevé sous le poing
de la justice

Afrique j'ai gardé ta mémoire Afrique
tu es en moi

comme l'écharde dans la blessure
comme un fétiche tutélaire au centre du village
fais de moi la pierre de ta fronde
de ma bouche les lèvres de ta plaie
de mes genoux les colonnes brisées de ton abaissement...

Pourtant

Je ne veux être que de votre race
ouvriers paysans de tous les pays.
Ce qui nous sépare :
les climats l'étendue l'espace ;
les mers :
un peu de mousse de voiliers dans un baquet d'indigo
une lessive du nuage séchant sur l'horizon,
ici des chaumes un impur marigot,
là des steppes tondues aux ciseaux du gel
des alpages,
la rêverie d'une prairie bercée de peupliers,
le collier d'une rivière à la gorge d'une colline,
le pouls des fabriques martelant la fièvre des étés,
d'autres plages, d'autres jungles,
l'assemblée des montagnes,
habitées de la haute pensée des éperviers,
d'autres villages.

Est-ce tout cela, climat, étendue, espace,
qui crée le clan la tribu la nation

la peau la race et les dieux,
notre dissemblance inexorable ?
Et la mine
et l'usine
les moissons arrachées à notre faim
notre commune indignité
notre servage sous tous les cieux invariables ?

Mineur des Asturies, mineur nègre de Johannesbourg, metallo
de Krupp, dur paysan de Castille, vigneron de Sicile, paria des
Indes,
(je franchis ton seuil — réprouvé
je prends ta main dans ma main — intouchable)
garde rouge de la Chine soviétique, ouvrier allemand de la
prison de Moabit, indio des Amériques,

Nous rebâtirons
Copen
Palenque
Et les Tiahuanacos socialistes

Ouvrier blanc de Détroit, péon noir d'Alabama,
peuple innombrable des galères capitalistes
le destin nous dresse épaule contre épaule
et reniant l'antique maléfice des tabous du sang
nous foulons les décombres de nos solitudes.

Si le torrent est frontière,
nous arracherons au ravin sa chevelure
intarrissable.
Si la sierra est frontière
nous briserons la mâchoire des volcans,
affirmant les cordillères,
et la plaine sera l'esplanade d'aurore
où rassembler nos forces écartelées
par la ruse de nos maîtres.
Comme la contradiction des traits
se résout en l'harmonie du visage,
nous proclamons l'unité de la souffrance
et de la révolte
de tous les peuples sur toute la surface de la terre,

et nous brassons le mortier des temps fraternels
dans la poussière des idoles.

(*Bois d'Ebène*, Editeurs Français Réunis, Paris)

Gouverneurs de la rosée est l'histoire à la fois simple et tragique des paysans haïtiens. Simple par le langage dont Roumain a respecté les tournures dialectales, par les caractères sans complications inutiles, par les sentiments profonds mais naïvement exprimés ; simple par les problèmes qui sont les vrais et grands problèmes de la vie du Nègre haïtien : pas besoin de cours de philosophie pour comprendre l'exploitation du petit peuple par les classes supérieures : fonctionnaires, armée, grandes compagnies commerciales et clergé. Pas besoin de psychanalyse pour voir la tendresse de Délira pour son vieux mari Bienaimé et la colère bourrue de ce dernier devant le spectacle de la pauvreté de sa femme. Mais ces gens simples sont des « Nègres qui pensent profond » et à travers eux, Roumain nous fait sentir toute la richesse de l'âme haïtienne, si africaine encore par tant de ses mœurs (le « coumbite » ou travail en commun à tour de rôle dans le champ de chaque membre du village, les devinettes lors des veillées, les rites vaudous).

Cette histoire est tragique d'abord parce que le sort du paysan est vraiment trop misérable et que l'on sait que Jacques Roumain n'en fait pas là une description exagérée ou romantique.

Ensuite parce que cette histoire finit mal ; Manuel, le héros, après avoir trouvé la source qui devrait améliorer le sort de la région, échouera à réunir ses compagnons divisés par des luttes anciennes, et sera assassiné par l'un d'eux. Cependant son effort ne sera pas inutile et le roman se termine sur une note d'espoir. Car les paysans se mettront tout de même à cette œuvre d'intérêt général. « Il est mort Manuel mais c'est toujours lui qui les guide » parce qu'il est celui qui a compris que « la vie c'est un fil qui ne se casse pas, qui ne se perd jamais ; parce que chaque Nègre pendant son existence y fait un nœud ; c'est le travail qu'il a accompli et c'est ça qui rend la vie vivante dans les siècles et les siècles : l'utilité de l'homme sur cette terre ».

« Nous mourrons tous... » et elle plonge sa main dans la poussière ; la vieille Délira Délivrance dit : « nous mourrons tous : les bêtes, les plantes, les chrétiens vivants, O Jésus-Maria la Sainte Vierge » ; et la poussière coule entre ses doigts. La même poussière que le vent rabat d'une haleine sèche sur le champ dévasté de petit-mil, sur la haute barrière de cactus rongée de vert-de-gris, sur les arbres, des bayahondes rouillés.

La poussière monte de la grand'route et la vieille Délira est accroupie devant sa case, elle ne lève pas les yeux, elle remue la tête doucement, son madras a glissé de côté et on voit une mèche grise saupoudrée, dirait-on, de cette même poussière qui coule entre ses doigts comme un chapelet de misère : alors elle répète : « nous mourrons tous » et elle appelle le bon Dieu. Mais c'est inutile, parce qu'il y a si tellement beaucoup de pauvres créatures qui hèlent le bon Dieu de tout leur courage et que ça fait un grand bruit ennuyant et le bon Dieu l'entend, il crie : « Quel est, foutre, tout ce bruit ? » Et il se bouche les oreilles. C'est la vérité et l'homme est abandonné.

Bienaimé, son mari, fume sa pipe, la chaise calée contre le

tronc d'un calebassier. La fumée ou sa barbe cotonneuse s'envole au vent.

— Oui, dit-il, en vérité, le nègre est une pauvre créature.

Délira semble ne pas l'entendre.

Une bande de corbeaux s'abat sur les chandeliers. Leur croassement enroué racle l'entendement[1], puis ils se laissent tomber d'une volée, dans le champ calciné, comme des morceaux de charbon dispersés.

Bienaimé appelle :

— Délira ? Délira, ho ?

Elle ne répond pas.

— Femme crie-t-il.

Elle lève la tête.

Bienaimé brandit sa pipe comme un point d'interrogation :

— Le Seigneur, c'est le créateur, pas vrai ? Réponds : le Seigneur, c'est le créateur du ciel et de la terre, pas vrai ?

Elle fait : oui ; mais de mauvaise grâce.

— Eh bien, la terre est dans la douleur, la terre est dans la misère, alors, le Seigneur c'est le créateur de la douleur, c'est le créateur de la misère.

Il tire de courtes bouffées triomphantes et lance un long jet sifflant de salive.

Délira lui jette un regard plein de colère :

— Ne me tourmente pas, maudit. Est-ce que j'ai pas assez de tracas comme ça ? La misère, je la connais, moi-même. Tout mon corps me fait mal, tout mon corps accouche la misère, moi-même. J'ai pas besoin qu'on me baille la malédiction du ciel et de l'enfer.

Puis avec une grande tristesse et ses yeux sont pleins de larmes, elle dit doucement :

— O Bienaimé, nègre à moué…

Bienaimé tousse rudement. Il voudrait peut-être dire quelque chose. Le malheur bouleverse comme la bile, ça remonte à la bouche et alors les paroles sont amères.

Délira se lève avec peine. C'est comme si elle faisait un effort pour rajuster son corps. Toutes les tribulations de l'existence ont froissé son visage noir, comme un livre ouvert à la page de la misère. Mais ses yeux ont une lumière de source et c'est pourquoi Bienaimé détourne son regard.

(*Gouverneurs de la rosée*, Editeurs Français Réunis, Paris.)

1. L'entendement : mis pour l'ouïe, les oreilles.

LE COUMBITE[1]

Les hommes s'en allaient la houe sur l'épaule. Le jardin à nettoyer était au tournant du sentier, protégé par un entourage entrecroisé. Des lianes aux fleurs mauves et blanches s'y accrochaient en buissons désordonnés ; dans les coques ocrées des assorossis s'épanouissait une pulpe rouge comme un velours de muqueuses.

Ils écartaient les lettres mobiles de la barrière. A l'entrée du jardin, le crâne d'un bœuf blanchissait sur un poteau. Maintenant ils mesuraient leur tâche du regard : ce « carreau » d'herbes folles embrouillé de plantes rampantes. Mais c'était de la bonne terre ; ils la rendraient aussi nette que le dessus d'une table fraîchement rabotée. Beaubrun, cette année, voulait essayer des aubergines.

— Alignez ! criaient les chefs d'escouade.

— Le Simidor[2] Antoine passait en travers de ses épaules la bandoulière du tambour. Bienaimé prenait sa place de commandement devant la rangée de ses hommes. Le Simidor préludait par un bref battement, puis le rythme crépitait sous ses doigts. D'un élan unanime, ils levaient les houes haut en l'air. Un éclair de lumière en frappait le fer : ils brandissaient, une seconde, un arc de soleil.

La voix du Simidor montait rauque et forte :

— A té...

D'un seul coup les houes s'abattaient avec un choc sourd, attaquant le pelage malsain de la terre.

— Femme-la dit, mouché, pinga.
ou touché mouin, pinga-eh[3].

Les hommes avançaient en ligne. Ils sentaient dans leurs bras le chant d'Antoine, les pulsations précipitées de tambour comme un sang plus ardent...

Et le soleil soudain était là. Il moussait comme une écume de rosée sur le champ d'herbes. Honneur et respect[4] maître soleil, soleil levant. Plus caressant et chaud qu'un duvet de poussin sur le dos du morne, tout bleu, un instant encore, dans la froidure de l'avant-jour. Ces hommes noirs te saluent d'un balancement de houes qui arrache du ciel de vives échardes de lumière. Et le feuillage déchiqueté des arbres à pain, rapiécé d'azur, et le feu du flamboyant longtemps couvé sous la cendre de la nuit et

1. *Coumbite :* travail des champs fait en commun.
2. *Simidor :* celui qui bat le tambour.
3. La femme dit : « Monsieur prends garde,
        Prends garde de ne pas me toucher - hé ! »
4. Formule par laquelle on se salue, en Haïti

qui, maintenant, éclate en un boucan[1] de pétales à la lisière des bayahondes[2].

Le chant obstiné des coqs alternait d'un jardin à l'autre.

La ligne mouvante des habitants reprenait de nouveau le refrain en une seule masse de voix :

> *A té*
> *M'ap mandé qui moune*
> *Qui en dedans caille là*
> *Compé répond :*
> *C'est mouin avec cousine mouin*
> *Assez-ê*[3]

Brandissant les houes longuement emmanchées, couronnées d'éclairs, et les laissant retomber avec une violence précise :

> *Mouin en dedans déjà*
> *En l'air-oh !*
> *Nan point taureau*
> *Passé taureau*
> *En l'air, oh*[4]

Une circulation rythmique s'établissait entre le cœur battant du tambour et les mouvements des hommes : le rythme était comme un flux puissant qui les pénétrait jusqu'au fond de leurs artères et nourrissait leurs muscles d'une vigueur renouvelée.

(ibidem)

APRÈS LE TRAVAIL

Vers les onze heures, le message du coumbite s'affaiblissait : ce n'est plus le bloc massif des voix soutenant l'effort des hommes ; le chant hésitait, s'élevait sans force, les ailes rognées. Il reprenait parfois, troué de silence, avec une vigueur décroissante. Le tambour bégayait encore un peu, mais il n'y avait plus rien de son appel jovial quand, à l'aube, le Simidor le martelait avec une savante autorité.

Ce n'est pas seulement le besoin de repos, la houe devenant

1. *Boucan :* feu où l'on fume la viande.
2. *Bayahondes :* arbustes épineux.
3. A terre. Je demande. Qui est dans la case. Le compère répond : C'est moi avec ma cousine. — Assez - eh !
4. Je suis là-dedans déjà - En l'air, oh - Il n'y a pas plus taureau que le taureau - En l'air, oh !

de plus en plus lourde à manier, le joug de la fatigue sur la nuque raide, l'échauffement du soleil ; c'est que le travail finissait. Pourtant on s'était à peine arrêté, le temps d'avaler une gorgée de tafia[1], de se détendre les reins — dans le corps c'est ce qu'il y a de plus récalcitrant, les reins. Mais ces habitants des mornes et des plaines, les bourgeois de la ville ont beau les appeler par dérision « nègres pieds-à-terre », « nègres va-nu-pieds », « nègres-orteils » (trop pauvres qu'ils étaient pour s'acheter des souliers) tant pis, parce que, question de courage au travail, nous sommes sans reproche.

Ils avaient accompli une rude besogne. Gratté, raclé, nettoyé la face hirsute du champ ; la mauvaise broussaille jonchait le sol. Beaubrun et ses garçons la rassembleraient pour y mettre le feu. Ce qui avait été herbe inutile, piquants, halliers, enchevêtrés de lianes courantes, retomberait en cendres fertilisantes, dans la terre remuée. Il avait son plein contentement, Beaubrun.

— Merci, voisins, qu'il répétait, Beaubrun.

— A votre service, voisin, nous répondions nous autres. Mais à la hâte : on n'avait plus de temps pour les politesses. Le manger attendait. Et quel manger, quelle mangeaille. Rosanna n'était pas une négresse chiche, c'était justice de le reconnaître. Tous ceux qui, par dépit, avaient dit des méchancetés sur son compte : parce que c'était une femme tout de bon qu'il ne fallait pas essayer de dérespecter, une bougresse avec qui on ne pouvait bêtiser, faisaient leur *mea culpa*. C'est que dès le détour du chemin, une odeur venait à leur rencontre, les saluait positivement, les enveloppait, les pénétrait, leur ouvrait dans l'estomac le creux agréable du grand goût[2].

Et le Simidor Antoine qui, pas plus tard que l'avant-veille, avait reçu de Rosanna, lorsqu'il lui avait lancé une plaisanterie canaille, des détails d'une précision étonnante sur les débordements de sa propre mère, humant, à larges narines, la fumée des viandes, soupira avec conviction solennelle :

— Beaubrun, mon cher, votre madame est une bénédiction... bénédiction...

Dans les chaudrons, les casseroles, les écuelles, s'empilaient le grilleau de cochon pimenté à l'emporte-bouche, le maïs moulu à la morue et si tu voulais du riz-soleil avec des pois rouges étoffés de petit salé, et des bananes, des patates, des ignames en gaspillage.

(ibidem)

1. *Tafia :* Eau de vie fabriquée avec les résidus de la canne à sucre.
2. Appétit.

Dorméus fit un signe : le battement entrecoupé des tambours préluda, s'amplifia en un sombre volume percuté qui déferla sur la nuit et le chant unanime monta, appuyé sur le rythme antique et les habitants se mirent à danser leur supplication, genoux fléchis, bras écartés :

> *Legba[2], fais leur voir ça*
> *Alegba-sé, c'est nous deux*

Leurs pères avaient imploré les fétiches de Ouidah[3] en dansant ce Yanvalou et en leurs jours de détresse, ils s'en souvenaient avec une fidélité qui ressuscitait de la nuit des temps la puissance ténébreuse des vieux dieux Dahoméens :

> *C'est nous deux, Kataroulo*
> *Vaillant Legba, c'est nous deux.*

Les hounsi[4] tournoyant autour du poteau central mélangeaient l'écume de leurs robes à la vague brassée des habitants vêtus de bleu et Délira dansait aussi, le visage recueilli, et Manuel, vaincu par la pulsation magique des tambours au plus secret de son sang, dansait et chantait avec les autres :

> *Criez abobo[5] Atibon Legba.*
> *Abobo Kataroulo, Vaillant Legba.*

Dorméus agita son asson, le hochet rituel fait d'une calebasse évidée, ornée d'un treillis de vertèbres de couleuvre et de perles de verroterie entrelacées. Les tambours s'apaisèrent. Au milieu du vêvê[6], le *La Place* avait déposé sur une serviette blanche un coq couleur de flamme afin de centrer toutes les forces surnaturelles en un seul nœud vivant, en un buisson ardent de plumes et de sang.

Dorméus saisit le coq et l'agita en éventail au-dessus des sacrifiants.

1. Pour une information sérieuse sur la religion du vaudou haïtien, nous renvoyons le lecteur aux études d'Alfred Métraux.
2. *Legba* : dieu vaudou. C'est le maître des trois chemins qui conduisent au pays de Guinée (pays des morts).
3. *Ouidah* : sanctuaire vaudou au Dahomey.
4. *Hounsi* : adeptes.
5. *Abobo* : cri de jubilation religieuse.
6. *Vêvê* : cercle sacré.

Mérilia et Clairemise chancelèrent, en frissonnant, le visage ravagé. Elles dansaient maintenant, en se débattant de l'épaule, dans l'étreinte forcenée des loas[1] qui les possédaient en chair et en esprit.

— Santa Maria Gratia !

Les habitants entonnèrent l'action de grâces, car c'était le signe visible que Legba acceptait le sacrifice.

D'une torsion violente, Dorméus arracha la tête du coq et en présenta le corps aux quatre directions cardinales.

— Abobo

hululèrent les hounsi.

Le houngan[2] refit le même geste d'orientation et laissa tomber trois gouttes de sang par terre.

— Saignez, saignez, saignez

chantèrent les habitants.

Dans un tourbillon frénétique, les hounsi dansaient en chantant autour de l'animal sacrifié et au passage lui arrachaient les plumes par poignées jusqu'à l'avoir entièrement dépouillé.

Antoine reçut la victime des mains du houngan. Ce n'est plus Simidor hilare, hérissé de malice comme un cactus piquant : cérémonieux et pénétré de son importance, il représentait maintenant Legba-aux-vieux-os, chargé de cuire, sans ail ni graisse de porc, ce qui n'était plus un coq ordinaire, mais le Koklo[3] du loa, revêtu de ce nom rituel et de la sainteté que lui conférait son meurtre sacré.

Le houngan planta les plumes du coq autour du poteau, traça un nouveau vêvê, alluma une bougie en son centre.

Les drapeaux ondoyèrent, l'appel sourd du tambour retentit, précipitant le chant dans un nouvel élan, les voix des femmes fusèrent très haut, fêlant l'épaisse masse chorale :

> *Legba-si, Legba saigné, saigné*
> *Abobo*
> *Vaillant Legba*
> *Les sept Legba Kataroulo*
> *Vaillant Legba*
> *Alegba-sé, c'est nous deux*
> *Abo yé.*

Manuel s'abandonnait au ressac de la danse, mais une singulière tristesse se glissait en son esprit. Il rencontra le regard de sa mère et il lui sembla y voir briller des larmes.

1. *Loas :* dieux vaudoux.
2. *Houngan :* prêtre.
3. *Koklo :* esprit.

Le sacrifice de Legba était terminé ; le Maître des chemins avait regagné sa Guinée natale par les voies mystérieuses où marchent les loas.

Cependant la fête se poursuivait. Les habitants oubliaient leur misère : la danse et l'alcool les anesthésiaient, entraînaient et nettoyaient leur conscience naufragée dans ces régions irréelles et louches où les guettait la déraison farouche des dieux africains.

Et lorsque vint l'aube, les tambours battaient encore sur l'insomnie de la plaine comme un cœur inépuisable.

(ibidem)

LA GRÈVE

Manuel s'entretient avec un camarade.

— Je vais te raconter : dans les commencements, à Cuba, on était sans défense et sans résistance ; celui-ci se croyait blanc, celui-là était nègre et il y avait pas mal de mésentente entre nous : on était éparpillé comme du sable et les patrons marchaient sur ce sable. Mais lorsque nous avons reconnu que nous étions tous pareils, lorsque nous nous sommes rassemblés pour la huelga...

— Qu'est-ce que c'est ce mot : la huelga ?

— Vous autres, vous dites plutôt la grève.

— Je ne sais non plus ce que ça veut dire.

Manuel lui montra sa main ouverte :

— Regarde ce doigt comme c'est maigre, et celui-là tout faible, et cet autre pas plus gaillard, et ce malheureux, pas bien fort non plus, et ce dernier tout seul et pour son compte.

Il serra le poing :

— Et maintenant, est-ce que c'est assez solide, assez massif, assez ramassé ? On dirait que oui, pas vrai ? Eh bien, la grève, c'est ça : un NON de mille voix qui ne font qu'une et qui s'abat sur la table du patron avec le pesant d'une roche. Non, je te dis : non, et c'est non. Pas de travail, pas de zafra[1], pas un brin d'herbe de coupé si tu ne nous paies le juste prix du courage et de la peine de nos bras. Et le patron, qu'est-ce qu'il peut faire, le patron ? Appeler la police. C'est ça. Parce que les deux, c'est complice comme la peau et la chemise. Et chargez-moi ces brigands. On n'est pas des brigands, on est des travailleurs, des proléteurs[2], c'est comme ça que ça s'appelle, et

1. *Zafra* : sucre.
2. Prolétaires.

on reste en rang têtu sous l'orage ; il y en a qui tombent, mais le reste tient bon, malgré la faim, la police, la prison et pendant ce temps la canne attend et pourrit sur pied, la Centrale[1] attend avec les dents désœuvrées de ses moulins, le patron attend avec ses calculs et tout ce qu'il avait escompté pour remplir ses poches et à la fin des fins, il est obligé de composer : « alors quoi, qu'il dit, on ne peut pas causer ? » Sûr, qu'on peut causer. C'est qu'on a gagné la bataille. Et pourquoi ? Parce qu'on s'est soudé en une seule ligne comme les épaules des montagnes et quand la volonté de l'homme se fait haute et dure comme les montagnes il n'y a pas de force sur terre ou en enfer pour l'ébranler et la détruire.

Il regarde au loin, vers la plaine, vers le ciel dressé comme une falaise de lumière :

— Tu vois, c'est la plus grande chose au monde que tous les hommes sont frères, qu'ils ont le même poids dans la balance de la misère et de l'injustice.

L'HOMME EST LE BOULANGER DE SA VIE

Dans ce texte, Roumain oppose, sous forme de dialogue, deux conceptions de la vie ; celle qui consiste à subir passivement le sort en s'en remettant aux divinités pour trouver les solutions, et celle qui consiste à chercher les solutions soi-même surtout dans le domaine pratique, sans pour autant rejeter les coutumes des ancêtres ; mais c'est à l'homme qu'il appartient d'organiser son domaine afin d'en refaire un paradis terrestre. Manuel parle avec Anna, sa fiancée.

— Tu vois la couleur de la plaine, on dirait de la paille dans la bouche d'un four tout flambant. La récolte a péri, il n'y a plus d'espoir. Comment vivrez-vous ? Ce serait un miracle si vous viviez, mais c'est mourir que vous mourrez, lentement. Et qu'est-ce que vous avez fait contre ? Une seule chose : crier votre misère aux loas, offrir des cérémonies pour qu'ils fassent tomber la pluie. Mais tout ça, c'est des bêtises, ça ne compte pas, c'est inutile et c'est un gaspillage.

— Alors qu'est-ce qui compte, Manuel ? Et tu n'as pas peur de dérespecter[2] les vieux de Guinée ?

— Non, j'ai de la considération pour les coutumes des anciens, mais le sang d'un coq ou d'un cabri ne peut faire virer les saisons, changer la course des nuages et les gonfler d'eau comme des vessies. L'autre nuit, à ce service de Legba, j'ai dansé et j'ai

1. L'usine.
2. *Dérespecter :* manquer de respect.

chanté mon plein contentement : je suis nègre, pas vrai ? et j'ai pris mon plaisir en tant que nègre véridique. Quand les tambours battent, ça me répond au creux de l'estomac, je sens une démangeaison dans mes reins et un courant dans mes jambes, il faut que j'entre dans la ronde. Mais c'est tout.

— C'est dans le pays de Cuba que tu as pris ces idées-là ?

— L'expérience est le bâton des aveugles et j'ai appris que ce qui compte, puisque tu me le demandes, c'est la rébellion, et la connaissance que l'homme est le boulanger de la vie.

— Ah, nous autres, c'est la vie qui nous pétrit.

— Parce que vous êtes une pâte résignée, voilà ce que vous êtes.

— Mais qu'est-ce qu'on peut faire, est-ce qu'on n'est pas sans recours et sans remède devant le malheur ? C'est la fatalité, que veux-tu !

— Non, tant qu'on n'est pas ébranché de ses bras et qu'on a le vouloir de lutter contre l'adversité. Que dirais-tu, Anna, si la plaine se peinturait à neuf, si dans la savane, l'herbe de Guinée montait haute comme une rivière en crue ?

— Je dirais merci pour la consolation.

— Que dirais-tu si le maïs poussait dans la fraîcheur ?

— Je dirais merci pour la bénédiction.

— Est-ce que tu vois les grappes du petit-mil, et les merles pillards qu'il faut chasser ? Tu vois les épis ?

Elle ferme les yeux :

— Oui, je vois.

— Est-ce que tu vois les bananiers penchés à cause du poids des régimes ?

— Oui.

— Est-ce que tu vois les vivres et les fruits mûrs ?

— Oui, oui.

— Est-ce que tu vois la richesse ?

Elle ouvrit les yeux :

— Tu m'as fait rêver. Je vois la pauvreté.

— Et c'est pourtant ce qui serait, s'il y avait quoi, Anna ?

— La pluie, mais pas seulement une petite farinade : de grandes, de grosses pluies persistantes.

— Ou bien l'arrosage, n'est-ce pas ?

— Mais la source Fanchon est à sec et la source Lauriers aussi.

— Suppose, Anna, suppose que j'y découvre l'eau, suppose que je l'amène dans la plaine.

Elle leva sur lui un regard ébloui :

— Tu ferais cela, Manuel ?

— Pas moi seulement, Anna. Tous les habitants auront leur part, tous jouiront de la bienfaisance de l'eau.

Elle laissa aller ses bras avec découragement.

— Ay, Manuel, ay frère, toute la journée ils affilent leurs dents avec des menaces ; l'un déteste l'autre, la famille est désaccordée, les amis d'hier sont les ennemis d'aujourd'hui et ils ont pris deux cadavres pour drapeaux et il y a du sang sur ces morts et le sang n'est pas encore sec.

— Je sais Anna, mais écoute-moi bien : ce sera un gros travail de conduire l'eau jusqu'à Fonds Rouge, il faudra le concours de tout le monde et s'il n'y a pas de réconciliation, ce ne sera pas possible.

(*Gouverneurs de la rosée*, Editeurs français réunis, Paris)

CONCORDE OU DISCORDE

— Mais dis-moi franc ce que tu veux faire.

— Aller trouver les autres. « Compères, je dirais, c'est vrai ce qu'on répète, oui, compères. J'ai trouvé une source qui peut arroser tous les jardins de la plaine, mais pour l'amener jusqu'icitte[1], faut le concours de tout le monde, un coumbite général, voilà ce qu'il faut. Ce qu'une main n'est pas capable, deux peuvent le faire. Baillons-nous la main. Je viens vous proposer la paix et la réconciliation. Quel avantage avons-nous d'être ennemis ? Si vous avez besoin d'une réponse, regardez vos enfants, regardez vos plantes : la mort est sur eux, la misère et la désolation saccagent Fonds Rouge. »

Ça sentait le pourri depuis quelque temps à Fonds Rouge ; la haine ça donne à l'âme une haleine empoisonnée, c'est comme un marigot de boue verte, de bile cuite, d'humeurs rances et macérées. Maintenant que l'eau va arroser la plaine, qu'elle va couler dans les jardins, ce qui était ennemi redeviendra ami, ce qui était séparé va se rejoindre et l'habitant ne sera plus un chien enragé pour l'habitant. Chaque nègre va reconnaître son pareil, son semblable et son prochain et voici le courage de mon bras, s'il te fait besoin pour travailler, tu frappes à ma porte : honneur ? et je te réponds : respect, frère, entre et assieds-toi, mon manger est prêt, mange, c'est de bon cœur.

Sans la concorde la vie n'a pas de goût, la vie n'a pas de sens.

— C'est une parole de vérité, approuva Laurélien.

— Je connais mes nègres, continua Manuel, ils ont l'entende-

1. *Icitte* : ici.

65

ment plus dur et récalcitrant que le petit-mil sous le pilon, mais lorsqu'un homme ne raisonne pas avec sa tête, il réfléchit avec son estomac, surtout s'il l'a vide. C'est là que je les toucherai : dans le sensible de leur intérêt. Je vais aller les voir et leur parler l'un après l'autre. On ne peut pas avaler une grappe de raisins d'un seul coup, mais grain par grain, c'est facile.

(ibidem)

LA MORT DE MANUEL

Manuel a été assassiné par un paysan jaloux de l'amour que lui porte Anna, sa fiancée.

Elle lava les plaies. Très peu de sang avait coulé.

— J'ai soif, répéta-t-il.

La vieille apporta le café. Elle soutint Manuel dans ses bras et il but avec effort. Sa tête retomba sur l'oreiller.

— Ouvre la fenêtre, maman.

Il contempla cette clairière de lumière qui s'agrandissait dans le ciel. Il sourit faiblement :

— Le jour se lève. Chaque jour, le jour se lève. La vie recommence.

— Dis-moi, Manuel, insista Délira, dis-moi le nom de ce bandit pour que je prévienne Hilarion.

Ses mains s'agitèrent sur les draps. Les ongles étaient d'un blanc écailleux. Il parla, mais si bas, que Délira fut obligée de se pencher sur lui.

— Ta main, maman, ta main. Réchauffe-moi.

— Je sens une froidure dans les mains.

Délira le contemple, désespérée. Ses yeux se sont élargis au fond des orbites. Un cerne verdâtre s'étend sur ses joues creusées. Il s'en va, pensa-t-elle, mon garçon s'en va, la mort est sur lui.

— Tu m'entends, maman ?

— Je t'écoute, oui, Manuel.

On dirait qu'il rassemble ses forces pour parler.

A travers un brouillard de larmes, Délira regarde cette poitrine qui se lève, qui lutte.

— Si tu préviens Hilarion, ce sera encore une fois la même histoire de Saveur et Dorisca[1]. La haine, la vengeance entre les habitants. L'eau sera perdue. Vous avez offert des sacrifices aux

1. Vieilles querelles villageoises.

loas, vous avez offert le sang des poules et des cabris pour faire tomber la pluie, ça n'a servi à rien. Parce que ce qui compte, c'est le sacrifice de l'homme. C'est le sang du nègre. Va trouver Larivoire. Dis-lui la volonté du sang qui a coulé : la réconciliation, la réconciliation pour que la vie recommence, pour que le jour se lève sur la rosée.

Epuisé, il murmura encore :

— Et chantez mon deuil, chantez mon deuil avec un chant de coumbite.

— Honneur, crie une voix du dehors.

— Respect, répond machinalement Délira.

La tête malveillante d'Hilarion s'encadre dans la fenêtre.

— Hé, bonjour Délira.

— Bonjour, oui.

Il aperçoit le corps couché.

— Qu'est-ce qu'il a celui-là ? Malade ?

Ses yeux soupçonneux louchent vers Manuel.

Délira hésite, mais elle sent la main de Manuel étreindre la sienne.

— Oui, dit-elle, il a rapporté de Cuba les mauvaises fièvres.

— Est-ce qu'il dort ? fait Hilarion.

— Il dort, oui.

— C'est contrariant, parce que le lieutenant demande pour lui[1]. Faudra qu'il se présente à la caserne dès qu'il pourra se lever.

— C'est bien, je lui dirai.

Elle écoute ses pas qui s'éloignent et se tourne vers Manuel. Un filet de sang noir coule de sa bouche et ses yeux la regardent, mais ne la voient plus. Il tient encore sa main : il a emporté sa promesse.

(ibidem)

LES DEVINETTES À LA VEILLÉE FUNÈBRE[2]

Il faut faire passer le temps dans les veillées. Les cartes, les cantiques, et le clairin[3] ne suffisent pas. La nuit est longue.

Près de la cuisine, Antoine, une tasse de café en main, pose des devinettes. Ce sont surtout les jeunes qui l'entourent. Ce n'est pas que les habitants plus âgés n'y prennent pas plaisir, mais ça n'a pas l'air très sérieux et on tient, n'est-ce pas vrai,

1. Le demande.
2. La devinette est un jeu que l'Afrique a rendu littéraire, par l'étonnante ampleur qu'il prit sur ce continent.
3. Boisson à base de jus de canne.

à sa réputation d'homme grave et sévère. Il se pourrait qu'à une malice inattendue de cet Antoine, on soit obligé de rire. Alors ? Alors, ces jeunes nègres n'auraient plus de respect pour vous. Ils sont toujours prêts à vous croire leur pareil et leur camarade, ces petits macaques-là.

Antoine commence :

— En entrant dans la maison, toutes les femmes enlèvent leurs robes.

Les autres cherchent. Ils se creusent l'imagination. Ah, bah, ils ne trouvent pas.

— Qu'est-ce que c'est ? demande Anselme.

— Les goélettes carguent leurs voiles en entrant au port, explique Antoine.

Il avale une gorgée de café :

— Je vais chez le roi. Je trouve deux chemins, faut que je les prenne tous deux ?

— Le pantalon, crie Lazare.

— C'est ça. Mais celle-ci, je ne m'appelle pas Antoine si vous la trouvez : la petite Marie met son poing sur la hanche et dit : Je suis une grande fille ?

C'est difficile, oui, c'est difficile.

— Vous n'êtes pas assez intelligents. Bande de nègres à tête dure que vous êtes.

Et positivement, ils ont beau s'efforcer, c'est en vain, ils ne devinent pas.

Antoine triomphe :

— La tasse.

Il tient la sienne par sa anse, il la leur montre et il rit son content.

— Encore une, Antoine, encore une, s'il vous plaît, réclament-ils en chœur.

— Chh... vous faites trop de bruit, et en vérité vous êtes insatiables.

Il feint de se faire prier, mais il ne demande qu'à continuer, Antoine. Dans toute la plaine, on vous dira qu'il n'y a pas plus fameux pour les contes et les chansons.

— Bon, fait-il, je vais vous faciliter[1] : ronde comme une boule, longue comme le grand chemin ?

— Pelote de fil.

— Je brûle ma langue et donne mon sang pour faire plaisir à la société ?

— La lampe.

1. Dire des choses faciles.

— Ma veste est verte, ma chemise blanche, mon pantalon rouge, ma cravate noire ?

— Melon d'eau.

— Anselme, mon fi, dit Antoine. Va remplir cette tasse de clairin, mais à ras bord, tu m'entends ? Ça ne se ménage pas le clairin de veillée, faut faire honneur au défunt. Si c'est commère Destine qui a la bouteille, dis-lui que c'est pour Laurélien. Par précaution, mon fi, par précaution. Parce que cette Destine et moi, nous nous entendons comme le lait et le citron. Nous avons le cœur tourné rien qu'à nous regarder.

C'est ainsi que la veillée se poursuit : entre les larmes et le rire. Tout comme la vie, compère ; oui, tout juste comme la vie.

(ibidem)

NICOLAS GUILLEN, 1902

Né en 1902 à Cuba, Nicolas Guillen fut célèbre dès son premier recueil de poèmes *Motivos del Son* en 1930. D'origine bourgeoise, ce poète-journaliste et communiste, en suivant son idéal révolutionnaire, révolutionne aussi la littérature espagnole en y introduisant les thèmes de la misère du peuple et des Nègres. Trente ans avant Castro, Guillen dénonce le vrai visage des « West Indies », les Antilles, déchirant le mensonge de l'exotisme. L'injustice établie s'étale dans ses poèmes, avec son cortège de lèpres sociales, d'angoisses d'esclaves, de grondements de révolte, cependant que les rythmes africains remodèlent admirablement la langue de Cervantès. L'œuvre de Guillen donne le plus bel exemple du seul mariage culturel — l'afro-hispanique — que l'Afrique ait vraiment réussi avec harmonie et sans déchirure ; et cela est vrai pour la musique (cha-cha-cha, mambo, samba), autant que pour la poésie.

Comme celle de son ami Langston Hughes, son influence sur les Antillais francophones est certaine. Damas, Césaire, Tirolien reconnaissent en Guillen un frère aîné qui les a précédés dans la « Reconquista » de la négritude, dans la protestation virile contre le sort ignominieux des Isles.

AUTRES ŒUVRES : *Elégies et chansons cubaines* — *West Indies Ltd* — *Songoro consongo* — *España, poema en cuatro angustias y una esperanza* (sur la guerre civile d'Espagne à laquelle il a participé du côté des anti-franquistes).

WEST INDIES LTD[1]

Pour trouver notre subsistance
Il faut travailler sans repos ;
Pour trouver notre subsistance
il faut travailler sans repos :

1. *West Indies limited* : compagnie commerciale à responsabilité limitée.

69

mais plutôt que courber le dos,
mieux vaut que tu courbes la tête.

De la canne on tire le sucre,
le sucre à sucrer le café ;
de la canne on tire le sucre,
le sucre à sucrer le café ;
ce qu'elle sucre me paraît
plutôt sucré avec du fiel.

Je n'ai pas de foyer,
ni de femme à aimer
Je n'ai pas de foyer,
ni de femme à aimer
Tous les chiens aboient après moi,
et personne ne me vouvoie.

Les hommes, lorsqu'ils sont des hommes,
doivent bien porter un couteau ;
les hommes, lorsqu'ils sont des hommes,
doivent bien porter un couteau ;
je fus homme et je l'ai porté,
mais au bagne je l'ai laissé !

Si je mourais maintenant même,
si je mourais maintenant même,
si je mourais maintenant même,
oh, quelle joie, mère, j'aurais !

Aïe, je te donnerai, je te donnerai,
je te donnerai, je te donnerai
aïe, je te donnerai
la liberté !

West Indies ! West Indies ! West Indies!
Voici le peuple hirsute,
cuivré, multicéphale, où serpente la vie
avec sa peau que craquelle une fange sèche.
Voici le bagne
où chaque homme a des chaînes aux pieds.
Voici le siège ridicule des « trusts and companies. »
Voici le lac d'asphalte et les mines de fer,
les plantations de café,
les « ports docks » et les « ferry-boats » et les « ten cents »...

Voici le peuple du « all right, »
où tout va mal ;
voici le peuple du « very well »,
où nul n'est bien.

Voici aussi ceux qui servent Mr Babbitt.[1]
Ceux qui envoient leurs enfants en classe à West Point.
Voici aussi ceux qui hurlent : « hello, baby »,
et qui fument des « Chesterfield », des « Lucky Strike ».
Les voici ceux qui viennent danser « le fox-trot »,
et voici les « boys » du « jazz band »,
les estivants de Miami et de Palm Beach.
Les voici ceux qui commandent : « bread and butter »,
« coffee and milk ».
Et voici l'absurde jeunesse syphilitique,
fumeuse d'opium et de marihuana,
qui étale à tous les regards ses spirochètes
et porte costume nouveau chaque semaine.
La voici donc toute la fleur de Port-au-Prince,
toute l'élite de Kingston, tout le « high life » de la Havane...
Mais les voici aussi, ceux qui rament parmi les larmes,
ô dramatiques galériens, ô dramatiques galériens !

West Indies ! Noix de coco, tabac et eau-de-vie...
Voici un peuple obscur et souriant,
conservateur et libéral,
Peuple éleveur et sucrier
où parfois l'argent coule à flots,
mais où l'on vit toujours très mal.

Le soleil grille ici toutes les choses,
il grille le cerveau et grille jusqu'aux roses.
Et sous notre éclatant costume de coutil
nous portons encore des pagnes ;
gens simples, tendres, fils d'esclaves
et de pègre incivile,
si variée en son origine,
dont Colomb, au nom de l'Espagne,
fit don aux Indes — geste gracieux —

Voici des blancs, des noirs, des chinois, des mulâtres.
Il s'agit, n'est-ce pas de couleurs à bas prix,

1. L'Américain type (cfr. le roman *Babbitt*, de Sinclair Lewis)

car à travers tant de marchés et de contrats
les couleurs ont couru et pas un ton n'est stable.
(Que celui qui pense autrement fasse un pas et qu'il parle.)

Ici il y a tout cela, et il y a des partis politiques
et des orateurs qui déclarent : « en ces moments critiques… »
Il y a des banques, il y a des banquiers,
des législateurs, des boursiers,
des avocats, des journalistes
des médecins et des portiers.

Que peut-il nous manquer ?
Et même si quelque chose manquait nous le ferions chercher.
West Indies ! Noix de coco, tabac et eau-de-vie.
Voici un peuple obscur et souriant.

Terre insulaire !
Ah, terre étroite !
N'est-il pas vrai qu'elle nous paraît faite
pour abriter la seule palmeraie ?

Terre d'escale pour « L'Orénoque »,
ou autre bateau d'excursion,
bondé, sans un artiste
et sans un fou ;
ports où celui qui rentre de Tahiti,
d'Afghanistan ou de Séoul,
vient se nourrir du bleu du ciel,
en l'arrosant de Bacardi[1],
ô ports qui parlent un anglais
qui commence par « yes » et s'achève par « yes ».
(Anglais de cicerone à quatre pattes.)
West Indies ! Noix de coco, tabac et eau-de-vie.
Voici un peuple obscur et souriant.
Je me ris de toi, noble des Antilles,
singe qui t'avances par sauts d'un arbre à l'autre,
ô paillasse[2] qui sues pour éviter la gaffe,
et la commets toujours plus grande chaque fois.

Je me ris de toi blanc aux veines vertes
- ces veines qui paraissent quoi que tu fasses pour les cacher ! -
Je me ris de toi qui parles d'aristocraties pures,

1. Rhum.
2. Clown.

72

de raffineries florissantes, de coffres-forts garnis.
Je me ris de toi, ô nègre singeur,
qui ouvres grand tes yeux devant l'auto des riches,
et qui te sens honteux de voir ta peau si noire,
alors que ton poing est si dur !
Je me ris de tous ; je me ris du monde entier.
Du monde entier ému devant quatre pantins,
qui se dressent orgueilleux derrière leurs blasons criards,
comme quatre sauvages au pied d'un cocotier.

(*West Indies Ltd*, trad. Claude Couffon. Ed. Seghers, Paris)

CHANT POUR TUER UN SERPENT

Mayombé - bombé - mayombé[1] !
Mayombé - bombé - mayombé !
Mayombé - bombé - mayombé !
Le serpent a des yeux de verre ;
le serpent vient et s'enroule sur une branche ;
avec des yeux de verre il s'enroule sur une branche
avec des yeux de verre.
Le serpent se traîne sans patte ;
le serpent se cache dans l'herbe ;
en se traînant le serpent se cache dans l'herbe,
en se traînant sans patte !

Mayombé - bombé - mayombé !
Mayombé - bombé - mayombé !
Mayombé - bombé - mayombé !

Tu le frappes d'un coup de hache, et il est mort :
frappe-le !

Ne le frappe pas de ton pied, car il te mord,
ne le frappe pas de ton pied car il s'en va !

Sensemaya, vois, le serpent,
sensemaya.
Sensemaya, avec ses yeux,
sensemaya.
Sensemaya, avec sa langue,
sensemaya.

1. *Mayombé* : c'est le nom d'une région de forêt dense au Bas-Congo,
ainsi que celui d'un grand tambour de danse.

Sensemaya, avec sa langue,
sensemaya...

Le serpent mort ne peut manger ;
le serpent mort ne peut siffler ;
ni avancer,
ni s'élancer !
Le serpent mort ne peut plus voir ;
le serpent mort ne peut plus boire,
ni respirer
ni te piquer !

Mayombé - bombé - mayombé !
Sensemaya, vois, le serpent...
Mayombé - bombé - mayombé !
Sensemaya ne bouge plus...
Mayombé - bombé - mayombé !
Sensemaya, vois, le serpent...
Mayombé - bombé - mayombé !
Sensemaya, tu l'as tué !

(*Elégies et chansons cubaines*, traduction par Claude Couffon.
Editions Seghers, Paris.)

II

Le mouvement de la négritude

LE MANIFESTE DE « LEGITIME DEFENSE »
PARIS, 1932

En 1932, à Paris, paraissait une petite revue qui marquait de façon officielle en quelque sorte le début de la littérature nègre d'expression française. Elle était publiée par des étudiants martiniquais et se nommait : Légitime défense. *On y défendait en effet pour la première fois la personnalité antillaise que 300 ans d'esclavage et de colonisation avaient écrasée. Se réclamant des poètes surréalistes d'une part et des écrivains noirs américains de l'autre, la revue stigmatisait en termes extrêmement durs la médiocrité de la littérature antillaise qui en était restée à une pâle imitation du Parnasse français :* « Prosodie surannée » *; en effet, même en France, plus personne ne songeait à écrire comme les parnassiens ! Rimbaud, Verlaine, Appolinaire et les Surréalistes avaient affranchi la poésie de toutes les règles étroites qui l'emprisonnaient dans le sonnet, l'alexandrin et la rime. En France la poésie était libérée de toutes les conventions et aux Antilles on s'appliquait toujours, par conformisme, à ciseler des vers à la manière de Leconte de Lisle. Pourquoi ?* Légitime défense *met le doigt sur la plaie : la poésie antillaise est faite par une minorité de bourgeois assimilés :* « L'Antillais est bourré à craquer de culture blanche, de préjugés blancs... », « Son complexe d'infériorité le pousse dans les sentiers battus :* « Je suis nègre, vous dira-t-il, il ne me sied point d'être extravagant ». *Ainsi l'ancien esclave est ligoté par la peur d'être mal jugé par son maître qui est resté* *son modèle idéal. Et, de crainte de choquer, il se cantonne dans une imitation servile, se méfie des innovations, se refuse « à adopter toute règle poétique que cent ans d'expérience blanche n'aient point sanctionnée ! » « Poètes de caricatures » aux yeux même de la France à laquelle ces Antillais veulent plaire. Ils sont seulement ridicules !*

Légitime défense prêche donc la libération du style. Mais elle ne s'arrête pas là : elle prêche aussi la liberté de l'imagination, du tempérament nègre[1]. Elle vante l'exemple des écrivains américains de la « Négro-Renaissance » : Au lieu de « se faire un point d'honneur qu'un blanc puisse lire tout son livre sans deviner sa pigmentation », l'écrivain doit donc assumer sa couleur, sa race, se faire « l'écho des haines et des aspirations de son peuple opprimé », en somme assumer sa négritude. Au prix de cette sincérité et de ce courage, l'Antillais cessera d'être un singe et un pantin, et une poésie, une littérature digne de ce nom, vraiment antillaise, vraiment originale pourra naître.

Tel est le message de Légitime défense que les étudiants noirs de Paris entendirent, en particulier Césaire, Damas, Senghor, qui allaient fonder le Mouvement de la Négritude.

MISÈRE D'UNE POÉSIE

Il est profondément inexact de parler d'une poésie antillaise. Le gros de la population des Antilles ne lit pas, n'écrit pas et ne parle pas le français. Quelques membres d'une société mulâtre, intellectuellement et physiquement abâtardie, littérairement nourrie de décadence blanche, se sont faits, auprès de la bourgeoisie française qui les utilise, les ambassadeurs d'une masse qu'ils étouffent et, de plus, renient parce que trop foncée.

Là-bas, le poète (ou le « barde », comme ils disent), se recrute, en fait, exclusivement dans la classe qui a le privilège du bien-être et de l'instruction. (Et s'il fallait chercher la poésie là où on la contraint à se réfugier, c'est dans le créole qu'il faudrait puiser qui n'est point un langage écrit, c'est dans les chants d'amour, de tristesse et de révolte des travailleurs noirs).

Le caractère exceptionnel de médiocrité de la poésie antillaise est donc nettement lié à l'ordre social existant.

On est poète aux Antilles comme l'on est bedeau ou fos-

---

1. De là à prêcher la libération du Nègre, il n'y avait qu'un pas, que *Légitime défense* a franchi allégrement, du reste.

soyeur, en ayant une « situation » à côté. Tel médecin, tel professeur, tel avocat, tel président de république, se fait une petite notoriété parmi la bourgeoisie mulâtre en lui servant son visage et ses goûts en vers alexandrins.

L'Antillais, bourré à craquer de morale blanche, de culture blanche, d'éducation blanche, de préjugés blancs, étale dans ses plaquettes l'image boursouflée de lui-même. D'être un bon décalque d'homme pâle lui tient lieu de raison sociale aussi bien que de raison poétique. Il n'est jamais à son goût assez décent, assez empesé. — « Tu fais comme un nègre », ne manque-t-il pas de s'indigner si, en sa présence, vous cédez à une exubérance naturelle. Aussi bien ne veut-il pas dans ses vers « faire comme un nègre ». Il se fait un point d'honneur qu'un blanc puisse lire tout son livre sans deviner sa pigmentation. De même que, honteux de ce qui subsiste en lui de polygamie africaine, il couche en cachette avec ses bonnes, de même, il a soin de s'expurger avant de « chanter » (sic), soin de bien se mettre dans la peau du blanc, de ne rien lâcher qui le trahisse. Invariablement, il vous décrit des paysages ou vous raconte de petites histoires où l'hypocrisie le dispute au diffus et au Louis-Napoléon.

L'étranger chercherait vainement dans cette littérature un accent original ou profond, l'imagination sensuelle et colorée du noir, l'écho des haines et des aspirations d'un peuple opprimé. Un des pontifes de cette poésie de classe, M. Daniel Thaly, a célébré la mort des Caraïbes[1] (ce qui nous est indifférent, puisque ceux-ci ont été exterminés jusqu'au dernier), mais il a tu la révolte de l'esclave arraché à son sol et à sa famille.

Pauvres sujets, mais non moins pauvres moyens poétiques.

Le bourgeois antillais est ici plus méfiant que jamais. Son complexe d'infériorité le pousse dans les sentiers battus. « Je suis nègre », vous dira-t-il, « il ne me sied point d'être extravagant. »

De même qu'il se refuse à voir dans la France d'aujourd'hui autre chose que la France de 89, le bourgeois antillais se refuse à adopter toute règle poétique que cent ans d'expériences blanches n'aient point sanctionnée.

Non content d'user d'une prosodie, et d'une prosodie surannée, l'Antillais l'agrémentera d'un soupçon d'archaïsme : cela fait « vieille France ».

Une indigestion d'esprit français et d'humanités classiques

1. Les Indiens Caraïbes, premiers occupants des Antilles, qui furent exterminés par les colonisateurs européens.

nous a valu ces bavards et l'eau sédative de leur poésie, ces poètes de caricature.

Le vent qui monte de l'Amérique noire aura vite fait, espérons-le, de nettoyer nos Antilles des fruits avortés d'une culture caduque. Langston Hughes et Claude Mac Kay, les deux poètes noirs révolutionnaires, nous ont apporté, marinés dans l'alcool rouge, l'amour africain de la vie, la joie africaine de l'amour, le rêve africain de la mort. Et déjà de jeunes poètes haïtiens[1] nous livrent des vers gonflés d'un futur dynamisme.

Du jour où le prolétariat noir, que suce aux Antilles une mulâtraille parasite vendue à des blancs dégénérés, accédera, en brisant ce double joug, au droit de manger et à la vie de l'esprit, de ce jour-là seulement il existera une poésie antillaise.

(Etienne Léro, revue *Légitime défense*).

LE JOURNAL « L'ETUDIANT NOIR », PARIS, 1934-1940

Légitime Défense, revue des étudiants antillais de Paris, n'eut qu'un seul numéro. Il y eut des pressions gouvernementales sur ses jeunes auteurs dont on suspendit pendant plusieurs mois les bourses d'études ; tandis que leurs parents, qui faisaient partie de cette bourgeoisie de couleur que la revue stigmatisait si brutalement, leur supprimaient les subsides. Mais avec beaucoup de prévoyance le Manifeste avait averti le lecteur : « Cette petite revue, outil provisoire, s'il casse, nous saurons trouver d'autres instruments. »

En effet le grain était semé et des réactions allaient naître, c'était l'essentiel.

Tout d'abord le groupe d'Etienne Léro continua d'exister et de défendre les thèses exprimées dans la revue, soit en des réunions d'étudiants, soit dans des articles publiés ailleurs.

Ainsi s'éveilla la conscience de plusieurs jeunes Africains et Antillais qui fondèrent en 1934 un journal, L'Etudiant Noir, dont le premier mérite fut de réunir tous les étudiants noirs de Paris.

« L'Etudiant Noir, journal corporatif et de combat, avait pour objectif la fin de la tribalisation, du système clanique en vigueur au quartier latin ! On cessait d'être un étudiant marti-

---

1. Allusion au mouvement indigéniste en Haïti, à Jacques Roumain et à J. F. Brièrre.

niquais, guadeloupéen, guyanais, africain, malgache, pour n'être qu'un seul et même étudiant noir. Terminée la vie en vase clos ! » (Damas).

Ce premier rassemblement des Noirs de Paris n'était pas le seul objectif du journal. Car pourquoi se rassembler si ce n'est pour des intérêts communs ?

Or c'est justement la prise de conscience des intérêts communs à tous les Noirs, *quelle que soit leur origine, que ce journal d'étudiants opéra.*

Reprenant les critiques de Légitime Défense *sur la politique d'assimilation culturelle,* L'Etudiant Noir revendiquait la liberté créatrice du Nègre en dehors de toute imitation occidentale. Mais il fallait aller plus loin en indiquant le moyen par lequel le Noir pouvait se libérer du carcan de cette assimilation : ce moyen c'était le retour aux sources africaines.

Le groupe de Léro en avait vivement conseillé deux autres : le communisme et le surréalisme. Leurs successeurs pousseront plus loin l'audace : communisme et surréalisme étant encore des doctrines européennes, on ne pouvait leur faire totale confiance ; ils seront ramenés du rang d'idéologies à celui d'outils, voire de techniques. « La voie politique comme la voie culturelle ne sont pas toutes faites : elles sont à découvrir et les soins de cette découverte ne regardent que nous » *écrira encore Césaire en 1956.*

Le groupe de L'Etudiant Noir *marquait donc un progrès sur celui de* Légitime Défense *en ce qu'il ne consentit jamais à suivre sans réserve les maîtres européens, pas plus les modernes que les anciens. Il* prit vraiment ses distances à l'égard des valeurs occidentales *pour découvrir et réapprendre celles du monde négro-africain.*

C'est ainsi que fut menée une véritable révolution culturelle *et que prit naissance le* Mouvement de la Négritude qui n'était autre, au départ, que « le Mouvement tendant à rattacher les Noirs de nationalité et de statut français, à leur histoire, leurs traditions et aux langues exprimant *leur âme* » [1].

« *Nos articles allaient tous dans ce sens. Naturellement Césaire menait la lutte, avant tout contre l'assimilation des Antillais. Pour moi je visais surtout à analyser et à exalter les valeurs traditionnelles de l'Afrique noire* », écrit Senghor.

Ce groupe de L'Etudiant Noir *eut une influence déterminante sur les intellectuels tant africains qu'antillais qui venaient en France. Peut-être parce qu'il était dominé et dirigé par trois personnalités d'envergure considérable : le martini-*

---

1. Léon Damas, *Poètes d'expression française*, Le Seuil, 1947.

quais Aimé Césaire, le guyanais Léon Damas et le sénégalais Léopold Sédar Senghor, entourés par Léonard Sainville, Aristide Maugée, Birago Diop, Ousmane Soce, les frères Achille.

On leur doit les premières grandes œuvres de la littérature négro-africaine de langue française et on peut aussi les considérer comme les fondateurs du Mouvement de la Négritude *qui est pour beaucoup dans l'émancipation tant politique que culturelle de l'Afrique francophone.*

En effet l'influence politique d'essais comme Le retour de Guyane *de Damas, de* Ce que l'homme noir apporte *de Senghor et du* Discours sur le colonialisme *de Césaire, a peut-être été plus importante que celle de leurs poèmes sur les intellectuels qui furent artisans des indépendances africaines.*

Avant d'aborder en détail l'œuvre littéraire de ces maîtres à penser du Mouvement de la Négritude, nous allons d'abord analyser succinctement ce qu'on entend par négritude.

La négritude

Ce mot est un néologisme que Césaire a employé pour la première fois dans le Cahier d'un retour au pays natal *en 1939 ; voici une des définitions que Césaire en donne :*

« *La négritude est la simple reconnaissance du fait d'être noir, et l'acceptation de ce fait, de notre destin de noir, de notre histoire et de notre culture* ».

Mais, avec le temps, ce concept de négritude s'est développé et il est nécessaire d'en délimiter aujourd'hui l'étendue.

On peut dire, comme définition générale, que la négritude est la façon dont les Négro-Africains comprennent l'univers, c'est-à-dire le monde qui les entoure, la nature, les gens, les évènements : c'est aussi la façon dont ils créent.

Cette conception de la vie est déterminée par deux sortes de phénomènes :
1. Les phénomènes de civilisation,
2. Les phénomènes historiques.

1. LES PHÉNOMÈNES DE CIVILISATION

« *Il n'y a pas de peuple sans culture* » *a écrit Levi-Strauss.*

L'Afrique a depuis l'Antiquité produit des cultures si riches et si originales que le savant allemand Frobenius constatait en

1906 qu'il existait vraiment une civilisation africaine[1] *portant
d'un bout à l'autre du continent noir « la même frappe » c'est-
à-dire le même cachet : « Partout nous reconnaissons un esprit,
un caractère, une essence semblables ». Cet ensemble de caractéristiques forme le « style africain » :*

*« Quiconque s'approche de lui reconnaît bientôt qu'il domine
toute l'Afrique, comme l'expression même de son être. Il se
manifeste dans les gestes de tous les peuples nègres autant que
dans leur plastique. Il parle dans leurs danses comme dans leurs
masques, dans leur sens religieux comme dans leur mode d'existence, leurs formes d'Etats et leurs destins de peuples. Il vit
dans leurs fables, leurs contes, leurs légendes, leurs mythes... »*[1]

*Qu'est-ce que cela veut dire ? Simplement ceci : que les Noirs
d'Afrique ont créé au cours des siècles des religions, des sociétés, des littératures et des arts tellement particuliers qu'on les
reconnaît entre toutes les autres civilisations de la terre. Cela
veut dire encore que cette civilisation africaine a marqué de
façon indélébile les manières de penser, de sentir et d'agir des
Négro-Africains ; qu'elle a forgé ce que Delafosse appelle
« l'âme noire » dont « le style africain » est l'expression.*

Ce n'est pas une affaire de race. Ce n'est pas parce qu'il est
noir que l'Africain a telle manière de danser, de prier, d'aimer,
de concevoir le travail, l'autorité, la justice ou la famille.
L'Africain est aujourd'hui encore différent des autres parce qu'il
hérite d'une civilisation différente et de laquelle il réapprend à
être fier. Car on lui a menti en lui enseignant, pour mieux le
dominer, qu'il n'avait qu'une civilisation inférieure, ou même pas
de civilisation du tout !

*Tous les ethnologues — ces spécialistes de l'étude des civili-
sations — sont d'accord aujourd'hui pour reconnaître que l'Afrique a inventé une civilisation qu'on ne trouve nulle part ailleurs,
parfaitement valable et intéressante ; qu'il ne faut pas déduire
de son retard technique, son infériorité dans les autres domaines : l'Afrique avant l'arrivée des Blancs n'était* absolument pas
sous-développée *sur les plans artistique, littéraire, religieux, familial, juridique, moral, politique...*

« Civilisés jusqu'à la moelle des os ! »

« L'idée du nègre barbare est une invention européenne »
écrit encore Frobenius.

Cette constante *de la civilisation africaine et la psychologie particulière qui en résulte, forment donc les bases de la
négritude. C'est à cette constante culturelle que Thomas*

---

1. Léo Frobenius, *Histoire de la civilisation africaine*, NRF, Paris.

Mélone se réfère lorsqu'il écrit : « la négritude est le propre du nègre comme c'est le propre du zèbre de porter des zébrures ».

C'est aussi à cette constante que pense Léopold Sédar Senghor dans la définition suivante : la négritude est le patrimoine culturel, les valeurs et surtout l'esprit de la Civilisation négro-africaine.

2. LES VARIABLES HISTORIQUES

Mais l'harmonie de ces cultures, assez solides pour permettre à l'homme noir de vivre et d'être heureux malgré un très faible essor technique, va être détruite par la véritable chasse à l'homme que les Portugais inaugurèrent au xve siècle et qui dura pratiquement jusqu'en 1870.

La traite, qui coûta au continent africain un minimum de cent millions d'hommes, désorganisa complètement les sociétés côtières et propagea ses désordres dans l'intérieur, d'où l'on drainait les esclaves en caravanes vers les principaux marchés qui s'échelonnaient de la Guinée au Congo.

L'exil de l'esclave dans les plantations d'Amérique, puis, à peine la traite terminée, la colonisation qui, de 1880 à 1960, s'étendit sur tout le territoire africain, les innombrables brimades dont les Nègres du monde entier furent l'objet, que ce soit la ségrégation ou l'assimilation, les lynchs ou les travaux forcés, les préjugés raciaux ou les préjugés culturels, bref cette véritable passion (Au sens : Passion du Christ) du monde noir qui dura plusieurs siècles, a nécessairement causé une série de traumatismes qui ont profondément altéré la négritude première, qui ont détruit l'équilibre même de l'homme et des sociétés noirs.

Le psychiatre Franz Fanon a particulièrement bien analysé les troubles chez les Noirs des Antilles dans son livre Peau noire, masques blancs, *le complexe d'infériorité, la honte de sa couleur, la passivité et la paresse qui sont des signes de découragement social, ou encore l'imitation, la singerie du Blanc dans l'espoir de ressembler au maître, la tentation de se « blanchir » même physiquement (en se poudrant, en s'enduisant de fards clairs, en se défrisant les cheveux), même biologiquement (cherchant à épouser un Européen ou à avoir un enfant mulâtre), l'abandon quasi général des coutumes et croyances africaines pour acquérir l'instruction, les religions, les habitudes et les objets européens, tout cela traduit jusqu'à quel point les Noirs ont été ébranlés dans leur confiance en eux-mêmes ; jusqu'à quel point ils ont essayé d'échapper à leur négritude.*

L'esclavage et la colonisation ont vraiment failli réussir un « génocide culturel » suivant l'expression de Marcien Towa !

De même les manifestations d'agressivité raciste contre les Blancs au Congo ou en Amérique, la susceptibilité parfois maladive des Africains récemment décolonisés, les cris de révolte et la condamnation globale de l'Europe, y compris de sa civilisation, l'exaltation forcenée de la valeur de sa race ; tout cela il faut le comprendre comme une réaction normale, peut-être même nécessaire, une vraie « Légitime Défense » contre ce génocide ; c'est ce que Sartre appelle « la négation de la négation du nègre ».

« Puisqu'on l'opprime dans sa race et à cause d'elle, c'est d'abord de sa race qu'il lui faut prendre conscience. Ceux qui durant des siècles ont vainement tenté parce qu'il était nègre, de le réduire à l'état de bête, il faut qu'il les oblige à le reconnaître pour un homme. Insulté, asservi, il se redresse, il ramasse le mot « singe » qu'on lui a jeté comme une pierre, et se revendique comme noir en face du blanc, dans la fierté. » (Sartre)

Citons à l'appui ce texte de Césaire écrit à l'époque même où il inventait ce mot de négritude :

« L'histoire des Nègres est un drame en trois épisodes. Les Nègres furent d'abord asservis (des idiots et des brutes, disait-on)... Puis on tourna vers eux un regard plus indulgent. On s'est dit : ils valent mieux que leur réputation. Et on a essayé de les former. On les a assimilés. Ils furent à l'école des maîtres ; « de grands enfants » disait-on. Car seul l'enfant est perpétuellement à l'école des maîtres.

« Les jeunes nègres aujourd'hui ne veulent ni asservissement ni assimilation. Ils veulent émancipation. Des hommes dira-t-on. Car seul l'homme marche sans précepteur sur les grands chemins de la Pensée. » (L'Etudiant noir)

« C'est le Blanc qui crée le Nègre » disait encore Frantz Fanon...

3. Avenir de la négritude

Mais l'histoire continue d'avancer et de nouvelles variables remplacent ou modifient les anciennes. Avec les Indépendances africaines nous assistons à une nouvelle transformation de la négritude. Le comportement des Africains se normalise. Le Nègre redevient « un homme pareil aux autres »[1] en liquidant

---

1. Titre d'un roman de René Maran.

ses anciens complexes tant d'infériorité que d'agressivité compensatoire.

On s'aperçoit que les cris de souffrance et de révolte antiblanche ne sont qu'un moment historique dans la négritude. Celle-ci disparaîtra-t-elle lorsque ce moment historique sera dépassé ? Croire que oui serait la preuve qu'on a tout à fait oublié la constante de l'âme et de la civilisation africaines !

En effet, malgré les aventures de la race depuis le XV° siècle, malgré la traite et la colonisation, le métissage et l'assimilation, les caractéristiques persistent chez une majorité d'individus. Quels que soient leur rang social et les marques de l'éducation européenne, les Noirs conservent, pour peu qu'ils restent en groupe important, les traits suffisamment intacts d'une psychologie africaine, et d'une culture africaine, qui donnent à leurs œuvres et à leur comportement modernes un cachet aisément reconnaissable : c'est, en musique, le rythme bien particulier du jazz, en politique la forme tout à fait spéciale de certains gouvernements qui ne trouve leur équivalent dans aucune expérience européenne ou asiatique. De même en littérature, qu'ils écrivent en français ou en anglais, les poètes et prosateurs négro-africains impriment à ces langues des rythmes, des images, des raisonnements, des expressions purement africains. Ce phénomène est encore plus clair dans le traitement que les Africains font subir aux religions importées, qu'il s'agisse de l'Islam ou du Christianisme : qui ne connaît la prolifération étonnante des syncrétismes dont le Vaudou, la Harris Church, le Kibanguisme ou la Native Baptist Church sont des exemples parmi tant d'autres ? Si bien qu'il faut rappeler ici la justesse de cette remarque de Senghor :

« Le Noir donne l'impression qu'il est facilement assimilable, alors que c'est lui qui assimile ! »

Ainsi, la négritude de demain fera la synthèse de cette civilisation ancestrale et des apports étrangers — particulièrement scientifique et technique — qui permettra à l'Afrique de s'adapter au monde moderne.[1]

Bien sûr on peut croire que la technique et la science rendront toutes les civilisations identiques. Mais alors pourquoi les cultures chinoise, russe et américaine, allemande et japonaise, française et anglaise, ne sont-elles pas déjà identiques puisque elles ont le même niveau technique et des systèmes économiques analogues ? Parce que la technique n'est pas toute la culture, mais seulement un de ses aspects.

1. Voir l'article de Paul Fueter dans la revue *Abbia* n° 7.

La civilation africaine n'est donc pas destinée à périr parce qu'elle se modernise. La négritude non plus.

Certes tout ceci est banal pour qui a vécu tant soit peu en Afrique et l'a regardée sans préjugés. C'est le cas des ethnologues français des années 30 à 40 qui aidèrent beaucoup le mouvement néo-nègre par l'objectivité de leurs analyses sur les civilisations africaines. Témoin, ce texte de Théodore Monod qui fut directeur de l'IFAN à Dakar, cité par Robert Delavignette en préface au roman d'Ousmane Soce, paru en 1935 : Karim, roman sénégalais.

Monod y énonçait un principe fondamental qui mettait déjà automatiquement en question toute l'action culturelle de l'Europe aux « colonies ».

« Le Noir n'est pas un homme sans passé, il n'est pas tombé d'un arbre avant-hier. L'Afrique est littéralement pourrie de vestiges préhistoriques ». Il énumère alors les valeurs de la civilisation africaine, *« son sens de la politesse et de l'hospitalité, l'humour de ses conteurs, la sagesse sentencieuse de ses vieillards, ses dons artistiques, l'inspiration de ses poètes, les facultés supra-normales de ses devins, l'expression d'une pensée philosophique, symbolique, religieuse. »*

Aussi dès lors que « l'Afrique existe, très concrètement, il serait absurde de continuer à la regarder comme une table rase, à la surface de laquelle on peut bâtir, a nihilo, n'importe quoi ! »

Et Monod précise « Dans notre sotte — et paresseuse — passion de la généralisation abstraite, nous sommes persuadés qu'un système d'enseignement, un mode de scrutin, un code, un régime, sont « en soi » et automatiquement salutaires à la totalité du globe... »

« Persuadés que notre civilisation est non seulement la seule bonne, mais la seule possible, nous acceptons volontiers de la voir dans une conquête planétaire, se substituer à toutes les autres... Or c'est ici le centre du problème. Il ne s'agit nullement en effet d'appauvrir l'humanité en assurant le triomphe d'un seul des aspects possibles de la culture humaine, mais bien plutôt de permettre à chaque élément de la famille terrestre d'apporter au concert commun, pour en enrichir l'ensemble, ce qu'elle possède de meilleur. Au terme par conséquent d'un choix, d'un tri, chaque culture devant à la fois ne retenir de son propre patrimoine que ce qui mérite de l'être et n'accepter de l'influence extérieure que ce qui est organiquement assimilable et peut enrichir son âme. »

C'est avec quelque avance sur son temps que Th. Monod

ajoutait : « *au moment où disparaît ce que le vieux système colonial après cinq siècles avait de décidément périmé, et où des formes nouvelles de structure comme de mentalité vont devoir se dégager, il importera d'accepter honnêtement les différences énormes, et à mon avis heureuses, qui séparent les hommes. Différences qu'il serait insensé et vain de vouloir nier, mais qu'il faut ouvertement reconnaître, pour y trouver... les éléments même d'un nouveau progrès spirituel. A condition que ce soit celui-ci qu'on vise et qu'on ne continue point à tenir les autres, matériel, économique, politique, pour une fin en soi et non pour ce qu'ils sont : un moyen* ».

Delavignette terminait en reconnaissant le bien-fondé des efforts des écrivains africains, qui aideront à résoudre les problèmes futurs : « *en s'exprimant, en s'analysant, les Africains travaillent non seulement à leur développement, mais au nôtre. Et ils portent le problème de nos rapports avec l'Afrique sur un plan supérieur qui les oblige, et qui nous oblige avec eux, à dépasser les vieilles notions de colonisation comme le stade du nationalisme africain* ».

« *Le passé ne doit pas être un obstacle à l'adaptation qu'impose le présent. De la connaissance du passé, de son respect et aussi de son amour, les hommes ont toujours reçu le sens de leur vocation individuelle, comme de leur vocation collective, et la force de les bien remplir. L'Afrique ne fera pas exception. Elle trouvera en elle-même assez de ressources spirituelles pour accomplir l'effort de synthèse que le monde moderne exige de tous les hommes.* »

LEON GONTRAN DAMAS (1912, Guyane) — Nous parlerons en premier lieu de Léon Damas, bien qu'il soit moins connu que les deux autres « leaders » du mouvement de la Négritude, parce qu'il y a joué un rôle un peu à part. En effet il était très lié avec l'équipe de *Légitime Défense* et c'est lui qui servit en quelque sorte de pont entre ce groupe et celui de *l'Etudiant Noir*. Damas fut aussi le premier à publier un recueil de poèmes imprégnés des idées nouvelles et dont la forme était tout à fait dégagée des modèles de la poésie française. *Pigments* parut en 1937 et agit un peu à la manière d'une charge de dynamite qui explosa dans le milieu des intellectuels nègres de Paris. Par le ton très violent, parfois grossier, et par les thèmes — nostalgie de l'Afrique, rancœur de l'esclavage, anticolonialisme, révolte déclarée contre la culture autant que l'oppression politique de l'Europe, revendication de la dignité du Nègre et condamnation du racisme chez les Blancs — *Pigments* annonce déjà tout le programme du mouvement néo-nègre. Cependant il n'est pas inutile de connaître un peu la vie de Damas pour pénétrer davantage les motifs personnels de ce mélange de sensibilité aiguë et d'ironie cinglante, d'amertume voilée et de rage explosive qui caractérise sa poésie.

Métis de Blanc, de Nègre et d'Indien. Damas est un être complexe. Issu de famille bourgeoise, il fut soigneusement éduqué par une mère férue de « bonnes manières » qui eut à cœur de les inculquer à son fils. *Pigments* témoigne à de nombreuses reprises combien cette éducation pesa sur ses goûts et sa spontanéité naturelle (voir le poème Hoquet).

De plus, souffrant d'asthme infantile, il fut cloué au lit jusqu'à six ans et muet jusqu'à sept.

De cette santé délicate Damas conserva un caractère fantasque et susceptible, une sensibilité d'écorché qui le rendit très vulnérable aux moqueries de ses compagnons parisiens. « Vous êtes guyanais ? Tiens ! Votre père ne serait-il pas forçat ?[1] »

Que de fois entendit-il cette question qu'il ressentait comme une insulte !

Par réaction, il se mit à défendre « sa qualité de Nègre ».

Après deux ans de Droit et de Langues Orientales, il entreprit des études d'ethnologie, et participa à l'engouement de ses amis Césaire et Senghor pour l'Afrique, dans l'espoir de retrouver ses véritables racines.

Dans le même but il fréquenta tous les Africains qu'il put rencontrer à Paris, quel que soit leur milieu : Sénégalais, Congolais, Malgaches, Nègres américains, écrivains, artistes, étudiants, ouvriers, travailleurs ou maquereaux…

Mais ses parents coupèrent les vivres à ce fils trop peu sérieux à leur gré ; Damas dut alors travailler la nuit aux halles, puis comme ouvrier dans une usine ; il fut boy dans des restaurants, distributeur de prospectus, etc.

Bref, il connut des jours difficiles jusqu'à ce qu'une pétition d'étudiants en sa faveur lui obtînt une bourse.

Cependant Damas continua de mener, par tempérament, une vie instable, pauvre matériellement et douloureuse sur le plan sentimental, sans compter les ennuis que lui valurent ses prises de position politiques.

Est-ce à cause de ses problèmes personnels que Damas ressentit aussi plus vivement qu'un autre l'angoisse du colonisé, la privation d'une vraie patrie, la souffrance de l'exil, la colère contre le Blanc qui le brimait autant que contre le Noir qui se laissait faire ?

C'est pourquoi ses paroles de rancune contre l'Europe sont si amères, si rares ses paroles de pardon, si énergiques ses appels à la révolte ; n'écrit-il pas en 1937 :

> *Aux anciens combattants sénégalais*
> *aux futurs combattants sénégalais*
> *à tout ce que le Sénégal peut accoucher*
> *de combattants sénégalais futurs anciens*
> *de quoi je me mêle futurs anciens*
> *de mercenaires futurs anciens*
> ....
>
> *Moi je leur demande*
> *de commencer par envahir*
> *le Sénégal !*

Outre *Pigments*, Damas a écrit *Retour de Guyane* en 1938 ; en 1943 *Veillées noires*, Contes de son pays ; en 1947 la première *Anthologie* sur les poètes d'Outre-Mer ; en 1948 *Poèmes nègres sur des airs africains* ; en 1952 *Graffiti* ; en 1956 *Black Label* ; en 1966 *Névralgie*.

1. En effet c'est en Guyane que la France avait établi ses bagnes pour enfermer ses criminels et bandits irrécupérables.

LA COMPLAINTE DU NÈGRE

Ils me l'ont rendue
la vie
plus lourde et lasse.

Mes aujourd'hui ont chacun sur mon jadis
de gros yeux qui roulent de rancœur
de honte
Les jours inexorablement
tristes
jamais n'ont cessé d'être
à la mémoire
de ce que fut
ma vie tronquée

Va encore
mon hébétude
du temps jadis
de coups de corde noueux

de corps calcinés
de l'orteil au dos calcinés
de chair morte
de tisons
de fer rouge
de bras brisés
sous le fouet qui se déchaîne
sous le fouet qui fait marcher la plantation
et s'abreuver de sang de mon sang de sang la sucrerie
et la bouffarde du commandeur[1] crâner au ciel.

(*Pigments*, Ed. Présence Africaine, Paris)

PAREILLE À MA LÉGENDE

Des cheveux que je lisse
que je lisse
qui reluisent
maintenant qu'il m'en coûte
de les avoir crépus

1. *Bouffarde du commandeur :* fouet du contremaître.

Dans une longue carapace de laine
mon cou s'engouffre
la main s'énerve
et mes orteils se rappellent
la chaude exhalaison des mornes

Et mon être frigorifié

Et becs de gaz
qui rendent plus tristes
ces nuits au bout desquelles
occidentalement
avance mon ombre
pareille à ma légende
d'homme-singe

(ibidem)

TRÊVE

Trêve de blues
de martèlement de piano
de trompette bouchée
de folie claquant des pieds
à la satisfaction du rythme

Trêve de séances à tant le swing
autour de rings
qu'énervent
des cris de fauves

Trêve de lâchage
de léchage
de lèche
et
d'une attitude
d'hyperassimilés

Trêve un instant
d'une vie de bon enfant
et de désirs
et de besoins
et d'égoïsmes
particuliers

(ibidem)

IL EST DES NUITS

Il est des nuits sans nom
Il est des nuits sans lune
où jusqu'à l'asphyxie
moite
me prend
l'âcre odeur de sang
jaillissant
de toute trompette bouchée

Des nuits sans nom
des nuits sans lune
la peine qui m'habite
m'oppresse
la peine qui m'habite
m'étouffe

Nuits sans nom
nuits sans lune
où j'aurais voulu
pouvoir ne plus douter
tant m'obsède d'écœurement
un besoin d'évasion

Sans nom
sans lune
sans lune
sans nom
sans nom sans nom
où le dégoût s'ancre en moi
aussi profondément qu'un beau poignard malais.

(ibidem)

SAVOIR VIVRE

On ne baîlle pas chez moi
comme ils bâillent chez eux
avec
la main sur la bouche
Je veux bâiller sans tralalas
le corps recroquevillé
dans les parfums qui tourmentent la vie
que je me suis faite
de leur museau de chien d'hiver
de leur soleil qui ne pourrait

pas même tiédir
l'eau de coco qui faisait glouglou
dans mon ventre au réveil
Laissez-moi bâiller
la main
là
sur le cœur
à l'obsession de tout ce à quoi
j'ai en un jour un seul
tourné le dos.

(ibidem)

BIENTÔT

Bientôt
je n'aurai pas que dansé
bientôt
je n'aurai pas que frotté
bientôt
je n'aurai pas que trempé
bientôt
je n'aurai pas que dansé
chanté
frotté
trempé
frotté
chanté
dansé
bientôt

(ibidem)

EN FILE INDIENNE

Et les sabots
des bêtes de somme
qui martèlent en Europe
l'aube indécise encore
me rappellent
l'abnégation étrange
des trays[1] matineux
repus
qui rythment aux Antilles

1. *Trays :* grands plateaux de vivres que les femmes portent sur la tête.

les hanches des porteuses
en file indienne

Et l'abnégation étrange
des trays matineux
repus
qui rythment aux Antilles
les hanches des porteuses
en file indienne
me rappellent
les sabots
des bêtes de somme
qui martèlent en Europe
l'aube indécise encore.

(ibidem)

REGARD

Quand sur le tard
quand sur le tard mes yeux
mes yeux se brideront

Quand sur le tard
quand sur le tard j'aurai
de faux yeux de chinois
Quand sur le tard
quand sur le tard
tout m'aura laissé
tout m'aura laissé jusqu'à la théorie
jusqu'à la théorie choir

Quand sur le tard
quand sur le tard
suivra la pente
suivra la pente le bâton
qui soutient les vieux corps
M'achèterez-vous
m'achèterez-vous dites
des fleurs
que sais-je
pour qu'au bistrot de l'angle
pour qu'au bistrot de l'angle
j'aille
ranimer l'âtre
d'un grand verre de bordeaux ?

(ibidem)

DÉSIR D'ENFANT MALADE

d'avoir été
trop tôt sevré du lait pur
de la seule vraie tendresse
j'aurais donné
une pleine vie d'homme
pour te sentir
te sentir près
près de moi
de moi seul
seul
toujours près
de moi seul
toujours belle
comme tu sais
tu sais si bien
toi seule
l'être toujours

après avoir pleuré

(Graffiti, Editions Seghers, Paris)

SOUDAIN D'UNE CRUAUTÉ FEINTE

tu m'as dit d'une voix de regrets faite
tu m'as dit en me quittant hier
tu m'as dit ne pas pouvoir me voir
avant dix à treize jours

Pourquoi treize
et pas quinze
et pas vingt
et pas trente

Pourquoi treize
et pas douze
et pas huit
et pas dix
et pas quatre
et pas deux

Pourquoi pas demain
la main dans la main
la main sur le tien
la main sur le mien
la main sur le cœur
de mon cœur qui s'inquiète
et qui déjà redoute
d'avoir un beau jour
à t'attendre en vain

(ibidem)

IL N'EST PAS DE MIDI QUI TIENNE

et bien parce qu'il n'a plus vingt ans mon cœur
ni la dent dure de petite vieille
il n'est pas de midi qui tienne

Prenez-en donc votre parti
vous autres
qui ne parlez jamais d'amour
sans majuscule
et larme en coin
il n'est pas de midi qui tienne
Je l'ouvrirai
          pas de midi qui tienne
Je l'ouvrirai
          pas de midi qui tienne
J'ouvrirai la fenêtre au printemps que je veux éternel.

(ibidem)

AIME CESAIRE (1913, Martinique) — Né le 25 juin 1913 à la Martinique, Césaire a fait une licence de lettres à l'Ecole Normale Supérieure. Après quelques années d'enseignement à Fort-de-France, il est élu député du P.C. en 1944. Il est actuellement le chef de son propre parti et maire de Fort-de-France.

Le rôle de Césaire est majeur dans le *Mouvement de la Négritude*. Et lorsqu'on aborde son œuvre on s'en étonne. Car sa poésie est étrangement difficile, pas populaire du tout comme celle de Damas, point lyrique, ni fleurie, ni ornée de pittoresque comme celle de Senghor, mais abrupte vraiment tant par le style que par le ton et les thèmes. Un style à la syntaxe torturée, au vocabulaire si vaste qu'on peut rarement saisir un poème sans l'aide préalable du dictionnaire. Un style qui, de plus, utilise à outrance des symboles très personnels et bien subtils parfois à élucider : chaque vers de Césaire contient ainsi une image ou une série d'images qui ont une signification très précise. Et si l'on n'arrive pas à découvrir le sens de ces images le poème reste clos.

C'est pourquoi nous donnons à la fin de cette introduction quelques « clefs » pour « ouvrir » ces coffrets hermétiques que sont les poèmes de Césaire afin d'accéder à l'or pur de son drame et de son message.

Car l'essentiel de Césaire est justement cette intégration, cette fusion totale de ses problèmes personnels, du drame de sa race et de son peuple, de son « engagement » dans une action militante, et du témoignage humain, donc universel, qu'il en tire. Problèmes personnels du député de la Martinique, qui depuis près de vingt ans essaie en vain « d'acclimater un arbre de soufre et de laves chez un peuple de vaincus », c'est-à-dire de rendre aux Antillais, dont on a déjà vu ailleurs les traumatismes tant sociaux et raciaux que culturels (*Légitime défense*, Claude Mac Kay, Guillen, Damas), de leur rendre le sens de la dignité humaine, de les libérer de leur peur de vivre, de leur peur d'être libres, de leur peur d'être Nègres, bref de leur mentalité d'esclaves. Car on pourrait dire des Antillais, en parodiant Frobénius qu'ils furent « colonisés jusqu'à la moelle des os ! »

Problèmes du leader qui est terriblement seul, mal soutenu, mal compris, en butte aux jalousies, aux machinations, voire aux complots. (Voir *Le roi Christophe, Et les chiens se taisaient*.) Césaire est vraiment le rebelle qui a dû lutter aussi bien contre la lâcheté des siens que contre la voracité étrangère.

Problème qu'il partage avec ses frères des Antilles, de l'exilé et de l'insulaire ; nostalgie de l'Afrique et sentiment d'étouffer dans cette île de 70 kilomètres de large, surpeuplée de trois cent mille habitants : « cette île désespérément obturée à tous les bouts » — « cette fiente, ce sanglot de coraux, cage et marécage. »

Quant au drame de la race, nul peut-être mieux que Césaire ne l'a si bien exprimé, sinon ressenti. Sa voix a porté jusqu'aux confins de la diaspora nègre et son *Cahier d'un retour au pays natal* est considéré comme l'hymne national des Noirs du monde entier. Car il a pu y assumer dans le même élan d'amour et de révolte les Nègres des Antilles et ceux des Etats-Unis, ceux de l'Afrique et de l'Europe, ceux du passé et ceux du présent, les esclaves et les héros.

Césaire a été vraiment la voix de la conscience nègre, de ses souffrances et de ses exigences.

J'ai dit qu'il y avait fusion totale entre son drame et son action. En effet, pour Césaire il n'y a pas d'hiatus entre les deux. Il n'y a pas de distinction entre les mots et les actes, la littérature d'un côté et la vie pratique de l'autre. Il s'est entièrement voué à « cette unique race », lorsqu'il écrit :

> *Faites-moi rebelle à toute vanité mais docile à son génie*
> *comme le poing à l'allongée du bras*
> *Faites-moi commissaire de son sang*
> *Faites-moi dépositaire de son ressentiment*
> *Faites de moi un homme de terminaison*
> *Faites de moi un homme d'initiation*
> *Faites-moi l'exécuteur de ces œuvres hautes*
> *Voici le temps de se ceindre les reins comme un vaillant homme.*

c'est d'une profession de foi qu'il s'agit, d'un engagement fondamental, pour l'existence entière et sans retour possible.

Enfin témoignage universel car, il le dit bien :

> *si je m'exige bêcheur de cette unique race*
> *ce n'est point par haine des autres races*
> *préservez-moi mon cœur de cet homme de haine*
> *pour qui je n'ai que haine.*

N'a-t-il pas dit un jour qu'au fond « sa négritude n'était qu'une postulation agressive de la fraternité » (1963) ? Cette fraternité qu'il ne cesse d'espérer, d'annoncer, de prophétiser comme une terre promise :

La fraternité qui ne saurait manquer de venir
quoique malhabile...

C'est sans doute cette rare cohérence entre l'être, les mots et les actes, qui justifie et explique l'étonnante résonance de Césaire sur le monde négro-africain.

Car ce qui passe à travers les obstacles de son langage et la complexité de ses idées, c'est la force quasi magique de la foi qui déplace les montagnes, c'est la puissance de persuasion d'un homme tout à fait authentique.

PETIT LEXIQUE DES PRINCIPAUX SYMBOLES CÉSAIRIENS

ESCLAVAGE	LES BLANCS OPPRESSEURS
le carcan	négriers
baracoon	gardes-chiourme, geôliers
fer rouge	scorpions
ferrements	corbeaux, chacals
marronage	tous les charognards
chicottes, verges, fouets	chiens
acceptation animale	molosses
chaing-gang	La Bête, les monstres
	poisson armé
	flics, soudards
	et autres militaires

LA TRAITE ET L'EXIL	CIVILISATION OCCIDENTALE
l'arrachement	ville
le rapt	gratte-ciel
le vol	acier
le « voyage »	béton
migration	dividendes
naufrage	banquiers
toutes espèces de navires	architectes
négrier, caravelle	ingénieurs
galère, carène, mât, pont,	
bastinguage	
voilure, cale, etc...	

ESPOIR ET BONHEUR

étoiles, astres
oiseaux, coccinelles
toutes les fleurs,
fruits, bourgeons
enfants
femme
herbe, printemps
plaine
cloches
chevelure
ciel
lucioles
miel, lait, vin, alcool

AFRIQUE ANCESTRALE

Guinée, Congo
Côte d'Assinie
Ouagadougou, Tombouctou,
Djenné, villes de l'Afrique
ancienne
Nil, Niger, Congo, Bénoué,
fleuves d'Afrique
héritage, lait d'enfance
pileuses de mil
Nègre Bateke, ancêtre
Bambara
arbre fétiche, kaïlcédrat
éléphant, baobab, lianes
savane et forêt, Terre-Mère
Amazone du roi de Dahomey
hougan-sorcier

AGRESSIVITÉ RÉVOLUTIONNAIRE DU NÈGRE

tous les volcans,
oiseaux de proie
(éperviers, menfenils, toucans)
animaux féroces : tigres,
serpents venimeux
silex, soufre, laves, pierres
toutes espèces de couteaux,
flèches
(poignards, machettes, sagaies
couteaux de jet)
tam-tam
poisons indigènes

RÉVOLUTION PURIFICATRICE

tous les cataclysmes et
métamorphoses
orage, inondation,
tremblement de terre
raz de marée, irruption
volcanique
tonnerre, éclair, foudre,
ouragan, cyclone
pestes, épidémies
débâcles, catastrophes, déluge,
fin du monde

RÉGÉNÉRESCENCE RENAISSANCE DE LA RACE

mer, sel, perle
mythe d'Osiris
feu
phénix
colibri

RÉENRACINEMENT

toutes espèces d'arbres
et de plantes
des Antilles
et d'Afrique

pluis, eau, ovaires
germes, graines, pollen,
fécondation

ÉNERGIE VITALE,
SOUVENT SYMBOLE
DE L'AUTEUR LUI-MÊME

fleuves
soleil, foyer, feu
sexe, sang
chevaux, coursiers, pur-sang
reptiles, serpents, crocodiles,
lézards
poissons (serpents marins)
Persée, Prométhée

ŒUVRES PRINCIPALES :

Cahier d'un retour au pays natal, 1939, poème.
Les armes miraculeuses, 1946, poèmes.
Soleil cou coupé, 1948, poèmes.
Discours sur le colonialisme, 1950, essai.
Et les chiens se taisaient, 1956, tragédie.
Lettre à Maurice Thorez, 1956.
Ferrements, 1960, poèmes.
Toussaint Louverture, 1960, histoire d'Haïti.
Cadastre, 1961, poèmes.
Le roi Christophe, 1964, tragédie.
Une saison au Congo, 1965, tragédie.
Une Tempête, 1970.

LA MAISON NATALE

Au bout du petit matin, une petite maison qui sent très
mauvais dans une rue très étroite, une maison minuscule qui
abrite en ses entrailles de bois pourri des dizaines de rats et la
turbulence de mes six frères et sœurs, une petite maison cruelle
dont l'intransigeance affole nos fins de mois et mon père
fantasque grignoté d'une seule misère, je n'ai jamais su laquelle,

qu'une imprévisible sorcellerie assoupit en mélancolique tendresse ou exalte en hautes flammes de colère ; et ma mère dont les jambes pour notre faim inlassable pédalent, pédalent de jour, de nuit, je suis même réveillé la nuit par la morsure âpre dans la chair molle de la nuit d'une Singer que ma mère pédale, pédale pour notre faim et de jour et de nuit.

Au bout du petit matin, au-delà de mon père, de ma mère, la case gerçant d'ampoules, comme un pêcher tourmenté de la cloque, et le toit aminci, rapiécé de morceaux de bidon de pétrole, et ça fait des marais de rouillure dans la pâte grise sordide empuantie de la paille, et quand le vent siffle, ces disparates font bizarre le bruit, comme un crépitement de friture d'abord, puis comme un tison que l'on plonge dans l'eau avec la fumée des brindilles qui s'envole... Et le lit de planches d'où s'est levée ma race, toute entière ma race de ce lit de planches, avec ses pattes de caisses de kérosine, comme s'il avait l'éléphantiasis le lit, et sa peau de cabri et ses feuilles de banane séchées, et ses haillons, une nostalgie de matelas le lit de ma grand-mère.

(*Cahier d'un retour au pays natal*,
Ed. Présence Africaine, Paris)

LE MONDE NÈGRE

Ce qui est à moi, ces quelques milliers de mortiférés[1], qui tournent en rond dans la calebasse d'une île et ce qui est à moi aussi, l'archipel arqué comme le désir inquiet de se nier on dirait une anxiété maternelle pour protéger la ténuité plus délicate qui sépare l'une de l'autre Amérique ; et ses flancs qui secrètent pour l'Europe la bonne liqueur d'un Gulf Stream, et l'un des deux versants d'incandescence entre quoi l'Equateur funambule vers l'Afrique. Et mon île non-clôture, sa claire audace debout à l'arrière de cette polynésie, devant elle, la Guadeloupe fendue en deux de sa raie dorsale et de même misère que nous, Haïti où la négritude se mit debout pour la première fois et dit qu'elle croyait à son humanité et la comique petite queue de la Floride où d'un nègre s'achève la strangulation, et l'Afrique gigantesquement chenillant jusqu'au pied hispanique de l'Europe, sa nudité où la Mort fauche à larges andains.

(ibidem)

1. Mortiférés, comme on dit pestiférés : voués à la mort.

La mort de Toussaint Louverture[1]

Une petite cellule dans le Jura,
une petite cellule, la neige la double de barreaux blancs,
la neige est un geôlier blanc qui monte
la garde devant une prison
C'est un homme seul emprisonné de blanc,
c'est un homme seul qui édifie les cris
blancs de la mort blanche.

TOUSSAINT, TOUSSAINT
L'OUVERTURE

C'est un homme qui fascine l'épervier blanc de la mort blanche.
C'est un homme seul dans la mer inféconde de sable blanc.
C'est un moricaud vieux dressé contre les eaux du ciel.
La mort décrit un cercle brillant au-dessus de cet homme
la mort étoile doucement au-dessus de sa tête
la mort souffle, folle, dans la cannaie mûre de ses bras
la mort galope dans la prison comme un cheval blanc.
La mort luit dans l'ombre comme des yeux de chat
la mort hoquette comme l'eau sous les Cayes
la mort est un oiseau blessé
la mort décroît
la mort vacille
la mort est un patyura ombrageux
la mort expire dans une blanche mare
de silence.

(ibidem)

La danse du sorcier

Mais pourquoi brousse impénétrable encore cacher le vif zéro de
ma mendicité et par un souci de noblesse apprise ne pas entonner
l'horrible bond de ma laideur pahouine ?

> Voum rooh oh ! Voum rooh oh !
> à charmer les serpents
> à conjurer les morts.
> Voum rooh oh !
> à contraindre la pluie

1. Esclave qui dirigea la révolution de Haïti en 1804 et qui mourut en
France, prisonnier dans le Jura, une nuit d'hiver.

à contrarier les raz de marée.
Voum rooh oh !
à empêcher que ne tourne l'ombre.
Voum rooh oh !
que mes cieux à moi s'ouvrent.

Moi sur une route, enfant, mâchant une racine de canne à sucre.
Traîné homme sur une route sanglante une corde au cou.
Debout au milieu d'un cirque immense, sur mon front noir une couronne de daturas.
Voum rooh, s'envoler plus haut que le frisson plus haut que les sorcières vers d'autres étoiles exaltation féroce de forêts et de montagnes déracinées à l'heure où nul n'y pense, les îles liées pour mille ans !

Voum rooh oh !
pour que revienne le temps de promission
et l'oiseau qui savait mon nom
et la femme qui avait mille noms
de fontaine de soleil et de pleurs
et ses cheveux d'alevin
et ses pas mes climats
et ses yeux mes saisons
et les jours sans nuisance
et les nuits sans offense
et les étoiles de confidence
et le vent de connivence.

(ibidem)

NÉGRITUDE

Ceux qui n'ont inventé ni la poudre ni la boussole.
Ceux qui n'ont jamais su dompter la vapeur ni l'électricité.
Ceux qui n'ont exploré ni les mers ni le ciel
mais ils savent en ses moindres recoins le pays de souffrance.
Ceux qui n'ont connu de voyages que de déracinements.
Ceux qui se sont assoupis aux agenouillements.
Ceux qu'on domestiqua et christianisa,
ceux qu'on inocula d'abâtardissement
tam-tams de mains vides
tam-tams inanes de plaies sonores
tam-tams burlesques de trahison tabide.

Tiède petit matin de chaleurs et de peurs ancestrales.
Par-dessus bord mes richesses pérégrines
par-dessus bord mes faussetés authentiques.

Mais quel étrange orgueil tout soudain m'illumine ?

Il y a sous la réserve de ma luette une bauge de sangliers.
Il y a tes yeux qui sont sous la pierre grise du jour un conglomé-
rat frémissant de coccinelles.
Il y a dans le regard du désordre cette hirondelle de menthe et
de genêt qui fond pour toujours renaître dans le raz de marée
de ta lumière.
Calme et berce ô ma parole l'enfant qui ne sait pas que la carte
du printemps est toujours à refaire.
Les herbes balanceront pour le bétail vaisseau doux de l'espoir
Le long geste d'alcool de la houle,
les étoiles du chaton de leur bague jamais vue
couperont les tuyaux de l'orgue de verre du soir
puis répandront sur l'extrémité riche de ma fatigue
des zinnias,
des coryanthes,
et toi veuille astre de ton lumineux fondement
tirer lémurien du sperme insondable de l'homme
la forme non osée,
que le ventre tremblant de la femme porte tel un minerai !

O lumière amicale !
O fraîche source de la lumière
Ceux qui n'ont inventé ni la poudre ni la boussole.
Ceux qui n'ont jamais su dompter la vapeur ni l'électricité.
Ceux qui n'ont exploré ni les mers ni le ciel.
Mais ceux sans qui la terre ne serait pas la terre
gibbosité d'autant plus bienfaisante que la terre déserte
davantage la terre.
Silo où se préserve et mûrit
ce que la terre a de plus terre.

Ma négritude n'est pas une pierre, sa surdité ruée contre la
clameur du jour.
Ma négritude n'est pas une taie d'eau morte sur l'œil mort de
la terre.
Ma négritude n'est ni une tour ni une cathédrale.
Elle plonge dans la chair rouge du sol.
Elle plonge dans la chair ardente du ciel.
Elle troue l'accablement opaque de sa droite patience.

Eia pour le Kaïlcédrat royal !
Eia pour ceux qui n'ont jamais rien inventé,
pour ceux qui n'ont jamais rien exploré,
pour ceux qui n'ont jamais rien dompté.
Mais ils s'abandonnent, saisis, à l'essence de toute chose
ignorants des surfaces, mais saisis par le mouvement de toute
chose
Insoucieux de dompter, mais jouant le jeu du monde.
Véritablement les fils aînés du monde,
poreux à tous les souffles du monde,
aire fraternelle de tous les souffles du monde
lit sans drain de toutes les eaux du monde
étincelle du feu sacré du monde.
Chair de la chair du monde
Palpitant du mouvement même du monde !

Tiède petit matin de vertus ancestrales.

Sang ! Sang ! tout notre sang ému par le cœur mâle du soleil.
Ceux qui savent la féminité de la lune au corps d'huile.
L'exaltation réconciliée de l'antilope et de l'étoile.
Ceux dont la survie chemine en la germination de l'herbe !
Eia parfait cercle du monde et close concordante !

Et voici au bout de ce petit matin ma prière virile
que je n'entende ni les rires ni les cris,
les yeux fixés sur cette ville que je prophétise, belle,
donnez-moi la foi sauvage du sorcier,
donnez à mes mains puissance de modeler,
donnez à mon âme la trempe de l'épée.
Je ne me dérobe point.
Faites de ma tête une tête de proue,
et de moi-même, mon cœur ne faites ni un père,
ni un frère,
ni un fils, mais le père mais le frère, mais le fils,
ni un mari, mais l'amant de cet unique peuple.
Faites-moi rebelle à toute vanité, mais docile à son génie,
comme le poing à l'allongée du bras !
Faites-moi commissaire de son sang.
Faites-moi dépositaire de son ressentiment.
Faites de moi un homme de terminaison.
Faites de moi un homme d'initiation.
Faites de moi un homme de recueillement,
mais faites aussi de moi un homme d'ensemencement.

Faites de moi l'exécuteur de ces œuvres hautes.
Voici le temps de se ceindre les reins comme un vaillant homme.

Mais les faisant, mon cœur, préservez-moi de toute haine
Ne faites point de moi cet homme de haine pour qui je n'ai que haine.
Car pour me cantonner en cette unique race,
vous savez pourtant mon amour tyrannique,
vous savez que ce n'est point par haine des autres races
que je m'exige bêcheur de cette unique race,
que ce que je veux
c'est pour la faim universelle
pour la soif universelle.
La sommer libre enfin
de produire de son intimité close
la succulence des fruits.

(ibidem)

DÉMISSION DES ANTILLES[1]

Non, nous n'avons jamais été amazones du roi du Dahomey, ni princes de Ghana avec huit cents chameaux, ni docteurs à Tombouctou, Askia le Grand étant roi, ni architectes de Djenné, ni Madhis, ni guerriers. Nous ne nous sentons pas sous l'aisselle la démangeaison de ceux qui tinrent jadis la lance. Et puisque j'ai juré de ne rien celer de notre histoire (moi qui n'admire rien tant que le mouton broutant son ombre d'après-midi), je veux avouer que nous fûmes de tout temps d'assez piètres laveurs de vaisselle, des cireurs de chaussures sans envergure, mettons les choses au mieux, d'assez consciencieux sorciers, et le seul indiscutable record que nous ayons battu est celui d'endurance à la chicotte...

Et ce pays cria pendant des siècles que nous sommes des bêtes brutes ; que les pulsations de l'humanité s'arrêtent aux portes de la nègrerie ; que nous sommes un fumier ambulant hideusement prometteur de cannes tendres et de coton soyeux ; et l'on nous marquait au fer rouge et nous dormions dans nos excréments et l'on nous vendait sur les places et l'aune de drap anglais et la viande salée d'Irlande coûtaient moins cher que nous, et ce pays était calme, tranquille, disant que l'esprit de Dieu était dans ses actes.

1. Césaire évoque ici les fastes du passé de l'Afrique pour reconnaître humblement que les Antillais n'ont, eux, que des souvenirs d'esclaves, et que c'est la raison sans doute de leur actuelle résignation.

Rien ne put nous insurger jamais vers quelque noble aventure désespérée. Ainsi soit-il. Ainsi soit-il.

Je ne suis d'aucune nationalité prévue par les chancelleries. Je défie le craniomètre. *Homo sum,* etc...

Et qu'ils servent et trahissent et meurent. Ainsi soit-il. Ainsi soit-il. C'était écrit dans la forme de leur bassin.

(ibidem)

PAROLE D'HOMME

Et nous sommes debout maintenant, mon pays et moi, les cheveux dans le vent, ma main petite maintenant dans son poing énorme et la force n'est pas en nous, mais au-dessus de nous, dans une voix qui vrille la nuit et l'audience comme la pénétrance d'une guêpe apocalyptique. Et la voix prononce que l'Europe nous a pendant des siècles gavés de mensonges et gonflés de pestilences. Car il n'est point vrai que l'œuvre de l'homme est finie. Que nous n'avons rien à faire au monde, que nous parasitons le monde, qu'il suffit que nous nous mettions au pas du monde. Mais l'œuvre de l'homme vient seulement de commencer.

Et il reste à l'homme à conquérir toute interdiction immobilisée aux coins de sa ferveur, et aucune race ne possède le monopole de la beauté, de l'intelligence, de la force, et il est place pour tous au rendez-vous de la conquête, et nous savons maintenant que le soleil tourne autour de notre terre éclairant la parcelle qu'a fixée notre volonté seule et que toute étoile chute de ciel en terre à notre commandement sans limite.

(ibidem)

CERCLE NON VICIEUX

Penser est trop bruyant
à trop de mains poussent trop de hannetons
Du reste je ne me suis jamais trompé
les hommes ne m'ont jamais déçu ils ont des regards qui les
débordent
La nature n'est pas compliquée
Toutes mes suppositions sont justes
toutes mes implications fructueuses
Aucun cercle n'est vicieux
Creux
Il n'y a que mes genoux de noueux et qui s'enfoncent pierreux
dans le travail
Des autres et leur sommeil

(*Soleil con coupé,* Ed. du Seuil, Paris.)

SOLIDE

Il y a des gens qui prétendent qu'ils pourraient reconstituer un homme à partir de son sourire. C'est pourquoi je me garde de laisser mes empreintes dentales se mouler dans les mastics de l'air.

Visage de l'homme tu ne bougeras point, tu es pris dans les coordonnées féroces de mes rides[1].

(ibidem)

LA FEMME ET LA FLAMME

Un morceau de lumière qui descend la source d'un regard
l'ombre jumelle du cil et de l'arc-en-ciel sur le visage
et alentour
qui va là angélique
et amble
Femme le temps qu'il fait
le temps qu'il fait peu m'importe
ma vie est toujours en avance d'un ouragan
tu es le matin qui fond sur le fanal une pierre de nuit entre
les dents.
Tu es le passage aussi d'oiseaux marins
Toi qui es le vent à travers les ipoméas[2] salés de la connaissance d'un autre monde s'insinuant
Femme
tu es un dragon dont la belle couleur s'éparpille et s'assombrit
jusqu'à former l'inévitable teneur des choses
j'ai coutume des feux de brousse
j'ai coutume des rats de brousse, de la cendre et des ibis
mordorés de la flamme
Femme liant de misaine beau revenant
casque d'algues d'eucalyptus
l'aube n'est-ce pas
et au facile des lisses
nageur très savoureux

(ibidem)

---

1. Celles de la souffrance et du ressentiment.
2. Plante grimpante.

Et sans qu'elle[1] ait daigné séduire les geôliers
à son corsage s'est délité un bouquet d'oiseaux-mouches
à ses oreilles ont germé des bourgeons d'atolls
elle me parle une langue si douce que tout d'abord je ne comprends pas, mais à la longue je devine qu'elle m'affirme que le printemps est arrivé à un contre-courant, que toute soif est étanchée, que l'automne nous est concilié, que les étoiles dans la rue ont fleuri en plein midi et très bas suspendent leurs fruits.

(ibidem)

DISCOURS SUR LE COLONIALISME
(extrait)

Il paraît que, dans certains milieux, l'on a feint de découvrir en moi un « ennemi de l'Europe » et un prophète du retour au passé antéeuropéen.

Pour ma part, je cherche vainement où j'ai pu tenir de pareils discours ; où l'on m'a vu sous-estimer l'importance de l'Europe dans l'histoire de la pensée humaine ; où l'on m'a entendu prêcher un quelconque retour ; où l'on m'a vu prétendre qu'il pouvait y avoir retour.

La vérité est que j'ai dit tout autre chose ; savoir que le grand drame historique de l'Afrique a moins été sa mise en contact trop tardive avec le reste du monde, que la manière dont ce contact a été opéré ; que c'est au moment où l'Europe est tombée entre les mains des financiers et des capitaines d'industrie les plus dénués de scrupules que l'Europe s'est « propagée » ; que notre malchance a voulu que ce soit cette Europe-là que nous ayons rencontrée sur notre route et que l'Europe est comptable devant la communauté humaine du plus haut tas de cadavres de l'histoire.

Par ailleurs, jugeant l'action colonisatrice, j'ai ajouté que l'Europe a fait fort bon ménage avec tous les féodaux indigènes qui acceptaient de servir ; ourdi avec eux une vicieuse complicité ; rendu leur tyrannie plus effective et plus efficace, et que son action n'a tendu à rien de moins qu'à artificiellement prolonger la survie des passés locaux dans ce qu'ils avaient de plus pernicieux.

J'ai dit — et c'est très différent — que l'Europe colonisatrice a enté l'abus moderne sur l'antique injustice ; l'odieux racisme sur la vieille inégalité.

1. Tout le poème est une allégorie de la liberté.

Que si c'est un procès d'intention que l'on me fait, je maintiens que l'Europe colonisatrice est déloyale à légitimer *a posteriori* l'action colonisatrice par les évidents progrès matériels réalisés dans certains domaines sous le régime colonial, attendu que la mutation brusque est chose toujours possible, en histoire comme ailleurs ; que nul ne sait à quel stade de développement matériel eussent été ces mêmes pays sans l'intervention européenne ; que l'équipement technique, la réorganisation administrative, « l'européanisation », en un mot, de l'Afrique ou de l'Asie n'étaient — comme le prouve l'exemple japonais — aucunement liés à l'occupation européenne ; que l'européanisation des continents non européens pouvait se faire autrement que sous la botte de l'Europe ; qu'en tout cas elle a été faussée par la mainmise de l'Europe.

(Ed. Présence Africaine, Paris.)

LETTRE À MAURICE THOREZ[1]
(extrait)

Nous voulons que nos sociétés s'élèvent à un degré supérieur de développement, mais d'elles-mêmes, par croissance interne, par nécessité intérieure, par progrès organique, sans que rien d'extérieur vienne gauchir cette croissance, ou l'altérer ou la compromettre.

Dans ces conditions, on comprend que nous ne puissions donner à personne délégation pour penser pour nous ; délégation pour chercher pour nous ; que nous ne puissions désormais accepter que qui que ce soit, fût-il le meilleur de nos amis, se porte fort pour nous...

Je crois en avoir assez dit pour faire comprendre que ce n'est ni le marxisme ni le communisme que je renie, que c'est l'usage que certains ont fait du marxisme et du communisme que je réprouve. Ce que je veux, c'est que marxisme et communisme soient mis au service des peuples noirs, et non les peuples noirs au service du marxisme et du communisme. Que la doctrine et le mouvement soient faits pour les hommes, non les hommes pour la doctrine ou pour le mouvement. Et bien entendu cela n'est pas valable pour les seuls communistes. Et si j'étais chrétien ou musulman, je dirais la même chose. Qu'aucune doctrine ne vaut que repensée par nous, que repensée pour nous, que convertie à nous. Cela a l'air d'aller de soi. Et pourtant dans les faits

---

1. Par laquelle Césaire rompit, en 1956, avec le parti communiste où il avait milité pendant douze ans.

cela ne va pas de soi. Et c'est ici une véritable révolution copernicienne qu'il faut imposer, tant est enracinée en Europe, et dans tous les partis, et dans tous les domaines, de l'extrême droite à l'extrême gauche, l'habitude de faire pour nous, l'habitude de disposer pour nous, l'habitude de penser pour nous, bref l'habitude de nous contester ce droit à l'initiative et qui est en définitive le droit à la personnalité.

(ibidem)

LEOPOLD SEDAR SENGHOR — Si Césaire et Damas militèrent surtout contre l'assimilation culturelle, Senghor représenta longtemps au sein du groupe de l'*Etudiant Noir*, l'apôtre du retour aux sources africaines. Il donnait la réponse idéale aux questions angoissées des exilés d'Amérique : « Qui sommes-nous ? d'où venons-nous ? où allons-nous ? ». Senghor, l'Africain de naissance, était un peu comme l'héritier légitime devant ses frères bâtards. Héritier généreux prêt à partager son bien, tant au sens propre (ses libéralités étaient proverbiales parmi les étudiants souvent démunis) qu'au sens figuré : au mal de l'assimilation il présentait comme remède le patrimoine africain. Tout au moins en théorie.

Certes Senghor était bien né au Sénégal, en 1906, d'une famille campagnarde riche de bétail, d'enfants et, déjà, de pièces d'or, son père étant commerçant florissant. Mais entièrement élevé par les religieux européens au séminaire de Ngasobil, puis à Dakar au collège Liberman, envoyé comme boursier à Louis-le-Grand, licencié en lettres, professeur de lycée en France et enfin agrégé de grammaire en 1939, Senghor avait été entièrement instruit, modelé dans un système de pensée étranger à l'Afrique et assimilateur au dernier degré — et cela à une époque où cette francisation à outrance était encore considérée comme le plus grand avantage dont puisse bénéficier un homme de couleur. Premier agrégé de l'Afrique noire, Senghor fut accueilli au Sénégal avec les honneurs militaires !

C'est ce qui explique l'ambiguïté de sa personnalité qui n'a jamais au fond renoncé vraiment à être française, passée sa première période de réaction où il secouait superbement « la poussière de la Civilisation ». Senghor n'est vraiment sincère que lorsqu'il avoue être un *métis culturel* !

Cependant deux choses essentielles n'en demeurent pas moins indiscutables : sa période de réaction antieuropéenne coïncida justement avec le début du Mouvement de la Négritude de 1934 à 1940, et c'est alors que son influence sur ce mouvement fut la plus forte. Il contribua donc vraiment, et dans une très grande part, à réorienter les intellectuels nègres sur l'Afrique ; Senghor avait, en fait, une connaissance pratique de son pays, de sa culture et de sa langue maternelles, et il apportait réellement un esprit africain aux Antillais avides de réenracinement. De plus, il s'est mis — en France — à l'école des ethnologues comme Frobenius, Delafosse, Rivet, Georges Hardi, Delavignette, Leiris, Griaule, Tempels, afin de rassembler les éléments qui lui permirent de s'atteler à une étude sérieuse et approfondie de la civilisation africaine à laquelle il travaille toujours aujourd'hui, malgré ses responsabilités politiques.

Enfin, sur le plan littéraire, son style est métis, lui aussi, si la France l'influence aussi bien que l'Afrique, si l'on y trouve sans contredit les traces de Claudel et de Saint-John Perse, ses thèmes par contre sont

109

essentiellement africains. Et au son de certains poèmes comme *Femme noire, Congo, Kaya-Magan, Nuit de Sine, Prière aux masques, Ndessé, Message* et *Chaka*, tout Africain entend au plus profond de lui résonner l'écho de son tam-tam intérieur. Je dis bien « au son des poèmes de Senghor » car Senghor écrit ses poèmes pour être dits, et mieux, chantés, renouant ainsi avec la vraie tradition de la poésie africaine qui est *orale* et toujours *liée à la musique*. C'est pourquoi, plus que toute autre, la poésie de Senghor est mélodieuse.

PRINCIPAUX OUVRAGES

« *Ce que l'homme noir apporte* » dans *L'homme de couleur*, 1939.
Chants d'ombre, 1945.
Hosties Noires, 1948.
Anthologie de la nouvelle poésie nègre et malgache de langue française, 1948.
Chants pour Naëtt, 1949.
« *L'esprit de la civilisation ou les lois de la culture négro-africaine* », dans la revue « *Présence Africaine* », juin-nov. 1956.
Ethiopiques, 1956.
Nocturnes, 1961.
Négritude et humanisme, 1964.

MESSAGE

Enfants à tête courte, que vous ont chanté les kôras[1] ?
Vous déclinez la rose, m'a-t-on dit, et vos ancêtres les Gau-
lois.
Vous êtes docteurs en Sorbonne, bedonnants de diplômes
Vous amassez des feuilles de papier — si seulement des louis d'or
à compter sous la lampe, comme feu ton père
aux doigts tenaces !
Vos filles, m'a-t-on dit, se peignent le visage comme des
courtisanes
Elles se casquent pour l'union libre et éclaircir la race !
Etes-vous plus heureux. Quelque trompette à wa-wa-wa
Et vous pleurez au soir là-bas de grands feux et de sang
Faut-il vous dérouler l'ancien drame et l'épopée ?
Allez à Mbissel à Fa'Oy ; récitez le chapelet des sanctuaires qui
ont jalonné la grande voie
Refaites la Route Royale et méditez ce chemin de croix et de
gloire.
Vos grands prêtres vous répondront : Voix du Sang !
Plus beaux que des rôniers sont les Morts d'Elissa ; minces
étaient les désirs de leur ventre.
Leur bouclier d'honneur ne les quittait jamais ni leur lance
loyale.

1. Harpe africaine.

Ils n'amassaient pas de chiffons, pas même de guinées à parer
leurs poupées.
Les troupeaux recouvraient leurs terres, telles leurs demeures
l'ombre divine des ficus.
Et craquaient leurs greniers de grains serrés d'enfants.
Voix du Sang ! Pensées à remâcher !
Les conquérants salueront votre démarche, vos enfants seront
la couronne blanche de votre tête.

(*Chants d'ombre*, Ed. du Seuil, Paris.)

NUIT DE SINE

Femme, pose sur mon front tes mains balsamiques,
tes mains douces plus que fourrure.
Là-haut les palmes balancées qui bruissent dans la haute brise
nocturne
A peine. Pas même la chanson de nourrice.
Qu'il nous berce, le silence rythmé.
Ecoutons son chant, écoutons battre notre sang sombre,
écoutons
Battre le pouls profond de l'Afrique dans la brume des villages
perdus
Voici que décline la lune lasse vers son lit de mer étale
Voici que s'assoupissent les éclats de rire, que les conteurs eux-
mêmes
Dodelinement de la tête comme l'enfant sur le dos de sa
mère
Voici que les pieds des danseurs s'alourdissent ; que s'alourdissent
les langues des chœurs alternés.

C'est l'heure des étoiles et de la Nuit qui songe
S'accoude à cette colline de nuages, drapée dans son pagne de
lait.
Les toits des cases luisent tendrement. Que disent-ils, si
confidentiel aux étoiles.
Dedans, le foyer s'éteint dans l'intimité d'odeurs âcres et
douces.

Femme, allume la lampe au beurre clair, que causent autour les
ancêtres comme les parents, les enfants au lit.
Ecoutons la voix des Anciens d'Elissa. Comme nous exilés
Ils n'ont pas voulu mourir, que se perdît par les sables leur
torrent séminal.

111

Que j'écoute, dans la case enfumée que visite un reflet d'âmes
     propices
Ma tête sur ton sein chaud comme un dang au sortir du feu et
     fumant
Que je respire l'odeur de nos Morts, que je recueille et redise
     leur voix vivante, que j'apprenne à
Vivre avant de descendre, au-delà du plongeur, dans les hautes
     profondeurs du sommeil.

(ibidem)

JOAL[1]

Joal !
Je me rappelle.
Je me rappelle les signares à l'ombre verte des vérandas
Les signares aux yeux surréels comme un clair de lune sur la
     grève.
Je me rappelle les fastes du Couchant
Où Koumba N'Dofène voulait faire tailler son manteau royal.

Je me rappelle les festins funèbres fumant du sang des troupeaux
     égorgés
Du bruit des querelles, des rhapsodies des griots.
Je me rappelle les voix païennes rythmant le Tantum Ergo,
Et les processions et les palmes et les arcs de triomphe.

Je me rappelle la danse des filles nubiles
Les chœurs de lutte — oh ! la danse finale des jeunes hommes,
     buste
Penché élancé, et le pur cri d'amour des femmes — Kor
     Siga !
Je me rappelle, je me rappelle...
Ma tête rythmant
Quelle marche lasse le long des jours d'Europe où parfois
Apparaît un jazz orphelin qui sanglote, sanglote, sanglote.

(ibidem)

TOKÔ-WALY

Tokô-Waly mon oncle, te souviens-tu des nuits de jadis quand
     s'appesantissait ma tête sur ton dos de patience ?
Ou que me tenant par la main, ta main me guidait par
     ténèbres et signes ?

---

1. Village natal de Senghor.

Les champs sont pleins de vers luisants ; les étoiles se posent
sur les herbes, sur les arbres
C'est le silence alentour.
Seuls bourdonnent les parfums de brousses, ruches d'abeilles
rousses qui dominent la vibration de grêle des grillons
Et tam-tam voilé, la respiration au loin de la nuit.
Toi Tokô-Waly, tu écoutes l'inaudible
Et tu m'expliques les signes que disent les Ancêtres dans la
sérénité marine des constellations
Le Taureau, le Scorpion, le Léopard, l'Eléphant, les Poissons
familiers
Et la pompe lactée des Esprits par le tann[1] céleste qui ne
finit point.
Mais voici l'intelligence de la déesse Lune et que tombent les
voiles des ténèbres.
Nuit d'Afrique ma nuit noire, mystique et claire, noire et
brillante
Tu reposes accordée à la terre, tu es la Terre et les collines
harmonieuses.
O beauté classique qui n'est plus angle, mais ligne élastique
élégante élancée !
O visage classique ! depuis le front bombé sous la forêt de
senteurs et les yeux larges obliques jusqu'à la baie gracieuse du
menton et
L'élan fougueux des collines jumelles ! O courbes de douceur
visage mélodique !
O ma lionne, ma Beauté noire, ma Nuit noire, ma Noire, ma
Nue !
Ah ! que de fois as-tu fait battre mon cœur comme le léopard
indompté dans sa cage étroite.
Nuit qui me délivre des raisons des salons des sophismes, des
pirouettes des prétextes, des haines calculées des carnages
humanisés,
Nuit qui fond toutes mes contradictions, toutes contradictions dans l'unité première de la négritude.

(ibidem)

ENFANCE

Mère, sois bénie !
Je me rappelle les jours de mes pères, les soirs de Dyilor[2]
Cette lumière d'outre-ciel des nuits sur la terre douce au soir

1. *Tann :* plaines que la mer recouvre à certaines époques de l'année.
2. Son village paternel.

Je suis sur les marches de la demeure profonde obscurément.
Mes frères et mes sœurs serrent contre mon cœur leur chaleur
                                 nombreuse de poussins
Je repose la tête sur les genoux de ma nourrice Ngâ, de Ngâ la
                                 poétesse
Ma tête bourdonnant au galop guerrier des dyoung-dyoungs[1], au
                         grand galop de mon sang de pur sang
Ma tête mélodieuse de chansons lointaines de Koumba l'Orphe-
                         line.
Au milieu de la cour, le ficus solitaire
Et devisent à son ombre lunaire les épouses de l'Homme de
          leurs voix graves et profondes comme leurs yeux et
                    les fontaines nocturnes de Fimla.
Et mon père étendu sur des nattes paisibles, mais grand, mais
                     fort, mais beau
Homme du Royaume de Sine, tandis qu'alentour sur les kôras
          voix héroïques, les griots font danser
                    leurs doigts de fougue
Tandis qu'au loin monte, houleuse de senteurs fortes et chaudes,
          la rumeur classique de cent troupeaux.

                            (ibidem)

ASSASSINATS

Ils sont là étendus par les routes captives, le long des routes du
                        désastre
Les sveltes peupliers, les statues des dieux sombres drapés dans
                    leurs longs manteaux d'or
Les prisonniers sénégalais ténébreusement allongés sur la terre
                    de France.
En vain ont-ils coupé ton rire, en vain la fleur plus noire de ta
                    chair
Tu es la fleur de la beauté première parmi l'absence nue des
                    fleurs
Fleur noire et son sourire grave, diamant d'un temps immémo-
                    rial.
Vous êtes le limon et le plasma du printemps viride du monde,
Du couple primitif vous êtes la charnure, le ventre fécond, la
                    laitance.
Vous êtes la pullulance sacrée des clairs jardins paradisiaques
Et la forêt incoercible, victorieuse du feu et de la foudre.

1. *Dyoug-dyoung* : tam-tam royal de la cour de Sine.

Le chant vaste de votre sang vaincra machines et canons
Votre parole palpitante les sophismes et mensonges.
Aucune haine votre âme sans haine, aucune ruse votre âme sans
ruse.
O Martyrs noirs race immortelle, laissez-moi dire les paroles
qui pardonnent.

(*Poèmes,* 1964, Editions du Seuil, Paris.)

LE KAYA-MAGAN (WOÏ[1] POUR KÔRA)

Kaya-Magan[2] je suis ! la personne première
Roi de la nuit noire, de la nuit d'argent, Roi de la nuit de verre.
Paissez mes antilopes à l'abri des lions, distants au charme de
ma voix.
Le ravissement de vous émaillant les plaines du silence !
Vous voici quotidiennes mes fleurs mes étoiles vous voici à la
joie de mon festin.
Donc paissez mes mamelles d'abondance et je ne mange pas qui
suis source de joie
Paissez mes seins forts d'homme, l'herbe de lait qui luit sur ma
poitrine.
Que l'on allume chaque soir douze mille étoiles sur la grande
place
Que l'on chauffe douze mille écuelles cerclées du serpent de la
mer pour mes sujets
Très pieux, pour les faons de mon flanc, les résidents de ma
maison et leurs clients
Les Guélowars[3] de neuf tatas[4] et les villages de brousses barbares
Pour tous ceux-là qui sont entrés par les quatre portes sculptées
la marche
Solennelle de mes peuples patients ! leurs pas se perdent dans
les sables de l'Histoire.
Pour les blancs du Septentrion, les nègres du Midi d'un bleu si
doux.
Et je ne dénombre les rouges du Ponant, et pas les transhu-
mants du Fleuve !
Mangez et dormez enfants de ma sève, et vivez votre vie de
grandes profondeurs

1. *Woï* : poème chanté, ode.
2. Lieu qui sépare deux provinces du Sénégal, et le nom du prince
traditionnel de cet endroit, titre de l'ancien roi de Gâna.
3. *Guélowars* : nobles, descendants des conquérants malinkés.
4. *Tatas* : fortins.

Et paix sur vous qui déclinez. Vous respirez par mes narines.
Je dis Kaya-Magan je suis ! Roi de la lune, j'unis la nuit et le
jour
Je suis Prince du Nord du Sud, du soleil levant Prince et du Soleil
couchant
La plaine ouverte à mille ruts, la matrice où se fondent les
métaux précieux.
Il en sort l'or rouge et l'Homme rouge-rouge ma dilection à
moi
Le roi de l'or — qui a la splendeur du Midi, la douceur féminine
de la nuit.
Donc picorez mon front bombé, oiseaux de mes cheveux ser-
pents.
Vous ne vous nourrissez seulement du lait bis, mais picorez la
cervelle du Sage
Maître de l'hiéroglyphe dans sa tour de verre.
Paissez faons de mon flanc sous ma récade et mon croissant de
lune
Je suis le buffle qui se rit du Lion, de ses fusils chargés jusqu'à
la gueule.
Et il faudra bien qu'il se prémunisse dans l'enceinte de ses
murailles.
Mon empire est celui des proscrits de César, des grands bannis
de la raison ou de l'instinct
Mon empire est celui d'amour, et j'ai faiblesse pour toi femme
L'étrangère aux yeux de clairière, aux lèvres de pomme canelle
au sexe de buisson ardent
Car je suis les deux battants de la porte, rythme binaire de
l'espace et le troisième temps
Car je suis mouvement du tam-tam, force de l'Afrique future.
Dormez faons de mon flanc sous mon croissant de lune.

(ibidem)

JE NE SAIS EN QUEL TEMPS
Pour Khalam[1]

Je ne sais en quel temps c'était, je confonds toujours l'enfance
et l'Eden
Comme je mêle la mort et la vie — un pont de douceur les
relie.

1. *Khalam* : guitare à quatre cordes, employée pour réciter l'épopée.
C'est le ngoni des Mandingues ou le hoddu des Peuls.

Or je revenais de Fa'Oye[1], m'étant abreuvé à la tombe solen-
nelle
Comme les lamantins s'abreuvent à la fontaine de Simal
Or je revenais de Fa'Oye, et l'aurore était au zénith
Et c'est l'heure où l'on voit les esprits, quand la lumière est
transparente
Et il fallait s'écarter des sentiers, pour éviter leur main fra-
ternelle et mortelle
L'âme d'un village battait à l'horizon. Etait-ce des vivants ou
des morts ?

« Puisse mon poème de paix être l'eau calme sur tes pieds et
ton visage. Et que l'ombre de notre cour soit fraîche à ton
cœur » me dit-elle.
Ses mains polies me revêtirent d'un pagne de soie et d'estime
Son discours me charma de tout mets délectable — douceur du
lait de la minuit
Et son sourire était plus mélodieux que le Khalam de son
dyâli[2]
L'étoile du matin vint s'asseoir parmi nous, et nous pleurâmes
délicieusement.

Ma sœur exquise, garde donc ces grains d'or, qu'ils chantent
l'éclat sombre de ta gorge.
Ils étaient pour ma fiancée belle, et je n'avais pas de fiancée.
Mon frère élu, dis-moi ton nom. Il doit résonner haut comme
un sorong[3]
Rutiler comme le sabre au soleil. Oh ! chante seulement ton
nom
Mon cœur est un coffret de bois précieux, ma tête un vieux
parchemin de Djenné[4].
Chante seulement ton lignage, que ma mémoire te réponde.
Je ne sais en quel temps c'était, je confonds présent et
passé
Comme je mêle la Mort et la Vie — un pont de douceur les
relie.

(ibidem)

1. *Fa'Oye* : lieu de pèlerinage.
2. *Dyâli* : griot professionnel formé par de longues années d'apprentissage.
3. *Sorong* : sorte de kôra.
4. Ville du Moyen Age africain, au Soudan.

CHAKA[1]
(fragments)

Chaka

Ah ! tu crois que je ne l'ai pas aimée
Ma négresse blonde d'huile de palme à la taille de plume
Cuisse de loutre en surprise et de neige du Kilimandjaro
Seins de rizières mûres et de collines d'acacias sous le vent
d'Est
Nolivé[2] aux bras de boa, aux lèvres de serpent-minute
Nolivé aux yeux de constellation — point n'est besoin de lune
pas de tam-tam
Mais sa voix dans ma tête et le pouls fiévreux de la nuit !...
Ah ! tu crois que je ne l'ai pas aimée !
Mais ces longues années, cet écartèlement sur la roue des
années, ce carcan qui étranglait toute action
Cette longue nuit sans sommeil... J'errais cavale du Zambèze,
courant et ruant aux étoiles
Rongée d'un mal sans nom comme d'un léopard sur le garrot.
Je ne l'aurais pas tuée si moins aimée.
Il fallait échapper au doute
A l'ivresse du lait de sa bouche, au tam-tam lancinant de la
nuit de mon sang
A mes entrailles de laves ferventes, aux mines d'uranium de
mon cœur dans les abîmes de ma Négritude
A mon amour à Nolivé
Pour l'amour de mon peuple noir

La voix blanche

Ma parole Chaka, tu es poète... ou beau parleur...
... un politicien !

Chaka

Des courriers m'avaient dit :
« Ils débarquent avec des règles, des équerres, des compas, des
sextants. L'épiderme blanc, les yeux clairs, la parole nue et la
bouche mince. Le tonnerre sur leur navire. »

---

1. Héros zoulou d'Afrique du Sud, qui conquit les peuplades voisines
à la fin du XIXᵉ siècle. L'armée de Chaka comptait 100 000 guerriers.
2. Fiancée de Chaka que ce dernier a tuée, en sacrifice rituel, pour
obtenir le pouvoir total. Senghor en fait un héros nationaliste dans le
contexte de l'Afrique du Sud actuelle.

Je devins une tête, un bras sans tremblement, ni guerrier ni
boucher
Un politique tu l'as dit — je tuai le poète — un homme
d'action seul
Un homme seul et déjà mort avant les autres, comme ceux que
tu plains
Qui saura ma passion ?

La voix blanche
Un homme intelligent qui a des oublis singuliers. Mais écoute
Chaka et te souviens.

La voix du Devin Isanoussi (lointaine)
Réfléchis bien Chaka, je ne te force pas : je ne suis qu'un devin,
un technicien.
Le pouvoir ne s'obtient pas sans sacrifice, le pouvoir absolu
exige le sang de l'être le plus cher.

Une voix comme celle de Chaka (lointaine)
Il faut mourir enfin, tout accepter...
Demain son sang arrosera ta médecine, comme le lait la
sécheresse du couscous.
Devin disparais de ma face ! On accorde à tout condamné
quelques heures d'oubli.

Chaka (il se réveille en sursaut)
Non, non Voix blanche, tu le sais bien...

La voix blanche
Que le pouvoir fut bien ton but...

Chaka
Un moyen...

La voix blanche
Tes délices...

Chaka
Mon calvaire.
Je voyais dans un songe tous les pays aux quatre coins de
l'horizon soumis à la règle, à l'équerre et au compas.
Les forêts fauchées, les collines anéanties, vallons et fleuves
dans les fers.
Je voyais les pays au quatre coins de l'horizon sous la grille
tracée par les doubles routes de fer

119

Je voyais les peuples du sud comme une fourmilière de silence
Au travail. Le travail est saint, mais le travail n'est plus le
geste
Le tam-tam ni la voix ne rythment plus les gestes des
saisons.
Peuples du Sud dans les chantiers, les ports, les mines, les
manufactures,
Et le soir ségrégés dans les kraals de la misère.
Et les peuples entassent des montagnes d'or noir, d'or rouge et
ils crèvent de faim.
Et je vis un matin, sortant de la brume de l'aube, la forêt de
têtes laineuses
Les bras fanés, le ventre cave, des yeux et des lèvres immenses
appelant un dieu impossible.
Pouvais-je rester sourd à tant de souffrances bafouées ?

La voix blanche
Ta voix est rouge de haine Chaka...

Chaka
Je n'ai haï que l'oppression...

La voix blanche
De cette haine qui brûle le cœur.
La faiblesse du cœur est sainte, pas cette tornade de feu.
Tu as mobilisé le Sud contre les Blancs...

Chaka
Ah ! te voilà blanche voix partiale, voix endormeuse.
Tu es la voix des forts contre les faibles, la conscience des
possédants de l'Outre-Mer.
Je n'ai pas haï les Roses-d'oreilles. Nous les avons reçus com-
me les messagers des dieux
Avec des paroles plaisantes et des boissons exquises.
Ils ont voulu des marchandises, nous avons tout donné: des
ivoires de miel et des peaux d'arc-en-ciel
Des épices, de l'or, pierres précieuses, perroquets et singes que
sais-je ?
Dirai-je leurs présents rouillés, leurs poudreuses verroteries ?
Oui en apprenant leurs canons, je devins une tête
La souffrance devint mon lot, celle de la poitrine et de
l'esprit.

(*Poèmes*, 1964, Ed. du Seuil, Paris.)

TU AS GARDÉ LONGTEMPS
(pour Khalam)

Tu as gardé longtemps, longtemps entre tes mains le visage
                                            noir du guerrier
Comme si l'éclairait déjà quelque crépuscule fatal.
De la colline, j'ai vu le soleil se coucher dans les baies de .tes
                                                            yeux

Quand reverrai-je mon pays, l'horizon pur de ton visage ?
Quand m'assiérai-je de nouveau à la table de ton sein som-
                                                        bre ?
Et c'est dans la pénombre le nid des doux propos.

Je verrai d'autres cieux et d'autres yeux.
Je boirai à la source d'autres bouches plus fraîches que citrons.
Je dormirai sous le toit d'autres chevelures, à l'abri des ora-
                                                            ges.
Mais chaque année, quand le rhum du printemps fait flamber la
                                                        mémoire,
Je regretterai le pays natal et la pluie de tes yeux sur la soif
                                                    des savanes.

(ibidem)

CHANT DU FEU[1]

Feu que les hommes regardent dans la nuit, dans la nuit pro-
                                                        fonde,
Feu qui brûles et ne chauffes pas, qui brilles et ne brûles pas,
Feu qui voles sans corps, sans cœur, qui ne connais case ni foyer,
Feu transparent des palmes, un homme sans peur t'invoque.
Feu des sorciers, ton père est où ? ta mère est où ? Qui t'a
                                                        nourri ?
Tu es ton père, tu es ta mère, tu passes et ne laisses traces.
Les bois secs ne t'engendrent, tu n'as pas les cendres pour
                                            filles, tu meurs et ne meurs pas.
L'âme errante se transforme en toi, et nul ne le sait.
Feu des sorciers, Esprit des eaux inférieures, Esprit des airs
                                                    supérieurs,
Fulgore qui brilles, luciole qui illumines le marais,
Oiseau sans aile, chose sans corps,
Esprit de la Force du Feu,
Ecoute ma voix : un homme sans peur t'invoque

(ibidem)

1. Traduit d'un chant pygmée.

L'OISEAU D'AMOUR[1]

Mais laisse-moi, ô Dyambéré !
Toi qui portes l'écharpe aux franges longues,
Laisse-moi chanter les oiseaux.
Les oiseaux qui écoutèrent la Princesse en allée
Et reçurent les confidences dernières.
Et vous, Jeunes Filles, chantez, chantez doucement
lah !... lah !... le bel oiseau.
Et, toi, Maître-du-fusil-formidable,
Laisse-moi contempler l'oiseau que j'aime,
L'oiseau que mon ami et moi aimons.
Laisse-moi, Maître-du-boubou-éclatant,
Maître aux vêtements plus brillants que la clarté du jour,
Laisse-moi aimer l'Oiseau d'amour.

(ibidem)

ANNÉES ARDENTES

C'était dans les années de l'entre-deux-guerres, quelques dizaines d'étudiants africains s'étaient réveillés parmi d'autres jeunes gens, des Antillais, comme eux dépouillés, nus et noirs. Ils avaient, des années durant, récité leurs « ancêtres les Gaulois » et décliné la rose avec les Roses-d'oreilles. Voilà qu'on leur en faisait reproche, et de leur apprendre qu'ils n'avaient pas de patrimoine, qu'ils ne sauraient jamais bâtir, tels les enfants sur la plage, que des maisons d'imitation et de sable. Mais voilà que les assises de l'Occident étaient ébranlées, que de vigoureux penseurs livraient bataille contre la raison, tandis que les francs-tireurs surréalistes, infiltrés derrière les lignes ennemies, attaquaient les P.C. de la logique avec les « armes miraculeuses »[2] de l'Asie et de l'Afrique. Depuis la fin du XIXe siècle, en effet, orientalistes et ethnologues les avaient entassées dans les musées et les bibliothèques. Ceux-ci furent nos propres richesses. Mais nos maîtres véritables, nous allâmes les chercher au cœur de l'Afrique, à la cour des princes, dans les veillées familiales, jusque dans la retraite des sages. C'étaient les griots et les sorciers, ceux qu'on appelle, là-bas, « maîtres-de-tête » ou mieux : « voyants ».

Nous découvrîmes ainsi, entre les années 1930 et 1934, la merveille du désir, la « force vitale » des négro-africains. Comme le filao, dont les racines plongent dans les sables du

1. Chant bambara du Mali.
2. Titre d'un livre de Césaire.

ventre inférieur et ses branches fleuries d'étoiles chantent dans le chœur des alizés. Années ardentes pour toute une génération de jeunes hommes emprisonnés dans les facultés, point littéraires comme on croirait, mais vitales en vérité. Nous marchions, munis des armes miraculeuses de la double vue, perçant les murs aveugles, découvrant, recréant les merveilles du royaume d'enfance. Nous renaissions à la négritude. L'Afrique paysanne ne fait pas autre chose aujourd'hui sous les yeux sourds des colons. Elle vit neuf mois, elle travaille trois, mais non : elle vit douze mois. Elle chante, elle peint, elle sculpte, autour des nouveaunés, autour des fiancés, autour des morts, dans les échoppes et les champs comme à la cour des princes. Et ce n'est pas de l'art pour l'art. C'est de la moelle même du réel que le désir « éthiopien »[1] fait surgir ses rêves, les objectivant en créations d'amour et le Négro-Africain s'identifie à celles-ci et les vit. Je me rappelle mon enfance sérère et mes fugues loin de la maison européenne de mon père. Je passais de longs après-midi avec les bergers, écoutant leurs récits bleus et regardant réellement vivre leurs personnages : des morts, des animaux, des arbres, des cailloux. Aujourd'hui encore, Saint-Louis du Sénégal, la ville créole, tous les matins bourdonne des poèmes de cent aveugles qui abolissent le temps, et les quatre collèges et lycée ferment leurs fenêtres...

(ibidem)

LA REVUE « PRESENCE AFRICAINE », PARIS-DAKAR, 1947[2]

La guerre 1939-1945 interrompit la parution de L'Etudiant Noir *mais n'interrompit point l'activité des étudiants noirs.*

L'équipe fut un instant disloquée ; par la captivité de Senghor rappelé au front comme tirailleur ; par le départ de Césaire pour la Martinique où il allait fonder la revue Tropiques *qui rayonna sur toutes les Antilles françaises jusqu'à Haïti et au Vénézuela, et former les Frantz Fanon, René Depestre, Eugène Dervain, Georges Desportes, etc... ; enfin par la retraite et le silence de Damas qui avait eu des ennuis politiques.*

---

1. Allusion aux catégories de Frobénius qui divise l'Afrique noire en civilisations hamitiques et civilisations éthiopiennes.
2. Extrait de *Ecrivains noirs de langue française*, L. Kesteloot, Editions de l'Université de Bruxelles. Institut de sociologie.

*Mais le groupe parisien se reforma bientôt autour du Sénéga-
lais Alioune Diop, et s'augmenta de personnalités comme les
Guadeloupéens Paul Niger et Guy Tirolien, de l'Ivoirien Bernard
Dadié, des Dahoméens Apithy et Behanzin et du Malgache
Rabemananjara. C'est le noyau qui allait donner le jour à la
revue* Présence Africaine.

*En décembre 1947, paraissait simultanément à Dakar et à
Paris le premier numéro de cette revue, qui allait rapidement
devenir l'organe du monde noir en France et tend aujour-
d'hui à l'être dans l'Afrique toute entière. Elle était patron-
née par de grands intellectuels français, tels Gide, Sartre,
Mounier, Michel Leiris et Georges Balandier ; enfin par quatre écrivains noirs ayant acquis déjà une certaine renommée :
Senghor et Césaire, naturellement, l'Américain Richard Wright
et le Dahoméen Paul Hazoumé.*

*Si les noms dont s'ornait la jeune revue formaient un bouquet
prestigieux, sa présentation très modeste attestait son indépendance financière.* Présence Africaine *n'avait rien à voir avec
les luxueuses revues coloniales, miroirs complaisants des bienfaits
de la mère-patrie à ses enfants d'outre-mer. Mauvais papier
d'après guerre, irrégularité de la parution, coquilles émaillant les
textes, autant d'indices des difficultés pécuniaires qu'Alioune
Diop conjurait* in extremis *par des appels désespérés : chaque
fois jouait la solidarité africaine qui sauvait l'œuvre du frère qui
avait créé pour les siens cet organe de réflexion, cette tribune
où les penseurs et les écrivains, les politiques et les sociologues,
les sages traditionnels et les jeunes universitaires, tentaient de
« définir l'originalité africaine et de hâter son insertion dans
le monde moderne ».*

*C'est ainsi, en effet, qu'Alioune Diop définissait le projet de
Présence Africaine, en spécifiant que la revue ne se plaçait sous
l'obédience d'aucune idéologie philosophique ou politique. Cette
« originalité africaine » était envisagée sous son aspect culturel
et devait être révélée dans la revue par des textes littéraires
d'Africains et des études sur les civilisations noires.*

*Alioune Diop montre bien l'origine de son ambition au cœur
du cercle formé autour de Senghor :*

*« L'idée en remonte à 1942-1943. Nous étions à Paris un
certain nombre d'étudiants d'outre-mer qui — au sein des
souffrances d'une Europe s'interrogeant sur son essence et sur
l'authenticité de ses valeurs — nous sommes groupés pour
étudier la situation et les caractères qui nous définissaient nous-
mêmes... Incapables de revenir entièrement à nos traditions
d'origine ou de nous assimiler à l'Europe, nous avions le senti-*

ment de constituer une race nouvelle, mentalement métissée... Des déracinés ? Nous en étions dans la mesure précisément où nous n'avions pas encore pensé notre position dans le monde, et nous abandonnions entre deux sociétés, sans signification reconnue dans l'une ou dans l'autre, étrangers à l'une comme à l'autre. »

En quoi Alioune Diop se différencie-t-il de ses prédécesseurs ? Outre qu'il tourne les préoccupations vers l'Afrique Noire, alors qu'elles avaient été jusque-là centrées sur les Antilles, il regarde avec plus de lucidité les carences des Africains obligés de prendre la voie très concrète que leur impose l'histoire.

La présentation d'Alioune Diop est un appel à tous les intellectuels d'Afrique, pour qu'ils s'emparent des moyens dont l'Europe dispose et affirment leur existence. Car dans le monde moderne, dit-il, « tout être humain est nié qui ne manifeste pas sa personnalité. Au contraire, exprimer son âme singulière, c'est contribuer à infléchir l'opinion publique et le cadre des institutions dans un sens plus largement humain. »

« Le noir qui brille par son absence dans l'élaboration de la cité moderne, pourra, peu à peu, signifier sa présence en contribuant à la recréation d'un humanisme à la vraie mesure de l'homme.

« Car il est certain qu'on ne saurait atteindre à l'universalisme authentique si, dans sa formation, n'interviennent que des subjectivités européennes. Le monde de demain sera bâti sur tous les hommes.

« Nous autres, Africains,... nous devons nous saisir des questions qui se posent sur le plan mondial et les penser avec tous, afin de nous retrouver un jour parmi les créateurs d'un ordre nouveau. »

Certes, ce premier numéro ne proposait pas de but politique. Mais il mettait implicitement en question la colonisation. Dans la partie littéraire, les œuvres des Noirs dénoncent la ségrégation, la brutalité du Blanc américain, ou bien, sur le mode ironique, le ridicule des mulâtresses sénégalaises singeant les Parisiennes. Mais leur ton demeure, dans l'ensemble, réservé et ce sont leurs amis blancs qui témoignent pour eux avec une force singulière :

André Gide ironise sur les théories de Gobineau et nous avertit que l'Europe n'a pas seulement à instruire les Africains, mais à les écouter.

Théodore Monod rappelle avec quel cynisme l'Occident tenta de justifier la traite des esclaves.

Marcel Griaule passe en revue les préjugés au sujet des prétendues infériorités des Noirs. Dans l'étude des sociétés africaines, dit-il, « nous ne sommes qu'à la période des inventaires. Nous découvrons les noirs comme nous avons découvert leur pays, pied à pied. Ce n'est qu'à force de persévérance qu'on arrive à pénétrer leur secret. Mais alors quelle richesse ! »

« Le noir est un homme. » Ainsi Georges Balandier titre-t-il son étude des variations de l'idée de Nègre dans l'imagination des Blancs d'Europe et d'Afrique.

Après ces articles qui dénoncent les préjudices moraux dont l'Occident est responsable, d'autres mettent l'accent sur les préjudices sociaux.

Pierre Naville le fait avec délicatesse : « L'instruction, l'éducation, la culture, les formes diverses de la vie artistique, tout cela ne serait que vains mots, si on ne possédait pas ce qui en fait la base indispensable, une vie économique et sociale d'où soient bannis l'esclavage, la sujétion, l'exploitation. Il est donc évident qu'il n'est pas possible de séparer la culture intellectuelle de ses conditions sociales. »

Jean-Paul Sartre, en revanche, va plus brutalement au cœur du problème. Nous ignorons, dit-il, la condition réelle des Noirs en Afrique et cela nous permet d'avoir bonne conscience. « Chaque poignée de main que nous donnons ici à un noir efface toutes les violences que nous avons commises là-bas. Nous traitons ici les noirs en étrangers et là-bas en « indigènes » qu'il est scandaleux de fréquenter. » Et Sartre de souhaiter que « Présence Africaine nous peigne un tableau impartial de la condition des noirs au Congo et au Sénégal. Point n'est besoin d'y mettre de la colère ou de la révolte : la vérité seulement, cela suffira pour que nous recevions au visage le souffle torride de l'Afrique, l'odeur aigre de l'oppression et de la misère. »

La Lettre à un ami africain d'Emmanuel Mounier rend un son un peu différent. Elle choisit de parler des dangers qui guettent le jeune mouvement africain, de ses « maladies infantiles » dit Mounier, songeant sans doute à Lénine.

Selon l'auteur, le jeune Africain appartient à une « génération déchirée », partagée entre deux tentations. La première est de mépriser l'Afrique, qui semble le tirer en arrière, et « d'embrasser plus ou moins explicitement le mépris de certains blancs pour les choses africaines ». Et pourtant, dit Mounier, on ne se débarrasse pas de l'Afrique, pas plus que personne des racines qui le portent et de l'air qu'il respire. » Il faudrait donc que les « Africains instruits se retournent vers ces sources profondes et lointaines de l'être africain, non pour se gorger de folklore... mais pour dégager les valeurs permanentes de l'héri-

tage africain ». La seconde tentation, provenant d'une trop grande sensibilité aux fautes de l'Europe, est « d'opposer au « racisme blanc un contre-racisme noir ».

Enfin, conseille l'auteur à ses amis africains, ne méprisez pas les travaux manuels, en vous laissant aller au prestige des professions réputées intellectuelles, « prenez garde de multiplier ces « demi-habiles » qui ne vivent que parmi les carcasses des mots ». Et Mounier de préconiser la formation de cadres techniques plutôt que d'orateurs ; d'engager l'élite noire actuelle à ne pas s'isoler de la masse, mais à l'élever au contraire jusqu'à elle. « Si révolution il doit y avoir, les révolutions du XX° siècle se montent à l'atelier, au champ, à l'école, non pas sur la place publique... La démocratie formelle n'est rien sans la démocratie réelle. »

INFLUENCE ET ÉVOLUTION

Au départ, le but que se proposait Présence Africaine *n'était nullement politique, mais culturel. Par le biais de la culture, elle était cependant amenée à poser le problème de la colonisation dans toute son ampleur. Ses collaborateurs eux-mêmes l'y invitaient !*

A mesure qu'elle s'affirme et étend son audience, la revue va se sensibiliser davantage à la vie publique africaine. Elle subit tout naturellement l'influence de l'intelligentzia nègre et, en particulier, des étudiants de Paris passionnés de politique. Ce faisant, elle ne sort pas de son rôle et reste le témoin fidèle de la « présence » de l'Afrique, toujours en évolution.

Evolution normale! Cette revendication, cette exigence de révolution que nous découvrions au cœur des œuvres poétiques ou romanesques, de la négritude actuelle, devait déboucher sur une action concrète, sous peine de n'être qu'un thème littéraire. La négritude, aujourd'hui, dit A. Diop, « n'est autre que le génie noir et en même temps la volonté d'en révéler la dignité; elle a pour mission de restituer à l'histoire ses véritables dimensions ». Comment réaliser ce programme ambitieux et prétendre aujourd'hui infléchir l'Histoire, sans le secours d'une action directe ?

Mais il y a plus ! Le désir de la seule renaissance culturelle devait déboucher, lui aussi, sur l'action, car on ne pouvait espérer le réaliser, dans le cadre de la colonisation française tout au moins, que par une préalable libération politique. Pour-

127

quoi ? Parce que le colonisateur français, généralement sûr de ses valeurs, croit qu'elles sont universelles (ce qui est vrai) et qu'il n'en est pas d'autres (ce qui n'est pas vrai). Il s'installait aux colonies avec un esprit militant et croyait dispenser sa science à un peuple arriéré, infantile, sans traditions sinon folkloriques, sans culture sinon « primitive ». Il voulait élever les indigènes jusqu'à lui, les faire participer à son esprit, à ses schèmes mentaux, à ses habitudes sociales. Bref, il voulait assimiler, rendre semblable. Il niait ainsi les cultures originales et rendait impossible leur libre expression. S'il prétend à l'importance de sa civilisation et veut la faire reconnaître, le colonisé se voit obligé de rejeter l'assimilation, donc les cadres qui l'imposent, donc la présence même du colonisateur. La simple revendication culturelle devient un motif supplémentaire de révolte politique et s'ajoute aux autres raisons que l'on peut avoir de souhaiter le départ de l'occupant. C'est pourquoi Alioune Diop affirme que les « hommes de culture en Afrique ne peuvent plus se désintéresser de la politique, qui est une condition nécessaire de la renaissance culturelle. »

Cependant si la politique a occupé dans la revue une place très large, le culturel y garda néanmoins la prépondérance. Présence Africaine nous a révélé nombre d'écrivains noirs : des Africains comme des Antillais et des Négro-Américains.

Sans se limiter aux Noirs d'expression française, la revue s'intéressa aux écrivains américains et à ceux d'Afrique anglaise. Nous voyons ainsi figurer aux sommaires des premiers numéros les noms de Richard Wright et de Peter Abrahams, puis ceux de Mercer Cook, Georges Lamming, etc... Et la revue paraît maintenant en langue anglaise. Enfin, elle englobe aujourd'hui les écrivains d'expression espagnole ou portugaise.

Il serait fastidieux d'énumérer tous les domaines culturels que la revue éclaira en vingt-cinq ans d'existence : articles sur les littératures orales traditionnelles, sur les religions et les philosophies africaines, sur le vaudou haïtien, sur la musique, principalement le jazz, etc... Enfin, la revue servit également de carrefour aux intellectuels pour confronter leurs idées. Notamment sur la responsabilité de l'intellectuel noir envers son peuple et l'existence d'une littérature nationale.

L'activité d'Alioune Diop déborda rapidement le cadre de la revue : il fonda les Editions de Présence Africaine, dont le premier volume, La Philosophie bantoue du R.P. Tempels, parut au cours du premier semestre 1949.

Enfin A. Diop fonda la S.A.C. (Société Africaine de Culture), présidée par le Docteur Price-Mars, et qui organise des cycles de conférences destinées à faire connaître l'homme noir et ses préoccupations. C'est cette société qui organisa les deux grands congrès à Paris en 1956, le second à Rome en 1959, qui réunirent écrivains et artistes noirs de divers pays. C'est la S.A.C. enfin, qui, sur, l'invitation de L.S. Senghor, organisa à l'échelle mondiale le Congrès des Arts Nègres à Dakar en 1966.

LA NEGRITUDE
MILITANTE

III

Deuxième partie

LA NÉGRITUDE
MILITANTE

La poésie de 1948 à 1960

LES POETES DE L'ANTHOLOGIE
DE L. S. SENGHOR, 1948

Quelques mois après la parution de la revue Présence Africaine, *Senghor publiait une* Anthologie *qui a fait date dans l'histoire de la littérature nègre, et dont l'influence, se multipliant avec celle de la revue, assura au Mouvement de la Négritude, un rayonnement mondial.*

En effet cette anthologie sélectionnait les poèmes les plus violents, les plus douloureux, et les plus « non-français » des écrivains noirs et par-là même constituait un véritable manifeste de la Révolution Nègre contre l'oppression politique autant que culturelle de l'Occident.

Cette anthologie était un acte d'indépendance.

Elle était aussi l'acte officiel de naissance d'une littérature négro-africaine de langue française, radicalement différente de la littérature française et inassimilable par elle. Acte de naissance qui était d'abord un acte de divorce d'avec l'Europe.

C'est ce que Sartre a très bien saisi dans sa préface Orphée Noir *où il s'adresse aux Européens, non sans ironie :*

« Qu'est-ce donc que vous espériez quand vous ôtiez le bâillon qui fermait ces bouches noires ? Ces têtes que nos pères avaient courbées jusqu'à terre par la force, pensiez-vous, quand elles se relèveraient, lire l'adoration dans leurs yeux ? Voici des hommes noirs, debout, qui nous regardent, et je vous souhaite de ressentir comme moi le saisissement d'être vus.

« Car le blanc a joui trois mille ans du privilège de voir sans qu'on le voie... L'homme blanc, parce qu'il était homme, blanc comme le jour, blanc comme la vertu, blanc comme la vérité, éclairait la création comme une torche...

« Aujourd'hui ces hommes noirs nous regardent... des torches noires à leur tour éclairent le monde, et nos têtes blanches ne sont plus que de petits lampions balancés par le vent.

« Nous nous croyions essentiels au monde, les soleils de ses moissons, les lunes de ses marées : nous ne sommes plus que des bêtes de sa faune.

« Jadis Européens de droit divin, nous sentions déjà notre dignité s'effriter sous les regards américains ou soviétiques ; déjà l'Europe n'était plus qu'un accident géographique, la presqu'île que l'Asie pousse jusqu'à l'Atlantique.

« Au moins espérions-nous retrouver un peu de notre grandeur dans les yeux domestiques des Africains. Mais il n'y a plus d'yeux domestiques : il y a des regards libres qui jugent notre terre.

« Si pourtant ces poèmes nous donnent de la honte, c'est sans y penser : ils n'ont pas été écrits pour nous. C'est aux noirs que ces noirs s'adressent et c'est pour leur parler des noirs ; leur poésie... est une *prise de conscience.* » *Cette préface de Sartre n'a pas peu contribué à rendre célèbre et l'Anthologie et la Négritude. En effet le témoignage enthousiaste d'un des plus éminents intellectuels de France en faveur de cette littérature nouvelle, la consacrait comme telle, reconnaissait la validité de son contenu autant que de sa forme, lui assurait sa diffusion et lui donnait droit de cité dans cette Europe même contre laquelle les écrivains noirs se définissaient.*

Si Sartre a donc, par-là, rendu un service inappréciable à la littérature négro-africaine, on peut regretter cependant qu'il ait créé autour du concept de négritude un malentendu qui n'existait pas avant qu'il n'en parle.

Après sa brillante analyse — qui est elle-même un des morceaux de littérature les plus beaux que Sartre ait jamais écrits — tout le monde s'est mis à parler de la négritude. Mais à travers les définitions que Sartre en avait données, on a davantage réfléchi et discuté sur ce que Sartre disait de la négritude que sur ce qu'en disaient les Nègres eux-mêmes, les Césaire, Senghor, Diop, etc... qui avaient créé ce concept à partir de leur expérience !

Or, il se fait que Sartre a tendance à réduire la négritude au mouvement historique de la révolte du Nègre contre le Blanc. Dans son analyse il en accentue les aspects négatifs : souffrance nègre, refus du colonialisme, racisme anti-raciste. Mais comme ces aspects sont passagers, dus aux circonstances, il en déduit que, une fois résolus les problèmes politiques et sociaux qui opposent Noirs et Blancs, la « Négritude sera dépassée » par « celui qui marche sur une crête entre le particularisme passé qu'il vient de gravir et l'universalisme futur qui sera le crépuscule de sa négritude... La négritude est pour se détruire... elle n'a pas de suffisance par elle-même. »

Sartre oublie là — et c'est grave — que la négritude n'est pas seulement due au choc des races et aux problèmes coloniaux, mais repose sur une civilisation commune à tous les Noirs d'Afrique.

Bien avant qu'on ne parle de décolonisation et de revendications raciales, Delafosse avait déjà reconnu « l'Ame Noire » et, avec tous les ethnologues, la spécificité, l'originalité des cultures africaines !

La négritude n'est pas née hier et ne mourra pas demain : l'homme africain ne va pas se mettre à vivre comme un Blanc parce qu'il est décolonisé.

C'est parce qu'il oublie cette base, cette constante culturelle *que Sartre donne finalement une idée fausse de la négritude. Il la présente comme un mythe, comme Eurydice qu'Orphée cherche aux Enfers, mais qui lui échappera en définitive.*

Mais pour l'Africain, la négritude n'a rien d'un mythe. C'est une réalité dans laquelle il trempe tous les jours, qui l'a profondément déterminé, modelé, façonné, qui le rend inassimilable à toute autre civilisation. Il a manqué sans doute à Sartre d'avoir réellement regardé vivre un paysan, un village africain, d'avoir écouté une langue africaine, un griot ou un joueur de mvet[1] ; il aurait évité de poser ces questions absurdes :

« Qu'arrivera-t-il si le noir, dépouillant sa négritude au profit de la Révolution, ne se veut plus considérer que comme un prolétaire ? La source de la poésie tarira-t-elle ? Ou bien le grand fleuve noir colorera-t-il malgré tout la mer dans laquelle il se jette ? »

Je ne me rappelle pourtant pas que les Révolutionnaires russes aient perdu leur langue, leur littérature, leur musique, bref leur culture et leur âme slave parce qu'ils avaient fait la Révolution !

L'Anthologie de Senghor présentait seize poètes : Léon Damas, Gilbert Gratiant, Etienne Léro, Aimé Césaire Guy Tirolien, Paul Niger, Léon Laleau, Jacques Roumain, Jean-François Brièrre, René Belance, Birago Diop, David Diop,

---

1. Guitare ewondo.

Léopold Sédar Senghor, J.-J. Rabéarivélo, J. Rabemananjara et Flavien Ranaïvo.

Nous ne parlerons plus de ceux que nous connaissons déjà comme Césaire, Damas, Roumain, Brière...

Nous ne parlerons pas non plus de ceux qui n'eurent pratiquement pas d'influence sur leurs successeurs. Soit que leur style fût déjà dépassé au moment de l'Anthologie et qu'ils n'y figurassent en somme qu'à titre de rappel, comme c'est le cas pour Laleau ou Gratiant, soit qu'on n'ait jamais connu d'eux que les seuls poèmes découverts par Senghor, ce qui est parfois un peu court pour les élever au rang de poètes.

Les Antillais

GUY TIROLIEN — Guadeloupéen comme Paul Niger, nés tous deux en 1917 et qui furent amis, ont eu des itinéraires parallèles pendant une quinzaine d'années. Héritiers spirituels de Léro, Damas et Césaire, tous deux ils baignèrent dans l'ambiance de l'équipe d'Alioune Diop qui discutait de problèmes nègres et rêvait d'Afrique à Paris pendant la guerre. « Mais nous rêvions à une Négritude irréelle » avoue Niger, car il allait bientôt confronter ses rêves avec la réalité.

En effet, de même que Tirolien, il partait en Afrique dès la Libération, comme administrateur de la France d'Outre-Mer. Mais dans un autre esprit que celui des Antillais de Jadis qui se conduisaient en Afrique « comme des Blancs ».

Niger et Tirolien faisaient leur « retour aux sources ». Niger, qui s'appelait Béville, prendra le nom du grand fleuve de l'Ouest Africain.

Et Niger au Dahomey, Tirolien au Cameroun puis au Soudan, devinrent poètes au contact de l'Afrique, soit par réaction de colère contre l'Afrique des « béni-oui-oui », où la colonisation s'étalait encore avec toutes ses lèpres (cf. Je n'aime pas l'Afrique) ; soit par consonance profonde avec un peuple et un mode d'existence où l'exilé retrouve ses racines authentiques (L'âme du noir pays).

Niger est mort en 1962 dans un accident d'avion alors qu'il revenait dans son île. Il n'avait encore écrit qu'un recueil de poèmes, et deux romans pleins d'intérêt sur son expérience dahoméenne : Les Puissants et Les grenouilles du Mont Kimbo.

Tirolien vient d'éditer Balles d'or aux éditions Présence Africaine, mais son plus joli poème reste encore la charmante Prière d'un petit enfant nègre.

REDÉCOUVERTE

Je reconnais mon île plate, et qui n'a pas bougé.
Voici les trois îlets, et voici la grande Anse.
Voici derrière le Fort les bombardes rouillées.

Je suis comme l'anguille flairant les vents salés
et qui tâte le pouls des courants.

Salut, île ! C'est moi. Voici ton enfant qui revient.
Par-delà la ligne blanche des brisants,
et plus loin que les vagues aux paupières de feu,
je reconnais ton corps brûlé par les embruns.

J'ai souvent évoqué la douceur de tes plages
tandis que sous mes pas
crissait le sable du désert.
Et tous les fleuves du Sahel ne me sont rien
auprès de l'étang frais où je lave ma peine.

Salut terre mâtée, terre démâtée !
Ce n'est pas le limon que l'on cultive ici,
ni les fécondes alluvions.

C'est un sol sec, que mon sang même
n'a pas pu attendrir,
et qui geint sous le soc comme femme éventrée.

Le salaire de l'homme ici,
ce n'est pas cet argent qui tinte clair, un soir de paye,
c'est le soir qui flotte incertain au sommet des cannes
saoûles de sucre.
Car rien n'a changé.

Les mouches sont toujours lourdes de vesou[1],
et l'air chargé de sueur.

(*Balles d'Or*, Editions de Présence Africaine, Paris)

ADIEU « ADIEU FOULARDS »

> nous ne chanterons plus les tristes spirituals désespérés
> Jacques Roumain

Non, nous ne chanterons plus les défuntes romances
que soupiraient jadis les doudous[2] de miel
déployant leurs foulards sur nos plages de sucre
pour saluer l'envol des goélettes ailées.

1. *Vesou* : jus du sucre des cannes.
2. *Doudou* : chérie.

Nous ne pincerons plus nos plaintives guitares
pour célébrer Ninon ou la belle Amélie,
le cristal pur de rires, le piment des baisers,
ni les reflets de lune sur l'or des peaux brunes.

Nous ne redirons plus ces poèmes faciles
exaltant la beauté des îles fortunées,
odalisques couchées sur des tapis d'azur
que caresse l'haleine des suaves alizés.

Nous unirons nos voix en un bouquet de cris
à briser le tympan de nos frères endormis ;
et sur la proue ardente de nos îles,
les flammes de nos colères
rougeoieront dans la nuit en boucans d'espérance.

Nous obligerons la fleur sanglante du flamboyant
à livrer aux cyclones son message de feu ;
et dans la paix bleutée des autres caraïbes
nos volcans réveillés cracheront des mots de soufre.
Mais forts de la nudité riche
des peuples sans racine
nous marcherons sereins parmi les cataclysmes.

(ibidem)

JE NE VEUX PLUS ALLER À LEUR ÉCOLE

Seigneur, je suis très fatigué.
Je suis né fatigué.
Et j'ai beaucoup marché depuis le chant du coq
Et le morne est bien haut qui mène à leur école.
Seigneur, je ne veux plus aller à leur école,
Faites, je vous en prie, que je n'y aille plus.
Je veux suivre mon père dans les ravines fraîches
Quand la nuit flotte encore dans le mystère des bois
Où glissent les esprits que l'aube vient chasser.
Je veux aller pieds nus par les rouges sentiers
Que cuisent les flammes de midi,
Je veux dormir ma sieste au pied des lourds manguiers,
Je veux me réveiller
Lorsque là-bas, mugit la sirène des blancs
Et que l'Usine,
Sur l'océan des cannes
Comme un bateau ancré

Vomit dans la campagne son équipage nègre...
Seigneur, je ne veux plus aller à leur école,
Faites, je vous en prie, que je n'y aille plus.
Ils racontent qu'il faut qu'un petit nègre y aille
Pour qu'il devienne pareil
Aux messieurs de la ville
Aux messieurs comme il faut.
Mais moi je ne veux pas
Devenir, comme ils disent,
Un monsieur de la ville,
Un monsieur comme il faut.
Je préfère flâner le long des sucreries
Où sont les sacs repus
Que gonfle un sucre brun autant que ma peau brune.
Je préfère vers l'heure où la lune amoureuse
Parle bas à l'oreille des cocotiers penchés
Ecouter ce que dit dans la nuit
La voix cassée d'un vieux qui raconte en fumant
Les histoires de Zamba et de compère Lapin
Et bien d'autres choses encore
Qui ne sont pas dans les livres.
Les nègres, vous le savez, n'ont que trop travaillé.
Pourquoi faut-il de plus apprendre dans les livres
Qui nous parlent de choses qui ne sont point d'ici ?
Et puis elle est vraiment trop triste leur école,
triste comme
Ces messieurs de la ville,
Ces messieurs comme il faut
Qui ne savent plus danser le soir au clair de lune,
Qui ne savent plus marcher sur la chair de leurs pieds,
qui ne savent plus conter les contes aux veillées.
Seigneur, je ne veux plus aller à l'école.

(ibidem)

PAUL NIGER (1917-1962, Guadeloupe) —

JE N'AIME PAS L'AFRIQUE

« J'aime ce pays, disait-il, on y trouve nourriture, obéissance,
poulets à quatre sous, femmes à cent, et « bien Missié » pour
pas plus cher

138

Le seul problème, ajoutait-il, ce sont les anciens tirailleurs et les métis et les lettrés qui discutent les ordres et veulent se faire élire chefs de village ».

Moi, je n'aime pas cette Afrique-là.

L'Afrique des yesmen et des beni-oui-oui
L'Afrique des hommes couchés attendant comme une grâce le réveil de la botte
L'Afrique des boubous flottant comme des drapeaux de capitulation de la dysenterie, de la peste, de la fièvre jaune et des chiques (pour ne pas dire de la chicotte).
L'Afrique de « l'Homme du Niger[1] », l'Afrique des plaines désolées
Labourées d'un soleil homicide, l'Afrique des pagnes obscènes et des muscles noués par l'effort du travail forcé.
L'Afrique des négresses servant l'alcool d'oubli sur le plateau de leurs lèvres...

Je n'aime pas cette Afrique-là.

Dieu un jour descendu sur la terre fut désolé de l'attitude des créatures envers la création. Il ordonna le déluge, et germa de la terre resurgie, une semence nouvelle.
L'arche peupla le monde et lentement
Lentement
L'humanité monta des âges sans lumière aux âges sans repos.

Il avait oublié l'Afrique.

Christ racheta l'homme mauvais et bâtit son Eglise à Rome.
Sa voix fut entendue dans le désert, l'Eglise sur la Société
la Société sur l'Eglise, l'une portant l'autre
Fondèrent la civilisation où les hommes dociles à l'antique Sagesse pour apaiser les anciens dieux, pas morts
Immolèrent tous les dix ans quelques milliers de victimes

Il avait oublié l'Afrique

Mais quand on s'aperçut qu'une race (d'hommes ?)

1. Film français déjà ancien sur la vie coloniale.

Devait encore à Dieu son tribut de sang noir on lui fit un
                                                          rappel
Elle solda.
Et solde encore, et lorsqu'elle demanda sa place au sein de
l'œcumène on lui désigna quelques bancs — Elle s'assit. Et s'en-
dormit. Jésus étendit les mains sur ces têtes frisées et les nègres
                                                      furent sauvés

Pas ici-bas, bien sûr...

Ecoute : le tam-tam s'est tu ; le sorcier peut-être a livré son
                                                          secret
Le vent chaud des savanes apporte son message,
L'hippocampe déjà m'a fait un signe de silence

L'Afrique va parler

Car c'est à elle maintenant d'exiger :
« J'ai voulu une terre où les hommes soient hommes
et non loups
et non brebis
et non serpents
et non caméléons

J'ai voulu une terre où la terre soit terre
Où la semence soit semence
Où la moisson soit faite avec la faux de l'âme une terre de
                Rédemption et non de Pénitence une terre d'Afrique.
Des siècles de souffrance ont aiguisé ma langue
J'ai appris à compter en gouttes de mon sang et je reprends les
                                    dits des généreux prophètes
Je veux que sur mon sol de tiges vertes, l'homme droit porte
                                    enfin la gravité du ciel. »

Et ne lui réponds pas, il n'en est plus besoin, écoute ce pays en
verve supplétoire, contemple tout ce peuple en marche promis-
soire, l'Afrique se dressant à la face des hommes, sans haines, sans
                    reproches, qui ne réclame plus, mais affirme.
Il est encore des bancs dans l'Eglise de Dieu
Il est des pages blanches aux livres des Prophètes.
Aimes-tu l'aventure, ami, alors regarde
Un continent s'émeut, une race s'éveille
Un murmure d'esprit fait frissonner les feuilles
Tout un rythme nouveau va térébrer le monde

Une teinte inédite peuplera l'arc-en-ciel
une tête dressée va provoquer la foudre.

L'Afrique va parler.

L'Afrique d'une seule justice et d'un seul crime
Le crime contre Dieu, le crime contre les hommes
Le crime de lèse-Afrique
Le crime contre ceux qui portent quelque chose

Quoi ?

Un rythme
une onde dans la nuit à travers les forêts, rien, ou une âme
                                                            nouvelle
un timbre
une intonation
une vigueur
un dilatement
une vibration qui par degrés dans la moelle déflue, révulse dans
sa marche un vieux cœur endormi, lui prend la taille et vrille
et tourne
et vibre encore dans les mains, dans les reins, le sexe descend
plus bas fait claquer les genoux, l'article des chevilles, l'adhérence
                      des pieds, ah, cette frénésie qui me suinte du ciel.
Mais aussi, ô ami, une fierté nouvelle qui désigne à nos yeux
le peuple du désert, un courage sans prix, une âme sans demande,
            un geste sans secousse dans une chair sans fatigue.

Tâter à sa naissance le muscle délivré et refaire les marches
                                    des premiers conquérants
Immense verdoiement d'une joie sans éclats
Intense remuement d'une peine sans larmes
Initiation subtile d'un monde parachevé dans l'explosion d'or
            des cases, voilà, voilà le sort de nos âmes chercheuses...

Allons, la nuit déjà achève sa cadence
j'entends chanter la sève au cœur du flamboyant...

                                        (*Initiation*, Editions Seghers, Paris)

Les Africains

BIRAGO DIOP (1906, Sénégal) — Bien que faisant déjà partie de l'équipe de *l'Etudiant Noir*, le Sénégalais Birago Diop n'a été révélé en tant qu'écrivain que par les anthologies de Damas d'abord, de Senghor ensuite.

Mais quel écrivain ! Incomparable talent de conteur qui jamais ne s'est démenti dans ses œuvres postérieures. Cependant « Birago Diop nous dit modestement qu'il n'invente rien, mais se contente de traduire en français les contes du griot, de sa maison, Amadou, fils de Koumba. Ne nous y laissons pas prendre. Il fait comme tous les bons conteurs de chez nous : sur un thème ancien il compose un nouveau poème ». Ainsi parle Senghor.

En effet, les contes de Birago Diop sont de vraies re-créations et les trois recueils qu'il nous a donnés réunissent la perfection du style français et la parfaite fidélité à l'inspiration africaine. *Les contes d'Amadou Koumba, Les nouveaux contes d'Amadou Koumba, Contes et lavanes* devraient être désormais des classiques du genre pour les écoliers africains au même titre que *Les lettres de mon moulin* le sont pour les petits Français.

Talent de poète aussi, moins certain peut-être dans la mesure où Diop a été trop marqué par Mallarmé. Cependant dès qu'il se dégage des manies pour ne pas dire des maniérismes du poète symboliste, il trouve un ton, un rythme et des images qui insufflent à des poèmes comme *Viatique, Dyptique, Incantation, Souffles* le mystère de l'animisme africain.

N'Gor-Niébé

Chacun savait que N'Gor était celui-qui-ne-mange-pas-de-haricots. Mais explique qui pourra, personne ne l'appelait plus par son nom, pour tout le monde, il était devenu N'Gor-Niébé pour ceux du village et pour ceux du pays.

Agacés de le voir toujours refuser de s'accroupir autour d'une calebasse où pointait une tache noire du nez d'un niébé, ses camarades se jurèrent un jour de lui en faire manger.

N'Dèné était une belle fille aux seins durs, à la croupe ferme et rebondie, au corps souple comme une liane, et N'Dèné était l'amie de N'Gor Sène. C'est elle que vinrent trouver les camarades de son ami qui lui dirent :

— N'Dèné, nous te donnerons tout ce que tu voudras : boubous, pagnes, argent et colliers si tu arrives à faire manger des niébés à N'Gor qui commence vraiment à nous étonner, nous ses frères, car il ne nous explique même pas les raisons de son refus. Aucun interdit n'a touché sa famille concernant les haricots.

Promettre à une femme jeune et jolie, à une coquette, pagnes et bijoux ! Que ne ferait-elle pour les mériter ? Jusqu'où

142

n'irait-elle pas ? Faire manger à quelqu'un un mets qu'aucune tradition ne lui défend de toucher, quelqu'un qui dit vous aimer et vous le prouve tous les soirs ? Rien de plus aisé sans doute, N'Dèné promit à son tour.

Trois nuits durant N'Dèné se montra plus gentille et plus caressante qu'à l'accoutumée, lorsque griots, musiciens et chanteurs prenaient congé après avoir égayé les jeunes amants. Sans dormir un seul instant, elle massa, elle éventa, elle caressa N'Gor, lui chantant de douces chansons et lui tenant de tendres propos. Au matin de la troisième nuit, N'Gor lui demanda :

— N'Dèné, ma sœur et ma chérie, que désires-tu de moi ?

— N'Gor mon oncle, dit la jeune femme, mon aimé, tout le monde prétend que tu ne veux pas manger des haricots, même préparés par ta mère. Je voudrais que tu en manges faits de ma main, ne serait-ce qu'une poignée. Si tu m'aimes vraiment comme tu le dis, tu le feras, et moi seule le saurai.

— Ce n'est que cela, le plus grand de tes désirs ? Eh bien ! mon aimée, demain, tu feras cuire tes haricots, et, lorsque la terre sera froide, je les mangerai, si c'est là la preuve qu'il te faut de mon grand amour.

Le soir N'Dèné fit cuire des haricots, les accommoda à la sauce arachide, y mit piment, clous de girofle et tant d'autres sortes d'épices qu'on n'y sentait plus l'odeur ni le goût des haricots.

Quand N'Gor se retourna dans son deuxième sommeil, N'Dèné le réveilla doucement en lui caressant la tête et lui présenta la calebasse si appétissante.

N'Gor se leva, se lava la main droite, s'assit sur la natte, près de la calebasse et dit à son amante :

— N'Dèné est-il dans Diakhaw une personne à qui tu donnerais ton nez pour qu'elle vive si elle venait à perdre le sien, une personne dont le cœur et le tien ne font qu'un, une amie pour laquelle tu n'as aucun secret, une seule personne à qui tu te confies sincèrement ?

— Oui ! fit N'Dèné.

— Qui est-ce ?

— C'est Thioro.

— Va la chercher.

N'Dèné alla chercher son amie intime. Quand Thioro arriva, N'Gor lui demanda :

— Thioro as-tu une amie intime, la seule personne au monde pour qui tu ouvres ton cœur ?

— Oui ! dit Thioro, c'est N'Goné.

— Va dire à N'Goné de venir.

Thioro alla quérir N'Goné, sa plus-que-Sœur. Quand N'Goné vint, N'Gor l'interrogea :

— N'Goné, as-tu une personne au monde à qui ta langue ne cache aucun secret, pour qui ton cœur soit aussi clair que le jour ?

— Oui ! c'est Djégane, fit la jeune femme.

— N'Dèné ma sœur, dit-il alors, je ne mangerai jamais de haricots. S'il m'était arrivé de manger ces niébés préparés par toi ce soir, demain toutes ces femmes l'auraient su, et d'amies intimes en amies intimes, de femmes à maris, de maris à parents, de parents à voisins, de voisins à compagnons, tout le village et tout le pays l'auraient su.

Et dans la nuit N'Gor Sène s'en retourna dans sa case pensant que c'est le premier toupet de Kotj Barma qui avait raison :

« Donne ton amour à ta femme, mais non ta confiance ».

(*Les Contes d'Amadou Koumba*, Ed. Présence Africaine, Paris)

DÉSERT

« Dieu seul est Dieu, Mohammed rassoul Allah ! »
La voix du Muezzin bondit sur les dômes,
S'enfle, s'étend, puis s'éteint au loin là-bas...
Lentement se courbent les corps de nos hommes...
Rythme le morne chœur assourdi et las,
Et les pointes noires des cases en chaume
Frangent l'horizon que nous n'atteindrons pas.

Sur le désert et dans l'infini des âges
Titubant ainsi dans le sable sans fin
Aborderons-nous à de lointains rivages ?

Irons-nous ainsi chaque jour vers demain ?
Vers des haltes lointaines, de lointains havres
Où nos rêves ne seront que des cadavres ?

(*Leurres et Lueurs*, Ed. Présence Africaine, Paris)

ABANDON

à Léon G. Damas

Dans le bois obscurci
Les trompes hurlent, hurlent sans merci

Sur les tam-tams maudits.
Nuit noire, nuit noire !

Les torches qu'on allume
Jettent dans l'air
Des lueurs sans éclat, sans éclair,
Les torches fument.
Nuit noire, nuit noire !

Des souffles
Rôdent et gémissent
Murmurant des mots désappris,
Des mots qui frémissent,
Nuit noire, nuit noire !

Du corps refroidi des poulets
Ni du chaud cadavre qui bouge
Nulle goutte n'a plus coulé
Ni de sang noir ni de sang rouge,
Nuit noire, nuit noire !
Les trompes hurlent, hurlent sans merci
Sur les tam-tams maudits,
Nuit noire, nuit noire !

Peureux le ruisseau orphelin
Pleure et réclame
Le peuple de ses bords éteints
Errant sans fin, errant en vain
Nuit noire, nuit noire !
Et dans la savane sans âme
Désertée par le souffle des anciens
Les trompes hurlent, hurlent sans merci
Sur les tam-tams maudits
Nuit noire, nuit noire !

Les arbres inquiets
De la sève qui se fige
Dans leurs feuilles et dans leur tige
Ne peuvent plus prier
Les aïeux qui hantaient leur pied
Nuit noire, nuit noire !

Dans la case où la peur repasse
Dans l'air où la torche s'éteint
Sur le fleuve orphelin
Dans la forêt sans âme et lasse

145

Sur les arbres inquiets et déteints
Dans les bois obscurcis
Les trompes hurlent, hurlent sans merci
Sur les tam-tams maudits,
Nuit noire, nuit noire !

(ibidem)

VIATIQUE

Dans un des trois canaris[1]
des trois canaris où reviennent certains soirs
les âmes satisfaites et sereines,
les souffles des ancêtres qui furent des hommes
des aïeux qui furent des sages,
Mère a trempé trois doigts,
trois doigts de sa main gauche :
le pouce, l'index et le majeur ;
Moi j'ai trempé trois doigts :
le pouce, l'index et le majeur.

Avec ses trois doigts rouges de sang,
de sang de chien,
de sang de taureau,
de sang de bouc,
Mère m'a touché par trois fois.
Elle a touché mon front avec son pouce,
Avec l'index mon sein gauche
Et mon nombril avec son majeur.

Moi j'ai tendu mes doigts rouges de sang,
de sang de chien,
de sang de taureau,
de sang de bouc.
J'ai tendu mes trois doigts aux vents
aux vents du nord, aux vents du levant
aux vents du sud, aux vents du couchant ;
Et j'ai levé mes trois doigts vers la Lune,
vers la Lune pleine et nue
Quand elle fut au fond du plus grand canari.

Après j'ai enfoncé mes trois doigts dans le sable
dans le sable qui s'était refroidi.

1. *Canari* : marmite en terre cuite.

146

Alors Mère a dit : « Va par le Monde, va !
Dans la vie ils seront sur tes pas[1] ».
Depuis je vais
je vais par les sentiers
par les sentiers et sur les routes,
par-delà la mer et plus loin, plus loin encore,
par-delà la mer et par-delà l'au-delà;
Et lorsque j'approche les méchants,
les hommes au cœur noir,
lorsque j'approche les envieux,
les hommes au cœur noir
Devant moi s'avancent les souffles des Aïeux.

(ibidem)

INCANTATION

Ouvre à l'Ombre de l'Homme
Ouvre, ouvre à mon double[2]...
Ouvre à l'Ombre de l'Homme
Qui va vers l'Inconnu
Laissant seul dans le Somme
Le corps inerte et nu.

Ouvre à l'Ombre de l'Homme
Ouvre, ouvre à mon double...

Ouvre, ouvre à mon double
Les sentiers broussailleux,
Le jour chemins troubles,
La nuit si lumineux.

Ouvre à l'Ombre de l'Homme
Ouvre, ouvre à mon double...

Mon double viendra dire
Tout ce qu'il aura vu
Aux portes de l'Empire
D'où les Morts sont venus.

Ouvre à l'Ombre de l'Homme
Ouvre, ouvre à mon double...

(ibidem)

1. Les ancêtres protecteurs.
2. La notion du double est à peu près universelle dans l'animisme africain.

DYPTIQUE

Le Soleil pendu par un fil
Au fond de la calebasse teinte à l'indigo
Fait bouillir la marmite du jour.

Effrayée à l'approche des Filles du feu
L'Ombre se terre au pied des pieux.
La Savane est claire et crue
Tout est net, formes et couleurs.
Mais dans les silences angoissants faits des Rumeurs,
De bruits infimes, ni sourds ni aigus,
Sourd un Mystère lourd,
Un Mystère sourd et sans contours
Qui nous entoure et nous effraie...

Le Pagne sombre troué de clous de feu
Etendu sur la Terre ouvre le lit de la nuit.
Effrayés à l'approche des Filles de l'Ombre
Le chien hurle, le cheval hennit
L'Homme se terre au fond de la case.
La Savane est sombre,
Tout est noir, formes et couleurs.
Mais dans les silences angoissants fait des Rumeurs,
Des Bruits infinis ou sourds ou aigus,
Les Sentes broussailleuses du Mystère
Lentement s'éclairent
Pour ceux qui s'en allèrent
Et pour ceux qui reviennent.

(ibidem)

KASSAK

à Léopold S. Senghor

La terre saigne
Comme saigne un sein
D'où coule du lait
Couleur du Couchant.
Le lait est rouge,
Du sable sourd du sang,
Le Ciel pleure
Comme pleure un Enfant.

Qui donc s'était servi du sinistre Hoyau[1] ?

1. Sorte de flûte.

L'Onde se plaint
Au plongeon de la Pagaie.
La Pirogue geint
L'étreinte de l'Eau,
Hyène s'est piquée
Au passage de la haie
Et Corbeau a cassé
Sa plume dans la plaie.

Qui donc s'était servi du sinistre Hoyau ?

Le Berger a blessé
Par la pointe de la Sagaie
L'échine souple
Du Frère-de-la-Savane,
Et plus rien n'est resté
De tout son beau troupeau,
Ni Taures, ni génisses
Ni les jeunes veaux.

Qui donc s'était servi du sinistre Hoyau ?

(ibidem)

DAVID DIOP (1927-1961, Sénégal) — Né à Bordeaux, ce Diop de la génération suivante
était un des espoirs de la jeune poésie africaine, mais il n'eut le temps
que d'écrire *Coups de pilon* et quelques articles. Un accident d'avion au
large de Dakar nous l'ôta brutalement en 1961.

Son influence a cependant été très nette sur les jeunes comme Epanya,
Joachim, Nditsouna. La violence et la simplicité de son langage faisaient
de ses poèmes de véritables coups de poing dont l'efficacité — en cette
période de lutte — était incontestable.

Reprenant les thèmes et parfois les mots de Jacques Roumain, David
Diop s'inscrivit donc dans une tradition non seulement engagée mais
militante jusqu'à la limite de la poésie, qu'il dépassait parfois.

Ses plus beaux poèmes ne sont pas toujours ceux où il crie — car ce
n'est plus du chant :

souffre pauvre nègre
le fouet siffle
siffle sur ton dos de sueur et de sang
souffre pauvre nègre

mais nous retiendrons davantage ceux qui chantent l'Afrique, que David
Diop connaissait mal, ayant été élevé en France, à Bordeaux et ensuite à
Paris dans la famille de son oncle Alioune Diop.

Lorsqu'il rêve à l'Afrique, sa nostalgie lui inspire des accents pleins
d'une tendresse chaleureuse, où s'épanouit plus à l'aise la poésie.

149

VAGUES

Les vagues furieuses de la liberté
Claquent sur la Bête affolée
de l'esclave d'hier un combattant est né
Et le docker de Suez et le coolie d'Hanoï
Tous ceux qu'on intoxique de fatalité
Lancent leur chant immense au milieu des vagues
Les vagues furieuses de la liberté
Qui claquent sur la Bête affolée.

(*Coups de Pilon*, Editions de Présence Africaine, Paris)

LE RENÉGAT

Mon frère aux dents qui brillent sous le compliment hypocrite
Mon frère aux lunettes d'or
Sur tes yeux rendus bleus par la parole du Maître
Mon pauvre frère au smoking à revers de soie
Piaillant et susurrant et plastronnant dans les salons de la
condescendance
Le soleil de ton pays n'est plus qu'une ombre
Sur ton front serein de civilisé
Et la case de ta grand-mère
Fait rougir un visage blanchi par les années d'humiliation et
de Mea Culpa
Mais lorsque repu de mots sonores et vides
Comme la caisse qui surmonte tes épaules
Tu fouleras la terre amère et rouge d'Afrique
les mots angoissés rythmeront alors ta marche inquiète
Je me sens seul si seul ici !

(ibidem)

AUPRÈS DE TOI

Auprès de toi j'ai retrouvé mon nom
Mon nom longtemps caché sous le sol des distances
J'ai retrouvé les yeux que ne voilent plus les fièvres
Et ton rire comme la flamme trouant l'ombre
M'a redonné l'Afrique au-delà des neiges d'hier
Dix ans mon amour
Et les matins d'illusions et les débris d'idées
Et les sommeils peuplés d'alcool
Dix ans et le souffle du monde m'a versé sa souffrance

Cette souffrance qui charge le présent du goût des lendemains
Et fait de l'amour un fleuve sans mesure
Auprès de toi j'ai retrouvé la mémoire de mon sang
Et les colliers de rires autour des jours
Les jours qui étincellent de joies renouvelées.

(ibidem)

L'AGONIE DES CHAÎNES

Dimbokro Poulo Condor
La ronde des hyènes autour des cimetières
La terre gorgée de sang les képis qui ricanent
Et sur les routes le grondement sinistre des charrettes de
haine
Je pense au Vietnamien couché dans la rizière
Au forçat du Congo frère du lynché d'Atlanta
Je pense au cheminement macabre du silence
Quand passe l'aile d'acier sur les rires à peine nés
Dimbokro Poulo Condor
Ils croyaient aux chaînes qui étranglent l'espoir
Au regard qu'on éteint sous l'éternelle sueur
Pourtant c'est le soleil qui jaillit de nos voix
Et des savanes aux jungles
Nos mains crispées dans l'étreinte du combat
Montrent à ceux qui pleurent des éclats d'avenir
Dimbokro Poulo Condor
Entendez-vous bruire la sève souterraine
C'est la chanson des morts
La chanson qui nous porte aux jardins de la vie.

(ibidem)

AFRIQUE

A ma mère.

Afrique mon Afrique
Afrique des fiers guerriers dans les savanes ancestrales
Afrique que chante ma grand-mère
Au bord de son fleuve lointain
Je ne t'ai jamais connue
Mais mon regard est plein de ton sang
Ton beau sang noir à travers les champs répandu
Le sang de ta sueur
La sueur de ton travail
Le travail de l'esclavage

L'esclavage de tes enfants
Afrique dis-moi Afrique
Est-ce donc toi ce dos qui se courbe
Et se couche sous le poids de l'humilité
Ce dos tremblant à zébrures rouges
Qui dit oui au fouet sur la route de MIDI
Alors gravement une voix me répondit
Fils impétueux cet arbre robuste et jeune
Cet arbre là-bas
Splendidement seul au milieu des fleurs blanches et fanées
C'est l'Afrique ton Afrique qui repousse
Qui repousse patiemment obstinément
Et dont les fruits ont peu à peu
L'amère saveur de la liberté.

(ibidem)

SUITE DU DÉBAT AUTOUR DES CONDITIONS D'UNE POÉSIE NATIONALE CHEZ LES PEUPLES NOIRS

Que le poète puise dans le meilleur de lui-même ce qui reflète les valeurs essentielles de son pays, et sa poésie sera nationale. Mieux elle sera un message pour tous, un message fraternel qui traversera les frontières, l'important étant au départ ce que Césaire appelle le droit à l'initiative, c'est-à-dire la liberté de choix et d'action.

De cette liberté l'Afrique Noire fut systématiquement privée. La Colonisation en effet s'empara de ses richesses matérielles, disloqua ses vieilles communautés et fit table rase de son passé culturel au nom d'une civilisation décrétée «universelle» pour la circonstance. Cette « vocation de l'universel » ne s'accompagnait d'ailleurs pas de la volonté de faire du Peulh du Fouta ou du Baoulé de la Côte d'Ivoire un citoyen jouissant des mêmes droits que le brave paysan de la Beauce ou l'intellectuel parisien. Il s'agissait plus simplement d'octroyer à un certain nombre d'Africains le vernis d'instruction nécessaire et suffisant pour avoir sur place un troupeau d'auxiliaires prêts à toutes les besognes.

Bien entendu il n'était pas question d'enseigner les langues locales dans les écoles ni, dans la langue imposée, l'histoire véridique des grands empires du continent. « Nos ancêtres les Gaulois… » etc.

C'est dans de telles conditions que les poètes africains modernes durent avoir recours aux moyens d'expression propres aux colonisateurs.

On en mesure aussitôt les dangers.

— Le créateur africain, privé de l'usage de sa langue et coupé de son peuple, risque de n'être plus que le représentant d'un courant littéraire (et pas forcément le moins gratuit) de la nation conquérante. Ses œuvres, devenues par l'inspiration et le style la parfaite illustration de la politique assimilationniste, provoqueront sans nul doute les applaudissements chaleureux d'une certaine critique. En fait, ces louanges iront surtout à la colonisation qui, lorsqu'elle ne parvient plus à maintenir ses sujets en esclavage, en fait des intellectuels dociles aux modes littéraires occidentales. Ce qui d'ailleurs est une autre forme, plus subtile, d'abâtardissement.

— L'originalité à tout prix est aussi un danger. Sous prétexte de fidélité à la « négritude », l'artiste africain peut se laisser aller à « gonfler » ses poèmes de termes empruntés à la langue natale et à rechercher systématiquement le tour d'esprit « typique ». Croyant « faire revenir les grands mythes africains » à coups de tam-tam abusifs et de mystères tropicaux, il renverra en fait à la bourgeoisie colonialiste l'image rassurante qu'elle souhaite voir. C'est là le plus sûr moyen de fabriquer une poésie de « folklore » dont seuls les salons où l'on discute « d'art nègre » se déclareront émerveillés.

Il est à peine besoin de souligner que le poète africain conscient de sa mission, refuse à la fois l'assimilation et l'africanisme facile.

Il sait qu'en écrivant dans une langue qui n'est pas celle de ses frères il ne peut véritablement traduire le chant profond de son pays. Mais en affirmant la présence de l'Afrique avec toutes ses contradictions et sa foi en l'avenir, en luttant par ses écrits pour la fin du régime colonial, le créateur noir d'expression française contribue à la renaissance de nos cultures nationales.

Que nous importe alors que son chant, ample et dur, éclate en alexandrins ou en vers libres : pourvu qu'il crève les tympans de ceux qui ne veulent pas l'entendre et claque comme des coups de verge sur les égoïsmes et les conformismes de l'ordre. La forme n'est là que pour servir l'idée et le seul héritage qui ait du prix c'est la tendresse d'un poème d'Eluard, la rayonnante lucidité de Nazim Hikmet, c'est « l'orage déchaîné » de Pablo Néruda.

Certes, dans une Afrique libérée de la contrainte, il ne viendra à l'esprit d'aucun écrivain d'exprimer autrement que par sa langue retrouvée ses sentiments et ceux de son peuple. Et dans ce sens la poésie africaine d'expression française coupée de ses racines populaires est historiquement condamnée.

Mais en choisissant, malgré ces limites, de peindre l'homme aux côtés duquel il vit et qu'il voit souffrir et lutter, le poète africain de langue française ne sera pas oublié des générations futures de notre pays. Il sera lu et commenté dans nos écoles et rappellera l'époque héroïque où des hommes soumis aux plus dures pressions morales et spirituelles surent garder intacte leur volonté de progrès.

(Préface de *Coups de pilon*, in revue *Présence Africaine*, Paris)

Les Malgaches

L'anthologie de Léon Damas avait révélé deux poètes malgaches de valeur : Jean-Joseph Rabearivelo et Jacques Rabemananjara. Senghor prit l'initiative de les intégrer à la littérature négro-africaine.

Certes on peut discuter longtemps pour savoir si les Malgaches sont ou ne sont pas des Africains, et même des Nègres. Tous les ethnologues sont d'accord pour constater qu'une partie importante de la population de la Grande Ile — les Hovas qui sont aussi les princes traditionnels — est originaire d'Indonésie et que, en particulier, la langue et la culture malgaches sont asiatiques.

Bien sûr l'autre partie des habitants est composée de Noirs africains. Et un métissage a dû se produire, encore que les aristocrates étaient assez racistes et tenaient à conserver, avec la pureté de leur sang, l'intégrité de leur caste. Ils imposèrent donc à l'ensemble de l'île leur système socio-politique et leur culture, et si encore aujourd'hui on interroge un Malgache sur ce sujet, il tendra à préciser qu'il est malgache, et non pas nègre ni africain.

Et même si le destin politique de l'île est de participer à celui de l'Afrique, cette dernière n'a pas pour autant le droit d'« assimiler » de force un peuple qui se sent et se sait différent culturellement.

Ceci dit, le fait que Senghor ait intégré dans le Mouvement de la Négritude trois poètes malgaches, est tout de même significatif.

En effet Rabemananjara a réellement collaboré à ce Mouvement. Présence Africaine a toujours pu et peut encore toujours compter sur des Malgaches.

Historiquement donc, et en fonction de certains intérêts communs, il y a une participation malgache au mouvement néo-nègre et cette participation ne fera sans doute que s'accroître.

C'est avec ces nuances bien présentes à la pensée, non par esprit de séparatisme, mais par respect pour une société et une culture très particulières, et par souci de bien saisir leurs différences d'avec les cultures africaines, qu'il convient d'aborder la très raffinée, la très gracieuse poésie malgache.

JEAN-JOSEPH RABEARIVELO — Né en 1903 à Tananarive, il n'a jamais quitté son pays.

Il était né trop tôt, à une époque où un poète de couleur ne pouvait guère espérer ni aide ni considération dans la société coloniale encore dominée tout entière par les préjugés raciaux. Brimé dans ses ambitions littéraires comme dans sa vie professionnelle, Rabéarivélo se suicida à trente-six ans. Ce fait assez extraordinaire ne peut s'expliquer que par la réelle envergure d'un poète qui étouffait moralement, « en exil sur sa terre natale » qu'il a pourtant chantée, en hova comme en français, avec des accents jusqu'ici inégalés par ses successeurs. Se dégageant rapidement de l'influence des parnassiens et des symbolistes français, Rabéarivélo comprenait dès 1934 qu'il n'y avait de solution culturelle au problème du colonisé que dans le *retour aux sources traditionnelles*. Il avait trouvé tout seul un chemin parallèle à celui qu'accomplissait le groupe de *l'Etudiant Noir*.

Certes il ignorait jusqu'au mot de négritude et ne se souciait pas de l'Afrique ; il ne s'agissait pour lui que d'exalter le patrimoine malgache : mais le mouvement était analogue.

Ce n'est pas un hasard s'il projetait d'écrire une version personnelle de la légende d'Antée.

« Il voyait en effet dans le mythe du géant qui lutte contre les puissances supérieures et recouvre ses forces chaque fois qu'il reprend contact avec le sol, sa propre image, celle du poète qui demande sans cesse à la terre des ancêtres, des images et des idées, qu'il transporte dans le ciel de la poésie. » (Damas).

VIEILLES CHANSONS DU PAYS D'IMÉRINA

Demi-soupir, imaginaire.
La fille était venue à ma rencontre,
quand l'idée vint à ses parents de l'en empêcher.
Je lui adressai de belles paroles.
Elle ne me répondit pas...
Vous vieillirez-là, vous et le remords :
Nous et l'amour
Nous rentrerons chez nous.

Le jeudi à celui-qui-a-de-la-fortune
Le vendredi à celui-qui-a-une-amoureuse.
Apportez-moi du tabac à chiquer bien fort
que j'en fasse du pousse-aliments ;

Apportez-moi de bien douces paroles
que j'en fasse la racine de ma vie.
Advienne que pourra.
Si mon père et ma mère doivent mourir
Il me faudra trouver l'amulette qui fait vivre ;
Si c'est moi et mon amante qui devons nous séparer
que la terre et le ciel se joignent.

La femme d'un autre, ô mon frère aîné,
est comme l'arbre qui pousse au bord du ravin ;
plus on le secoue et plus il prend pied,
plus on le fait trembler et plus il prend racine.
Prenez-la la nuit, prenez-la le soir,
Celui-là seul qui voudra la prendre
pourra l'avoir tout entière.

Pauvres nénuphars bleus :
toute l'année ils ont des larmes jusqu'au cou.
Brins d'herbes d'eaux,
brins d'herbes de joncs de mares charriés par les pirogues,
abritez-moi, je suis si malheureuse !
Volez pour moi un peu d'amour : je suis à un autre.
Votre femme aimez-là.
Qui n'a pas de piment
N'éprouve pas de volupté en mangeant.
Qui a perdu son piège à poissons
n'aura pas de friture.
Et moi, si je vous perds
je perdrai mon plus proche parent.

JACQUES RABEMANANJARA (1913, Madagascar) — Né en 1913,

Rabemananjara est le poète malgache qui a le plus participé à la revue *Présence Africaine*. Ayant passé la guerre à Paris en préparant une licence en lettres, il devint l'ami intime d'Alioune Diop qui a toujours été l'âme même de cette revue. Lorsqu'il revint dans son pays il fut inculpé dans la rébellion malgache, fut interné pendant plus d'un an, condamné à mort, puis enfin libéré. Il avait eu le temps d'écrire *Antsa* qui est son meilleur poème avec *Lamba* qui parut un peu plus tard.

La vigueur et la sincérité de ces poèmes avaient suscité un tel enthousiasme chez les jeunes étudiants de Paris qu'il fut un temps où l'on citait Senghor, Césaire et Rabemananjara comme les trois grands poètes de la Négritude.

Mais ses deux pièces *Les Dieux malgaches* et *Les Boutriers de l'aurore* ainsi que son dernier recueil *Antidote* n'ont hélas pas tenu les promesses d'un talent qui, bien que trop déclamatoire et trop dépendant de Verlaine, de Césaire et d'Eluard, semblait pouvoir s'élever un jour jusqu'aux sommets de l'épopée.

ANTSA

Ile !
Ile aux syllabes de flamme,
Jamais ton nom
ne fut plus cher à mon âme !
Ile,
ne fut plus doux à mon cœur !
Ile aux syllabes de flamme,
Madagascar !

Quelle résonance !
Les mots
fondent dans ma bouche :
Le miel des claires saisons
dans le mystère de tes sylves,
Madagascar !

Je mords la chair vierge et rouge
avec l'âpre ferveur
du mourant aux dents de lumière,
Madagascar !

Un viatique d'innocence
dans mes entrailles d'affamé,
je m'allongerai sur ton sein avec la fougue
du plus ardent de tes amants,
du plus fidèle,
Madagascar !

Qu'importent le hululement des chouettes,
le vol rasant et bas
des hiboux apeurés sous le faîtage
de la maison incendiée ! oh, les renards,
qu'ils lèchent
leur peau puante du sang des poussins,
du sang auréolé des flamants-roses !
Nous autres, les hallucinés de l'azur,
nous scrutons éperdument tout l'infini de bleu de la nue,
Madagascar !

157

La tête tournée à l'aube levante,
un pied sur le nombril du ponant,
et le thyrse
planté dans le cœur nu du Sud,
Je danserai, ô Bien-Aimée,
je danserai la danse-éclair
des chasseurs de reptiles,
Madagascar !

Je lancerai mon rire mythique
sur la face blême du Midi !
Je lancerai sur la figure des étoiles
la limpidité de mon sang !
je lancerai l'éclat de ta noblesse
sur la nuque épaisse de l'Univers,
Madagascar !

Un mot,
Ile !
rien qu'un mot !
Le mot qui coupe du silence
La corde serrée à ton cou.
Le mot qui rompt les bandelettes
du cadavre transfiguré !
Dans le ventre de la mère
l'embryon sautillera.
Dans les entrailles des pierres
danseront les trépassés.
Et l'homme et la femme,
et les morts et les vivants,
et la bête et la plante,
tous se retrouvent haletants,
dans le bosquet de la magie,
là-bas, au centre de la joie,
Un mot,
Ile
Rien qu'un mot !

Le mot de l'âge d'or.
Le mot sur le déluge.
Le mot qui fait tourner
le globe sur lui-même !
La fureur des combats !
Le cri de la victoire !
L'étendard de la paix !

Un mot, Ile
et tu frémis !
Un mot, Ile,
et tu bondis
Cavalière océane !

Le mot de nos désirs !
Le mot de notre chaîne !
Le mot de notre deuil !
Il brille
dans les larmes des veuves,
dans les larmes des mères
et des fiers orphelins.
Il germe
avec la fleur des tombes,
avec les insoumis
et l'orgueil des captifs.

Ile de mes Ancêtres,
ce mot, c'est mon salut.
Ce mot, c'est mon message.
Le mot claquant au vent
sur l'extrême éminence !
Un mot.
Du milieu du zénith
un papangue[1] ivre fonce,
siffle
aux oreilles des quatre espaces :
Liberté ! Liberté ! Liberté ! Liberté !

(*Antsa*, Editions de Présence Africaine, Paris)

FLAVIEN RANAIVO (1913, Madagascar) — Voici à notre avis, et c'est le mérite de Senghor que de l'avoir découvert, le plus intéressant poète malgache d'aujourd'hui.
« Il prend la poésie malgache d'expression française au point précis où l'avait laissée Rabéarivélo et lui fait franchir un pas décisif » écrit Senghor.
En effet, toute l'originalité de Ranaïvo consiste à s'être vraiment libéré des influences françaises et à s'être mis à l'école des poètes populaires de son pays. Ses poèmes sont des adaptations, parfois même des traductions des « hain-teny » qui sont des chants malgaches d'un style caractéristique :

1. *Papangue* : oiseau rapace.

suppression des mots inutiles, inversions, vers très courts et rythmés pour la marche, ton familier qui réunit l'humour, la malice et la sagesse, images exclusivement tirées du pays, utilisation continuelle des proverbes et des symboles parfois si hermétiques (pour qui n'est pas malgache) que ces poèmes deviennent des devinettes.

On a reproché à Ranaïvo de ne rien inventer, de copier la poésie populaire. C'est n'avoir pas compris combien il fallait de talent pour arriver à traduire en français le génie d'une langue et d'une culture aussi éloignées de celles de Descartes qu'il est possible de l'être !

C'est aussi cette fidélité de Ranaïvo à l'esprit malgache qui nous permet de saisir, à travers ses poèmes, combien en effet sa culture traditionnelle est plus proche de l'Asie que de l'Afrique.

ŒUVRES : *L'ombre et le vent* ; *Mes chansons de toujours*.

CHANT POUR DEUX VALIHA[1]

A Léopold Sédar Senghor.

Voici venir la nuit,
la nuit de la forêt :
comment t'abriteras-tu
de ses tracasseries ?
E éniah o,
é éniah é :
ainsi dansent les ingénus.

Je planterai ma hutte
au sommet de la colline
la colline inviolée
par la nuit de la forêt.
E éniah o,
é éniah é :
ainsi dansent les ingénus.

Perverses violâtres
des chauves-souris pendillent
aux branches de la nuit,
la nuit de la forêt.
E éniah o,
é éniah é :
ainsi dansent les ingénus.

Passagères les transes,
et dès demain matin
le hâle fanera
les chansons éclatantes.

1. *Valiha* : sorte de guitare.

E éniah o,
é éniah é :
ainsi dansent les ingénus.

EPITHALAME

Un petit mot, Monsieur ;
un petit conseil, Madame.
Je ne suis pas celui-qui-vient-souvent
comme une cuiller de faible capacité,
ni celui-qui-parle-à-longueur-de-journée
comme un mauvais ruisseau à travers la rocaille ;
je suis celui-qui-parle-par-amour-pour-son-prochain.
Je ne suis point la-pirogue-effilée-qui-dérive-sur-l'eau-tranquille
ni la-citrouille-qui-se-trace-un-dessin-sur-le-ventre,
et si je ne suis à même de fabriquer une grande soubique,
je suis toutefois capable d'en fabriquer une petite.
Epi et homme sont ressemblants:
l'un l'autre à sa façon produit,
le premier des grains, le second des idées.
Je ne suis pas celui-qui-danse-sans-être-invité,
ni le célibataire-qui-donne-des-conseils-aux-gens-mariés
car je ne suis pareil à l'aveugle qui voit pour autrui.
Vous n'êtes point sots que l'on sermonne,
vous êtes la noble descendance,
vous êtes les voara[1] au feuillage touffu,
les nénuphars parure de l'étang.

Vous êtes les-deux-amours-nés-un-jour-néfaste:
personne ne s'est occupé de vous.
Vos amours ne sont point larmes-provoquées-par-fumée,
ni raisins-verts-ramollis-par-doigts-d'enfant.
Tenez à l'amour comme à vos propres prunelles.
L'avoko[1] fleurira-t-il trois fois dans l'année,
la lune aura-t-elle douze phases dans le mois ?
Que vos amours ne s'en ressentent point.
Doux l'amour lorsqu'il ressemble à du coton :
souple et moelleux et jamais ne se brise.

Eau de la grève :
jamais ne tarit.
Sentier :
fréquentez-le souvent, il paraîtra plus vivant.

1. *Voara* : arbre.

161

Ne soyez pas comme le rocher et le caillou :
l'énorme reste muet, le petit ne grandit.
Les bœufs sauvages se dressent,
mais l'amour se cache.
Les patates ne se pilent :
cuites telles quelles, elles sont déjà tendres.
L'amour est la corde humide qui enlace le mariage.
Ainsi, faites, comme les arbres d'Ambohimiangera.
fruits éternels, branches souples.
Le conjoint comme le sel :
en grains il n'entame les dents, en poudre il rehausse la viande.

Seriez-vous fatigués?
Couchez-vous sur le côté.
Seriez-vous ankylosés ?
Mettez-vous au soleil.
Coup de bambou ?
Marchez sous le ravenala.
Les pots en terre d'Amboanjobe se cassent au bout d'une semaine
le mariage, lui, est comme la chair,
la mort seule la sépare de l'os.
Occasions de querelle :
autant que ce sable.
Un conseil :
ne soyez pas comme le petit chien battu par un fou
et qui crie sa douleur à tous les environs :
les scènes de ménage ne se divulguent pas.
Toute chose a sa raison d'être ;
montagne : refuge des brouillards,
vallée : abri des moustiques,
bras d'eau : repaire des caïmans ;
l'homme, lui, est sanctuaire de la raison.
Vous, jeune homme,
ne soyez pas l'homme-réputé-courageux
et qui a peur de passer la nuit tout seul dans le désert.

Désagréable la vie au poulailler :
le coq chante tandis que la poule caquette.
Si la corde est tendue, ne tirez davantage.
Ne suivez pas les conseils de colère,
sitôt exécutés, ils deviennent regrets.
Fruits verts, ne les récoltez pas,
ils vous rendront malades.

L'emportement ne peut porter bien loin ;
les râles s'arrêtent à la hauteur du nez.
le pire des malheurs :
larmes.
Discorde :
furoncle au front, dépare le visage, douloureux par surcroît.
Ne convoitez pas la coiffure qui sied à la voisine.
Pêche à la nasse :
ne raclez trop profond, vous aurez de la vase ;
Désir démesuré vous donnera maladie.

De la sagesse faites un lamba[1] :
vous vous en couvrez si vivez,
si mourez, un linceul.
Ne soyez pas comme les chats :
friands de poisson, ils détestent la nage.
Le travail est l'ami des vivants.
Travaillez donc, travaillez,
les pauvres sont des charges pour l'humanité.
Seriez-vous beau mais besogneux :
parlez on ne vous écoute,
en chemin, vous marcherez derrière les autres.
Car l'enfant qui ne veut travailler :
dans un verger, maraudeur ;
dans la ville quémandeur ;
à la maison, de trop.
Le travail, mes amis,
seul fait l'homme.
Que la femme toute la journée durant
au métier s'accroupisse,
que l'homme soit dans les champs du lever au coucher du
                                                        soleil ;
si procédez ainsi et que Fortune n'apparaisse,
ne vous désolez point,
Le Seigneur-Parfumé vous viendra en aide.

LES POETES EPIGONES DE L'ANTHOLOGIE

Dans le sillon creusé par cette Anthologie qui joua, comme je l'ai déjà dit, un rôle capital dans le Mouvement de la Négri-

1. *Lamba :* pagne dont se vêtent les Malgaches.

tude, s'engagèrent de jeunes poètes qui savaient désormais vers où soufflait le vent. Ils n'avaient qu'à prendre des thèmes et un ton désormais à la mode, et « tremper leur plume dans l'encre de la négritude ».

Francesco Nditsouna *dans* Fleurs de latérite, Paulin Joachim[1], René Depestre, Elolongue Epanya, Edouard Glissant[2], Georges Desportes, Lamine Diakhaté, *Antillais et Africains*, agitèrent donc comme des drapeaux la souffrance nègre, l'esclavage, la colonisation, la révolte, etc... Beaucoup de bonnes intentions dans tout cela, mais peu de bonne poésie car ces sujets deviennent stéréotypés dans la mesure où les écrivains ne se donnent plus la peine de les approfondir, de les refondre dans un style personnel.

Poètes de circonstances sans doute aussi, qu'exaltaient les années précédant l'indépendance et qui bien souvent n'ont pas été plus loin qu'un seul recueil de poèmes.

Nous nous arrêterons cependant à ceux de ces poètes qui ont apporté quelque chose de neuf à la littérature africaine.

RENE DEPESTRE — Il fut un des jeunes poètes haïtiens parmi les plus prometteurs de la deuxième génération du Mouvement de la Négritude. Très marqué par Jacques Roumain et Aimé Césaire, ce bouillant militant communiste mit tout entiers au service de la Cause, sa sensibilité d'écorché et son langage rutilant.

Aujourd'hui, exilé d'Haïti, René Depestre sert la révolution auprès de Castro à Cuba. Il vient d'écrire un recueil de poèmes d'une facture très supérieure à *Minerai noir* et *Traduit du grand large*.

MINERAI NOIR

Quand la sueur de l'indien se trouva brusquement
       tarie par le soleil
quand la frénésie de l'or draîna au marché la dernière
       goutte de sang indien
de sorte qu'il ne resta plus un seul indien
       aux alentours des mines d'or
On se tourna vers le fleuve musculaire de l'Afrique
       pour assurer la relève du désespoir
alors commença la ruée vers l'inépuisable trésorerie
       de la chair noire

1. Qui devint un publiciste de talent et s'est remis récemment à la poésie.
2. Meilleur romancier que poète.

alors commença la bousculade échevelée vers le
        rayonnant midi du corps noir
et toute la terre retentit du vacarme des pioches
        dans l'épaisseur du minerai noir
et tout juste si des chimistes ne pensèrent aux
        moyens d'obtenir quelque alliage précieux
        avec le métal noir
tout juste si des dames ne rêvèrent d'une batterie
        de cuisine en nègre du Sénégal d'un service
        à thé en massif négrillon des Antilles
tout juste si quelque audacieux curé ne promit à sa
        paroisse
une cloche coulée
        dans la sonorité du sang noir
ou si quelque vaillant capitaine
        ne tailla son épéc
            dans l'ébène minéral
ou encore si un brave Père Noël
        ne songea à des petits soldats
            de plomb noir
        pour sa visite annuelle.
Toute la terre retentit de la secousse des foreuses
        dans les entrailles de ma race dans
            le gisement musculaire de l'homme noir.
Voilà de nombreux sièclcs
        que dure l'extraction
            des merveilles de cette race.
Oh couches métalliques de mon peuple
minerai inépuisable de rosée humaine
combien de pirates ont exploré de leurs armes
les profondeurs obscures de ta chair
combien de flibustiers se sont frayé leur chemin
à travers la riche végétation de
        clartés de ton corps
jonchant tes années de tiges mortes
        et de flaques de larmes
Peuple dévalisé, peuple de fond en comble retourné
        comme une terre en labours
peuple défriché pour l'enrichissement des grandes foires du
        monde
Mûris ton grisou dans le secret de ta nuit corporelle
        nul n'osera plus couler des canons
            et des pièces d'or dans le noir métal de ta colère en crues !

(*Minerai noir*, Ed. Présence Africaine, Paris)

165

Ce n'est pas encore l'aube dans la maison
La nostalgie est couchée à mes côtés.
Elle dort, elle reprend des forces,
Ça fatigue beaucoup la compagnie
D'un nègre rebelle et romantique.
Elle a quinze ans, ou mille ans,
Ou elle vient seulement de naître
Et c'est son premier sommeil
Sous le même toit que mon cœur.

Depuis quinze ans ou depuis des siècles
Je me lève sans pouvoir parler
La langue de mon peuple,
Sans le bonjour de ses dieux païens
Sans le goût de son pain de manioc
Sans l'odeur de son café du petit matin.
Je me réveille loin de mes racines,
Loin de mon enfance,
Loin de ma propre vie.

Depuis quinze ans ou depuis que mon sang
Traversa en pleurant la mer
La première vie que je salue à mon réveil
C'est cette inconnue au front très pur
Qui deviendra un jour aveugle
A force d'user ses yeux verts
A compter les trésors que j'ai perdus.

(*Journal d'un animal marin*, Editions Seghers, Paris)

ELOLONGUE EPANYA (1930) — Camerounais ayant vécu longtemps en France dans la fa-
mille d'Alioune Diop, il était normal qu'Epanya fût fortement influencé
par son cousin David Diop. Aussi nous parlerons peu de ses poèmes politiques. Par contre, il faut signaler que c'est le premier Africain qui ait eu
l'idée d'écrire et de publier ses poèmes dans sa langue maternelle, le douala
— aussi bien qu'en français. Il pratiquait là, concrètement, un retour aux
sources littéraires qui était jusqu'ici resté un vœu sur la bouche des intellectuels nègres.

De retour dans son pays, Epanya n'a fait qu'approfondir ce réenracinement. Il est actuellement en train de recueillir en douala et de traduire
en français le plus vaste roman d'aventure de sa tribu.

En attendant de pouvoir le lire, nous apprécierons les chansons de *Kamerun ! Kamerun !*

UNE PLAGE LUMINEUSE

Nous nous retrouverons
Au pied du petit village
Baigné par une plage lumineuse
Et guidés par l'unité
De nos forces vives reconquises
Nous replanterons nos corps
A l'avant des ouragans titanesques
Et des tempêtes coléreuses.

Nous nous retrouverons
Au pied du petit village
Baigné par une plage lumineuse
Là où il n'y aura à la place
Des mauvaises saisons
Que l'amour de l'homme
A partager l'abondance du maïs frais
Semé pour nourrir l'homme d'incendie.

Nous nous retrouverons
Au pied du petit village
Baigné par une plage lumineuse
Comme la source qui arrose
Le cours d'eau
Qui se jette dans la rivière
Qui baigne dans le fleuve
Qui tend un bras d'eau à la mer
Qui se perd dans l'Océan
En une symphonie liquide
Dont je voudrais l'image de l'homme.

Nous nous retrouverons
Au pied du petit village
Baigné par une plage lumineuse
Quand nous construirons l'effort
A désoucher des profondeurs marines
Cette marée furieuse
A ras de nos vies
A ras de l'espoir

Du jour qui apparaît
Dressons-nous d'abord contre
Cette marée furieuse
Qui gravite au pied du petit village
Baigné par une plage lumineuse
Où nous nous retrouverons demain.

(*Kamerun ! Kamerun !* Ed. Présence Africaine, Paris)

TAM-TAM

Quand ta peau se tend en se donnant
Aux mains noires noueuses nouées à la vie
Tu enfantes le désir-Tam-tam.
quand soudain roulent comme une chevauchée fantastique de
buffles mes mains d'abondance
Sur ton nombril sonore, en moi s'éveillent mille ans de désirs
refoulés libérés :

Bondom ! Kang-Kong-Kong-Tam-tam !
Tam-tam nocturne de pilons brisés
En éclats de chair fraîche, ma jeunesse
Rapatriée des confins de l'impuissance,
Arc-boutée à califourchon sur la pirogue en dérive
Tam-tam de mes nuits
Tam-tam à la lèvre de nègre Bakongo
Ouvre-moi le rythme d'une vie nouvelle
Comme un germe épousant la terre
Produit l'arbuste qui pousse
A coups de sueur de sang et de larmes.

(ibidem)

KEITA FODEBA (1921-1971) — Dans cette lignée, mais un peu à
part, il faut signaler l'intéressante
initiative de Keita Fodeba. Ce Guinéen se rendit d'abord célèbre par ses
Ballets africains qu'il promena à travers le monde, révélant ainsi la beauté
des danses et des chants de son pays.

Puis il publia en 1958 ses *Poèmes africains* où il tente de restituer dans
sa forme traditionnelle, le plus exactement possible, ce mélange de prose
et de poésie, de musique instrumentale et de chants, de monologues et
de chœurs alternés qui forment les caractéristiques de l'œuvre de littérature orale africaine.

Le résultat n'est pas toujours convaincant car Fodeba n'a pas pu rendre
dans sa phrase française la richesse du rythme et des images de sa langue
maternelle. Cependant il ouvrit là une voie féconde et nous souhaitons
que d'autres poussent plus avant les recherches de synthèse.

Musique de guitare : DRA[1]

C'était l'aube. Le petit hameau qui avait dansé toute la moitié de la nuit au son des tam-tams, s'éveillait peu à peu. Les bergers en loques et jouant de la flûte conduisaient les troupeaux dans la vallée. Les jeunes filles, armées de canaris[2], se sauvaient à la queue-leu-leu sur le sentier tortueux de la fontaine. Dans la cour du marabout[3], un groupe d'enfants chantonnait en chœur des versets du Koran.

Musique de guitare : DRA

C'était l'aube. Combat du jour et de la nuit. Mais celle-ci exténuée, n'en pouvait plus, et lentement, expirait. Quelques rayons du soleil, en signe avant-coureur de cette victoire du jour, traînaient, encore timides et pâles, à l'horizon. Les dernières, doucement glissaient sous des tas de nuages, pareils aux flamboyants en fleurs.

Musique de guitare : SIDIO

C'était l'aube. Et là-bas, au fond de la vaste plaine, aux contours de pourpre, une silhouette d'homme courbé, défrichait : silhouette de Naman, le cultivateur. A chaque coup de sa daba[4], les oiseaux effrayés s'envolaient et, à tire-d'aile, rejoignaient les rives paisibles du Djoliba, le grand fleuve Niger. Son pantalon de cotonnade grise, trempé de rosée, battait l'herbe sur les côtés. Il suait, infatigable, toujours courbé, maniant adroitement son outil ; car il fallait que ses graines soient enfouies avant les prochains jours.

Musique de cora : SIMADANAN

C'était l'aube. Toujours l'aube. Les mange-mil, dans les feuillage virevoltaient, annonçant le jour. Sur la piste humide de la plaine, un enfant portant en bandoulière son petit sac de flèches, courait essouflé, dans la direction de Naman. Il interpellait : « Frère Naman, le chef du hameau vous demande sous l'arbre à palabres. »

Musique de cora : SIMADANAN

Surpris d'une convocation aussi matinale, le cultivateur posait

1. Noms de héros ou de danses qui déterminent un air de musique.
2. *Canari :* casserole en terre cuite.
3. *Marabout :* prêtre musulman.
4. *Daba :* houe.

son outil et marchait vers le bourg qui maintenant, radiait dans les lueurs du soleil naissant. Déjà, les Anciens, plus graves que jamais, siégeaient. A côté d'eux, un homme en uniforme, un garde-cercle, impassible, fumait tranquillement sa pipe.

Musique de cora : TARAMA

Naman prit place sur une peau de mouton. Le griot du chef se leva pour transmettre à l'assemblée la volonté des Anciens : « Les Blancs ont envoyé un garde-cercle pour demander un homme du hameau qui ira à la guerre dans leur pays. Les notables, après délibération, ont décidé de désigner le jeune homme le plus représentatif de notre race afin qu'il aille prouver à la bataille des Blancs le courage qui a toujours caractérisé notre Manding[1].

Musique de guitare : TARA

Naman, dont chaque soir les jeunes filles, en couplets harmonieux, louaient l'imposante stature et le développement des muscles, fut d'office désigné. Sa douce Kadia, la jeune femme qu'il avait naguère héritée de son grand frère défunt, bouleversée par la nouvelle, cessa soudain de piler, rangea le mortier sous le grenier, et, sans mot dire, s'enferma dans sa case pour pleurer son malheur en sanglots étouffés. La mort lui ayant ravi son premier mari, elle ne pouvait concevoir que les Blancs lui enlèvent Naman, celui en qui reposaient tous ses nouveaux espoirs.

Musique de guitare : KADIA

Le lendemain, malgré ses larmes et ses plaintes, le son grave des tam-tams de guerre accompagna Naman au petit port du village où il s'embarqua sur un chaland à destination du chef-lieu du cercle. La nuit, au lieu de danser sur la place publique comme d'habitude, les jeunes filles vinrent veiller dans l'antichambre de Naman où elles contèrent jusqu'à l'aube autour d'un feu de bois.

Musique de guitare : M'BESOMA

Plusieurs mois s'écoulèrent sans qu'aucune nouvelle de Naman ne parvînt au bourg. La petite Kadia s'en inquiéta si bien qu'elle eut recours à l'expert féticheur du village voisin. Les Anciens eux-mêmes, anxieux, tinrent sur le sujet un bref conciliabule secret dont rien ne transpira.

1. *Manding :* nom indigène du pays qui s'étend au sud de Bamako.

Musique de cora : SOUNDIATA

Un jour enfin, une lettre de Naman arriva au village à l'adresse de Kadia. Celle-ci, soucieuse de la situation de son époux, se rendit la même nuit après de pénibles heures de marche, au chef-lieu du cercle où un traducteur lut la missive. Naman était en Afrique du Nord, en bonne santé, il demandait des nouvelles de la moisson, des danses, de l'arbre à palabres, du village, etc.

Musique de balafong : OULADIANDE

Cette nuit, les commères accordent à la jeune Kadia la faveur d'assister, dans la cour de leur doyenne, à leurs palabres coutumières des soirs. Le chef du village, heureux de la nouvelle, offrit un grand festin à tous les mendiants des environs.

Musique de balafong : TOROLIN

Plusieurs mois s'écoulèrent encore et tout le monde redevenait anxieux car on ne savait plus rien de Naman. Kadia envisageait d'aller de nouveau consulter le féticheur lorsqu'elle reçut une deuxième lettre. Naman après la Corse et l'Italie était maintenant en Allemagne, et il se félicitait d'être déjà décoré.

Musique de balafong : GNAMALALE

Une autre fois c'était une simple carte qui apprenait que Naman blessé était fait prisonnier par les Allemands. Cette nouvelle pesa sur le village de tout son poids. Les Anciens tinrent conseil et décidèrent que désormais Naman était autorisé à danser le « Douga », cette danse sacrée du Vautour que nul ne danse sans avoir fait une action d'éclat, cette danse des Empereurs Malinkés dont chaque pas est une étape de l'histoire du Mali. Ce fut là une consolation pour Kadia de voir son mari élevé à la dignité des héros du pays.

Musique de guitare : DOUGA

Le temps passa... Deux années se suivirent... Naman était toujours en Allemagne. Il n'écrivait plus.

Musique de guitare : DOUGA

Un beau jour, le chef de village reçut de Dakar quelques mots qui annonçaient l'arrivée prochaine de Naman. Aussitôt, les tam-tams crépitèrent. On dansa et chanta jusqu'à l'aube. Les jeunes filles composèrent de nouveaux airs pour sa réception car les anciens qui lui étaient dédiés ne disaient rien du « Douga », cette célèbre danse de Manding.

Musique de tam-tams : NANA SEKOU

Mais un mois plus tard, Caporal Moussa, un grand ami de Naman, adressa cette tragique lettre à Kadia :

« C'était l'aube. Nous étions à Tiaroye-sur-Mer. Au cours d'une grande querelle qui nous opposait à nos chefs Blancs de Dakar, une balle a trahi Naman. Il repose en terre sénégalaise. »

Musique de guitare : IMAKOUNDE

En effet c'était l'aube. Les premiers rayons de soleil frôlant à peine la surface de la mer doraient ses petites vagues moutonnantes. Au souffle de la brise, les palmiers, comme écœurés par ce combat matinal, inclinaient doucement leurs troncs vers l'Océan. Les corbeaux, en bandes bruyantes, venaient annoncer aux environs, par leur croassement, la tragédie qui ensanglantait l'aube de Tiaroye... Et, dans l'aube incendiée, juste au-dessus du cadavre de Naman, un gigantesque Vautour, planait lourdement. Il semblait lui dire :

« Naman ! Tu n'as pas dansé cette danse sacrée qui porte mon nom. *D'AUTRES LA DANSERONT.* »

(*Poèmes africains*, Ed. Seghers, Paris)

IV

La prose de 1948 à 1960

LES ROMANS ET LES NOUVELLES

*Après ce premier et magnifique essor de la poésie négro-
africaine, la prose prit sa revanche et, de 1948 à 1960, nous
assistons à une éclosion étonnamment abondante de romanciers, nouvellistes et essayistes noirs.*

*Les Antillais et les Américains furent une fois de plus en
avance : Jacques Roumain publiait en 1944, le très beau* Gouverneurs de la rosée *dont nous avons déjà parlé dans le
chapitre sur la littérature haïtienne des années 30 ; il fut suivi
en 1955 par son compatriote Stephen Alexis ; les Martiniquais
lui emboîtèrent plus tôt le pas et Joseph Zobel publiait dès
1946* Diab'là *(ce diable-là) et* La rue Cases-Nègres *en 1950, qui
sont de bons romans régionalistes ; Raphael Tardon faisait re-
vivre l'époque des négriers en 1947 avec* Starkenfirst *tandis que
Mayotte Capécia décrivait naïvement l'obsession de blanchir,
chez la femme de couleur, dans* Je suis martiniquaise. *Enfin en
1951, Léonard Sainville reconstituait une biographie d'esclave
avec* Dominique, esclave nègre *et Edouard Glissant obtenait
le prix Renaudot en 1958 avec une chronique poétique sur les
élections de 1944 à la Martinique* La lézarde.

*Les Africains s'exercèrent d'abord un peu au genre tradition-
nel des contes ; nous avons vu que Birago Diop avait publié en
1947.* Les contes d'Amadou Koumba, *le Congolais Lomami
Tchibamba obtient un prix à Bruxelles en 1948 avec l'histoire
de* Ngando le crocodile.

*Mais il faut attendre 1953 pour avoir les premiers romans
d'Africains :* L'enfant noir *de Camara Laye,* Ville cruelle *de*

173

Mongo Beti, puis d'Abdoulaye Sadji Nini *en 1955 en même temps que* La légende de Mfoumou ma mazono *de Jean Malonga ; à partir de 1956, le rythme s'accélère. Outre Mongo Beti, Camara Laye et Sadji qui écrivent leur second roman, de nouveaux écrivains noirs se révèlent : Ferdinand Oyono, avec* Une vie de Boy, *puis* Le vieux nègre et la médaille, *Sembene Ousmane avec* Le docker noir *et* Les bouts de bois de Dieu, *F. D. Sissoko avec* La passion de Djenné, *Olympe Bhêly-Quénum avec* Un piège sans fin, *Ake Loba avec* Kocumbo l'étudiant noir, *B. Dadié avec* Climbié, *Benjamin Matip avec* Afrique, nous t'ignorons, *tandis qu'Ousmane Socé qui avait déjà publié en 1935* Karim, *roman sénégalais, se remet à la prose vingt ans après avec* Les mirages de Paris.

Ce petit inventaire montre assez l'accélération que prend la prose africaine de langue française ces dernières années avant l'indépendance. Mais nous constatons le même mouvement dans la zone anglophone.

En Afrique du Sud comme au Ghana et au Nigéria existe une poussée semblable. C'est Peter Abrahams dont les romans devinrent mondialement célèbres ; moins connus parce que non traduits Mphalele, Abioseh Nicol et Cyprian Ekwensi, Blok Modisane et Gabriel Okara eurent et ont toujours une vaste audience dans l'Afrique anglaise et sont diffusés par des revues et des magazines comme Drum, Black Orpheus, Odu, *etc.*

Il est indispensable aussi de signaler durant cette période l'influence prépondérante du grand romancier américain Richard Wright qui a marqué aussi bien les jeunes romanciers africains de langue française que les anglophones. Il a un peu joué dans la prose le rôle de phare que Césaire a joué dans la poésie.

Enfin on ne peut passer sous silence[1] l'extraordinaire activité des intellectuels africains qui se manifestent en articles et en essais de tous genres mais convergent tous vers le même but. Les Kenyatta, Nkrumah, Fanon, Cheik Anta Diop, Rabemananjara, Padmore, Tevœdjre, animent de leurs analyses et de leurs idéologies cette production littéraire qui devient de plus en plus abondante.

Tout d'abord on y retrouve les idées maîtresses qui animent le Mouvement de la Négritude depuis ses débuts. Nombreux sont les romans et les essais qui traitent du colonialisme *et de ses* problèmes ; *ségrégation, humiliations de toutes sortes dont les Nègres sont victimes, préjugés de couleur, misère matérielle*

---

1. Comme l'a très bien mis en lumière Claude Vauthier dans *l'Afrique des Africains.*

et morale des Noirs, ancienne et présente, caricatures des colonisateurs, menaces, cris de révolte et espoir de libération.

La prise de conscience nègre est évidente et générale. *Les étendards de la révolution sont levés et les troupes en marche.* C'est une littérature militante, *nous l'avons déjà dit.*

Cependant la prose ne se confond pas avec la poésie. Elle est, à sa façon, plus instructive sur les conditions d'existence des Noirs. Elle décrit, elle explique davantage, elle raconte de l'intérieur la manière concrète dont vivent les Africains et les Nègres américains. Et à ce point de vue, elle est donc plus intéressante et diversifiée que les cris parfois monocordes de l'Anthologie de Senghor.

A ce propos, remarquons que ces romans nègres ont dans l'ensemble adopté un style réaliste *qui leur donne une valeur de vrais documentaires. Pourquoi ce réalisme ? Est-ce parce que les problèmes et situations traités sont cruciaux, tragiques et qu'ils exigent une* vraie solution *ou est-ce l'influence de la tradition des Langston Hughes et Mac Kay qu'accentue encore le grand Richard Wright ? Ou est-ce dû au fait qu'une grande partie de ces romans relatent les expériences personnelles de leurs auteurs ? En effet, il y a dans toute cette production littéraire un étonnant pourcentage d'autobiographies plus ou moins romancées ; Camara Laye, Peter Abrahams, Zobel, Glissant, Wright, Mongo Beti intègrent dans leurs livres des parts entières de leur existence ou de celle de personnes qui leur sont proches ; le père de Laye est vraiment forgeron, Sembène fut vraiment docker à Marseille et romancier en même temps, Ake Loba et Ousmane Socé vraiment étudiants à Paris, Zobel fut le petit garçon de la rue Cases-Nègres et Glissant le cadet du groupe de jeunes qui firent la campagne pour l'élection de Césaire ; Mongo Beti assure que tous les détails du* Pauvre Christ de Bomba *sont exacts ; Olympe Quénum est parti d'un fait vécu pour écrire* Un piège sans fin.

Pourtant si cette veine réaliste est nettement dominante dans le roman néo-nègre, on constate dès cette époque une autre tendance qui se manifeste lorsque l'auteur quitte les thèmes « racio-coloniaux » pour prendre des sujets plus proches de la littérature traditionnelle.

Ainsi les légendes de Jean Malonga et les contes de Birago Diop se permettent toutes les fantaisies de l'imagination et ne se soucient guère d'une quelconque vraisemblance.

Cependant, avant l'indépendance, les livres qui relèvent de ce genre sont encore rares.

En effet, il y a sur les jeunes écrivains de cette époque une véritable pression morale qui les oblige au témoignage, à l'engagement, à la lutte pour la libération des Nègres et de l'Afrique ; *si bien qu'on ne trouve pas, par exemple, un simple roman d'amour ou de mœurs, ou même une simple chronique familiale ; le centre d'intérêt de tous ces romans est le* couple racisme-colonialisme, *autour duquel tournent les amours, les haines, les drames de personnages déterminés de façon majeure par ce* Destin de la Race : *Fatum qui ne sera conjuré que lorsque la situation politique de l'Afrique aura réellement changé, après les indépendances de 1960*[1].

RICHARD WRIGHT — J'ai dit plus haut que Wright eut une influence prépondérante sur les romanciers africains, un peu comme Langston Hughes et les poètes de la Négro-Renaissance furent les aînés et donc les initiateurs des poètes noirs de Paris. Wright ayant commencé d'écrire déjà avant la guerre, eut de nombreux contacts après celle-ci avec l'équipe de *Présence Africaine*. Il fut le chaînon qui la relia à l'Amérique noire. La diffusion de Wright en France ne se limitait d'ailleurs pas au monde noir. *Temps modernes* et *Esprit*, ces deux revues françaises progressistes, publièrent nombre de ses articles et de ses nouvelles.

Sur le plan littéraire comme sur le plan idéologique, Wright était lui-même l'héritier et le continuateur de la Négro-Renaissance. Plus proche de Claude Mac Kay que de Langston Hughes ou Countee Cullen, il infléchit la prose négro-africaine vers le réalisme, voire même le naturalisme ; il introduisit systématiquement le langage populaire, avec ses mots crus, ses abréviations, ses tournures argotiques, dans l'œuvre littéraire, accentuant ainsi la vérité des personnes et la vraisemblance des situations.

Wright fut un très grand artiste en même temps qu'un témoin passionné de sa race.

Ses romans, ses nouvelles, ne nous laissent jamais indifférents. Car jamais personne avant lui n'avait dit avec cette intensité le drame des Nègres d'Amérique. Wright a poussé l'analyse des traumatismes que la ségrégation a provoqués sur sa race, à des profondeurs jamais atteintes jusqu'ici. A tel point qu'après la lecture d'un livre comme *Native Son* (Un enfant du pays), tout autre roman d'Africain ou d'Antillais (à part peut-être J.S. Alexis) semble superficiel !

Wright excelle à montrer que les gens les plus simples, les plus paisibles, les mieux intentionnés, peuvent devenir compliqués jusqu'à la folie, méchants jusqu'au crime, lorsqu'ils se sentent menacés, persécutés, niés par le racisme.

Il a, mieux que personne, décrit le tragique déterminisme que la société américaine inflige aux « colored people ». Il a vraiment poussé, comme le dit Césaire : « le grand cri nègre jusqu'à ce que les assises du monde en soient ébranlées ».

---

1. Et même un roman comme *Mission terminée* où Mongo Beti s'était hasardé à écrire une histoire se passant en milieu purement africain, sans faire d'allusion (ou si peu) à la situation coloniale, se fit fortement critiquer dans la revue *Présence Africaine* où David Diop lui rappela « qu'il avait bien d'autres missions à terminer » avant de pouvoir se permettre d'écrire de jolis romans qui ignorent le sens de l'Histoire.

De plus, l'abondance de son œuvre et sa qualité littéraire le classent, même en Amérique blanche, au niveau des Steinbeck et des Faulkner.

ŒUVRES PRINCIPALES : *Les enfants de l'oncle Tom - Native Son - The Outlaw - Fishbelly - Puissance noire - Ecoute homme blanc - Black Boy*, etc.

LA FATALITÉ DU MALHEUR

La femme de Silas s'est laissé violer par un Blanc. Son mari le tue. Les amis du Blanc sont partis chercher du renfort. La femme prie son mari de fuir avec elle.

— Y vont t'tuer...

— Ça n'a pas d'importance. — Son regard se porta sur les champs ensoleillés. — Dix ans que j'me crève pou' avoir' ma ferme à moi...

Sa voix se brisa. Ses lèvres remuaient comme si des milliers de mots s'étaient pressés silencieusement hors de sa bouche, comme s'il n'avait pas eu assez de souffle pour leur donner voix. Ses yeux se levèrent vers le ciel, puis revinrent à la poussière.

— Maintenant tout est foutu. Foutu... Si j'me sauve j'ai pu rien. Et si j'reste à me batt' j'ai pu rien non plus. D'un côté comme de l'aut' c'est pareil. Seigneu', Seigneu'. J' voudrais que tous les blancs crèvent. Crèvent, j'vous dis. J'voudrais qu'le Bon Dieu les tue tous !

Elle le vit faire quelques pas en courant et s'arrêter. Sa gorge se gonfla. Il porta les mains à sa figure ; ses doigts tremblaient. Puis il se courba vers le sol et se mit à pleurer. Elle lui toucha l'épaule.

— Silas.

Il se redressa. Elle le vit regarder fixement le blanc qui gisait dans la poussière au milieu de la route. Elle le vit s'approcher du cadavre. Il commença à parler tout seul dans le vide ; il se tenait simplement au-dessus du blanc mort et les mots venaient du fond de lui-même, du fond de sa vie, du sentiment profond et définitif qu'il avait que maintenant tout était fini et que rien ne pouvait plus avoir d'importance.

— Les blancs m'ont jamais laissé une chance ! Jamais ils n'ont laissé la moind' chance à un noi' ! Ils n'vous laissent rien à vous, de toute vo' vie. Y vous prennent vot' terre ! Y vous prennent vot' liberté ! Y vous prennent vos femmes ! Et après ça, y vous prennent vot' vie. Il se tourna vers elle, hurlant : Et faut enco' que j' me fasse poignarder dans l' dos par les miens. Quand j'ai les yeux su' les blancs pou' les empêcher de m' tuer, c'est les miens qui viennent me fai' un crochepied ! Il retomba à genoux dans la poussière en sanglotant ; au bout d'un petit moment il leva les yeux au ciel, et son visage ruisselait de larmes. Je m'en vais êt' aussi mauvais qu'eux ! J' vais êt' du' comme y sont, j' te l'promets. Quand y vont v'ni' me cher-cher, y trouveront ! Et s'ils m' sortent d'ici, ça sera mô', pas autrement ! Et ils le verront ! Si Dieu m' laisse viv', j' leu' ferai senti' ! Il s'interrompit, cherchant à reprendre haleine. Mais l' Seigneu' m'est témoin que j' l'ai pas cherché ! Ça n'veut pus rien di' ! Si on s' bat, faut mouri'. Si on s' bat pas, faut mouri' ! D'une façon comme d'un' aut', ça n' veut rien di'...

Il gisait étendu à plat ventre, un côté du visage entièrement dans la poussière. Sarah, debout, berçait l'enfant et ses yeux étaient noirs, durs et froids. Silas se releva lentement et se tint debout sur la véranda.

— Va-t-en chez Tante Pell, Sarah.

Un bruit sourd de moteurs, retentit, venant du Sud. D'un même mouvement, ils se retournèrent. Une longue traînée de poussière brune descendait en zigzags du haut de la colline.

— Silas.

— Va-t'en à travers champs, Sarah.

— On peut y aller tous les deux ! Va chercher les chevaux !

Il la fit descendre de la véranda, lui prit la main et la conduisit derrière la maison, passé le puits, jusqu'au sentier qui escaladait la pente et menait à l'Orme.

— Silas.

— Va-t-en si tu veux pas qu'y n' t'attrapent toi aussi.

Aveuglée par les larmes, elle traversa les champs qui tan-guaient sous ses pieds, butant contre les mottes de gazon qu'elle ne distinguait que confusément. A quoi bon ! Elle savait qu'il était trop tard pour le faire changer d'idée. Des crampes lui nouaient les mollets. Soudain sa gorge se contracta doulou-reusement. Elle s'arrêta, ferma les yeux, et tenta d'endiguer le flot de chagrin qui la submergeait. Oui, les noirs continuaient à tuer des blancs et les blancs continuaient à tuer des noirs, malgré l'espoir en des jours éclatants, le désir de nuits noires, la longue joie des champs de maïs vert en été, et le rêve profond des cieux gris de l'hiver alourdis par le sommeil. Et une fois la tuerie commencée, elle continuait comme un fleuve roulant des flots rouges. Oh, qu'elle avait de la peine pour Silas ! Silas... Il suivait ce long fleuve de sang. Seigneu', comment ça s' fait qu'y veut rester ici comme ça ? Et il ne voulait pas mourir, elle savait que la mort lui répugnait, à la façon qu'il avait d'en parler. Et cependant il suivait le vieux fleuve de sang, sachant que cela ne signifiait rien. Il le suivait, en sacrant et en geignant. Mais il le suivait. Le regard absent, elle fixait l'herbe sèche et poudreuse. Dans un sens, les hommes blancs et noirs, la terre et les maisons, les champs de maïs vert et les cieux gris, la joie et les rêves, tout cela faisait partie de ce qui rendait la vie belle. Oui, d'une façon ou d'une autre, toutes ces choses se tenaient comme les rayons d'une roue de voiture lancée à toute vitesse.

(*Les enfants de l'oncle Tom*, Ed. Albin Michel, Paris)

CHESTER HIMES — D'un tempérament très différent de son aîné Wright, Chester Himes fut certainement après lui le romancier noir le plus intéressant d'Amérique.

Tout aussi soucieux de rendre la vérité du Nègre, son réalisme se résorbe en ironie au lieu de conduire inévitablement au tragique des romans de Wright.

Ses tableaux de la société noire de Harlem sont des chefs-d'œuvre où Himes a pu rendre ce mélange de drames et de parodies, de vrais problèmes et de comportements ridicules qui caractérise la vie du Noir américain complexé par la société blanche parallèle et inaccessible.

Himes est aussi un grand spécialiste du roman policier. Ses deux héros, les détectives Ed. Cercueil et Fossoyeur sont inoubliables — de vrais durs ! — mais à travers leurs aventures échevelées, entre le browning, la mitraillette et le vitriol, ils restent des hommes avec un cœur, de bons Nègres que toutes les Amériques du monde n'arriveront jamais à rendre semblables à des robots !

PRINCIPAUX ROMANS : *La croisade de Lee Gordon* (1952) - *La fin d'un primitif* - *Mamie Mason* - *S'il braille, Lâche-le* - *La reine des pommes*.

LES NÈGRES N'ONT PAS D'ÂME

Ce dialogue est le reflet du conflit entre la morale traditionnelle et celle que le Nègre se voit contraint de pratiquer dans une société qui lui refuse le statut d'homme.

— Je n'ai pas envie de discuter, Luther. Je ne veux pas d'argent, un point c'est tout. Laisse-moi me reposer un moment ici et ensuite je m'en irai.

— Tu as beau être instruit, il y a bien des choses que tu sais pas. Sur cette bon Dieu de terre que nous habitons, il y a tout le temps des guerres partout, et des gens qui se font buter dans tous les coins. Les races s'entretuent, les classes s'entr'égorgent. Chaque individu combat pour lui-même, rien que pour survivre. Tout en bas, il y a les Nègres, que tout le monde écrase et que tout le monde tue. Encore plus bas que le Nègre, il y a moi qui dois me battre contre tout le monde, contre mes copains Blancs et mes copains Noirs, contre les Capitalistes et les Communistes. Maintenant il faut que je te combatte, toi aussi...

Chacun pour soi. On tranche la gorge des autres. Il faut bien que moi aussi je tranche la gorge de quelqu'un quand j'en ai besoin !

Ecoute donc, tu crois que je suis un Communiste ? Bien sûr, j'appartiens au Parti, mais d'abord, je suis un Nègre. Ce qu'il y a de bon chez les Communistes, c'est qu'ils se rendent compte de la réalité et qu'ils savent ce que je vaux. Moi aussi, je sais ce qu'ils valent. Ils m'ont tout appris, mais il ne m'ont pas bourré le mou. Moi, il y en a un qui m'intéresse avant tout : Luther. Et puis, s'il me reste un peu de temps à perdre, si je peux rendre service à quelqu'un, ce ne sera jamais à un Blanc, mais toujours à un bon Dieu de Nègre, comme moi.

Si j'ai des ennuis, les Communistes ne me laisseront pas tomber parce que je serai salaud jusqu'au bout. Je dirai que les copains du Parti savaient que j'allais tuer Paul, et qu'ils ne perdaient rien dans l'affaire. Qu'est-ce qu'ils feront, les gars du Parti ? Ils feront tout leur possible pour me tirer d'affaire.

Moi, j'ai le droit de faire tout ce que je veux, parce que je suis Nègre et parce que j'accepte d'être Nègre. Pour les autres, ce que je fais ne compte pas, mais ce qui compte, c'est ce que je sais, parce que je sais ce qu'ils ont fait.

Tu crois pas que j'aime le Parti ou que j'ai confiance ? Tu t'imagines pas que j'y connais quelque chose à leur marxisme ? Je me fous pas mal de Marx. Mais je sais que je suis un Nègre et que ça peut me rapporter. Il faut qu'on me paie pour que je sois Nègre ! Et quand on ne me paie pas d'une manière, je me paie moi-même d'une autre manière. Qu'est-ce que tu veux, c'est comme ça ! Les Blancs ont besoin de Nègres et ils paient pour avoir des Nègres !

Tu me fais rire avec ta morale ! Tu me fais rire avec ton idéal ! Non, mais a-t-on idée de ça, un Nègre qui se mêle d'avoir un idéal ! Et puis qui c'est ton idéal ? George Washington ? Tu vas faire comme Washington ? Tu ne mentiras jamais ? Et qu'est-ce que ça te rapportera ? Mais regarde donc ! J'ai de l'argent, moi ! J'ai tout l'argent que je veux...

Et je n'ai pas que ça dans mon jeu. J'ai bien d'autres atouts : le Parti Communiste, ma femme blanche... mais rends-toi compte, Lee : de l'argent et une femme blanche !

Adhère au Parti, mon gars. Accepte tout ce que les Blancs t'offrent. Ils ont envie de te donner des tas de choses. Les uns pour le plaisir de se sentir supérieurs à toi, les autres pour apaiser leur conscience, et les autres pour jouer aux grands seigneurs, aux généreux ; et leurs femelles pour prendre leur pied. Eh bien, accepte.

Adhère, mais fais comme moi, ne crois pas aux loufoqueries du Parti. Ecoute, mon gars, tant que je serai noir et laid, les Blancs me détesteront. Chaque fois qu'ils me regardent ils voient un Nègre, et je leur fais horreur, à tous. Ils me paient pour être horrible. Il faudrait que je sois fou pour ne pas accepter. Toi, t'es-t-instruit, toi, t'es-t-intelligent. Ils te paieraient encore bien plus si t'étais pas fou.

— Eh bien... oui, dit Gordon en se levant. Et il s'en alla.

Il se demanda si Luther n'avait pas raison. S'il n'arrivait jamais à se sentir à sa place, à être heureux nulle part, c'était peut-être parce qu'il n'acceptait pas cette évidence ; il était Nègre, et le Nègre n'ayant rien à espérer de personne n'est tenu à aucune loyauté à l'égard de qui que ce soit.

Oui, tous ceux qui l'avaient connu se seraient contentés de bien peu. Et parmi tous ceux-là, c'était Luther qui était le plus simple, le plus intelligent : il aurait voulu que Lee n'ait pas d'âme. Les Blancs disent toujours que les Nègres n'ont pas d'âme. Luther démontrait qu'ils ont raison. Et Luther n'avait peut-être pas tort d'agir ainsi. Un Nègre est sûrement plus heureux sans âme. C'était l'évidence même !

(*La croisade de Lee Gordon*, Editions Buchet-Chastel, Paris)

JOSEPH ZOBEL — Martiniquais comme Césaire, Glissant, Léro, Sainville, Tardon, etc., Zobel a été de longues années professeur au lycée Van Vollenhoven à Dakar, puis chargé des émissions culturelles à la radio du Sénégal.

S'il aime réciter des poèmes, il n'écrit par contre que de la prose, et de la bonne.

Dans la *Rue Cases-Nègres*, il restitue à merveille la vie du petit peuple martiniquais, le courage de sa grand-mère, l'éducation rude et négligée des enfants dont on n'a guère le temps de s'occuper, tant la vie est dure et le travail pénible pour arriver à tout juste subsister.

Cependant, les enfants apprennent à se débrouiller. Tout jeunes, ils vont déjà travailler aux champs en « petites bandes », payés de quelques sous par les colons. Et puis il y en a qui ont de la chance, et arriveront à suivre l'école, obtenir une bourse et aller en France... le rêve du Martiniquais !

Zobel raconte tout cela avec une abondance de détails, une exactitude dans l'observation, un humour et une tendresse qui mériteraient à cet auteur une plus grande place que celle qu'il occupe actuellement dans la littérature négro-africaine.

ŒUVRES : *Diab'là - La rue Cases-Nègres - Le soleil partagé* (nouvelles).

M'man Tine m'empoigne par un bras et me mène dehors, près du feu où elle a mis une terrine pleine d'eau.

Et toujours maugréant, elle enlève ma blouse, me fait entrer dans la terrine et, m'administre une toilette qui est une vraie torture car, à cause de l'herbe où je me suis roulé pendant la journée et les éraflures des feuilles de canne, tout mon corps au contact de l'eau s'enflamme de brûlures, de picotements, de démangeaisons que je traduis en grimaces, contorsions et gémissements.

— Ça t'apprendra ! profère m'man Tine.

Et ses mains rugueuses, en rabotant mes écorchures, m'arrachent des cris qui ne m'attirent aucune pitié puisque, continuant à me bouchonner de plus belle, elle s'appesantit sur mes genoux en disant :

— Enfin, voyez-moi un peu les genoux de ce petit bonhomme...

Ah non ! j'en peux plus, j'en peux plus. Il faut que Manzé Delia vienne chercher son iche[1].

Après mon bain nocturne, après mon dîner tardif, un autre supplice m'attend : la prière.

— Au nom du Père...

— Au nom du Père, répété-je, en faisant le geste.

— et du Fils...

Je sais que le « et du Fils » se trouve au milieu de la poitrine, sur l'os dur qui est là, et que m'man Tine m'a déjà fait toucher au début pour fixer ma mémoire.

— Et du Saint-Esprit.

A partir de ce moment, je m'embrouille. Ma main saute d'une épaule à l'autre, sans oser se poser sur aucune.

Je regarde m'man Tine, guettant son approbation ou un réflexe de répulsion.

Ma main recommence à danser de peur, trébuche sur une épaule.

— Et du Fils, fis-je mal assuré.

— Petit maudit, s'écrie m'man Tine ! Tu trouves pas qu'on est déjà assez misérable comme ça pour que tu fasses le signe de la croix à l'envers ! Je t'ai déjà dit que « Et du Saint-Esprit » se trouve sur l'épaule gauche, celle-ci celle-ci ! me fait-elle en tamponnant mon épaule avec ma main prise dans la sienne.

Ce soir-là, m'man Tine n'abrège pas ma prière comme elle le fait parfois, lorsqu'elle est fatiguée ou que j'ai sommeil. Au contraire ; elle commence depuis le « Mettons-nous-en-présence

1. Enfant.

de-Dieu », passe par le « Notre-Père », le « Je-vous-salue », le « Je-crois-en-Dieu . Elle refuse de me souffler un mot, me criant « après, après ! à chaque fois que je m'arrête.

Alors j'ai la sensation de tituber, en m'écorchant les orteils et les genoux dans d'interminables chemins tortueux, rocailleux, épineux. Le « Je-crois-en-Dieu » surtout m'apparaît comme un sentier étroit, serpentant sur un morne dont le sommet perce le ciel.

Et quand, enfin, je suis parvenu à... « est monté au Ciel, est assis à la droite... », il semble que je me trouve alors sur les hauts sommets, en plein vent. Alors je respire profondément, et avec le « d'où Il viendra pour juger... », je redescends l'autre versant de la colline. Mais hélas ! pour m'égarer désespérément dans le dédale de tous les « actes » de foi, de contrition et d'espérance, dont je ne vois pas l'issue : car, chaque fois, selon son inspiration, m'man Tine me fait remonter par le « O-Vierge-des-Vierges » et termine la prière d'une manière improvisée : soit une « invocation », soit une longue litanie, soit une prière pour « les morts, les amis et les ennemis »...

Après quoi, il me faut, de ma propre improvisation, demander à Dieu « la force, le courage et la grâce de ne pas pisser au lit, de ne pas chiper du sucre, de rester dans la case toute la journée, et de ne pas déchirer mes vêtements ».

(*La rue Cases-Nègre,* Editions des Quatre-Jeudis, Paris)

LES DÉSILLUSIONS DE LA LIBERTÉ

En plus de Petite-Morne[1], de ses travailleurs et de nous-mêmes, nous savons que la terre s'étend encore plus loin, au-delà de l'usine dont nous apercevons les cheminées, et que par-delà les ronces, qui clôturent la plantation, il y a d'autres plantations semblables.

On sait aussi qu'il y a la ville, Fort-de-France, où circulent beaucoup d'automobiles.

M'man Tine m'a déjà entretenu d'un pays très lointain qui se nomme la France, où les gens ont la peau blanche et parlent d'une manière qu'on appelle « français » ; un pays d'où vient la farine qui sert à faire le pain et les gâteaux et où l'on fabrique toutes sortes de belles choses.

Enfin, certains soirs, soit dans ses contes, soit dans ses propos,

1. L'endroit où le héros habite.

M. Médouze évoque un autre pays plus lointain, plus profond que la France et qui est celui de son père : la Guinée. Là, les gens sont comme lui et moi ; mais ils ne meurent pas de fatigue ni de faim.

— On n'y voit pas la misère comme ici.

Rien de plus étrange que voir M. Médouze évoquer la Guinée, d'entendre la voix qui monte de ses entrailles quand il parle de l'esclavage et raconte l'horrible histoire que lui avait dite son père, de l'enlèvement de sa famille, de la disparition de ses neuf oncles et tantes, de son grand-père et de sa grand-mère.

— Chaque fois que mon père essayait de conter sa vie, poursuivait-il, arrivé à : « J'avais un grand-frère qui s'appelait Ousmane, une petite sœur qui s'appelait Sonia, la dernière », il refermait très fort ses yeux, se taisant brusquement. Et moi aussi, je me mordais les lèvres comme si j'avais reçu un caillou dans le cœur. « J'étais jeune, disait mon père, lorsque tous les nègres s'enfuirent des plantations, parce qu'on avait dit que l'esclavage était fini. Moi aussi, je gambadais de joie et je parcourus toute la Martinique en courant ; car depuis longtemps j'avais tant envie de fuir, de me sauver. Mais quand je fus revenu de l'ivresse de ma libération, je dus constater que rien n'était changé pour moi ni pour mes compagnons de chaînes. Je n'avais pas retrouvé mes frères et mes sœurs, ni mon père, ni ma mère. Je restai comme tous les nègres dans ce pays maudit : les békés[1] gardaient la terre, toute la terre du pays, et nous continuions à travailler pour eux. La loi interdisait de nous fouetter, mais elle ne les obligeait pas de nous payer comme il faut.

— Oui, ajoutait-il, de toute façon, nous restons soumis au béké, attachés à sa terre ; et lui, demeure notre maître.

Certes, M. Médouze était alors en colère, et j'avais beau le regarder en fronçant les sourcils, j'avais beau avoir une furieuse envie de frapper le premier béké qui m'apparaîtrait, je ne réalisais pas tout ce qu'il maugréait et, pour le consoler, je lui disais :

— Si tu partais en Guinée, Monsieur Médouze, tu sais, j'irais avec toi. Je pense que m'man Tine voudra bien.

— Hélas, me répondit-il, avec un sourire mélancolique, Médouze verra pas la Guinée. D'ailleurs j'ai plus ni maman, ni papa, ni frères et sœurs en Guinée... Oui, quand je serai mort, j'irai en Guinée ; mais alors, je pourrais pas t'emmener. Tu auras pas l'âge ; il puis, il faudrait pas.

(ibidem)

1. *Békè* : colon blanc.

Nous connaissions encore une foule de choses importantes que nous avaient inculquées nos parents. De grands principes :

— Ne jamais dire bonsoir à une personne que l'on rencontre en chemin lorsqu'il commence à faire nuit. Parce que si c'est un zombi[1], il porterait ta voix au diable qui pourrait venir t'enlever à n'importe quel moment.

— Toujours fermer la porte lorsqu'on est à l'intérieur de la case, le soir. Parce que des mauvais esprits pourraient lancer après toi des cailloux qui te laissent une douleur pour toute la vie.

— Et quand la nuit, tu sens une odeur quelconque, ne pas en parler, car ton nez pourrirait comme une vieille banane.

— Si tu trouves un sou dans ton chemin, pisse dessus avant de le ramasser, afin que la main n'enfle pas comme un crapaud.

— Ne pas te laisser fixer par un chien lorsque tu manges. Donne-lui une miette et chasse-le, afin que tu n'aie pas des clous à la paupière.

Moi qui savais tant de contes et de « titims », je me gardais bien de les dire en plein jour, car je savais que je risquerais alors d'être « tourné en panier ».

Et tous, nous nous gardions bien d'approcher Mam'zelle Abizotre, la quimboiseuse[2], afin d'éviter ses attouchements maléfiques.

(ibidem)

JACQUES STEPHEN ALEXIS — Voici un médecin haïtien qui est aussi un romancier et un poète de premier plan. Il n'a cependant pas écrit de poèmes. Mais sa prose est si riche, si gonflée d'images et de mouvements qu'elle atteint souvent le lyrisme le plus pur.

La générosité est sans doute sa caractéristique principale : générosité du cœur et des idées ; dans *Compère général soleil*, Alexis élève le roman de Jacques Roumain au niveau de l'épopée : sur le même thème obsédant de la misère du paysan haïtien, il compose une fresque grandiose qu'il sera difficile de surpasser.

Générosité du style aussi, comme le démontrent les extraits ci-dessous : possesseur d'un vocabulaire extrêmement varié, Alexis manie le français en artiste consommé, sans cesser pour autant de traduire toutes les nuances de la sensibilité et de l'imagination parfois débridée de l'âme haïtienne.

Son *Romancero aux étoiles* est un chef-d'œuvre. Autre roman : *Les arbres musiciens*.

1. *Zombi* : revenant, fantôme.
2. Celle qui jette des sorts.

185

Printemps aux montures alezanes caparaçonnées de prairies en fleurs, scellées de mousse, bridées de lianes, sanglées de liserons, aiguillonnées d'ozone et cravachées d'ondées.

Eté, écuyer au galop sec, au trot dur, ses gants d'aromates et ses chaussettes de fenaison, Eté dru, cru, abrupt, chapeau de cuivre, bottes de paille, éperons de soleil, Eté ménétrier des œufs, des sèves et des nitées, habillé de drap des champs, culotté de chausses mûries, ceinture de cris clairs à bouche de rire vermeil. Eté cavalcadeur des ruts et des saillies.

Automne et ses lentes juments, Automne et ses limaçons, pintades grises, mordorures et moisissures, crabes des pluies, ramages roux, Automne mordoreur de plumages, Automne rouillé, Automne chasseur à cor, chasseur à cri, chasseur à courre, rabatteur de pelages et d'illusions.

Hiver cavalcant, Hiver mordicant, Hiver et ses pinçons, Hiver emmitouflé de laines et de brumes, lancier des froidures, escarpolette des vents, balançoire des derniers fruits pâles, quadrille blanc des poissons d'argent, manège de chimères aux longues ailes, carrousel des lézards du temps dans les zibeliniers pâles, lentes spirales des agonies, parades des cendres et des mises en bières.

(*Romancero aux étoiles*, Ed. Gallimard, Paris)

LE CRAPAUD ROUX OU LA ROUILLE DES ANS[1]

Une fois à la bruine du soir, passant près d'une grande mare, j'entendis tout un remue-ménage dans les roseaux, les nénuphars et les autres plantes aquatiques. Je suis curieux, fouineur, mais comme on ne m'en a jamais trop tenu rigueur, je continue. Je m'approche donc, mine de rien, l'oreille furtive, avec l'air de baguenauder. Quand ils se préparent à travailler, je n'ai jamais vu animaux qui aiment plus chanter que les crapauds. Quel concert, de belles voix graves, des basses chantantes, des sonorités sépulcrales, des organes sourds et nobles comme celui de notre royal tambour assotor[1], des voix amples comme l'écho des montagnes, peut-être aussi quelques voix qui avaient un peu perdu de leur éclat et de leur puissance. Quelques voix un peu ébranchées, éraillées pas tout à fait justes, mais dans l'ensemble ça chantait avec un tel entrain, une telle profondeur, une telle

---

1. Le narrateur est le Vieux Vent Caraïbe.
1. *Tambour assotor :* tambour des cérémonies vaudou.

force et une telle beauté que j'en demeurais saisi. Je restai là
sans pouvoir m'en aller.

           « …Croah !… Croah !… Croah !…

           « …Cro-ah !… Cro-ah !… cro-ah !… »

J'étais fort intéressé. Depuis les siècles et les siècles que
j'entends chanter les crapauds, je m'y connais !… Je suis bien
placé pour dire que je n'avais pas affaire à un banal orchestre de
crapauds ignorants. Sincèrement, cette compagnie était remarquable. C'est alors que je vis parmi les roseaux un énorme
crapaud roux, d'un roux profond, effondré sur une feuille de
nénuphar.

    « … Crr-crro-ah!!… Croaho ! Crr-crr-crro-ah !… Croah !
Croah !… ».

L'orchestre joua longtemps. Tout le monde semblait ravi. Je
restai là attentif, mais l'heure de souper approchait. La musique s'arrêta brusquement. Un crapaud gris clair s'était dressé.
Il se mit tout à coup à crier et à sauter.

    « … Crapauds !… Venez chercher de l'eau !… ».

Tous les crapauds se précipitèrent, avec plus ou moins de
célérité, mais ils vinrent tous, le crapaud gris fer, le crapaud
olivâtre, le crapaud vert bleuté, le crapaud violet, le crapaud
rouge. Tous, sauf le roux. L'avisant alors, le crapaud gris clair lui
cria :

    « …Grand-papa crapaud !… Venez chercher de l'eau ! Vous
aussi !…

— … Je suis malade !… » bredouilla le crapaud roux.

Alors tous les crapauds éclatèrent de rire. L'hilarité fut telle
qu'elle ne s'arrêta que quand le crapaud gris clair eut crié :

    « … Crapauds !… Venez manger !… »

Une bousculade extraordinaire eut lieu autour de la casserole.
Tu sais comme les crapauds sont gourmands ! leurs yeux luisaient,
ils ouvraient des bouches larges comme des soucoupes agitant les
fanons mous de leur gorge claire. Stupéfaction, on vit le
crapaud roux quitter sa place tant bien que mal dans les roseaux
et s'approcher. Il disait :

    « …Croah !… Le corps se débattra pour manger !…
Croah ! Le corps se débattra !… »

Le fou rire fut tel que toute la mare se mit à frissonner, que les
étoiles du ciel elles-mêmes tremblaient dans la mare.

    « Quel paresseux que ce crapaud roux ! répétait-on.

— Quel paresseux !… »

Le crapaud roux mangea en silence sa part de soupe, puis il
regagna son coin dans les roseaux. Personne ne s'occupa plus de

lui. Tandis que toute la compagnie s'apprêtait à dormir, moi Vieux Vent Caraïbe je m'approchai et m'adressant au crapaud roux, je lui dis :

« ... Compère, c'est moi le Vieux Vent Caraïbe, l'ami de tous... Serait-il indiscret de vous demander pourquoi vous n'êtes pas allé aider à apprêter la soupe commune... Vous avez certainement de bonnes raisons...

— Quoi ?... Parlez plus fort !... »

Je répétai ma question plusieurs fois, mais pour me faire entendre, je dus hurler aux oreilles du crapaud roux. Il me regarda alors, secoua la tête et me dit : « ... Vous n'avez donc pas vu ma couleur ?...

— Votre couleur ?...

— Hélas ! je suis un crapaud roux !...

— ... Je ne comprends pas !...

— Si vous aviez bien regardé, vous auriez vu que presque tous les crapauds de cette compagnie sont gris, plus ou moins foncés, mais gris... A part quelques-uns naturellement, le gris ardoisé, l'olivâtre, le vert bleuté, le violet, le rouge et moi-même qui suis roux... Mais je suis un paresseux parce que je suis un crapaud roux... Un paresseux, vous entendez bien ?... »

Il se mit à pleurer à chaudes larmes. Je le consolai tant et si bien que, le pressant de questions, il consentit à m'expliquer ce mystère. Il me regarda avec ses grands yeux fauves, les essuya tristement et me déclara :

« ...N'avez-vous pas remarqué pendant le concert que quatre ou cinq crapauds ont fait des fausses notes ?... Eh bien, ils n'étaient pas gris !... A un certain moment, j'étais gris comme tout le monde, le plus cendré, un des plus beaux de tous les crapauds de cette compagnie... Ah ! Quelle époque !... Non seulement cette mare, mais tous les canaux, toutes les lagunes de la région retentissaient du bruit de mes frasques et de mes aventures ! Je n'avais peur de rien et mes bonnes fortunes ne se comptaient plus. Un jour, on ne sait trop pourquoi, mais on remarque qu'on n'a pas le cœur de chanter tous les soirs... La voix est toujours juste et la couleur nette, mais c'est comme ça !... Oh ! On fait encore quelques folies dans les nénuphars, les mousses et les roseaux. On poursuit encore la grenouille, mais on décide de faire une fin, car on préfère la tranquillité... On choisit sa crapaude... On chante toujours avec la chorale, ça va, mais on commence à être jaloux... La jalousie, c'est ainsi que cela commence pour tout de bon... Alors on remarque qu'on est gris fer, ardoisé comme ce crapaud qui faisait des fausses notes... La sagesse vient avec des feux soudains qui se rallument et puis s'éteignent brusquement... On donne des conseils à droite et à gauche, on est docte, on est savant, on est devenu un crapaud olivâtre... Mais on fait de plus en plus de fausses notes pendant le concert. Pourtant on est riche d'un trésor de savoir et d'expérience. On voudrait refaire des œuvres qu'on a déjà accomplies. L'esprit s'en est allé s'aiguisant, s'enrichissant, on comprend toutes les facettes de la vie, on connaît tous les secrets du plain-chant, mais la force et la voix vous manquent de plus en plus. On est un crapaud vert-bleuté... Puis on a de moins en moins envie de voir les gens et on fait de plus en plus de fausses notes dans le concert. Je compris qu'il me fallait abandonner l'opéra, d'ailleurs on me le fit suffisamment comprendre. J'étais devenu violet... Je pris la baguette et je conduisis l'orchestre... On a une science consommée et le tempo vous vient presque tout seul. Si vous saviez cependant quelle offensive mènent les souvenirs à cette époque ! Ils vous viennent de partout, par bouffées, comme le parfum secret des nénuphars... Un jour, j'avais ma crapaude à mes côtés, ma crapaude que la rouille des ans mangeait avec moi, à qui je confiais mes pensées, avec qui j'évoquais mes souvenirs et qui me voyait toujours comme le beau crapaud gris cendré que j'étais naguère... Un jour, vous dis-je, une pierre est tombée dans la mare... Elle a fait un plouf dans l'eau et j'ai sauté pour me garer... Je suis revenu, mais j'ai eu beau chercher, ma crapaude avait disparu, j'étais seul... Je suis devenu maussade, chimérique, tout me contrariait et je remarquai que je n'avais plus besoin de personne pour causer. Je parlais seul. On me fit remarquer que je dirigeais de moins en moins bien, car il m'était devenu difficile de remuer les bras... J'étais devenu un crapaud rouge, j'abandonnai la baguette, mais l'oreille était devenue très sensible et ma science musicale étant consommée, je demeurai à côté du nouveau chef, un « Simidor » violet qui avait bien des talents... J'ai de moins en moins compris le temps, tout me contrariait, je retrouvais à redire à tout... La mare n'avait plus la même odeur. Les mortes saisons avaient définitivement desséché le vieux-canal où j'aimais aller me promener. Et puis la campagne n'avait plus le même parfum car on ne plantait plus du riz dans la région, mais du maïs... Les jeunes aussi changeaient de mœurs, je ne les compris plus... Ils me raillèrent, je m'irritai... Je me rebellai... A un certain moment, je ne me rebellai plus... la rouille des ans faisait son œuvre... J'acceptai mon sort, je regardais passer les eaux, j'écoutais glisser les heures avec de moins en moins l'envie de remuer... Je perdis l'oreille, presque sourd et j'étais de plus en plus paralysé... J'étais un crapaud roux et j'abandonnai ma place près du chef d'orchestre qui lui-même avait changé... L'appétit véritable s'en est allé avec le mouvement, mais on éprouve de temps en temps encore le besoin de manger... D'ailleurs, manger vous arrache le cœur, car on sait qu'on a de moins en moins mérité son morceau... Et les temps sont durs ! Comme je compose de temps en temps encore un peu de musique, j'ose aller manger... On se moque de moi parce que je n'aide pas à faire bouillir la marmite... On m'appelle paresseux parce que je suis un crapaud roux... D'ailleurs j'ai peur de presque tout, presque de bouger. On regarde un jeune têtard qui passe dans ma mare avec éblouissement. On voudrait le protéger, lui dire, lui apprendre, mais il ne vous écouterait même pas... La rouille des ans !... Tout se mêle en un étrange composé : souvenirs, regrets, peurs, amours, émotions, incompréhensions, révoltes, abandons... La rouille des ans... Et ce n'est pas fini !...

— Comment ? répondis-je, curieux comme je suis Vieux Vent Caraïbe.

— Bien sûr... D'ailleurs, si vous voulez tout savoir, pourquoi est-ce à moi que vous vous adressez ? Pourquoi ne demandez-vous pas au crapaud qui ne mange plus ?

— Le crapaud qui ne mange plus ?

— Bien sûr !...

— ...Je n'en ai pas vu !...

— Vous n'en avez pas vu ? Et ça, qu'est-ce que c'est ?

— Quoi ? Cette grande feuille morte ?...

— Vous avez déjà vu des feuilles mortes en cette saison ?... Regardez bien, c'est un crapaud... Il est, c'est juste, couleur de feuille morte. C'est ça la rouille des ans... Bientôt je serai comme lui... Un jour, on trouve un crapaud crevé et ça pue !... Ça pue terriblement un crapaud crevé !... Il n'est même plus une feuille morte, plus que rouille et puanteur... Oui, c'est cela la rouille des ans !...»

(ibidem)

EDOUARD GLISSANT — Poète et romancier martiniquais, Glissant a produit son meilleur livre avec *La Lézarde* (fleuve de l'île) qui est roman et poème à la fois. D'un style très personnel où se mélangent sans cesse le rêve et la réalité, le chant et la prose, ce roman a obtenu en 1958 le prix Renaudot, mais il semble avoir plu davantage aux Français qu'aux Africains.

Les Antillais eux-mêmes reconnaissent mal leur Martinique à travers les personnages de Glissant et le langage qu'il leur prête.

Cependant ce roman dégage un tel charme et certains passages sont d'une telle beauté d'inspiration comme d'expression, que nous trouvons qu'il serait dommage d'en priver le panorama de la littérature négro-africaine.

AUTRES LIVRES : *Soleil de la conscience - Les Indes - Le sel noir - Le quatrième siècle.*

LES ANTILLES, C'EST TOUT COMPLIQUÉ

Les jeunes gens qui ont lutté pour l'élection du député progressiste se réunissent au soir de la victoire et font le point.

Nous étions autour de Mathieu, à l'écouter comme toujours, même si nous ne disions pas oui, oui.

— Il y a une valeur, sûr. Tout notre peuple. Une grande immense signification. Presque tous les peuples du monde qui se sont rencontrés ici. Non pas pour une journée : depuis des siècles. Et voilà il en est sorti le peuple antillais. Les Africains nos pères, les engagés bretons, les coolies hindous, les marchands chinois. Bon, on a voulu nous faire oublier l'Afrique. Et voilà nous ne l'avons pas oubliée. C'est bien, c'est bien. Mais est-ce une raison pour nous croire autant ? Notre peuple ne se croit pas.

— C'est un bourg, d'accord. Nous ne sommes qu'un point dans l'infini, Mathieu, mais nous avons fait tout le travail. Rappelle-toi, tu m'as dit : « Vous êtes venu de votre plein gré. » La grandeur par ici, c'est d'avoir crié vers le monde. Ce peuple, si étroit dans ses îles, si abandonné, terré sous le manteau de mépris et d'oubli, il est venu au monde.

— Des mots, dit Mycéa.

— Alors, comment veux-tu que nous n'ayons pas été éblouis, nous les premiers au monde, les premiers à trouver l'ouverture, la génération qui bénéficie à la fin du terrible travail souterrain des aïeux ? Et nous sommes venus de notre plein gré.

— Je me croirais à l'école, au moment de la moralité. Qui est maître d'école par ici ?

— Mais les détails ? dit Mathieu. Nous avons tellement parlé de la misère que c'est devenu un monstre sans corps. On ne sait même plus où c'est, la misère. Un pur esprit.

— On la connaît, on la connaît dans les pires profondeurs. Moi, je crois que maintenant nous pourrons nous y attaquer. De front. Il fallait savoir ce que nous sommes, non ? Il fallait sortir de cette nuit où on étouffait, non ? Aujourd'hui, on peut dire que le temps nous a rattrapés. Voilà, nous sommes en septembre 1945, le 14, un peuple neuf et attentif. Voyons nos blessures, voyons nos maladies.

— Et peux-tu dire ce que c'était, la nuit ?

— Ce que je sais, c'est que le plus terrible a été pour en sortir. La conflagration, la lumière sans faiblesse, la grande ruée.

— Nous en sommes sortis ?

— Puisque nous en discutons.

— Ce qui n'est pas dit ne profite pas.

— Une liquidation, je vous dis, une vraie liquidation ! Mais qu'avez-vous tous ?

Mathieu se tourna vers moi :

— Tu pars avec Michel. Tu vas en France. Tu ne construiras pas de ponts. Mais il faudra que tu dises tout cela.

— On me confie l'écriture. C'est ça.

— Fais une histoire, dit Mathieu. Tu es le plus jeune, tu te rappelleras. Pas l'histoire avec nous, ce n'est pas intéressant. Pas les détails, Thaël a raison, nous les connaissons, nous. Fais un livre avec la chaleur, toute la chaleur. Celle qui te fait saoul, celle qui te rend nostalgique. La chaleur qui protège, qui enrichit. Et le soleil, on ne sait s'il faut pleurer ou crier. Le bon soleil maître des chairs. Notre protecteur éternel. Fais-le avec la monotonie, les jours qui tombent, les voix pareilles, la nuit sans fin.

— Voilà, il te l'écrit, ton livre à mots.

— Fais-le comme un témoignage, dit Luc. Qu'on voie nos sottises. Qu'on comprenne notre chemin. Et n'oublie pas, n'oublie pas de dire que nous n'avions pas raison. C'est le pays qui a raison. Fais-le sec et droit au but.

Thaël sourit tristement.

— Fais-le comme une rivière. Comme la Lézarde. Avec des bonds et des détours, des pauses, des coulées, tu ramasses la terre peu à peu. Comme ça, oui, tu ramasses la terre tout autour. Petit à petit. Comme une rivière avec ses secrets, et tu tombes dans la mer tranquille.

— Allons, tu as du travail.

— Fais-le comme un poème, murmura Pablo.

Je ne savais que dire, j'étais ridicule, là, au milieu des amis. Ils me bousculaient un peu. Ils s'amusaient. Chacun sentait que les ombres de la nuit pareraient bientôt le jardin. Nous qui avions tant de bruits en nous, tant de poussées flamboyantes, nous tâchions de tromper l'étalement, l'inquiétude sournoise. Avec des mots de rien, lâchés comme billes.

Mathieu sombra : la mélancolie le reprenait. Il semblait voir des choses au loin.

— Tu leur diras, avec les mots, tu leur diras toutes les îles, non ? Pas une seule, pas seulement celle-ci où nous sommes, mais

192

toutes ensemble. Quand j'arriverai là-bas, tu auras déjà fait le travail. Mets que les Antilles c'est tout compliqué...

— Tout compliqué, tout simple. Mets que nous avons lutté, que nous sommes sortis du dédale. Que c'est cela le plus criminel : quand on vole à un peuple son âme, qu'on veut l'empêcher d'être lui-même, qu'on veut le faire comme il n'est pas. Alors, il faut qu'il lutte pour ça, et le fruit à pain est amer.

— Dis-leur que nous aimons le monde entier. Que nous aimons ce qu'ils ont de meilleur, de vrai. Que nous connaissons leurs grandes œuvres, que nous les apprenons. Mais qu'ils ont un bien mauvais visage par ici. Dis que nous disions : là-bas le Centre, pour dire la France. Mais que nous voulons d'abord être en paix avec nous-mêmes. Que notre Centre il est en nous, et que c'est là que nous l'avons cherché. Que c'est cela qui nous donne parfois cette amertume, ce goût de la tristesse, cela, oui, toute cette lutte au fond de la nuit, avec le tam-tam qui flamboie en nous, et nous crions pour aller, pour y battre. Mets le rythme, c'est notre connaissance à nous. Mets le rythme, déchiré ou monotone, ou joyeux ou lamentable.

(*La Lézarde*, Éditions du Seuil, Paris)

CAMARA LAYE (1928) — Pourquoi *L'enfant noir* est-il considéré comme un classique du jeune roman nègre ? parce qu'il est le *premier roman* valable écrit en français par un Africain pur, dépassant de loin le très ancien et naïf *Force-bonté* de Bakary Diallo (1926), et *Karim* d'Ousmane Socé (1935).

Parce que c'est un *vrai roman* qui n'a rien de comparable avec les récits sommaires que Westerman avait réunis dans ses *Autobiographies d'Africains* ; les personnages autres que l'auteur ont une personnalité à eux, complète, bien constituée et développée, de façon à ce qu'ils n'apparaissent pas comme des esquisses, comme c'est le cas pour beaucoup d'autobiographies où il n'y a en général qu'un seul héros bien dessiné : l'auteur lui-même.

Parce que c'est une *réussite de style* : tant pour la composition générale — chapitres bâtis en tableaux précis et nets, progression dans l'action et l'intérêt, évolution correspondante de la psychologie du héros — que pour l'écriture dont les qualités les plus frappantes sont l'aisance, la simplicité et le naturel.

Laye, pour parler de son enfance guinéenne et villageoise, pour décrire le serpent familial, son père forgeron, les moissons, l'école, n'a pas besoin de grands mots ni de savantes figures de style. Mais son langage direct nous touche au cœur.

Dramouss est la suite de *L'enfant noir*, et relate son expérience d'étudiant en Europe, son retour au pays et ses déceptions politiques.

LA CASE DU FORGERON

Mon père avait là sa case à proximité de l'atelier, et souvent je jouais là, sous la véranda qui l'entourait. C'était la case personnelle de mon père. Elle était faite de briques en terre battue et pétrie avec de l'eau ; et comme toutes nos cases, ronde et fièrement coiffée de chaume. On y pénétrait par une porte rectangulaire. A l'intérieur, un jour avare tombait d'une petite fenêtre. A droite, il y avait le lit, en terre battue comme les briques, garni d'une simple natte en osier tressé et d'un oreiller bourré de kapok. Au fond de la case, et tout juste sous la petite fenêtre, là où la clarté était la meilleure se trouvaient les caisses à outils. A gauche, les boubous et les peaux de pierre. Enfin, à la tête du lit, surplombant l'oreiller et veillant sur le sommeil de mon père, il y avait une série de marmites contenant des extraits de plantes et d'écorces. Ces marmites avaient toutes des couvercles de tôle et elles étaient richement et curieusement cerclées de chapelets de cauris ; on avait tôt fait de comprendre qu'elles étaient ce qu'il y avait de plus important dans la case ; de fait, elles contenaient les gris-gris, ces liquides mystérieux qui éloignent les mauvais esprits et qui, pour peu qu'on s'en enduise le corps, le rendent invulnérable aux maléfices, à tous les maléfices. Mon père, avant de se coucher, ne manquait jamais de s'enduire le corps, puisant ici, puisant là, car chaque liquide, chaque gri-gri a sa propriété particulière ; mais quelle vertu précise ? Je l'ignore : j'ai quitté mon père trop tôt.

(*L'enfant noir*, Ed. Plon, Paris)

LE SERPENT DE LA FAMILLE

— Père, quel est ce petit serpent qui te fait visite ?

— De quel serpent parles-tu ?

— Eh bien ! du petit serpent noir que ma mère me défend de tuer.

— Ah ! fit-il.

Il me regarda un long moment. Il paraissait hésiter à me répondre. Sans doute pensait-il à mon âge, sans doute se demandait-il s'il n'était pas un peu tôt pour confier ce secret à un enfant de douze ans. Puis subitement, il se décida.

— Ce serpent, dit-il, est le génie de notre race. Comprends-tu ?

— Oui, dis-je, bien que je ne comprisse pas très bien.

— Ce serpent, poursuivit-il, est toujours présent : toujours il apparaît à l'un de nous. Dans notre génération, c'est à moi qu'il s'est présenté.

— Oui, dis-je.

Et je l'avais dit avec force, car il me paraissait évident que le serpent n'avait pu se présenter qu'à mon père. N'était-ce pas mon père qui était le chef de la concession ? N'était-ce pas lui qui commandait tous les forgerons de la région ? N'était-il pas le plus habile ? Enfin n'était-il pas mon père ?

— Comment s'est-il présenté ? dis-je.

— Il s'est d'abord présenté sous forme de rêve. Plusieurs fois, il m'est apparu et il me disait le jour où il se présenterait réellement à moi, il précisait l'heure et l'endroit. Mais moi, la première fois que je le vis réellement, je pris peur. Je le tenais pour un serpent comme les autres et je dus me contenir pour ne pas le tuer. Quand il s'aperçut que je ne lui faisais aucun accueil, il se détourna et repartit par où il était venu. Et moi, je le regardais s'en aller, et je continuais de me demander si je n'aurais pas dû bonnement le tuer, mais une force plus puissante que ma volonté me retenait et m'empêchait de le poursuivre. Je le regardai disparaître. Et même à ce moment, à ce moment encore, j'aurais pu facilement le rattraper : il eût suffi de quelques enjambées ; mais une sorte de paralysie m'immobilisait. Telle fut ma première rencontre avec le petit serpent noir.

Il se tut un moment, puis reprit :

— La nuit suivante, je revis le serpent en rêve. « Je suis venu comme je t'en avais averti, dit-il, et toi, tu ne m'as fait nul accueil et même je te voyais sur le point de me faire mauvais accueil : je lisais dans tes yeux. Pourquoi me repousses-tu ? Je suis le génie de ta race, et c'est en tant que génie de ta race que je me présente à toi comme au plus digne. Cesse donc de me craindre et prends garde de me repousser, car je t'apporte le succès. » Dès lors, j'accueillis le serpent quand, pour la seconde fois, il se présenta ; je l'accueillis sans crainte, je l'accueillis avec amitié, et lui ne me fit jamais que du bien.

Mon père se tut encore un moment, puis il dit :

— Tu vois bien toi-même que je ne suis pas plus capable qu'un autre, que je n'ai rien de plus que les autres, et même que j'ai moins que les autres puisque je donne tout, puisque je donnerais jusqu'à ma dernière chemise. Pourtant je suis plus connu que les autres, et mon nom est dans toutes les bouches, et c'est moi qui règne sur tous les forgerons des cinq cantons du cercle. S'il en est ainsi, c'est par la grâce seule de ce serpent, génie de notre race. C'est à ce serpent que je dois tout, et c'est lui qui m'avertit de tout. Ainsi je ne m'étonne point, à mon réveil, de voir tel ou tel m'attendant devant l'atelier : je sais que tel ou tel sera là. Je ne m'étonne pas davantage de voir se produire telle ou telle panne de moto ou de vélo, ou tel accident d'horlogerie : d'avance je savais ce qui surviendrait. Tout m'a été dicté au cours de la nuit et, par la même occasion, tout le travail que j'aurais à faire, si bien que, d'emblée, sans avoir à y réfléchir, je sais comment je remédierai à ce qu'on me présente ; et c'est cela qui a établi ma renommée d'artisan. Mais dis-le toi bien, tout cela, je le dois au serpent, je le dois au génie de notre race.

(ibidem)

LE FORGERON ET LA FONTE DE L'OR

... jamais il ne disait mot à ce moment et personne ne disait mot, personne ne devait dire mot, le griot même cessait d'élever la voix ; le silence n'était interrompu que par le halètement des soufflets et le léger sifflement de l'or. Mais si mon père ne prononçait pas de paroles, je sais bien qu'intérieurement il en formait ; je l'apercevais à ses lèvres qui remuaient tandis que, penché sur la marmite, il malaxait l'or et le charbon avec un bout de bois d'ailleurs aussitôt enflammé et qu'il fallait sans cesse renouveler.

Quelles paroles mon père pouvait-il bien former ? je ne sais pas exactement ; rien ne m'a été communiqué de ces paroles. Mais qu'eussent-elles été, sinon des incantations ? N'était-ce pas les génies du feu et de l'or, du feu et du vent, du vent soufflé par les tuyères, du feu né du vent, de l'or marié avec le feu qu'il invoquait alors ; n'était-ce pas leur aide et leur amitié, et les épousailles qu'il appelait ? Oui, ces génies-là presque certainement, qui sont parmi les fondamentaux et qui étaient également nécessaires à la fusion.

L'opération qui se poursuivait sous mes yeux, n'était une simple fusion d'or qu'en apparence ; c'était une fusion d'or, assurément c'était cela, mais c'était bien autre chose encore : une opération magique que les génies pouvaient accorder ou refuser ; et c'est pourquoi, autour de mon père, il y avait ce silence absolu et cette attente anxieuse. Et parce qu'il y avait ce silence et cette attente, je comprenais, bien que je ne fusse qu'un enfant, qu'il n'y a point de travail qui dépasse celui de l'or. J'attendais une fête, j'étais venu assister à une fête, et c'en était très réellement une, mais qui avait des prolongements. Ces prolongements, je ne les comprenais pas tous, je n'avais pas l'âge de les comprendre tous, néanmoins je les soupçonnais en considérant l'attention comme religieuse que tous mettaient à observer la marche du mélange dans la marmite.

Quand enfin l'or entrait en fusion, j'eusse crié, et peut-être eussions-nous tous crié si l'interdit ne nous eût défendu d'élever la voix ; je tressaillais, et tous sûrement tressaillaient en regardant mon père remuer la pâte encore lourde, où le charbon de bois achevait de se consumer. La seconde fusion suivait rapidement, l'or à présent avait la fluidité de l'eau. Les génies n'avaient point boudé à l'opération.

— Approchez la brique, disait mon père, levant ainsi l'interdit qui nous avait jusque-là tenus silencieux.

La brique, qu'un apprenti posait près du foyer, était creuse, généreusement graissée de beurre de karité. Mon père retirait la marmite du foyer, l'inclinait doucement, et je regardais l'or couler dans la brique, je le regardais couler comme un feu liquide. Ce n'était au vrai qu'un très mince trait de feu, mais si vif, mais si brillant. A mesure qu'il coulait dans la brique, le beurre grésillait, flambait, se transformait en une fumée lourde qui prenait à la gorge et piquait les yeux, nous laissant tous pareillement larmoyant et toussant.

Il m'est arrivé de penser que tout ce travail de fusion, mon père l'eût aussi bien confié à l'un ou l'autre de ses aides : ceux-ci ne manquaient pas d'expérience ; cent fois, ils avaient assisté à ces mêmes préparatifs et ils eussent certainement mené la fusion à bonne fin. Mais je l'ai dit : mon père remuait les lèvres. Ces paroles que nous n'entendions pas, ces paroles secrètes, ces incantations qu'il adressait à ce que nous ne devions, à ce que nous ne pouvions ni voir ni entendre, c'était là l'essentiel. L'adjuration des génies du feu, du vent, de l'or, et la conjuration des mauvais esprits, cette science, mon père l'avait seul, et c'est pourquoi, seul aussi, il conduisait tout.

Telle est au surplus notre coutume, qui éloigne du travail de l'or toute intervention autre que celle du bijoutier même. Et certes, c'est parce que le bijoutier est seul à posséder le secret des incantations, mais c'est aussi parce que le travail de l'or, en sus d'un ouvrage de grande habileté, est une affaire de confiance, de conscience, une tâche qu'on ne confie qu'après mûre réflexion et preuves faites. Enfin, je ne crois pas qu'aucun bijoutier admettrait de renoncer à un travail — je devrais dire : un spectacle — où il déploie son savoir-faire avec un éclat que ses travaux de forgeron ou de mécanicien et même ses

197

travaux de sculpteur ne revêtent jamais, bien que son savoir-faire ne soit pas inférieur dans ces travaux plus humbles, bien que les statues qu'il tire du bois à coup d'herminette ne soient pas d'humbles travaux.

Maintenant qu'au creux de la brique l'or était refroidi, mon père le martelait et l'étirait. C'était l'instant où son travail de bijoutier commençait réellement ; et j'avais découvert qu'avant de l'entamer, il ne manquait jamais de caresser discrètement le petit serpent lové sous sa peau de mouton ; on ne pouvait douter que ce fût sa façon de prendre appui pour ce qui demeurait à faire et qui était le plus difficile.

Mais n'était-il pas extraordinaire, n'était-il pas miraculeux qu'en la circonstance le petit serpent noir fût toujours lové sous la peau de mouton ? Il n'était pas toujours présent, il ne faisait pas chaque jour visite à mon père, mais il était présent chaque fois que s'opérait ce travail de l'or. Pour moi, sa présence ne me surprenait pas ; depuis que mon père, un soir, m'avait parlé du génie de sa race, je ne m'étonnais plus ; il allait de soi que le serpent fût là : il était averti de l'avenir. En avertissait-il mon père ? Cela me paraissait évident : ne l'avertissait-il pas de tout ? Mais j'avais un motif supplémentaire pour le croire absolument.

L'artisan qui travaille l'or doit se purifier au préalable, se laver complètement par conséquent et, bien entendu s'abstenir, tout le temps de son travail, de rapports sexuels. Respectueux des rites comme il l'était, mon père ne pouvait manquer de se conformer à la règle. Or, je ne le voyais point se retirer dans sa case ; je le voyais s'atteler à sa besogne sans préparation apparente. Dès lors il sautait aux yeux que, prévenu en rêve par son génie noir de la tâche qui l'attendait dans la journée, mon père s'y était préparé au saut du lit et était entré dans l'atelier en état de pureté et le corps enduit de surcroît des substances magiques celées dans ses nombreuses marmites de gris-gris. Je crois au reste que mon père n'entrait jamais dans son atelier qu'en état de pureté rituelle ; et ce n'est point que je cherche à le faire meilleur qu'il n'est — il est assurément homme, et partage assurément les faiblesses de l'homme — mais toujours je l'ai vu intransigeant dans son respect des rites.

(ibidem)

Si alors, suspendant un instant ma marche, je levais le regard sur les moissonneurs, la longue file des moissonneurs, j'étais frappé, délicieusement frappé, délicieusement ravi par la douceur, l'immense, l'infinie douceur de leurs yeux, par les regards paisibles — et ce n'est pas assez dire : lointains et comme absents — qu'ils promenaient par intervalles autour d'eux. Et pourtant, bien qu'ils me parussent tous alors à des lieues de leur travail, que leurs regards fussent à des lieues de leur travail, leur habileté n'était pas en défaut ; les mains, les faucilles poursuivaient leur mouvement sans défaut.

Que regardaient à vrai dire ces yeux ? Je ne sais pas. Les alentours ? Peut-être. Peut-être les arbres au loin, le ciel très loin. Et peut-être non. Peut-être était-ce de ne rien regarder de visible, qui les rendait si lointains et comme absents. La longue file moissonneuse s'enfonçait dans le champ, abattait le champ ; n'était-ce pas assez ? N'était-ce pas assez de cet effort et de ces torses noirs devant lesquels les épis s'inclinaient ? Ils chantaient, en chœur ; ils moissonnaient ensemble : leurs voix s'accordaient, leurs gestes s'accordaient ; ils étaient ensemble — unis dans un même travail, unis par un même chant. La même âme les reliait, les liait ; chacun et tous goûtaient le plaisir, l'identique plaisir d'accomplir une tâche commune.

— Etait-ce ce plaisir-là, ce plaisir-là bien plus que le combat contre la fatigue, contre la chaleur, qui les animait, qui les faisait se répandre en chants ? C'était visiblement ce plaisir-là et c'était le même aussi qui mettait dans leurs yeux tant de douceur, toute cette douceur dont je demeurais frappé, délicieusement et un peu douloureusement frappé, car j'étais près d'eux, j'étais avec eux, j'étais dans cette grande douceur, et je n'étais pas entièrement avec eux ; je n'étais qu'un écolier en visite — et comme je l'eusse volontiers oublié.

(ibidem)

JEAN MALONGA — *La légende M'foumou Ma Mazono* est écrite en français assez douteux. Pourtant le congolais Malonga est instituteur. Mais nous le retenons tout de même pour l'extraordinaire richesse des images et des aventures. Il s'agit d'une histoire que Malonga a tirée de sa tradition et qui raconte le mythe de fondation de sa tribu ; la mère de M'foumou Ma Mazono était une princesse douée des dons les plus brillants, mais, bien que mariée à un chef puissant, elle commit l'erreur d'aimer un esclave et dut s'enfuir pour échapper à la vengeance de son époux.

Les dieux la conduisirent dans une vallée mystérieuse où elle trouva refuge et nourriture dans une nature bien différente de la farouche brousse congolaise. Les sources, les plantes, les animaux, tout se mit spontanément au service de la princesse qui put accoucher tranquillement de son fils M'foumou et l'éduquer jusqu'à l'adolescence.

L'enfant devenu fort et prêt à jouer son rôle, recherche le contact des hommes et sortit de la vallée bienheureuse. Il s'allia avec un village d'esclaves soumis à la tribu de son père, et, nouveau Spartacus, il partit en guerre contre l'oppresseur et le vainquit.

Il s'ensuivit une réconciliation générale de la famille et l'établissement d'une chefferie d'où seront désormais bannies l'injustice et l'inégalité, sous le commandement aussi sage que ferme de M'foumou Ma Mazono.

L'INITIATION DE LA PRINCESSE

Les fusils se sont tus ainsi que les chants. Les alentours du camp de Bilounga sont plongés dans un silence angoissant et religieux. Les oiseaux eux-mêmes tremblent d'anxiété ; ils appréhendent ce qui va se produire tout à l'heure. Tous les N'Ganga[1], vêtus de leurs ornements sacerdotaux, se sont rapprochés du grand-prêtre assis sur son hamac en nattes de m'pounga dont l'extrémité plonge dans les eaux de la rivière.

Enfin, Bilounga[2] se lève de la peau de panthère qui occupe le centre de la chaire rituelle. Depuis son arrivée ici, le chef, qui est un peu fatigué, ne s'est nourri que de noix de kola et n'a pris comme boisson que la sève d'une certaine racine sacrée, ceci pour communier avec les Esprits. Un de ses médiums, le plus doué, lui amène Hakoula restée jusque-là près de sa mère et de ses sœurs. Elle ne pouvait, avant d'être initiée et investie du pouvoir spirituel, siéger avec son père sur la peau bénie du Clan ; l'accès en est rigoureusement interdit aux femmes. Aussi, faveur exceptionnelle, doit-on remettre à la jeune fille le bout d'une guirlande en feuilles de bananier tressées pour lui permettre l'entrée au Cénacle. Une fois dans le cercle magique, Hakoula reçoit l'accolade paternelle : c'est l'initiation définitive. Elle est maintenant prêtresse du Totem du Clan. La recouvrant alors du tapis rouge, le père remet les insignes du pouvoir spirituel à son enfant et lui glisse à l'oreille quelques mots dont le secret sera gardé envers tout le monde. La novice passe ensuite à trois reprises entre les jambes écartées du père, puis, assénant d'un coup sonore le gong de la famille, elle dit :

— Mânes de N'Tsoundi, prouvez aujourd'hui que je suis fille de votre maison. Obéissez à ma voix, exécutez mes ordres.

1. *N'Ganga* : sorcier.
2. *Bilounga* : le chef, père de la princesse Hakoula.

Elle agite trois fois la queue du buffle, entonne un verset qu'elle module d'abord à voix très basse et sourde, puis, progressivement, elle atteint la note la plus aiguë pour se faire entendre des deux rives :

> *Bouloungou é Tata N'Konongo,*
> *Ka tou kouend'ako*

L'assistance de la rive gauche, accompagnée par les crépitements de tous les tam-tams, répond en chœur au verset de Hakoula. De tous les côtés, les fusils tonnent. La jeune fille tire en ce moment des notes douces et nostalgiques d'une corne d'antilope que vient de lui passer son père. Agitée de frissons spasmodiques, la fiancée de Bitouala s'approche du cours d'eau et parle avec force aux flots :

> *Bouloungou boua Tata N'Konongo,*
> *Toko ! Toko ! Toko !*

Sur-le-champ, de multiples remous se produisent à la surface des eaux. Un troupeau de petits hippopotames, de la grandeur d'un porc, le dos dépassant le niveau de l'eau, viennent s'échelonner, depuis l'endroit où sont posés les pieds de Hakoula, jusqu'à l'autre rive. La jeune fille saute lestement sur le hamac qu'elle a eu soin de pousser sur le pont établi par le dos des pachydermes, attire son père à elle et frappe les flots du sceptre clanique.

Doutez ! lecteur, si vous le voulez, mais pour les spectateurs oculaires ayant vécu le fait, leur conviction est absolue. Ils ont vu, de leurs yeux vu, le hamac glisser sur les dos grisâtres des pachydermes, pour aller s'arrêter, sans secousses, sur l'autre rive de la Madzia, laissant débarquer Hakoula et son père pendant que les sorciers invectivaient les espaces de leurs sarcasmes.

Tremper sa queue de buffle dans l'eau, en asperger les quatre coins est, pour l'héroïne, le premier geste dès qu'elle a touché la terre. Se retournant alors vers son monde, elle ordonne d'une voix impérative :

— Passez après moi ; le pont ne s'écroulera pas, ma volonté le soutient de ses piliers puissants.

Sans la moindre hésitation, les Bissi-N'Tsoundi, dociles, obéissent à l'ordre de la petite prêtresse et passent sans encombre la Madzia.

Que faut-il de plus pour convaincre de la puissance de Bilounga et sa fille ? S'étonneront-ils après ce qu'ils viennent de voir quand le soir, à la danse commune, ils verront Hakoula, assise sur la natte en fibres de fromager qui recouvrira le lit nuptial, sans que personne l'y aide, planer sur la case de Bitouala et survoler tout le village en jouant de sa corne d'antilope ? S'étonneront-ils également quand ils verront les gars de Mandzakala se jeter dans les brasiers incandescents allumés devant le palais de Mi N'Tsembo, sans qu'un seul cheveu huileux de leur tête se brûlât ? La preuve est faite sur l'indiscutable suprématie de la famille N'Tsoundi.

PUISSANCE DES FEMMES[1]

— Mon langage qui semble t'effaroucher et te blesser peut-être, est celui d'un homme. Car, si « Force » considérable que tu paraisses être, tu n'es, en définitive, qu'une femme...

Hakoula, qui reconnaît l'ascendant et l'amour-propre de l'homme dans l'adolescent, sourit et réplique avec une douceur mélancolique :

— Je constate que toi aussi, comme tous ceux de ton sexe, tu te fais une mauvaise opinion de la femme. Pour les hommes, la femme est une « Force » inférieure. Oh ! je n'essayerai pas de te faire changer cette opinion établie depuis l'origine de la Vie. Je voudrais néanmoins te dire ce qu'en réalité nous sommes, nous, les femmes, dans la société, dans le temps et dans l'espace. Comme tu ne le sais certainement pas encore, je dois t'apprendre que, qui dit femme, dit Charme, Caresse, Ornement, Fleur, Consolation, Douceur et Paix. La femme irrite, énerve, excite et calme l'homme et le console toujours dans ses moments les plus difficiles. Elle dirige le monde. Par un seul de ses regards, par son sourire ou son mécontentement, d'un seul geste, elle peut bouleverser ou consolider la société la mieux organisée, provoquer ou arrêter des assassinats et des guerres, susciter les héroïsmes les plus sublimes. Elle peut annihiler la puissance de toute la magie millénaire. Rien qu'avec une imposition de sa petite main — je ne peux t'en dire davantage — elle fait disparaître les effets nocifs du venin et du Totem les plus redoutables. L'homme, épave passive, obéit à toutes ses fantaisies, à toutes ses excentricités. Tout ceci n'est rien encore en comparaison de ses attributs créateurs. Dans la procréation, la femme détient la plus grande responsabilité. N'était-elle pas en effet, le gîte, le foyer de l'œuf géniteur ? Mère, elle est incontestablement l'agent intermédiaire entre

1. Conversation entre la princesse Hakoula et son fils.

la « Force-Suprême[1] » et la création. L'homme, lui, encore une fois, n'est ici qu'un apport secondaire pour la multiplication du genre humain. Qu'est-ce qu'il y a de plus divin, de plus grand et de plus beau que de créer ? La femme conçoit, ou si tu préfères, elle crée en quelque sorte. Pendant neuf mois, elle porte dans son sein, nourrit de son sang et de sa chaleur le fœtus qui, une fois né, aura encore besoin de sa tendresse, de son lait, de ses soins les plus sublimes. Avoue, mon fils, que la femme a un rôle de premier plan, presque égal à la « Force-Suprême ». Pourquoi, dans ces conditions, l'homme engendré et nourri par elle, qui lui doit tout, qui n'a qu'un rôle secondaire de soutien dans la famille, dans le clan, la traite-t-il en être insignifiant et inférieur ? Non, la femme est autre chose qu'une force inférieure. Si elle semble le faire croire à l'orgueil de l'homme trop égoïste, c'est qu'elle se sent très supérieure à lui et, comme le Tout-Puissant qui tolère les insolences de ses créatures, elle attend son heure pour prouver sa suprématie indiscutable. Par la complexité physiologique de tout son être, par la délicatesse biologique de sa nature, la femme est le « jardin » de la vie. Elle est la parure de la nature et la sœur puinée de Dieu, tandis que l'homme n'en est que le neveu. »

Pendant un certain temps, la mère et le fils se considérèrent, les yeux dans les yeux, semblant se jauger, et finirent par se sourire :

— C'est très bien, maman, conclut le garçon. Très bien. Rcstc donc, comme sœur puinée de M'Poungou[1], l'Ame et la Sagesse de la Vie ; moi, j'en serai l'Esprit et la fougue animateurs.

(*La légende de M'foumou Ma Mazano*,
Editions Présence Africaine, Paris)

ABDOULAYE SADJI († 1961) — Sénégalais et instituteur formé à l'institut de William Ponty, Sadji a écrit des romans sur les mœurs de son pays. Très bon observateur, il excelle à faire vivre ses personnages et nous donne de très intéressantes analyses de certains groupes sociaux du Sénégal.

A travers l'histoire de *Maïmouna*, Sadji nous décrivait aussi bien la vie et la mentalité campagnardes que l'esprit et les habitudes de la haute société musulmane de Dakar.

Dans *Nini*, il nous livre un portrait féroce des mulâtresses de Saint-Louis, avides de s'européaniser par tous les moyens, victimes comme leurs sœurs des Antilles, du complexe d'infériorité dû à leur peau sombre.

Nous regrettons la mort de cet écrivain dont la carrière fut trop brève.

1. Dieu.

LES MULÂTRESSES DE SAINT-LOUIS
DU SÉNÉGAL

Saint-Louis est la capitale des mulâtresses, leur univers fermé d'où elles entrevoient la belle et douce France. La belle et douce France, objet de soupirs énamourés, patrie perdue.

A Saint-Louis, l'élément mulâtre se distingue nettement de l'élément noir. On dirait les immigrants d'une race d'aristocrates déchus vivant dans un perpétuel effort pour en imposer à leur entourage, les Nègres.

Entre mulâtres mêmes, il y a des cloisonnements étanches. Ils se distinguent entre eux non seulement par des titres de noblesse authentique ou fausse, mais encore et surtout par la teinte de leur peau et un nom de famille devenu célèbre grâce à l'aïeul blanc qui a été magistrat, officier ou grand négociant.

Mais la volonté de ségrégation la plus nette se marque chez les mulâtresses qui se divisent entre trois grandes classes.

En marge de ces trois catégories, il faut placer certaines mulâtresses de toutes teintes échappées du troupeau, qui ont fait piquer au noir leur lèvre inférieure, tout comme les négresses noires, tresser leurs cheveux à l'indigène, et qui mordent avec dignité, en pleine rue, l'habituel « sotiou », morceau de bâton tendre qui rend les dents éclatantes de blancheur.

C'est un spectacle, un panorama séduisant d'espèces et de sous-espèces, de couleurs épidermiques, de toilettes, de grâces diverses ; un monde hétéroclite dominé par des antogonismes latents et des rancunes sans cause.

Le sort des mulâtresses de première et de seconde classe est plus digne d'attirer l'attention du psychiatre. Elles ont grandi dans l'idée qu'autrefois tous les Noirs de Saint-Louis étaient leurs esclaves, que malgré la pseudo-abolition de l'esclavage et les efforts de la Démocratie qui voudrait le nivellement des races et des classes, il est impossible qu'elles descendent jusqu'à considérer les Noirs comme des égaux. Les vieilles grand-mères et les vieilles tantes qui représentent l'ordre ancien montent la garde. Conservatrices farouches en matière religieuse ou sociale, elles tiennent à conduire au bon port leurs petites filles, les Nini, les Madou et les Nénette.

Aussi les mulâtresses de Saint-Louis détonnent-elles dans un milieu où Blancs et Noirs authentiques vivent normalement, sans heurts et sans bruit, chacun dans le cadre qui répond à ses mœurs.

Elles savent peu de choses de la vie bourgeoise, autrement dit de la bienséance, mais elles sont à cheval sur ce peu : une maladresse commise par un Noir leur arrache des cris d'horreur.

Une expression qui leur est familière et chère est : « ceci a de l'allure » :
— Ce chapeau a de l'allure ; ... ce pull (pull-over) a de l'allure ; ... ce manteau a de l'allure...

Elles sont en perpétuelle lutte avec le soleil et la nature de leur pays qui poussent à la lassitude, à la mélancolie plutôt qu'aux gaietés et aux allures compassées ; un trait dominant de leur humeur est une effervescence un peu simulée.

Il est étonnant de voir comme elles sont agiles et remuantes dans ce cadre d'Afrique si plein de mollesse.

Peu d'entre elles ont vu Paris ; mais toutes vous diront la féérie des Champs-Elysées, le charme du Trocadéro, les merveilles des Tuileries. Et quand la nostalgie les grise par trop fort, elles parlent de leur prochaine rentrée en France.

Surtout n'allez pas leur demander si elles parlent ouolof (la langue de leurs aïeux nègres). Elles ne comprennent que le français — et peut-être l'anglais — car l'anglais est une langue de civilisé et il a de l'allure. Elles parlent d'ailleurs le français avec une vivacité et une couleur que leur envieraient les Parisiennes les plus intoxiquées. Elles sont à l'affût des tournures de langage frais émoulues de Paris. Elles les roulent entre leurs lèvres épaisses en y ajoutant bien malgré elles un certain parfum de gutturalité chaude et authentiquement nègre.

Ce que la nature n'a pas voulu faire, la poudre le réalise à la perfection. Quelle merveilleuse chose pour blanchir ! Les mulâtresses chargent leur figure et leur cou de cette poudre qui, chez l'Européenne, était peut-être faite pour rehausser l'éclat de la blancheur naturelle.

(*Nini*, Editions Présence Africaine, Paris)

BERNARD DADIE (1916) — Ivoirien, formé lui aussi à William Ponty, comme Modibo Keita, le docteur Houphouet Boigny et tant d'autres cadres de l'Afrique francophone, Dadié a participé intimement à l'équipe de *Présence Africaine*, et s'est taillé une place bien à lui au sein de la littérature négro-africaine. Il se fit d'abord remarquer par un recueil de contes *Le Pagne noir*, puis par des poèmes de combat, *Afrique debout*, enfin par une très belle autobiographie, *Climbié*. Mais il a changé de genre et s'est découvert une excellente plume de chroniqueur avec *Un Nègre à Paris* et *Patron de New York*. Enfin Dadié s'est révélé dramaturge en écrivant quatre pièces dont la plus connue est *Monsieur Togonini*.

Souvent, la nuit il passait en revue les accusations portées contre lui. Le mot antifrançais, jamais écrit, perçait cependant à travers toutes les phrases. On l'avait envoyé méditer entre ces murs où il se sentait un être à la merci du Juge, du Procureur, du Commandant de Cercle, du Gendarme, du Commissaire de Police, du Régisseur, des Gardes, de tous ces gardiens vigilants qui représentent le Code, l'Ordre, la Société. Ils peuvent le faire sortir pendant une nuit de fouilles, et... N'est-il pas un être en rupture de ban, un serpent bon à écraser ? Et qui a-t-on jamais blâmé d'avoir tué un serpent ? Bien au contraire ! On recueille des félicitations et le reste. Le Médecin lui-même, lors des visites, à l'ambulance, le traitait avec rudesse. Il ne le touchait pas. Etait-il donc aussi dangereux que cela ? Il avait essayé de penser, de juger. Tout le mal provient de là. Il voulait, dans la société, jouer un autre rôle que le rôle obscur de brillant second imparfaitement formé, donc mal rétribué et de ce fait tout le temps aux prises avec les pires difficultés. Il avait voulu chanter aux gens la splendeur de la vie que des individus s'efforcent d'enlaidir. Entre quatre murs, dans les ténèbres. Mais on ne peut l'empêcher de penser ce qu'il pense, de penser que l'homme a droit à un minimum d'égards, un minimum de bien-être, un minimum de liberté, de sécurité, sans lequel il ne pourra jamais s'épanouir... Or, lorsqu'on parle de bien-être, des hommes s'effarouchent ; lorsqu'on parle de quiétude, ils pensent à un rendement moindre, parce que le travailleur ne sera plus talonné par le besoin, le souci... ; pour eux, il faut le tenir par des liens.

Et tous tremblent lorsqu'on parle d'un peu de liberté. Nombreux sont ceux qui voient aussitôt la fin d'une autorité. Le malentendu est là.

Certains mots dans la bouche de l'Africain auraient-ils un autre sens ? Climbié voudrait ne pas réfléchir. Mais peut-on s'empêcher de réfléchir ?

Lui, Climbié, il est un « objet », parce qu'il n'est pas un citoyen-métro. Il n'a même pas, juridiquement, la même valeur que tous ses amis naturalisés Français qui sont là, autour de lui. A quoi a-t-il droit ? A la natte — et encore, lorsque les crédits le permettent — à la vieille gamelle rouillée et sale, au repas infect cuit dans un fût d'essence, au coucher de dix-sept heures. Pas droit au lit, au couvert, au repas venu de l'hôtel, à aucun des avantages attachés à la qualité de Français-métro.

Oui, c'est ici que les inégalités sont les plus accusées. Et ses amis ont renoncé à tous leurs avantages pour mener la même vie que lui. Chaque Français, individuellement veut représenter la Nation. Et lui, que doit-il représenter ? Quelle place veut-on, en réalité, lui donner dans le concert ?

Un prisonnier, impliqué dans de nombreuses affaires, pour ne point parler et donner des noms, s'était évadé. Chacun, dans la prison, connaissait ses puissantes relations. Au lendemain de cette évasion, c'est eux que le juge vint fouiller, défaisant même les doublures des caleçons, à la recherche d'on ne sait quel document, interrogeant le mur, le sol pour découvrir une cachette.

Non, jamais ils ne cherchent les causes réelles. Mais toujours des instigateurs, des boucs émissaires !

Ce juge de vingt ans, au nom de la Loi, le déshabillait, lui Climbié qui frisait la quarantaine. Et s'il protestait, refusait, ce serait : « outrage à un magistrat ». Vraiment, partout des fondrières. Un prisonnier est-il encore un homme en regard de la force ? puisque ce juge s'était conduit de la même façon envers ses amis naturalisés Français ? Il tenait certainement à leur faire comprendre que lui, il était Français de naissance et non par décret... et partant, ils pouvaient, eux aussi, être traités comme des « objets » par un jeune homme de vingt ans, armé du Code.

La première nuit de leur arrivée, le gendarme furieux avait crié : « Mettez-moi en cellule tous ces forbans et qu'on ne leur ouvre pas avant dix heures, demain. »

Forbans ! C'était le mot qui expliquait l'exclusive.

Il y a des gens qui jouent en sachant jouer et d'autres qui, jouant avec passion, ne savent pas jouer. Ce gendarme et ce juge sont de la seconde catégorie. Malgré les siècles de culture, dont ils peuvent se targuer, ils demeurent les hommes d'une idée, des hommes entiers... des hommes braqués, comme on dit.

Depuis la fin de la guerre, certains Européens, ayant changé d'attitude pour avoir compris que leurs intérêts sont liés à ceux des indigènes, qu'un temps est entièrement révolu, font de visibles efforts pour aplanir les difficultés, établir des ponts. Mais sont-ils écoutés ? Les nécessités politiques et économiques parlent plus fort. Et ils passent donc un peu pour des objecteurs de conscience dans un milieu où l'on cherche constamment l'« Africain », comme Diogène cherchait un homme, l'étudiant comme on étudierait une plante ou une roche, oubliant qu'il est lui aussi un homme, d'une couleur différente certes, mais homme quand même. Est-ce une raison valable de le traiter comme on le fait parce qu'il n'a pas inventé la roue ? Et combien d'Européens parmi ceux qui, à son endroit, ont des attitudes si cavalières, auraient été capables d'inventer la roue ? Qu'ont-ils personnellement inventé ? Intelligence et génie ne sont pas l'apanage d'un continent, d'une race, d'une couleur. Or le Blanc, hors de son continent, voudrait tout ramener à lui, tout subordonner à sa couleur. Instinctivement pourrait-on dire. Par droit de conquête ? Esprit de solidarité ? Calcul ? France et France-d'Outre-mer ! Toute l'histoire est dans l'outre-mer. Ce déterminatif, quelque peu restrictif.

D'aucuns parlent, trop souvent, de passé barbare. On juge toujours mal un peuple en ne citant que ses conquérants ou des êtres que les circonstances ont obligé à prendre les armes.

Lui, il ne sait rien, il en a conscience ; il n'a aucun diplôme valable. Mais les « diplômés authentiques » qui vont venir, quelle place occuperont-ils ? L'on fera un peu de place à quelques-uns, aux premiers ; et les autres ? Ils s'en iront à l'aventure chercher une situation.

Que veut le Blanc ? La stabilité ; sa quiétude ; son confort ; la sécurité quotidienne pour lui et pour les siens. Le statu quo. Car il faut avoir le courage d'avouer qu'il est très difficile de se défaire de ses droits et de ses prérogatives, rien que pour des raisons humanitaires. Ainsi quelle attitude adopter à l'égard des sujets d'hier qui, après s'être hissés à votre hauteur, voudraient vous dépasser ? Il est « normal » qu'on frappe, qu'on leur frappe sur la tête comme les vieux frappent sur la tête des enfants qui veulent avoir le même oreiller qu'eux[1]. Et l'on frappait les Climbié et consorts que la vie n'avait pas encore assez mûris.

Des êtres différents de soi ! Certains jeunes Européens, condisciples de Climbié, qui avaient abandonné l'école en cours de route, sont aujourd'hui des hommes considérables. Ce n'est guère une question d'étoile. Car les Africains qui, eux aussi, partirent de l'école dans le même temps, demeurent ce qu'ils doivent demeurer et ne savent où donner de la tête. Ils s'usent dans les chemins battus. Après s'être agrippés pendant un moment à toutes les aspérités pour se maintenir, ils ont fini par dégringoler. La course à la fortune se ferait-elle sur un tapis glissant auquel le Noir n'est pas habitué ?

Climbié connaît dans ce pays des gens qui, s'ils avaient été européens, auraient, de par leur ancienneté et leur rang social, occupé des places très importantes. Mais ils sont ce qu'ils sont et demeurent ce qu'ils doivent être. Et même des jeunes gens se permettent de les bousculer parce qu'ils sont ce qu'ils sont.

1. L'étiquette n'zema veut que par respect l'enfant n'ait pas le même oreiller que ses aînés.

Ah ! comme c'est bien d'être enfant d'une grande nation forte et puissante ! Comme c'est réconfortant de promener un regard sur une carte et de murmurer avec fierté : « Tout ça, c'est pour moi, le sol, les hommes, le ciel ! » De là proviennent certaines attitudes malheureuses.

A une remarque d'un des défenseurs, le juge d'instruction avait répliqué : « La prison n'est pas un château. Nous n'allons pas donner des lits à des gens qui n'en ont jamais eu chez eux ! »

Il débutait dans la carrière et Climbié et ses amis avaient chacun au moins quinze ans de service. Mais ils devaient rester au bas de l'échelle. Leur sphère.

(*Climbié*, Ed. Seghers, Paris)

IL N'Y A PERSONNE ?

Afrique ! Afrique de la reconquête des libertés.
        Il n'y a personne en Afrique.

Les steppes et les forêts bruissent
        Et il n'y a personne.

Les scribes tapent, écrivent, se démènent avec mille bruits
        Et il n'y a personne.

Les bonnes essuient, nettoient
        Et il n'y a personne.

Les tirailleurs par les grands boulevards, vont chantant
        Et il n'y a personne.

Dockers, peintres, chauffeurs, maçons
Tous ouvriers de la peine,
D'ombre habillés et de toisons de jais coiffés
        Triment
Et quand l'homme blanc vient, embrassant la foule d'un regard
                                                        de dieu,
A la tourbe d'esclaves soumis pose l'éternelle question :
        — Il n'y a personne ?
        — C'est-à-dire ?
        — Un Blanc !
Afrique ! Afrique de la reconquête des libertés,
        Afrique du Nègre,
Il n'y a personne en Afrique !

Car le nègre ployant sous le joug
des maîtres du cuivre et des épices,
Est-il encore une personne ?

(*Afrique debout*, Ed. Seghers, Paris)

LA LÉGENDE BAOULÉ

Il y a longtemps, très longtemps, vivait au bord d'une lagune calme, une tribu paisible de nos frères. Ses jeunes hommes étaient nombreux, nobles et courageux, ses femmes étaient belles et joyeuses. Et leur reine, la reine Pokou, était la plus belle parmi les plus belles.

Depuis longtemps, très longtemps, la paix était sur eux et les esclaves même, fils des captifs des temps révolus, étaient heureux auprès de leurs heureux maîtres.

Un jour, les ennemis vinrent nombreux comme des magnans. Il fallut quitter les paillotes, les plantations, la lagune poissonneuse, laisser les filets, tout abandonner pour fuir.

Ils partirent dans la forêt. Ils laissèrent aux épines leurs pagnes, puis leur chair. Il fallait fuir toujours, sans repos, sans trêve, talonné par l'ennemi féroce.

Et leur reine, la reine Pokou, marchait la dernière, portant au dos son enfant.

A leur passage l'hyène ricanait, l'éléphant et le sanglier fuyaient, le chimpanzé grognait et le lion étonné s'écartait du chemin.

Enfin, les broussailles apparurent, puis la savane et les rôniers et, encore une fois, la horde entonna son chant d'exil :

> *Mi houn Ano, Mi houn Ano, blâ ô*
> *Ebolo nigué, mo ba gnan min —*
> *Mon mari Ano, mon mari Ano, viens,*
> *Les génies de la brousse m'emportent.*

Harassés, exténués, amaigris, ils arrivèrent sur le soir au bord d'un grand fleuve dont le cours se brisait sur d'énormes rochers.

Et le fleuve mugissait, les flots montaient jusqu'aux cimes des arbres et retombaient et les fugitifs étaient glacés d'effroi.

Consternés, ils se regardaient. Etait-ce là l'Eau qui les faisait vivre naguère, l'Eau, leur grande amie ? Il avait fallu qu'un mauvais génie l'excitât contre eux.

Et les conquérants devenaient plus proches.

Et, pour la première fois, le sorcier parla :

« L'eau est devenue mauvaise, dit-il, et elle ne s'apaisera que quand nous lui aurons donné ce que nous avons de plus cher. »

Et le chant d'espoir retentit :

> *Ebe nin flê nin bâ*
> *Ebe nin flâ nin nan*
> *Ebe nin flê nin dja*
> *Yapen'sè ni djà wali*
> *Quelqu'un appelle son fils*
> *Quelqu'un appelle sa mère*
> *Quelqu'un appelle son père*
> *Les belles filles se marieront.*

Et chacun donna ses bracelets d'or et d'ivoire, et tout ce qu'il avait pu sauver.

Mais le sorcier les repoussa du pied et montra le jeune prince, le bébé de six mois : « Voilà, dit-il, ce que nous avons de plus précieux. »

Et la mère, effrayée, serra son enfant sur son cœur. Mais la mère était aussi la reine et, droite au bord de l'abîme, elle leva l'enfant souriant au-dessus de sa tête et le lança dans l'eau mugissante.

Alors des hippopotames, d'énormes hippopotames émergèrent et, se plaçant les uns à la suite des autres, formèrent un pont et sur ce pont miraculeux, le peuple en fuite passa en chantant :

> *Ebe nin flê nin bâ*
> *Ebe nin flâ nin nan*
> *Ebe nin flê nin dja*
> *Yapen'sè ni djà wali*
> *Quelqu'un appelle son fils*
> *Quelqu'un appelle sa mère*
> *Quelqu'un appelle son père*
> *Les belles filles se marieront.*

Et la reine Pokou passa la dernière et trouva sur la rive son peuple prosterné.

Mais la reine était aussi la mère et elle put dire seulement « baouli », ce qui veut dire : l'enfant est mort.

Et c'était la reine Pokou, et le peuple garda le nom de Baoulé.

(*Légendes africaines*, Ed. Seghers, Paris)

MONGO BETI — Né en 1931, cet écrivain camerounais qui a publié son premier roman sous le nom d'Eza Boto, puis les suivants sous le pseudonyme de Mongo Beti (c'est-à-dire : enfant du peuple Beti) s'appelle en réalité Alexandre Biyidi.

Malgré certaines gaucheries de style, *Ville Cruelle* témoignait déjà des possibilités de cet étudiant de vingt-trois ans. Son talent n'a fait que s'épanouir dans ses livres suivants : *Mission terminée* et *Le roi miraculé* où Mongo Beti tente d'écrire des histoires de chez lui « comme tout le monde » sans se soucier de politique ou de colonialisme.

Il y a cinq ans, il manifestait déjà son désir de « désengager » la littérature, réalisant le danger qu'il y avait pour les écrivains de se cantonner dans « une littérature de circonstances ». Cela ne signifiait pas pour lui une désertion de la politique ; il souhaitait seulement qu'on sépare davantage les deux domaines ; qu'il soit permis à l'écrivain noir d'écrire ce que bon lui semble, quitte à militer pour l'émancipation de sa race et de son pays par les autres moyens, articles, pétitions, techniques révolutionnaires, action concrète même, si nécessaire.

Il était donc à l'époque un des seuls qui voyait dans l'avenir de la littérature nègre le mouvement qui se dessine en effet depuis les Indépendances.

Il vient de publier aux Ed. Maspero un pamphlet politique, *Main basse sur le Cameroun*, et deux romans : *Remember Ruben* et *Perpétué*.

Les extraits qui suivent sont tirés de *Ville cruelle* et, comme le titre l'indique, attirent l'attention sur les diverses aliénations que subissent les Africains dans les villes coloniales : déracinement du milieu traditionnel, affrontement au système de l'occupant occidental, corruption des mœurs d'une masse que la détribalisation abandonne à l'anarchie morale : les villes d'Afrique sont de vraies jungles où l'homme perd le sens des valeurs en même temps que le cadre qui en était la garantie.

Ville cruelle

Deux Tanga[1]... Deux mondes... Deux destins !

Ces deux Tanga attiraient également l'indigène. Le jour, le Tanga du versant sud, Tanga commercial, Tanga de l'argent et du travail lucratif, vidait l'autre Tanga de sa substance humaine. Les noirs remplissaient le *Tanga des autres* où ils s'acquittaient de leurs fonctions. Manœuvres, petits commerçants, fonctionnaires subalternes, rabatteurs, escrocs, oisifs, main-d'œuvre pénale, les rues en fourmillaient. Chaque matin, les paysans de la forêt proche venaient grossir leurs rangs, soit qu'ils fussent simplement en quête de plus vastes horizons, soit qu'ils vinssent écouler le produit de leur travail ; il s'était constitué parmi eux une mentalité spécifique, si contagieuse que les hommes qui venaient périodiquement de la forêt en restaient contaminés aussi longtemps qu'ils séjournaient à Tanga.

Ils étaient arrivés de tous les coins du pays. Mais ils tendaient de plus en plus à se penser plutôt comme habitants de Tanga que comme originaires du Sud ou de l'Est, du Nord ou de

1. Tanga est sans doute le nom par lequel l'auteur désigne la petite ville de Mbalmayo, à 60 km de Yaoundé.

l'Ouest. On pouvait les voir dans la rue : ils riaient, discutaient, se disputaient, avec des gestes qui auraient enfermé l'univers entier. Ils couraient, marchaient, se bousculaient, tombaient de vélo, le tout non sans une certaine spontanéité, seul résidu de leur pureté perdue. Ils s'agitaient au soleil, sous le regard angoissé des sbires qui circulaient par groupes comme dans une ville en état d'alerte.

La nuit, la vie changeait de quartier général. Le Tanga du versant nord récupérait les siens et s'animait alors d'une effervescence incroyable. Il faisait fête chaque nuit à ses enfants prodigues. On eût dit qu'il aurait voulu les abreuver d'une chose qu'ils perdraient peut-être bientôt pour toujours : la joie, la vraie joie, la joie sans maquillage, la joie nue, la joie originelle. Mais cela, ils ne pouvaient pas le comprendre. Déjà ils ne pouvaient plus dire d'où ils venaient qu'en nommant leur village natal, leur tribu d'origine. Ils ne savaient pas non plus où ils allaient, ni pourquoi ils y allaient. Etonnés de se trouver si nombreux ensemble, ils se résignaient pourtant à cet étrange isolement de forêt vierge où ils se sentaient individuellement.

Dans Tanga-Nord, une case sur cinq tenait lieu de débit de boisson : le vin rouge, généralement mélangé de mauvaise eau, le vin de palme souvent mal conservé, la bière de maïs, ce qu'il y avait de meilleur, y coulaient à profusion. Les initiés savaient en outre où et comment se procurer de l'Africa-gin, une fameuse boisson locale, très fortement alcoolisée. L'Administration en avait formellement interdit la vente et la fabrication. Il s'était donc installé tout un réseau clandestin de distribution, de vente, d'achat, de transport de ce produit rare. N'importe comment, ce n'est pas sa fabrication que l'on pouvait raisonnablement interdire puisque là-bas, loin de la ville, au sein de la forêt, personne n'irait jamais voir.

Les maisons de danse exerçaient une attirance inouïe sur les habitants des deux sexes. Violemment éclairées à l'électricité, bruyantes, mélodieuses et plus souvent cacophoniques, tambourinantes, pleines d'une faune singulière (engoncée dans des fauxcols ou fagotée dans des robes et des jupes de mauvaise coupe, en tout cas guindée, bouffie, empruntée, fausse), elles coûtaient, par bonheur, trop cher. Aussi était-il commun de se rassembler à deux, à trois ou davantage, dans une case, autour d'une calebasse de vin, de battre sur des caisses vides à défaut de tam-tam, de pincer les cordes d'une guitare ou d'un banjo, d'improviser un bal où la fantaisie était la règle prédominante, malgré l'exiguïté du local.

Les rues de ce Tanga n'avaient pas de réverbères, cela va

sans dire. Les mauvais garçons, nombreux ici, en avaient profité pour convertir la chaussée en lieu de règlements de comptes. Cela expliquait que l'obscurité retentît sans cesse de piétinements sourds, de poursuites frénétiques, de gifles dont la sonorité ne le cédait en rien à celle d'un browning. Ces séances de brutalité, à cause du phénomène de l'accoutumance, en étaient venues à ne plus intéresser que les professionnels, la population des cases y étant totalement indifférente ; elles pouvaient durer un temps inimaginable pour un étranger, à cause de la carence nocturne de la police, commandée par les préceptes de prudence et d'économie que l'on devine.

Combien d'âmes habitaient Tanga-Nord ? Soixante, quatrevingts, cent mille, comment savoir exactement ? Aucun recensement n'avait jamais été fait. Sans compter que cette population était en proie à une instabilité certainement unique. Les hommes quittaient la forêt pour des raisons sentimentales ou pécuniaires, très souvent aussi par goût du nouveau. Ils séjournaient ici quelque temps, à l'essai. Certains, assez peu nombreux, trouvaient impensable que l'on danse dans une case, alors que dans une case voisine on pleurait un mort dont le cadavre n'avait même pas encore été mis sous terre : écœurés, ils s'en retournaient tout simplement dans leur village, où ils parlaient de la ville avec tristesse, en se demandant où allait le monde. D'autres, convaincus à force de railleries qu'ils s'habitueraient rapidement à des mœurs aussi insolites — simple question de temps ! — décidaient de se fixer définitivement. Ils faisaient ensuite venir femmes et enfants, ou, s'ils étaient jeunes et célibataires, frères et sœurs cadets, pour conserver à côté d'eux, comme un vivant et constant souvenir du village natal qu'ils ne reverraient peut-être plus. Généralement, ils y pensaient d'abord, à leur village natal ; et puis, peu à peu, les années passant, ils l'oubliaient, accaparés entièrement par des préoccupations d'un tout autre genre. Il en était qui ne pouvaient réaliser ici leurs ambitions sociales : ils s'en allaient goûter à une autre ville.

Tanga, Tango-Nord, je veux dire, était un authentique enfant de l'Afrique : à peine né, il s'était trouvé tout seul dans la nature. Il grandissait et se formait très rapidement, beaucoup trop rapidement. Il s'orientait et se formait trop au hasard, comme les enfants abandonnés à eux-mêmes. Comme eux, il ne se posait pas de questions, quoiqu'il se sentît dérouté. Nul ne pouvait dire avec certitude ce qu'il deviendrait, pas même les géographes, ni les journalistes, et encore moins les explorateurs.

(*Ville cruelle*, Ed. Présence Africaine, Paris)

Banda vidait lentement son sac dans l'appareil de bois. Il ne pouvait détacher ses yeux des fèves qui, en roulant les unes sur les autres, faisaient un bruit de feuilles mortes qu'on piétine. Comme il les aimait ces feuilles-là ! Il lui semblait qu'elles étaient sorties de son sein, tant il avait mis de lui-même pour les obtenir, pour les créer et en faire ce qu'elles étaient aujourd'hui, si rouges, si sèches. Son cacao était bon, incontestablement. Ses yeux rencontrèrent ceux du fonctionnaire. Celui-ci plongea son bras jusqu'au coude dans les fèves. Il y fourragea longuement, retira une pleine poignée qu'il étreignit plusieurs fois de sa main... Il ne disait rien. Pour être sèches, elles sont sèches, songea le jeune homme qui décrocha un bref regard triomphal à Sabina. Le contrôleur s'était mis à sectionner les fèves une à une, sans arrêt, avec application ; son couteau lançait de menus éclairs. Il avait le visage fermé, l'œil rétréci. Banda, de plus en plus nerveux, s'accroupit, plaça le sac béant à l'endroit de l'ouverture pour récupérer les fèves. Il ne se releva pas ; il attendait, tenant à deux mains son sac par les bords. Au-dessus de sa tête, les craquements secs lui indiquaient que le contrôleur n'avait pas terminé. Comme il était long ! Ça c'est mauvais signe, constata Banda qui, n'y tenant plus, se releva brusquement. De nouveau, leurs yeux se croisèrent. L'autre maintint les siens ; Banda aussi, quoiqu'il eût atrocement peur maintenant.

— J'ai cinq autres charges avec moi, fit-il pour dire quelque chose. Aussitôt, il se reprocha d'avoir dit ça. Il avait parlé sans avoir été interrogé, comme autrefois à l'école lorsqu'il était menacé d'une correction. Le souvenir de ces années d'une constante dissimulation et de peur lui fit mal au cœur.

— Est-ce le même cacao ?

— Oui...

— Exactement le même ?

— Mais oui !

Il n'ignorait pas tous égards qu'il devait au fonctionnaire, au contrôle, à Monsieur le contrôleur. Mais à dessein, il lui parlait avec nervosité, s'appliquait à crâner pour se venger d'avoir laissé paraître sa peur.

— Montre-le-moi toujours.

Pour sûr qu'il était bon son cacao. Autrement, pourquoi aurait-il dit ça : « Montre-le moi toujours » ?

Les cinq femmes s'étaient sagement groupées autour du contrôleur et suivaient l'opération. Il prenait une pleine poignée de fèves dans chaque hotte : il les sectionnait toutes jusqu'à la dernière. Parfois, il sectionnait des moitiés ou des quarts de fèves.

Tout à coup Banda songea de nouveau à la phrase : « Montre-le-moi toujours. » Et peut-être qu'il était mauvais aussi, son cacao. A cette idée, il sentit comme une aiguille s'enfoncer lentement dans son cœur. Est-ce que vraiment il pourrait être mauvais, son cacao ? A son tour, il puisa une poignée de fèves dans une hotte et les pressa dans la paume de sa main. Pour êtres sèches, elles étaient sèches. Mais alors, quoi ? Est-ce qu'elles étaient moisies au dedans ? Il n'eut pas le temps de se trouver une réponse à cette question. En un tour de main, les costauds du contrôleur s'étaient emparés des cinq charges de cacao qu'ils emmenaient vers le monceau de fèves d'où partait la fumée. Que venait donc de dire le contrôleur ?

— Mauvais, ce cacao... très mauvais, au feu !...

Banda frémit de colère. Ses yeux s'embuèrent de larmes.

— Non ! rugit-il, ce n'est pas vrai ! Mon cacao est bon !

Il bondit après les costauds du contrôleur. On aurait dit que les gardes régionaux n'attendaient que ce geste. Ils se ruèrent sur lui. Il y eut une mêlée confuse, rapide. On vit des poings, des matraques s'élever et s'abattre. Le corps gigantesque d'un garde roula par terre. Les cinq femmes qui avaient accompagné Banda s'interposèrent courageusement.

— Vous ne pouvez pas vous battre à quatre contre lui tout seul. Vous n'êtes donc pas des hommes ? disaient-elles.

— Nous ne voulons pas nous battre contre lui, répondaient les gardes régionaux. Nous l'emmenons au Commissariat de police, un point c'est tout.

Ils venaient de le maîtriser. Ils l'obligèrent à se relever et lui mirent les menottes.

(ibidem)

PAUVRE PAYSAN

Le tailleur s'était tourné vers son neveu qu'il écoutait avec une attention admirative.

— Fils, dit-il, raconte-moi ça une nouvelle fois. Elles étaient cinq à t'accompagner...

— Cinq à m'accompagner, reprit Banda en écho.

— Et vous portiez à vous six deux cents kilos de cacao.

— Oui, deux cents kilos ni plus ni moins.

— C'est beaucoup ça.

— Oui, beaucoup.

— Et ils ont saisi ton cacao au contrôle.

— Oui, ils l'ont saisi et ils l'ont mis au feu.

— C'est-à-dire qu'ils ont fait semblant.

— Je ne sais pas, mais ils l'ont mis au feu.

— Je te dis qu'ils ont fait semblant.

— Soit, oncle. Ils ont fait semblant...

— Deux cents kilos...

— Deux cents...

— Tout saisi...

— Tout jusqu'à la dernière fève.

— Et tu t'es battu avec eux ?...

— C'est-à-dire qu'ils m'ont rossé... Ils étaient quatre. Ils m'ont poché un œil.

En signe de désagréable surprise, le tailleur avait entrouvert sa bouche et tirait légèrement sa langue pâle d'affamé. Ses yeux étaient rouges comme s'il n'avait pas dormi depuis des jours. Sa tête entièrement chauve, sauf à la nuque, luisait au soleil. Il était assis devant sa machine, désemparé, triste, pensif.

— Ah ! Banda, mon enfant, quel malheur te frappe là ! Deux cents kilos de cacao au feu ! A-t-on jamais vu pareille chose ? Pauvre garçon ! Comment te marier après ça, je te le demande ? Deux cents kilos... une fortune. Travailler toute l'année, débrousser sa plantation, émonder les cacaoyers chaque matin... pour quel résultat ? Cette idée d'instituer un service de contrôle... et des contrôleurs ! Si nos chefs à nous avaient seulement le courage de nous défendre, ce qu'ils feraient tout de suite c'est d'aller protester. Seulement, ce n'est pas eux qui feront ça. Ils n'ont jamais pu paraître devant le blanc sans avoir envie de pisser. Les chefs... pouah ! Et va faire ceci. « Oui, mon commandant !» Quand diront-ils : « non, mon commandant ! »... Oh ! Tu attendras longtemps avant qu'ils ne disent : « non, mon commandant ! Mes hommes à moi en ont assez ». Tu attendras longtemps. Les chefs... Pouah. Non mais, cette idée d'instituer des contrôleurs... Autrefois, nous en faisions à notre tête... personne ne nous disait jamais comment traiter notre cacao. Et pourtant on nous l'achetait toujours, et au prix fort, ne l'oublie pas. Tout marchait bien... ou à peu près... enfin on ne se plaignait pas trop. Ce qui est sûr, c'est que nous aurions pu nous passer de leurs contrôles. Mais non, les voilà qui s'amènent. Et de te faire la leçon. Et de t'en dire et de t'en raconter...

— Toi, tu suis leurs préceptes, et à la lettre. Est-ce que ça les empêche de saisir ton cacao ? Pas du tout. Et de te le brûler, ou plutôt de faire semblant ? Pas du tout. Comment vivre dans de telles conditions je te le demande, fils ? Tu ne peux jamais savoir ce qui t'arrivera demain...

(ibidem)

FERDINAND OYONO — Oyono avait commencé une carrière de romancier qui promettait d'être brillante avec *Une vie de boy*, caricature de la vie coloniale en général et d'une famille de Blancs en particulier, dont les petits côtés étaient observés par l'œil ironique du boy de la maison. Satire sans pitié !

Le vieux nègre et la médaille racontait sur un mode mi-moqueur, mi-attendri, les péripéties de la décoration officielle d'un ancien et fidèle fonctionnaire camerounais, tout dévoué, comme il se devait, à la Mère-Patrie ; la critique se faisait cette fois tant à l'encontre du colonisé que du colonisateur, et le roman est une réussite d'humour et de vérité psychologique.

Chemin d'Europe, le dernier roman d'Oyono est moins convaincant. Il a changé son style et s'inspire trop du roman français contemporain. Cela produit des phrases trop longues et un ralentissement de l'action qui cadre mal avec le sujet : histoire classique du petit séminariste qui, sorti du séminaire, essaie plusieurs métiers avant d'obtenir la bourse qui lui permettra de réaliser son rêve : aller en France.

UNE VISITE OFFICIELLE[1]

Au loin, un tam-tam retentit. Une rumeur sourde nous parvint. Il était indéniable qu'une grande manifestation nous attendait. Le village fut enfin en vue. Il y régnait un remue-ménage qui ne devait pas être coutumier. Une mer humaine avait envahi la place du village. Les cris stridents des femmes retentirent. Elles criaient la main contre la bouche. On aurait cru entendre la sirène de la scierie américaine de Dangan. La foule se fendit pour laisser passer la voiture qui s'immobilisa devant un parasolier fraîchement élagué, au sommet duquel flottait un drapeau français.

Un vieillard, au dos arrondi et au visage aussi ridé qu'un derrière de tortue, ouvrit la portière. Le Commandant lui serra la main. L'ingénieur lui tendit aussitôt la sienne. Les femmes se remirent à crier de plus belle. Un gaillard coiffé d'une chéchia rouge cria : « Silence ! ». Bien qu'il fût torse nu et portât un pagne, son autorité venait de sa chéchia de garde du chef.

1. La visite du « Commandant » européen était un événement typique de l'Afrique coloniale. Les « indigènes », affublés d'uniformes hétéroclites, composent un tableau ridicule dans leur vaine tentative de réussir une cérémonie bien française.

Le chef portait un dolman kaki, sur les manches duquel on avait dû coudre à la hâte ses écussons rouges barrés de galons argentés. Un bout de fil blanc pendait à chaque manche. Un homme entre deux âges, qui portait une veste de pyjama pardessus son pagne, cria : « Fisk ! ». Une trentaine de marmots, que je n'avais pas distingués jusque-là, s'immobilisèrent au garde-à-vous.

« En avant, marsssse ! » commanda l'homme.

Les élèves s'avancèrent devant le Commandant. Le moniteur indigène cria encore : « Fisk ! ». Les enfants semblaient complètement affolés. Ils se serraient comme des poussins apercevant l'ombre d'un charognard. Le moniteur donna le ton, puis battit la mesure. Les élèves chantèrent d'une seule traite dans une langue qui n'était ni le français ni la leur. C'était un étrange baragouin que les villageois prenaient pour du français et les Français pour la langue indigène. Tous applaudirent.

(*Une vie de boy*, Editions Julliard, Paris)

MÈRE ET FILS

Elle ne pouvait pas ne pas se moquer de mes boniments, au moins intérieurement, et se retenait pour ne pas me faire entendre cette voix de jadis qui suffisait à mon bonheur au temps où nous pouvions nous livrer sans gêne aux jeux innocents et touchants de mère et d'enfant ; peut-être étaient-ce ces souvenirs qui me faisaient parler comme si j'étais ivre, ou l'obstination à me trouver une belle raison qui pulvériserait son indifférence : bien que cela ne lui arrivât plus souvent, elle avait beaucoup ri naguère à l'époque où, avant que je me fusse glissé derrière elle, que j'eusse levé perfidement mon bras lui embrassant déjà la nuque, elle se la protégeait vigoureusement avec la double barrière de ses mains superposées et éclatait, les yeux fermés, de son rire rafraîchissant comme l'eau de liane et qui, explosion même de la santé, de la joie de vivre qu'elle recélait sous la tyrannie du vieillard[1], avait le don de faire éclater ses colères ; nous désertions sa masure et courions dans les hautes herbes abandonnées par l'hivernage, dans la petite brousse autour du village où mûrissent papayes et goyaves, succulents projectiles de nos ébats jusqu'à ce que l'ombre cruciforme, lugubre, d'un toucan du soir glissât sur nos têtes. Hélas ! L'argent m'avait frustré de cette joie... En désespoir de cause, je

1. Son mari.

me mis à concevoir tout haut un univers où soufflaient des tornades de francs C.F.A., où moutonnaient des forêts de billets de Banque d'Afrique Occidentale française ; et le miracle se produisit qu'à force de me repaître de ces pécuniaires chimères, je me surpris en train d'arborer un ricanement béat de nègre arrivé dont la vie est à jamais assurée... Ma mère éclata en sanglots : « Mon pauvre, comment peux-tu nous jouer une si ignoble comédie ! »

Je m'abattis sur l'épaule de ma mère, cette vieille épaule-oreiller de mon enfance où glissait ma nuque fragile et que je retrouvais toujours la même, après tant d'années, avec une joie à la fois triste et amère comme si rien n'avait changé depuis, comme si j'étais toujours le bébé vagissant sur les nippes qu'elle accumulait sous mon dos pour adoucir ma couche sur l'aride lit de bambou où je vis le jour et où nous nous retrouvions, à l'aurore qui suintait à travers les lézardes, dans cette position où semblait nous avoir pétrifiés le temps, comme si nous en étions sortis, abandonnés de tous, avec le sentiment cristallisé de la pitié que nous avions de nous-mêmes.

(Chemin d'Europe, Ed. Julliard, Paris)

L'ENTERREMENT

Nous tenions occasionnellement lieu de corbillard dans ce pays sans pompes funèbres, et, la tête en feu, nous titubions dans la boue glaireuse grouillante de l'hivernage où chaque goutte de pluie semblait avoir donné naissance à un ver ; il y en avait de toutes les tailles, de toutes les couleurs : lombrics roses, mauves et violets, vers bicéphales, trigonocéphales, à tête d'aspic, de couleuvre, de ténia, monde annélide des grandes pluies qui en quelques jours ferait d'un cadavre d'éléphant un squelette bien nettoyé, digne d'un musée, et c'était dans cette boue vorace que nous allions enterrer mon père, en peinant derrière le révérend père D... qui allait, soutane retroussée, au pas de l'oie, chantant faussement le « Miserere mei Deus », tandis que sur mon crâne roulait, vrombissait avec un bruit de course pesante et sans répit de taupe, errànt à travers un plafond, le maigre corps de mon père sans cesse en déséquilibre sur sa bosse que la mort n'avait pas diminuée et qui lui faisait heurter les minces planches du cercueil avec une lugubre fréquence, comme si le corps eût oscillé au rythme d'un métronome invisible qui n'était que notre pas de canard dans le bourbier gluant.

(ibidem)

LE TEMPS D'AFRIQUE

Notre chef de village portait une inutile et onéreuse montre-bracelet en or — il ne croyait pas qu'on pût emprisonner le temps dans une petite boîte métallique (« le temps des blancs ») qu'il avait reçue de l'administration et qu'il dédaignait, méprisait, simple parure qui lui étranglait le poignet, en continuant à lire l'heure au soleil à l'instar de nos ancêtres, avec une inflexion du cou sur l'épaule gauche, l'œil rapetissé, canaille, comme s'il eût regardé par le trou d'une serrure, et répétant à qui voulait l'entendre que seuls le ciel, la mer et la forêt étaient assez vastes pour contenir son temps à lui.

(ibidem)

LES AFRICANISTES

L'avion déversait tous les jeudis soirs, ces blancs férus de l'Afrique de leur rêve qu'ils semblaient ne venir explorer que pour l'enfermer dans des albums destinés à enflammer l'imagination de ces bourgeois pantouflards en mal d'aventure dont regorge l'Europe.

Ces chevaliers de l'Aventure, des deux sexes et de tous les âges, nous arrivaient, hors d'haleine, la mine épanouie. On avait l'impression qu'une usine les catapultait ici, le cou tendu, autour duquel on avait glissé l'étui d'une caméra qu'on leur vissait ensuite à l'œil, figeant ainsi dans une indistincte mimique leur visage qu'ombrait un énorme casque de liège. Alors, téléguidés, pétris d'un enthousiasme facile éclatant à l'amoncellement des ténèbres comme au déchaînement subit d'un orage, devant quelque pauvre diable, un singe, une femme nue ou un fou, ils étaient là, aux aguets, à la recherche des rites, prompts à dévisser le capuchon de leur stylo, à pister le sauvage, le bon sauvage de leur enfance vierge des stigmates du temps : le « Bamboula ! » et à écrire un livre, un grand livre qui n'a jamais été écrit sur ce pays et dont le titre ricochait aussitôt sur le zinc du toit avec les bouchons de champagne, parlant de ce continent dont ils étaient tous aptes à saisir et à expliquer, tout de go, l'unique de l'inexprimable !

Et j'étais devenu, vénal, leur providence locale, leur permettant de photographier ou de filmer le pygmée ou le singe se balançant sur sa branche, le boa dilaté par sa pénible digestion, l'hippopotame qui détale au bord du fleuve, le mariage local où les époux avancent en dodelinant de la tête au rythme d'un balafon : autant de scènes « formidables ! », « extraordinaires ! », « sensationnelles ! ».

... Mes compatriotes nous improvisaient ainsi un rite dont mes explorateurs, après s'être acquittés du « matabish[1] », le plus souvent le prix de plusieurs bonbonnes de vin rouge ou de vin de palme dont nos acteurs, faméliques et désœuvrés, s'énivraient d'abord à mort, organisaient fébrilement la mise en scène, souriant à la pensée d'un prochain festival cinématographique où ils allaient méduser le jury et lui arracheraient le Grand Prix qui les consacrerait africanistes.

(ibidem)

PETER ABRAHAMS — Ce Sud-Africain est l'écrivain noir de langue anglaise qui est le plus connu en Afrique et peut-être dans le monde. Pourtant son premier roman ne date que de 1956. Mais rapidement traduit en français, il eut une diffusion et un succès dus à plusieurs raisons.

Tout d'abord s'y affirmait, du premier coup, un écrivain d'excellente qualité, ayant le *don de créer* une atmosphère et des personnages tellement réels qu'on croit vivre soi-même leurs aventures. Ensuite ce roman révélait dans toute son acuité et sa complexité le problème de l'Afrique du Sud qui est bien un des plus douloureux de ceux qui déchirent le monde nègre.

Les lois de l'apartheid, la condition inférieure dans laquelle les Noirs sont maintenus, le scandale de leur misère et de leur exil dans ce pays qui est le leur et qu'ils travaillent de leurs mains, la dureté particulière des colons hollandais qui craignent une émancipation des indigènes menaçant leurs privilèges et leur hégémonie, l'âpreté et le courage des « boers », ces paysans blancs qui ont conquis ce pays sur les Anglais et sont prêts à se défendre maintenant jusqu'au dernier plutôt que de lâcher prise, tous ces éléments confèrent au combat engagé entre Noirs et Blancs, à cette extrême pointe de l'Afrique, le caractère tragique d'une lutte à mort.

C'est cela qu'on découvre dans les romans d'Abrahams. Il est significatif d'ailleurs que l'Afrique du Sud soit le seul pays où même des Blancs se soient mis à écrire et à témoigner pour les NOIRS ! Alan Paton dans *Pleure, ô pays bien-aimé* et Harry Bloom dans *Emeute au Transvaal* combattent aux côtés d'Abrahams, de Mphalele, de Rive, de Luthuli et peuvent être considérés comme faisant partie de la littérature nègre bien plus que de la littérature anglaise.

Peter Abrahams a écrit encore *Une couronne pour Udomo* et *Rouge est le sang des noirs*.

« RÉSERVÉ AUX EUROPÉENS »

Une impulsion inexplicable me poussait tous les soirs à faire de longues promenades solitaires dans les quartiers blancs de Johannesburg.

Un soir après l'autre, je quittais Vrededorp pour arpenter les

---

1. Pourboire.

grandes rues propres bordées d'arbres. J'y cheminais lentement et je jouissais de la brise fraîche et du silence merveilleux. Mes épaules et ma tête se redressaient, mes poumons se dilataient à l'air pur, et je me sentais mieux, rien que de me trouver dans ce quartier spacieux...

De chaque côté de ces rues larges, étaient bâties de solides maisons de briques ; même si les rues avaient été bruyantes, les habitants n'auraient rien pu entendre derrière ces murs épais. La pluie pouvait toujours dégringoler et le vent hurler : il y faisait sûrement sec et chaud.

Par les fenêtres je regardais à l'intérieur : la magie de l'électricité était telle qu'un garçon pourrait sûrement lire les Lamb's Tales sans se fatiguer les yeux sous une lumière pareille ! J'entrevis plusieurs fois des murs entiers couverts de livres : quel spectacle ! De temps à autre, je voyais des gens à table, ils mangeaient dans de la porcelaine fine sur des nappes couleur de neige. Les sièges étaient grands et confortables. Et que d'espace partout !... D'une fenêtre ouverte m'arriva de la musique comme je n'en avais jamais entendue à Vrededorp.

Pendant ces promenades nocturnes, il m'est arrivé d'avoir envie d'uriner, mais j'ai dû tourner les talons en lisant les avis placardés sur les lavabos public :

RÉSERVÉ AUX EUROPÉENS

Souvent aussi, j'aurais aimé me reposer, et m'asseoir un instant, mais les bancs du parc me prévenaient :

RÉSERVÉ AUX EUROPÉENS

Quelquefois, j'avais en poche le prix d'une tasse de thé en passant devant de joyeux petits cafés. Il n'y avait pas d'avis visible, mais je savais que ceux-ci également étaient :

RÉSERVÉ AUX EUROPÉENS

En fait, toutes ces rues, tous ces arbres, et même l'air pur que je respirais dans ce quartier étaient :

RÉSERVÉ AUX EUROPÉENS

J'étais un intrus, et comme tous les intrus, je me glissais prudemment, pour ne pas être découvert...

De toute mon âme, je désirais ce que les blancs possédaient, et je leur enviais ce privilège d'européen qui leur était échu.

223

Un jeune être, sensible, démuni de tout, est souvent d'humeur tendue ou violente ; un sentiment d'infériorité et de souffrance le possède en permanence, et des aspirations désespérées l'accablent : nourri de mes trois livres, j'étais tout ceci à la fois pendant ces promenades nocturnes.

LES « LAISSEZ-PASSER »

— Jim, pourquoi est-ce que les métis n'ont pas besoin de laissez-passer ?

— C'est parce qu'ils ne sont pas si nombreux, Beet. Si vous, les métis, vous étiez aussi nombreux que les africains, vous auriez des laissez-passer comme nous.

— Mais pourquoi ?

— C'est parce qu'ils ont peur, Beet. Si tu as beaucoup d'ennemis, et si tu n'es pas sûr de les avoir conquis, tu veux savoir où ils sont, ce qu'ils font et où ils vont, et, si possible, ce qui se passe dans leur tête ! Les laissez-passer sont très commodes pour tout ça.

— Tu en as plusieurs ?

— Pour un homme, petit, c'est déjà trop d'en avoir un, mais moi je suis obligé d'avoir toute cette collection.

Il m'en fit la liste.

… Quand Jim avait quitté son village Pedi dans le nord du Transvaal, il avait dû se présenter au poste de police le plus proche ou à un bureau des Affaires Indigènes. Là, on lui donna un « Permis de route » pour faire le voyage jusqu'à Johannesburg. Arrivé en ville, il reçut un « Laissez-passer d'identité » et un « Permis spécial de six jours ». Il devait payer cent francs par mois pour faire renouveler le premier et le second lui servait de couverture tandis qu'il cherchait du travail. Il ne trouva pas de travail pendant les six jours, et oublia d'aller au « Bureau des laissez-passer » pour le faire renouveler... Le huitième jour, il fut ramassé par la police, et passa deux semaines en prison comme vagabond : cela lui apprit à se présenter régulièrement au « Bureau des laissez-passer ».

Ayant enfin trouvé du travail en banlieue, il reçut un « Laissez-passer mensuel » qui est en fait un contrat de travail. Comme tous les gens de maison, il avait du temps libre, les fins de semaine et, comme eux aussi, il désirait aller à Vrededorp ou à Malay Camp pour boire un verre, avec un peu de veine, trouver une jeune femme, et, par-dessus tout, faire connaissance avec la vie citadine. Mais ces endroits-là étaient en dehors du quartier dans lequel il était inscrit. Donc, pour y aller sans risquer de se faire ramasser, il demanda un « Permis de voyage ». A ce moment-là, connaissant des africains en ville, et désirant leur rendre visite les dimanches où il était libre, il recevait de son patron un « Laissez-passer spécial pour la journée ». Une fois arrivé sur place, il devait d'abord chercher un « Laissez-passer pour visiteurs » chez le surveillant de l'enclave où ses amis habitaient. Armé de ces deux pièces, il avait le droit d'entrer dans l'enclave.

Après quelque temps, avec l'approbation de son patron, il décida d'aller vivre avec ses amis. Le surveillant local entra en communication avec le « Bureau des laissez-passer », et, son casier judiciaire étant vierge, à part quelques jours de prison, il fut autorisé à déménager, après avoir récolté par-dessus le marché un « Bon de logement ».

Un jour il rencontra une femme, une gentille jeune femme, belle aussi, avec laquelle il pouvait rire et qui lui rappelait celle qu'il avait laissée dans son village. Tout avait été si bon... Ils se promenaient dehors la nuit mais, pour se promener sans crainte après neuf heures, il lui fallut demander un « Laissez-passer spécial de nuit ».

(*Je ne suis pas un homme libre*, Editions Casterman, Paris-Tournai).

SEMBENE OUSMANE — Sénégalais, né en 1928, Sembene n'est pas un universitaire. Après son certificat, il fit plusieurs métiers avant de devenir docker au port de Marseille, et son premier roman, il l'a écrit alors et l'a intitulé *Le docker noir*, très mal écrit. Cependant il récidiva avec *O pays, mon beau peuple* qui décrivait la vie des paysans de son pays. Son style s'améliorait. Il continua de travailler et déjà *Les bouts de bois de Dieu* qui relate la grève des ouvriers du chemin de fer du Niger, prend le ton et l'ampleur du roman épique.

Mais c'est dans *Voltaïques* que Sembene prouve qu'il est vraiment devenu écrivain. Ce recueil de nouvelles est un petit chef-d'œuvre que n'importe quel poète — je dis bien poète — serait fier d'avoir produit.

L'Harmattan ne fait que confirmer ce que *Voltaïques* nous avait appris : que Sembene Ousmane sera, s'il continue sur cette voie, un des plus grands romanciers d'Afrique noire. Ses deux nouvelles *Vehi Ciosane* et *Le Mandat* remporteront le prix de littérature au Festival de Dakar.

Son « engagement » est très prononcé dans la lutte contre le colonialisme et, aujourd'hui, dans l'édification du socialisme. Il faut savoir que Sembene a toujours été un militant syndicaliste et que, d'autre part, ses admirations littéraires le portaient davantage vers Richard Wright et les romanciers russes que vers Senghor.

Cet homme du peuple y est profondément resté enraciné, et son « populisme » ne provient pas d'un choix d'intellectuel en crise de conscience, mais d'une expérience vécue qui lui fait trouver immédiatement le ton et les sentiments justes quand il parle des ouvriers ou des paysans.

Cependant, il n'est pas prisonnier de ses idées politiques. Il a prouvé à merveille dans *Voltaïques* qu'il savait tout aussi bien parler de l'amour de deux jeunes gens, des vices de la polygamie, du désespoir d'une servante, des problèmes d'un couple mal assorti etc., thèmes, cadrés bien sûr dans la vie africaine, mais aussi universels et dont Sembene sait tirer toute la riche substance humaine.

LA TENTATION[1]

D'instinct, ses pas le portèrent en direction de la gare. Son regard parcourut l'ensemble du dépôt, les toits des ateliers, les hangars aux portes béantes, l'amoncellement des rails, les mastodontes immobiles et muets. Il regarda un instant les quelques ouvriers blancs que l'on avait fait venir de la métropole pour assurer le service d'entretien et qui permettaient d'ouvrir la ligne une fois par semaine. Pensif, il revint sur ses pas et s'engagea dans le dédale des tapates. Soudain, il se trouva face à face avec un Blanc. C'était Isnard, le contremaître. En vieil habitué des tropiques, Isnard ne portait pas de coiffure. Son visage avait la couleur d'un cuir rouge ; bien qu'il se fût rasé le matin, des poils noirs envahissaient son menton et ses joues, son cou puissant était plissé comme celui d'un vieux buffle ; sa salopette de travail était impeccablement repassée et, des manches courtes, sortaient deux bras velus et musclés. Il tendit la main à Doudou. Surpris par ce geste — c'était la première fois, depuis quinze ans qu'il travaillait sous les ordres d'Isnard, que celui-ci lui donnait une poignée de main — il tendit la sienne d'un geste machinal.

— Tiens, Doudou ! je ne pensais pas te rencontrer par ici. C'est vrai, nous sommes en grève, je n'y pensais plus ! Alors, comment va notre nouveau chef ? Tu sais, je suis très fier que les ouvriers aient choisi quelqu'un de notre équipe ! Au moins, je peux me dire qu'après quinze ans de colonie j'aurai fait quelque chose ! Quand je me rappelle tes débuts...

Et Isnard se lança dans une biographie quelque peu fantaisiste de Doudou. Celui-ci ne l'écoutait pas. Durant les années où il avait été sous les ordres d'Isnard, les seules paroles qu'il avait entendues étaient : « Tu as terminé ? » ou « Cette pièce est pour la section trois. » Dans l'équipe, on avait surnommé Isnard « Jour-en-Bas ». Chaque fois qu'un ouvrier arrivait en retard, Isnard écrivait sur son calepin le nom et le matricule du coupable, et, le soir venu, lui annonçait : « Ta journée est en bas. »

1. Le contremaître européen essaie de corrompre le chef des grévistes et briser ainsi la résistance des ouvriers noirs.

Lorsqu'il s'aperçut que les retardataires préféraient passer chez eux la journée perdue, il trouva un autre moyen de les « punir » comme il disait. Pour préparer leur tisane, les hommes devaient aller à la forge à l'autre bout de l'atelier et ils déposaient là leur moque pour laisser infuser le breuvage chaud. Isnard sortait alors de sa cachette et, d'un coup de pied, renversait le récipient.

Un jour, Doudou s'était querellé avec Dramé, le sous-chef d'équipe aux yeux de fouine. « Pourquoi les Blancs ont-ils le droit à dix minutes de casse-croûte et pas nous ? » avait-il demandé. Dramé s'était empressé d'aller rapporter ces paroles à Isnard qui avait fait venir Doudou et lui avait dit à voix haute devant tout l'atelier : « Va te faire blanchir et tu auras tes dix minutes ! » Doudou avait maîtrisé sa colère, mais l'humiliation était restée. Jamais plus il n'avait adressé la parole au contremaître autrement que pour le service.

Aussi la présence d'Isnard, à ce moment, lui causait-elle un véritable malaise ; à la rancune se mêlait la crainte d'être vu en compagnie du Blanc. Gêné, il tenait son regard fixé sur le bout noir de ses chaussures de tennis.

— C'est bien embêtant, cette grève, poursuivait Isnard. Tu sais que les nominations pour les nouveaux postes de cadres sont arrivées. J'ai vu ton nom sur la liste. Remarque, je le savais d'avance, car il y a longtemps que je t'avais proposé, mais je voulais t'en faire la surprise parce que tu es un bon ouvrier.

Isnard avait bien préparé son petit discours. Il savait Doudou faible, comme tous ceux qui aiment la flatterie. Il posa sa main velue sur l'épaule de son compagnon tout en regardant autour de lui avec l'espoir que quelqu'un les verrait. Doudou, qui avait aperçu Bachirou et Séné Masène au coin de la rue du marché, fit semblant de se baisser pour examiner le pli de son sabador, en réalité pour échapper au contact de cette main. Le contremaître, qui avait saisi le manège, revint à la charge.

— Les nominations sont valables depuis quatre mois. Ça va te faire un joli magot, un rappel pareil ! Tu pourras te payer une nouvelle épouse ! Tu me connais, je respecte vos coutumes et, parfois, je regrette même de n'être pas africain pour avoir quatre femmes ! Et puis, ce n'est pas tout : l'autre jour, j'ai vu M. Dejean, le directeur. Tu ne le connais pas, mais il te connaît lui, et tu le connaîtras. Nous avons parlé de toi. Tu sais, je vais bientôt prendre ma retraite, alors... alors, c'est toi qui me remplaceras. Il y a bien Dramé, qui est un ancien, mais il ne sait pas lire. Oui, tu prendras ma place, et ce n'est pas deux épouses que tu pourras avoir, mais trois ou quatre... sacré veinard !

La main d'Isnard était descendue et tapotait gentiment les omoplates de Doudou, mais celui-ci ne disait toujours rien : parfois il relevait la tête et son regard allait se perdre très loin, au-delà des nuages.

— Ah ! tu allais me faire oublier le plus important, dit Isnard ; j'ai trois millions à ta disposition. Je ne veux pas t'acheter, je connais trop bien les Africains, et je sais que ça ne prendrait pas avec toi, non, c'est simplement une avance, un acompte. Qu'en penses-tu ? trois millions, des francs CFA, bien sûr...

Cette fois, Doudou le regarda en face. Le visage du contre-maître était plus rouge encore que d'habitude. Comme Doudou ne disait toujours rien, Isnard se reprocha d'avoir vidé son sac d'un seul coup. Il passa la main dans ses cheveux. Ce silence était pénible.

Doudou sentit monter en lui une sorte de flamme, il adressa un sourire victorieux à deux passants qui le regardèrent ébahis. « Ni mon grand-père, ni mon père, ni moi n'aurions pu en unissant nos trois vies voir autant d'argent en même temps », se dit-il. Puis, tout haut, il ajouta :

— C'est pour m'acheter ?

— Mais non, mais non ! Je te l'ai déjà dit : un simple acompte sur tes droits à l'ancienneté. Ecoute, Doudou, tu vas être dans les cadres, et il est de ton intérêt de pousser à la reprise. Vois-tu, cette grève ne profite à personne, ni à toi, ni à moi, ni à la Régie, ni à tes camarades. Une fois tout le monde revenu au travail, ce sera toi, le secrétaire du comité, qui pourras reprendre la discussion avec la direction.

— Trois millions, c'est une somme pour un nègre, pour un ajusteur-tourneur nègre, mais je préfère rester Nègre car les trois millions ne pourront pas me blanchir. J'aime mieux les dix minutes de casse-croûte.

Isnard ne dit rien ; quelques pas plus loin :

— Vous aurez les dix minutes et bien d'autres choses ; le tout, c'est de reprendre. Après la reprise, on s'entendra, j'en suis sûr. Tu sais que je n'ai qu'une parole et que je considère les Nègres commes les Blancs. De plus, je les aime.

Doudou avait enfin l'occasion de se venger :

— Bakaoyoko, le roulant, affirme que ceux qui nous disent : « J'aime les Noirs », sont des menteurs.

— Ah ! celui-là, il verra quand la grève sera finie !

Et Isnard ajouta, comme s'il était profondément vexé :

— Moi, je n'aime pas les Noirs ?...

— Alors, explique-moi pourquoi tu les aimes. Un Noir, ce n'est pas un fruit ni un lit. Pourquoi dis-tu : « Je les aime » ?

Isnard resta un instant sans répondre. Cette simple question le rendait perplexe. Il n'avait jamais considéré les Noirs que comme des enfants, souvent difficiles mais, somme toute, assez maniables. Il chercha un biais :

— Les Noirs sont des hommes, comme les Blancs, et aussi capables, parfois même plus.

— Plus, c'est trop. Mais pourquoi n'avons-nous pas les mêmes avantages ?

Le visage du contremaître se ferma. Cette discussion l'irritait. Il ne pensait même plus au refus des trois millions, l'échec qu'il était en train de subir était plus profond. Des conceptions qui avaient été les siennes pendant des années et sur lesquelles il avait construit sa vie, étaient mises en question : une rage dont il se demandait s'il allait pouvoir la maîtriser commençait à monter en lui.

(*Les bouts de bois de Dieu*, Ed. Presses de la Cité, Paris)

LES ESSAIS

On ne peut plus, en ces années qui suivent la Seconde Guerre Mondiale, séparer la littérature nègre de la politique des pays colonisés. En 1945 a lieu la conférence de Brazzaville, tandis que la même année Houphouet-Boigny fonde à Bamako le Rassemblement Démocratique Africain qui sera à la base de l'émancipation de l'A.O.F.

Ce R.D.A., au départ aligné sur le parti communiste, imprimera ses structures aux partis qui dirigent encore actuellement le Mali, la Côte d'Ivoire, le Niger et la Guinée.

Poètes et penseurs, romanciers et leaders noirs parlent désormais le même langage et se comprennent à demi-mots. Ni les diversités de langues ni les diversités d'origines ni les différences de professions ne peuvent désormais empêcher l'intercommunication nègre. C'est bien ce phénomène que décèle Rabemananjara quand il écrit :

« La vérité est que, sous l'impératif de notre drame, nous parlons malgache, wolof, arabe, bantou dans la langue de nos maîtres. Parce que nous tenons le même langage, même si nous ne possédons pas la même langue, nous arrivons à nous entendre parfaitement de Tamatave à Kingston, de Pointe-à-Pitre à Zomba. »

Pour un bref moment l'unité nègre est vraiment réalisée, du moins au niveau des intellectuels.

C'est dans ce contexte qu'il faut considérer la portée et la résonance des essais écrits alors par des Noirs totalement étrangers à la littérature, tels George Padmore, Cheik Anta Diop, Jomo Kenyatta, Kwame Nkrumah et Frantz Fanon. Des ouvrages comme Panafricanisme ou communisme, Nations nègres et culture, Peau noire, masques blancs *trouvèrent chez les poètes noirs un véritable « écho sonore » comme le voulait jadis Victor Hugo.*

A un tel point que ceux-ci ne justifient plus leur activité qu'à l'intérieur de l'« engagement », de la lutte pour la libération nationale. Poètes, intellectuels et leaders tombent d'accord sur les principes qu'il ne peut y avoir de renaissance culturelle dans les colonies sans émancipation politique ; que les hommes de culture (c'est-à-dire les intellectuels) sont aussi responsables de cette émancipation politique que de la renaissance culturelle ; qu'ils ont donc la vocation précise — assignée par l'Histoire — de guider, d'éclairer, de pousser leurs peuples vers l'Indépendance.

« L'homme de culture doit être un inventeur d'âmes » écrit Césaire, dont le Discours sur le colonialisme *faisait autorité dans le milieu de* Présence Africaine.

KWAME NKRUMAH — Ce n'est pas en tant qu'homme politique que nous insérons le leader ghanéen dans cette histoire de la littérature nègre. Mais comme Du Bois et Césaire, Nkrumah fut un créateur de mythes. Celui qui lui est propre aujourd'hui est certainement le panafricanisme ; mais il ne faut pas sous-estimer l'influence qu'il avait déjà sur les intellectuels francophones bien avant les indépendances africaines. Sans doute est-ce dû au fait que le Ghana fut la première colonie d'Afrique à conquérir sa liberté en 1956 — avec quatre ans d'avance sur les autres pays (à l'exception de la Guinée — 1958). Pendant ces quatre années, le Ghana fut considéré comme un pays pilote et Nkrumah comme le professeur de nationalisme des futures républiques noires aussi bien que des poètes.

Dans le premier texte, on verra que dès 1947 Nkrumah avait non seulement mis au point une méthode révolutionnaire pour libérer son pays, mais encore établi les lignes de force de l'idéologie politique qu'il comptait pratiquer après l'indépendance.

Dans le second texte on retrouvera l'analyse du colonialisme et sa condamnation sans recours ; il dénonce en particulier, comme alibis, tous les atermoiements que suscitaient les colonisateurs afin de retarder l'échéance.

ŒUVRES PRINCIPALES : *L'Afrique doit s'unir — Le consciencisme.*

PEUPLES DES COLONIES, UNISSEZ-VOUS !

D'abord et avant tout, l'organisation des masses des pays colonisés s'impose.

La première tâche de tout mouvement de libération conscient doit être cependant l'organisation des travailleurs et de la jeunesse, et la liquidation de l'analphabétisme politique. Ceci ne peut se réaliser que par une éducation politique des masses qui se maintiennent en contact permanent avec les masses des autres pays coloniaux. Cette forme d'éducation en finirait avec cette espèce d'intelligentsia qui a identifié ses intérêts avec l'esclavage colonial.

Puis, les organisations doivent former des agents du progrès ; rechercher parmi les jeunes, les plus capables, pour les former selon leur goût particulier (technique, scientifique ou politique) ; établir un fonds scolaire pour aider et encourager les étudiants à poursuivre leurs études aussi bien sur place qu'à l'étranger.

Le mouvement de libération nationale n'est viable que lié aux masses, aux ouvriers et paysans organisés, à une organisation de la jeunesse consciente et dynamique, que fidèle à leurs objectifs et à leurs aspirations. Ces masses constituent la force motrice du mouvement de libération nationale et au fur et à mesure qu'elles s'organisent et que se renforce leur prise de conscience, la volonté de libération cesse d'être un rêve pour se concrétiser et devenir réalité.

Les peuples des colonies savent très bien ce qu'ils veulent. Ils désirent être *libres et indépendants*, se sentir l'égal de tous les autres peuples et prendre en main leur destinée sans la moindre ingérence étrangère, et pouvoir en toute liberté réaliser un niveau de développement qui leur permettra de se mesurer aux nations les plus techniquement développées du monde. L'ingérence étrangère n'aide pas le développement des colonies, bien au contraire, elle entrave, elle étouffe et anéantit non seulement le progrès économique, mais aussi l'esprit d'entreprise chez les indigènes.

Le développement futur des peuples d'Afrique Occidentale, comme de tout autre peuple colonisé, ne peut être réalisé *que dans des conditions d'indépendance politique*, de nature à assurer une grande liberté pour l'élaboration et la mise en exécution de plans économiques et de législations sociales — impératif de tout pays vraiment civilisé ; cela emporterait indiscutablement l'approbation et le soutien des peuples qui y trouveront eux-mêmes leurs intérêts réels. Ces conditions ne peuvent pas exister sous des gouvernements étrangers et le pays ne peut assurément pas prospérer sous le colonialisme et l'impérialisme.

Nous proposons donc le programme suivant, convaincu qu'il emportera l'adhésion enthousiaste et l'approbation des larges masses des colonies. Il résume de façon concrète leurs revendications formulées et leurs aspirations naturelles :

Liberté politique : indépendance complète et absolue sans ingérence d'aucun gouvernement étranger.

Liberté démocratique : libération de tout despotisme politique et création d'une démocratie où la souveraineté émane absolument du peuple.

Reconstruction sociale : préservation des larges masses du peuple de la misère et de l'exploitation économique et amélioration des conditions sociales et économiques du peuple, afin de lui permettre de trouver de meilleures possibilités d'élever son niveau de vie et d'affirmer son droit à la vie et au bonheur.

Ainsi le but du mouvement de libération est la réalisation d'une indépendance complète et inconditionnelle et l'édification d'une communauté de peuples où le libre épanouissement de chacun garantit celui de tous.

> Peuples des colonies
> Unissez-vous !
> Les travailleurs
> de tous les pays
> vous soutiennent.

ANALYSE DU COLONIALISME

L'un des objectifs de tout gouvernement colonial, en Afrique comme ailleurs, a toujours été la lutte pour les matières premières ; de plus les colonies sont devenues des chasses-gardées, des déversoirs pour les produits manufacturés des capitalistes de Grande-Bretagne, France, Belgique et autres puissances coloniales, qui se reposent sur les colonies pour alimenter leurs usines : voilà, brièvement esquissé, ce qu'est le colonialisme.

Le système colonial repose sur une base économique ; mais la solution du problème colonial est, avant tout, politique. Aussi, l'indépendance politique constitue-t-elle une étape indispensable vers la libération économique. Sa réalisation suppose incontestablement l'alliance de tous les territoires coloniaux et des dépendances ; et aussi la liquidation complète de toutes les oppositions nées du régionalisme et du tribalisme. Car, par l'exploitation du tribalisme et du régionalisme, la très vieille politique coloniale du « diviser pour régner » s'est consolidée et le mouvement de libération nationale en est entravé et désorienté. Les efforts à déployer par les peuples coloniaux pour en finir avec l'exploitation coloniale, requièrent de tous une collaboration sincère et passionnée. Tous doivent y apporter la totalité de leurs énergies physiques, intellectuelles, économiques et politiques.

Sous les vocables mystificateurs tels que « humanitaire » et « apaisement » utilisés par les gouvernements coloniaux, on ne trouve, à y regarder de près, rien d'autre que déception, hypocrisie, oppression et exploitation. Des expressions comme « charte coloniale », « tutelle », « association », « protectorat », « commission coloniale internationale , « statut de dominion », « condominium , « garantie contre la crainte d'une domination sans fin», « réforme constitutionnelle » et autres duperies qui servent à maquiller l'appareil administratif pour la politique de l'« évolution vers l'autonomie », ne sont autre chose que de la poudre jetée aux yeux des peuples coloniaux par l'impérialisme. Mais les yeux des peuples coloniaux commencent à s'ouvrir à la clarté et à découvrir la vraie signification des politiques coloniales. La Chine en a déjà pris conscience ; l'Inde aussi ; la Birmanie, les Indes Néerlandaises, l'Indochine, les Iles Caraïbes et l'Afrique s'y acheminent à leur tour.

(Textes écrits et diffusés en polycopies, à Londres.)

FRANTZ FANON (1925-1961) — L'itinéraire de ce psychiatre martiniquais l'a conduit des Antilles en France, puis en Algérie comme militant et médecin dans le F.L.N., enfin en Afrique Noire où il représenta l'Algérie au Ghana et fut même — pour un temps trop court — conseiller de Lumumba.

Ce fut son livre *Peau noire, masques blancs* qui le fit connaître d'autorité en 1954. C'était une étude magistrale des complexes des Nègres antillais dus aux conditions sociales et psychologiques qui leur étaient imposées.

Dans ses livres suivants *Algérie an V, Les damnés de la terre*, sans disparaître, le médecin s'effaça devant le militant et l'idéologue.

En cette période qui précédait de peu l'Indépendance, le ton d'une violence extrême, l'acuité des analyses et l'audace pour ne pas dire l'extrémisme des positions politiques de Fanon, lui valurent une résonance exceptionnelle dans les milieux universitaires africains. De plus ce très grand intellectuel qui était à la fois l'homme d'action le plus intrépide, constituait un phénomène unique dans ce monde noir où les leaders se battaient surtout sur les bancs de l'Assemblée nationale, tandis que c'étaient les ouvriers et les paysans qui manifestaient ou tenaient le maquis dans les colonies. Fanon ne fut jamais député, ni ministre, ni président d'un quelconque territoire. Mais il inspira la pensée révolutionnaire des pays africains en même temps qu'il fut lui-même aux premiers rangs du combat concret, aux côtés des fellaghas algériens.

Il est mort en décembre 1961, d'une leucémie. Mais la perspicacité de ses prévisions sur l'évolution de l'Afrique lui assure une actualité et une présence pour bien des années encore.

Processus de la prise de conscience
des intellectuels colonisés

Si nous voulions retrouver à travers les œuvres d'écrivains colonisés, les différentes phases qui caractérisent cette évolution,
nous verrions se profiler devant nos yeux un panorama en trois
temps. Dans une première phase, l'intellectuel colonisé prouve
qu'il a assimilé la culture de l'occupant. Ses œuvres correspondent point par point à celles de ses homologues métropoli-
tains. L'inspiration est européenne et on peut aisément rattacher ces œuvres à un courant bien défini de la littérature
métropolitaine. C'est la période assimilationniste intégrale. On
trouvera dans cette littérature de colonisé des parnassiens, des
symbolistes.

Dans un deuxième temps, le colonisé est ébranlé et décide de
se souvenir. Cette période de création correspond approxima-
tivement à une replongée dans son peuple. Mais comme le
colonisé n'est pas inséré dans son peuple, comme il entretient
des relations d'extériorité avec son peuple, il se contente de se
souvenir. De vieux épisodes d'enfance seront ramenés du fond de
sa mémoire, de vieilles légendes seront réinterprêtées en fonction d'une esthétique d'emprunt et d'une conception du monde
découverte sous d'autres cieux. Quelquefois cette littérature de
pré-combat sera dominée par l'humour et par l'allégorie. Période d'angoisse, de malaise, expérience de la mort, expérience
aussi de la nausée. On se vomit, mais déjà par en-dessous,
s'amorce le rire.

Enfin dans une troisième période, dite de combat, le colonisé, après avoir tenté de se perdre dans le peuple, de se perdre
avec le peuple, va au contraire, secouer le peuple. Au lieu de
privilégier la léthargie du peuple, il se transforme en réveilleur
du peuple. Littérature de combat, littérature révolutionnaire,
littérature nationale. Au cours de cette phase un grand nombre
d'hommes et de femmes qui auparavant n'auraient jamais songé
à faire œuvre littéraire, maintenant qu'ils se trouvent placés
dans des situations exceptionnelles, en prison, au maquis ou à la
veille de leur exécution, ressentent la nécessité de dire leur
nation, de composer la phrase qui exprime le peuple, de se faire
le porte-parole d'une nouvelle réalité en actes.

… L'homme colonisé qui écrit pour son peuple, quand il utilise
le passé, doit le faire dans l'intention d'ouvrir l'avenir, d'invi-
ter à l'action, de fonder l'espoir. Mais pour assurer l'espoir, pour
lui donner densité, il faut participer à l'action, s'engager corps
et âme dans le combat national. On peut parler de tout mais

quand on décide de parler de cette chose unique dans la vie d'un homme que représente le fait d'ouvrir l'horizon, de porter la lumière chez soi, de mettre debout soi-même et son peuple, alors il faut, musculairement, collaborer.

La responsabilité de l'homme de culture colonisé n'est pas une responsabilité en face de la culture nationale mais une responsabilité globale à l'égard de la nation globale, dont la culture n'est, somme toute, qu'un aspect. L'homme de culture colonisé ne doit pas se préoccuper de choisir le niveau de son combat, le secteur où il décide de livrer le combat national. Se battre pour la culture nationale, c'est d'abord se battre pour la libération de la nation, matrice matérielle à partir de laquelle la culture devient possible. Il n'y a pas un combat culturel qui se développerait latéralement au combat populaire. Par exemple tous ces hommes et toutes ces femmes qui se battent poings nus contre le colonialisme français en Algérie ne sont pas étrangers à la culture nationale algérienne. La culture nationale algérienne prend corps et consistance au cours de ces combats, en prison, devant la guillotine, dans les postes militaires français investis et détruits.

(*Les damnés de la terre*, Editions Maspero, Paris)

JOMO KENYATTA — Le vieux leader du Kenya est un des plus anciens militants pour la libération de l'Afrique.

Elevé dans la tradition tribale, initié et ayant participé à tous les aspects de la vie traditionnelle, très au courant des mœurs et de la religion de son pays (son grand-père était sorcier), il acquit chez lui une autorité qui lui permit de lancer en 1928 déjà le premier journal gikuyu *Muigwithania*. (On écrit plus couramment kikuyu).

A ces racines solides, Kenyatta put ajouter une culture occidentale tout aussi solide ; en 1931 il voyage en Europe, qu'il parcourt, de la Russie à l'Angleterre.

Il épouse même une Anglaise et mettra quinze ans avant de rentrer au Kenya où l'attendait la lutte contre cette Grande-Bretagne qu'il aimait cependant dès qu'elle cessait d'être coloniale. Adversaire redoutable que le fair-play britannique reconnaissait tout en le combattant :

« Jomo Kenyatta avait une personnalité magnétique et imposante...en tant qu'orateur populaire, il était sans égal, avec une grande capacité à adapter son langage à ses auditoirs. Il a souvent prononcé des discours constructifs, mais possédait à fond l'art de cacher ses intentions profondes... Sa maîtrise de l'anglais était excellente et il connaissait fort bien les démarches de la pensée britannique, y compris le grand et presque fanatique respect accordé à la liberté sous toutes ses formes ainsi qu'au droit... Il les exploitait avec une adresse calculée afin d'atteindre ses propres buts... Il avait aussi la complète connaissance et la compréhension de la psychologie des Gikuyu et était capable d'associer la technique révolutionnaire, incontestablement apprise lorsqu'il se trouvait en Russie, à un appel aux superstitions et au sens intense de leur destin tribal que possèdent les Gikuyu. »

Son livre *Au pied du Mont Kenya*, s'il ne fut traduit en français qu'en 1960 — et eut donc peu de rayonnement sur les francophones — contribua par contre dès sa parution — 1937 — à former la conscience des intellectuels de l'Afrique anglaise ; il analysait le fonctionnement de la société traditionnelle et montrait le bien-fondé de la plupart des coutumes et des institutions que la colonisation était en train de détruire.

Nous donnons ici le chapitre qui résume et conclut cet ouvrage qui reste une des études ethnologiques et politiques les plus sérieuses qui aient été écrites jusqu'à ce jour.

FAMILLE ET SOCIÉTÉ

On ne saurait trop souligner, au terme de cette étude, que les différents aspects de la vie des Gikuyu forment un tout organique, chacun d'eux n'ayant de sens qu'en fonction de l'ensemble. Le lecteur a d'ailleurs pu s'en apercevoir par lui-même ; néanmoins, il nous semble utile, en conclusion, de faire une rapide synthèse.

La clé de voûte de cette civilisation est le système tribal, qui repose lui-même sur le groupe familial et les degrés d'âge dans lesquels sont intégrés les hommes, les femmes et les enfants qui composent la société Gikuyu. Il n'y a pas d'individu isolé : il est avant tout le parent et le concitoyen d'un grand nombre de personnes ; la conscience qu'il peut avoir de son « unicité » lui apparaît comme un fait secondaire. L'existence de l'individu est liée à la vie de la communauté : ses responsabilités morales et ses obligations sociales sont déterminées par le travail quotidien effectué en fonction du groupe. De même, il ne peut satisfaire ses besoins personnels (physiques ou psychologiques) qu'en jouant son rôle au sein du groupe familial. N'oublions pas que dans le langage gikuyu la notion d'individualisme est liée à la magie noire et qu'un homme ou une femme ne se sentent vraiment honorés que s'ils sont considérés comme les parents de quelqu'un. On constate combien les relations familiales sont fondamentales, et à quel point elles déterminent la notion du bien et du mal. Les Européens ne doivent jamais oublier que le groupe familial, réalité vivante, est à la base de toute l'organisation économique et sociale des Gikuyu. C'est ainsi que la tribu diffère essentiellement d'un Etat national européen ; elle n'est pas un groupe d'individus organisés collectivement, l'individu ne se considérant pas comme une cellule sociale, mais un ensemble de familles. Le Gikuyu participe aux affaires de la tribu en tant que membre d'une famille et les fonctions qu'il assume dans le domaine social reflètent la position qu'il occupe dans le cercle familial.

236

Sans s'en rendre compte, la plupart des Européens prennent pour critère leur propre façon de penser et de vivre. Imaginant que la tribu doit ressembler à un Etat européen souverain, ils concluent que l'autorité doit être détenue par le chef comme s'il était un président ou un premier ministre commettant ainsi une grave erreur qui les empêche de comprendre quoi que ce soit aux Gikuyu ; ils ne se rendent pas compte que le pouvoir repose sur la famille.

LA TERRE

La terre familiale est le symbole visible des liens qui unissent les membres d'une famille. Dans une communauté agricole, l'organisation sociale dépend entièrement du système de propriété foncière, qui explique à son tour les différents aspects de la vie. Affirmer que la terre est la propriété collective de la tribu ou qu'elle appartient au contraire à un seul individu, c'est là aussi commettre une erreur. Un homme, intégré à une tribu est le propriétaire de sa terre et aucune autorité, aucun comité officiel ne peuvent le priver de ce droit ou prélever des impôts sur les produits qu'il en tire. Néanmoins, dans la mesure où l'existence de ses enfants — sa chair et son sang — dépend aussi de cette terre, il n'est plus seulement un propriétaire, il devient un responsable ou tout au moins le gardien d'un bien qu'il doit conserver autant pour ceux qui partagent sa vie que pour les générations à venir. Mais, tant qu'il cultive ses champs pour subvenir aux besoins des siens, il en est le maître indiscuté.

De la même façon, une femme est propriétaire de sa terre et de sa hutte. La gestion de ses biens lui permet de faire preuve d'initiative et d'apporter sa contribution au budget familial. Evidemment, sa principale fonction au sein du groupe étant d'élever ses propres enfants, il ne lui viendrait pas à l'idée que la terre qu'elle possède puisse servir à d'autres fins. En outre, les parents se consultent au sujet d'affaires communes et ils n'hésitent pas à s'entraider. Un homme qui se trouve dans le besoin s'adresse à un parent aisé. Il s'agit là de coutumes plus que d'obligations légales. La vie économique dépend évidemment de la terre. Certaines tâches sont collectives, d'autres individuelles ; le travail est réparti en tenant compte de ces nécessités et de l'âge des gens. Dans toute activité collective, les hommes et les femmes se partagent les tâches, on confie aux enfants les responsabilités qu'ils peuvent le mieux assumer selon leur force et leur expérience. Chacun sait ce qu'il doit faire et s'en acquitte sans discussion. Les rapports dans le domaine économique se font sur un pied d'égalité : il n'y a ni maître ni serviteur.

L'ÉDUCATION

Le système éducatif inculque à l'enfant, d'une façon pratique, dès son plus jeune âge, les principes qui reflètent la vie complexe de la communauté.

Le petit Gikuyu qui dispose de grands espaces pour gambader n'a pas besoin des salles de classes de Montessori ; entouré de ses aînés qui s'adonnent à d'intéressants métiers manuels, il est amené à apprendre tout naturellement, grâce à une expérience directe et réelle. Dès qu'il est assez habile pour faire un travail correctement, on le lui confie et il s'y donne d'aussi bon cœur qu'au jeu.

En grandissant il est intégré dans son degré d'âge, où il se retrouve avec des camarades qui sont ses égaux. L'émulation aidant, il acquiert une grande agilité, développe l'acuité de ses sens et se perfectionne dans l'activité agricole et pastorale. Cet apprentissage se fait par l'imitation et une libre pratique et, dans une certaine mesure, à ses propres risques et périls. Il apprend aussi comment il doit se comporter avec ses aînés et les camarades de son âge. Les activités étant nombreuses et adaptées aux possibilités de chacun, le système éducatif ne contribue pas seulement à la formation de l'enfant mais encore à lui faire apporter une aide réelle au sein du groupe.

Bien qu'il soit difficile de faire une nette distinction entre les aspects techniques et culturels, il nous faut dire quelques mots de ces derniers. L'enfant n'a pas besoin d'aller en classe suivre des cours d'instruction civique concernant la tribu.

La communauté et la famille dans lesquelles il vit lui permettent de s'épanouir et il n'est pas nécessaire de l'enfermer dans une école comme en Europe ; la vie scolaire marque profondément l'enfant européen en le séparant de ses parents pour en faire un citoyen, alors que la vie communautaire évite à l'enfant gikuyu une telle rupture. Parents et grands-parents lui enseignent les traditions et la morale de la tribu ; c'est au sein du milieu familial qu'il prend conscience de ses devoirs à l'égard du reste du monde. Quant aux notions d'égalité et d'entraide il les acquiert au sein de son groupe d'âge.

En participant ensemble aux rites d'initiation, garçons et filles subissent une épreuve que l'on pourrait comparer aux examens passés par la jeunesse anglaise. Mais il faut souligner qu'en plus les jeunes Gikuyu sont liés entre eux d'une façon sacrée et que ce lien est vital pour l'organisation et le gouvernement de la tribu.

Pour comprendre les cérémonies d'initiation il importe de savoir que la culture gikuyu diffère fondamentalement de la culture européenne. Cette dernière est spécifiquement littéraire : l'enfant est tenu par la loi d'aller à l'école pendant plusieurs années pour pouvoir lire la Bible, son bulletin de vote, son journal et se familiariser ainsi avec la civilisation de son pays. En revanche, les Gikuyu n'utilisent pas de livres imprimés : la formation de l'enfant se fait par l'image et les cérémonies, le rythme des danses et les chants rituels. Ces moyens sont appropriés à chacune des étapes de sa vie et l'élément dramatique qui les accompagne les rend aussi inoubliables que possible. Au moment où les adolescents deviennent membres de plein droit dans la communauté, ils sont instruits du fait de leur maturité sexuelle. Les pratiques sexuelles sont d'ailleurs inséparables de la vie économique de la communauté.

MARIAGE ET AUTORITÉ

Le groupe étant responsable des enfants, un homme ne peut se marier et fonder un foyer avant de posséder une hutte et une terre cultivable.

Les rapports sexuels doivent être contrôlés sans que l'individu en soit cependant frustré. Au moment voulu, on apprend au jeune initié à bénéficier de l'expérience de la tribu pour maintenir son équilibre. S'il lui arrive toutefois de faire un écart son groupe d'âge se saisit de l'affaire et attire l'attention du coupable sur la portée de son acte aux yeux de l'opinion publique.

Avant le mariage on instruit les jeunes gens des devoirs que comporte ce nouvel état. Le mariage comporte deux aspects. D'une part le garçon et la fille se choisissent librement. Il ne s'agit pas d'un saut dans l'inconnu car ils ont eu au préalable la possibilité de se fréquenter et de se connaître. D'autre part, le mariage implique l'alliance de deux familles dans le domaine économique et social. Ces liens sont un élément fondamental de la vie tribale.

Le mariage et la paternité permettent à un homme de contribuer au bien de la communauté ; mais il ne peut participer au gouvernement de la tribu avant que ses enfants soient adolescents. L'expérience lui aura alors donné une véritable maturité, le qualifiant pour administrer avec sagesse, intelligence et équité les intérêts de la communauté, tout comme il l'avait fait à une moindre échelle dans le groupe familial.

L'esprit démocratique régnant, un homme ayant des dons naturels et des qualités marquantes est élu par ses pairs comme porte-parole de son groupe d'âge. Ce même homme, après être passé par tous les degrés d'âge, et une fois acquise l'expérience de la vie, assumera un rôle important dans les affaires de la tribu.

RELIGION

La religion constitue également un des éléments fondamentaux de la vie des Gikuyu. La religion repose sur des croyances qui, elles-mêmes, reflètent les aspects sociaux les plus significatifs. Pour les Gikuyu, la terre est considérée comme la mère de tout ce qui est animé ; elle est le lien commun des générations passées, présentes et à venir. C'est pourquoi les rites agricoles et le culte des ancêtres ont une place primordiale dans les cérémonies religieuses.

L'apparition du Christianisme est intéressante à étudier du fait des transformations sociales qu'elle a provoquées.

Il serait utopique de croire que les Gikuyu puissent assimiler la nouvelle religion telle qu'elle a été prêchée par les missionnaires européens, car elle ne correspond en rien à leur vie quotidienne. Les nouvelles cérémonies religieuses n'ont aucun sens pour les Africains. Ils s'insurgent en outre contre une morale fondée sur la monogamie qui bouleverse leur système économique et condamne l'ensemble des rites de la tribu. Ils ont su néanmoins faire un effort valable dans le Christianisme et en l'appliquant à leur mode de vie.

Nous constatons enfin que les pratiques magiques, à l'instar de la religion, sont le reflet des activités sociales quotidiennes. Nous pouvons voir aussi comment elles entretiennent ces mêmes activités en invoquant les forces mystérieuses qui entourent la vie humaine. Il importe de rappeler que les entreprises bénéfiques ont lieu en commun alors que le mauvais sorcier s'adonne seul à ses pratiques ténébreuses et néfastes. C'est pourquoi un sorcier accusé d'un crime porte atteinte à l'ensemble de la société qui le juge ; mais le coup de grâce ne lui sera donné que par un seul homme, en l'occurence un de ses parents, chargé d'allumer le feu par lequel il doit périr. Tous ces éléments réunis forment une civilisation. C'est elle qui donne à l'homme sa dignité et contribue à son bien-être matériel. Et les valeurs morales qu'elle lui inculque donnent un sens à son travail et au combat qu'il mène pour défendre sa liberté.

Toute civilisation est liée à une société déterminée, et à son mode de vie. En volant les terres des Gikuyu, l'Européen les prive, non seulement de leur gagne-pain, mais du symbole matériel qui unit la famille et la tribu. Ce faisant il détruit les fondements sociaux, moraux et économiques du système de vie des Africains. Lorsqu'il explique, avec suffisance, qu'il n'agit « que pour leur bien, qu'il les « civilise », qu'il leur « apprend à travailler régulièrement et avec discipline » et qu'il veut « les faire bénéficier du progrès européen », il ajoute l'insulte au préjudice et n'a besoin de convaincre personne d'autre que lui-même.

Le progrès existe certes en Europe : la prospérité matérielle, la médecine, l'hygiène, la littérature permettent au peuple de participer à la culture universelle. Néanmoins, les Européens qui visitent l'Afrique montrent peu de zèle à en faire bénéficier les Africains, qui ne connaissent le progrès qu'à travers la police et la force armée.

Ils veulent aussi convaincre l'Africain qu'il a intérêt à travailler pour eux ; en lui enlevant ses terres ils ne lui laissent pas d'autre alternative. L'ayant volé, ils le privent de son gouvernement, condamnent ses idées religieuses, ignorent sa conception de la justice et de la morale au nom de la « Civilisation » et du « Progrès ».

Si les Africains vivaient en paix sur leur propre territoire, les Européens devraient honnêtement leur offrir les avantages de la civilisation blanche en échange de la main-d'œuvre dont ils ont tant besoin. Ils devraient leur offrir un mode de vie qui soit réellement supérieur à celui existant avant leur arrivée, et partager avec eux le bien-être que leur procure la science. L'Africain devrait être libre de recueillir dans la culture européenne les aspects qui lui conviendraient le mieux ; son choix ne porterait sans doute pas sur les bombes lacrymogènes ou sur la police, mais sur les choses qu'on lui donne avec parcimonie.

L'Africain a été réduit à un état de servitude incompatible avec toute dignité humaine alors que ses institutions ancestrales lui garantissaient, depuis des siècles, une liberté que l'Européen peut difficilement concevoir ; il n'est pas dans sa nature d'accepter indéfiniment cet esclavage. Il se rend compte qu'il doit lutter sans répit pour obtenir son émancipation, faute de quoi il sera condamné à devenir la proie d'impérialismes rivaux qui, d'année en année, le dépouilleront de sa vitalité et de sa force.

(*Au pied du Mont Kenya*, Editions Maspero, Paris)

Troisième Partie

DEPUIS LES INDEPENDANCES AFRICAINES : 1960...

V

L'Afrique libre anglophone

L'ANNEE DES INDEPENDANCES : 1960

Le Ghana (1956) et la Guinée (1958) isolés et éclairant comme des phares l'avenir de l'Afrique, sont rejoints maintenant par leurs « pays-frères ».

C'est tout le continent qui se libère dans un sursaut désormais irrépressible : c'est tout le monde nègre qui se soulève contre l'Histoire, « brise ses chaînes » et fait sauter les carcans, les verrous, les prisons qui enfermaient « les damnés de la terre » dans les cales de l'humanité. Césaire déjà, en 1938, écrivait :

> Elle est debout la négraille
> la négraille assise
> inattendument debout
> debout devant la cale
> debout dans les cabines
> debout sur le pont
> debout dans le vent
> debout dans le soleil
> debout dans le sang
> debout
>   et
>   libre !

Aujourd'hui, ce rêve se réalise. La Passion Nègre s'est muée en Epopée Nègre.

Ce mouvement d'émancipation était tellement vaste et irré-

sistible qu'il avait réussi à rassembler les énergies les plus diverses, morales, culturelles, politiques, sociales, pour les condenser en un seul faisceau de forces qui pulvérisa littéralement tout ce qui tentait de s'y opposer.

Mais une fois le but atteint, cette Unité nègre se refragmente en pays différents, en groupes à l'intérieur de chaque pays, et en disciplines bien séparées : la politique n'est plus la morale, l'économie se moque de la culture, et la littérature, que devient donc la littérature ?

La littérature négro-africaine aujourd'hui cherche sa voie.

Tout d'abord dans le domaine de la poésie, on remarque un certain ralentissement. Le grand souffle alimenté par l'espoir et la proximité de la libération, est évidemment tombé, la libération acquise. On ne peut pas célébrer éternellement l'indépendance, encore moins les souffrances de l'esclavage antique. Les poètes africains sentent à présent le besoin de renouveler leurs thèmes. Et il faut leur donner le temps nécessaire pour qu'ils retrouvent une orientation nouvelle.

Période de transition donc où cependant nous distinguons déjà quelques points de repère et quelques sentiers.

Il y a tout un courant qui cherche résolument à se rattacher à la littérature orale traditionnelle, que ce soit pour y puiser des sujets, ou pour en adapter des expressions, des images, voire des formes littéraires. Ce « ressourcement » peut être poussé jusqu'à la traduction pure et simple des chants indigènes. Il arrive que le poète écrive directement en langue vernaculaire, ou même en créole ou en pidgin (Aig-Imouchuede, Nigeria). Le retour à la langue maternelle est du reste le plus sûr indice de réenracinement de l'intellectuel noir dans sa culture d'origine. Cela n'exclut d'ailleurs nullement qu'il écrive, en même temps, en français, en anglais, ou en portugais.

Parallèlement à ce courant traditionaliste se développe une poésie lyrique qui traite de sujets plus personnels au poète : l'amour, l'inquiétude, la fatigue, le travail, la nostalgie d'une vie meilleure, ou du village, ou du départ, bref les thèmes éternels de l'homme de tous les pays du monde.

Mais cette poésie s'incarne dans un style original et un cadre bien précis, et n'a plus rien à voir avec la poésie abstraite, et donc insipide, des post-romantiques et des post-parnassiens dont on trouve encore des imitateurs en Afrique, hélas, comme il y en avait aux Antilles avant le Mouvement de la Négritude !

En effet on rencontre trop souvent encore parmi les Africains instruits dans les lycées français de l'époque coloniale, la croyance naïve qu'il ne peut exister de poésie digne de ce nom qu'à une condition : qu'elle soit composée « à la manière » des poètes français classiques, c'est-à-dire en vers réguliers, alexandrins de préférence, en rimes riches si possible, en sonnets, élégies, ballades, etc...

Il faut considérer les essais qui en résultent comme des maladies dont le grand responsable fut l'enseignement secondaire non seulement inadapté à l'Afrique mais encore résolument assimilateur en vertu des lois mêmes du colonialisme.

Mais cette erreur d'orientation fait actuellement perdre beaucoup de temps aux poètes de l'Afrique francophone et cela explique sans doute pourquoi on constate aujourd'hui sur le plan de la poésie lyrique, une nette avance des écrivains de langue anglaise sur ceux de la zone francophone. Les Gabriel Okara, Christofer Okigbo, John Pepper Clark, Denis Brutus, semblent avoir dépassé cette période de transition et surmonté les hésitations qui paralysent encore la majorité des jeunes poètes de l'ancienne France d'Outre-Mer.

Enfin il faut signaler un courant de poésie militante. Bien sûr, elle reste dominante dans les pays non encore émancipés où le problème noir continue de se poser avec une acuité qui ne fait que s'accroître (Afrique du Sud, Angola, Etats-Unis, Antilles et Guyane françaises).

Mais dans les pays d'Afrique récemment décolonisés, ce courant s'est beaucoup amenuisé. Il se divise soit en poésie militante pour le Parti (Guinée, Mali), soit en poésie révolutionnaire dans les pays où le régime en place est peu populaire. Dans les deux cas, les thèmes que l'Anthologie de Senghor avait rendus classiques dans la littérature nègre, sont abandonnés ou rénovés.

On ne parle d'esclavage ou de colonisation qu'en de brefs rappels de plus en plus rares. Supprimés aussi les accusations et les cris de haine contre le Blanc oppresseur : l'obsession de la couleur a disparu. Si Philombe parle de « ressusciter l'âme noire », il s'agit de culture et non plus de peau.

Mais la poésie « s'engage » maintenant dans les problèmes sociaux qui surgissent au sein des sociétés africaines modernes ; riches contre pauvres, tradition contre progrès, ou au contraire le modernisme qui étouffe aveuglément la tradition, et toujours, bien sûr, le rêve, la projection d'un monde meilleur où seront résolus tous les antagonismes, où l'homme sera un frère pour l'homme.

L'Europe est cependant encore présente, mais ressentie négativement. Notamment dans les poèmes de Tchikaya sur le

Congo, où elle menace, corrompt, divise, néocolonise, empêche l'épanouissement de l'Afrique ; mais plus souvent on ne la retrouve que par les cicatrices laissées dans l'âme nègre ; le sentiment d'exil, celui de frustration de sa culture, relents d'amertume devant l'avenir qu'elle a rendu si difficile à construire.

Dans le domaine de la prose, *on assiste tout d'abord à une* diversification des genres littéraires.

L'influence de la littérature traditionnelle se fait sentir là aussi et on lui doit des formes que la première époque du Mouvement de la Négritude avait ignorées : on connaissait déjà le conte, mais voici que l'épopée (dont Chaka *de* Thomas Mofolo, *écrite en souto, av̲ a̲it été la première et la seule tentative en 1939) trouve soudain sa place dans la production africaine francophone.*

Le roman d'aventure *interminable et plein de fantastique (qui n'a d'équivalents que dans le Moyen Age européen : les romans du cycle d'Arthur par exemple) est aussi un genre qui relève de la littérature orale.*

De même que le récit cosmogonique. *Une des caractéristiques de ces genres qu'il faut retenir est qu'ils ont tendance à* mélanger inextricablement prose et poésie, *et ceci aussi ils le doivent à la tradition africaine où le chant accompagne toujours le récit.*

Cependant la prose d'après l'indépendance s'est aussi enrichie de deux genres très modernes :

La nouvelle *dont la brièveté convient bien aux croquis de vie quotidienne auxquels s'exercent avec bonheur plusieurs jeunes écrivains. Ses limites d'avec le conte ne sont d'ailleurs pas toujours bien définies, mais au fond quelle importance si l'histoire nous plaît et qu'elle est bien écrite ?*

Les lettres de mon moulin[1], *sont-ce des lettres, des contes ou des nouvelles ?*

Les pièces de théâtre (*à ne pas confondre avec le théâtre traditionnel) en trois ou en cinq actes, sur une vraie scène. Tragiques ou comiques, ces pièces ont un grand succès populaire. Elles isolent et cadrent avec précision dans une action simple, un problème actuel où le public africain retrouve, avec son langage souvent argotique et ses réactions bien observées et traduites, une image exacte de lui-même.*

On remarque aussi la diversification des thèmes *qu'on peut classer à peu près dans les mêmes trois grandes catégories que nous avons distinguées en poésie.*

Le courant traditionaliste *consiste surtout à transcrire ou*

1. Alphonse Daudet.

adapter des récits de littérature orale : épopées, contes, légendes, récits historiques, cosmogoniques ou mythologiques ; ce sont les œuvres déjà importantes de Djibril Tamsir Niane : Soundiata, de Towo Atangana Le conte de l'Araignée, d'Amos Tutuola Un ivrogne dans la brousse, d'Hampate Ba : Koumen et Silamaka.

Ces œuvres sont précieuses dans la mesure où elles restituent les différents aspects des images mentales, des valeurs, de l'histoire, des systèmes religieux et philosophiques, bref de la civilisation même de l'Afrique.

En prose le courant qui correspond le mieux à la poésie lyrique est sans doute l'autobiographie ou encore le roman psychologique. Or, ce dernier ne se développe pas encore en Afrique francophone, tandis que le roman autobiographique, si abondant entre 1948 et 1960, se raréfie maintenant de plus en plus. A part en Afrique du Sud où, à la suite d'Abrahams, Mphalele et Hutchinson écrivent leur propre histoire, la dernière autobiographie valable depuis les indépendances est sans doute celle de Nkrumah qui est davantage un traité de politique qu'un roman. Et ceci peut être interprété comme un signe des temps.

Le prosateur africain est aujourd'hui requis par une société qui le passionne peut-être trop pour qu'il songe à parler exclusivement de lui-même.

De plus, il s'agit moins de témoigner de son être que niait la société coloniale que de résoudre les problèmes très concrets que pose aujourd'hui la société en voie de décolonisation.

Le courant « engagé » est donc, en prose, plus vivace que jamais. Mais non tant revendicatif contre le Blanc (ici même exception pour les romanciers des pays non décolonisés et des Etats-Unis) qu'affrontant la vie actuelle des Noirs : les sujets des romans, pièces de théâtre, nouvelles, tournent autour des mille problèmes de la vie sociale africaine : le chômage, la dot (Guillaume Oyono), l'émancipation des femmes, le mariage forcé (Philombe), la corruption des fonctionnaires (Nzouankeu, Bernard Dadié), les méfaits de l'alcoolisme (Gologo), les conflits et malentendus entre générations (Seydou Badian), entre chefferie et préfecture (Etienne Yanou), entre médecine et sorcellerie (Matip, Sembene), entre religions africaines et européennes (Philombe, Stanislas Awona, Cheikh Hamidou Kane), entre ville et campagne (Soyinka, Achebe), entre riches et pauvres (Kourouma).

Ces thèmes expriment parfaitement le choc des deux civilisations qui se heurtent et se disputent l'âme des Africains d'aujourd'hui.

Et les hésitations, les angoisses, les choix successifs soit pour la tradition, soit pour le « modernisme », les tentatives de synthèse plus ou moins satisfaisantes, toutes ces attitudes qu'on trouve dans les romans nègres actuels traduisent exactement la situation de l'Africain d'aujourd'hui, à la recherche d'un difficile équilibre.

Cependant plusieurs écrivains ont tendance à « dédramatiser » cette situation soit en l'analysant minutieusement, soit en la traitant de façon humoristique. Ainsi un sujet comme la dot peut fournir soit un roman tragique comme Sola ma chérie *de Philombe, soit une comédie comme* Les trois prétendants, un mari *de Guillaume Oyono. La façon dont Seydou Badian traite le conflit des générations dans* Sous l'orage *n'est ni tragique ni comique, mais objective et le roman se termine par un compromis qui doit arranger les vieux comme les jeunes.*

Pourquoi ces variations de tons devant le même problème ? Parce que, malgré tout, l'avenir de l'Africain paraît moins sombre que jadis. L'essence de la tragédie est le conflit de l'homme contre le Destin, ce dernier étant vainqueur de l'homme écrasé. Rappelons-nous Œdipe-Roi, Antigone, les tragédies de Racine et, dans la littérature africaine, celles de Césaire : Et les chiens se taisaient *comme* Le roi Christophe *se terminent par la mort du héros.*

Mais pour l'Afrique décolonisée, même si elle est souvent «mal partie » comme le disait René Dumont[1], elle peut encore espérer de bien arriver. Elle peut rectifier son chemin, en trouver d'autres, inventer des solutions nouvelles. Elle a l'initiative enfin, la liberté de se sauver ou de se perdre.

Et c'est cela que sentent confusément les écrivains noirs : le Destin n'est plus inéluctable. Il n'est plus tracé d'avance. Il n'y a plus de Destin mais l'homme libre qui tient son avenir entre ses mains.

J'ai dit, au début de ce chapitre, que l'Afrique anglaise avait une sérieuse avance, en fait de décolonisation culturelle, sur les pays francophones.

Au Kénya, où se développait déjà une littérature écrite en langue indigène, Ezéchiel Mphalele a créé à Nairobi le Chemchemi Center qui est un ferment et un creuset de création culturelle.

Au Ghana, le Parti de Nkrumah a encouragé et subsidié les productions de la culture nationale et particulièrement les manifestations théâtrales d'inspiration politique ou traditionnelle.

---

1. René Dumont : *L'Afrique Noire est mal partie* (Ed. du Seuil, Paris)

Mais c'est au Nigéria qu'il s'est passé un phénomène de renaissance culturelle sur lequel il faut attirer l'attention. Bien sûr, on sait que le Nigéria, pays incontestablement le plus prometteur d'Afrique noire avec ses 80 millions d'habitants, compte au moins 10 universités.

On sait aussi que la civilisation traditionnelle, tant Yoruba qu'Ibo, était une des plus riches du patrimoine africain. Qui n'a admiré la perfection des bronzes du Bénin et des terres cuites d'Ifé ? Mais depuis quelques années on constate au Nigéria, après l'arrêt dû à la colonisation, une reprise d'activités culturelles extraordinaire. Les peintres et les sculpteurs, les dramaturges et les poètes, les orchestres et les chanteurs qui ont popularisé le high-life[1] ghanéen à travers tout le continent, créent d'abondance, dans une liberté totale, des formes où s'épanouit l'audace individuelle, sur des bases profondément africaines.

Cet équilibre culturel que partout ailleurs en Afrique récemment décolonisée, on cherche encore à tâtons, par essais et par erreurs, il semble que le Nigéria l'ait trouvé déjà, ou tout au moins ait trouvé le chemin qui y mène.

C'est pourquoi il faudrait souhaiter la plus grande diffusion de l'art et de la littérature de cette nation, en particulier les traductions d'écrivains comme le primitif Amos Tutuola ou le très raffiné Chinua Achebe (Think falls apart et No longer at ease), comme Cyprian Ekwensi dont les romans populaires sont déjà nombreux, et Wole Soyinka dont les pièces de théâtre sont de dix ans en avance sur ce qui se fait ailleurs.

Ces trois derniers faisaient partie du Mbari Club, cette équipe d'intellectuels et d'artistes animée par le professeur Ulli Beier de l'université d'Ibadan, et dont l'influence a déjà été soulignée. Ce groupe est né d'une revue Black Orpheus qui propageait au Nigéria les idées de Césaire et de Senghor bien avant l'indépendance. A cette revue s'ajouta une maison d'édition qui révéla les œuvres d'écrivains locaux au grand bénéfice de la littérature africaine.

En effet par les quelques traductions ci-dessous on pourra juger de la maîtrise, de l'originalité, de la variété d'une « négritude » qui se libère de tous les complexes dus à la colonisation, chez ces vrais et déjà grands poètes qui s'appellent Gabriel Okara, Christopher Okigbo et John Pepper Clark.

Bien sûr, depuis il y a eu la guerre du Biafra, la mort d'Okigbo, l'exil de Soyinka et d'Achebe, le régime militaire...

---

1. Danse.

Le Nigéria

GABRIEL OKARA — Okara est né en 1921 dans la région du delta
du Niger ; il est le doyen de cette première
génération d'écrivains en langue anglaise.

Il écrivit d'abord des pièces radiophoniques, puis des poèmes publiés
dans *Black Orpheus*, enfin un roman *La Voix*. C'est le poète nigérien le
plus éminent à ce jour, à la fois profond, harmonieux et personnel. C'est
aussi celui qui pressent le mieux les mystères religieux de son pays, le
surréalisme religieux, comme dirait Senghor ; et il est remarquable que les
trois poèmes ci-dessous ressortent de trois religions différentes : animisme,
christianisme et islam ; ce qui invite à réfléchir sur deux traits caractéristiques de la mentalité africaine : la tolérance et la communion cosmique.

MYSTIC DRUMS

Le tambour mystique battait en moi
et les poissons dansaient dans la rivière
et les hommes et les femmes dansaient sur la terre
au rythme de mon tambour.

Mais se tenant derrière un arbre,
une ceinture de feuillage autour des hanches,
elle souriait seulement en secouant la tête.

Et mon tambour battait toujours
l'air frémissait sur un tempo accéléré
obligeant les vivants et les morts
à danser et à chanter
avec leurs ombres.

Mais se tenant derrière un arbre,
une ceinture de feuillage autour des hanches,
elle souriait seulement en secouant la tête.

Alors le tambour battit au rythme
des choses terrestres
et invoqua l'œil du ciel
les dieux du ciel, de la lune, et de la rivière
et les arbres commencèrent à danser
et les poissons devinrent hommes
et les hommes se muèrent en poissons,
et les plantes cessèrent de pousser

Mais se tenant derrière un arbre,
une ceinture de feuillage autour des hanches,
elle souriait seulement en secouant la tête.

Alors le tambour mystique
Au-dedans de moi s'arrêta de battre
et les hommes redevinrent hommes
et les poissons redevinrent poissons
et les arbres, le soleil et la lune
retrouvèrent leur place, et les morts
retournèrent à la terre et les plantes à croître
                        recommencèrent

Et derrière l'arbre elle se tenait,
les racines jaillissant de ses pieds,
les feuilles croissant sur sa tête,
la fumée sortant de ses narines,
et ses lèvres ouvertes sur un sourire
se transformèrent en caverne vomissant les ténèbres.
Alors, alors je ramassai mon tambour mystique
et m'en allai pour ne jamais plus le battre aussi fort.

(trad. par Bernard Fonlon, inédit)

L'ESPRIT DU VENT

Les cigognes reviennent
Blanches au silence du ciel
Elles ont trouvé dans le Nord
La douceur pour leurs nids
Ici tombait la pluie,

Elles me reviennent,
Esprits du vent,
Hors la main étroite des dieux,
Volant aux quatre vents
L'instinct pour guide,

Et par la volonté des dieux
Assis sur ce rocher
Moi je les regarde passer
Du lever du soleil au coucher
Moi que l'esprit anime et presse,

Presse, remous d'une mare rouge,
Et chaque ondulation
Est l'appel de l'instinct vital
Le désir
En chaque cellule,

O Dieu de tous les dieux, et moi
Ne pourrai-je écouter
L'appel de la prière
L'angélus de midi
Si ma cigogne est prisonnière
De mes cheveux brûlés
De ma peau noire ?

(Trad. Christiane Reygnault)

UNE NUIT SUR LA PLAGE VICTORIA[1]

Le vent s'élance de la mer
les vagues s'enroulant comme des vipères
frappent les sables et reculent en sifflant de colère
lavant les pieds des Aladuras[2] qui écrasent le sable
et les yeux durement fixés
sur ce que seuls voient les cœurs, en criant
ils prient les Aladuras prient ; et venant
d'une baraque derrière eux, un irrésistible high-life
viole les oreilles ; et les phares lumineux
surprennent les amoureux qui marchent enlacés
chuchotant comme des clients qui marchandent

Mais ils prient toujours, les Aladuras prient
les mains pressées sur leurs cœurs
et leurs robes blanches leur collent au corps
plaquées par le vent ; et buvant
du vin de palme et de la bière, des gens se vantent
aux bars sur la plage. Mais ils prient toujours.

Ils prient, les Aladuras prient
vers ce que seuls les cœurs peuvent voir, tandis que les morts
les pêcheurs depuis longtemps morts, leurs os rejetés,
nettoyés et blanchis par les dents des poissons,
suivent quatre cauris[3] morts brillants comme des étoiles
au fond de la mer où siège la Cour des poissons ;
et les pêcheurs vivants dans leurs huttes obscures
siègent autour de feux pâles avec Babalawo[4].

1. A Lagos.
2. Aladuras : secte religieuse d'origine islamique, dont les croyants prient jour et nuit au bord de la mer.
3. Coquillages qui servent à la divination.
4. Le devin.

253

Confiant leurs âmes aux quatre cauris
sur le sable, cherchant les signes de l'avenir.

Ils prient toujours les Aladuras prient
vers ce que seuls les cœurs peuvent voir derrière
les vagues ondulantes de la mer, derrière les étoiles
et l'écrasante domination du ciel
et derrière les os blancs enfouis sous la plage.

Et debout immobile sur les sables morts
je sentis mes genoux toucher les sables vifs
Mais le vent violent tua les mots naissants.

(trad. par Bernard Fonlon, inédit)

JOHN PEPPER CLARK — Né en 1935 dans la même contrée que son aîné Okara, J. P. Clark a fait des études de lettres à l'Université d'Ibadan où il fonda une revue de presse *The Horn*. Puis il fit du journalisme à Lagos, obtint une bourse pour Princeton, et fut chargé de cours à l'Université d'Ibadan, puis à la faculté de lettres de Lagos.

Sa pièce *Song of a goat* connut un très grand succès au Nigéria ; ses poèmes, s'ils sont parfois trop élaborés et dominés par l'influence de Dylan Thomas et Ezra Pound, révèlent néanmoins un grand talent par l'abondance des images et le feu de l'inspiration.

IBADAN

Ibadan,
      éclaboussant de roux
et d'or — jeté et éparpillé
parmi sept collines comme porcelaine
brisée dans le soleil.

(trad. par Emile Snyder, inédit)

PLUIE NOCTURNE

Quelle heure est-il
je ne le sais
mais comme un poisson
tiré des profondeurs
j'ai remonté le ventre en l'air
le courant du sommeil

et nul coq ne chante
le tam-tam qu'on bat dur ici
et j'imagine partout ailleurs
bourdonne avec une ardeur insistante
sur le toit de chaume et le hangar

Par-delà les poutres
et les fourreaux de feuilles
transpercés d'éclairs
que je distingue vaguement au-dessus de ma tête
goutte à goutte de grosses gouttes d'eau
De grosses gouttes d'eau s'écrasent
tombant comme des oranges
De grosses gouttes s'épuisent
tombant comme oranges et mangos

fruits aspergés dans le vent
ou peut-être je devrais dire
tel un chapelet à égrener
prières qui tombent du fil rompu
dans le bol de bois et la poterie
que ma mère étale sur la terre
de notre petite chambre.

(ibidem)

OLOKUN

J'aime à passer mes doigts,
comme la marée à travers les algues de la mer.
Et ployer les hautes frondaisons des fougères
à travers les tresses de tes cheveux
sombres comme la nuit qui filtre la lune nue :

Je suis jaloux et passionné
Comme Jehovah le dieu des Juifs
Et je voudrais que tu comprennes
qu'aucune femme ne reçut plus grand amour jamais
que celui que j'éprouve pour toi !

Mais quels yeux vigilants d'homme
fait de la glaise de cette terre,
peuvent soutenir l'appel du sommeil
noir véhicule du rêve
qu'est vraiment le regard de tes yeux.

Aussi plein d'ivresse, nous nous écroulons
comme des murs anciens, à tes genoux ;
Et comme la bénéfique déesse de la mer
Pleine de dons abondants pour les êtres
Tu nous élèves, nous tous, mendiants jusqu'à ta poitrine.

(trad. par Mahamadou Eldridge, inédit)

TROUPEAU PEUL

La peine m'étreint comme un serpent
chaque fois que je rencontre le cortège
de votre clan,
ondulant sur son chemin d'angoisse.
Vous faites face au mystère
Quel secret espoir ou quelle science,
enfermés bien loin de l'homme, dans votre bosse,
vous insuffle le courage,
vous qui muets et fiers et tristes
sans broncher ni ruer
allez à l'abattoir ?
Peut-être est-ce forgé dans
vos cornes recourbées et noueuses ?
Peut-être avez-vous éprouvé des tourments
plus forts que les orages qui débordent du Niger ?
Peut-être que le fouet du berger
sur vos croupes et vos épaules pelées
n'éveille plus les secousses de l'extase ?
Ou peut-être enfin que le voyage harassant
du désert à travers la savane et la forêt
jusqu'aux villes affamées au bord de la mer
n'exige pour vous rien de plus que le repos ?
Mais ne m'accorderez-vous pas d'abord,
puisque le grand couteau aura raison de vous,
ne fut-ce que la patience que contient votre queue ?

(ibidem)

OKIGBO CHRISTOFER — Okigbo est né en 1932 dans le pays
Ibo, à l'est du Nigéria.
Plus encore que chez J. P. Clark, on décèle dans sa poésie l'obédience
aux poètes modernes anglais et américains. Ayant aussi fait ses études à
l'Université d'Ibadan, il semble cependant plus proche des mythes africains qu'il mélange d'ailleurs au christianisme. Il est mort dans la guerre
du Biafra.

LUSTRA

Et les fleurs pleurent
non meurtries
Larmes du Christ
Pour celui qu'on a réduit au silence
Mais dont l'avènement
est célébré dans une lumière pâle
avec le chant du vin

le Messie reviendra
après la dispute dans le ciel
Le Messie reviendra
Lumière du monde

Doigts de pénitence
apporte
au bosquet de palmes
l'offrande végétale
avec cinq
doigts de craie.

(*Heavensgate*, Ed. Mbari, Ibadan, trad. E. Snyder)

IDOTO

Devant vous mère Idoto
Nu je me tiens
devant votre présence liquide
un prodige,
qui s'appuie sur le rayon
perdu dans la légende
Nu-pieds j'attends perdu sous votre pouvoir
Gardien du mot de passe à la porte du ciel

Hors des profondeurs mon cri s'entend et alerte.

(ibidem)

LA FILLE DE L'EAU[1]

Lumineuse
du rayonnement de l'aisselle d'une lionne
elle répond

1. Mythe de la sirène, en Afrique, la Mamy Watta.

Orbée d'une lumière blanche
Et les vagues l'escortent
ma lionne
couronnée de clair de lune

Si brève est sa présence
l'éclat de l'allumette dans le souffle du vent
si brève avec des miroirs autour d'elle

En aval
les vagues la distillent
moisson d'or
qui faute de récolte,
sombre,

Nymphe d'un vide salé
les oreilles du secret ont grandi
D'un seul coup devenu éloquent
comme l'oiseau tremblant
appelé au chevet
d'un rêve remémoré

Entre sommeil et veille
Je suspends mes coques d'œufs
à vos bouquets de palme
sur lesquels se dressent des tours de bambous
qui dégoulinent du vin de palme tiré hier
Un masque de tigre et une épée nue
Reine de la demi-lumière humide
Je me suis purifié
Emigrant le nez au vent
tel le bélier dans la chaleur.

(ibidem)

WOLE SOYINKA — Né en 1934 en pays Yoruba, Soyinka fit d'abord ses études à l'université d'Ibadan, puis à l'université de Londres où il compléta sa licence de lettres et ses connaissances théâtrales. Après quelque temps d'enseignement à Ibadan où il fut de l'équipe fondatrice du Mbari Club, il monta sa propre troupe de théâtre pour laquelle il écrivit des pièces. Son rêve est de créer une troupe nationale régulière qui draînerait la production dramatique du pays.

En attendant Soyinka est le meilleur dramaturge moderne de l'Afrique anglophone. Très proche de la littérature traditionnelle dont il vit encore certains mythes, très « XXᵉ siècle » aussi par sa formation intellectuelle, sa lucidité critique, son humour partout présent, Soyinka s'est forgé un style particulier, fait d'un mélange de réalisme cru et de poésie retenue, au charme très subtil.

Dans l'histoire littéraire africaine, Soyinka est aussi le ténor d'une querelle entre francophones et anglophones. Ceux-ci en effet réagissent contre le concept de « négritude » et surtout les abus qu'on en fit. Ils préfèrent la dénomination de « personnalité africaine » moins « raciste ». De plus, ils estiment que rien ne sert d'en parler sans cesse et qu'il vaut mieux faire que dire : cette boutade de Soyinka est devenue célèbre : « Le tigre ne proclame pas sa tigritude, mais il tue sa proie et la mange ! ».

Citons ses pièces : Le lion et la perle (Ed. Clé, Yaoundé) et *Les gens du marécage* (Ed. Oswald).

LES GENS DU MARÉCAGE

Cette pièce décrit la vie des riverains du delta du Niger, aux abords de Lagos. Site étrange où les villages bâtis sur pilotis résistent aux inondations saisonnières, où la vie stagne, un peu comme l'eau des marais environnants. La pièce suit un rythme très lent, où, au fil des conversations entre paysans, sont évoqués les problèmes du village, l'existence difficile et sans espoir de progrès, la fuite des jeunes gens vers la ville et les déceptions qui les y attendent.

Soyinka excelle à rendre toutes les nuances de la mentalité de ces gens qu'on dit « sous-développés » mais en réalité accessibles aux sentiments les plus délicats, comme le prouve le dialogue suivant.

Voici une conversation entre un vieux paysan et sa femme. Celle-ci s'inquiète du retard de son fils et craint qu'il ne lui soit arrivé un accident en traversant le marécage en bordure duquel le village est situé. Son mari la rassure en plaisantant.

Makuri (le paysan) — Jadis tu n'avais pas peur du marécage. Tu pouvais le traverser nuit et jour et même t'endormir au milieu... Alu, te rappelles-tu notre nuit de noces ?

Alu *légèrement détendue* — Nous avons passé l'âge de parler de ces choses. N'as-tu pas honte ?

Makuri — Allons, ma femme, raconte au vieux Makuri ce que tu as fait la nuit de notre mariage.

Alu — Non.

Makuri — Tu es têtue comme une vieille poule. Raconte donc comment tu m'as tiré hors de la maison et comment nous avons couru à travers les marais. Il faisait si noir que je ne voyais plus le blanc de tes yeux.

Alu *avec entêtement* — Je ne m'en souviens pas.

Makuri — Et tu m'as conduit à l'endroit où les fleuves se rencontrent, et là tu as dit...

Alu *timide* — C'était ma mère qui avait l'habitude de dire cela.

Makuri — Dis-le-moi quand même... comme tu l'as dit cette nuit-là, lorsque j'ai cru que c'était tes mots à toi.

Alu — Ma mémoire n'est pas si bonne... mais...

Makuri — Ça vient, ça vient. Pense lentement.

Alu *avec un sourire timide* — Elle disait que je devais dire ça sur mon lit de noces.

Makuri — Là où nous nous trouvions. Vas-y, dis-le encore.

Alu — « Là où les fleuves se rencontrent, le mariage doit commencer. Et le lit du fleuve lui-même est le meilleur lit de noces. »

Makuri *pensif* — Ay-ii... le lit du fleuve lui-même... le lit du fleuve... *(Il éclate d'un rire apparemment sans motif).*

Alu — Eh ! Pourquoi ? de quoi ris-tu maintenant ?

Makuri *dans un vain effort pour se contrôler* — Ay-ya-ya ! Le lit du fleuve... *(il se remet à rire).*

Alu — N'es-tu pas malade, Makuri ?

Makuri — Ay-ii ! Tu dois vraiment être vieille, Alu ! Si tu ne te rappelles pas cela, tu es trop vieille pour te coucher dans un autre lit de fleuve.

Alu — Je ne me... Qu'est-ce que tu veux... ?

Makuri — Réfléchis bien, femme. Tu ne te rappelles vraiment pas ? Nous ne savions pas que le marécage s'étendait jusqu'à ce point du fleuve... le sol... céda... en dessous de nous !

Alu *commençant à rire* — Tout cela commence à me revenir... oui, oui, c'était comme ça. C'était comme ça !

Makuri — Et est-ce que tu te souviens aussi que tu es restée à te débattre dans la boue.. ha, ha !

Alu *plus amusée du tout* — C'est vrai ? Et toi je suppose que tu n'as même pas sali tes doigts ?

Makuri — J'ai bondi en arrière, à temps, n'est-ce pas ? Mais toi tu t'es enfoncée là où tu étais, à plat sur ton dos. Et là je restais debout à te regarder...

Alu — Ay. Me regardant tout ébahi et riant à te décrocher la mâchoire ! Je peux me rappeler maintenant.

Makuri — Tu aurais ri aussi, si tu avais été à ma place et vu ce qu'on pouvait voir de toi !

Alu — Es-tu un homme ou non ? Et j'ai eu toutes les côtes meurtries parce que tu m'as piétinée en essayant de me sortir de là.

Makuri — Si tu n'avais pas remué comme un poisson, j'aurais pu te tirer de là plus vite...

Alu *(Elle pince de nouveau les lèvres. Elle se penche avec ardeur sur son travail de couture.)*

(Pause.)

Makuri — Tout le village a dit que les jumeaux avaient exactement la couleur du marécage... eh... Alu ?

Alu *obstinément sourde...*

Makuri — Ah bien... C'était en ce temps-là... ce temps-là

était vraiment bon. Même lorsqu'il y avait de grandes peines et que les marais recouvraient le pays, nous étions capables de rire avec le Serpent[1]... mais ces jeunes gens... ils ne sont pas plus tôt nés qu'ils veulent sortir du village comme s'il y avait la peste ici. *(Il lève les yeux tout à coup).* Je parie qu'aucun d'entre eux n'a jamais pris sa femme dans le marécage.

Alu — Ils sont trop raisonnables pour ça.

(trad. par Roger Andersen, texte anglais aux
Editions Penguin Books, Hardmondsworth)

AMOS TUTUOLA — Amos Tutuola est un planton de Lagos qui écrit toutes les histoires qui lui passent par la tête. Les intellectuels nigériens n'apprécient guère Tutuola parce qu'il écrit mal. C'est vrai. Ce n'est pas un lettré.

Mais le mérite de Tutuola est, à nos yeux, de transmettre à l'état brut, précisément, tout l'Univers animiste de la campagne africaine, peuplé de monstres, de miracles, de métamorphoses et d'enchantements. C'est une littérature populaire traditionnelle qui essaie de passer à l'expression écrite. Même si le style laisse à désirer, l'œuvre ainsi révélée est profondément originale et peut constituer une riche matière pour les poètes qui voudront s'en inspirer.

Tutuola a écrit entre autres : *The palmwine drinkard* (traduit), *Feather woman of the jungle, My life in the bush of ghosts.*

MÉTAMORPHOSES

... Je me rendis dans un village aux environs de cette huitième ville, où par bonheur je rencontrai un esprit-magicien en train de faire étalage de son pouvoir magique devant le principal chef du village. Je voulus entrer en compétition avec lui et montrer moi aussi de quoi j'étais capable aux chefs qui étaient rassemblés là. Je changeai le jour en nuit et tout devint aussitôt sombre ; je dis à mon rival de faire revenir le jour sous sa forme habituelle, mais il n'y parvint pas. Après cela, je le changeai en chien et il se mit à aboyer aux trousses de tous ces gens; et, comme mon pouvoir s'avérait visiblement plus fort que le sien, le chef et tous les habitants offrirent à moi seul tous les cadeaux qui auraient dû être partagés entre nous deux. Je lui rendis ensuite sa forme usuelle d'esprit. Je fis un paquet de tous les cadeaux et, sans en offrir un seul à mon rival, je me remis en marche vers la huitième ville.

---

1. Le Serpent est la divinité qui règne sur le marécage.

A environ un mille du village, je vis venir cet esprit-magicien à ma rencontre. Il me demanda de partager les cadeaux avec lui, mais je refusai. Il se changea aussitôt en un serpent venimeux et chercha à me mordre, mais alors je fis appel à mon tour à mon pouvoir magique et, me transformant en un long bâton, je me mis à le frapper à coups répétés. Roué de coups et se sentant près de mourir, il fut bien forcé de quitter sa forme de serpent et se changea en un feu qui réduisit le bâton en cendres et commença à me brûler moi aussi. Sans hésiter, je me changeai en pluie et l'éteignis d'un seul coup. Mais il avait la rapidité prompte et il prit le dessus une fois de plus, se muant en un puits profond au fond duquel je me trouvai tout à coup à ma grande surprise. En un instant le puits fut rempli jusqu'au bord. Je compris qu'il voulait remettre le couvercle et me laisser mourir prisonnier dans le puits, aussi je pris la forme d'un poisson et remontant à la surface, je m'apprêtai à bondir hors de l'eau. Au même moment, il se changea en crocodile et, sautant dans l'eau, se mit en devoir de me dévorer. Mais avant qu'il ait pu m'atteindre, j'étais devenu un oiseau, et transformant tout le tas des cadeaux en une seule pomme de palmier, je saisis celle-ci dans mon bec en m'envolant tout droit vers la huitième ville. Sans plus attendre, mon rival prit la forme d'un grand faucon et s'élança à ma poursuite.

(Un ivrogne dans la brousse, trad de Raymond Queneau,
Editions Gallimard, Paris)

LE RIRE

Quand tous ces gens entendent notre voix, ils éclatent de rire comme des bombes, et cette nuit-là nous faisons personnellement connaissance de Rire, car, si les autres s'arrêtent de rire de nous, Rire ne cesse pas de rire pendant deux heures. Comme Rire riait de nous, cette nuit-là, ma femme et moi oublions nos ennuis et rions avec lui, parce qu'il riait en faisant des bruits étranges comme jamais nous n'en avions entendu dans notre vie. Nous ne savions pas depuis combien de temps nous étions en train de rire, mais on riait seulement du rire de Rire et tous ceux qui l'entendaient rire ne pouvaient pas ne pas rire, aussi si quelqu'un continuait à rire avec Rire, il (ou elle) mourait ou s'évanouissait d'avoir ri trop longtemps, parce que le rire était sa profession et il vivait de ça. Alors ils supplièrent Rire de s'arrêter, mais il ne le pouvait pas.

(ibidem)

Le Kenya

JOSEPH KARIUKI — Né en 1929 et Kikuyu comme Jomo Kenyatta, Kariuki a fait ses études à l'université de Makerere en Ouganda, puis alla à Cambridge pour y parfaire ses études d'anglais. Il est actuellement professeur dans une école de son pays. Le poème qui suit est celui de l'amour, difficile encore, entre deux personnes de races différentes.

Il faut signaler par ailleurs que le Kenya et la Tanzanie possèdent une littérature écrite en kishwaïli.

VIENS MON AMOUR

Viens mon amour loin des rues
où des yeux hostiles nous divisent,
et où les vitrines reflètent nos différences.
Repose à l'abri de ma chambre fidèle.

Là, hors d'atteinte des propos laissés
derrière moi, je puis ne voir que toi
et dans mes yeux noirs tes yeux gris
vont se dissoudre.
        La lumière des bougies projette
deux ombres noires sur le mur
et puis une, quand je me rapproche de toi

Lorsque enfin, s'éteignent les lumières
et que je sens ta main dans la mienne
deux souffles humains se rejoignent
et le piano tisse
son incomparable harmonie.

(trad. par M. Eldridge, inédit, original en anglais *Modern Poetry of Africa*, Editions Penguin Books, Hardmondsworth)

Le Ghana

MICHAEL DEI ANANG — Dei Anang est un des pionniers de la poésie de langue anglaise au Ghana. Son style très simple ne possède pas la rutilance des poèmes nigériens, ni les savantes élaborations des œuvres de son compatriote Georges A. Williams ; ils ont néanmoins le mérite de la sincérité et de la foi, car Dei Anang fut aussi un chantre du nationalisme ghanéen.

Quand les étoiles scintillent dans le ciel
Et que la lune baigne la Mer
Du flux d'argent de sa lumière
Je serai avec toi.

Je serai avec toi
Qu'il fasse jour ou nuit ;
Que les cieux
Soient déchirés en deux
Et que les larmes embrument nos yeux

Je serai avec toi
Quand les orages
Soulèvent les lames
Et ploient le saule jusqu'au sol
Et tordent et torturent les hautes herbes
Je serai avec toi
Dans la fournaise ou la tornade

Je serai avec toi
Qu'il fasse clair ou sombre,
Le jour ou la nuit,
Quand s'appesantit l'angoisse
Quand tu es loin,
Ou quand tu es près,
Je serai avec toi.

Quoique nous soyons séparés
Pour bien des jours,
Ou que nous allions
Ne laisse pas les peines de la vie
Mordre sur ton cœur.

Je serai avec toi.
A travers la gloire ou la calomnie
Je serai avec toi
Lorsque le dernier souffle de vie
S'échappera de mon corps, vieille carcasse
Condamnée à pourrir après un mortel combat ;

Quand nous aurons fini notre temps
Et traversé la rivière de la vie
Laissant derrière nous notre or et notre argent
Parents, amis et regrets,

Pour rejoindre le souterrain bercail
Je t'attendrai encore
Je serai avec toi.

(Trad. par M. Eldridge, inédit)

EFUA THEODORA SUTHERLAND — Ghanéenne de talent, animatrice d'un centre culturel d'Accra. La saynète en un acte que nous reproduisons ci-dessous, est adaptée du folklore ghanéen et traduit un des plus tenaces parmi les mythes de l'animisme : celui de la transformation des animaux en êtres humains et des rapports étroits entre les deux espèces. La morale est double et typiquement animiste aussi : le secret est nécessaire pour que la magie soit efficace — qui trahit son serment attire sur soi le malheur.

ANANSEGORO (TU PRÊTAS SERMENT)

Personnages :

> Le narrateur
> Ananse
> Dansowa (l'épouse d'Ananse)
> Obrakyers (une vieille femme)
> Oforiwa (la femme-daim)
> Le chef du chœur
> Le chœur d'hommes et de femmes

Ananse et Dansowa son épouse vivent dans une très grande pauvreté.

Un jour Ananse revenait de la chasse.
De retour chez lui...
(Ananse, encore habillé d'un pantalon de grosse toile, apparaît et fait le geste d'ouvrir la grille ; il se décharge de son sac de chasse et de son piège. Il s'étire parce qu'il est fatigué et entre dans la cour. Soudain, il prend conscience de quelque chose d'étrange et il s'arrête, étonné).

Ananse — Mais à qui appartient cette maison ? Ou bien n'est-ce pas... Ei ! Peut-être que je rêve ! Voyez, il y a l'arbre à bon Dieu et puis là-bas, le hamac. *(Il ne comprend pas. Il appelle).* Dansowa !

Le narrateur — Silence !

Ananse *(remarquant la marmite et s'en approchant prudemment)* — Quelqu'un a fait le repas. *(Il remue le contenu de la marmite avec la cuillère qui est à l'intérieur).* Cela sent bon, comme le travail d'une main de femme capable. *(Il recule en appelant).* Agoo ! Eh là !

Le narrateur — Personne ne répond.

Ananse — Agoo ! Eh lo !

265

Le narrateur — Personne ne répond. Tout est silencieux. Aussi il va falloir qu'il aille s'enquérir de ce que sa voisine a à dire.

(Ananse se dirige sur le côté, se tenant, pour ainsi dire derrière le mur de sa voisine. Obrakyers qui est dans le chœur sort et s'asseoit de l'autre côté du mur.)

Ananse — Ei... Nana Obrakyers, êtes-vous là ?

Obrakyers — Ananse, laisse mes oreilles en repos, car j'ai la fièvre.

Ananse — Oh, vieille dame...

Obrakyers — Si tu as tué quelque pièce de gibier, dépêche-toi et apporte-moi ma portion.

Ananse — Patience, je suis venu ici pour vous demander quelque chose. Est-ce que par hasard quelqu'un serait venu pour nous pendant que nous n'étions pas là ?

Obrakyers — Ça, par exemple ! Et qui viendrait se préoccuper de personnes comme vous ?

Ananse — C'est vrai... Bon... Il vaut mieux que je retourne m'occuper de ma maison. *(Il s'en retourne, sans assurance).*

Obrakyers *(elle se lève et marche difficilement jusqu'au mur)* — Ananse... Attends... Tu sais bien que je ne m'occupe pas des affaires des autres. Pauvre de moi ! Je ne m'occupe pas des affaires des autres pour ne pas leur donner la possibilité de railler ma pauvreté.

Ananse — Vieille femme, je suis seulement venu pour te poser une question.

Obrakyers — Ne m'interromps pas... Ce matin, j'étais assise dans ma cour, ici, me réchauffant au soleil de Dieu, quand, qu'est-ce que j'entendis, sinon quelqu'un qui chantait dans la cour de ta maison ?

Ananse — Dans la cour de ma maison ?

Obrakyers — Je fus étonnée. Etait-ce Dansowa qui se sentait si libre de tout souci et qui élevait sa voix si gaiement ?

Ananse — Mais elle est allée dans sa ferme !

Obrakyers — C'est ce qui me gênait. Je me secouai et je boitillai jusqu'ici, à ce mur, puis, levant les yeux... Quoi ? D'où vient cette belle femme ?

Ananse — Une belle femme ?

Obrakyers — D'où vient-elle et que fait-elle dans la maison d'Ananse ? Elle a fixé son étoffe et elle était très occupée dans ta cour, là.

Ananse — Mais qui est-ce ?

Obrakyers — C'est à moi que tu demandes ça ?

Ananse *jetant un regard interrogateur vers la maison* — Mais

266

s'il y a quelqu'un chez moi, elle devrait sûrement répondre quand on crie « agoo ».

Obrakyers — Je t'ai dit ce que j'ai vu de mes yeux.

Ananse — Ei !

Obrakyers — Dis, pourquoi n'y vas-tu pas te rendre compte par toi-même ?

Ananse — Vous avez raison.

Obrakyers — Quand tu trouveras ta belle visiteuse, n'oublie pas complètement de m'apporter ma portion de viande. Laisse-moi aller chercher un médicament pour me frotter les articulations. (*Elle retourne en claudiquant rejoindre le chœur*).

Le narrateur — Ananse décide de se cacher derrière la grille et de faire le guet. Peu de temps s'écoula avant que soient révélées ces choses.

(*Les membres du chœur baissent la tête, détournant à nouveau leurs regards, tandis qu'Oforiwa entre furtivement. Elle s'approche de la marmite et tourne la cuillère ; elle est tendue et sur ses gardes. Ananse la surprend.*)

Ananse — Qui es-tu ? (*Oforiwa bondit sur ses pieds et se met à courir*). Arrête. Par tous les serments du ciel, arrête, te dis-je. (*Oforiwa s'arrête, son dos toujours tourné*.)

Oforiwa — Ananse, un jour, souviens-toi de ce que tu viens de faire.

Ananse *craignant de s'approcher* — Qui es-tu, ô belle jeune femme, et que fais-tu ici, dans la maison d'un infortuné comme moi ?

Oforiwa — Je suis seulement venue pour t'aider, Ananse.

Ananse — Pour quelle raison ?

Oforiwa — La pauvreté a trop longtemps vécu avec toi. Si tu le désires, je resterai avec toi et je t'aiderai.

Ananse — Tu veux parler de moi ?

Oforiwa — Oui, toi. Tout ce qui importe, c'est que tu aies la foi. D'où je viens, c'est un mystère.

Ananse — Explique-moi un peu tout cela, car je suis perdu.

Oforiwa — Et qu'arrivera-t-il si je t'explique et qu'ensuite tu me trahisses, et me donnes aux humains.

Ananse — Non. De la façon dont m'a traité le monde, avec qui discuterais-je de tels secrets ?

Oforiwa — Pas même avec ta femme ?

Ananse — Je jure que même elle qui est tout ce que je possède n'en saura rien.

Oforiwa — Et quand elle me trouvera ici, que diras-tu ?

Ananse *réfléchissant rapidement* — Voyons... tu es une parente, tu vivais à l'étranger. Tu viens de rentrer et d'entendre parler de ma misère, et par sympathie, tu es venue nous rendre visite.

Oforiwa — Très bien. *(Elle se tourne pour faire face à Ananse, qui recule, encore mal à l'aise)*. Souviens-toi que tu m'as promis Ananse.

Ananse — Sur nos deux âmes !

Oforiwa — J'accepte. Tu as abattu un daim, t'en rappelles-tu ?

Ananse — Oui, oui... le plus beau daim qui ait été vu de mémoire de chasseur. J'étais même triste de l'avoir tué. Un de ses cuissots était suspendu là.

Oforiwa — Et soudain il disparut.

Ananse — Oui, volé...

Oforiwa — Non, pas volé. Je suis ce cuissot de daim. *(Ananse est pris de panique mais il ne peut s'enfuir)*.

Le narrateur — Tout à coup Oforiwa bondit à la vie. Voyez cet étonnant spectacle.

Oforiwa *chantant*. — Nnenne. Nnenne
Nnenne Abena
Venez, hommes et femmes.

Le Chœur *se levant joyeusement*.
— Nnenne, Nnenne
Nnenne Abena
Venez, hommes et femmes
Nnenne Nnenne
Nnenne Abena

(Quand le chant s'arrête, tout le chœur parle en même temps.)
Nous sommes venus. Une ville où personne n'habite est un endroit où il fait froid.

(Suit maintenant une séquence de présentations individuelles et dans les formes, qu'Oforiwa observe avec plaisir.)

Premier protagoniste *allant vers Ananse et le saluant* — Un homme seul n'est entouré que de vide. Mon nom est Abraw.

Ananse *stupéfait* — Merci, Abraw.
(Le premier protagoniste retourne à sa place.)

Deuxième protagoniste — C'est d'hommes et de femmes qu'est une ville. Mon nom est Ahenewa.

Ananse — Merci, Ahenewa.
(Le deuxième protagoniste retourne à sa place.)

Troisième protagoniste — C'est avec l'esprit des hommes et des femmes qu'est faite une ville.
Malheur à la ville qui n'est pas soumise à la pensée réfléchie des hommes. Mon nom est Anyaado.

Ananse — Merci, Anyaado.

(Le troisième protagoniste retourne à sa place.)

Quatrième protagoniste — C'est avec les actes d'amour qu'est faite une ville. C'est l'absence d'actes d'amour qui maintient une ville dans une guerre perpétuelle. Mon nom est Okoronto.

Ananse — Merci, Okoronto.

(Le quatrième protagoniste retourne à sa place.)

Oforiwa — Qu'il en soit ainsi !

Le narrateur — Et Oforiwa bondit à la vie, de nouveau...

Oforiwa *chantant* — Nnenne Nnenne
               Nnenne Abena
               Viennent les fruits de Dieu.

Le chœur *chantant* — Nnenne Nnenne
               Nnenne Abena
               Viennent les fruits de Dieu
               Nnenne Nnenne
               Nnenne Abena.

(Le chant continue pendant que quatre jeunes filles du chœur s'en vont et reviennent en ramenant des plateaux de cuivre étincelants, chargés de fruits et d'autres nourritures. Elles les présentent à Ananse. Ananse est bouche bée d'étonnement. Elles posent leur charge et retournent à leur place.)

Premier protagoniste — Puisses-tu ne jamais plus souffrir de faim affligeante.

Deuxième protagoniste — Que l'abondance et la fécondité t'appartiennent à jamais.

Troisième protagoniste — Que toi et les tiens mangiez toujours à votre faim.

Ananse — Comment un homme peut-il remercier pour un don aussi considérable, Oforiwa... Comment puis-je te remercier ?...

Oforiwa — Oh ! Je n'ai pas encore fini. Vois ce qui vient maintenant.

Le narrateur — Et sa voix s'élève.

Oforiwa *chantant* — Nnenne Nnenne
               Nnenne Abena
               Vienne un trésor.

Le chœur *chantant* — Nnenne Nnenne
               Nnenne Abena
               Vienne un trésor
               Nnenne Abena.

(Les membres du chœur sortent soudain de longues chaînes d'or

269

qu'ils placent autour du cou et des poignets d'Ananse alors qu'il essaye de les arrêter.)

Ananse *profondément effrayé* — Maintenant, vraiment je sais que je rêve. Quoi ? de l'Or ? Arrêtez. Ne l'approchez pas de moi. Comprenez-vous ? Je ne suis pas un voleur. Je ne suis pas un voleur.

Oforiwa *en riant* — Ne hurle pas ainsi, comme quelqu'un qui a un cauchemar, tout ce que tu vois est réel. Ta pauvreté est terminée. *(Dansowa portant son vieux panier apparaît)*. Regarde, voici ta femme. *(Oforiwa se retire sur le côté du plateau, le dos tourné à la scène.)*

Ananse *la voix rauque* — Dansowa.

Dansowa *regardant autour d'elle* — Où ai-je donc erré ?... La maison de quelqu'homme fortuné... *(Elle voit le chœur en train de l'observer)*. Excusez-moi. Oh, excusez-moi, je ne suis pas une personne bien importante. Ei ! je ferais mieux de courir !

Ananse — Dansowa, arrête.

Dansowa *s'arrêtant dans sa course* — C'est Ananse, la voix de mon époux que j'entends ?

Ananse — Dansowa. C'est moi... *(Il marche vers elle, prend sa main et la ramène)*. Les choses étranges qui se sont déroulées ici ! Ne me pose pas de question, maintenant. Nombreux sont les mystères de ce monde. *(Il lui montre les plateaux de nourriture)*. Tout ce que tu vois devant tes yeux est une bénédiction.

Le chef du chœur — Maintenant se fait sentir la nécessité de la confiance. Femme, que ta confiance te fraye un bon passage.

Le chœur — Qu'elle te fraye un bon passage afin que dure cette bénédiction.

Dansowa — Que fait ici cette foule de gens ?

Le chœur — Nous sommes venus vivre avec vous pour vous apporter de la chaleur.

Dansowa *ne sachant que dire* — Nous vous en remercions. *(Elle va vers le plateaux de victuailles)*. Et ces fruits ?

Le chœur — Si vous avez eu faim avant, maintenant c'est fini.

Dansowa *encore étourdie* — Grands mercis! Ei !

Ananse *rassemblant son courage* — Et ne veux-tu pas regarder ceci ? *(il montre son or)*. Regarde autour de mon cou, regarde la richesse, regarde l'or.

Dansowa *alarmée* — Ananse, tu sais très bien que nous n'aimons pas les ennuis. Qu'est-ce que tout cela ?

Le chœur — C'est la pauvreté, qui s'enfuit. Ecoute, nous conspuons la pauvreté. Eh oui, pauvreté, remporte tes calamités !

Dansowa — Laissez-moi m'asseoir et réfléchir un peu à tout cela car c'est plus que je ne puis comprendre. *(Elle s'asseoit, le chœur s'asseoit aussi.)*

Ananse *allant vers elle, avec douceur* — Et, qui plus est qu'est-ce qui pourrait être plus joyeux en cette saison où notre cacao est mûr pour ainsi dire, que vienne nous rendre visite une de nos parentes...

Dansowa — Quelle parente ?

Ananse *montrant Oforiwa* — Lève-toi et va l'accueillir.

Dansowa *regarde Oforiwa d'un air de doute* — Une de tes parentes que je ne connaîtrais pas ?

Ananse — C'est la fille d'une de mes tantes qui vit à l'étranger depuis longtemps. C'est sa fille qui est née à l'étranger. Elle s'appelle Oforiwa.

Dansowa — Mais comment savait-elle où nous trouver ? *(Elle se lève.)*

Ananse — Elle a entendu parler de notre condition quand elle arriva chez elle et c'est par sympathie qu'elle est venue nous rendre visite.

Le narrateur — Mes amis, quelque chose retenait Dansowa... mais quand un étranger vient chez nous, on doit l'accueillir.

Ananse — Oforiwa ! *(Oforiwa se retourne et s'avance vers eux.)* Je te présente ma femme, Dansowa.

Dansowa — Bienvenue. *(Elle offre sa main, avec hésitation.)*

Oforiwa *joyeusement* — Merci, mère.

Dansowa — Comment est-ce, là d'où tu viens ?

Oforiwa — Paisible.

Dansowa — Parfait. Tout ce que nous possédons ici t'appartient aussi.

Oforiwa *amusée* — Merci beaucoup.

Dansowa — Entre. Je viens tout de suite.

(Oforiwa s'en va tandis que Dansowa l'observe. Quand elle se retourne vers Ananse, son humeur a de nouveau changé.)

Dansowa — Ananse, suis-je à ma place dans cet endroit, dans ces tristes guenilles ?

Oforiwa *appelant de l'intérieur de la maison* — Mère Dansowa ! Quelqu'atours que vous désiriez, j'ai ce qu'il vous faut ici. Ne voulez-vous pas venir prendre mes cadeaux ?

Dansowa *mal à son aise* — Que dit-elle ?

Le chef de chœur *avec impatience* — Pourquoi ne t'arrêtes-tu pas de bavarder et ne t'occupes-tu pas plutôt de ton hôte ?

Ananse — Allons. Laisse-moi t'accompagner. Il est toujours bon de connaître les nouvelles de l'étranger.

(Ils entrent, Dansowa montrant son manque d'enthousiasme.)

Le chef du chœur — Ah, quel soulagement ! En vérité, Dansowa n'a pas poussé aussi loin que je ne le craignais son interrogatoire.

Quatrième protagoniste — Qui peut trouver mieux qu'une femme qui écoute son mari ? Elle a agi sagement.

Deuxième protagoniste — Que maintenant ils puissent vivre paisiblement de sorte que la fortune qui leur est échue nous profite également.

Sixième protagoniste — Je suis un homme qui parle franc. Si tout doit se passer bien, cela dépend entièrement de la conduite d'Ananse et de son amour-propre.

Premier protagoniste — Bien dit, un homme est toujours un homme.

(Pendant ce dialogue, l'accessoiriste enlève le brasero et la marmite.)

Le narrateur — Une histoire ne met pas de temps du tout pour grandir. *(Le chœur bouge et change d'humeur pour se préparer au divertissement qui doit suivre.)* La femme Oforiwa, et Ananse et sa femme Dansowa vivent ensemble depuis près d'un an maintenant. Ils n'ont manqué de rien. Ils n'ont jamais été privés de la compagnie d'hommes et de femmes.

Quand un homme trouve où poser sa tête, et qu'il n'a pas d'inquiétude sur ce qu'il aura à manger le jour suivant, il trouve aussi le loisir de s'amuser avec gaieté. Il y a un esprit de fête tout autour de lui, accompagné d'animation joyeuse. Nous voici, présents pour l'amusement.

(Le chœur se met à chanter des airs folkloriques et à jouer du tambour. Ils dansent, seuls ou par paires. Après un moment, Dansowa, richement parée, court se joindre à la danse. Elle est suivie d'Oforiwa qui n'a pas changé. Le chœur les accueille joyeusement et leur laisse la piste libre. Maintenant, Ananse, également richement vêtu, extrêmement heureux et un peu ivre, court se joindre à la danse. Dansowa et Oforiwa dansent autour de lui pour l'encourager. Ananse porte à Oforiwa beaucoup d'attention, ce qui la charme.)

Premier protagoniste — L'ancien lui-même est sur la piste !

Le chef du chœur — Salut à lui !

Deuxième protagoniste — Voici qui donne sans compter !

Troisième protagoniste — Ananse, que l'on appelle Akuamoah. C'est lui qui dépense avec largesse.

Quatrième protagoniste — Oncle, que ferais-je sans toi ?

Une voix du chœur — Comme le monde change, voyez Ananse.

Ananse *tandis que la musique s'arrête* — Oforiwa, où es-tu ? O toi, femme si belle dont la présence nourrit ma faim.

(Oforiwa et Ananse se regardent amoureusement, ne faisant pas attention à Dansowa qui les observe avec déplaisir.)

Sixième protagoniste — Vous entendez ? Un de ces jours vous me direz que je vous l'avais dit.

Cinquième protagoniste — Voyez comme il regarde Oforiwa.

Le chef du chœur — Ne courtisez pas le mal avec vos bouches.

(Dansowa paraît très mécontente.)

Le narrateur — Chaque regard a sa signification. Que signifie le regard que Dansowa porte sur Ananse ?

Dansowa — Mon époux ?

Ananse *se tournant vers elle avec de grandes démonstrations de tendresse* — Mon épouse pleine de maturité. Epouse de mon âme.

Dansowa — Trésor de mon âme, ne peux-tu venir ici, une minute ? *(Elle l'attire à part.)* Au sujet de cette femme : Quand part-elle ?

Ananse — Pas de ça. Ne parle pas de son départ.

Dansowa — C'est ce que tu dis chaque fois que je soulève cette question. Aujourd'hui tu vas tout m'expliquer. *(Elle le prend et le retient. Le chœur pressent des ennuis.)*

Ananse — Mais rien de mal ne nous est arrivé depuis son arrivée.

Dansowa — Dans ce cas, empêchons-le complètement d'arriver. Je suis humaine. Si tu me caches quelque chose, me sentirai-je paisible ?

Ananse — La langue ne doit pas tout dire.

Dansowa — Si tu ne veux pas que je t'accuse de sombres pensées, donne-moi juste une petite explication.

Ananse *réfléchit un peu, puis* — Cela fait assez longtemps que tout ça s'est passé, il faut bien l'admettre. Qu'est-ce que ça pourrait faire si je lui en racontais juste un petit bout? *(Il chuchote son histoire, se laissant entraîner parce qu'il est ivre. Il mime même les mouvements d'Oforiwa quand il la surprit la première fois. Dansowa au fur et à mesure qu'elle écoute l'histoire, se met en colère.)*

Le narrateur — La boisson est une clé qui ouvre les portes les plus secrètes de l'esprit humain. Cet homme a goûté à la boisson, il aurait mieux fait de veiller à ce que sa langue ne se délie toute seule.

(Ananse continue à parler, prenant plaisir à raconter. Oforiwa maintenant sait ce qu'il fait. Tendue, elle se dirige sur le côté, les yeux fixés au loin.)

Dansowa — Alors tu dis que tu vas en faire ton épouse. Nous verrons. Ce ne sera pas en ma présence, ici. Ça je peux te le dire tout de suite. *(Rageusement, elle se dirige vers le chœur.)* Musiciens, agoo !

Le chœur — Amée !

Dansowa — J'ai trouvé une nouvelle chanson, reprenez-là avec moi !

Le narrateur — La rivalité s'est frayé un chemin dans l'histoire.

Dansowa *chantant* — J'appelle
J'appelle
J'appelle
Oui, j'appelle
Le cuissot du daim.

Le chœur *chantant* — J'appelle
J'appelle

Dansowa *chantant* — Kweku[1] aimerait épouser le cuissot du daim.

Le chœur *chantant* — J'appelle
J'appelle

Dansowa *chantant* — Maintenant qu'il est riche, il voudrait épouser le cuissot du daim.

Le chœur *chantant* — J'appelle
J'appelle

Dansowa *chantant* — Toute cette agitation pour un cuissot de daim.

Le chœur *chantant* — J'appelle
J'appelle

Dansowa *chantant* — Un cuissot, un cuissot, un cuissot, un cuissot de daim.

Le chœur *chantant* — J'appelle
J'appelle

(Ananse, redevenu sobre, est debout, incapable d'intervenir tandis que Dansowa bondit en avant et en arrière entre lui et Oforiwa, les défiant ouvertement. Chaque fois qu'elle atteint Oforiwa, elle saisit sa propre cuisse et sautille en se moquant. Deux protagonistes du chœur sont si amusés par cela, qu'ils se

1. Son mari.

lèvent et font le même geste à côté d'Oforiwa qui se tient
absolument immobile, son visage seul enregistrant ses émo-
tions.)
Le chef du chœur *prenant conscience du danger* — Arrêtez
cela. Si Dansowa dit qu'elle a trouvé une nouvelle chanson,
laissez-la chanter seule.
Dansowa — Ne faites pas attention à lui.
(Mais le chœur s'arrête de chanter, et elle s'arrête de gamba-
der, hors d'haleine.)
Ananse *essayant timidement d'attirer l'attention d'Oforiwa.*
— Oforiwa, laisse-moi te parler un moment.
(Oforiwa repousse avec colère la main qui la touchait.)
Oforiwa — Moi ? Tout ce que toi et moi avons à nous dire, va
l'être ici en public.
Ananse *à Dansowa* — Tu vois ce que tu as fait ?
Dansowa — Tout ennui, si on s'en occupe vulgairement, finit
rapidement.
Oforiwa — Tu ne te trompes pas. Je vais t'aider à tout
terminer, immédiatement.
Ananse *à Dansowa* — Ne discute pas avec elle comme ça.
Oforiwa *s'adressant au chœur* — Etes-vous attentifs ?
Le chef du chœur — Amis, les ennuis arrivent.
Ananse *à Oforiwa* — Laisse-moi t'expliquer !
Oforiwa — Tu m'avais juré, te rappelles-tu ?
Ananse *maladroitement* — Je t'explique...
Oforiwa — Homme, tu avais prêté serment, te rappelles-tu ?
Dansowa — Qui vous a permis d'adresser des paroles telles à
l'époux d'une autre femme ?
Premier protagoniste — Tu vas te taire, non !
Oforiwa *à Dansowa* — Comme tu es pitoyable ! *(à Ananse)* —
Homme, je t'avais averti, Bien, éloigne-toi.
Le chef du chœur — Et elle bondit en avant.
(Oforiwa bondit au centre.)
Oforiwa *chantant lentement* — Nnenne.
Le chœur — C'est le moment.
Oforiwa *commençant sa lente sortie* —
            Nnenne Nnenne
            Abena Trésors, allez-vous-en
Le chœur — Nnenne Nnenne
            Nnenne Abena
            Allez-vous-en trésors
            Nnenne Nnenne
            Nnenne Abena
(Le chant s'interrompt un moment tandis que certains prota-

gonistes du chœur dépouillent Ananse et Dansowa de leurs riches vêtements et de leurs bijoux, leur laissant leurs guenilles antérieures.)

Oforiwa — Fruits de Dieu, allez-vous-en
          Nnenne Nnenne
          Nnenne Abena
          Fruits de Dieu, allez-vous-en
          Nnenne Abena
          Nnenne Nnenne

(Les femmes du chœur ramassent les plateaux de victuailles et les emportent.)

          Hommes et femmes, allez-vous-en
          Nnenne Abena
          Nnenne Nnenne
          Hommes et femmes, allez-vous-en
          Nnenne Nnenne
          Nnenne Abena

(Oforiwa quitte le plateau quand presque tous les membres du chœur sont sortis.)

Premier protagoniste — Eh bien. Il faut se dire au revoir.

Ananse — Ne peux-tu pas intervenir en ma faveur ?

Premier protagoniste — Si tu frottes le visage d'une bénédiction dans la poussière, elle t'abandonne.

Ananse *vaincu* — Ne pouvais-tu pas plaider pour moi ?

Deuxième protagoniste — Comment aurions-nous pu plaider ? Pourquoi as-tu délié ta langue si sottement, si tu avais besoin de conseils ?

(En dehors du narrateur, Ananse et Dansowa sont seuls. On entend le chœur chanter au loin. L'accessoiriste amène leur vieux panier et le laisse choir devant Dansowa.)

Dansowa *stupéfaite* — Regarde ! C'est vrai ! Nous voilà de nouveau comme avant.

Ananse *ramassant le panier, l'air menaçant et le jetant à la tête de Dansowa* — Allez, va !

    Nous avons vu ce que nous voulions voir.

(Ils sortent.)

Le narrateur — Les voici à nouveau sur la route.
          Et puis, quand, encore ?
          C'est la question.
          Que cet Anansegoro vous ait amusé ou non,
          Que vous en ayez recueilli quelque chose
          Qu'il en soit ainsi.

(Au loin, le joueur de flûte joue des airs de Nnenne.)

VI

L'Afrique libre francophone

LA PROSE MODERNE

Le Sénégal

CHEIKH HAMIDOU KANE — Peul du Sénégal né en 1928, fortement marqué par l'éducation musulmane traditionnelle, Kane vint poursuivre en France des études de philosophie et de sciences de l'administration (ENFOM).

De l'écart entre deux formations si différentes il tira un roman *L'Aventure ambiguë* (1961) qui le classa d'emblée parmi les meilleurs écrivains d'Afrique en même temps que parmi les plus « engagés ».

Aventure ambiguë dans cette *Afrique ambiguë*[1] que celle d'une société dont le système de valeurs se sent attaqué, parasité, par un système de valeurs étranger. Quelle attitude doit donc adopter l'Afrique devant la civilisation européenne qui a déjà, par force, pris pied sur son continent, troublé les esprits, créé de nouveaux besoins ? Faut-il aller à l'école des Blancs « pour apprendre à vaincre sans avoir raison » et par-là acquérir la puissance technique et scientifique « car c'est la main qui défend l'esprit » ? Mais si on rentre à l'école des Blancs on court aussi de grands dangers : car avec les techniques, l'école européenne vous enseigne aussi sa morale, sa religion, sa philosophie, et vous sépare de votre civilisation africaine. Elle fait de vous des déracinés, des élites oui, mais des élites décérébrées, comme disait Césaire. Tel est le problème que pose Hamidou Kane avec un art et une profondeur sans pareils jusqu'ici dans la littérature mondiale. Le vrai problème de la négritude moderne est enfin abordé, et la race n'y a plus rien à voir ; c'est bien de différences culturelles qu'il s'agit, différences irréductibles : le diagnostic de Kane ne laisse aucun doute sur ce sujet : ou bien l'Africain arrivera à faire la synthèse entre ces deux cultures antagonistes, ou bien il périra. C'est cela que signifie la mort finale du héros, Samba Diallo. C'est, selon l'interprétation de l'auteur lui-même « la preuve par l'absurde que la civilisation africaine existe et existe à un tel point que si un individu cède à la tentation de l'extirper, ou de l'abandonner, il détruit son âme, sa personnalité, inévitablement. »

1. Titre d'un livre de Georges Balandier.

C'est le marabout qui enseigne le Coran aux enfants de la tribu.
Il est comme l'incarnation du mysticisme africain.

L'homme était vieux, maigre et émacié, tout desséché par ses macérations. Il ne riait jamais. Les seuls moments d'enthousiasme qu'on pouvait lui voir étaient ceux pendant lesquels il plongeait dans ses méditations mystiques, ou, écoutant réciter la parole de Dieu, il se dressait tout tendu et semblait s'exhausser du sol comme soulevé par une force intime. Les moments étaient nombreux par contre où, poussé dans une colère frénétique par la paresse ou les bévues d'un disciple, il se laissait aller à une violence d'une brutalité inouïe. Mais ces violences, on l'avait remarqué, étaient fonction de l'intérêt qu'il portait au disciple en faute. Plus il le tenait en estime, plus folles étaient ses colères. Alors, verges, bûches enflammées, tout ce qui lui tombait sous la main servait aux châtiments. Samba Diallo se souvenait qu'un jour, pris d'une colère démente, le maître l'avait précipité à terre et l'avait furieusement piétiné, comme font certains fauves de leur proie.

Le maître était un homme redoutable à beaucoup d'égards. Deux occupations remplissaient sa vie : les travaux de l'esprit et les travaux des champs. Il consacrait aux travaux des champs le strict minimum de son temps et ne demandait pas à la terre, plus qu'il ne faut pour sa nourriture extrêmement frugale, et celle de sa famille, sans les disciples. Le reste de son temps, il le consacrait à l'étude, à la méditation, à la prière, et à la formation des jeunes gens confiés à ses soins. Il s'acquittait de cette tâche avec une passion réputée dans tout le pays des Diallobé[1]. Des maîtres venant des contrées les plus lointaines le visitaient périodiquement et repartaient édifiés. Les plus grandes familles du pays se disputaient l'honneur de lui envoyer leurs garçons. Généralement, le maître ne s'engageait qu'après avoir vu l'enfant. Jamais aucune pression n'avait pu modifier sa décision, lorsqu'il avait refusé. Mais il arrivait qu'à la vue d'un enfant, il sollicitât de l'éduquer. Il en avait été ainsi pour Samba Diallo.

LA MORT D'UN CHEF

— Grande Royale[2], vous souvenez-vous de votre père ?

1. Tribu peule.
2. Sœur du chef de la tribu.

— Oui, maître, répondit-elle simplement, surprise néanmoins.

— Moins que moi, car je l'ai connu bien avant vous et je l'ai toujours approché de près. Mais vous souvenez-vous dans quelles dispositions il mourut ?

— Je me souviens, certes.

— Moins que moi encore, car c'est moi qui lui ai dit la prière des agonisants et qui l'ai enterré. Permettez-moi de l'évoquer ce soir et cela ne sort point de nos propos.

Le maître se tut un instant, puis reprit :

— Il a longtemps souffert seul, sans que nul n'en sût rien. Un jour, il me fit appeler. Lorsque je parus, après qu'il m'eût longtemps salué, que nous eûmes causé comme à l'accoutumée, il se leva, alla à une malle qu'il ouvrit et en sortit une grande pièce de percale.

« Ceci, me dit-il, est mon linceul, et je voudrais que vous m'indiquiez la façon rituelle de le tailler ». Je cherchai son regard. La paix et la gravité que j'y observai anéantirent, dans mon esprit, les vaines paroles de protestation que j'allais prononcer. Je me félicite de les avoir tues, tellement, aujourd'hui encore, je sens en moi leur ridicule, devant cet homme qui *dominait sa mort* de toute sa stature. J'obéis donc et lui donnai les indications du Livre[1]. Il tailla son linceul de sa propre main. Ayant fini, il me pria de l'accompagner en un lieu retiré de sa demeure, et là, en sa présence, me demanda d'indiquer à son esclave Mbarc les gestes et le détail de la toilette funéraire. Nous revînmes dans sa chambre alors et causâmes longuement, comme si la souffrance n'eût pas visiblement martyrisé son corps. Quand je me levai pour partir, il me demanda de bien vouloir l'assister quand viendrait l'heure.

Deux jours après, on vint me quérir de sa part, je trouvai une famille silencieuse et consternée, une maison remplie de monde. Votre père était dans sa chambre, étendu sur une natte à terre et entouré de beaucoup de personnes. Ce fut la seule fois qu'il ne se leva pas à mon entrée. Il me sourit et, après m'avoir salué, me demanda de réunir tous ceux qu'il avait fait convoquer dans sa maison. « Je les supplie de me dire, avant que je meure, ce que je pourrais leur devoir et que j'aurais oublié de rendre. S'il y en a qui conservent le souvenir d'une injustice de moi, qu'on m'en prévienne et je m'en excuserai publiquement. A tous, je demande que me soient pardonnés les maux particuliers que j'ai pu commettre et le *grand mal qui a tenu à ma fonction de chef* des Diallobé. Hâtez-vous, s'il vous plaît, je vous attends. » « M'a-t-on pardonné ? » s'enquit-il à

1. Coran.

mon retour, et tout le monde vit l'inquiétude qui l'agita alors. Je répondis que tous avaient pardonné. Il me posa trois fois cette question. Il eut ensuite la force de saluer tous ceux qui étaient autour de lui. Il me demanda mon bras qu'il serra fort, souhaitant que je fisse de même du sien, et mourut en prononçant le nom de Dieu. Grande Royale, ce fut un chef, votre père, qui me montra, à moi qui traduis le Livre, comme il faut mourir. Je voudrais transmettre ce bienfait à son petit neveu.

— Je vénère mon père et le souvenir que vous en avez. Mais je crois que le temps est venu d'apprendre à nos fils de vivre. Je pressens qu'ils auront affaire à un monde de vivants où les valeurs de mort seront bafouées et faillies.

— Non, madame. Ce sont des valeurs ultimes qui se tiendront encore au chevet du dernier humain. Vous voyez que *je blesse la vie* dans votre jeune cousin[1] et vous vous dressez en face de moi. La tâche, cependant ne m'est pas agréable, ni facile. Je vous prie de ne point me tenter, et de laisser à ma main sa fermeté. Après cette blessure profonde, pratiquée d'une main paternelle, je vous promets que plus jamais cet enfant ne se blessera. Vous verrez de quelle stature, lui aussi, dominera la vie et la mort.

LES BESOINS DU CORPS
ET LES BESOINS DE L'ÂME

Le maître savait de quoi le chef allait lui parler. Ce sujet, le chef l'avait abordé avec lui mille fois. Les hommes du Diallobé voulaient apprendre à *mieux lier le bois au bois*. Le pays, dans sa masse, avait pris le choix inverse de celui du maître. Pendant que le maître niait la rigidité de ses articulations, le poids de ses reins, niait sa case et ne reconnaissait de réalité qu'à *Ce vers Quoi sa pensée à chaque instant s'envolait* avec délice, les Diallobé, chaque jour un peu plus, s'inquiétaient de la fragilité de leurs demeures, du rachitisme de leur corps. Les Diallobé voulaient plus de poids.

Lorsque sa pensée buta sur ce mot, le maître tressaillit. Le poids ! Partout il rencontrait le poids. Lorsqu'il voulait prier, le poids s'y opposait, chape lourde de ses soucis quotidiens sur l'élan de sa pensée vers Dieu, masse inerte et de plus en plus sclérosée de son corps sur sa volonté de se lever, puis de se baisser, puis de se lever encore, dans les gestes de la prière. Il y avait aussi d'autres aspects du poids qui, de même que le Malin,

1. Samba Diallo.

revêt divers visages : la distraction des disciples, les fééries brillantes de leur jeune fantaisie, autant d'hypostases[1] du poids, acharnées à les fixer à terre, à les maintenir loin de la vérité.

— Dites-leur qu'ils sont des courges.

Le maître réprima un sourire. Généralement, l'espièglerie de sa pensée l'amusait. Le chef cependant attendait, sachant par habitude quel fonds il faut faire aux sautes[2] du vénérable.

— La courge est une nature drôle, dit enfin le maître. Jeune, elle n'a de vocation que celle de faire du poids, de désir que celui de se coller amoureusement à la terre. Elle trouve sa parfaite réalisation dans le poids. Puis, un jour, tout change. La courge veut s'envoler. Elle se résorbe et s'évide tant qu'elle peut. Son bonheur est fonction de sa vacuité, de la sonorité de sa réponse lorsqu'un souffle l'émeut. La courge a raison dans les deux cas.

— Maître, où en sont les courges du Diallobé ?

— C'est au jardinier de répondre, pas à moi.

Le chef demeura silencieux un moment.

— Si je leur dis d'aller à l'école nouvelle, ils iront en masse. Ils y apprendront toutes les façons de lier le bois au bois que nous ne savons pas. Mais, apprenant, ils oublieront aussi. *Ce qu'ils apprendront vaut-il ce qu'ils oublieront ?* Je voudrais vous demander : peut-on apprendre ceci sans oublier cela, et ce qu'on apprend vaut-il ce qu'on oublie ?

— Au foyer[3], ce que nous apprenons aux enfants, c'est Dieu. Ce qu'ils oublient, c'est eux-mêmes, c'est leurs corps et cette propension à la rêverie futile, qui durcit avec l'âge et étouffe l'esprit. Ainsi ce qu'ils apprennent vaut infiniment mieux que ce qu'ils oublient.

— Si je ne dis pas aux Diallobé d'aller à l'école nouvelle, ils n'iront pas. Leurs demeures tomberont en ruines, leurs enfants mourront ou seront réduits en esclavage. La misère s'installera chez eux et leurs cœurs seront pleins de ressentiments...

— La misère est, ici-bas, le principal ennemi de Dieu.

— Cependant, maître, si je vous comprends bien, la misère est aussi l'absence du poids. Comment donner aux Diallobé la connaissance des arts et l'usage des armes, la possession de la richesse et la santé du corps sans les alourdir en même temps ?

— Donnez-leur le poids, mon frère. Sinon j'affirme que bientôt il ne restera plus rien ni personne dans le pays. Les Diallobé

1. *Hipostases* : syn. de : dérivés, conséquences, sous-produits.
2. *Sautes d'humeur.*
3. L'école du Maître.

comptent plus de morts que de naissances. Maître, vous-mêmes,
vos foyers s'éteindront.

La Grande Royale était entrée sans bruit, selon son habitude. Elle avait laissé ses babouches derrière la porte. C'était
l'heure de sa visite quotidienne à son frère. Elle prit place sur la
natte, face aux deux hommes.

— Je me réjouis de vous trouver ici, maître. Peut-être allons-
nous mettre les choses au point, ce soir.

— Je ne vois pas comment, madame. Nos voies sont parallèles
et toutes deux inflexibles.

— Si fait, maître. Mon frère est le cœur vivant de ce pays,
mais vous en êtes la conscience. Enveloppez-vous d'ombre,
retirez-vous dans votre foyer et nul, je l'affirme, ne pourra
donner le bonheur aux Diallobé. Votre maison est la plus
démunie du pays, votre corps le plus décharné, votre apparence
la plus fragile. Mais nul n'a, sur ce pays, un empire qui égale le
vôtre.

POURQUOI APPRENDRE À VAINCRE
SANS AVOIR RAISON

— Mon frère, n'est-il pas vrai que sans la lumière des foyers nul
ne peut rien pour le bonheur des Diallobé ? Et, grand maître,
vous savez bien qu'il n'est point de dérobade qui puisse vous
libérer.

— Madame, Dieu a clos la sublime lignée de ses envoyés avec
notre prophète Mahommet, la bénédiction soit sur lui. Le
dernier message nous transmit l'ultime Parole où tout a été
dit. Seuls les insensés attendent encore.

— Ainsi que les affamés, les malades, les esclaves. Mon frère,
dites au maître que le pays attend qu'il acquiesce.

— Avant votre arrivée, je disais au maître : « je suis une pauvre
chose qui tremble et qui ne sait pas ». Ce lent vertige qui nous
fait tourner, mon pays et moi, prendra-t-il fin ? Grande
Royale, dites-moi que votre choix vaudra mieux que le vertige ;
qu'il nous en guérira et ne hâtera pas notre perte au contraire.
Vous êtes forte. Tout ce pays repose sous votre grande ombre.
Donnez-moi votre foi.

— Je n'en ai pas. Simplement, je tire la conséquence de
prémisses que je n'ai pas voulues. Il y a cent ans notre grand-
père, en même temps que tous les habitants de ce pays, a été
réveillé un matin par une clameur qui montait du fleuve. Il a pris
son fusil et suivi de toute l'élite, s'est précipité sur les nouveaux
venus. Son cœur était intrépide et il attachait plus de prix à la

282

liberté qu'à la vie. Notre grand-père, ainsi que son élite, ont été défaits. Pourquoi ? Comment ? Les nouveaux venus seuls le savent. Il faut le leur demander ; *il faut aller apprendre chez eux l'art de vaincre sans avoir raison*. Au surplus, le combat n'a pas cessé encore. *L'école étrangère est la forme nouvelle de la guerre* que nous font ceux qui sont venus, et il faut y envoyer notre élite, en attendant d'y pousser le pays. Il est bon qu'une fois encore l'élite précède. S'il y a un risque, elle est la mieux préparée pour le conjurer, parce que la plus fermement attachée à ce qu'elle est. S'il est un bien à en tirer, il faut que ce soit elle qui l'acquière la première. Voilà ce que je voulais vous dire, mon frère. Et puisque le maître est présent, je voudrais ajouter ceci. Notre détermination d'envoyer la jeunesse noble du pays à l'école étrangère ne sera obéie que si nous commençons par y envoyer nos propres enfants.

L'ANGOISSE DU CHEVALIER[1]

Que ne comprennent-ils, tous ceux-là, jusque dans sa famille, qui se précipitent, que leur course est un suicide, leur soleil un mirage ! Que n'avait-il, lui, stature assez puissante pour se dresser sur leur chemin, afin d'imposer un terme à leur course aveugle !

Mais, lui objecta une voix en lui-même, l'homme est entouré de problèmes qui empêchent cette quiétude. Il naît dans une forêt de questions. La première dont il participe par son corps que tu hais — le harcèle d'une cacophonie de demandes auxquelles il faut qu'il réponde : « Je dois manger, fais-moi manger », ordonne l'estomac. « Nous reposerons-nous enfin ? Réponds-nous, veux-tu ? » lui sussurent les membres. A l'estomac et aux membres, l'homme répond les réponses qu'il faut, et cet homme est heureux. « Je suis seule, j'ai peur d'être seule, je ne suffis pas, seule... cherche-moi qui aimer », implore une voix. « J'ai peur, j'ai peur. Quel est mon pays d'origine ? Qui m'a apportée ici ? Où me mène-t-on ? » interroge cette voix, particulièrement plaintive, qui se lamente jour et nuit. L'homme se lève et va chercher l'homme. Puis il s'isole et prie. Cet homme est en paix. *Il faut que l'homme réponde à toutes les questions.* Toi tu veux en ignorer quelques-unes...

Non, objecta le chevalier pour lui-même. Non ! Je veux

1. Celui qu'on appelle « le Chevalier » est le père de Samba Diallo, héros du livre, et le représentant le plus éminent de la tradition au sein de la tribu des Diallobé. Dans ce passage, il dialogue avec lui-même sur l'attitude à adopter devant la civilisation européenne.

seulement *l'harmonie*. Les voix les plus criardes tentent de couvrir les autres. Cela est-il bon ? *La civilisation est une architecture de réponses. Sa perfection,* comme celle de toute demeure, *se mesure au confort que l'homme y éprouve, à l'appoint de liberté qu'elle lui procure.* Mais précisément les Diallobé ne sont pas libres, et tu voudrais maintenir cela ? Non. Ce n'est pas ce que je veux. Mais l'esclavage de l'homme parmi une forêt de solutions vaut-il mieux aussi ?

Le chevalier tournait et retournait ses pensées de mille façons, dans son esprit.

Le bonheur n'est pas fonction de la masse de réponses mais de leur répartition. Il faut équilibrer... Mais l'Occident est possédé et le monde s'occidentalise. Loin que les hommes résistent, le temps qu'il faut, à la folie de l'Occident, loin qu'ils se dérobent au délire d'occidentalisation, le temps qu'il faut pour *trier,* et *choisir,* assimiler ou rejeter, on les voit au contraire, sous toutes les latitudes, trembler de convoitise, puis se métamorphoser en l'espace d'une génération, sous l'action de ce nouveau mal des ardents[1] que l'Occident répand.

DEUX PHILOSOPHIES DIFFÉRENTES

Le chef des Diallobé et Paul Lacroix, directeur de l'école européenne dialoguent.

Lacroix — Ce crépuscule ne vous trouble-t-il pas ? Moi, il me bouleverse. En ce moment, il me semble plus proche de la fin du monde que de la nuit...

Le chevalier sourit.

— Rassurez-vous, je vous prédis une nuit paisible.

— Vous ne croyez pas à la fin du monde, vous ?

— Au contraire, je l'espère même, fermement.

— C'est bien ce que je pensais. Ici, tous croient à la fin du monde, du paysan le plus fruste aux hommes les plus cultivés. Pourquoi ? Je me le demandais, et aujourd'hui seulement j'ai commencé de comprendre en regardant le crépuscule.

Le chevalier considéra Paul.

— A mon tour de vous demander : vous ne croyez pas vraiment à la fin du monde ?

— Non, évidemment. Le monde n'aura pas de fin. Du moins pas la fin qu'on attend ici. Qu'une catastrophe détruise notre planète, je ne dis pas...

1. *Mal des ardents :* folie.

— Notre paysan le plus fruste ne croit pas à cette fin-là, épisodique et accidentelle. Son univers n'admet pas l'accident. Il est plus rassurant que le vôtre, malgré les apparences.

— Peut-être bien. Malheureusement pour nous, c'est mon univers qui est vrai. La terre n'est pas plate. Elle n'a pas de versants qui donnent sur l'abîme. Le soleil n'est pas un lampadaire fixé sur un dais de porcelaine bleue. L'univers que la science a révélé à l'Occident est moins immédiatement humain, mais avouez qu'il est plus solide...

— Votre science vous a révélé un monde rond et parfait, au mouvement infini. Elle l'a reconquis sur le chaos. Mais je crois qu'ainsi, elle vous a ouvert au désespoir.

— Non pas. Elle nous a libérés de craintes... puériles et absurdes.

— Absurdes ? L'absurde, c'est le monde qui ne finit pas. Quand saurait-on la vérité ? toute la vérité ? Pour nous, nous croyons encore à l'avènement de la vérité. Nous l'espérons.

C'est donc cela, pensa Lacroix. La vérité qu'ils n'ont pas maintenant, ils sont incapables de la conquérir. Ils espèrent donc la fin. Ainsi, pour la justice aussi. Tout ce qu'ils veulent et qu'ils n'ont pas, au lieu de chercher à le conquérir, ils l'attendent de la fin. Il n'exprima pas sa pensée. Il dit simplement :

— Quant à nous, chaque jour, nous conquérons un peu plus de vérité, grâce à la science. Nous n'attendons pas...

J'étais sûr qu'il n'aurait pas compris, songea le chevalier. Ils sont tellement fascinés par le rendement de l'outil qu'ils en ont perdu de vue l'immensité infinie du chantier. Ils ne voient pas que la vérité qu'ils découvrent chaque jour est chaque jour plus étriquée. Un peu de vérité chaque jour... Bien sûr, il le faut, c'est nécessaire. Mais la Vérité ? Pour avoir ceci, faut-il renoncer à cela ?

— Je crois que vous comprenez très bien ce que je veux dire. Je ne conteste pas la qualité de la vérité que révèle la science. Mais, c'est une vérité partielle, et tant qu'il y aura de l'avenir, toute vérité sera partielle. La vérité se place à la fin de l'histoire. Mais je vois que nous nous engageons dans la voie décevante de la Métaphysique.

— Pourquoi dites-vous « décevante » ?

— « A toute parole on peut en opposer une autre », n'est-ce pas ce qu'a dit un de vos Anciens ? Dites-moi franchement si ce n'est pas là votre conviction, aujourd'hui encore ?

— Non. Et, s'il vous plaît, ne vous retenez pas de faire de la métaphysique. Je voudrais connaître votre monde.

— Vous le connaissez déjà. Notre monde est celui qui croit à la fin du monde. Qui l'espère et la craint tout à la fois. Voilà pourquoi, tantôt, j'ai éprouvé une grande joie lorsqu'il m'a semblé que vous étiez angoissé devant la fenêtre. Voilà, me disais-je, il pressent la fin...

— Non, ce n'était pas de l'angoisse, à la vérité. Ça n'allait pas jusque-là...

— Alors, je vous souhaite du fond du cœur de retrouver le sens de l'angoisse devant le soleil qui meurt. Je le souhaite à l'Occident, ardemment. Quand le soleil meurt, aucune certitude scientifique ne doit empêcher qu'on le pleure, aucune évidence rationnelle qu'on se demande s'il renaîtra. Vous vous mourez lentement sous le poids de l'évidence. *Je vous souhaite cette angoisse. Comme une résurrection.*

— A quoi naîtrions-nous ?

— A une vérité plus profonde. *L'évidence est une qualité de surface. Votre science* est le triomphe de l'évidence, *une prolifération de la surface.* Elle fait de vous les maîtres de l'extérieur mais en même temps elle vous y *exile*, de plus en plus.

Il y eut un moment de silence. Dehors, le drame vespéral avait pris fin. Le soleil était tombé. Derrière lui, une masse imposante de nuages écarlates acheva de s'écrouler à sa suite, comme une monstrueuse traînée de sang coagulé. L'éclat rouge de l'air s'était progressivement attendri sous l'effet de la lente invasion de l'ombre.

Etrange, songeait Lacroix, cette fascination du néant sur ceux qui n'ont rien. Leur néant, ils l'appellent l'absolu. Ils tournent le dos à la lumière, mais ils regardent fixement l'ombre. Est-ce que cet homme n'est pas sensible à sa pauvreté ?

A ce moment s'éleva la voix du chevalier. Elle était basse et méditative. Comme s'il se parlait à lui-même.

— Je voulais vous dire, néanmoins...

Il hésitait.

— Que voulez-vous dire, monsieur ?

— Je voulais vous dire que c'est moi-même finalement, qui ai mis mon fils à votre école.

— A votre tour, vous me donnez une grande joie.

— J'ai mis mon fils à votre école et j'ai prié Dieu de nous sauver tous, vous et nous.

— Il nous sauvera, s'il existe.

— J'ai mis mon fils à l'école parce que l'extérieur que vous avez arrêté nous envahissait lentement et nous détruisait. Apprenez-lui à arrêter l'extérieur.

— Nous l'avons arrêté.

— L'extérieur est agressif. Si l'homme ne le vainc pas, il détruit l'homme et fait de lui une victime de tragédie. Une plaie qu'on néglige ne guérit pas, mais s'infecte jusqu'à la gangraine. Un enfant qu'on n'éduque pas régresse, une société qu'on ne gouverne pas se détruit. L'Occident érige la science contre le chaos envahissant, il l'érige comme une barricade.

A ce moment, Lacroix dut lutter contre la tentation impérieuse de tourner le commutateur électrique à portée de sa main. Il eût aimé scruter le visage d'ombre de cet homme immobile, face à lui. Il percevait dans sa voix une tonalité qui l'intriguait et qu'il aurait voulu référer à l'expression du visage. « Mais aussi, songea-t-il, si j'allume, cet homme peut se taire. Ce n'est pas à moi qu'il parle. C'est à lui-même ! » Il l'écouta.

— Chaque heure qui passe apporte un supplément d'ignition au creuset où fusionne le monde. Nous n'avons pas eu le même passé, vous et nous, *mais nous aurons le même avenir, rigoureusement*. L'ère des destinées singulières est révolue. Dans ce sens, la fin du monde est bien arrivée pour chacun de nous, car nul ne peut plus vivre de la *seule persévération de soi*. Mais, de nos longs mûrissements multiples, il va naître un fils au monde. Le premier fils de la terre. L'unique aussi.

Lacroix le sentit qui se tournait légèrement dans l'ombre vers lui.

— Monsieur Lacroix, cet avenir, je l'accepte. Mon fils en est le gage. Il contribuera à le bâtir. Je veux qu'il contribue, non plus en étranger venu des lointains, mais en artisan responsable des destinées de la cité.

— Il nous enseignera les secrets de l'ombre. Il nous découvrira les sources où s'abreuve votre jeunesse.

— *Ne vous forcez pas*, Monsieur Lacroix ! Je sais que vous ne croyez pas en l'ombre. Ni à la fin. *Ce que vous ne voyez pas n'est pas*. L'instant, comme un radeau, vous transporte sur la face lumineuse de son disque rond, et vous niez tout l'abîme qui vous entoure. La cité future, grâce à mon fils, ouvrira ses baies sur l'abîme, d'où viendront de grandes bouffées d'ombre sur nos corps desséchés, sur nos fronts altérés. *Je souhaite cette ouverture*, de toute mon âme. *Dans la cité naissante, telle doit être notre œuvre*, à nous tous, Hindous, Chinois, Sud-Américains, Nègres, Arabes ; nous tous, dégingandés et lamentables, nous les sous-développés, qui nous sentons gauches en un monde de parfait ajustement mécanique.

Le chevalier considéra son fils en silence quelques secondes, puis, au lieu de répondre à sa question, il lui demanda :

— A ton avis, pourquoi travaille-t-on ?

— Pour vivre...

— Ta réponse me plaît. Mais à ta place, j'aurais été moins catégorique. Ma réponse aurait été énumérative, de la forme suivante, par exemple : « On peut travailler pour vivre, on peut travailler pour survivre, dans l'espoir de multiplier la vie qu'on a, sinon dans la durée — on ne le peut encore — du moins dans son intensité : le but du travail est alors d'accumuler. On peut travailler... Pour travailler, cela se trouve. Mon énumération n'est pas limitative. Admets-tu que je sois dans le vrai plus que toi ? et que mon énumération est juste ? »

— Oui.

— Donc on peut travailler par nécessité, pour faire cesser la grande douleur du besoin, celle qui sourd du corps et de la terre, pour imposer silence à toutes ces voix qui nous harcèlent de demandes. On travaille alors pour se maintenir, pour conserver l'espèce. Mais on peut travailler aussi par avidité ; dans ce cas, on ne cherche pas tellement à obstruer le trou du besoin ; il est déjà pleinement comblé. On ne cherche pas même à devancer la prochaine échéance de ce besoin. On accumule frénétiquement, on croit qu'en multipliant la richesse on se multipliera. Enfin, enfin on peut travailler par manie du travail, je ne dis pas pour se distraire, c'est plus frénétique que cela, on travaille par système. Il en est du travail comme de l'acte sexuel. Tous deux visent la perpétuation de l'espèce. Mais tous deux peuvent avoir leur perversion : chaque fois qu'ils ne se justifient pas par cette visée. Il me semble, jeune philosophe, pour en revenir à l'idée qui t'inquiète, qu'il nous faut la serrer de plus près, afin de l'avoir simple et pure. Or, l'idée du travail pour la conservation de la vie ne me paraît pas assez simple. Elle a des stades antérieurs.

— Assurément, par exemple l'idée même de la vie, en tant que valeur.

— Bravo ! Considérons le travail dans le cas où il est lié à la vie par un rapport de justification. Je dis que tout ce qui justifie et donne son sens à la vie, par là même et a posteriori, donne son sens au travail...

— Je vois ta conclusion. Lorsqu'une vie se justifie de Dieu, tout ce qui tend à la conserver — donc le travail — se justifie aussi de lui.

Nkrumah

Martin Luther King

Langston Hugues

Richard Wright

Jacques Roumain

Alioune Diop

Léon
Damas

Léopold Sédar Senghor

Aimé Césaire

Cheikh Anta Diop

Frantz Fanon

Douta Seck

Wole Soyinka et le professeur Pinto Bull, l'amitié africaine par-delà l'anglais et le portugais.

Mongo Beti

Henry Lopes 295

Edouard Glissant

Melvin Dixon

Raphaël Confiant et Patrick Chamoiseau,
l'éloge de la créolité.

Maryse Condé

Tierno Monenembo

— Correct. Le travail en effet, se justifie de Dieu dans la mesure stricte où la vie qu'il conserve se justifie de Dieu. Si un homme croit en Dieu, le temps qu'il prend à sa prière pour travailler est encore prière. C'est même une très belle prière. J'ajoute — mais ce n'est plus là que l'expression d'une conviction personnelle — qu'une vie qui se justifie de Dieu ne saurait aimer l'exubérance. Elle trouve son plein épanouissement dans la conscience qu'elle a, au contraire, de sa petitesse comparée à la grandeur de Dieu. Chemin faisant, elle se grandit, mais cela ne lui importe pas.

— Mais si la vie ne se justifie pas de Dieu ? Je veux dire, si l'homme qui travaille ne croit pas en Dieu ?

— Alors que lui importe de justifier son travail autrement que par le profit qu'il en tire ? La vie dans ce cas n'est pas œuvre pie. La vie est la vie, aussi court que cela puisse te paraître.

Ils observèrent le silence quelque temps, puis le chevalier reprit :

— L'Occident est en train de bouleverser ces idées simples, dont nous sommes partis. Il a commencé, timidement, par reléguer Dieu « entre les guillemets ». Puis, deux siècles après, ayant acquis plus d'assurance il décréta : « Dieu est mort ». De ce jour, date l'ère du travail frénétique. Nietzsche est contemporain de la révolution industrielle. Dieu n'était plus là pour mesurer et justifier. N'est-ce pas cela, l'industrie. L'industrie était aveugle, quoique finalement, il fût encore possible de domicilier tout le bien qu'elle produisait. Mais déjà cette phase est dépassée... Après la mort de Dieu, voici que s'annonce la mort de l'homme.

— Je ne comprends pas...

— La vie et le travail ne sont plus commensurables. Jadis, il existait comme une loi d'airain qui faisait que le travail d'une seule vie ne pouvait nourrir qu'un seul homme. L'art de l'homme a brisé cette loi. Le travail d'un seul permet de nourrir plusieurs autres, de plus en plus de personnes. Mais voici que l'Occident est sur le point de pouvoir se passer de l'homme pour produire du travail. Il ne sera plus besoin que de très peu de vie pour fournir un travail immense.

— Mais il me semble qu'on devrait plutôt se réjouir de cette perspective.

— Non. En même temps que le travail se passe de la vie humaine, en même temps il cesse d'en faire sa visée finale, de faire cas de l'homme. L'homme n'a jamais été aussi malheureux qu'en ce moment où il accumule tant. Nulle part il n'est aussi méprisé que là où se fait cette accumulation. C'est ainsi que l'histoire de l'Occident me paraît révélatrice de *l'insuffisance de garantie que l'homme constitue pour l'homme*. Il faut au bonheur de l'homme la garantie de Dieu.

LA DÉCHIRURE DU MÉTISSAGE CULTUREL

Samba Diallo est en Europe ; il s'entretient avec des amis antillais.

— C'est difficile, prononça enfin Samba Diallo. Ici, on dirait que je vis moins pleinement qu'au pays des Diallobé. Je ne sens plus rien, directement… Vous savez, tout ceci, à la réflexion, me paraît ridicule. Il se peut après tout, que, plus que mon pays, ce que je regrette, ce soit mon enfance.

— Essayez toujours. Dites comment se présente votre nostalgie.

— Il me semble qu'au pays des Diallobé, l'homme est plus proche de la mort, par exemple. Il vit plus dans sa familiarité. Son existence en acquiert comme un regain d'authenticité. Là-bas, il existait entre elle et moi une intimité, faite tout à la fois de ma terreur et de mon attente. Tandis qu'ici, la mort m'est redevenue une étrangère. Tout la combat, la refoule loin des corps et des esprits. Je l'oublie. Quand je la cherche avec ma pensée, je ne vois qu'un sentiment desséché, une éventualité abstraite, à peine plus désagréable pour moi que pour ma compagnie d'assurances.

— En somme, dit Marc en riant, vous vous plaignez de ne plus vivre votre mort.

L'on rit. Samba Diallo aussi, tout en acquiesçant.

— Il me semble, j'ai perdu un mode de connaissances privilégié. Jadis, le monde m'était comme la demeure de mon père. Toute chose me portait au plus essentiel d'elle-même, comme si rien ne pouvait être que par moi. Le monde n'était pas silencieux et neutre. Il vivait. Il était agressif. Il diluait autour de lui. Aucun savant jamais n'a eu la connaissance que j'avais alors de l'être.

Après un court silence il ajouta :

— Ici, maintenant, le monde est silencieux et je ne résonne plus. Je suis comme un balafon crevé, comme un instrument de musique mort. J'ai l'impression que plus rien ne me touche.

Le rire de Pierre-Louis retentit rocailleux et bref.

— Ha ! Ha ! Ha ! Je sais ce que c'est. Ce n'est pas l'absence matérielle de votre terroir qui vous tient en haleine. C'est son *absence spirituelle*. L'Occident se passe de vous, l'on vous ignore, vous êtes inutile, et cela, quand vous-même ne pouvez plus vous passer de l'Occident. Alors, vous faites *le complexe du Mal Aimé*. Vous sentez que votre position est précaire.

— Il n'y a que des intellectuels pour souffrir de cela, trancha le capitaine Hubert. Du moment que l'Occident accepte de donner, qu'importe s'il refuse de prendre ? Ça ne me gêne pas.

— Non, objecta Samba Diallo. C'est, au contraire, cette attitude, capitaine, qui me paraît impossible autrement qu'en théorie. Je ne suis pas un pays des Diallobé distinct, face à un Occident distinct, et appréciant d'une tête froide ce que je puis lui prendre et ce qu'il faut que je lui laisse en contrepartie. Je suis devenu les deux. Il n'y a pas une tête lucide entre deux termes d'un choix. Il y a une nature étrange, en détresse de n'être pas deux.

(*L'aventure ambiguë*, Editions Julliard, Paris)

Le Mali

SEYDOU BADIAN KOUYATE — Seydou Badian, né en 1928, fut ministre du Développement en république du Mali. Ce poste hautement technique ne l'empêcha pas d'aborder les problèmes psychologiques d'une société en évolution.

Sous l'Orage est un roman bien agréable, facile à lire et à comprendre, sans grandes prétentions, mais qui sonne juste. La mentalité des jeunes qui s'oppose à celle des vieux est un conflit éternel qu'on retrouve dans toutes les civilisations. Ici nous vivons dans un village du Mali une classique histoire d'amour : deux jeunes gens s'aiment en silence. Mais le père de la fille veut la donner à un homme riche et âgé. La fille refuse. Scandale ! Le village se divise en deux camps : les jeunes, en même temps que les amoureux, se battent pour un nouveau mode d'existence permettant à chaque individu de choisir sa destinée ; les anciens défendent la coutume, ciment de la société traditionnelle, somme de la sagesse et de l'expérience ancestrales, garantie de la stabilité du groupe.

La solution est dans un compromis. Les jeunes gens qui s'aiment se marieront, mais ils doivent observer le respect envers leurs aînés, obtenir leur accord par la transaction, non la révolte, les convaincre patiemment et, par leur conduite raisonnable prouver aux anciens que changer certaines coutumes ne signifie pas détruire les bases mêmes de la famille !

Telle est bien l'attitude sagement progressiste de Seydou Badian qui prône dans les structures sociales, comme Kane dans les structures philosophiques, la synthèse plutôt qu'un choix entre tradition et modernisme qui amputerait l'âme africaine d'une partie de ses besoins essentiels.

On retrouve ce même souci de répondre aux besoins concrets de la société africaine dans l'excellent essai que Badian vient de publier sur *Les dirigeants africains face à leurs peuples* : le socialisme que le Mali avait choisi comme formule, est analysé minutieusement, depuis ses raisons d'être jusqu'à ses modalités d'application, les obstacles qu'il rencontre, les nuances qu'il exige en fonction des données locales. Mais bien plus

qu'une étude politique, ce livre est en fin de compte une véritable
« grille » pour comprendre le comportement de l'Africain d'aujourd'hui, et
valable pour tous les pays francophones. C'est une définition et une
interprétation de l'Afrique d'autant plus précieuse qu'elle est enfin faite
de l'intérieur et par un Africain qui possède une qualité rare : l'honnêteté
intellectuelle.

LIBERTÉ EUROPÉENNE ET LIBERTÉ AFRICAINE

La liberté européenne est surtout née et a pris corps face au
carcan féodal. C'est elle qui fut créatrice de l'économie et de
la vie du capitalisme. Laisser l'individu libre, le laisser aller, le
laisser faire, cette revendication fut un des piliers de l'idéologie
du capitalisme naissant. Et l'égalité politique qui était récla-
mée était nécessaire, est-il besoin de le dire, pour mettre
l'individu et ses biens éventuels à l'abri de l'arbitraire féodal.
La liberté politique fonde pour l'Individu le droit de participer
aux affaires de la Cité ; sur ce point nous sommes d'accord.
Mais pour l'Occident cette liberté doit s'étendre jusqu'au refus.
Ainsi c'est dans la mesure où l'individu peut dire non sans
risque, qu'il peut atteindre la plénitude de la liberté.

Ici naît la démarcation entre l'Occident et nous. En effet,
pour l'Occident le refus est le point culminant où l'individu se
réalise dans toute sa liberté ; le refus peut être limite, point
d'arrêt, il peut être absolu catégorique. Pourquoi ? Parce que le
monde capitaliste part de l'individu et repose sur lui. C'est lui
qui est la grande réalité, le but. Chez nous, au contraire, le
groupe est la réalité, le souverain bien, le refuge, la citadelle sans
laquelle l'individu serait en péril. L'homme se meut, évolue,
se réalise au sein du groupe. Le refus absolu — refus rupture —
est une hérésie. Il est désagrégateur du groupe, il fragilise l'individu, le condamne, c'est un suicide.

Pourquoi ce primat du groupe ? Parce que sans lui l'individu
ne peut exister valablement. Comment faire face à tous ces dangers qui ont menacé et qui menacent encore de nos jours, la
vie, en Afrique ? Les feux de brousse qui dévorent les biens, les
animaux qui menacent les récoltes, les pluies qui ne viennent
pas ou qui viennent mal ouvrant les portes à la famine, les
endémies qui tuent ou mutilent... Seul le groupe fortement
structuré, solide, peut être pour l'individu cette citadelle qui
garantit sa maigre existence.

Dans ces conditions, l'individu, fragile comme il est, avec sa
liberté à l'européenne, sentirait tout de suite que sans les
autres, lui et ses trésors s'évanouiraient dans le néant. Il se lie
pour être.

302

Nous retrouvons alors une nouvelle forme de démocratie, qui ne peut s'accommoder de la liberté anarchie mais qui demande une liberté créatrice, une liberté engagement... La liberté ici ne dégage pas des autres, mais au contraire intègre au noyau. La liberté sauvegarde et développe les liens, elle ne les détruit pas.

En Afrique, celui qui se met hors de la communauté d'une manière ou d'une autre perd sa qualité d'être humain et devient une sorte de réincarnation de génies malfaisants, mis à l'index et craints de tous.

L'homme naît, grandit, évolue, se réalise seulement au sein d'un ensemble qui l'enrichit, et qu'il doit enrichir aussi. Hors de cette idée, hors de cette logique, il n'est pas d'homme.

« J'étais terre et eau ; avec les autres j'ai su le parler, j'ai réfléchi et je les ai créés à mon tour. Que puis-je sans les autres hommes : en arrivant ici-bas j'étais dans leurs mains, en m'en allant d'ici je serai dans leurs mains ?

(Les dirigeants africains face à leurs peuples,
Editions Maspero, Paris)

LE MARIAGE N'EST PAS UNE PLAISANTERIE

Sibiri et Birama sont les deux frères de Kany et discutent à propos de son mariage.

Birama — Ce mariage fera le malheur de Kany ; Kany aime un autre garçon. Pourquoi vous opposeriez-vous à leur union ? Ce garçon réussira un jour, croyez-moi.

Sibiri partit d'un éclat de rire.

— Je te savais insolent, Birama, je viens de découvrir que tu es fou. Il faut que tu sois fou pour me dire ce que je viens d'entendre. Que vient faire le point de vue de Kany dans cette affaire ? C'est nous qui décidons, comme il est d'usage. C'est à Kany à suivre. Depuis que le monde est monde, les mariages ont été faits comme nous le faisons. Tu es trop petit pour nous montrer le chemin.

Les yeux de Birama brillaient de colère, son visage devint dur.

— Ah, c'est ainsi ! hurla-t-il. Eh bien ! depuis que le monde est monde, les mariages ont été mal faits. Ce n'est d'ailleurs pas un mariage, reprit-il, mais une vente aux enchères. Vous agissez comme si Kany était non une personne, mais un vulgaire mouton. Ce qui vous intéresse, c'est combien vous en tirez. Vous la livrez au plus offrant et vous ne vous souciez plus de savoir ce qu'elle devient. Qu'elle soit l'esclave de Famagan, reléguée au fond d'une case au milieu d'autres esclaves, vous vous en moquez. Pour vous, ce qui compte, c'est ce que vous recevrez !

— Je crois que tu as perdu la tête. D'ailleurs, tout ce que tu viens de dire cadre bien avec votre conduite, à vous qui reniez votre milieu, à vous qui avez honte de votre origine, à vous qui ne rêvez que d'imiter vos maîtres, les Blancs. Oui, nous avons le droit d'imposer qui nous voulons à Kany parce que Kany a quelque chose de nous : elle porte notre nom, le nom de notre famille. Qu'elle se conduise mal et la honte rejaillit sur notre famille. Il ne s'agit donc pas d'une personne, mais de tout le monde. Tu me parles de ton camarade ? Voyons, qui est-ce qui l'a choisi ? Kany, me diras-tu ; mais, dis-moi, crois-tu que Kany, à elle seule, puisse mieux juger que nous tous réunis ? Le mariage n'est pas une plaisanterie, il ne peut être réglé par ceux qui ne rêvent que de cinéma, de cigarettes et de bals. Nous connaissons Famagan. Nous nous sommes renseignés sur lui. Il a sa place parmi nous. C'est pour cela que Kany l'épousera. Tu me parles de l'argent qu'il nous a donné. Tu sais bien que bien avant Famagan nous vivions et nous ne mendiions pas. Et puis, il faut que tu sois Birama pour croire qu'un homme puisse être assez riche pour se payer une âme. L'argent symbolise l'effort que fournit Famagan pour accéder à notre famille.

Sibiri était méconnaissable. Ce n'était plus l'autoritaire prodigue en gifles, mais un homme qui discute et qui cherche à convaincre.

— Il ne s'agit ni d'un nom, ni d'une famille, mais de Kany. C'est elle qui se marie. C'est à elle de choisir. Vous croyez que les choses doivent demeurer en l'état où elles étaient il y a des siècles. Tout change et nous devons vivre avec notre temps. Tu comprends bien que Kany ayant été à l'école ne peut être la troisième femme de Famagan. Si vous la lui donnez, le divorce s'ensuivra immédiatement.

— Voilà ce que j'attendais : l'école ! Mais, dis-moi, il n'y a pas de divorce chez le Blanc ? Que le Blanc garde ses coutumes ! Nous, nous suivons nos pères. S'il y en a qui ne rêvent que d'être Blancs, l'avenir se chargera de leur faire comprendre que « le séjour dans l'eau ne transforme pas un tronc d'arbre en crocodile ». Je ne sais ce qu'on vous met dans la tête à l'école. Mais vous nous revenez gâtés, insolents et irrespectueux. Dans la rue, vous feignez de ne pas voir les grandes personnes afin de ne pas avoir à les saluer. Vous vous croyez supérieurs à tous les autres. Les Blancs sont nos sauveurs ! Mais de quoi nous ont-ils sauvés ?

Un jour viendra où nous vous ferons changer de langage, à moins que vous ne cherchiez un refuge au pays des Blancs, de vos maîtres, esclaves que vous êtes.

AUTOCRITIQUE

Sur le chemin du retour. Kany et Samou[1] parlaient de Sidi[2] et des propos de Sidi.

— Je suis contente, dit Kany, que tu n'aies pas discuté avec Sidi, vous auriez gâché la soirée.

— En tout cas, il a été bien attrapé, répondit Samou. Sidi aime tout, sauf le silence.

Un cycliste faillit renverser Samou.

— Ah ces gens ! fulmina l'ami de Kany : quand ils ont un vélo, ils se croient les maîtres du monde ; il faut qu'ils fassent sentir qu'ils ont quelque chose de plus que les autres.

Kany lui prit la main.

— Laissons-leur la route et marchons de côté.

Ils firent ainsi un bout de chemin sans mot dire et Kany reprit :

— Ce que Sidi disait ne manque pas de vérité, il suffit d'ouvrir les yeux.

— Je ne dis pas non. Je trouve que Sidi a pleinement raison lorsqu'il s'élève contre certaines de nos pratiques ; en particulier la situation faite à la femme. Mais vois-tu, les évolués, non plus, ne sont pas sans reproches. La jeune génération est marquée par le goût du luxe, l'égoïsme et la vanité. Regarde, quand ils se réunissent, c'est pour faire la foire. Les chefs de famille laissent leur femme chez eux et courent les rues. Dans les bureaux, c'est une lutte à mort pour conquérir des grades ou gagner la faveur des maîtres. Les vieux barrent le chemin aux jeunes. Les jeunes se mangent entre eux. On ne s'occupe guère des enfants, on les laisse dans la poussière des rues. Avec ça, que veux-tu faire ? Qu'est-ce que ces gens peuvent reprocher aux anciens ? Un de nos professeurs disait que nous avons transplanté la jungle dans les villes...

LES RAISONS DES VIEUX

Après le repas, Birama avait reçu la visite de Sidi.

1. Amoureux de Kany.
2. Un de leurs amis.

— Mon père croit avoir raison, lui dit Birama, jamais il ne consentira au mariage de Kany et de Samou. L'autre soir, j'ai saisi quelques bribes de ce qu'il disait à un de ses amis : « Les jeunes, parce qu'ils savent lire, écrire, veulent nous mener. J'ai toujours eu des difficultés avec mes enfants qui sont à l'école... Cette fois-ci, je leur prouverai que je suis encore en vie. »

— La révolution n'est pas pour maintenant, dit Sidi mélancolique ; avec les vieux, nous ne savons plus que faire. Mais vois-tu, Birama, les vieux comme le père Benfa, qui n'ont connu que l'Afrique, sont en général sincères quand ils cherchent à nous imposer le passé. Je connais des familles de soi-disant « lettrés » qui sont aussi bourrées de préjugés. Eux, quand ils marient leur fille, c'est absolument par intérêt. C'est peut-être contre eux que nous devons lutter.

Il y eut un silence. Sidi passa sa main sur sa figure, soupira et reprit :

— Je viens de croiser Kerfa-le-fou ; il m'a tenu un discours vraiment bizarre, lorsque je lui ai annoncé le prochain mariage de Kany et de Samou ; après son gloussement habituel, il m'a dit : « Je serais fort étonné que le père Benfa accepte ce mariage ; j'ai beaucoup d'estime pour Samou et Kany, mais malheureusement, les choses sont ainsi. »

— Et pourquoi ?

— « C'est une vieille histoire, m'a-t-il répondu d'un air fort mystérieux. Oui, c'est une vieille histoire ! J'ai passé mon temps auprès des vieux. Vous m'avez traité de fou parce que je suis toujours en compagnie des vieux ou des gens de mon village. Pourtant, ces fréquentations m'ont enseigné beaucoup de choses. Les vieux vous considèrent vous autres comme une légion de termites à l'assaut de l'arbre sacré. Ils savent que vous êtes impatients, selon ta propre expression à toi Sidi, de « flanquer tout par-dessus bord ». Et crois-moi, tout votre comportement tend à leur donner raison. Vous avez tout fait pour les dresser contre vous. Chaque famille est devenue un champ de bataille où s'affrontent jeunes et vieux. Vous auriez pu composer avec eux avec un peu de diplomatie, vous auriez trouvé la voie de la conciliation. Mais hélas, dans les rues, vous ne les saluez plus ; quand ils vous donnent des conseils, vous répondez plus ou moins par des railleries. « Les tourbillons charrient des grains de fièvre », cela vous fait rire, mais pourquoi donc enseigne-t-on à l'école d'arroser les cases avant de les balayer ? Non, non, le père Benfa n'acceptera pas. Il croit avoir raison. Il défend contre vous ce que lui ont laissé ses pères ; il aurait fallu peut-être discuter un peu avec eux, leur démontrer poliment certaines de leurs erreurs. Ils auraient été fiers de vous, les vieux. Ils auraient renoncé d'eux-mêmes à pas mal de choses. Mais sans confrontation aucune, sans la moindre explication, vous leur criez : « Tout est mauvais ». Vous vous êtes engagés dans une voie qui maintenant se révèle une impasse ; pauvre Kany, pauvre Samou. Mais c'est toujours ainsi, ce sont toujours les meilleurs qui payent. — Fou, complètement fou, lui ai-je dit. »

Mais tu vois, Birama, Kerfa a un peu raison ; le père Benfa, comme je te l'ai dit, est sincère ! Enfin, pour Kany, Samou et pour nous tous, souhaitons que tout s'arrange.

(*Sous l'Orage*, Editions de Présence Africaine, Paris.)

Le Dahomey

OLYMPE BHÊLY-QUÉNUM (1928) — Olympe Bhêly-Quénum, qui est le neveu de l'ethnologue dahoméen Maximilien Quénum, publia *Un piège sans fin* en 1960. Le livre se situe en milieu africain traditionnel. Il s'inspire d'un fait qui s'est passé dans son pays et a vivement frappé l'imagination de l'auteur : un jeune ménage de paysans bien paisibles et travailleurs a été perturbé et détruit à cause d'un rêve. Un rêve de femme !

En effet, Aminata rêve une nuit qu'elle a vu son mari embrasser une inconnue. Elle s'en plaint à lui dès le matin, mais il la rassure et s'en va aux champs, la conscience tranquille. Mais lorsque sa femme vient le rejoindre pour lui apporter son déjeuner, le Destin envoie sur la route qui borde le champ, l'inconnue même qu'Aminata a vue en songe, et celle-ci fait un signe de salut en direction du couple. Impossible dès lors de calmer la colère de la jeune femme qui excite sa famille contre son mari.

Pour échapper à la vengeance de son beau-père, le paysan doit s'enfuir. La malchance voudra qu'il tue par mégarde une femme qui lui barrait le passage. Dès lors, hors-la-loi, il devra se réfugier à la ville, puis sera tout de même arrêté, emprisonné, condamné aux travaux forcés et finalement mis à mort sur la place publique.

Ce mauvais sort qui pourchasse l'innocent avec acharnement inexplicable est le vrai sujet de cette tragédie africaine. Quénum excelle à mélanger le réalisme le plus cruel avec le fantastique animiste. A la faveur de cette aventure, Bhêly-Quénum a longuement décrit les détails de la vie africaine, telle que la voient la majorité des jeunes gens qui habitent la brousse et se livrent au travail des champs.

Le chant du lac (1964) marque un progrès par son style plus sobre et son intrigue plus concentrée.

L'ÉPOUVANTAIL

Après les semailles et les bouturages, je devenais souvent le seul maître du champ où j'allais empêcher les oiseaux d'endommager nos jeunes pousses.

307

Il y avait des épouvantails un peu partout dans la plantation, mais les mange-mil et d'autres oiseaux voraces habitués à ces simulacres venaient s'y poser avec audace, puis ils en descendaient pour s'abattre sur nos futures récoltes. Pour empêcher cette pillerie fort déplorable, ma permanence dans le champ était devenue absolument nécessaire : j'y jouais le rôle d'un épouvantail vivant.

Juché sur un mirador construit au cœur du terrain, j'enveloppais l'espace de mon regard perçant et vigilant. Pour éloigner les oiseaux, tantôt je criais fort ou chantais à haute voix, tantôt je battais des mains en cadence pour rythmer un chant narquois que j'improvisais et dans lequel j'injuriais les bêtes voraces. Mais bien souvent, j'avais mon kpété comme l'appelait mon ami Bossou ; je l'embouchais et modulais une chanson fon[1] à quoi je ne comprenais rien mais que j'aimais chanter depuis que Bossou, un garçon d'Abomey dont les parents ont élu domicile dans notre pays, me l'avait apprise :

> ... *Ils sont dans la ville et me cherchent noise. Ces gamins sont dans la ville et me cherchent noise. Il m'est indifférent qu'on me salue ou qu'on ne me salue pas. Que personne ne s'intéresse à moi, cela aussi m'est indifférent.*
> *Car je m'en moque. Regardez la nasse restée inutilement dans la rivière, se fâche-t-elle de n'avoir capturé aucun poisson ? Est-elle contente quand elle en est pleine ? Il en est de même pour l'éléphant :*
> *Il se contente d'exister et ne se soucie pas des bestioles qui circulent autour de lui.*
> *Son bonheur est de vivre chez son père jusqu'à un certain âge. Que peut-on faire de moi et contre moi ? Qu'est-ce que les hommes, qui sont naturellement méchants, peuvent contre moi dans ce monde où je vis ?*
> *Rien ! Ils sont comme moi choses mortelles. Nous sommes tous voués au néant, et moi je suis la nasse restée inutilement dans la rivière, je suis l'éléphant qui ne se soucie pas des bestioles, et pas davantage d'aucune autre bête.*

> (*Un piège sans fin*, Ed. Stock, Paris)

---

1. *Fon* : tribu du Sud du Dahomey.

Le ciel, en peu de temps, était au-dessus de nos têtes, le grondement était devenu un bruit d'essaim d'abeilles immense, un bourdonnement gigantesque. Les gens se rendirent compte de ce dont il s'agissait et, affolés se mirent à pousser des cris de détresse :

« Les criquets ! Les criquets ! Les criquets !... »

Ils abandonnèrent soudain leurs paniers pour s'emparer des récipients vides, des fers de houe, de tout ce qui était sonore et qu'ils rencontraient dans leur course fébrile ; ils prirent aussi des bouts de bois et se mirent à faire un vacarme assourdissant en frappant de toutes leurs forces sur les récipients, tout en courant vers le champ ; certains saisissaient des massues et se ruaient aussi vers nos plantations.

Ma mère se démenait, sans savoir exactement que faire ni où aller. Mon père, les bras levés en signe de détresse, avec son boubou flottant au vent, courait partout, criait, maudissait les criquets, invoquait Allah !

Le ciel bas au-dessus de nos têtes s'abattit tout à coup sur la terre ; le soleil réapparut et il ne faisait plus lourd. J'arrivai au champ, mon père me vit ; ému, il me serra tendrement contre son cœur :

— Mon pauvre garçon ! j'admire ton courage, mais ni l'arc ni les flèches empoisonnées ne peuvent rien contre les criquets ; des coups de bâton et de talon, du tapage... Voilà les seuls remèdes. Regarde notre champ, notre beau champ, tout notre espoir depuis des mois, tout est fichu ! fichu ! J'aurais voulu tout incendier, mais il y a encore nos tubercules... Ah ! Allah est contre nous, Gbégouda s'est acharné contre moi ! Fais de ton mieux, mon enfant, au travail !

Je fus profondément déçu de m'être inutilement armé pour mettre les criquets en déroute comme je l'avais fait des singes, mais je luttai de mon mieux... Des criquets, il y en avait partout, le champ en était couvert, ils rampaient, trottaient, sautaient d'épis en épis ; on entendait des bruits évoquant les craquements des centaines et des centaines de milliers de phalanges digitales, des centaines et des centaines de milliers de noix qu'on cassait, de ciseaux qu'on maniait avec nervosité, de calicot neuf qu'on déchirait avec force ; bruits secs et brefs ; secs et précipités ; nets, grinçants, durs et prolongés ; les criquets, furieux, faisaient des ravages, récoltaient à leur manière... A leur passage, les épis disparaissaient, les tiges tombaient, coupées en menus morceaux.

Nous criions, hurlions, écrasions les sales bêtes qui semblaient se multiplier malgré nos farouches efforts. Volumineux et vert cendré, ils grimpaient le long de nos jambes. Nous les écrasions avec plus de force et de violence qu'il n'en aurait fallu pour tuer un fauve.

Peine perdue !... En peu de temps, la récolte était faite, le champ entièrement dévasté, et le reste des criquets, comme obéissant à quelque cri de ralliement, à quelque ordre impératif, reprit son vol funeste.

(ibidem)

LA VIPÈRE

Nous quittâmes Houndjlomê vers treize heures. Samba ramenait d'Abomey à Founkilla la fille de l'un de ses amis, et comme il n'y avait pas assez de place devant, je dus voyager parmi les marchandises, sous la bâche qui les couvrait. Je préférais d'ailleurs cet abri où j'eusse pu passer la nuit à dormir, enveloppé d'odeurs de goyaves d'oranges et de céréales. Mais nous n'avions pas roulé cinq heures sur les quatorze ou quinze que devait durer notre retour que, dans la demi-obscurité où j'étais sous la voûte de bâche, je vis la tête d'une vipère surgir d'entre les sacs de maïs et de mil. Saisi de peur, je faillis me mettre à hurler. Mais par un sang-froid que je n'arrive pas encore à m'expliquer, j'ouvris de grands yeux et fixai le serpent. Il apparut davantage, se dressa : sa tête s'élargit, sa langue fourchue sortait et rentrait fébrilement. Je fis le geste de lui lancer un caillou que je n'avais pas ; il bondit vers moi ; avant qu'il vînt à l'autre bout du camion, j'avais déjà changé de place et à peine s'était-il posé sur le sac de maïs où j'étais une seconde plus tôt que je le saisis au cou et à la queue. Je le serrais... Il crachait, se tortillait, luttait, et je serrais de toutes mes forces ; mes ongles toujours longs et durs coupaient sa peau, pénétraient dans son corps que j'étirais... J'eus un mal fou à achever ce reptile dangereux. Je savais que la vipère est un serpent très venimeux, mais jamais je n'aurais cru qu'elle est si forte et si résistante. Je suais abondamment en l'étirant, j'entendais craquer ses vertèbres puis elle cessa de lutter.

La vipère était morte ; mais je gardai, durant tout le reste du trajet, ses deux extrémités serrées dans mes mains avec mes ongles toujours enfoncés dans son corps dégoulinant de sang et d'une humeur extrêmement visqueuse, comme si j'avais peur de la voir reprendre vie et m'attaquer aussitôt que je l'aurais jetée dans un coin du véhicule roulant à toute vitesse. Naturellement, je ne fermai pas l'œil jusqu'à notre arrivée à Founkilla.

Lorsque le camion s'arrêta à Kiniba, devant notre maison et que Samba vint ouvrir la bâche, je sortis avec ma vipère dans les mains. Ma mère me vit, hurla de terreur, je jetai le serpent par terre, et le conducteur, ses femmes et la jeune fille amenée d'Abomey prirent la fuite. Mon père les rassura en disant que le serpent était mort, et ils revinrent sur leurs pas. On m'interrogea et je racontai ma lutte contre la vipère. Quelques voisins, pour qui Samba avait rapporté des commissions, ayant dû entendre les bruits et les klaxons du camion, vinrent avec leurs lampions ; mon père me dit de leur parler de la vipère, ce que je fis de nouveau en exagérant un peu.

On parlait de moi avec admiration, jeunes gens et grandes personnes venaient me faire raconter mon exploit, et je parlais en exagérant toujours un peu sans oublier pour autant de serrer la vérité de près, car elle seule était ce qui m'intéressait.

(ibidem)

Le joueur de flûte

Il prit alors la flûte de roseau, fit entendre un son d'abord doux maintenu pendant une longue minute à un diapason uni, toujours le même, ne traduisant pas la moindre inflexion de son souffle ; puis il commença de faire jouer, alternativement, ses doigts effilés sur les trous de l'instrument. Le Sud revint, mais disparut aussitôt, et ce furent des évocations de la chute du Kiniba, du soleil couchant, de l'écoulement du temps. Le portrait d'une jeune fille s'esquissa dans tous les esprits, se précisa, jolie, gracieuse et ravissante, le corps enveloppé d'un pagne tissé avec art à Kanan. Elle cherchait un être humain, un homme, celui qu'elle aimait, et ne parvenait pas à le trouver ou à le retrouver ; mais le connaissait-elle ? Rien dans les airs que Bossou modulait avec une maîtrise et un art implacables ne nous laissait deviner cet homme qui devait être assez jeune, de l'âge de Bossou et, à quelque différence près, du mien d'alors... La jeune fille errait indéfiniment, tournait en rond et nous faisait pitié à tous, cependant que Bossou, conscient de son jeu, continuait de la faire souffrir. Soudain, elle éclata en sanglots, malheureuse qu'elle était de chercher sans aucun espoir de le trouver, celui qu'elle aimait. Les sanglots se prolongeaient en gémissements pénibles.

Ma mère, Séitou et les enfants ne pouvaient plus guère supporter le spectacle que ces airs de kpété animaient devant les « yeux de leur âme », comme disait Séitou ; ils avaient les larmes au bord de leurs paupières. Bossou s'en aperçut, aussi

311

interrompit-il soudain sa musique. Mais pour ne pas nous quitter en nous laissant sur ces impressions de tristesse, il reporta son instrument aux lèvres, réévoqua le Sud, mais un Sud bouffon, étourdi, qui nous fit nous esclaffer.

(ibidem)

Le Cameroun

GUILLAUME OYONO — Du théâtre moderne né en Afrique, du talent d'un Africain pur qui n'avait jamais été en Europe ni fait d'études universitaires mais qui avait bien lu Molière, et en a utilisé merveilleusement les techniques pour les appliquer à une situation purement africaine ; voilà ce qu'a réussi le Camerounais Guillaume Oyono (à ne pas confondre avec Ferdinand Oyono). *Trois prétendants, un mari* met en scène un sujet analogue à celui du roman de Seydou Badian. Il s'agit encore de deux enfants qui s'aiment et qui rencontrent l'opposition des parents de la fille. Mais les abus que provoque le système de la dot au Cameroun sont ici mis en évidence : en somme il s'agit — comme c'est trop souvent le cas hélas ! — de vendre la fille au plus offrant. Mais l'héroïne arrivera, par ruse, à déjouer les plans des parents pour épouser son lycéen.

Oyono en profite pour caricaturer l'avidité des familles qui exploitent les gendres et la vanité des fonctionnaires.

La vérité des personnages, des situations et du langage, plein de « camerounismes » savoureux, nous font espérer beaucoup de ce jeune auteur pour la renaissance du théâtre africain.

UN FONCTIONNAIRE NE MÉRITE-T-IL PAS DES ÉGARDS ?

ACTE II. Scène première : Mbia, Atangana, Mbarga, Mezoe, Engulu, Ondoua, Oyono, Abessolo.
Maison de Atangana qui veut marier sa fille Juliette. (Mbia le prétendant, bien en évidence sur un fauteuil ; derrière lui se tient Engulu, boy de Mbia.)

Atangana — Ne vous étonnez point, mes chers cousins, que je vous aie tous fait venir ici ! C'est pour faire honneur au grand fonctionnaire que voici, Mbia qui a bien voulu nous rendre visite.

Mbia *lentement* — C'est moi Mbia, grand fonctionnaire de Sangmélima[1]. Je travaille dans un très grand bureau !

Tous — E é é é kié[2].

1. Petite ville du Sud Cameroun.
2. Marque l'étonnement, le contentement ou la déception, selon le ton de la voix.

312

Mbia — Je suis au Gouvernement depuis vingt-cinq ans, et bien connu de Monsieur le Ministre !

Tous *admiratifs* — Monsieur le Ministre !

Mbia *se bombant la poitrine* — Mes capacités exceptionnelles m'ont valu maintes décorations, maints honneurs.

Abessolo *allant contempler Mbia de près* — Voilà un prétendant enfin ! Des médailles !

Mbia *flatté* — Oui, de grandes médailles ! D'ailleurs, pour que vous me connaissiez mieux, je voudrais que nous buvions quelque chose ensemble.

Tous *ravis* — Ah... ! le brave fonctionnaire !

Mbarga *bas à Atangana* — Lui as-tu déjà appris que je suis le Chef du village ? Le sait-il déjà ?

Atangana *bas* — Pas encore, mais...

Mbarga *scandalisé, bas aux villageois* — Comment ? Pas encore ? Comment êtes-vous dans ce village ? Un grand homme arrive, et vous ne lui présentez pas le grand homme de Mvoutessi[1] !... Attends un peu, et tu verras comment il sera enchanté de me connaître... *(Haut)* Monsieur le fonctionnaire, je suis Mbarga...

Mbia *distrait* — Mbarga... ? Ah... bon !

Mbarga — C'est moi le Chef de ce village...

Mbia *geste vague* — Le Chef... ? Bien, bien...

Mbarga *bas à Atangana* — Vois-tu ?... *(Haut, à Mbia)* ... C'est moi qui commande tout ce village !

Mbia *ennuyé* — Ça va, ça va ! Maintenant, buvons quelque chose. Engulu !

Engulu *se précipitant* — ... Sieur ?

Mbia — Va chercher !

Mbarga *triomphant, aux villageois* — Vous voyez ? Qu'aurions-nous bu si je ne m'étais pas présenté ?

Ondua *bas* — C'est toi qui nous sauveras toujours dans ce village, a'Mbarga[2] !

Mbia *tandis qu'Engulu apporte une caisse de bière* — Voilà pour commencer ! *(Engulu distribue les bouteilles aux assistants.)*

Abessolo — Maintenant, mon fils, dis-nous l'objet de ta visite.

Mbia *se levant lentement* — Un grand fonctionnaire comme moi ne saurait se déplacer sans motif valable. Qui ignore, parmi vous tous qui m'entourez, la valeur de l'illustre famille que voici ? Qui ignore qu'elle n'a jamais produit que des

1. C'est-à-dire lui-même, le chef.
2. A'Mbarga, a'Oyon, a'Abessolo, etc. : interpellations.

braves, tel... euh... (*Il indique Abessolo en se frappant le front*).

Tous — Abessolo !

Mbia — Ah... ! Abessolo ! Est-ce que je me trompe ?

Tous *grands gestes de dénégation* — Non... Te ké ééé...

Mbia — Les villageois de Mvoutessi ne sont-ils pas connus partout ?

Tous — E é é é é é.

Mbarga *très flatté* — Que vous disais-je ? On me connaît partout !

Mbia — Aussi ai-je voulu entrer dans cette famille par les liens du mariage. Je demande donc la main de Juliette, fille d'Atangana. (*Murmures approbateurs.*)

Abessolo — Tu as bien parlé. Mais, avant de te donner réponse, je te prie de nous dire ta généalogie ! (*Murmures désapprobateurs.*)

Mbia — Je suis moi-même Esse ; du côté de ma mère, je descends des Mbiadambanès ; la mère de ma mère était Yambông, et celle de...

Abessolo *l'interrompant énergiquement* — E é é é ! Malheur ! La grand-mère de l'arrière-grand-père paternel de Juliette était Yambông. Donc, mariage impossible !

Mbia *stupéfait* — Comment ?

Abessolo — Mariage impossible !

Tous *indignés* — A a ka ka[1]. Abessolo...

Atangana *déçu* — E é é é é kié !

Mbia *se levant furieux* — Mariage impossible ? Et ma bière que vous buvez ?

Abessolo *s'agitant* — Te ké é é é ! Rendez la bière... Parenté ! Parenté !

Mbia *sec à Engulu se précipitant* — Remporte la bière ! Nous partons !

Tous *se précipitant sur la caisse de bière* — Jamais ! Jamais ! Jamais !...

Abessolo — A ka ka... Rendez-la... (*Il essaie de repousser les buveurs, mais il tombe lui-même à la renverse.*)

Mbarga — Kaé... kaé... ! Décidez autrement alors. Le fonctionnaire mérite des égards !

Abessolo *toujours sur le dos* — Quoi ? Et la parenté ? (*Il parvient enfin à se relever.*)

Mezoe — A'Abessolo ! Pourquoi veux-tu nous empêcher de boire ce que le fonctionnaire nous apporte ? Tu seras toujours le même, tu veux déjà nous écarter !

1. Marque de réprobation.

314

Ondua — A'Atangana, veux-tu donc que tous ces hommes mûrs te quittent de mauvaise humeur ? Toute la parenté du monde vaut-elle la bière ?

Atangana — Non… Mais…

Ondua — Tu sais d'ailleurs que si nous refusons Mbia, ce grand fonctionnaire, nous n'oserions plus aller nous promener à Sangmélima ! N'ai-je pas bien parlé ?

Tous — E é é é é

Mbarga — Ecoutez-moi tous ! Je suis le Chef ! Mbia, le fonctionnaire que voici, veut épouser notre fille Juliette. *(Négligemment)* Quelques liens de parenté pourraient empêcher ce mariage, je l'admets. *(Fort)* Mais quoi ? Evincerions-nous un fonctionnaire pour de pareilles raisons ? Ne mérite-t-il pas des égards ?

Tous — Il en mérite.

Mbarga *(Clin d'œil interrogatif à Mbia)* — Qui nous accueillera lorsque nous irons en ville ? *(Mbia approuve le Chef.)*

Tous — Lui seul !

Mbarga — Qui nous fera manger et boire comme des Blancs au Relais[1] de Sangmélima ?

Tous — Lui !

Mbarga — Qui nous délivrera de la main des commissaires ?

Tous — E é é é rien que lui.

Mbarga *semi-confidentiel* — Qui sait ? Mbia ne pourra-t-il pas nous faire accorder des fusils ; des médailles ?

Tous — Il le fera !

Mbarga — Ne nous fera-t-il pas entrer dans les bureaux de Sangmélima, chez le préfet même, sans nous faire attendre ?

Tous — Sans faire attendre !

Mbia — Engulu ! Une bouteille de Kiravi pour le Chef ! *(Engulu se précipite vers la route[2].)*

Mbarga — Nos ancêtres nous recommandaient de toujours reconnaître les fleuves importants par leurs affluents. Si Mbia nous fait boire maintenant, ne le fera-t-il pas toujours ?

Tous — E é é é ! *(Engulu apporte le vin à Mbarga.)*

Mbarga *après avoir longuement caressé la bouteille* — Mbia ne nous fera-t-il pas hausser le prix du cacao ?

Tous *hurlant* — Il le fera !

Mbarga — Vous m'étonnez beaucoup ; quand il faut régler les affaires importantes, vous parlez tous comme des femmes, sans me laisser la parole. Je ne parlerai plus ! Parlez vous-mêmes ! *(Il s'assied).*

1. Hôtel du Relais.
2. Où se trouve la voiture.

315

Tous — Parle... Parle... Parle... Mbarga !

Mbarga *boudeur* — Jamais plus !

Abessolo *se rapprochant de Mbarga* — A'Mbarga si tu te tais encore qui d'autre parlera ? Nous n'avons les yeux que sur toi ? A'Oyon, cours attraper un poulet pour le Chef...

Mbarga *se levant brusquement* — Je parlerai donc ! Qui ne connaît ma sagesse dans ce village ?

Tous — Personne !

Abessolo — A'Mbarga !

Mbarga — Me voici ! N'ai-je pas vu en rêve tous nos pères morts ? Ces pères ne m'ont-ils pas béni[1] ?

Abessolo — Béni !

Mbarga — N'avais-tu pas vu mon rêve-là ?

Abessolo — De mes propres yeux ! J'avais vu ton rêve... Vu !

Mbarga *après un temps* — Et vous alliez refuser le mariage à un si grand homme. Un homme dont tout Sangmélima parle et que j'ai si souvent vu en compagnie de Monsieur le Ministre.

Mbia *flatté* — Engulu, deux Beaufort[2] pour le Chef ! *(Engulu obéit.)*

Mbarga — Qui sera bientôt Maire...

Mbia *se redressant* — Engulu ! Quatre bouteilles ! *(Engulu retourne avant d'avoir pu apporter les premières bouteilles.)*

Mbarga *enchaînant rapidement* — Député...

Mbia *bondissant* — Engulu,... dix bouteilles ! *(On entend de la route un vacarme de bouteilles qu'on manipule.)*

Mbarga *frappant le plancher d'un coup sec de son bâton* — Ministre !

Mbia *tonnant* — Allez ! Engulu ! Une caisse de Beaufort ! *(Il va serrer la main à Mbarga. Engulu qui était déjà sur le chemin du retour chargé de dix bouteilles de bière, veut faire brusquement volte-face, s'empêtre dans son pantalon bouffant et s'étale sur la scène.)*

Abessolo — Pardonne-moi, mon fils, d'avoir si longtemps méconnu tes mérites. C'est que je deviens vieux, vois-tu ? Nous abolirons cette parenté.

Mbia — Engulu ! Trois Kiravi pour le grand-père ! *(Engulu obéit.)*

Abessolo — Une condition cependant... Comment es-tu venu ?

Mbia *tirant une bouffée de sa pipe* — Nos pères disaient que le premier jour du mariage n'en est que le commencement. Aussi n'ai-je d'abord apporté que deux cent mille francs !

1. Allusion à un rêve ancien dont la bonne fortune actuelle semble la confirmation.
2. De la bière Beaufort.

Tous *effarés* — Deux cent mille francs ! Deux cent mille francs !

Abessolo *bas, aux autres* — Ne l'avais-je pas prédit ?

Mbia *petit air modeste* — Evidemment, c'est peu de chose...

Tous *émerveillés* — O ô ô ô ô ô ô ô !

Mbia — Mais comme je le disais, ce n'est que le commencement !

Atangana — Tu as raison ! Le mariage est accordé ! Donnemoi l'argent ! *(Mbia donne l'argent à Mbarga, qui le compte et le remet ensuite à Atangana. La conversation ne discontinue pas.)*

Mezoe — Qu'est-ce que je disais toujours? Il y a rien de tel que le Collège pour donner de la valeur aux filles. Voilà Juliette que nous allions sottement donner à un villageois, et qui sera maintenant la plus grande femme de Sangmélima !

Ondua *bas* — Le fonctionnaire est-il donc célibataire?

Mezoe — Pas tout à fait, mais il n'a que huit femmes, à ce qu'on dit. Aucune d'elles n'a d'ailleurs été au Collège comme Juliette. C'est elle qui commandera là sans aucun doute !

Atangana *empochant l'argent* — Cela fait bien deux cent mille francs ![1]

Mbia — Je dois maintenant partir, car il me faut voir Monsieur le Ministre ce soir-même !
(Sortie de Mbia, accompagné d'Atangana.)

Scène deuxième : Makrita, Atangana, Bella, Juliette, Madeleine, Oyono.

Makrita *entrant derrière Atangana* — Qu'avez-vous décidé avec le fonctionnaire ?

Atangana — Tout s'est très bien passé... le grand homme a versé deux cent mille francs... et le mariage est conclu.

Juliette *furieuse* — Conclu ? Vous êtes donc bien décidés à ne faire aucun cas de moi en parlant de ce qui me concerne ? Ne pouvait-on pas me consulter ? Au moins pour cette fois ? Vous ai-je dit que je voulais me marier ?

Tous *restent muets de stupéfaction.*

Bella — Quoi ? Tu parles devant ton père, Juliette ?

Madeleine — Mais, un fonctionnaire, mon amie ! Un homme si riche !

Juliette *de plus en plus indignée* — Fonctionnaire ou non, je n'en veux pas ! J'ai dit à ma mère que j'ai un fiancé.

1. CFA = 400 000 FF.

Atangana *furibond* — Et tu oses élever la voix quand je parle !

Juliette — Mais...

Makrita — Tais-toi donc, Juliette ! Ton père parle !

Atangana *tonnant* — C'est le mépris que tu lui enseignes ! Un grand fonctionnaire vient demander la main de celle qu'on dit ma fille ! Il nous fait bien boire...

Oyono — Bien boire... de la Beaufort...

Atangana — Il verse deux cent mille francs...

Oyono — Deux cent mille francs...

Atangana — Il nous parle pas comme le font tous les grands, mais plutôt respectueusement. Nous serons reçus comme des Blancs à Sangmélima, mangerons et boirons au «Relais». Enfin, ce fonctionnaire me promet des fusils et des médailles... *(Il s'étouffe de colère)*... Et je refuserais tout cela à cause de toi ? Je refuserais tant de richesses tout simplement parce que tu ne veux pas l'épouser ?
(Irruption d'Abessolo).

Scène troisième : les mêmes, Abessolo.

Abessolo — E é é é é kié... C'est maintenant que je ne vous comprends plus, vous autres femmes ! *(Reprenant son souffle)*... Quoi ? Je reste affamé toute la journée au village, et, à votre retour des champs, vous ne me donnez pas à manger ?

(*Trois prétendants, un mari,* Editions Abbia-Clé, Yaoundé)

LA POESIE MODERNE

Le Congo

TCHICAYA U'TAMSI — C'est le Congo qui est le pays de Tchicaya. Et son souci, son obsession ; le Congo entier car pour Tchicaya[1], il n'y a qu'un seul Congo de part et d'autre du Fleuve.

En effet, très impressionné par la personnalité de Lumumba, Tchicaya a vu de près la tragédie de son héros. Dès l'indépendance il s'était rendu à Léopoldville et y dirigea pendant quelques mois le journal *Congo,* l'organe du M.N.C. — aussi l'écroulement de Lumumba, en même temps que le pays sombrait dans le chaos, a touché Tchicaya en plein cœur.

1. Tchicaya veut dire : petite feuille. U' Tamsi : qui parle pour son pays.

Le Recueil *Epitome*, sommaire, résumé de cette Passion qu'il a faite sienne, charrie en désordre, comme le grand Fleuve ses eaux brunes coupées de rapides, les émotions violentes qui bouleversent l'âme du poète : colère, chagrin, révolte, désespoir, « ouragans de sa fougue », avec des instants d'accalmie où Tchikaya pardonne et espère, à travers tout, et contre la pourriture ambiante :

> parmi ce pus de choses bien faites
> pour voir mon meilleur monde
> je me greffe aux rétines des fleurs d'orangers.

Poésie difficile que la poésie de Tchicaya, qui a hérité de Césaire autant que de la poésie traditionnelle congolaise l'habitude de s'exprimer exclusivement à l'aide de symboles.

Ses images sont brutales et sa syntaxe touffue comme sa brousse natale, comme son caractère ombrageux, comme les événements qui l'ont blessé. Mais à chaque livre (*Mauvais sang, Feu de brousse, A triche-cœur, Le ventre*) il tire davantage parti de ses blessures, et surmonte l'incohérence et les maladresses qui abîmaient parfois ses premiers poèmes.

Tchicaya est jeune encore, il est né en 1931 et il est en voie de devenir un des tout grands poètes de l'Afrique Noire.

Honoré d'une préface de L. S. Senghor, *Epitome* a remporté le Grand Prix de Poésie au Festival Mondial des Arts Nègres à Dakar en 1966.

AU SOMMAIRE D'UNE PASSION

> La presse - Edition du
> matin - Incident à Léopold-
> ville - Trois cartes de vœux
> sur ma table exprimant des
> regrets...

1.

Je prête un jeu de cartes aux mains du passant
plus fertile en dialogues que le destin muet
de mon cœur périssable
qui ne résiste plus au chemin de Damas qu'étreint
le ventre nu d'une colline d'ombre...
Au sommaire de ma passion me dévêtir...

O ma généalogie improbable !
De quel arbre descendre ? Quelles fleurs cet arbre
fanait-il avant le glas ? qui sonna le glas ?
Un glas comme un pleur d'orpheline dans la nuit !

Un arbre au sommet d'une colline
lève en chandelle une branche de sang ;
la branche au poing porte une feuille verte
image d'une flamme à contre-jour jaune et molle :
les djinns la huant !

La presse — Edition du
soir — *Des morts et des blessés* — Couvre-feu !

2.

Parmi ce pus de choses bien faites,
pour voir mon meilleur monde,
je me greffe aux rétines deux fleurs d'oranger ;
faites qu'elles ne soient des flammes
faites qu'elles soient blanches à refroidir
les morts de ma conscience lente...
Puant cette lenteur, je gagne à triche-cœur
Vienne un meilleur tricheur que moi
me suivant en ce paradis où des hommes
à couteau tiré,
vivent dans leur sommeil
la meilleure part de leur gangrène.
Et celui-là,
lèvera-t-il le feu qu'ils éteignent en pillant
le cœur
dont le mystère à peine élucidé
me déshabille m'écorche me crucifie
au sommaire de ma passion ?

3.

Vos yeux prophétisent une douleur...
Comme trois terrils, trois collines de cendre !
Mais dites-moi de qui sont ces cendres ?
La mer obéissait déjà aux seuls négriers
des nègres s'y laissaient prendre
malgré les sortilèges de leurs sourires
on sonnait le tocsin
à coup de pied au ventre
de passantes enceintes :
il y a un couvre-feu
pour faisander leur agonie.
Les feux de brousse surtout donnent de mauvais rêves.
Quant à moi
quel crime commettrais-je ?
si je violais la lune
les ressusciterais-je ?
quelle douleur prophétisent vos yeux ?

4.

S'ils revenaient semence
d'arbre à pain de vie noire
dans les nuées noires
j'aurais la clé des champs ?
Ce nœud dans mon cauchemar
serait le fleuve bleu
la clé des champs ouvrant
une certaine porte à tous au vent de feu ?
je vins.
d'un certain bois on fit une certaine porte
Je ne sus plus l'essence de mon âme
pour ouvrir cette porte-là
comme l'eussent fait les pères de mes mânes.

5.

Prenez mes congres mes oursins
qu'on pêche à Landana
Ce Guémbo-ci à la chair douce
et moi
je suis au bout de cette laisse de haute mer
Parmi vous je pourrais être une plante de pied
Si un puits dans mes villages katangais
écourtait en la captant
la voie royale de la voie lactée
le Congo le Congo
pour sûr pour sûr pour sûr
ne gaînez alors vos pieds
car je vis de la vue des couleurs
que prennent certains chemins
certains soirs de danse
l'ouragan de ma fougue les liant !

6.

Ce soir
quel crime commettrais-je
si je violais la lune
dans ce puits d'eau qu'on m'offre
C'est dira-t-on lubie de poète.
Avec trois cors et cent mille sonnailles
jouez-moi une berceuse
Certains soirs en moi persiste
le roux de certains feux lares
quand reviennent les phalènes

Et pour les djinns qui clabaudent
le sommeil a mille fanges
où la nuit suce la terre et la glaise congolaise
Allez prenez ma tête
contre ce qu'il me reste de nuit sur l'âme.

7.

Ces lignes de ma main sont des signes avant-coureurs
Mettez un couteau face à mon sommeil
que la trame de l'ancien destin s'y coupe le fil
Je veux être libre de mon destin
Je rends la rosée à l'herbe
que les lignes de mes mains
m'ouvrent tous les chemins de ce long fleuve.

CHRIST

Je bois à ta gloire mon Dieu
Toi qui m'as fait si triste
Tu m'as donné un peuple qui n'est pas bouilleur de cru
Quel vin boirai-je à ton jubilate
En cette terre qui n'est terre à vigne
En ce désert tous les buissons sont des cactus
Prendrai-je leurs fleurs de l'an
Pour les flammes du buisson ardent de ton désir
Dis-moi en quelle Egypte mon peuple a ses fers aux pieds.

Christ je me ris de ta tristesse
O mon doux Christ
Epine pour Epine
Nous avons commune couronne d'épines
Je me convertirai puisque tu me tentes
Joseph vient à moi
Je tète déjà le sein de la vierge de ta mère
Je compte plus d'un judas sur mes doigts que toi
Mes yeux mentent à mon âme
Où le monde est agneau ton agneau pascal.

Christ

Je valserai au son de ta tristesse lente.

BERCEUSE

— Je t'aime mon enfant
dors si tu aimes ta mère

— Femme l'enfant dort-il bien
— Il dort bien
   des phalènes dansent en ellipse
   sur sa tête
   S'il dort bien ne pleure donc pas
— Il dort bien
   des phalènes dansent en ellipse
   sur sa tête

MÈRE

Depuis moi ma mère est une carcasse
Mes mains sont son casque mortuaire
Mes mains ont les lignes de son visage
Mes mains ont la souplesse de sa tristesse
Mes mains ont leurs paumes dans sa bouche

Mon destin pour sonder à l'étiage
toutes ces fissures dans son regard
s'étire au soleil profil d'un arbre
mais toi sa sœur siamoise ô femme oasis
es-tu déjà la femme que j'aime
Dis-moi donc quel germe de moi portes-tu ?

OFFRANDE

Et voici la plaine que j'habite
ma main y est large sur ma porte
prenez ma part de fruit
bien que je ne sache de quel arbre ils viennent
prenez ma part de pleurs
bien que je sache quel cœur ils minent
Ne tardez pas
je suis déjà loin de ma source

Ne tardez pas
je peux être utile
j'ai déjà refait mes ongles
rasé ma tête
je suis propre devant la nuit

(*Epitome*, Editions Pierre Jean Oswald, Paris)

EDOUARD MAUNICK (1931) — Il dit : « faire des poèmes c'est trop facile » et en effet les Muses nous ont donné là un enfant prodige ! Des poèmes, il en dit cent par jour ! Il n'y a pas de problème de langage pour Maunick, il possède tous les mots spontanément accordés à son cœur, il « chante » aussi naturellement et aussi harmonieusement que le rossignol dans la nuit ; le symbole et le rythme, ces maîtres-éléments de la poésie, forment la texture même de son langage ; il ne *sait* pas parler autrement.

Cependant, la poésie, pour Maunick, ne peut être seulement cette miraculeuse harmonie des mots. C'est l'harmonie universelle qu'il exige, l'harmonie des âmes à travers l'amour, l'harmonie des peuples à travers la fraternité, l'harmonie des races à travers son sang métis.

Ce poète de l'*île Maurice* vécut « subject of her majesty », en exil dans son propre pays, nié dans sa nationalité, sa culture.

Et enfin, qui ne connaît le problème du sang mêlé, ce « mensonge de races », que les chauvinismes tant noirs que blancs mettent au ban du groupe ? Mais que des Blancs l'ont battu parce qu'il était reçu premier au concours d'éloquence, que des Noirs l'ont fait exclure de son travail parce qu'il n'était pas assez noir, Maunick ne l'a jamais écrit. Il ne daigne pas tremper sa plume dans la rancune personnelle. Il a dépassé la haine et seul demeure le soleil affamé de son amour :

> *Comme un cri non coupable seul soleil du soleil*
> *couleur de la cannelle, de l'écorce couleur*
> *douleur de la racine de nocturne douleur*
> *poivre et poussière de pierre couleur de n'importe où*
> *douleur de la dispute trop de sangs s'interpellent*
> *la peau la peau les tropiques se réveillent*
> *aveugle dans la ville cul-de-jatte et mendiant*
> *ciseau dessus la ville témoin aux yeux de braise*
> *le soleil non coupable exige la part du cœur*
> *rendez-moi ma couronne ma raison première*
> *mon royaume métis commence au point du jour.*

Il ne reste que l'homme qui prétend anéantir tous les obstacles qui le séparent de l'homme, abattre toutes les barricades derrière lesquelles l'homme se protège de l'homme, le démiurge qui prétend que « le temps des miracles est à refaire » et qui veut « des choses et des êtres de la terre une part de lumière plus grande que la nôtre », le vrai poète enfin, celui qui veut créer du neuf, créer du bonheur ; il s'invente alors, en attendant que le monde soit vivable, un no man's land imaginaire où il se réfugie pour y reconstruire un univers à la mesure de son désir.

RECUEILS DE POÈMES : *Etranger jusqu'à neige - L'Essentiel d'un exil - Les manèges de la mer* (1964). *- Mascaret - Oshun* (1965).

L'ESSENTIEL D'UN EXIL (extrait)

Je suis de la mer
j'ai longtemps prié sur le perron des vagues hautes
ton lieu de naissance
recommencera les églises que j'ai sabordées
pénitent métis

amour divisé je veux te parler en images
écoute entends l'histoire où la race devient monnaie de
plomb

j'avais ouvert les vents à la proue des départs
mis entre l'eau et moi ce que l'eau réclamait
quelques oiseaux pour vivre et beaucoup de mots d'homme
les mots sont décédés à force de trahir
seuls au milieu de moi donnant chair à l'exil
les oiseaux sont restés avec leur sang-soleil
et j'en parle aujourd'hui à défaut de patrie.

(*L'essentiel d'un exil*, Editions de Présence Africaine, Paris)

LES MANÈGES DE LA MER (extraits)

Je veux faire du poète vivant une façon de l'âme
un secret reconnaissable
je refuse des mêmes jardins les mêmes ombres
ne voulant plus savoir si c'est le bonheur ou l'inutile
mes mains jadis armées de terre
je les ai trop gardées au seul usage du commencement
mes mains nègres de mon père qui déjà n'a plus peur
parce que je chante dans la lumière.
tu chercheras parmi les décombres la lettre de l'oiseau
          la douceur du temps
des siècles passeront à travers la patience à trouver
          l'empreinte du bien
sur les marelles désolées de l'enfance
et des saisons sans nombre à nommer ton propre visage
le poète est le seul étranger de la terre.
......

— c'est ainsi. La mer les choses de la mer les bêtes de la mer
ne s'approchent de nous que pour mourir. Ainsi avons-nous
décidé avant de les connaître. Le naufrage de l'eau nous l'avons
rêvé. Il est dans nos lits à l'heure des orages dans nos livres à la
veille des corps désarmés.

— c'est ainsi. Nous visitons des lieux par nous-mêmes investis
saccagés depuis nos fantômes. Nous parlons de choses déjà
dites. Quelqu'un parmi nous avait besoin d'entendre.
— C'est ainsi. Les couleurs pourrissent dans les greniers et nous
pourchassons le soleil comme des aveugles. Au bout de quelles
peines le sommeil au bout de quels suicides.
......

j'aime te rencontrer dans les villes étrangères
où chaque fracas chaque bruit chaque pendule
dénonce ton corps battant déjà dans mes poignets

j'aime te délivrer dans des lits d'outre-mer
quand la nuit devient arbre à force d'être nue

j'aime ce qui nous sépare dans notre ressemblance
frontières du point du jour rassemblant nos visages
les preuves de la vie ne vivent que d'ailleurs

ne dis jamais non quand je te parle de loin...
......
— je t'écris de cette ville de janvier
où les oiseaux sont fous
pour confondre l'homme que je suis devenu

tu me lies à cette terre
la mienne est d'eau et d'herbe brûlée
rien ici n'appareille vers la Croix du Sud

je t'écris de ce pays de janvier
car les oiseaux sont fous
(ils ont pris le bief de l'inquiétude
puis croisé le chant à l'endroit de mort).

nos mains ne suffisent plus pour inventer la braise
une île reprend chemin de chacune de nos rues
protégée par ma peau guidée par ma colère
je suis pourtant le volontaire du voyage
celui qui voulait voir si tu te ressemblais

je t'écris de cette chambre de janvier
les oiseaux sont fous
toute la nuit ils ont frappé de leurs corps froids
les vitres nues de nos corps nus

Et voici que nous mourons à chaque bruit
A chaque oiseau du sang !

(*Les manèges de la mer*, Editions de Présence Africaine, Paris)

Le Cameroun

CHARLES NGANDE — Tchicaya et Maunick sont sans aucun
doute et de loin les deux meilleurs poètes
de la nouvelle génération d'écrivains négro-africains.

Cependant, au Sénégal, et au Cameroun, on enregistre un vigoureux élan qui pousse les jeunes à écrire. Et parmi l'abondance de ces essais on découvre de vrais talents que le temps et le travail ne manqueront pas de mûrir.

Je citerai d'abord l'effort que produit à ce jour, en marge de l'Association des Ecrivains Camerounais et de la revue *Abbia*[1], des poètes qui ne se soucient que d'exprimer leurs propres sentiments et d'inventer les formes qui traduiront le mieux leur lyrisme personnel[2] : Alima, Philombe, Léon-Marie Ayissi, Okala Alene, F. L. Dongmo, tous différents, tous talentueux. L'abbé Ngandé est sans doute le plus éminent parmi cette pléiade africaine.

INDÉPENDANCE[3]

Nous avons pleuré toute la nuit
Jusqu'au chant de la perdrix
Jusqu'au chant du coq
Nous avons pleuré toute la nuit.
O Njambé[4] tu étais pourtant là
Quand on coupait nos oreilles
Quand on coupait le cordon ombilical de notre clan
Quand on fracassait le crâne de notre Ancêtre
Quand on brûlait le chasse-mouche de notre aïeul.
Ina[5] ô ô ô ô !
Où retrouver la tombe de l'Ancêtre
Perdus nous étions comme mouton qui casse sa corde.
Ina ô ô ô ô !
Dans quelle source repimenter notre sang
Perdus nous étions comme pauvre chien bâtard
Errant sur la place du marché !

Nous avons pleuré toute la nuit
L'étape a été longue
Et la perdrix a chanté timidement
Dans un matin de brouillard
Chants illuminés de cataractes d'espérance
Espérance d'une aurore aux dents de balafons.
Et la perdrix s'est tue
Car son chant s'est éteint dans la gorge
D'un python

1. La revue Abbia est dirigée par Bernard Fonlon.
2. Voir *Neuf poètes camerounais*, présentés par L. Kesteloot, Editions Abbia-Clé, Yaoundé.
3. Extrait de l'anthologie de Roger Lagrave, de Julliot et Fouda.
4. Seigneur, Dieu.
5. Mère.

Et le tam-tam s'est tu
Et le grelot n'a plus ri sur la jaune savane
Et le deuil a planté sa case dans la cour du village.
Sang ! Sang ! Sang !
Torrents de sang !
Femmes, terrez-vous le soir dans vos enclos :
Le Fusil passe.

Nous avons pleuré toute la nuit
Et le coq a chanté sur la tombe de l'Ancêtre
Ah ! ces os poussiéreux
    qui se mettent à gambader
    comme des antilopes et comme des gazelles
Njambé, c'est toi qui as ourlé
    sur la tête du coq cette langue de soleil parce que son
    gosier roule une cascade de lumière
Et le coq a clamé l'aube du grand départ
Et le coq a chanté sur le front de la pirogue
IN-DÉ-PEN-DAN-CE !
    Venez, filles de mon peuple
    Le soleil s'est levé
    Voilà la tombe de l'Aïeul
    Et le grand fromager des vertes parentalies
    Et la source sacrée où nous repimenterons
    La force de notre sang

    Et voici le nombril de la grande famille
    Venez, filles de mon peuple
    Vaillants carquois de nos flèches emplumées
    Venez, brisez vos parcs, femmes longtemps en jachère.

    Remontez sur la croupe des étoiles filantes
    Venez, battez des mains, crépitez et dansez
    Sur un pied, sur deux pieds, sur trois pieds
    Tambours, grelots, bois sec
    Rythmez les mâles vibrements d'un peuple qui se lève
    Que vos rires se mêlent aux antiques sanglots.

    Hommes de mon peuple, filles de mon peuple
    Venez tous, venez toutes
    Nous allons tous tresser une même couronne
    Avec la liane la plus dure de la vierge forêt
    Sous le grand fromager où nous fêtions nos parentalies
    Et le soir, nous danserons autour du même feu

Parce qu'ensemble, sur la tombe de l'Aïeul,
Nous aurons fait germer une grande Cité.

(*Littérature camerounaise*, de Lagrave, de Julliot et Fouda)

ECHOS AFRICAINS

Ventres creux
Yeux de crabes
Trappes d'éléphants
Enfants bâtards
Cars défendus
Pendus d'Angola
Colas amères
Mers de sang...

Chants d'aurore
Or des lendemains
Mains des enfants
Vents fertiles
Villes pleines
Plaines d'abondance
Danse des libellules
Sur l'oasis aimantée de notre long sentier

(*Neuf poètes camerounais*, Editions Abbia-Clé, Yaoundé)

SOUS-DÉVELOPPEMENT

J'ai croqué tous mes rêves
Dans les fragiles écuelles de nos indépendances,
Assis
Dans les fauteuils
Des banques étrangères !

(ibidem)

NOUS PARTIRONS

Nous partirons
Par-delà les cactus
Nous partirons à l'aube
Avant que ne se fanent les étoiles
Avant que ne se rouillent les mots
Nous partirons

A travers les sentiers cernée par les quartiers gangrenés
Tamtamer la Grande Joie
Pour qu'exulte le sein stérile
Pour que reverdissent les moignons malhabiles
Que le Lion paisse avec l'Agneau
Que le mioche fasse rouler son cerveau
Que le bois du cercueil serve à faire un berceau
Nous partirons
Tamtamer la Grande Joie
Des sauvés
Pour que tous
Mangent le même couscous
Dans la case de l'Amour

(ibidem)

QUAND LA PAIX REVIENDRA

Quand la Paix reviendra
Mon homme reviendra
Retourner sa Terre endormie
Et les bouches reluiront d'huile de karité
Et les tisons rallumeront le foyer qui se meurt.
Je m'asseoirai le soir
Sur le front des nénuphars
Sur trois lunes trois fois
Aveugle...
Alors l'Araignée me prêtera son dos
Et je danserai très haut
Jusqu'à la barbe du soleil
Qui brille à travers un jour de pluie,
Quand la Mère Eléphant
Travaille
Un peuple d'Eléphant

(ibidem)

RENE PHILOMBE —

SUR LA TOMBE DE MON PÈRE

Je n'ai pas bougé
D'un pas

Quand le feu m'a surpris
Sur la tombe de mon père.
Non pas ce feu de brousse
Africain
Grignotant
Sous sa dent
Ortie chaume et sissongo[1]
Pour les moissons
Futures
Mais le feu des crachats
Le feu des razzias
Le feu puant des crachats
Et de la mort.

Je n'ai pas bougé
D'un pas
Car homme aux cheveux brûlés
A la peau brûlée
Au cœur brûlé couleur de brûlis
Je brûle de refaire l'âme
L'âme noire...
L'âme noire!

(Revue Abbia, Yaoundé)

JEAN-LOUIS DONGMO —

LE TARO NUPTIAL

Finis les travaux-de-verrat
Finis tous les travaux-de-bouc
Finie l'époque des jeûnes pénibles
Car ton taro[2] est là

Ce soir je te le servirai ce soir
Tu auras pour toi seul un grand pot de taro
Et tu seras le premier
Et tu seras le seul à y plonger la main

Ami, ton taro est prêt
Ce sont les dieux qui l'ont pilé

1. Herbe sauvage.
2. Féculent qui ressemble à la pomme de terre.

Et il fume encore
J'y ai mis de la sauce
De la sauce épaisse et bien épicée
Sois prêt à le manger

Ami, voici le taro
Pour lequel tu as tant jeûné
Mange-le en hâte et à grosses bouchées
Car il est très bon
Mets-y la main vite.

(*Neuf poètes camerounais*, Editions Abbia-Clé, Yaoundé)

NYUNAI —

SUPRÊME ESSENCE

C'est moi
le commencement
C'est moi
la fin
l'humain et tout ce qui n'est pas humain
C'est moi
la lettre écarlate de l'équilibre des forces
C'est moi
qui viendrai fermer la dernière porte
sur ce qui aurait dû être l'Amour

et tu t'obstines à me chercher hors de toi
là où je ne puis être
je suis toi en toi
l'unité incréée

LA COULEUR N'A PAS D'YEUX

La couleur n'a pas d'yeux
ce sont les yeux qui ont des couleurs
il y en a comme des nénuphars des pervenches
il y en a comme des amandes
les miens sont des arcs-en-ciel
tandis que j'attends...

LA DÉLIVRANCE SURGIRA

La délivrance surgira du cratère baveux
et le souffle expiratoire
avec entre les crocs ce qui restera de la secte des maîtres
couvrira le ciel de la terre et l'océan.

Les cormorans l'ont dit
mon horizon à moi
c'est bien le dôme unilippe du Korosol[1]
dont l'ombre est un kiosque où mes femmes vannent le riz

STYLE I

Courbe l'échine tant que le labeur n'aura pas rompu la
        chaîne de ta vie

n'est-il pas vrai
que le soleil qui crève au soir
se rue plus mâle sur le lendemain levant

Courbe l'échine tant que le labeur n'aura pas rompu la
        chaîne de ta vie

n'est-il pas vrai
que la fleur qui se meurt
engrosse le fruit attendu

Courbe l'échine tant que le labeur n'aura pas rompu la
        chaîne de ta vie

plus éloquent si tu te tais
plus riche si tu es sans or
plus béni le souffre-douleur

STYLE V

N'achète jamais
un miroir
il te dira de le regarder

ne regarde jamais
un miroir
il t'apprendrait à mentir

1. Arbre à fruit.

Ce que je demande
Raab
Ce que je demande
ce n'est ni l'or
ni la chance des autres
Raab
ce que je demande
c'est pouvoir couler ma vie
comme une eau calme glisse entre les deux rives
sans bruit
tu penses que ce sont là paroles de lâcheté
et qu'un corps en vie ne ressemble pas
à du bois mort
je ne dis pas non
mais ne pourrais-tu à ton tour me croire
quand je t'assure que j'ai bien pensé ainsi
certains jours le désarroi
pesait sur mes épaules
comme mille wagons chargés
de tout le poids du monde.

(*Nuit de ma vie*,
Nouvelles Editions Debresse, Paris)

La Côte d'Ivoire[1]

ANOMA KANIE —

TOUT CE QUE TU M'AS DONNÉ

Tout ce que tu m'as donné, Afrique
Lacs, forêts, lagunes bordées de brume
Tout ce que tu m'as donné,
Musiques, danses, contes des veillées autour du feu
Tout ce qu'en ma peau tu as gravé
Pigments de mes ancêtres

1. Les poèmes qui suivent ne constituent qu'un sondage à travers différents pays de l'Afrique francophone où les jeunes poètes qui émergent ne sont souvent que des cas isolés, mais symptômes de la créativité, de l'initiative culturelle retrouvée.

334

Indélébiles dans mon sang
Tout ce que tu m'as donné, Afrique
Me fait marcher ainsi
D'un pas qui ne ressemble à nul autre
La hanche cassée sous le poids du temps,
Les pieds larges de toutes les marches,
Tout ce que tu m'as légué
Et même cette paresse accolée à mes talons,
Je le porte avec fierté sur mon front
Ma santé n'est plus à perdre
Et je vais
Chantant ma race qui n'est ni bonne
Ni pire qu'une autre.
Tout ce que tu m'as donné, Afrique,
Savanes que dore ton soleil zénithal
Tes bêtes — qu'on dit perverses,
Tes mines, trésors inexplorés
Hantise d'un monde adverse
Ta peine d'avoir perdu les paradis,
Je te protège tout cela d'une main sans pardon
Jusqu'à la clarté des horizons
Afin qu'elle demeure, à tout jamais intacte
Cette mission que t'ont confiée les cieux.

(inédit)

EUGENE DERVAIN —

CHANT POUR UN CHEF

Des pierres de cent patries éparses
Dispersées comme des semences de fromager
Tu veux mettre debout au soleil
Une seule une véritable une commune patrie

O Maître avare de mots
Tu aimes que l'idée ressemble à la daba
Faisant sa preuve en ouvrant la terre aux semailles
O paysan des âmes pesant chacun de tes pas de paysan
Tu aimes que la parole ressemble au champ de riz
Comme la réalité d'une promesse déjà caressée par le vent

O semeur
Semeur non de vent mais de grains d'okoumé

Tu veux un pays effleurant le ciel de ses branches

Et voici germer la nation et voici lever l'épi
Avec ses grains serrés autour de l'axe pour une prière
Voici déjà née de la ferveur de ton sang
Une seule une véritable une commune patrie

O bâtisseur
Bâtisseur non d'un empire mais d'une cathédrale
Le temps n'est plus le temps des conquérants chevauchant
Rassembleurs de terres comme troupeaux sous leur houlette
Le temps est venu de rassembler les hommes comme pierres de
taille
Pour bâtir à ta mesure une patrie de pardon et de paix

Car tu sais qu'au bâtisseur de cathédrale
C'est la cathédrale même qui rend hommage
Dans la plaine et pour l'éternité

(inédit)

POÈME À KOFFI

Ile Americaine[1]
Nous avons crié trop fort ton nom dans l'épaisseur de la nuit
Tu as vibré à notre appel mais nous n'étions nous-mêmes
Que des tambours creux des bambous
Tu as cru en nous claquant au vent de nos paroles
Comme un drapeau
Folle cavale nous t'apportions l'avoine et la prairie
Prolongeant ton horizon de nos vaines flatteries
Et je cherche encore en moi ce grand poème aux larges bords
Et cette immense flottaison et cette blessure qui ne se referme pas
Et je cherche où va ton vent pure tache d'atome

Je chercherai encore mille fois ou mille ans
Ou mille fois mille ans et je ne trouverai point
Chacun s'est asséché
Nous nous sommes effondrés sous la chiquenaude des temps
Et le pêcheur pêche proclamant
Qu'il part chercher la vie
Et il revient porteur d'une moisson jaune

1. La Martinique, d'où le poète est originaire.

L'or des prairies profondes
Nous rien
Nos mains ont servi d'autres maîtres
Chassées comme un troupeau de migration

Par quel ouragan poussés
Par quelle tornade enlevés jusqu'aux nuées de nos cœurs
inféconds

Par quel feu de brousse chassés comme des hyènes
Nous trouvons-nous si loin dérisoires comme une palme sèche
Seuls
Avec pour tout sanglot le choc des vagues
Chantant la chaleur de leur sexe

Koffi il n'y a pas communication de nos rites
Il n'y a pas confusion de ton rythme pas mélange de ton souffle
ni du bleu de nos ciels

Il y a toi d'un côté et tout ce qui marche derrière
Je me profile à l'horizon flottant sur la houle
Je tends une main d'ombre vers toi et que vers moi tendue
Ta main ne saisit pas

Mon ami mon ami mon île en mains en guise de boussole
Me voici vers toi à la recherche d'une patrie commune
Dieu me pardonne d'être blanc ici
Comme il pardonne à mon ancêtre
La Dahoméenne séduite par son maître
Et il me pardonnera parce que je sais pourquoi
Une voile pendant un court instant se couche sur la lagune
Parmi les reflets
Pourquoi l'arbre jaune fait sa prière à l'eau
Tourné vers son maghreb
Car il n'y a pas de poète
Sinon l'herbe avec sa volonté verte de durée

Ah Koffi comme Walt Whitman
Je veux aussi évoquer le témoignage et l'espoir des camarades
Tu sais toi à quelle race tu appartiens
A quelles coutumes se rattache ta vie
Ta vie est nette tes problèmes sans équivoque
Femme enfants salaires le sexe la maison l'igname
Ta vie est une équation tu ne débordes
Jamais de ta propre existence

Tout est sûr raisons de ta vie mobiles de ton avenir
Connaissant ton pouvoir tu vas
Sans question de la vie à la mort

(inédit)

Le Sénégal

MALIK FALL —

L'ATTENTE

La vieille Dado chantait
Comme chantait Coumba Kangado

Si mon mari est parti
Pourquoi je bats le linge
Mon mari est parti
Et pourtant la soupe tiédit
Mon mari est parti
Cependant son chien l'attend
Mon mari est parti
Pourquoi je guette son retour
Et tremble au carillon de midi

Coumba Kangado chantait
Comme la vieille Dado

Il n'est pas de soleil qui n'embrasse l'aurore
Il n'est pas de lune qui ne soit blême de peur
Il n'est pas de vague qui n'abreuve le rivage
Il n'est pas de mari qui ne revienne au logis
Et la vieille Dado et Coumba Kangado
Espèrent encore le retour du mari
Mort depuis d'autres hivernages.

(*Reliefs*, Ed. de Présence Africaine, Paris)

INTENTIONS

J'édifierai une cabane
Un ascenseur en coin
Des murs de bouse de vache
Des tapis de Kairouan

Un salon sept chambres
Une salle à déguster le caviar
De l'eau chaude de l'eau froide
De l'eau tiède
Une cuisinière électrique
Un climatiseur de palace

Je raserai toutes les cases
Alentour
Les tombes les fétiches le mil
Et le riz
J'installerai Radio-Luxembourg
A mon pylône de paille
A côté des gris-gris
Et je te dirai
Monsieur
Prenez place
Dans le royaume détraqué
Des fous du village.

(ibidem)

DEMAIN

Mon fils je ne rumine plus de haine
L'heure en est révolue
Je n'accable plus le vainqueur
Qu'accable sa propre victoire
Il ne dormira jamais sur ses armes
Qui saccagèrent mes horizons

Mon fils le goût de haine
s'est dissout dans mes veines
Tu n'auras pas connu
Les trottoirs
Réservés aux Blancs
Ni le cinéma pour Blancs
Ni l'Eglise pour Blancs
Ni quartiers pour Blancs
Ni cars ni trains ni sucre
Pour Blancs et mi-Blancs

Mon fils tu n'auras pas de haine au cœur
— Alors ? Alors ? Mon père ?
— Tu auras la tête lucide
Et les reins solides.

(ibidem)

ECOLIERS

J'allais à l'école les pieds nus et la tête riche
Contes et légendes bourdonnant
Dans l'air sonore à hauteur d'oreilles
Mes livres et les amulettes se battaient
Dans mon sac dans ma tête riche

J'allais à l'école sur le flot de mes rêves
Dans le sillage millénaire des totems
Je m'installais à rebrousse-poils
Et ricanais aux dires du Maître

Tu vas à l'école ganté de bon vouloir
L'esprit disponible et le cœur léger
Prêt à subir toutes les humiliations

Tu vas à l'école en compagnie d'Homère
Des vers d'Eluard ou des contes de Perrault

N'oublie pas Kotje à l'orée du sanctuaire.

(ibidem)

Le Mali

BOUNA BOUKARY DIOUARA —

LE ROCHER EN FEUILLES

A ceux qui sont lavés de pluie
A ceux dont la devise est : vivre et travailler
A ceux qui sont battus de vent
Et qui sont vêtus de simplicité
A ceux qui sont tannés au soleil
Au regard farouche et au cœur de lion
Je dis courage car nos âmes sont dans vos mains

Vois ! Un jour l'on nous a dit
D'arroser un rocher
Jusqu'à ce qu'il verdisse
Car le rocher est dur.
Un rocher en feuilles est éternel.

Les paresseux se sont retranchés
Disant à tout moment « c'est folie »
Nous on a commencé le même jour,
Et durant cinq ans ce fut une corvée,
Et quand le rocher fut couvert de mousse
Il était minuit, minuit de septembre
Et nous l'avons baptisé : MALI.

Au réveil les griots, jadis
Surnommés parasites
En chœur nous firent comprendre
Que ce jour était sans pareil
Et ce fut la renaissance.
Et toi griot qui a chanté
De ta vieille voix rauque
Enrobée de Koras et guitares
Et dont la chanson était « conseil »,
oui tu disais que nous étions noirs
Et noirs dans un jour vert
Premier beau jour de la vie
Que Dieu ait jamais fait ;
Accompagne-nous toujours
Car ce rocher est dur et éternel.

Hymne de mon pays
Hymne de mon rocher vert
Réveille-moi chaque matin.
Quant à vous, mes aïeux
Quant à vous victimes et martyrs
De l'oiseau rapace à serres de fer
Merci pour les bénédictions
Merci pour votre ténacité
Nous vous prodiguerons larmes

Quant à toi mon fils mon frère
Toi qui prendras la vie
Après que j'aurai fini la mienne
J'aurais voulu te parler de mon vivant
Si la vie ne m'avait fermé ses portes
Car je suis témoin, j'ai vu mil neuf cent soixante.

Mais j'ai un message et c'est pour toi
Je suis ton griot ton rapporteur
Fais de ce message un totem

Mon frère ne parle pas d'avenir
Car il est là brillant comme le soleil
Ne te borne pas aux critiques seulement
Travaille, car la mort elle aussi
N'avertit pas comme avant la pluie
Le tonnerre ou les éclairs
Sois tangeant entre le droit et le devoir
Si tu n'apprenais que le droit
Tu serais corrompu
Si tu n'apprenais que le devoir sans le droit
Tu serais avili.
Lève-toi avec le soleil
Et couche-toi avec lui
Car il est régulier

A vous tous, à nous tous du rocher vert
A ceux qui ont fermé les yeux
A ceux qui parcourent le trajet épineux
A ceux qui viendront après moi
Je dis à tous bonne chance
Bonne chance aussi et surtout
Pour ceux qui regardent et racontent.

(Ed. de Présence Africaine, Paris)

Le Rwanda

JEAN-BAPTISTE MUTABARUKA —

SOUVENIR

Souviens-toi de la douceur d'un soir
auprès d'une fontaine
de la danse de l'herbe qui plie
sous le vent, de l'eau qui coule
au fond de la vallée.
Souviens-toi, souviens-toi de la course folle
dans les plaines sèches, brûlées par la flamme
quand la forêt se pulvérise.
Souviens-toi de tes premiers jours de l'école
de l'alphabet rebelle
de la suite des nombres des divisions multiples

dans la poussière malléable.
Souviens-toi de la tendresse maternelle
des mains de ta mère modelant ton visage
les nerfs tendus par les rayons durs du soleil canicule
trésor sans prix, inégalable, mère.

TAM-TAM

un chant rythmé par-delà les monts
tam-tam des plaines la harpe gronde
contre les forces obscures
un chant s'élance vigoureux
la lutte s'engage dialogue des tam-tams
rythme scande la force qui m'anime
guerriers de tous âges à vous l'appel
du chant soutenu
tendu comme l'arc par la flèche
montagnes, forêts, rivages ensoleillés
rendez le chant de la nature
par-delà les cimes des volcans
dans le roulement fougueux des torrents
le chant vibrant réveille l'oiseau
qui chante, la gazelle qui fuit
la sentinelle qui ronfle
le chant ranimé se répète
se transmet, les voix s'élèvent grondantes
dans l'Afrique qui bouge
rythme des tams-tams, enivré
virginal, charrié de blasphèmes
gloire à la lutte, à la vie
gloire à la force qui libère
crée et féconde
gloire à la liberté reconquise
à la paix, à l'amour
gloire, ultime gloire enfin
à la fraternité de ceux qui luttent.

AU RÉVEIL

Les roulements du tambour royal
dans l'horizon s'enfoncent
péniblement.
Un vent bénéfique à la conquête

les emporte sourdement
les accompagne.
Adieu chant du réveil sur le royaume
battement qui sourd
des ventres caverneux des tam-tams
gigantesques, sensibles à la baguette.
Le vieil air connu des vieux
la vieille marche rythmée des tambours.
La parure bigarrée des danseurs flotte
les drapeaux sont en berne
les voix des chantres se perdent
dans le lointain, la distance les avale.

PRÉSENCE

Eternellement présente
par-delà les distances forme vivante
de l'amitié vieille que j'aime
procession lente, majestueuse
des nuages qui paraissent
éclat brillant du soleil
reflété dans le cours d'eau
indolent qui murmure
de vieux souvenirs rhabillés
de notre enfance commune.
Tu n'es plus qu'un filet
maigre dans le désert brumeux de ces jours
vides, vainement absorbés
un salut quand même
à toi que je n'oublie pas
éternelle présence de l'amitié vieille...

(*Le Chant du tambour*, Revue Afrique)

LE COURANT TRADITIONALISTE

GASPARD ET FRANÇOISE TOWO-ATANGANA — En 1952 déjà, le

Rwandais Alexis Kagame avait entrepris la tâche de transcrire l'énorme poème historico-mythologique des Mwamis (rois) de son pays. Cela s'appelait *la Divine pastorale*.

Il y eut d'autres tentatives isolées. Celle de Damas qui adaptait des « poèmes nègres sur des airs africains », celle d'Epanya qui traduisait des chansons doualas.

Depuis l'indépendance ce mouvement s'est accentué. Pour faire ce travail délicat il faut être à la fois linguiste, ethnologue et poète. Au Cameroun, d'une équipe de chercheurs se détachent M. Eldridge et Gaspar Towo-Atangana. On commence par enregistrer directement le chanteur de mvet[1] sur le terrain, c'est-à-dire dans les villages de brousse. Puis il faut transcrire le chant parfois très long (les poètes oraux au sud Cameroun peuvent chanter une histoire pendant trois jours!). Lorsque le texte est passé de la bande sur le papier, il nécessite souvent un remaniement car le barde ne commence pas toujours son poème par le début. Il fait des retours en arrière, des répétitions, des variantes du même épisode au gré de sa mémoire.

Lorsque enfin le texte est établi dans sa version intégrale et définitive, il s'agit de le traduire. Car après une première traduction littérale, toute la question est de savoir comment rendre en français la valeur des mots, la richesse des images et le rythme si musical du poème africain.

Et c'est ici qu'il faut être *poète soi-même.* Œuvre de création autant que travail de savant qui sauve du néant les trésors que contiennent encore les cerveaux fidèles des griots d'Afrique. Travail urgent car n'oublions pas que, comme l'a très bien dit le marabout Hampate Ba : « Chaque vieux qui meurt est une bibliothèque qui brûle ».

NGED-NSO-FA

Ce texte est le début d'un *Conte de Mvet* qui tend à expliquer l'origine de la cruauté du léopard. Bimini, « Le vorace », refuse de se marier parce qu'il trouve les femmes trop méchantes. Lorsqu'il se marie enfin à quarante ans passés, il tombe malade, non sans avoir eu trois enfants. Son second fils, Zé, (le léopard) rendu responsable de la maladie de son père, se rend au pays des morts et en ramène un fétiche qui lui permet de tuer toute sa famille. D'où le surnom de Nged-nso-fa ou « *cruauté du coupe-coupe nu* » qu'on donne à Zé-le-Léopard.

Bimini resta longtemps vieux garçon
On disait : « Bimini prends femme » !
Et lui : « Je ne puis prendre femme »
Il disait : « les femmes sont méchantes,
Et elles sont pleines de haine.
C'est ainsi qu'elles tuent les gens :
Car elles font ceci :
Elles donnent la nourriture, elles donnent le poison
Elles tuent le mari, elles tuent l'amant.
Dis à une femme qu'elle est laide :
Le cœur lui brûle dans le ventre,
Elle passe la nuit accroupie sur le lit,
Cherchant le moyen de te tuer.
Au dehors, elle voit passer une coépouse

1. Instrument de musique de la famille de la harpe et genre littéraire épique qui s'est développé en même temps.

Et lui dit : « pourquoi passes-tu si vite ?
Ne peux-tu t'arrêter pour me saluer ?
Et elle se met à lui murmurer :
« Sais-tu comment on donne le poison ?
Il y a une gueule pourrie d'homme qui m'a injuriée là-bas...
Si je ne le vois couché cadavre...
Par la tombe
De tous mes parents qui sont morts ! »
Si elle ne te donne pas de poison
Elle s'en va te calomnier,
T'accabler de ceci, de cela, et tu es perdu —
Si elle ne réussit pas à te faire quelque chose,
Sache que tu ne mourras plus, en vérité
Que c'est méchant, une femme ! »
C'est ainsi que Bimini
Ayant dépassé les quarante ans,
Epousa enfin une femme sur le retour de l'âge
Aussitôt il tomba malade de la poitrine.
Il avait mal le matin, il avait mal le soir.
Mal à la tête, mal au ventre.
Ses membres s'affaiblissaient.
Il dut donc prendre date pour consulter la mygale[1]
Dans un délai de quatre jours.
Au bout des quatre jours,
Tous les animaux arrivèrent sans exception,
Personne ne resta
Et les voici à s'asseoir
Biag biag biag biag biag biag biag
So-l'Antilope le premier, se leva, droit !
Il dit : « Habitants de ce village,
Venez tous ! »
Il dit : « Dans cette affaire qui nous réunit
Eux donnent, moi je donne aussi
Eux la nuit, moi le jour
Eux derrière la case, moi devant
Eux le piment, moi le poivre
Eux le potiron, moi les feuilles du potiron
Eux le faux-colatier, moi le colatier même. »
Il dit : « Je te déclare ceci :
Longtemps tu es resté vieux garçon ;
On te disait « Prends femme », et tu disais
Que tu ne pouvais prendre femme.
Or, dès que tu as pris femme.

1. Araignée utilisée pour la divination.

Tu es tombé malade de la poitrine ;
Tu as mal le matin, tu as mal le soir,
Mal à la tête, mal au ventre
Tes joues moisissent,
Tes yeux se creusent ».
Il dit : « Je te déclare ceci
Tu as un mot dans le ventre ;
Si tu ne le dis pas,
Tu meurs et tu laisses toutes ces richesses, en vérité.
Il s'assit, dzud !
Et tous les animaux à tour de rôle, disent leur oracle.
Il ne reste personne,
Alors Koulou-la-Tortue se dressa, vous !
Il dit : « Suivez-moi, mes frères.
Dans cette affaire qui nous réunit
J'ai apporté mon oracle à moi tout seul.
Il dit : « eux donnent, moi je donne aussi
Eux la nuit, moi le jour,
Eux derrière la case, moi devant,
Eux le piment, moi le poivre,
Eux le potiron, moi les feuilles du potiron
Eux le faux-colatier, moi le colatier même
Il dit : « Je te déclare ceci.
Longtemps tu es resté vieux garçon.
« Prends femme » : et tu disais
« Je ne puis prendre femme »
Dès que tu es allé ramasser cette femme sur le retour de
l'âge
Tu es tombé malade de la poitrine
Tu as mal le matin, tu as mal le soir
Mal à la tête, mal au ventre
Tes membres faiblissent
Tes yeux jaunissent,
Tes jambes se couvrent d'écailles et blanchissent
Et voici que tu viens consulter les oracles.
Tu as quelque chose dans ce village,
Si on ne l'enlève pas,
Tu meurs et tu quittes tes richesses.
Tu as ici trois fils,
laisses-en un devant,
laisses-en un derrière,
Ton fils du milieu,
Celui qui suit l'aîné,
Une parole se cache dans son ventre

S'il ne la dit pas,
Tu meurs et tu laisses-là tes richesses, en vérité.
S'il n'en est pas comme je le dis,
Que cette mygale m'emporte au tombeau, chez les morts.
Il s'assit, tsom...
Et les éléphants de s'entrepincer par dessous,
Et les buffles de se donner des petits coups d'ongles
Et de se dire « Comme Koulou-la-Tortue a toujours su parler !

(Inédit, recueilli par l'abbé Th. Tsala, traduit par G. Towo-Atangana)

ENO BELINGA — Géologue et musicien, il a déjà publié un essai sur la *Littérature populaire africaine* (Ed. Cujas, 1965) et en prépare un autre sur les chantefables du Cameroun dont nous citons un exemple ci-dessous.

La jeune fille et l'Emômôtô[1]

Ici on raconte

Deux sœurs avaient l'habitude d'aller se baigner dans une rivière, non loin du village. Leur mère leur avait dit : « S'il vous arrive d'entendre *plouff ! plouff ! plouff !* d'aval en amont, alors cessez de vous amuser et rentrez dare-dare au village. »

Or un jour, les deux sœurs se baignaient dans la rivière ; elles étaient ravies car l'eau était bonne. Tout à coup, elles entendirent *plouff... plouff... plouff...* d'aval en amont. La jeune sœur s'écria : « Vite, au village, ma sœur. » — « Oui, il faut rentrer sans tarder », répondit l'aînée. Et les deux sœurs, affolées, coururent à perdre haleine.

Dans la précipitation du départ, l'aînée avait oublié sa ceinture de perles ; elle dit à sa jeune sœur : « J'ai oublié ma ceinture de perles ; tu m'attendras, ici, jusqu'à mon retour. » Puis elle s'engagea dans le sentier étroit, noyé dans la verdure, qui menait à la rivière. Là-bas, au bord de la rivière, elle fit une rencontre étrange. Elle vit un être géant qui ressemblait, vaguement, à un homme bien qu'il ne fût pas tout à fait un homme : c'était l'Emômôtô. Celui-ci lui adressa la parole et lui dit : « Qui es-tu ? D'où viens-tu ? Où vas-tu ? » La jeune fille, en tremblant, lui répondit :

1. *Emômôtô* (homme). Selon les explications de l'auteur, le monstre Emômôtô est un mythe Beti qui représente la mort et la renaissance consécutives aux épreuves de l'initiation.

348

Ici on chante

SOLO :   *Je viens reprendre ma ceinture oubliée*
                    au bord de la rivière

CHŒUR :   *Ayaya !*

SOLO :   *Je viens reprendre ma ceinture oubliée*
                    au bord de la rivière

CHŒUR :   *Ayaya !*

SOLO :   *C'est la vérité, je ne cherche pas à me disculper.*

CHŒUR :   *Je ne cherche pas à me disculper, c'est la vérité.*

Ici on raconte

L'Emômôtô se mit à rire ; il dit à la jeune fille : « Je n'entends pas très bien ; approche à mes pieds, approche. » La jeune fille s'approcha et lui conta son aventure :

Ici on chante

SOLO :   *Je viens reprendre ma ceinture oubliée*
                    au bord de la rivière

Ici on raconte

L'Emômôtô lui dit encore : « Monte sur mes genoux, car je ne t'entends pas. » La jeune fille se hissa sur les genoux du tyran et lui répondit :

Ici on chante

SOLO :   *Je viens reprendre ma ceinture oubliée*
                    au bord de la rivière

(etc. comme ci-dessus)

Ici on raconte

La jeune fille se déplaça sur le corps de l'Emômôtô, au niveau du ventre, au niveau de la poitrine, au niveau du cou ; quand elle atteignit les lèvres de l'Emômôtô, celui-ci se pencha sur elle et, d'un seul coup, l'avala.

Grande fut la surprise de la jeune fille quand, dans le ventre de l'Emômôtô, elle découvrit un grand village inondé de lumière. Il y avait là, des hommes et des femmes, jeunes et vieux. Elle s'écria : « Quel incroyable mystère ! ». Elle y séjourna longtemps et, à la fin, elle se dit : « Il faut que je rentre chez nous. » Elle prit un couteau, du sel et du piment et s'approcha de la paroi intérieure de l'abdomen de l'Emômôtô. Elle y pratiqua une incision, puis, dans la blessure fraîche, elle mit du sel et du piment.

Ici on chante

SOLO :   *Ce n'est qu'une estafilade et rien de plus.*

CHŒUR :   *Mais il faut y ajouter du sel et du piment.*

(Le solo et le chœur chantent, alternativement, plusieurs fois ; en vérité, il s'agit d'un style plus proche de la parole que du chant.)

Ici on raconte

Patiemment, la jeune fille poursuivit son opération meurtrière, tant et si bien que l'Emômôtô fut éventré ; et, tout ce qui était contenu dans l'abdomen du géant parut au jour : des hommes et des femmes. La jeune fille leur dit : « Suivez-moi » et ils se mirent en chemin. Une vieille femme qui marchait péniblement dans leur rang leur dit : « Laissez-moi revenir sur mes pas, car j'ai oublié ma canne ; sans elle, je perds l'équilibre. » La vieille femme revint au point de départ ; alors, le ventre de l'Emômôtô se referma sur elle.

(inédit)

AMADOU HAMPATE BA — Il convient de signaler une autre aire culturelle de l'Afrique où la littérature traditionnelle est particulièrement riche et où un certain nombre d'Africains sont attelés à ce travail complexe, de recherche et de création tout à la fois comme je l'ai dit plus haut. Il s'agit de la région mandingue, à cheval sur le Mali et la Guinée, centre des grands empires africains du Moyen Age. A la suite des ethnologues éminents comme Marcel Griaule, Germaine Dieterlen et Denise Paulme, les chercheurs noirs collectent, enregistrent, traduisent, recréent. Lamine Cisse et Mambi Sidibe, sont des Maliens dont la quête patiente et passionnée sera un jour reconnue, par l'éclat des trésors qu'ils sauvent de l'oubli.

Mais l'initiateur et le prophète de ce mouvement est sans conteste Hampate Ba, dont les travaux divers sur la religion Tidjani, l'empire du Macina, la poésie peule font autorité. Son œuvre la plus attachante est *Koumen*, texte initiatique des pasteurs peuls. La poésie et la mystique s'y harmonisent parfaitement.

Mais l'extrait que nous avons choisi est tiré de l'épopée de Ségou : *Da Monzon*. (1) Le héros de cet épisode est Silamaka, chef peul rebelle au suzerain bambara.

Silamaka, Ardo du Macina

Da Monzon était suzerain de l'ardo² Hammadi
Il envoya un jour chercher le prix de l'hydromel
les percepteurs d'impôt étaient trois jeunes bambaras ;
ils se rendirent auprès de Hammadi
et lui dirent l'objet de leur visite.
L'ardo entra dans sa case où il gardait ses cauris ;

1. Nous avons recueilli nous-mêmes 12 épisodes de cette épopée, en bambara et la traduction en est parue chez Nathan en 1972.

Il vit la mère de son fils qui le faisait téter ;
il appela Aissa, elle déposa l'enfant sur une natte
près des trois envoyés qui attendaient debout.
Le bébé avait alors exactement quarante jours.
Un taon soudain s'appliqua sur son front
et se mit à lui sucer le sang
Les trois messagers de Da Monzon
regardaient ce bambin de quarante jours à peine
qui ne daignait même pas lever les yeux
Silamaka n'a pas remué
il n'a pas cillé de l'œil
il n'a pas pleuré
jusqu'à ce que le taon gavé de sang tomba
alors le sang coula sur le visage de Silamaka[1].
Quand le père et la mère revinrent, ils remirent
aux envoyés une mesure d'or pour l'hydromel.
Hammadi dit à sa femme : vois ce méchant enfant
un taon lui boit tout son sang
et il ne crie même pas pour nous avertir !
Et la mère de Silamaka écrasa l'insecte.
Les trois envoyés assistaient à cette scène.
Les trois envoyés rentrèrent à Ségou
ils dirent à leur maître : « nous avons peur,
l'enfant de Hammadi tel que nous l'avons vu
nous donnera sûrement du fil à retordre »,
et ils racontèrent l'histoire du taon.
Da Monzon convoqua ses quarante marabouts
il leur ordonna de consulter les oracles,
qu'est-ce que l'avenir réserve au trône de Ségou ?
Les voyants musulmans et animistes
procédèrent à leur pratiques magiques.
Ils ne purent ni les uns ni les autres déterminer
les mesures à prendre pour assurer à Da Monzon
la possession perpétuelle du Macina.
Après leur retraite ils dirent à Da Monzon :
« Un terrible enfant naîtra cette année, s'il ne l'est déjà.
Il naîtra sous une étoile beaucoup plus forte
que l'étoile de la dynastie de Ségou.
Il est par rapport à vous ce que l'air est à l'eau
ce que le fer est à la pierre, ce que la mort est au souci.
Pour venir à bout de cet enfant qui sera doublé
d'un serviteur aussi brave et invulnérable,
ô grand monarque, il faudrait trouver un œuf pondu

1. A ce courage surhumain, Silamaka ajoutera plus tard l'invulnérabilité.

par un coq noir sans nulle plume blanche.
Cet œuf sera couvé par un canard sauvage
il en sortira un lézard au lieu d'un poussin
Dans l'estomac du lézard il y aura trois cailloux rouges
ce sont ces trois cailloux qui tirés à bout portant
sur la poitrine de l'enfant le tueront tout net.
Mais le tireur mourra en même temps que sa victime. »

Da Monzon s'exclama : « autant dire
que le calamiteux vivra bel et bien ! »
Le grand griot de la couronne avança :
Maître des eaux[1] les thèmes géomantiques
sont parfois bien nuageux
et les oreilles des voyants mal curées !
peut-être qu'un autre y verra plus clair.
Tant que le vent souffle, la température est variable.

— Merci grand griot, répondit Da Monzon,
mais il importe de se tenir sur ses gardes
car un petit rouget qui résiste à la piqûre d'un taon ;
alors que ce dernier fait ruer un taureau,
serait bien capable quand il aura grandi
de réduire en miette ma royale estrade !
Da Monzon donna beaucoup d'or et de cauris
aux envoûteurs noueurs de cordes enchantées
Mais aucun sortilège bambara ne vint à bout
de Silamaka ni de son captif Poulorou.

Alors Da comprit qu'à l'horizon du Macina
montait un noir nuage qui menaçait
le trône du Maître des eaux de Ségou.

Silamaka devenu grand, se rebelle en effet, et ceci n'est qu'un petit
exemple de ses démêlés avec Ségou.

Da Monzon fit battre son tambour de guerre
il envoya mille chevaux contre Kekei.
Silamaka demanda : « combien sont-ils ? »
Les griots se mirent à chanter ses louanges :
— Da Monzon a envoyé maints chevaux
Silamaka tu es garba mâma[2]

1. *Maître des eaux* : titre religieux du roi de Ségou.
2. *Garba mâma* : air de musique qui accompagne la victoire.

Ségou a traversé le fleuve
avec ses grands chevaux agiles
et ils ont noirci la brousse de leur nombre
Nous demandons à Dieu de veiller sur Kekei durant la nuit
pendant le jour on l'en décharge et l'on s'en charge
Ségou a traversé Sedokorbo[1]
Ségou a traversé Gande Korbo
Ségou a traversé Kondomôdi
Ségou a traversé Siromôdi
Ségou a traversé Koboromôdi
Ségou a traversé Konotânia modi
Ségou a traversé Kuma wêdu
Toi Kuma mare pleine de nénuphars
Ségou t'a traversée toi aussi
Naguère on en extrayait les fruits
aujourd'hui ce sont les têtes des guerriers de Ségou
Naguère les femmes y faisaient la lessive
et sur les rives étalaient leurs pagnes blancs
aujourd'hui c'est la chair grasse
des gens de Ségou que nous étalons
sur les rives de l'étang de Kouma.

Quand les chevaux de Ségou arrivèrent
à l'endroit où ils pouvaient charger l'ennemi
Silamaka et Poulorou sortirent du village
et foncèrent sur la cavalerie de Ségou
qui fut prise de panique avant même
que les Peuls ne les aient rejoints
L'ardo et le fils de Baba en occirent
un grand nombre et les chassèrent jusqu'à Diaka
les deux guerriers revinrent à Kekei
les Bambaras rentrèrent à Ségou en lambeaux.

Da Monzon leva trente-cinq groupes de combat
chacun était composé de cent cavaliers
il les lança sur Kekei avec une telle violence
que la nouvelle y parvint avant les chevaux
que Ségou avait cette fois envoyé une armée
qui portait ses mortiers sur son dos[2]
Silamaka fit battre le toubal
il réunit ses cinq unités de combat

1. La suite des villages énumérés sont des postes fortifiés du Macina
que Ségou a violés, envahis et traversés pour arriver à Kekei.
2. C'est-à-dire décidés à mourir puisqu'ils ont emmené leurs ustensiles.

chaque groupe était composé de cent hommes
tous étaient du même âge que Silamaka
Lorsqu'il les divisa il lut une inquiétude
sur le visage de ses camarades
Il dit : « quand quelqu'un a préparé une mauvaise bouillie
il est juste qu'il en prenne la première calebassée.
comme c'est moi qui ai apprêté ce plat-ci
attendez-moi, que je vois quel en est le goût. »

Avec Poulorou il fonça sur les Bambaras
il fut comme un lion dans un troupeau de chèvres
il les mit en fuite et en tua beaucoup
Ils rentrèrent à Ségou et Silamaka au Macina.

Mais couché sur son lit, le Peul se prit à réfléchir
sur le grand nombre d'hommes qu'il avait fait périr
et se mit à douter des conséquences de ses actes.
Le lendemain matin il appela un devin
et lui dit : « regarde quelle va être ma fin ».
Le voyant vit sur son thème géomantique
la mort très prochaine de Silamaka.
mais il lui dit d'abord : « Silamaka j'ai vu
les Macinanké en fuite et tu les conduisais ».
Le Peul décocha un coup de pied au magicien
« charlatan tu n'as vu que mensonge ! »
Le devin lui répondit : « puisque tu n'as pas peur
c'est vrai que j'ai vu fuir le Macina
mais c'était en enjambant ton cadavre. »
Silamaka dit : « maintenant tu dis la vérité
car tu ne verras jamais au grand jamais
le Macina en fuite et moi en tête
il est possible que la révolte du Macina
ne cesse que lorsque j'aurai cessé de vivre
mais il ne sera pas dit que Silamaka
aura conduit ses hommes dans la déroute. »

DJIBRIL TAMSIR NIANE — Originaire de Guinée, Niane est à la fois historien, généalogiste et conteur à la manière des griots de son pays. Mais il a séparé ces activités en écrivant d'une part, en collaboration avec Suret-Canale un très pédagogique manuel d'histoire sur les *Peuples de l'Ouest Africain* et d'autre part, une épopée *Soundiata* qui est un chef-d'œuvre littéraire en même temps que la transposition d'un monument de la littérature orale malienne. On y retrouvera toutes les qualités de l'épopée traditionnelle : un fait historique réel : le règne de Soundiata au XIIe siècle, l'amplification que lui fait subir la légende par les moyens habituels : présages, miracles, grossissement des qualités du héros (force, courage, clairvoyance), de ses faits d'armes, des obstacles qu'il doit surmonter, et bien sûr l'intervention du merveilleux : dieux, sorciers, sorcières et animaux-totems.

Soudiata est une œuvre qu'on devrait étudier dand les écoles africaines aussi sérieusement qu'on étudie dans les écoles françaises *la chanson de Roland*.

D. T. Niane l'a recueillie du célèbre griot Mamadou Kouyaté et adaptée en un français qui a conservé la saveur africaine.

Parole du griot Mamadou Kouyaté

Je suis griot. C'est moi Djeli[1] Mamadou Kouyaté, fils de Bintou Kouyaté et de Djeli Kedian Kouyaté, maître dans l'art de parler. Depuis des temps immémoriaux les Kouyaté sont au service des princes Kéita du Manding : nous sommes les sacs à parole, nous sommes les sacs qui renferment des secrets plusieurs fois séculaires. L'art de parler n'a pas de secret pour nous ; sans nous les noms des rois tomberaient dans l'oubli, nous la mémoire des hommes ; par la parole nous donnons vie aux faits et gestes des rois vivants des jeunes générations.

Je tiens la science de mon père Djeli Kedian qui la tient aussi de son père ; l'Histoire n'a pas de mystère pour nous ; nous enseignons au vulgaire ce que nous voulons bien lui enseigner, c'est nous qui détenons les clefs des douze portes du Manding.

Je connais la liste de tous les souverains qui se sont succédé au trône du Manding. Je sais comment les hommes noirs se sont divisés en tribus, car mon père m'a légué tout son pouvoir : je sais pourquoi tel s'appelle Kamara, tel Kéïta, tel autre Sidibé ou Traoré ; tout nom a un sens, une signification secrète.

J'ai enseigné à des rois l'Histoire de leurs ancêtres afin que la vie des anciens leur serve d'exemple, car le monde est vieux, mais l'avenir sort du passé.

Ma parole est pure et dépouillée de tout mensonge ; c'est la parole de mon père ; c'est la parole du père de mon père. Je vous dirai la parole de mon père telle que je l'ai reçue ; les griots du roi ignorent le mensonge. Quand une querelle éclate entre tribus, c'est nous qui tranchons le différend car nous sommes les dépositaires des secrets que les Ancêtres ont prêtés.

Ecoutez ma parole, vous qui voulez savoir ; par ma bouche vous apprendrez l'Histoire du Manding.

1. *Djeli* : le griot.

Par ma parole vous saurez l'Histoire de l'Ancêtre du grand Manding, l'Histoire de celui qui, par ses exploits, surpasse Djoul Kara Naïni ; celui qui, depuis l'Est, rayonna sur tous les pays d'Occident.

Ecoutez l'Histoire du fils du Buffle, du fils du Lion. Je vais vous parler de Maghan Soundjata, de Mari Djata, de Sogolon Djata, de Naré Maghan Djata ; l'homme aux noms multiples contre qui les sortilèges n'ont rien pu.

L'ENFANCE

Dieu a ses mystères que personne ne peut percer. Tu seras roi, tu n'y peux rien, tu seras malheureux, tu n'y peux rien. Chaque homme trouve sa voie déjà tracée, il ne peut rien y changer.

Le fils de Sogolon eut une enfance lente et difficile : à trois ans il se traînait encore à quatre pattes, tandis que les enfants de la même année que lui marchaient déjà. Il n'avait rien de la grande beauté de son père Naré Maghan ; il avait une tête si grosse qu'il semblait incapable de la supporter ; il avait de gros yeux qu'il ouvrait tout grand quand quelqu'un entrait dans la case de sa mère. Peu bavard, l'enfant royal passait tout le jour assis au milieu de la case ; quand sa mère sortait, il se traînait à quatre pattes pour fureter dans les calebasses à la recherche de nourriture. Il était très gourmand.

Les méchantes langues commençaient à jaser : quel enfant à trois ans n'a fait ses premiers pas ? Quel enfant à trois ans ne fait le désespoir de ses parents par ses caprices, ses sautes d'humeur ? Quel enfant à trois ans ne fait la joie des siens par ses maladresses de langage ? Sogolon Djata, ainsi appelait-on l'enfant en faisant précéder son nom de celui de sa mère : Sogolon Djata, donc, était bien différent de ceux de son âge : il parlait peu, son visage sévère n'était jamais détendu par un sourire. On eût dit qu'il pensait déjà ; ce qui amusait les enfants de son âge l'ennuyait ; souvent Sogolon en faisait venir auprès de lui pour lui tenir compagnie ; ceux-là marchaient déjà ; la mère espérait que Djata, en voyant ses camarades marcher, serait tenté d'en faire autant. Mais rien n'y fit. D'ailleurs Sogolon Djata, de ses bras déjà vigoureux assommait les pauvres petits et ceux-ci ne voulaient plus l'approcher.

La première femme du roi fut la première à se réjouir de l'infirmité de Sogolan Djata ; son fils à elle, Dakaran Touman avait maintenant onze ans. C'était un beau garçon, vif, il passait la journée à courir à travers le village avec les enfants de son âge ; il avait même commencé son initiation en brousse. Le roi lui avait fait faire un arc et il allait derrière la ville s'exercer au tir avec ses compagnons. Sassouma était tout heureuse : elle narguait Sogolon, dont l'enfant se traînait à terre. Quand celle-ci venait à passer devant sa case, elle disait :

— Viens, fils, marche, saute, gambade, les génies ne t'ont rien promis d'extraordinaire ; mais j'aime mieux un fils qui marche sur ses deux jambes qu'un lion qui se traîne par terre.

Elle parlait ainsi quand Sogolon passait devant sa porte ; l'allusion était directe ; puis elle éclatait de rire, de ce rire diabolique dont une femme jalouse sait bien jouer.

L'infirmité de son fils accablait Sogolon Kedjou ; elle avait usé de tout son talent de sorcière pour donner force aux jambes de son fils ; les herbes les plus rares avaient été inefficaces ; le roi lui-même désespérait.

Naré Maghan[1] était très perplexe : se pouvait-il que l'enfant perclus de Sogolon fût celui que le chasseur-devin avait annoncé ?

— Le Tout-Puissant a ses mystères, disait Gnankouman Doua[2], et reprenant une parole du chasseur-devin il ajouta : le fromager sort d'un grain minuscule.

Naré Maghan un jour s'en vint chez Noun Faïri le forgeron-devin de Niani ; c'était un vieil aveugle. Il reçut le roi dans son vestibule qui lui servait d'atelier. A la question du roi, il répondit :

— Quand le grain germe, la croissance n'est pas toujours facile ; les grands arbres poussent lentement ; mais ils enfoncent profondément leurs racines dans le sol.

— Mais dit le roi, le grain a-t-il vraiment germé ?

— Certainement fit l'aveugle-devin, la croissance n'est pas aussi rapide que tu le désirerais. Ah ! que l'homme est impatient !

Cette entrevue et la confiance de Doua dans le destin du fils de Sogolon donnèrent de l'assurance au roi. Au grand déplaisir de Sassouma Bérété le roi remit Sogolon dans ses faveurs ; et bientôt une seconde fille naquit, on lui donna le nom de Djamarou.

Cependant tout Niani ne parlait que de l'enfant perclus de Sogolon : il avait maintenant ses sept ans, il se traînait encore à terre pour se déplacer ; malgré l'attachement du roi,

1. Naré Maghan, roi de Niani, père de Soundjata (Mari Djata), époux de Sogolon et de Sassouma.
2. Le griot du roi.

Sogolon était au désespoir. Naré Maghan devenait vieux, il sentait son temps finir ; Dakaran Touman le fils de Sassouma était maintenant un bel adolescent.

LE RÉVEIL DU LION

Quelque temps après, le roi mourut. Le fils de Sogolon n'avait que sept ans ; le conseil des anciens se réunit dans le palais du roi, Doua eut beau défendre le testament du roi qui réservait le trône à Mari Djata[1], le conseil ne tint nul compte du vœu de Naré Maghan. Les intrigues de Sassouma Bérété aidant, Dakaran Touman fut déclaré roi, un conseil de régence fut formé où la reine-mère était toute puissante. Peu de temps après Doua mourut.

Comme les hommes ont la mémoire courte, du fils de Sogolon on ne parlait qu'avec ironie et mépris : on a vu des rois borgnes, des rois manchots, des rois boiteux, mais des rois perclus des jambes, personne n'en avait jamais entendu parler. Pour grand que soit le destin prédit à Mari Djata, on ne peut donner le trône à un impuissant des jambes ; si les génies l'aiment, qu'ils commencent par lui donner l'usage de ses jambes. Tels étaient les propos que Sogolon entendait tous les jours. La reine-mère Sassouma était la source de tous ces propos.

Devenue toute-puissante, Sassouma Bérété persécuta Sogolon que feu Naré Maghan lui avait préférée ; elle exila Sogolon et son fils dans une arrière-cour du palais ; la mère de Mari Djata habitait maintenant une vieille case qui avait servi de débarras à Sassouma.

La méchante reine-mère laissait la vie libre à tous les curieux qui voulaient voir l'enfant qui, à sept ans, se traînait encore par terre ; presque tous les habitants de Niani défilèrent dans le palais ; la pauvre Sogolon pleurait de se voir livrée à la risée publique. Devant la foule des curieux, Mari Djata prenait un air féroce. Sogolon ne trouvait un peu de consolation que dans l'amour de sa première fille, Koloukan ; elle avait quatre ans et marchait, elle ; elle semblait comprendre les misères de sa mère ; déjà elle l'aidait aux travaux ménagers, quelquefois quand Sogolon vaquait à ses travaux, c'est elle qui se tenait auprès de sa sœur Djamarou encore toute petite.

Sogolon Kedjou et ses enfants vivaient des restes de la reine-mère ; elle tenait derrière le village un petit jardin dans

1. Le fils de Sogolon.

la plaine ; c'était là qu'elle passait le plus clair de son temps à soigner ses oignons, ses gnougous[1]. Un jour elle vint à manquer de condiments et elle alla chez la reine-mère quémander un peu de feuilles de baobab.

— Tiens, fit la méchante Sassouma, j'en ai plein la calebasse ; sers-toi, pauvre femme. Moi, mon fils à sept ans savait marcher et c'est lui qui allait me cueillir des feuilles de baobab. Prends donc, pauvre mère, puisque ton fils ne vaut pas le mien.

Puis elle ricana. De ce ricanement féroce qui vous traverse la chair et vous pénètre jusqu'aux os.

Sogolon Kedjou en était anéantie. Elle n'avait jamais pensé que la haine pût être si forte chez un être humain ; la gorge serrée elle sortit de chez Sassouma. Devant la case, Mari Djata assis sur ses jambes impuissantes, mangeait tranquillement dans une calebasse. Ne pouvant plus se contenir Sogolon éclata en sanglots, se saisit d'un morceau de bois et frappa son fils.

— O fils du malheur, marcheras-tu jamais ! Par ta faute je viens d'essuyer le plus grand affront de ma vie ! Qu'ai-je fait, Dieu, pour me punir de la sorte ?

Mari Djata saisit le morceau de bois et dit en regardant sa mère :

— Mère, qu'y a-t-il ?

— Tais-toi, rien ne pourra me laver de cet affront.

— Mais quoi donc ?

— Sassouma vient de m'humilier pour une histoire de feuilles de baobab. A ton âge son fils à elle marchait et apportait à sa mère des feuilles de baobab.

— Console-toi, mère, console-toi.

— Non, c'est trop, je ne puis.

— Eh bien, je vais marcher aujourd'hui, dit Mari Djata. Va dire aux forgerons de mon père de me faire une canne en fer la plus lourde possible. Mère, veux-tu seulement des feuilles ou le baobab entier ?

— Ah fils ! Je veux pour me laver de cet affront le baobab et ses racines à mes pieds devant ma case.

Balla Fasséké qui était là, courut chez le maître des forges Farakourou commander une canne de fer.

Sogolon s'était assise devant sa case ; elle pleurait doucement en se tenant la tête entre les deux mains ; Mari Djata revint tout tranquillement à sa calebasse de riz et se mit à manger comme si rien ne s'était passé ; de temps à autre, il

1. Gnougnous : légumes.

levait un regard discret sur sa mère qui murmurait tout bas :
« Je veux l'arbre entier devant ma case, l'arbre entier ».

Tout à coup une voix éclata de rire derrière sa case : c'était Sassouma la méchante qui racontait la scène de l'humiliation à une de ses servantes et elle riait fort afin que Sogolon l'entende. Sogolon s'enfuit dans la case et cacha son visage sous les couvertures afin de ne pas voir sous ses yeux ce fils impuissant, plus préoccupé de manger que de toute autre chose. La tête enfouie dans les couvertures, Sogolon sanglotait, son corps s'agitait nerveusement : sa fille Sogolon Djamarou était venue s'asseoir auprès d'elle et disait :

— Mère, mère, ne pleure pas, pourquoi pleures-tu ?

Mari Djata avait fini de manger ; se traînant sur ses jambes il vint s'asseoir sous le mur de la case, car le soleil devenait brûlant ; à quoi pensait-il ? Lui seul le savait.

Les forges royales se trouvaient hors des murs, plus d'une centaine de forgerons y travaillaient ; c'était de là que sortaient les arcs, les bancs, les flèches et les boucliers des guerriers de Niani. Quand Balla Fasséké vint à commander une canne de fer, Farakourou lui dit :

— Le grand jour est donc arrivé ?

— Oui, aujourd'hui est un jour semblable aux autres, mais aujourd'hui verra ce qu'aucun jour n'a vu.

Le maîtres des forges, Farakourou, était le fils du vieux Nounfaïri ; c'était un devin comme son père. Il y avait dans ses ateliers une énorme barre de fer fabriquée par son père Noun Faïri, tout le monde se demandait à quel usage on destinait cette barre. Farakourou appela six de ses apprentis et leur dit de porter la barre chez Sogolon.

Quand les forgerons déposèrent l'énorme barre de fer devant la case, le bruit fut si effrayant que Sogolon qui était couchée se leva en sursaut. Alors Balla Fasséké, fils de Gnankouman Doua parla :

— Voici le grand jour, Mari Djata. Je te parle Maghan, fils de Sogolon. Les eaux du Djoliba peuvent effacer la souillure du corps ; mais elles ne peuvent laver d'un affront. Lève-toi jeune lion, rugis, et que la brousse sache qu'elle a désormais un maître.

Les apprentis forgerons étaient encore là, Sogolon était sortie, tout le monde regardait Mari Djata ; il rampa à quatre pattes et s'approcha de la barre de fer. Prenant appui sur ses genoux et sur une main, de l'autre il souleva sans effort la barre de fer et la dressa verticalement, il n'était plus que sur ses genoux, il tenait la barre de ses deux mains. Un silence de mort avait saisi l'assistance. Sogolon Djata ferma les yeux, il se cramponna, les muscles de ses bras se tendirent, d'un coup sec il s'arc-bouta et ses genoux se détachèrent de terre ; Sogolon Kedjou était tout yeux, elle regardait les jambes de son fils qui tremblaient comme une secousse électrique. Djata transpirait et la sueur coulait de son front. Dans un grand effort il se détendit et d'un coup il fut sur ses deux jambes, mais la grande barre de fer était tordue et avait pris la forme d'un arc.

Alors Balla Fasséké cria l'hymne à l'arc qu'il entonna de sa voix puissante :

> *Prends ton arc Simbon,*
> *Prends ton arc et allons-y*
> *Prends ton arc Sologon Djata.*

Quand Sologon vit son fils debout, elle resta un instant muette et soudain elle chanta ces paroles de remerciement, à Dieu qui avait donné à son fils l'usage de ses pieds :

> *O, jour, quel beau jour.*
> *O, jour, jour de joie*
> *Allah tout-puissant*
> *Tu n'en fis jamais de plus beau.*
> *Mon fils va donc marcher.*

Debout, dans l'attitude d'un soldat qui se tient au repos, Mari Djata appuyé sur son énorme canne transpirait à grosses gouttes, la chanson de Balla Fasséké avait alerté tout le palais ; les gens accouraient de partout pour voir ce qui s'était passé et chacun restait interdit devant le fils de Sogolon ; la reine-mère était accourue, quand elle vit Mari Djata debout, elle trembla de tout son corps. Quand il eut bien soufflé, le fils de Sogolon laissa tomber sa canne, la foule s'écarta : ses premiers pas furent des pas de géant, Balla Fasséké lui emboîta le pas, montrant Djata du doigt, il criait :

> *Place, place, faites de la place,*
> *Le lion a marché.*
> *Antilopes, cachez-vous.*
> *Ecartez-vous de son chemin.*

Derrière Niani il y avait un jeune baobab ; c'est là que les enfants de la ville venaient cueillir des feuilles pour leur mère. D'un tour de bras, le fils de Sogolon arracha l'arbre et le mit sur ses épaules et s'en retourna auprès de sa mère. Il jeta l'arbre devant la case et dit :

— Mère voici des feuilles de baobab pour toi. Désormais c'est devant ta case que les femmes de Niani viendront s'approvisionner.

VERSATILITÉ DU PEUPLE

Sogolon Djata a marché. De ce jour la reine-mère ne fut plus tranquille. Mais que peut-on contre le destin ? Rien. L'homme sous le coup de certaines illusions, croit pouvoir modifier la voie que Dieu a tracée, mais tout ce qu'il fait entre dans un ordre supérieur qu'il ne comprend guère. C'est pourquoi les efforts de Sassouma furent vains contre le fils de Sogolon ; tout ce qu'elle fit était dans le destin de l'enfant. Hier, méprisé et objet de la risée publique, le fils de Sogolon était maintenant aussi aimé qu'il avait été méprisé. La foule aime et craint la force. Tout Niani ne parlait que de Djata, toutes les mères poussaient leurs fils à devenir les compagnons de chasse de Djata.

OUSMANE SOCE — Le Sénégalais Socé n'est pas un débutant. Il avait déjà collaboré au journal de l'*Etudiant Noir* à Paris lorsque parut *Karim* en 1935 ; depuis, Socé ne nous a donné que *Mirages de Paris* qui sont les souvenirs de sa vie d'étudiant, et enfin, dernièrement, des *Contes africains* qui contiennent de loin le meilleur de son œuvre.

L'histoire de Penda, la jeune fille capricieuse qui ne voulait qu'un mari sans cicatrices, possède toutes les qualités du conte traditionnel : mystère, magie, emprise du monde surréel sur le monde apparent, des morts sur les vivants, liaison constante entre les espèces : génies, hommes et animaux ; tout cela mêlé d'humour et terminé par de sages principes, qui nous ramènent au gros bon sens de la vie quotidienne.

ŒUVRES : *Karim*, roman sénégalais, 1935 ; *Rythme de Khalam* ; *Mirages de Paris* ; *Contes et légendes d'Afrique noire*, 1962.

PENDA

Penda était une jeune fille belle comme les étoiles du ciel, belle à vous donner l'envie de l'avaler.

Elle passa une enfance adulée ; elle n'eut pas à crisper la main sur un pilon qui en eût meurtri la paume fragile ; point, non plus, de ces lourdes charges à transporter sur la tête et qui épaississent le cou, enflent les bras. On ne voulut pas offusquer ses regards par la fumée des cuisines.

L'art de la composition orale des poèmes, l'art de moduler

les mots sur les rythmes du chant des oiseaux, de la chute des gouttes de pluie, l'art d'exprimer, dans le langage de la danse, la signification des airs de tam-tam et aussi de se parer, de se bien tenir, furent les seuls enseignements de son enfance.

A l'âge du mariage, Penda se montra difficile ; elle ne voulait épouser qu'un homme qui n'eût pas de cicatrices. Elle refusa Massamba, connu pour ses faits d'armes mais qui portait une cicatrice, vestige glorieux d'un coup de lance reçu à la bataille.

Elle évinça Mademba, le plus célèbre tueur de lions du pays, parce que son épaule avait été marquée par le coup de griffe d'une lionne blessée.

Il en vint de riches, de beaux, de nobles. Penda les repoussa.

Le bruit fit le tour du pays.

Un jour, il se présenta un homme qui se disait prince d'un pays situé à sept semaines de marche.

On ne pouvait le nier, à considérer les cavaliers nombreux qui l'accompagnaient.

Deux serviteurs, attachés à la personne de la princesse, affirmèrent que le prince ne portait aucune cicatrice.

Penda consentit à l'épouser.

Le jour où Penda devait rejoindre la maison de son époux, la reine-mère lui donna les conseils d'usage et aussi « Nélavane », un cheval à l'aspect somnolent. Penda se plaignit.

— Mère, je devrais monter notre plus beau cheval pour me présenter devant les sujets de mon mari.

— Ma fille, Nélavane a de la sagesse, il sera ton conseiller aux moments difficiles.

Penda fit endosser à son cheval le plus riche caparaçon de l'écurie royale pour masquer sa laideur.

Elle chevaucha de longues journées à côté de son mari qui conduisait un pur-sang d'une finesse et d'une nervosité extraordinaires.

Suivaient cavaliers et griots ; Penda, dressée sur ses étriers de fer, admirait la perspective houleuse des têtes altières nimbées du voile de poussière que soulevait le pas cadencé des coursiers. Il lui sembla que leur nombre diminuait, que les files devenaient creuses à chaque tournant de sentier. Etait-ce le voile de poussière qui lui cachait les derniers rangs des cavaliers ? Il semblait que les arbres qui bordaient le chemin augmentaient en nombre quand on les avait dépassés. Ces interrogations fourmillaient dans l'esprit de Penda. Elle crispa les doigts sur les rênes.

Le cheval s'arrêta sous la morsure du fer meurtrissant sa bouche. Penda fut tirée de sa méditation. Elle demanda une explication, d'autant plus que le dernier rang venait de s'éclipser.

— Où sont passés, mon époux, les hommes qui formaient notre escorte ?

— Ils sont redevenus, sous mon charme, ce qu'ils étaient, des arbres.

— D'où vous vient ce pouvoir ?

— Je suis lion-fée. J'ai su qu'il existait une jeune fille capricieuse qui ne voulait pas épouser d'homme qui eût une cicatrice.

Ses mains s'étaient transformées en pattes velues de lion.

Le cheval disparut. Elle vit devant elle, un lion à queue nerveuse et agitée.

— Suis-moi, dit-il.

......

Penda ne put jamais s'accommoder de la viande crue qui était de rigueur au repas du lion. Quand son époux partait à la chasse, elle allait dans la brousse alentour déterrer quelques tubercules d'igname.

L'hivernage survint ; jour et nuit de lourds nuages, monstres pleins d'eau, crachèrent le liquide de leur ventre. Lion fouilla les sous-bois, surveilla les carrefours de la brousse ; il ne rencontra ni sanglier, ni antilope.

Un jour Nélavane dit à Penda :

— Si votre mari ne trouve rien à la chasse, il vous mangera en rentrant, fuyons, fuyons vite...

L'inquiétude de Penda se laissa bercer, du matin au soir, par la chute précipitée des gouttes de pluie sur les feuilles des arbres et sur le sol détrempé. Nélavane hennissait d'impatience, sans arrêt ; il dit encore :

— Maîtresse, fuyons, votre mari est sur le chemin du retour.

Avant de partir, déposez trois crachats, un dans l'antre, un autre derrière le fromager et le troisième dans le grenier.

Cela fait, Penda sella Nélavane et, à bride abattue, elle courut vers le pays natal.

Lion rentra fatigué et aigri par les courses inutiles.

En chemin, il s'était décidé à manger sa femme.

Il fut étonné de trouver l'antre vide et appela d'une voix perplexe :

— Penda ! Penda !...

— Ici, répondit-on du grenier.

— Viens...

Penda ne se montra pas.

Lion s'impatienta.

— Penda, voyons... qu'est-ce que tu attends ?

— J'arrive, répondit le crachat du fromager.

Lion sortit et, sur un ton coléreux :

— Penda où es-tu ? Penda, Penda ?

Des voix répondirent :

— Me voici, je suis ici. Je viens dans un moment...

Il comprit qu'il était dupe d'une farce magique ; il se mit sur la route de la poursuite.

Il courut du lever du soleil à son coucher et du soir jusqu'à l'heure où le soleil est au milieu du ciel.

Il atteignit un premier village :

— Avez-vous vu passer, dit-il, une jeune fille belle comme les étoiles du ciel, belle à vous donner envie de l'avaler ?

— Elle a traversé notre pays à l'aube, répondit-on.

Il passa des fleuves à la nage, se faufila à travers les fourrés et atteignit un deuxième village :

— Avez-vous vu une jeune fille belle comme les étoiles du ciel, belle à vous donner envie de la croquer ?

— Ce voile de poussière, là-bas, lui dit-on, est soulevé par son coursier.

Penda aperçut son mari ; de peur, elle fouetta le flanc de son cheval.

— Ne me frappez pas, conseilla Nélavane, en se cabrant de douleur ; ayez confiance, je vous sauverai.

Lion était à trois bonds d'eux, il franchit les trois en un seul. Nélavane frappa d'un sabot le sol : il en jaillit un lac immense. Lion mit une journée à le traverser.

Le matin du troisième jour de sa fuite, on apercevait les toits de chaume et les arbres du village natal.

Lion les rejoignit de nouveau et, poussant un grand rugissement, il empoigna la queue de Nélavane. Penda éperonna vigoureusement sa monture.

Nélavane fit un saut terrible qui le transporta au-delà du septième ciel, dans le monde insoupçonné de ceux qui vivent sur la terre noire.

— Penda, reprocha Nélavane, par votre faute, nous voici sur une planète où il n'existe pas de femmes. Si l'on découvre votre sexe vous serez mise à mort.

......

Nélavane habilla Penda en homme ; il lui apprit à simuler une démarche d'homme, à donner à sa voix des inflexions mâles.

Un jour qu'il faisait très chaud, elle se mit à son aise pour dormir.

Un Maure de la Cour royale découvrit que l'« étranger »

portait deux seins à la peau satinée. Or les Maures ne gardent pas les secrets.

Il s'en fut trouver le roi et dit :

— En vérité, Majesté, l'étranger du pays est femme !

— Si c'est un mensonge ; répondit le monarque, je te ferai décapiter !

— J'en suis aussi sûr que je m'appelle Ahmed, assura le Maure.

Le lendemain, le crieur public de la capitale promulgua au son du tam-tam que le roi invitait ses sujets à venir, nus, se baigner sur les rives du fleuve.

— La baignade est organisée pour vous confondre, expliqua Nélavane à Penda ; pendant votre sommeil, je vous transformerai en homme, le plus beau.

L'espion Maure fut décapité.

— C'est au prix de ma vie, Penda, que les mages m'ont donné le pouvoir de transformer votre-sexe, lui dit Nélavane, au retour de la baignade ; demain à l'aube je mourrai, vous rassemblerez mes os et les calcinerez. A minuit, tournée vers le levant, enveloppez-vous d'un voile blanc, et les yeux fermés soufflez sur ma cendre.

Penda pleura des larmes de sang en hommage funéraire à son dévoué serviteur.

A minuit elle s'enveloppa d'une voile blanc et, les yeux fermés, souffla sur les cendres ; elle se sentit transportée à une vitesse inouïe, à travers l'espace. Elle perdit connaissance.

A son réveil, elle était dans sa famille, entourée de la reine-mère et des courtisans. Elle raconta son histoire qui se répandit dans le pays, franchit toutes les frontières.

Depuis ce jour, les jeunes filles se montrent moins capricieuses à l'âge du mariage.

(*Contes et légendes d'Afrique noire*, 1962,
Nouvelles Editions Latines, Paris)

IBRAHIM SEID — Plus fidèle que Matip à l'esprit et au langage traditionnels, l'ambassadeur du Tchad à Paris nous offre des contes de son pays, pleins de poésie et d'enseignements. Marquée par l'influence musulmane, s'y retrouve l'ambiance des contes sénégalais d'Ousmane Socé, plus que celle de son proche voisin Matip qui traduit davantage l'exubérance de la forêt camerounaise. N'oublions pas qu'il y a, en Afrique, au moins deux zones culturelles bien distinctes qui correspondent aux deux types principaux de régions géographiques : la forêt et la savane.

En ce temps-là, une entente cordiale régnait entre les bêtes.
Le lion lui-même n'était pas ce maître féroce qui sème aujour-
d'hui la terreur dans la brousse. Bien que redouté, il était
affable, et tenait volontiers compagnie aux autres animaux.
Mais parmi tous, il aimait particulièrement l'hyène, elle lui
paraissait en effet plus engourdie que personne. C'est pour
cette raison qu'il constitua avec elle une société où chacun
apporta le capital qu'il possédait : le lion un taureau, l'hyène
une vache. Et le soin de gérer la fortune commune échut à
l'hyène. Elle y veilla avec beaucoup de diligence, à tel point qu'un
jour, rendant compte de sa gestion, elle fit savoir à son co-
associé que sa vache avait donné le jour à un veau. Mais le lion
contesta aussitôt cette façon de voir. Il soutint dur comme
fer que le veau ne pouvait provenir que du taureau et non de la
vache. Une vive discussion s'engagea alors entre les deux asso-
ciés.

— Je suis persuadé, dit le lion, que le veau appartient à mon
taureau, car il possède la vertu de procréer.

— Je jure, par tous les dieux, que le veau est sorti des entrailles
de ma vache, répondit l'hyène.

— Je ne veux pas écouter des niaiseries pareilles, rétorqua le
lion. Le veau appartient à mon taureau ; il n'y a pas de pourquoi
ni de comment, c'est comme ça !

Mais comme l'hyène persistait à soutenir le contraire, le
lion en appela à la justice des animaux réunis. Convoqués par lui,
ceux-ci se rassemblèrent en une cour de justice extraordinaire.
Le lion leur exposa le différend qui l'opposait à l'hyène et
invita chacun d'eux à dire le droit.

L'éléphant parla le premier. Faisant semblant de réfléchir, il
secoua sa vilaine trompe et opina :

— A mon avis, seul le taureau possède la vertu de procréer.

A sa suite, le rhinocéros et l'hippopotame, dressant leur
masse pachydermique, ne firent qu'approuver ce qui venait
d'être dit.

La girafe, à son tour, balayant l'air de son très long cou
comme pour chercher une opinion libre de toute contrainte,
affirma avec gravité que le veau ne pouvait être né que du
taureau.

Le buffle à l'aspect farouche, la panthère au regard rêveur et
hypocrite, le phacochère au groin sordide, justifièrent encore
avec plus de subtilité et d'arguties le bien-fondé de cette
assertion : seul le taureau est capable de procréer ; le veau ne

pouvait provenir que de lui. Après que tous les autres animaux se furent prononcés en ce sens, on s'aperçut que seul le lièvre n'avait pas donné son avis. Le lion l'ayant fait mander immédiatement, il se présenta, les oreilles rabattues, l'air triste. Après avoir pris connaissance du litige qui opposait le lion à l'hyène, le lièvre répondit :

— Ni mon état physique ni ma lucidité d'esprit ne me permettent une opinion circonstanciée et équitable. Je viens en effet de recevoir de très mauvaises nouvelles qui m'accablent. Mon père, qui se trouve à cent lieues d'ici est dans un état fort inquiétant : il vient d'accoucher d'un petit levraut et j'ai hâte de me rendre auprès de lui pour lui donner les soins que nécessite son état.

— Petit imbécile, gronda le lion. Depuis quand as-tu vu un mâle mettre au monde ?

— Sire, rétorqua le lièvre, ne cherchez donc pas à faire dire aux autres ce qu'ils ne pensent pas. Vous venez de trancher le procès qui vous oppose à l'hyène. Si le taureau n'a pas la vertu de procréer, le veau ne pouvait provenir que de la vache. L'hyène a raison contre vous.

Et sur ces paroles, le lièvre détala à toutes jambes. Courroucé, le lion se lança à sa poursuite. Quant aux autres animaux, ils se dispersèrent aux quatre vents.

C'est depuis ce jour-là qu'ils renoncèrent à jamais à se réunir pour dire le droit. Chacun retrouva sa liberté pour apprécier tout seul ce qui pouvait être juste, car ici-bas ne triomphe en justice que le plus fort. Le faible a toujours tort et les juges, toujours convaincus, le condamnent au nom d'un mot très vague, au masque souriant qui s'appelle l'équité.

(*Au Tchad sous les étoiles*, Editions de Présence Africaine, Paris)

VII

Les communautés nègres
non libérées

J'ai dit que depuis l'indépendance des pays africains la littérature de la négritude avait changé de ton.

Pas partout.

En effet, il reste de par le monde des points de résistance du racisme et du colonialisme qui sont à présent comme autant de scandales devant l'œil ouvert — enfin — de la conscience humaine.

Et, pour ne citer que le cas des Noirs, les points les plus névralgiques se trouvent actuellement en Afrique du Sud, en Angola (je passe sur les Rhodésies, la Guinée espagnole, le Mozambique) aux Antilles et en Guyane françaises, enfin aux Etats-Unis d'Amérique.

Aussi de ces pays nous parviennent des œuvres littéraires de plus en plus violentes, agressives ou désespérées ; la tragédie, loin de se dissiper, s'accentue car pour les communautés noires opprimées, la liberté et la connaissance de leurs droits sont devenues une question de vie ou de mort. La réussite des indépendances africaines rend désormais intolérable le sort des Nègres encore colonisés, encore ségrégés, encore opprimés. C'est pourquoi le ton monte, surtout dans la littérature négro-américaine.

Richard Wright était déjà plus amer que Langston Hughes ; avec James Baldwin et Louis Lomax, nous atteignons le degré maximum de la violence, l'exacerbation de la colère, le cri qui précède immédiatement le geste : Fire next time comme l'indique très bien le titre du roman de Baldwin : « La prochaine fois, le feu ! ». Les convulsions racistes qui bouleversent les Etats-Unis sont là pour lui donner raison, depuis l'assassinat de Malcolm X, jusqu'aux émeutes de Los Angeles. Le théâtre de Le Roy Jones en est l'illustration la plus éminente.

MARTIN LUTHER KING — Ce jeune pasteur, prix Nobel de la paix, dirigea le mouvement de revendication des droits des Noirs aux Etats-Unis. Partisan de la lutte pacifique, il n'en fut pas moins un des plus irréductibles militants de l'égalité raciale et mourut assassiné en 1968.

Lettre de Birmingham

Les opprimés ne peuvent pas rester indéfiniment opprimés. Le goût de la liberté finit toujours par se manifester, et c'est ce qui est arrivé au noir américain. Quelque chose en lui a rappelé son droit de naissance à la liberté, et quelque chose au dehors de lui, lui a rappelé que ce droit peut être conquis. Consciemment ou inconsciemment, il a été pris par le Zeitgeist, et avec ses frères noirs d'Afrique, ses frères bruns ou jaunes d'Asie, d'Amérique du Sud ou des Caraïbes, le noir américain avance, avec un sentiment de grande urgence, vers la terre promise de la justice raciale. Celui qui comprend ce besoin vital qui a envahi la communauté noire comprend immédiatement pourquoi il y a des manifestations publiques. Le noir a d'innombrables refoulements et frustrations latentes et il doit les libérer... Aussi, laissez-le marcher ; laissez-le faire ses prières et ses pèlerinages à l'hôtel de ville ; laissez-lui faire ses promenades de la liberté, et essayez de comprendre pourquoi il doit faire cela. Si ses émotions réprimées ne sont pas exprimées de manière non-violente, elles cherchent une expression dans la violence ; ce n'est pas une menace de ma part mais un fait historique. Je n'ai pas dit aux gens : « Débarrassez-vous de votre mécontentement. » J'ai essayé de dire que ce mécontentement, sain et normal, peut être canalisé dans les voies fécondes de la non-violence. Et voilà que cette méthode est qualifiée d'extrémiste.

Mais si j'ai été dès l'abord déçu d'être catalogué comme extrémiste, en continuant de réfléchir à ce sujet j'ai progressivement trouvé quelque satisfaction dans cette étiquette. Est-ce que Jésus n'était pas un extrémiste de l'amour : « Aimez vos ennemis, bénissez ceux qui vous maudissent, faites du bien à ceux qui vous haïssent, et priez pour ceux qui vous méprisent et vous persécutent. » Est-ce que Amos n'était pas un extrémiste de la justice : « Laissez la justice couler comme les eaux et la droiture comme un fleuve intarissable. » Est-ce que Paul n'était pas un extrémiste pour l'évangile du Christ : « Je porte dans mon corps les marques du Seigneur Jésus. » Est-ce que Martin Luther n'était pas un extrémiste : « Ici je suis ; je ne peux rien faire d'autre, aussi que Dieu me vienne en aide. » Et John Bunyan : « Je resterai en prison jusqu'à la fin de mes jours plutôt que de sacrifier ma conscience. » Et Abraham Lincoln : « Cette nation ne peut survivre à moitié esclave, à moitié libre. » Et Thomas Jefferson : « Nous tenons ces vérités pour évidentes que tous les hommes sont créés égaux... » Aussi la question n'est pas : serons-nous des extrémistes ? mais : quel genre d'extrémistes serons-nous ? Serons-nous des extrémistes pour la haine ou pour l'amour ? Serons-nous des extrémistes pour la conservation de l'injustice ou pour l'expression de la justice ? Peut-être que les Etats du Sud, la nation et le monde ont un besoin tragique d'extrémistes créateurs.

J'avais espéré que le blanc modéré verrait ce besoin. Peut-être étais-je trop optimiste ; peut-être attendais-je trop. Je pense que j'aurais dû réaliser que peu de membres de la race des oppresseurs peuvent comprendre les profonds gémissements, les désirs passionnés de la race opprimée, et encore moins peuvent avoir la vision que l'injustice doit être déracinée par une action forte, durable et déterminée. Je suis reconnaissant cependant aux quelques frères blancs qui ont compris le sens de cette révolution sociale et qui s'y sont engagés. Ils sont encore bien trop rares en quantité mais grands en qualité... Quelques-uns comme Ralph McGill, Lillian Smith, Harry Golden et James McBride Dabbs ont écrit sur notre lutte en termes éloquents et prophétiques. D'autres ont marché avec nous dans les rues sans nom du Sud. Ils ont langui dans la saleté, les prisons infestées de parasites, ils ont souffert les insultes et les brutalités des policiers qui les considéraient, comme de « sales amoureux des nègres ». A la différence de leurs frères et de leurs sœurs modérés, ils ont reconnu l'urgence du moment et senti le besoin d'antidotes puissants en « action » pour combattre le mal de la ségrégation.

(L'homme d'Atlanta : Martin Luther King,
par Jerome Bennett, Ed. Casterman, Paris-Tournai)

JAMES BALDWIN (1924) — Baldwin était le bras droit de Martin Luther King.

Comme le dit très bien son éditeur, les romans de Baldwin « sont les témoignages pathétiques d'un homme qui lutte pour que prenne fin le drame qui déchire aujourd'hui les Etats-Unis. Personne n'ignore plus le nom de James Baldwin et le rôle actif qu'il joue dans l'émancipation de ses frères de couleur. En fait, dans les Etats-Unis d'aujourd'hui, aucun auteur, qu'il soit noir ou blanc, n'a exposé avec une telle intensité et une telle éloquence les revendications d'une minorité opprimée. »

Mais on doit aussi à James Baldwin l'analyse la plus pénétrante sur Richard Wright ; dans l'extrait qui suit, il décrit comment, bien que Wright fut son maître et son idole, l'incompréhension est inévitable entre deux hommes de générations différentes, dans une époque où les choses évoluent si vite que, en 1949 « le monde qui avait produit Richard Wright ne parvenait déjà plus à saisir « le nouveau et terrible inconnu à peau noire du siècle » et il se sentait isolé aussi bien de la jeunesse américaine que des Noirs d'Afrique.

Baldwin montre, à cette occasion, la situation si inconfortable du Noir américain qui se trouve, plus que tout autre coincé entre deux mondes : le monde américain blanc qui le refuse, le monde africain noir qui lui fait peur ou honte. Mais désirer à ce point s'intégrer au Blanc autant que craindre l'image plus foncée, que lui renvoie l'Afrique, sont encore des traces d'un psychisme malade. Les catégories noir-blanc, doivent être dépassées. Il faut qu'un jour arrive où la couleur n'ait plus d'importance dans les rapports entre les hommes. Et il est important qu'un Noir témoigne de ce but humaniste au moment où la lutte raciale est la plus acharnée en Amérique.

Œuvres : *Personne ne sait mon nom, La prochaine fois, le feu, Un autre pays.*

LE NOUVEAU ET TERRIBLE INCONNU À LA PEAU NOIRE

Une partie du problème, pour Richard et moi-même, venait de ce que j'avais près de vingt ans de moins que lui, et je n'avais jamais vu le Sud. Peut-être puis-je maintenant imaginer l'odyssée de Richard mieux qu'alors, mais je ne puis qu'imaginer. Je ne suis pas allé du Sud profond à Chicago, à New York et à Paris, et je n'ai pas payé de ma propre chair le prix d'un tel voyage ; le monde qui a produit Richard Wright a disparu ; on ne le reverra jamais plus. Maintenant, il semble que ce soit en un clin d'œil que se sont écoulées ces vingt années, depuis le jour où j'étais timidement assis chez lui, devant une bouteille de bourbon. Ces années ont vu presque tous les supports de la réalité occidentale s'effondrer sous elle, toutes les capitales du monde ont changé, le Sud profond a changé, et l'Afrique a changé.

Pendant longtemps, me semble-t-il, Richard fut cruellement emporté par la tourmente. Ses oreilles, j'en suis persuadé, ont été assourdies par le fracas qui l'entourait, non seulement de la chute des idoles, mais de la chute des ennemis. Des gens étranges traversèrent les océans, d'Afrique et d'Amérique, pour venir frapper à sa porte ; il ne savait pas vraiment qui étaient ces gens, et ces gens s'en sont très vite rendu compte. Ce n'est que vers la fin de sa vie, si l'on en juge par certaines nouvelles de son dernier livre, *Huit Hommes*, que son imagination commença vraiment à prendre conscience de l'existence du nouveau et terrible inconnu à la peau noire du siècle. Bref, il a travaillé jusqu'au bout ; il est mort, comme j'espère le faire, au milieu d'une phrase et son œuvre est maintenant une partie irréductible de l'histoire de notre terrible époque où tout évolue si vite. Quel qu'Il puisse être et où qu'Il soit, que Dieu soit avec vous, Richard, et puisse-t-Il m'aider à ne point échouer dans le plaidoyer que j'ai entrepris grâce à vous.

......

Dans mes rapports avec Richard, j'essayais toujours de « clarifier » la situation, de « régler » les comptes.

Autrement dit, je voulais que Richard me voie, non pas comme l'adolescent que j'avais été quand il m'avait parlé pour la première fois, mais comme un homme. Je voulais être certain qu'il m'avait accepté, qu'il m'avait reconnu le droit d'avoir ma vision personnelle, le droit, en tant que pair, de manifester mon désaccord à son égard. Un jour, Richard allait se tourner vers moi, le visage éclairé par la lueur de la compréhension, et il allait me dire : « Oh ! c'est donc cela que tu voulais dire ! » Et alors, rêvais-je, un grand dialogue d'une valeur incalculable allait s'amorcer. Et la grande valeur de ce dialogue ne serait pas venue uniquement de ce qu'il vous aurait instruits, vous et les siècles futurs. Il aurait eu le pouvoir de m'instruire, moi, et le pouvoir d'instruire Richard ; car il se serait agi alors de rien de moins que de cette réconciliation si universellement désirée et si rarement atteinte entre le père spirituel et le fils spirituel.

Naturellement, ce n'est pas la faute de Richard si je pensais ainsi. Mais d'autre part, il ne mènerait à rien de dire que c'était uniquement ma faute, ou la faute de mes illusions. Je m'étais identifié à lui longtemps avant notre rencontre : en un sens, qui n'a rien de métaphysique, son exemple m'avait aidé à survivre. Il était Noir, il était jeune, il était issu du cauchemar du Mississipi et des taudis de Chicago, et il était écrivain. Il prouvait que c'était possible, il me le prouvait, il me donnait une arme pour lutter...

Richard Wright exerçait une influence terrible sur un nombre infini de gens qu'il n'avait jamais rencontrés, sur des multitudes qu'il ne rencontrera désormais jamais. En somme, ses responsabilités étaient immenses et périlleuses. Je ne crois pas que Richard ait jamais vu en moi l'une de ses responsabilités — bien au contraire[1] — mais il paraissait manifestement se demander assez souvent ce qu'il avait bien pu faire pour mériter une telle admiration.

(*Personne ne sait mon nom*, Ed. Gallimard, Paris)

1. En français dans le texte.

Le temps a placé Richard, de même que tous les Noirs américains, dans une situation extraordinairement déconcertante et dangereuse. Le Noir américain, aussi profondes que soient ses sympathies, aussi vivace que soit sa fureur, cesse d'être simplement un Noir lorsqu'il se trouve face à face avec un Noir d'Afrique. Quand je dis simplement un Noir, je ne veux pas dire que le fait d'être un Noir soit simple, en quelque lieu que ce soit. Mais je suggère que l'un des prix que le Noir américain paie — ou peut payer — pour ce que l'on appelle son « acceptation » est une haine de soi-même profonde et presque indéracinable. Elle corrompt tous les aspects de son existence ; il n'est plus en paix avec lui-même et il perd à jamais le contact avec lui-même. Et quand il se trouve face à face avec un Africain, il revoit le passé indiciblement sombre, coupable et érotique que les pères protestants lui ont fait enterrer — pour assurer la paix de leur esprit et leur pouvoir — mais qui vit dans sa personnalité et hante encore l'univers. Ce que voit un Africain face à un Noir américain, je ne le sais pas encore, et il est trop tôt pour dire avec quelles cicatrices et quels complexes l'Africain a émergé du feu ; mais la lutte intérieure entre la condition de Blanc et la condition de Noir qui a fait tant de mal à Richard, n'a plus de raison d'être. Cette lutte, qui, de même qu'elle prive notre nature de ce qu'elle a de plus noble et de plus profond, prend et a pris autant de vies blanches que de vies noires. Et, pour moi, Richard figure parmi les victimes les plus illustres de ce conflit. Et c'est pourquoi il a fini par se retrouver errant dans le no man's land qui sépare le monde noir du monde blanc. *Il n'est plus essentiel d'être Blanc* — Dieu merci — le visage pâle n'est plus investi du pouvoir du monde ; *et il faut souhaiter ardemment qu'il ne soit bientôt plus important d'être Noir.* L'expérience du Noir américain, si l'on parvient un jour à la regarder bien en face et à l'évaluer à sa juste valeur, permet d'espérer une telle réconciliation. Il faut que cette unification de la personnalité du Noir parvienne à s'effectuer, car c'est l'un des rares espoirs que nous ayons de sortir vivants du désert qui s'étend maintenant devant nous.

(ibidem)

LORRAINE HANSBERRY (1930-1964) — Une Noire américaine a été la pre-
mière personne de couleur à recevoir le prix du « Cercle des critiques
dramatiques New Yorkais » pour sa pièce *Un raisin au soleil.*

Elle est née en 1930 à Chicago, dans une famille bourgeoise.

Mais sa pièce révèle sa profonde connaissance de la mentalité et des
problèmes des Nègres de condition sociale inférieure à la sienne. Elle a
bien pénétré dans l'univers de cette famille qui étouffe dans un apparte-
ment trop petit à l'image de sa vie mesquine : Walter le fils aîné,
chauffeur, voudrait devenir un grand homme d'affaires ; Beneatha sa sœur
voudrait faire des études de médecine ; et leur mère, elle, rêve tout
simplement d'une maison large et propre pour abriter sa famille. Ce
« raisin », ce rêve, pourra-t-il « mûrir au soleil », pourra-t-il se réaliser ?
ou bien la vie donnera-t-elle raison à feu son mari mort à la peine et qui
avait coutume de dire : « Il semble bien que Dieu n'ait voulu accorder
aux Noirs que des rêves... et s'il nous a donné des enfants, c'est pour
que ces rêves méritent d'être rêvés » ?

Mais la Mamma reçoit un chèque de dix mille dollars. Elle en donne
une partie à son fils qui veut ouvrir un débit de boisson, et se fait
escroquer. Heureusement la mère prévoyante a acheté une maison avec le
reste, dans un joli quartier, un quartier de Blancs.

Mais voici que les gens du quartier leur envoient un délégué, Lindner,
pour leur acheter cette maison, « afin d'éviter les incidents oh ! très
regrettables, qui se sont produits en ville quand des Noirs ont voulu
s'établir dans certains quartiers ! »

Les Younger vont-ils se laisser impressionner, vont-ils se décourager,
Walter va-t-il vendre sa dignité pour le bénéfice que lui propose
Lindner ?

Cette pièce est un chef-d'œuvre : le racisme sournois du « petit Blanc
américain », la fierté du Noir à qui il ne reste que cela, personne ne
les avait décrits avec ces nuances, avec la finesse toute féminine de
Lorraine Hansberry.

UNE QUESTION DE DIGNITÉ

Lindner — Notre politique à Clybourne Park consiste à révéler
aux uns et aux autres les sources possibles d'antagonisme et de
conflit. Et c'est pourquoi, aujourd'hui, je suis mandaté pour
venir discuter amicalement avec vous de nos problèmes.

Walter — Je suis à votre disposition, Monsieur. Nous, nous
cherchons toujours à vivre en bon voisinage avec ceux qui nous
entourent. Et dans cet immeuble, je vous jure qu'il y faut de
la patience !

Lindner — Il suffit de vous aborder pour comprendre tout de
suite que vous êtes une famille de braves gens. Eh bien, notre
communauté est faite aussi de braves gens qui ont travaillé
dur pour la construire. Nous ne sommes ni riches ni ambitieux.
Nous ne sommes que d'honnêtes travailleurs et ne possédons
rien d'autre que nos petites maisons. Nous souhaitons élever
nos enfants le mieux possible dans le cadre de la communauté. Rien n'est parfait, nous le savons et il reste

beaucoup à faire à Clybourne Park. Mais vous devez admettre qu'un homme a le droit de vivre dans un milieu qui corresponde à ses goûts, à ses idées ! Eh bien, la majorité de notre population a le sentiment de se sentir plus libre, plus à l'aise, si l'entourage est constitué de personnes qui ont les mêmes idées, les mêmes origines. Et je vous prie de croire qu'aucun principe de discrimination raciale n'entre pour quelque chose dans cette attitude. C'est avant tout une question d'harmonisation, si je puis dire ! Comprenez-moi ! A tort ou à raison, les habitants de Clybourne Park pensent que pour le bien de tous, nos amis noirs sont plus heureux lorsqu'ils vivent dans leurs propres communautés.

Beneatha *ironique* — Ceci, mes amis, c'est le discours de bienvenue !

...

(*Huit jours plus tard : entre Walter, très las. Il s'adosse à la porte, le pardessus ouvert.*)

Mama — Walter, d'où viens-tu ?

Walter *toujours contre la porte, essoufflé.* — Je viens de donner un coup de téléphone.

Mama — A qui, mon fils ?

Walter — A cet homme...

Mama — Quel homme ?

Walter — Cet homme blanc de l'autre jour...

Ruth — Walter !

Beneatha — Il s'appelle Lindner !

Walter — Exact... Je lui ai dit de venir tout de suite.

Ruth — Pourquoi as-tu appelé cet homme ?

Walter — Je veux qu'il vienne assister au spectacle. Je veux lui donner un spectacle inoubliable. Un spectacle qui sera aussi pour lui très instructif. Mama, cet homme est déjà venu ici nous annoncer que les habitants de son quartier ne voulaient pas de nous, qu'ils étaient tous prêts à payer très cher pour que nous restions ici, pour que nous renoncions à les rejoindre, à vivre parmi eux ! (*Il rit.*) Bon... Mama, tu aurais été fière de voir comment nous avons réagi, Ruth, Beneatha et moi. Nous l'avons mis dehors, oui. Et nous étions bien contents de ce geste. (*Il allume une cigarette.*) Mais c'était un geste bien démodé aussi. Peu réaliste, en somme : la vertu outragée et incorruptible ! « Sortez, Monsieur. Je ne suis pas celui que vous croyez... »

Ruth *s'approche de lui.* — Tu penses accepter l'argent que ces gens nous offrent si nous renonçons à aller habiter là-bas ?

Walter — Exactement.

Beneatha — Ma foi, nous n'avions pas encore atteint le fond !

Walter — Le fond ? Le Fond ? Toi et ton petit copain de cet après-midi, vous voudriez que tout le monde brandisse un étendard et une lance de guerre en chantant des hymnes ! Toi aussi tu veux passer ton temps à réfléchir au bien et au mal ! Bon. Tu sais ce qui va arriver à ton petit copain ? Il ne va pas tarder à se retrouver en prison et ce sont les profiteurs qui en possèderont la clé ! Crois-moi, ma fille ! Aucune cause ne vaut la peine qu'on se batte pour elle : ce qui compte sur cette terre c'est : prendre. Celui qui prend le plus est le meilleur. Et peu importe la manière qu'il utilise.

Mama — Walter, tes paroles me font mal...

Walter — Ne pleure pas, Mama. Comprends la situation... Tout à l'heure ce Blanc va arriver ici et il peut signer un chèque qui nous fera riches : il y tient beaucoup pour des raisons qui m'importent peu et je vais l'aider.

Mama — Mon fils, je descends de cinq générations d'esclaves et d'ouvriers agricoles et je sais cependant que personne dans ma famille n'a jamais accepté un argent dont il ait pu rougir. Ce genre de déchéance, nous ne l'avons jamais connu. (Elle regarde Walter dans les yeux.) Nous n'avons jamais été aussi morts en nous-mêmes...

Beneatha — Eh bien, il y a un commencement à tout ! Tu vois bien ? Tous les propos sur les rêves et sur la lumière qu'il est toujours possible de faire entrer dans cette maison deviennent des bavardages inutiles !

Walter — Qu'est-ce que vous avez tous ? Après tout, ce n'est pas moi qui ai fait le monde ! On me l'a donné tel qu'il est ! Bien sûr que j'aimerais posséder un yacht ! Bien sûr que j'aimerais offrir un riche collier de perles à ma femme ! Pourquoi n'aurait-elle jamais droit à des perles ? Qu'on me dise qui désigne les femmes qui ont le privilège de porter des perles ! Je suis un homme et je pense que ma femme a le droit elle aussi de porter des perles ! (Silence, Walter marche de long en large. Il répète à voix basse) : Un homme ! un homme !

Mama — Si tu acceptes cet argent, comment pourras-tu te supporter ensuite ?

Walter — Ensuite ? Je me sentirai en accord avec moi-même ! Je me sentirai un homme !

Mama — Tu t'en voudras plus tard, Walter. Toute ton existence en sera empoisonnée...

Walter — Non, non !... Je regarderai ce Blanc bien en face et je lui dirai : « C'est ça vos honnêtes habitants de Clybourne Park ? Eh bien, choisissez les voisins que vous voulez, vous en avez le droit. Signez-moi un chèque et la maison est à vous ! Et je lui dirai aussi : « Qu'ils me donnent de l'argent, ceux de là-bas et ils ne risqueront plus de vivre dans le voisinage d'un tas de nègres puants ! » Je pense à quelque chose que je peux faire et qui sera plus spectaculaire encore : je me jetterai à genoux, comme ça. *(Il le fait. Ruth et Beneatha le regardent avec horreur. Mais il fait semblant de pleurer, feint une grande douleur.)* Oh ooo ho ooo Monsieur ! Grand Chef Blanc, ho ooo hoooo, donnez-moi cet argent et nous autres Noirs ne salirons pas votre voisinage blanc ! *(Il se relève et va s'enfermer dans sa chambre.)*

Beneatha — Ça, un homme ? Ce n'est qu'un rat édenté !

Mama — La mort pourrit déjà ma maison. Et mon mari et moi qui pensions que nos enfants seraient une belle moisson ! Voilà le résultat... *(à Bennie)*. J'ai l'impression de porter le deuil de ton frère !

Beneatha — Ce n'est pas mon frère.

Mama — Que dis-tu ?

Beneatha — Cet individu, là, dans la chambre, je ne le reconnais plus pour mon frère !

Mama — C'est bien ce que j'avais compris ! Tu estimes que tu vaux mieux que lui, aujourd'hui ? *(Silence de Beneatha.)* J'ai entendu, tout à l'heure ! Tu lui as dit qu'il n'était pas un homme ! Oui, tu l'abandonnes ! Tu écris déjà son épitaphe ! Comme tous les autres ! Mais qui te permet de te conduire ainsi ?

Beneatha — Ne peux-tu prendre mon parti pour une fois ? Tu as vu sa manière d'agir ! Tu l'as vu à genoux ! N'est-ce pas toi qui m'as appris à mépriser un homme qui pense et qui agit comme lui ?

Mama — Oui, je te l'ai appris ! Mais je croyais t'avoir appris autre chose encore : je croyais t'avoir appris à l'aimer !

Beneatha — L'aimer ? Que me reste-t-il à aimer en lui ? Je me le demande !

Mama — Il reste toujours quelque chose à aimer dans un être qui souffre. Si tu n'as pas compris ça, que pourrais-tu comprendre ? As-tu éprouvé un peu de pitié pour lui, aujourd'hui ? Je ne veux pas dire : pitié de toi ou pitié pour ta famille qui a perdu tout son argent ! Je dis pitié de lui, pour ce qu'il a souffert, pour tout ce qu'il souffre. Ma petite, il est toujours très simple d'aimer quelqu'un qui a rendu tout facile pour les siens ! Il est moins simple et plus utile de l'aimer quand il est au plus bas, quand il ne croit plus en lui et que la vie l'a blessé ou vaincu. Quand tu portes un jugement sur quelqu'un, n'oublie pas de compter tous les obstacles qu'il a dû surmonter pour parvenir au point où tu le juges...

(Travis entre brusquement, laisse la porte ouverte.)

Travis — Voilà les déménageurs ! Le camion est en bas ! Un camion formidable ! Tout rouge !

Mama *se tourne vers lui* — Ah, ils sont déjà là... ? *(elle soupire et s'assied.)*

(Entre alors Lindner. Il frappe légèrement à la porte pour attirer l'attention).

Lindner — Bonjour, c'est moi...

(Ruth va vers sa chambre dont elle pousse la porte qu'elle laisse ouverte. Walter est assis sur son lit toujours avec son pardessus et le regard vague. Il aperçoit Lindner.)

Ruth — Le voilà, Walter ! *(Walter se lève lentement.)*

Lindner *pose sa serviette, sort des papiers, un stylo.* — J'avoue que j'ai été bien content et bien soulagé quand vous m'avez appelé... Oui, bien content ! bien soulagé ! *(Walter s'approche avec timidité.)* La vie peut être si simple quand on veut ne pas trop la compliquer ! Il n'y a qu'à tenir compte des réalités... Bien ! A qui ai-je affaire ? A Madame Younger ou à son fils ?

(Mama est assise les mains croisées sur ses genoux, les yeux fermés pendant que Walter s'approche lentement. Travis examine les papiers sur la table et Lindner l'écarte avec douceur.)

Lindner — Ce ne sont que des papiers officiels, fiston. Rien qui puisse t'intéresser...

Ruth — Travis, retourne un instant dans la rue, s'il te plaît...

Mama *ouvre les yeux, regarde Walter* — Non, Travis, reste ici... Et toi, Walter, explique-lui ce que tu veux faire. Apprends-lui donc ce que Willy Harris t'a appris...

Walter *regarde son fils qui lui sourit* — Eh bien, Monsieur Lindner... *(Beneatha se détourne.)* Nous vous avons appelé... parce que ma famille et moi... *(regard circulaire).* Eh bien, nous sommes des gens très simples...

Lindner — Vous êtes de braves gens...

Walter — Je veux dire : j'ai travaillé toute ma vie comme chauffeur et ma femme a travaillé comme domestique. Et ma mère aussi. Vous voyez, nous sommes des gens très simples...

Lindner — Oui, Monsieur Younger...

Walter *très petit garçon, regarde ses souliers puis Lindner.* — Et toute sa vie, mon père a été un ouvrier...

Lindner *n'y comprend rien.* — Hé oui, je comprends...

Walter *le regard à terre* — Un jour mon père a frappé un homme parce que cet homme l'avait insulté, vous voyez ce que je veux dire ?

Lindner *même jeu* — Oui, bien sûr...

Walter *se redresse* — Ce que je veux dire, c'est que nous sommes des gens simples mais qui ont leur dignité.

Lindner — C'est très bien, très bien... Mais...

Walter — Nous vous avons fait venir pour vous dire que nous sommes des gens fiers et que nous avons tous réfléchi à votre offre. Finalement, nous avons décidé de nous installer dans notre maison de Clybourne Park. Parce que cette maison, c'est mon père qui l'a gagnée.

(Les yeux fermés, Mama se balance sur son fauteuil, hoche la tête en signe d'approbation, comme si elle était à l'église.)

Walter — Nous ne voulons pas provoquer de désordre et, en ce qui nous concerne, nous nous efforcerons d'être de bons voisins et de vivre en paix avec chacun. C'est tout ce que nous voulions vous dire...

Lindner *les regarde tous.* — Bon, bon, bon, bon... Si j'ai compris, vous refusez l'argent ! Et vous restez décidés à occuper la maison...

Beneatha *ironique* — Vous comprenez facilement les réponses les plus subtiles !

Lindner *à Mama* — J'en appelle à votre sagesse, Madame, à votre expérience. Je suis persuadé que vous pèserez mieux une telle décision et ses conséquences...

Beneatha — Ses conséquences ? Certaines causes ne méritent-elles pas qu'on se batte pour elles ?

Mama *se lève* — Monsieur, mon fils vous a informé que nous allions emménager à Clybourne Park et que nous souhaitions la meilleure entente avec tous ceux au milieu de qui nous allions vivre ! Que voulez-vous que j'ajoute ? Mon fils ne vous a-t-il pas déjà répondu clairement ?

Lindner *range ses papiers* — En effet, voilà qui est net, bien net... Très, très net... *(Pendant qu'il range ses papiers, l'attention va à Walter. A la porte, Lindner ajoute)* : J'espère pour vous que vous savez ce que vous faites... *(Il sort.)*

Ruth *prise d'agitation* — Eh bien, si les déménageurs sont là, qu'attendons-nous pour partir ?

Mama *même jeu.* — C'est vrai... Dépêchons-nous ! Travis, passe donc ta veste : prépare-toi, Walter, je t'en prie... Mon Dieu, où est ma plante... ? *(Toute la famille s'agite.)* Où sont mes outils de jardinage ! N'oubliez rien !

(Un raisin au soleil, acte III, fin)

L'Afrique du Sud

Nous avons déjà parlé de cet ancien problème de l'Afrique du Sud qui n'a pas encore, hélas, été résolu. Il n'est donc pas étonnant que les témoignages de la littérature sud-africaine restent uniformément douloureux ; ses thèmes ne se renouvelleront pas tant que la situation des Noirs restera inchangée ; les intellectuels Sud-Africains sont condamnés à s'exiler, un à un, de ce pays si beau que le racisme a transformé en prison.

Aux romans de Peter Abrahams : Rouge est le sang des Noirs, *de Mphalele* Down the second avenue, *de Hutchinson* Sur la route du Ghana, *font écho les poèmes de Denis Brutus, Blok Modisane, Mazisi Kunene.*

Voici quelques traductions de ces poètes encore peu connus en Afrique francophone.

DENIS BRUTUS — Chaque étape de la révolution africaine, que nous vivons, a toujours donné sa littérature comme expression intime de l'homme africain au cœur de l'histoire. Le drame sud-africain nous livre aujourd'hui la poésie de Denis Brutus, qui, lui, témoigne de la tragédie qui se déroule dans le sud du continent.

Témoignage personnel de cette poésie, faite de la douleur d'un homme qui a eu sa part du calvaire quotidien des non-blancs. Car, en effet, Denis Brutus fut blessé à coup de fusil dernièrement au cours d'une arrestation alors qu'il tentait de quitter le pays afin de représenter la majorité de son pays au sein de la Commission Internationale des Jeux Olympiques. Il fut jugé après sa guérison et il purge actuellement une peine de prison.

Peu avant ce drame, il avait publié son premier recueil de poèmes[1]. Ce volume montre non seulement un poète doué d'une maîtrise technique des plus sûres, mais révèle aussi un homme d'un profond ressentiment. Sa poésie, toute sur la tonalité mineure, est le langage d'un cœur dans lequel une tendresse naturelle le dispute à la colère. La tragédie sud-africaine s'y reflète, mais ce qui en ressort surtout, c'est la vision calme du poète dont la foi dans l'homme demeure inébranlable, dont le regard paisible plane au-dessus d'une rude réalité pour scruter l'horizon afin d'en repérer un lendemain plus juste, plus beau.

(Guy de Bosschère, revue *Présence Africaine*)

NOUS SURVIVONS...

Nous survivons quoiqu'il arrive
et la tendresse aliénée ne se résorbe point.

---

1. *Sirens, Knuckles and Boots* (Mbari, Ibadan) dont ces trois poèmes sont extraits.

Les phares inquisiteurs rongent
nos profils nus et désarmés ;

le décalogue indivisible du tabou fasciste
suspend ses foudres sur nos têtes
avant de sombrer demain dans le désastre ;

les bottes ébranlent la porte qui s'écaille.

Mais quoiqu'il arrive nous survivons
malgré la séparation, malgré la dépossession,
malgré la déperdition.

Les patrouilles se déploient le long du bitume obscur
et sifflent vers nous leur menace,
cruauté extrême, la terreur balafre la patrie entière
la vouant à l'horreur et à la détestation ;
voici déchirés notre soumission passionnée et nous-mêmes

mais quoi qu'il arrive la tendresse subsiste.

LE NOIR, LE VERT ET L'OR...

Le noir, le vert et l'or au crépuscule : cet apparat
Et ces tombes en quête d'éternité que le chaume endort,
Infirmières en voiles nuptiaux comme des nonnes candides
Qui déploient la pourpre foncée de leurs manteaux fastueuse-
sement
Sur les versants que le clairon endeuille
Salut ! Soupèse la panoplie dérisoire léguée à celui
Que la boue dévore avec ses vertus et nos espoirs.
O vous tous hommes frustrés, puissances ensevelies
Dans la poussière, qu'avorta non la Mort, mais une
Naissance discriminatoire.
Debout ! Le cri aigu de la liberté secoue notre terre ;
Ce n'est point la Camarde, mais une tyrannie mortelle
Qui fauche notre sol et incise en nous
Les étroits sillons de la douleur, de l'échec et de la stérilité
Mieux vaut choisir le trépas que la soumission.

(Traduits par G. de Bosschère)

A MA FEMME

C'est ta chair dont je me souviens le mieux
sa spontanéité à se rendre pour posséder

obscurément dans le centre de ma chair
des émotions élémentaires, des modèles de réponses,
pour recréer les attitudes des gestes de notre tendresse.
Cependant je voudrais contenir
aussi chère la mémoire du langage,
les timides gestes expressifs de tes yeux,
ton esprit patient pénétrant et patient.

DORS BIEN MON AMOUR

Dors bien mon amour dors bien
les lumières du port brillent
sur les quais inlassables
les cars de police cafardent dans les tunnels des rues.
Des baraques aux tôles grinçantes
on expulse la violence tel un chiffon infecté de vermines.
Et la peur émane comme le son de la cloche agitée par le
vent.
La longue colère de la journée halète de sable en roc
mais au moins pour que cette nuit respire
dors bien mon pays mon amour.

(Traduits par Emile Snyder,
de l'anthologie publiée par les
Editions Penguin Books, Harmondsworth)

BLOK MODISANE (1923, Johannesburg) —

SEUL

Solitude terrible
Solitude
Comme un cri
un cri solitaire
un cri sur la grève du rêve
cri d'angoisse, que nul ne peut entendre
mais vous m'entendez clair et fort :
vous écho vibrant ;
comme si je criais pour vous.

Je me parle à moi-même lorsque j'écris
hurle et crie pour moi-même
alors pour moi-même
je crie et hurle :
clamant une prière
criant des mots sans suite
sachant que de cette manière je dis
que le monde autour de moi vit encore ;
peut-être même
seulement pour crier et hurler.

Ou alors me manque-t-il le contact direct
du musicien
ou bien est-il vrai que l'écrivain
crée (sauf la trinité formée par Dieu, sa machine et lui-
                                                        même)
des silhouettes incestueuses
à chaque cri, à chaque hurlement.
pour moi, crier et hurler
chercher pour trouver l'ami
sont déformations normales de la solitude.

(Traduit de l'anglais par Eldridge Mohamadou, original aux
Éditions Penguin Books, Harmondsworth)

EZECHIEL MPHALELE ((1919) — Cet écrivain sud-africain est
depuis longtemps exilé de
son pays. Mais l'Afrique n'y a rien perdu car elle bénéficie de son action
culturelle qui est très efficace. Professeur de lettres à l'Université d'Ibadan,
il contribua à la formation du Mbari Club qui rayonne aujourd'hui dans
l'intelligentsia nigérienne. Mphalele a créé depuis un club analogue au
Kenya : le Chemchemi Center, qui multiplie déjà les essais des écrivains
et artistes de ce pays.

AVEZ-VOUS DU MAL À CONCILIER
VOTRE RELIGION ET VOTRE POLITIQUE ?

Un soir, le P. Wardle, C. R.[1], curé de la Holy Cross Anglican
Church, à Orlando, me rendit visite.
— C'est au sujet de vos church shillings, dit le P. Wardle, après

1. *Community of the Resurection*, ces initiales indiquent que l'on a fait
un stage dans cet ordre monastique anglican (N.D.T.)

les préliminaires. Entre votre femme et vous, vous devez deux livres et sept shillings. Je sais que vous avez du mal en ce moment, mais je voulais simplement vous le rappeler. Autre chose, vous ne venez guère à l'église. Avez-vous du mal à concilier votre religion et votre politique ?

— Beaucoup de mal, dis-je.

— Avez-vous essayé de prier?

— Oui. J'ai renoncé à essayer de prier, tout au moins selon les règles. Je me borne à retourner ça dans ma tête, indéfiniment.

— C'est dur pour tout le monde.

— Pas pour l'homme blanc.

Il baissa la tête et joua avec le crucifix suspendu à sa ceinture, et le pathos qui se lisait sur son visage, m'irrita un peu.

Le P. Wardle n'aurait pu arriver à un pire moment. C'était l'époque où un jeune homme, un de mes anciens élèves de la High School, était venu me demander conseil. Il avait à se plaindre de la police africaine au commissariat local : on lui avait demandé en ville son Pass[1]. Quand il avait présenté le document, les policiers décrétèrent que c'était un faux, et ils l'avaient arrêté. Au commissariat, ils l'avaient étendu sur un banc, et un policier blanc l'avait fouetté avec une ceinture de cuir, sur un derrière mis à nu. Ils l'avaient ensuite relâché. Il me montra ses plaies et je l'amenai à un médecin. Nous portâmes plainte à ce même commissariat, et le jeune homme identifia le policier qui l'avait battu.

Chaque fois que le cas passait devant la cour, on apprenait que l'agent ne pourrait se rendre au tribunal. J'écrivis au commandant de la police du district, mais finalement, nous dûmes abandonner.

Ce procès me faisait penser à un autre, celui de Rebecca qui avait été molestée six mois auparavant par un contrôleur blanc dans un train. Il y avait discussion sur son billet, et le Blanc avait utilisé un langage grossier, et l'avait jetée hors du train à la gare, si violemment que Rebecca s'était tordu la cheville. Elle avait porté plainte, mais l'homme ne s'était jamais présenté à la cour. Chaque fois il s'était porté malade. Elle avait donc payé un avocat quinze livres pour lui intenter un procès. Un an après l'incident, l'homme, qui avait conservé son job dans les chemins de fer, dut se présenter devant la cour, puisque c'était un « civil case ». Il fut jugé coupable, et condamné à payer dix livres de dommages. Au moment de la visite du R. P. Wardle, nous ne connaissions pas encore le dénouement de l'af-

1. Laissez-passer.

faire et nous venions d'être avertis d'un nouvel ajournement. La visite tombait mal.

— En ce moment, je ne pense pas qu'il soit juste pour quiconque de me demander de croire à un éventuel retournement de la part d'une bande de fous furieux qui sont décidés à ne pas céder d'un pouce, encore moins à entendre quoi que ce soit de raisonnable. Il est injuste de me demander de me nourrir de sermons missionnaires traitant de la charité chrétienne et de la résistance passive dans des circonstances où l'honnêteté morale est considérée comme un crime ; où un policier me fera sortir de chez moi au bout d'un Sten-gun si j'essaye de refuser de travailler. Pendant des années, des prédicateurs blancs et noirs m'ont dit d'aimer mon prochain ; de l'aimer, alors qu'il y a une bande de Blancs qui se prennent pour le peuple juif quittant l'Egypte sur ordre divin pour aller civiliser les païens ; une bande de Blancs qui se nourrissent du symbole de la race de Dieu se lançant dans le désert parmi les sans-dieu. Il y avait des années que je pensais qu'il était bien de se sentir spirituellement renforcé après une cérémonie religieuse. Et maintenant, je m'aperçois que ce n'est pas le genre de force qui convient pour répondre à l'humanité souffrante qui m'entoure. Elle ne semble même pas répondre aux désirs de mon propre cœur.

Le prêtre restait assis et écoutait. A nouveau, ce pathos sur son visage m'irritait, car je ne savais pas s'il était l'effet d'une incapacité à comprendre les forces qui me déchiraient intérieurement ou d'un sentiment de pitié.

— Quels sont, en fait, les désirs de ton cœur ?

— Ce que tout homme désire quand il prend une conscience aiguë de ce que vous autres Blancs, vous lui donnez le sentiment de son insuffisance.

— Tu parles comme si j'étais le représentant de l'oppression blanche, dit-il.

— C'est un drame dans lequel sont pris les meilleurs d'entre nous, qu'ils le veuillent ou non.

Je me sentais très fier d'avoir dit une chose pareille, car à cet instant — et il y en avait beaucoup d'autres — j'aurais vraiment aimé pouvoir détester tous les Blancs : cela serait tellement plus simple, et ferait tellement moins mal.

— Tu ne dois tout de même pas condamner les missionnaires, après tout, vous tous, vous avez été élevés dans les écoles des missions et vos enfants sont dans une nursery school anglicane. Aucun gouvernement n'a jamais eu l'idée de vous faire construire des écoles avant l'arrivée des missionnaires, encore moins des nursery schools.

— Le vieil argument. Vous devez quand même admettre qu'avant le P. Trevor Huddleston — et ça, je ne remonte qu'à 1943 — les missionnaires n'avaient pas touché à la politique, ce qui fait que les forces du mal ont bénéficié d'une avance de trois cents ans. Et, pendant ce temps, les missionnaires ont aidé, sont restés complices ou se sont simplement tenus à l'écart du total mépris du Blanc pour la justice et les valeurs humaines. Et Trevor Huddleston était seul à combattre. Le reste de l'Eglise en Afrique du Sud ne parlait pas la même langue.

— Puis-je t'aider dans ce terrible débat ?

— Personne ne peut m'aider. J'espère le résoudre moi-même. Il y a des choses plus urgentes. Comme ces grincements, ces plaintes, ces cris qui montent de Shanty Town jusqu'ici ; la solution de mes contradictions personnelles n'aiderait en rien à soulager la misère de Shanty Town.

Je me sentais vidé, épuisé, et je craignais que, dans l'expression passionnée de mes sentiments, je n'eus pas fait comprendre l'essentiel. Peut-être même n'avais-je rien de précis à dire. Je me dis qu'il me fallait prendre mon temps pour y penser, mais, en fait, je n'arrivais pas à penser. Mes émotions réagissaient par l'intermédiaire d'une mécanique survoltée qui me desservait. Souvent, cela a été le cas. Tout ce dont j'étais sûr, c'est que mon attitude envers l'Eglise s'était incontestablement modifiée.

(Au bas de la deuxième avenue)

ALFRED HUTCHINSON — Professeur sud-africain dont le livre est plus un journal qu'un roman. Cet extrait nous donne une espèce de photographie du degré de mépris dans lequel on maintient l'homme noir, même cultivé, en Afrique du Sud.

LE PROCÈS[1]

Le commissaire — Charges relevées contre l'accusé : Ne possède aucun papier d'identité et n'a pas payé ses impôts depuis 1944... c'est-à-dire depuis quatorze ans. Le chef du Bu-

1. Hutchinson se trouve accusé de ne pas avoir de « laissez-passer » en tant que Noir. Or il est métis et n'en a en principe pas besoin.

reau des Laissez-passer de Johannesburg va déposer comme témoin à charge...

Le commissaire — Votre nom ?

Moi — Alfred Hutchinson.

Le commissaire — Etes-vous certain de ne pas avoir un nom indigène ? Qu'êtes-vous ?... A quelle race appartenez-vous ?

Moi — Je suis un « coloured ».

Le commissaire — En êtes-vous sûr ? Quel est votre nom de famille indigène ? Répondez à ma question !

Moi — Je m'appelle Alfred Hutchinson.

Le commissaire — De quelle race est votre mère ?

Moi — Africaine.

Le commissaire — Et le père et le grand-père de votre mère ?

Moi — Africains.

Le commissaire — Indigènes. Quelle langue parlez-vous chez vous ?

Moi — Le swazi et l'anglais.

Le commissaire — Jamais l'afrikaans ?

Moi — Non.

Le commissaire se rassied péniblement. J'aimerais pouvoir en faire autant. Duma[1] se lève.

Nokwe[2] — Permettez-moi de vous faire remarquer, Votre Honneur, que je ne vois dans cette affaire aucune matière à inculpation.

Le commissaire — Et moi, mon cher juge, je ne vois pas sur quoi se base mon éminent confrère, quand il prétend qu'il n'y a pas là matière à inculpation. L'accusé est un indigène et, selon la loi, tout indigène âgé de plus de seize ans doit être porteur d'un laissez-passer. A lui de prouver qu'il n'est pas un indigène.

Le juge — Je suspends les débats pour quelques minutes. Suspension d'audience.

Duma s'entretient avec le commissaire et je sors un instant du box des accusés. Il est près de 4 heures et je désespère de voir mon affaire terminée aujourd'hui. Le juge rentre dans la salle.

Le juge — Il y a matière à inculpation.

Nokwe — Je m'incline, Votre Honneur... Votre nom ?

Moi — Alfred Hutchinson.

Nokwe — Quel âge avez-vous ?

Moi — Trente-quatre ans.

Nokwe — De quelle race êtes-vous ?

---

1. Le juge.
2. L'avocat de Hutchinson.

388

Moi — Je suis un « coloured », maître.

Nokwe — Vous êtes-vous jamais considéré d'une autre race que « coloured » ?

Moi — Non, maître.

Nokwe — Veuillez exposer devant le tribunal quels sont vos ascendants.

Moi — Mon père est un « coloured . Ma mère, une Africaine.

Nokwe — Et les parents de votre père ?

Moi — Mon grand-père était un Européen ; ma grand-mère, une Africaine.

Une vague de désespoir me submerge. Pourquoi Duma me harcèle-t-il ainsi ?

Nokwe — Quels sont vos titres ?

Moi — Licencié en lettres et professeur diplômé de l'Université.

Nokwe — Quelle est votre profession ?

Moi — Professeur.

Nokwe — Veuillez dire au tribunal quelles étaient vos activités en 1944 ?

Moi — J'étais au collège de Saint Peter, à Rosetten ville.

Nokwe — Quand avez-vous quitté Saint Peter ?

Moi — En 1945.

Nokwe — Qu'avez-vous fait ensuite ?

Moi — Je suis entré à l'université de Fort Hare, en 1946.

Nokwe — Jusqu'en quelle année y êtes-vous resté ?

Moi — Jusqu'en 1948. Et j'y suis retourné en 1950 pour y prendre mon diplôme universitaire de professeur.

Nokwe — Que faisiez-vous en 1953 ?

Moi — J'ai suivi les cours de la Faculté de Droit à l'université de Witwatersrand, mais je n'ai pas passé les examens.

Nokwe — Et en 1955 ?

Moi — J'ai de nouveau suivi des cours de Droit et de nouveau abandonné mes études.

Nokwe — Quelles sont vos occupations actuelles ?

Moi — Je suis, depuis deux ans, un des accusés du procès pour trahison.

Nokwe — Je vous remercie.

Le commissaire se lève de nouveau, péniblement. Je tremble qu'il ne lève l'audience.

Le commissaire — Vous dites que votre grand-père était un Européen. Comment s'appelait-il ?

Moi — George Hutchinson.

Le commissaire — Quelle était sa nationalité ?

Moi — Anglaise.

Le commissaire — Comment pouvez-vous en être sûr ?

Moi — Je le sais parfaitement et d'ailleurs je me souviens fort bien de lui.

Comment leur expliquer que je me revois encore, assis sur ses genoux, en train de grignoter des biscuits qu'il m'apportait de sa boutique de Naboth's Vineyard ? Que j'étais fasciné et troublé par ses yeux clairs, couleur d'ambre ? Comment leur parler de « Jojo l'Ecossais » comme l'appelaient les Africains ? Jojo qui s'était battu contre les Zoulous à la bataille d'Isandhlouana ; Jojo, le pionnier de Kimberley et de Baberton ; Jojo qui avait connu Cecil Rhodes, Sir James Fitzpatrick et le célèbre chasseur de fauves, Selous. Jojo qui prétendait descendre de ce John Hutchinson qui signa l'arrêt de mort de Charles Ier et qui plus tard, accusé de trahison, fut emprisonné à la Tour de Londres ?

Le commissaire — En quelle année est-il mort ?

Moi — En 1930.

Le commissaire — Vous avez fréquenté le collège Saint Peter... c'est une école pour indigènes.

Moi — Il y avait également des Indiens et des « coloured ».

Le commissaire — Mais les indigènes prédominaient ?

Moi — Oui.

Le commissaire — Vous n'ignorez pas que selon le Population Registration Act, vous êtes dans l'obligation de vous faire « classifier ».

Moi — Oui, je le sais.

Le commissaire — Vous êtes-vous soumis à cette classification ?

Moi — Non.

Le commissaire — Pour quelle raison ?

Moi — Je n'en voyais pas l'urgence. De plus, je n'en ai pas eu le temps.

Le commissaire — Pourquoi cela ?

Moi — Parce que le procès pour trahison dure depuis 1956 et que je devais me rendre au tribunal à peu près tous les jours.

Le commissaire — Il y a eu cependant de nombreux ajournements. Pourquoi n'en avez-vous pas profité ?

Moi — Je professais à la Central Indian High School.

Le commissaire — Vous oubliez les vacances scolaires. Si vous ne vous êtes pas soumis à la classification, c'est que vous savez parfaitement que vous êtes indigène...

Le commissaire lance un regard à la pendule puis compulse ses notes. Je suis las et j'envie l'interprète affalé sur sa chaise au pied du box.

Le commissaire — Votre Honneur, l'accusé a reconnu que sa mère, son grand-père maternel — sans compter d'innombrables membres de sa famille — sont des indigènes. Il est possible que son grand-père paternel ait été un Européen, mais les quelques gouttes de sang blanc qu'il a dans les veines se sont noyées dans un flot de sang noir. Son appartenance nettement indigène l'exclut donc du groupe racial des « coloured ». De plus, l'accusé a fréquenté le collège Saint Peter... une école indigène. L'accusé n'est pas parvenu à démontrer au tribunal qu'il n'est pas un indigène, tâche qui lui incombait. Je demande donc à Votre Honneur de condamner l'accusé pour n'avoir pas été porteur du laissez-passer que tout indigène de plus de seize ans doit, selon la loi, produire à toute réquisition.

Mon grand-père, le chef de tribu Matsamo, régnait sur les terres orientales en bordure du Swaziland où l'on exilait sorciers et devins. Au début de son règne, il harcelait avec ses guerriers les tribus voisines. Il avait plus de cinquante femmes. Je n'étais encore qu'un bébé lorsque ma mère m'emmena au kraal royal pour me présenter à Matsamo, alors à son déclin, qui me fit boire du lait dans la calebasse royale et remercia sa fille de lui avoir donné un petit-fils « qui saurait lui servir de scribe ».

Nokwe — Ce n'est pas à l'accusé de prouver à quelle race il appartient. C'est à la Couronne que revient ce devoir. Mon client n'a pas à prouver qu'il est un « coloured ». Par contre, c'est à l'accusation de prouver qu'il n'est pas un « coloured », ce que l'accusation n'est pas parvenue à démontrer. Dans nombre de cas, les tribunaux ont commis l'erreur d'exiger de l'accusé qu'il fournisse lui-même la preuve du groupe racial auquel il appartient et c'est dans cet esprit que notre distingué juriste, Monsieur le Juge Rumpff, a rappelé aux tribunaux que ce soin incombe à la Couronne.

Sur ce, Nokwe, pour donner plus de poids à ses paroles, cite un cas analogue et donne les attendus rédigés en afrikaans. Et je revois le juge Rumpff, juge suprême du procès pour trahison, tel qu'il siégeait au tribunal, le regard brillant d'intelligence. Le jeune policier blanc secoue la tête et écarquille les yeux. L'interprète lui-même se redresse et le juge hoche imperceptiblement la tête en signe d'approbation.

Nokwe — Votre Honneur, la Couronne a failli à son devoir tel que le requiert la loi. L'accusé et le témoin[1] ont tous deux fait devant le tribunal un exposé véridique et détaillé de leur

1. Frère de Hutchinson.

ascendance. Ils n'ont pas tenté — comme cela arrive souvent dans des cas similaires — de dissimuler leur ascendance africaine. Mon éminent collègue a fait état d'une prépondérance, dans leurs veines, de sang indigène. Je prétends, moi, qu'en fait l'accusé descend plus directement des Européens que des Africains. Il s'est toujours considéré comme un « coloured » et continuera de se considérer tel tant que la Couronne n'aura pas prouvé qu'il n'en est rien. Dans ces conditions, je demande donc, Votre Honneur, que mon client soit relaxé.

Duma se rassied et tambourine sur la table du bout des doigts. Le commissaire regarde la pendule et l'interprète sa montre. Le juge rédige quelques notes.

Le juge — J'ai entendu les arguments de l'accusation et de la défense ainsi que les déclarations faites par l'accusé et le témoin à décharge. Attendu que la Couronne n'a pas été en mesure de prouver que l'accusé est un indigène, je le déclare par conséquent non coupable. Puis, se tournant vers moi, le juge ajoute : Faites le nécessaire pour vous procurer une carte d'identité.

Je m'incline devant lui. Je suis libre. Il est 4 h 30. Le train part à 6 h 45. Je n'ai plus le temps d'aller chercher ma valise. Je pars pour le Ghana. C'est à Salisbury que je me procurerai un permis de transit à travers le territoire portugais. Je n'attendrai pas un jour de plus.

(*Sur la route du Ghana,*
Editions Albin Michel, Paris)

L'Angola et le Mozambique

Ces colonies portugaises ne sont pas en retard sur le réveil culturel qui caractérise l'Afrique moderne. Ce réveil culturel ancien déjà, avec les revues Claridade (1936) *et* Certeza (1947) *au Cap Vert, avec des poètes comme Francisco Tenreiro (1942), est un mouvement analogue à la négro-renaissance américaine et s'appelait, en 1945,* Vamos descobrir Angola. *Ce n'était autre chose que la prise de conscience de leur négritude chez les intellectuels afro-portugais.*

Ce courant avait dès avant les indépendances africaines, rejoint le fleuve de Présence Africaine *qui a révélé au monde nègre des romanciers métis comme Castro Soromenho et des* poètes militants comme Mario de Andrade. Cependant la production littéraire de ces pays reste trop peu connue en zone francophone, faute de traductions. Il faudrait cependant que l'on retienne désormais les noms de Aldo do Espirito Santo, de Antonio Jacinto, de Luandino Vieira, et pour le Mozambique, ceux de Noemia de Souza, José Craveirinho, et Virgilio de Lemos.

Littérature militante où l'on retrouvera tous les thèmes de la négritude souffrante, les désespoirs et les complexes du Nègre colonisé et dont le métissage intense (spécifique aux colonisations portugaises, voir le Brésil) a accentué ce sentiment d'« arrachement de soi à soi », de perte de soi-même ; et cela le rapproche du Nègre antillais dont la poésie est aussi, plus qu'une autre, tragique.

ANTONIO JACINTO (Angola) —

MONANGAMBA[1]

Sur cette vaste plantation ce n'est pas la pluie mais la sueur de mon front qui arrose les récoltes :
Sur cette vaste plantation il y a du café mûr et ce rouge-cerise
les gouttes de mon sang en ont nourri la sève.
Le café sera grillé
moulu et broyé,
deviendra noir, noir de la couleur du contratado[2]
Noir de la couleur du contratado !

Demande aux oiseaux qui chantent
aux ruisseaux qui serpentent sans souci
et au grand vent qui souffle de l'intérieur :
qui se lève tôt ? qui va à la tâche ?
qui est-ce qui porte sur les routes longues
le tipoye[3] ou le régime de palmes ?

1. *Monangamba* : le portefaix.
2. *Contratado* : le contractuel, ouvrier journalier.
3. *Tipoye* : sorte de chaise où le Blanc se faisait porter par deux esclaves.

Qui récolte et reçoit pour salaire le mépris
maïs pourri, poisson pourri,
habits en haillons et 50 angolares[1]
des coups lorsqu'il réclame ?

Qui ?

Qui fait pousser le mil
et fleurir les orangeraies ?
— Qui ?

Qui donne au patron l'argent
pour acheter autos, outils, femmes
et dizaines de nègres pour ses machines ?

Qui enrichit l'homme blanc
arrondit son ventre et son porte-monnaie ?
— Qui ?

Et les oiseaux qui chantent
les ruisseaux qui coulent sans souci
et le grand vent de l'intérieur
répondront :
          — Monangambeeee...

Ah ! laissez-moi au moins grimper aux palmiers
laissez-moi boire le vin, le vin de palme
et assommé dans mon ivresse, OUBLIER

          — Monangambeeee...

(Traduit de l'anglais par M. Eldridge,
original aux Editions Penguin Books, Harmondsworth)

NOEMIA DE SOUZA (1927, Mozambique) ——

APPEL

Qui aura étranglé la voix lasse
de ma sœur dans la brousse ?
Tout à coup, son invitation à l'action
s'est perdue dans le flux des jours et des nuits.

1. Monnaie du pays.

Elle ne m'arrive plus chaque matin
fatiguée de la longue marche,
kilomètres et kilomètres avalés
dans le cri éternel : Macala !

Non, elle ne m'arrive plus, mouillée de la bruine,
chargée d'enfants et de résignation...
Un enfant sur le dos, un autre dans le ventre
— toujours, toujours, toujours !
Et un visage qui se résume à son regard serein.
un regard que je ne peux pas rappeler sans
que ma peau et mon sang s'ouvrent, tremblants,
pressentant des découvertes et des affinités...
— Mais qui a défendu à son regard immense
De venir nourrir ma faim de fraternité
que ma pauvre table ne réussit pas à rassasier ?
Iô mamanê, qui a fusillé la voix héroïque
de ma sœur dans la brousse ?
Quel inconnu et cruel nerf de bœuf
l'aura fouettée jusqu'à la mort ?

— L'arbre de mon jardin est en fleur.
Mais il y a mauvais présage dans ses fleurs violettes
dans son fort parfum barbare ;
et le manteau de tendresse que le soleil a étendu
sur la légère natte de pétales
attend depuis l'été que le fils de ma sœur
vienne s'y coucher...
En vain, en vain,
et un oiseau chante, chante, sur le roseau du jardin,
pour l'enfant de ma sœur absente,
victime des matins de brouillard dans la brousse.

Ah, je sais, je sais : la dernière fois, il y avait un éclair
d'adieu

dans ses yeux doux,
et sa voix était presque un rauque murmure,
tragique et désespéré...

O Afrique, ma terre-mère, dis-moi :
Qu'est donc devenue ma sœur de la brousse,
qui n'est plus jamais revenue à la ville
avec ses enfants éternels
(l'un sur le dos, un autre dans le ventre)

avec son éternel cri de marchande de charbon ?
O Afrique, ma terre-mère,
au moins n'abandonne pas ma sœur héroïque,
tu dois la perpétuer dans le monument glorieux de tes bras.

(*Anthologie africaine et malgache*, Ed. Seghers, Paris)

CASTRO SOROMENHO — Avec *Virage et Camaxilo* (aux Editions Présence Africaine, Paris) ce Portugais créole, mais profondément enraciné en Angola appartient à la littérature négro-africaine comme quelques rares autres écrivains qui ne sont blancs que de peau : Virgilio de Lemos, et le Sud-Africain Harry Bloom et, dans une certaine mesure, Alan Paton.

LE VOLEUR DE COTON

Un long brouhaha monta de la foule, se prolongeant en écho jusqu'au fleuve, lorsque Jacinto amena le voleur de coton. A ses côtés, un « capita[1] » tenant la férule.

« Silence ! »

Antonio Alves apparut sur le seuil :

« Levez-vous », commanda le cipaye.

Mais « sobas » et « sobetas » s'étaient déjà mis debout, la main étendue, en salut au chef du poste. Tous les bras se dressèrent derrière eux. A un geste de l'aspirant, ils se rassirent tous, en soulevant un nuage de poussière qui brilla au soleil. Puis un grand silence. Alves jeta un coup d'œil du côté de la grande maison. La fenêtre de Paulina était fermée. Adossée à la balustrade, dona Joana lui faisait des sourires, qu'il fit semblant de ne pas voir. Il se dressa de tout son haut, toisa la foule un bon moment, fit quelques pas, puis commença à parler, d'une voix dure et rêche, en gesticulant.

Il leur expliquait leurs devoirs envers les hommes blancs du gouvernement. « L'homme blanc du gouvernement est le père des Noirs ! » Et, se tournant vers les chefs, il les accusa d'ingratitude envers les Blancs qui avaient amené la civilisation dans ces terres, en mettant une fin aux guerres tribales, en ouvrant des routes ; en construisant des ponts. Et tout ce qu'ils avaient apporté avec eux ! Leurs tissus, le sel, leur verroterie, tant de bonnes choses ! Et contre quoi ? Tout juste contre des boules de cire que les indigènes obtenaient sans

1. Contremaître.

efforts dans les forêts et qui n'avaient aucune valeur avant l'arrivée des Blancs.

La voix se faisait rauque, les Noirs n'entendaient plus, quand enfin il parvint à ce qui l'intéressait : le coton. Il leur dit combien ils devaient être reconnaissants à la Compagnie qui avait enrichi leur terre si pauvre, et ceci parce qu'elle leur avait appris à planter le coton. Et que faisaient les indigènes pour montrer leur reconnaissance aux Blancs ? Ils fainéantaient dans les plantations, ce qui contraignait le chef du poste à être toujours sur eux, pour les obliger à recueillir le coton, ce coton qui leur permettait de s'habiller, eux et leurs femmes.

« Cipaye, fit-il, en élevant la voix, demande-leur donc s'ils ne savent pas que ces terres appartiennent à l'Etat, je veux dire au Gouvernement », corrigea-t-il, puisqu'aucun de ces hommes, ni même les cipayes ne savaient ce qu'était l'Etat. « Les terres appartiennent à « Muene Puto[1] ».

Jacinto commença à jargonner en « quioco », mais Alves l'interrompit brutalement :

« Pas maintenant, imbécile, quand j'aurai fini. » Il reprit son discours : les terres appartenaient au Gouvernement, mais celui-ci n'avait jamais empêché personne d'y travailler, et sans les faire payer, encore. Le Gouvernement voulait bien leur donner les terres, la Compagnie, ses graines. Que leur restait-il donc à faire, sinon rembourser la Compagnie en coton ? Tandis que le gouvernement, lui, ne voulait rien, en échange des terres. Le chef de poste lui-même, ne défendait-il pas leurs intérêts, en contrôlant la pesée du coton au marché officiel ? Et, lorsque la pluie détruisait les récoltes, qui donc perdait de l'argent, sinon les Blancs, puisque c'étaient eux qui donnaient les graines ? Et eux, que perdaient-ils ? Rien, sinon leur travail. Aussi était-ce la faute aux dieux Zambi, puisque c'étaient eux qui envoyaient les vents et la pluie. Tandis que la Compagnie, eh bien elle perdait tout ce qu'elle avait donné.

Fatigué, le visage dégoulinant de sueur, Alves s'arrêta un instant, pour éponger son cou trempé. Dona Joana, en exultant, courut chez sa petite-fille pour qu'elle vînt admirer le discours, mais la jeune femme refusa de se déranger. « C'est dommage, fit la vieille, il parle si bien, encore mieux que le Père Agostinho. » Mais Paulina ne voulut pas abandonner sa couture, et la vieille retourna seule sur la véranda. Quand elle y arriva, l'aspirant avait repris sa harangue.

Il disait combien les fils de Cuango devaient être heureux maintenant puisque, grâce au coton, on n'envoyait plus per-

1. *Muene Puto* : le chef des Portugais, pour les Noirs.

sonne à Sao Tomé ni aux mines de diamants. Et, en échange de ce grand bienfait, que donnaient-ils, eux ? Ils volaient le coton qui appartenait à la Compagnie, puisque les graines appartenaient à la Compagnie. « Et le coton, d'où vient-il sinon des graines »? cria-t-il d'une voix rauque. Tandis que les paysans, eux, ils volaient ce coton, en le vendant aux commerçants de Quela. Et pourtant ce n'étaient pas les gens de Quela qui leur fournissaient les graines. Ils n'avaient donc pas le droit d'acheter le coton de la Compagnie. Aussi, on allait voir maintenant le sort réservé aux voleurs de coton. Que tous les voleurs de coton fissent bien attention à la manière dont allait être châtié le contrebandier. Un châtiment qui resterait dans toutes les mémoires, et dont on parlerait longtemps dans les pays de coton. « Cipaye, tu vas répéter tout ce que je viens de dire à ces sauvages. » Et il rentra dans son bureau, se jetant, exténué, dans son fauteuil.

Jacinto fit un pas en avant, ajusta sa chéchia, crachota, et commença à parler, en imitant le ton de voix et les gestes de l'aspirant. Les « sobas » riaient à la dérobée. « On dirait un singe », chuchotaient-ils entre eux. Mais ils suivaient attentivement ce que disait le cipaye, en échangeant des regards entre eux, maintenant qu'ils se sentaient délivrés de la présence de l'homme blanc. Cette voix leur était familière malgré la contrefaçon du ton. Les cris ne les empêchaient pas de comprendre le sens des mots, et ils les suivaient avec attention, ne voulant rien laisser échapper. Le cipaye, lui, avait oublié la moitié du discours. Mais quand il en arriva au passage des habits que les indigènes se faisaient à eux et à leurs femmes, les gens ne purent s'empêcher de rire, en cachant soigneusement leur bouche avec la main. Il y en eut bien un qui laissa fuser un rire, mais le ravala vite, en sentant la caresse d'un fouet.

Quand enfin Jacinto se tut, ils s'étonnèrent tous de n'avoir été convoqués que pour cela. Quoi ? Assister au châtiment d'un voleur de coton, dont le seul tort à leurs yeux était la maladresse, puisqu'il n'avait pas réussi à faire ce qu'ils faisaient tous : écouler leur coton vers Quela où on leur payait le double du prix officiel ?

Antonio Alves reparut sur le seuil. Le silence se fit.

« Bon, on commence ; dis-lui bien qu'il va être frappé jusqu'à ce que tous les ongles lui tombent, pour qu'il se rappelle toute sa vie que les mains n'ont pas été faites pour voler. »

D'une poussée Jacinto amena le prisonnier devant les « sobas », lui tint la main par les doigts, la plia, puis, élevant la férule au-dessus de sa tête, il frappa rapidement le premier coup. Il prit l'autre main de force, parce que la victime tentait de s'esquiver. Jacinto l'écarta d'un coup de poing dans la figure et lui appliqua le deuxième coup. D'un mouvement brusque, l'homme retira la main en la secouant, tapant des pieds et hurlant.

« Allons, allons », et Jacinto essayait de lui attraper la main.

Les indigènes lançaient de durs regards sur cet homme qui se conduisait comme une femmelette. Dégoûtés, ils baissèrent la tête et crachèrent par terre.

« Tenez-le », dit le cipaye à un garde.

Il en fallut deux pour soumettre le prisonnier, l'un qui le tenait sous le bras en lui appuyant le genou contre le dos, l'autre qui le forçait à tendre la main, l'une, puis l'autre. A chaque coup, la bouche de la victime s'ouvrait dans un hurlement, et ses pieds frappaient le sol frénétiquement, en soulevant des nuages de poussière.

Dona Joana se penchait tellement, qu'elle avait la moitié du corps dehors. Mariano, Jusa et Lombriga, accrochés à la palissade, étaient indignés.

« On dirait une femme », disait Jusa. « On pourrait me tuer que je ne crierais pas comme ça », disait le cuisinier. Quant à Lombriga, il ne disait rien, mais ses yeux étaient pleins de rancœur.

Soudain, le prisonnier fit un bond qui le libéra des mains des gardes. Il se jeta par terre, en hurlant qu'on le tuait : on lui avait arraché un lambeau de chair. Le « soba » de sa tribu se mit en fureur : « Tu n'as pas honte » ? et il cracha par terre, en signe de mépris. Se tournant vers Jacinto, il dit : « Frappe plus fort. »

Le prisonnier frémit en entendant cette voix qu'il connaissait, et qu'il avait l'habitude d'écouter avec respect depuis son enfance. Il se releva, secoua la tête, et tendit de lui-même la main au cipaye, les dents serrées, les muscles tendus.

Dona Joana avait compté cinquante coups de férule, lorsque l'homme, les mains en sang, le corps trempé de sueur, poussa un hurlement qui fit frémir la foule : « Tata ! » (père).

Les domestiques dégringolèrent de la palissade et filèrent vers la cuisine, ahuris par ce cri. Dona Joana se pencha encore plus, les yeux grands ouverts, retenant son souffle.

« Allons-y », fit le cipaye.

La voix de Jacinto rompit la tension, les hommes relevèrent la tête, dona Joana poussa un soupir. Et la correction se poursuivit, une fois que le cipaye eut nettoyé le sang qui teignait la férule. Il avait trouvé moyen entre-temps de glisser au prisonnier qu'il allait essayer de faire doucement, mais que surtout il continuât à crier, pour que l'homme blanc ne se doutât de rien. Le prisonnier trembla en apercevant ses mains rouges de sang, mais il détourna le visage, et les tendit à la férule, en criant à chaque coup, bien que Jacinto tapât moins fort, maintenant. Mais la baguette atteignit soudain la plaie en sang. La victime poussa un hurlement, et se jeta, mains en avant, sur le cipaye.

— Lâche-moi, dit Jacinto.

— Je te donne tout, tout, Jacinto.

— Imbécile ! Lâche-moi, mais lâche donc ! », criait le cipaye en rage, voulant étouffer ces offres lancées à tous les vents.

— Le porc, Jacinto, tout.

— Imbécile, où est le coton ?

Le prisonnier sentit la colère du garde à travers la violence redoublée des coups, et il devint comme fou. Il secouait les bras au-dessus de la tête, frappait le sol rougi de ses pieds, puis se mit à hurler, en injuriant l'homme blanc.

« Il est fou », cria un homme dans la foule.

Les chefs hochaient la tête. On entendait des pleurs de femme.

— Qu'est-ce qui se passe ?

— Il dit qu'il n'a pas volé, chef, s'empressa de répondre Jacinto.

— Bandit ! Et l'aspirant s'appuya contre la porte : Vas-y plus fort.

La férule coupa l'espace en vrombissant, et atteignit la main en plein ; le sang gicla sur l'uniforme de Jacinto. Le prisonnier tomba à genoux devant le cipaye : « Mama, mama iame.[1] »

(*Virage*, 1962, Editions Gallimard, Paris)

SOUVENIRS D'UN SOLDAT

Tipoia ralluma sa pipe, ses pensées continuant à errer dans le passé.

L'aventure l'attendait sur les bords du Cuango. Ce furent alors quinze années de guerre et de marches, tuant, incendiant, buvant du vin de palme, dansant des batouques sur le sol de cendre et de sang des villages pris d'assaut.

L'un après l'autre, lui revenaient à la mémoire les noms des

1. Mère, ma mère.

officiers sous lesquels il avait servi dans son bel uniforme de soldat. Il revit la tuerie de Luxica : ce jour-là ils étaient quelques-uns sous les ordres du lieutenant Macedo, en train de couper du bois, quand ils furent tout à coup surpris par la tribu du « soba » Calendende. Les indigènes avaient mis le feu partout. Les soldats avaient retrouvé leur camp calciné : tous, Blancs et Noirs, avaient péri. Le lieutenant était mort sous ses yeux. De tous côtés, des hommes en pagne tiraient sur les soldats à coups de tromblon, ou avec des flèches. Lui, Tipoia, avait couru comme un fou, pour prévenir les Blancs à Cuilo. D'autres soldats l'y avaient rejoint, affamés, en loques, qui racontaient que le « soba » Calendende avait bu du vin de palme à même le crâne du lieutenant.

Et douze années se passèrent alors en guerres incessantes, car les Blancs voulaient à tout prix venger l'officier. Blancs ou Noirs, les soldats avaient parcouru les villages à la recherche de Calendende. On assommait les prisonniers pour les faire parler, mais personne ne savait où se cachait le grand chef. De longues marches, de durs combats, et pas de Calendende. Comme si on courait derrière un fantôme. Et un jour, ils avaient atteint les montagnes aux villages perchés, près du Congo Belge. C'étaient les terres de Calendende. La lutte avait été dure, mais le « soba » ne s'était pas rendu. Il avait emporté de l'autre côté de la frontière le crâne de l'homme blanc, et tout son peuple, rempli de nostalgie, avait pleuré son départ. Il ne reviendrait plus sur les montagnes de Luangue, il ne chasserait plus dans les plaines du Cuilo. Mais ce peuple vaincu n'oubliait pas le nom de son grand « soba ». Le seul Blanc à l'avoir aperçu, disait-on, avait ouvert de si grands yeux, qu'il en était mort. Et pour tous les autres qui avaient couru à ses trousses pendant douze ans, il n'avait été rien d'autre qu'un nom. Calendende, c'était toute l'histoire de ce dernier coin de terre enfin conquis par cette chaude journée de septembre 1920, où le tam-tam de guerre s'était tu, tandis que le soldat Tipoia faisait monter le drapeau portugais sur la frontière luso-belge.

(Ibidem)

AGOSTINHO NETO — Né en 1922 à Kaxicane, à soixante kilomètres de Luanda. Son père était pasteur protestant et sa mère professeur. Études de médecine à Coïmbra (Portugal).

Neto a dû rester un combattant jusqu'en 1978, date de l'Indépendance de l'Angola. **Mario de Andrade** en parle une première fois dans son **anthologie** sur les poètes des colonies portugaises (1969). Mais ce n'est qu'avec le recueil paru chez Delroisse (Paris) en 1980, *Espérance sacrée*[1], que l'on réalise que Neto écrit depuis 1948.

1. Il y a eu des éditions précédentes de ces poèmes mais en italien, en portugais, en serbo-croate, en russe et en chinois !
Sagrade esperanza est éditée en portugais en 1973 par l'Union des Écrivains Angolais et traduit en français par J.-M. Massa.

Au début, des poèmes très simples, des vers brefs très près de la mélopée africaine et de certains textes de Langston Hughes et Nicolas Guillèn. Ses thèmes sont ceux de l'oppression coloniale et de la misère nègre sous toutes ses formes. A cette époque, Neto fondait avec **Amilcar Cabral** et **Mario de Andrade** un Centre d'Études africaines au Portugal.

A partir de la guerre de libération de l'Angola, les poèmes de Neto prennent de l'ampleur, ils appellent à la lutte, au rassemblement national, à la mobilisation du peuple angolais. Et son style atteint alors le lyrisme de Jacques Roumain, la force de Maïakovski.

Il faut avouer qu'il est très difficile de faire une poésie qui soit à la fois *populaire, militante,* et qui *chante,* avec des mots comme « socialisation » et « glorieuse entraide aux champs » ! Mao Tsé Toung s'y était bien essayé, mais sans grand succès : très vite, il tomba dans le slogan banal et dans les notions abstraites. Dans ce genre périlleux, il faut citer le fameux « Chant du départ » que Joseph Kessel avait composé pour la Résistance pendant la guerre 39-45. Jacques Roumain (voir p. 50) y était aussi magnifiquement parvenu, mais *Bois d'ébène* ne contient que quatre ou cinq poèmes...

Enfin, Morisseau-Leroy retrouve cette voie avec *Kasamansa,* et parfois aussi René Philombe du Cameroun. Au Cap Vert et en Guinée Bissao, depuis 1965 il y eut une poésie de combat éditée sur place et bénéficiant d'une diffusion locale. Mais le maître de ce genre poétique reste, actuellement pour le monde noir, Agostinho Neto. Peut-être parce que chez lui poésie et action ne furent jamais séparées. Neto organisa la guerre de libération sur place en Angola. Il devint tout de suite la cible des Portugais et fut emprisonné à plusieurs reprises. C'est alors que sa voix remplaça sa personne, car ses poèmes circulaient en dépit des geôles et des frontières. Ensuite, devant les réactions et les interventions internationales, le Portugal fut obligé de le sortir de prison et l'assigna à résidence à Lisbonne.

Aussitôt, Neto retournait en Afrique, aidé par ses amis qui organisèrent son évasion. Et il ne cessa de mener la lutte *concrètement* à partir des pays voisins de l'Angola, à la fois contre les Portugais et contre des nationalistes qui voulaient le leadership en créant leurs propres partis : Roberto Holden (F.N.L.A) et Savimbi (U.N.I.T.A.), soutenus par l'Afrique du Sud et par les U.S.A. On craignait le marxisme de Neto et on voulut contrer le soutien que lui apportaient l'U.R.S.S. et Cuba. Entre-temps **Amilcar Cabral** était assassiné à Conakry. Neto, lui, parvint à survivre jusqu'à l'Indépendance et fut nommé premier président de l'Angola libre. Ce n'était que justice, n'était-il pas parmi les tout premiers fondateurs de la conscience nationale ? Une maladie incurable devait l'emporter peu après. Mais son parti reste au pouvoir, et même si cela devait changer, pour toute l'Afrique, l'exemple de Neto sera éternel.

CONSTRUCTION ET RETROUVAILLES

L'heure est venue
le peuple infatigable avance pour se retrouver
pour se redécouvrir
dans les mélodies et dans les odeurs ancestrales
dans le changement progressif des sacrifices aux dieux
dans les violences sacrées et les rites sociaux
dans la revivification et l'affectueuse adoration des morts
dans le respect des vivants
dans les pratiques orgiaques de la naissance et de la mort
dans l'initiation de la vie et de l'amour

...
Retrouver l'Afrique dans un sourire

...
libres de tout servage libres de toute oppression libres

...
Se retrouver dans les camps de travail
dans la socialisation
dans la glorieuse entraide aux champs
dans les constructions
dans les parties de chasse
dans le collectivisme des catastrophes et des joies
dans la congrégation des bras pour travailler
se retrouver dans les traditions et dans les chemins
                                        magiques
dans la peur dans la fureur des rivières et des cataractes
dans la forêt dans la religion dans la philosophie
l'essence de la nouvelle vie de l'Afrique

Ressusciter l'homme
dans les explosions humaines jour après jour
dans la marimba le chingufo le quissange le tambour
dans le mouvement des bras et des corps
et dans l'accouplement sublime de la nuit avec la lune
de l'ombre avec le feu de la chaleur avec la lumière.
                    (Éditions Delroisse, traduction de J.-M. Massa.)

Haïti

JEAN-CLAUDE BAJEUX — Haïti est certes indépendante depuis 1804. Sa littérature n'en demeure pas moins jusqu'à ce jour combattante. Aux problèmes raciaux se sont substitués les problèmes sociaux. Victime, autant sinon plus que les Antilles et la Guyane française, de régimes qui l'exploitent et le briment, le peuple haïtien n'a cessé d'inspirer aux poètes et aux romanciers de ce pays de Roumain à Alexis, de Brière à J.-C. Bajeux, de Depestre à Bissainthe et Davertige la colère, l'amertume et l'espoir de la révolution. Bajeux est un militant de la justice et de la liberté, en exil, comme tant d'autres pour lesquels a parlé Depestre : « Haïti, il y a des centaines d'années que j'écris ce nom sur le sable, et la mer toujours l'efface ».

LES RETARDATAIRES

Serons-nous toujours les parias des humains
en queue de colonne à perdre la piste des pèlerins
à la table de famille toujours en retard
réduits à chasser les miettes qui tombent au parquet

le train est parti et il ne reste plus qu'à courir après
la fête est finie et il faut rentrer à la maison
sur les chemins nous avons flâné et la porte est fermée
la cité sans nous se construit et nous voici requis
pour amuser les satisfaits et faire pleurer les nantis
exhiber nos muscles et nos tristes mélopées
le blanc des yeux et nos voix râpées

tout le jour nous n'avons rien fait et la nuit est notre destin

BON DIEU BON
Entendez-vous le long des chemins rouges
le sourd martèlement des pieds nus
ils passent les ouvriers de la dernière heure
nous porterons des fleurs à la fête de l'homme
le ciment à la jointure des pierres
Entendez-vous le joyeux cliquetis des truelles?

(Inédit, février 1961)

MA FIDÉLITÉ

Ma fidélité
a renversé le sens des choses
a troué la façade
et fait jaillir la sève
Sa foreuse' a sondé les profondeurs noirâtres
et découvert le puits
dans l'émerveillement,
le goût enfin retrouvé
le sens redonné
l'unité aperçue
au bout de la main
comme cette mangue que le soleil a remplie de couleur et de sucre

Ma fidélité
est virilité
dans l'engagement de toutes les forces
ma fidélité qui m'a jeté par terre
          qui m'a lié
          qui m'a trituré
a fait jaillir dans la splendeur d'une fusée
la fleur sans cassure
le fruit sans défaut
que la liberté
porte à bouts de bras.

(Inédit)

La Guyane française

BERTENE JUMINER — Encore un médecin-romancier, comme J.S. Alexis. Juminer est *guyanais* et exerce son métier en Tunisie. Dans *Les Bâtards,* il diagnostique avec lucidité les tares de la société guyanaise où se sont accumulés les abus du colonialisme, les stigmates de l'esclave et cette malédiction supplémentaire que constitua trop longtemps la présence à Cayenne de ces rebuts de la société européenne : les bagnards.

Juminer attire l'attention sur ce nœud particulièrement complexe et mal connu qu'est la Guyane d'aujourd'hui, et en donne un tableau authentique qui aidera, nous l'espérons, la France comme la Guyane elle-même à trouver les solutions qui s'imposent d'urgence.

Œuvres : *Les Bâtards*, roman, — *Au seuil d'un nouveau cri,* roman.

Au seuil d'un nouveau cri se compose de deux nouvelles très élaborées. La seconde a le mérite de poser en termes à la fois profonds et poétiques le délicat problème du couple mixte, et quelle lutte contre le milieu social doivent encore livrer le Noir et la Blanche qui s'aiment.

La maison[1] était maintenant, menaçante, au bout de la nuit. Tu la devinais froidement ravisseuse, complice d'une imminence dont tu serais la cause et non point le témoin, elle happerait une Véronique consentante, à peine évadée de toi, s'en allant tenir tête à un groupe à court de chantage d'armes décisives, mais décidé à imposer sa suprématie contestée.

Ensemble, vous étiez deux élus; séparés, deux victimes; mais Véronique plus que toi s'apprêtait à subir une épreuve cuisante. Après la séparation, tu pâtirais d'une solitude chargée de doutes; elle se heurterait à des présences chargées de certitudes inquiétantes, douloureuses. Tu la serrais contre toi comme pour lui signifier l'inexprimable, et toujours aussi souple, abandonnée, elle obéissait, se lovait au creux de ton épaule, étonnamment belle à lever les yeux vers toi à chaque lueur fugace d'un lampadaire. Jamais vous n'aviez fait de serments, consenti à mettre des mots sur cet élan splendide vous poussant l'un vers l'autre et nourri d'une fulgurance indicible, installée au plus profond de vous-mêmes.

Soudain elle se crispa. Elle avait vu la menace et voulait t'épargner.

— Laisse-moi ici! te dit-elle, angoissée.

Alors, à ton tour, tu découvris la menace campée devant la grille.

1. La maison de Véronique, où l'attend sa famille qui, de toutes ses forces, s'oppose à son union.

— Qui est-ce?

— Mon père.

Tu voulus crâner, avancer encore, mais elle te retint, te supplia.

— Non. Séparons-nous ici. Je ne veux pas que tu viennes, que tu entendes ce qu'il va me dire. Non, va-t'en!

En insistant, tu l'obligeais à dire des mots qui lui faisaient mal, à t'infliger une humiliation qu'elle ressentait autant que toi. Les yeux humides, elle te lâcha, te distança, marcha d'un pas ferme vers son châtiment, vers ta honte. Quand on la maltraitait, c'était à ta race qu'on s'en prenait, pour qu'elle en eût honte et honte de toi du même coup.

Malgré elle, tu voulus aller vers ce père de mieux en mieux distinct et qui n'avait pas l'air d'être seulement sorti prendre le frais devant sa ville. Il te fallait entendre ce qu'il dirait, voir ce qu'il ferait. En quelques enjambées, tu rattrapas Véronique.

— Écoute! Nous devons faire face, montrer que nous sommes purs!

L'homme vous attendait toujours sans bouger, fort de son bon droit. Peut-être n'était-il pas foncièrement raciste au point de te haïr; mais n'était-ce pas trop demander que d'exposer sa fille à ta semence? A ce moment tu pensas rapidement à Esther, à tous les juifs, à tous les nègres, à toutes les victimes qui s'interrogent, attendent du ciel et d'autrui une larme d'humilité.

Véronique s'arrêta comme électrisée, te regarda bien en face en tournant le dos à la menace.

— Oui, nous devons montrer que nous sommes purs, te dit-elle en plaquant ses lèvres contre les tiennes.

Quand elle te relâcha l'homme était sur vous; une main la happa, une autre la gifla. Elle cria, et ce cri, cette douleur, c'était pour toi, à cause de toi qui restais là pétrifié, impuissant. A la seconde gifle, elle trébucha et recula en titubant vers le mur d'enceinte. Était-ce toi qui parlais?

— Voyons, monsieur!

— Toi le nègre, fous-nous la paix!

Tu n'étais qu'un nègre qui avait osé séduire sa fille, l'embrasser devant lui de ta grosse lippe repoussante, promener sur elle tes grosses pattes; un nègre qui avait dû déjà la préparer, l'initier aux pratiques lubriques de ta race. Toi le nègre, fous-nous la paix! En une phrase, tout avait été consommé: il t'avait tutoyé, et tu t'étais senti écrasé sous l'énorme masse de ta couleur; il t'avait formellement enjoint de te faire pendre ailleurs, fait sentir que tu étais de trop, repoussé comme un démon, loin d'eux, bibliquement. Et dans ton recul, tu butais sur quelqu'un; à peine retourné, tu recevais en plein visage le poing et l'insulte du petit moustachu[1].

1. Frère du premier fiancé de Véronique.

— Sale nègre !

Tout était désormais clarifié : le nègre battu s'encastrait dans son alvéole de boue, au ras du sol. Tu avais affiché couleur et sensualité ; en échange pleuvaient coups et insultes. Que te fallait-il de plus ? Les crachats du jeune homme qui, loin de baisser sa garde, sautillait ridiculement devant toi ?

Une sapidité âcre t'emplit la bouche ; tes lèvres qui, tout à l'heure encore, s'étaient écrasées contre d'autres lèvres saignaient à présent. Alors tu frappas fort, sec, et le jeune énergumène plia les genoux ; tu t'apprêtais à lui porter un nouveau coup quand une chose lourde s'abattit sur tes épaules ; et te voici par terre, te protégeant le visage, tandis que des talons, des pointes ferrées te pétrissent violemment les flancs et que les cris stridents de Véronique implorent ta grâce en te meurtrissant les oreilles.

— Assez ! Assez !... Pierre, mon chéri !

Mon chéri. Ces mots inacceptables stoppèrent les agresseurs qui se tournèrent vers elle :

— Vas-tu te taire ?

N'ayant pas été touché à la tête, tu te relevas vite ; tu attrapas le jeune homme par le col et le retournas ; avant qu'il pût esquisser le moindre geste, un large crochet l'envoyait s'écrouler dans le ruisseau, tandis qu'au sortir de l'impact ton poing sembla être passé dans un laminoir. Où avais-tu puisé cette puissance soudaine ? Au bruit mat d'une tête heurtant l'arête de ciment, tu craignis d'être devenu meurtrier, et une sorte de roulis nauséeux t'enveloppa.

Des volets s'ouvraient avec fracas, des gens se parlaient aux fenêtres : « N'avez-vous pas entendu crier ? Il y a quelqu'un par terre ! ». L'inévitable scandale se précisait : le nègre et la Blanche, jazz, viol, règlement de comptes ; un tableau complet de malédiction. Mais il n'y aurait ni procès ni exécution ; le jeune homme n'était qu'évanoui. Tout se saurait pourtant, dans ce quartier périphérique, gros village s'incrustant dans la cité. On saurait qu'un nègre était venu jusqu'ici porter la subversion, menacer, entamer et pourrir. L'ingrat !

(Au seuil d'un nouveau cri,
Éditions Présence Africaine, Paris)

Les Antilles françaises

Les Antilles sont des départements français. Certes l'aisance matérielle, l'instruction, la santé des Antillais ont énormément progressé. Fort-de-France est une cité magnifique et ne ressemble plus à la « ville plate échouée » des années 40.

Mais les « ferrements » pèsent toujours aux pieds des anciens esclaves et Césaire demande aujourd'hui, plus amèrement « quand donc mon peuple poseras-tu sur tes épaules une tête bien tienne, quand donc cesseras-tu d'être le jouet du carnaval des autres ? »

Quant à **La Tragédie du roi Christophe** *si elle est bien davantage le miroir des indépendances africaines que celui des Antilles, si elle pose hardiment les problèmes de la décolonisation, elle est aussi la tragédie de Césaire lui-même qui échoue à inculquer à son peuple la force révolutionnaire qui lui est nécessaire afin « d'annuler le négrier » une fois pour toutes. Le roi Christophe, ce premier roi nègre du Nouveau Monde, cet ancien esclave, puis soldat de Toussaint Louverture, puis monarque d'Haïti, est le symbole même de l'effort surhumain qu'il faut pour « tout rebâtir et refaire l'homme ». Les Antilles ont vendu la liberté contre la sécurité, comme Saül dans la Bible ses droits d'aînesse contre un plat de lentilles.*

Cependant les Africains verront dans cette pièce une réflexion sévère sur leur situation actuelle et un appel au courage, au travail, à l'unité.

AIME CESAIRE — Il importe donc de reparler ici de Césaire, car son influence ne cesse de grandir sur les intellectuels africains.

Césaire a écrit une autre pièce, plus près de l'événement, et qui s'intitule : **Une saison au Congo** qui retrace et interprète la tragédie de Lumumba selon le mythe césarien du chef-prophète assassiné. *Une saison au Congo* a été créée à Bruxelles, en mars 1967, par la compagnie du Théâtre vivant, puis par la compagnie de Jean-Marie Serreau qui créa aussi **Une tempête**.

HORS DES JOURS ÉTRANGERS

Quand donc
mon peuple
quand
hors des jours étrangers
germeras-tu une tête bien tienne sur tes épaules renouées
et ta parole
le congé dépêché aux traîtres
aux maîtres
la pain restitué la terre lavée
la terre donnée

quand
quand donc cesseras-tu d'être le jouet sombre
au carnaval des autres
ou dans les champs d'autrui
l'épouvantail désuet

demain
à quand demain mon peuple
la déroute mercenaire
finie la fête

mais la rougeur de l'est au cœur de balisier

peuple de mauvais sommeil rompu
peuple d'abîmes remontés
peuple de cauchemars domptés
peuple nocturne amant des fureurs du tonnerre
demain plus haut plus doux plus large

et la houle torrentielle des terres
à la charrue salubre de l'orage.

(*Ferrements*, Éditions du Seuil, Paris)

C'EST MOI-MÊME, TERREUR, C'EST MOI-MÊME

Les rêves échoués desséchés font au ras de la gueule des rivières
de formidables tas d'ossements muets
les espoirs trop rapides rampent scrupuleusement
en serpents apprivoisés
on ne part pas on ne part jamais
pour ma part en île je me suis arrêté fidèle
debout comme le prêtre Jehan un peu de biais sur la mer
et sculpté au niveau du museau des vagues et de la fiente des oiseaux
choses choses c'est à vous que je donne
ma folle face de violence déchirée dans les profondeurs du
                                                            tourbillon
ma face tendre d'anses fragiles où tiédissent les lymphes
c'est moi-même terreur c'est moi-même
le frère de ce volcan qui certain sans mot dire
rumine un je ne sais quoi de sûr
et le passage aussi pour les oiseaux du vent
qui s'arrêtent souvent s'endormir une saison
c'est toi-même douceur c'est toi-même
traversé de l'épée éternelle
et tout le jour avançant

marqué du fer rouge de choses sombrées
et du soleil remémoré.

(Ibidem.)

An neuf

Les hommes ont taillé dans leurs tourments une fleur
qu'ils ont juchée sur les hauts plateaux de leur face
la faim leur fait un dais
une image se dissout dans leur dernière larme
ils ont bu jusqu'à l'horreur féroce
les monstres rythmés par les écumes

En ce temps-là
il y eut une
inoubliable
métamorphose

les chevaux ruaient un peu de rêve sur leurs sabots
de gros nuages d'incendie s'arrondirent en champignon
sur toutes les places publiques
ce fut une peste merveilleuse
sur les trottoirs les moindres réverbères tournaient leur tête de
phare

quand à l'avenir anophèle vapeur brûlante il sifflait
dans les jardins

En ce temps-là
le mot ondée
Et le mot sol meuble
Le mot aube
et le mot copeaux
conspirèrent pour la première fois

Des forêts naquirent aux borinages
et des péniches sur les canaux de l'air
et du salpêtre rouge des blessés sur le pavé
il naquit des arums au-delà des fillettes

Ce fut l'année où les germes de l'homme se choisirent
dans l'homme le tendre pas d'un cœur nouveau.
(Soleil cou coupé, Éditions du Seuil, Paris.)

Je demande trop aux nègres ?[1]

Christophe — Je demande trop aux hommes ! Mais pas assez aux
nègres, Madame ! S'il y a une chose qui, autant que les propos des

---

1. Christophe a mis tout son peuple au travail forcé. Sa femme lui reproche de
trop demander aux hommes.

esclavagistes, m'irrite, c'est d'entendre nos philanthropes clamer, dans le meilleur esprit sans doute, que tous les hommes sont des hommes et qu'il n'y a ni blancs ni noirs. C'est penser à son aise, et hors du monde, Madame. Tous les hommes ont mêmes droits. J'y souscris. Mais du commun lot, il en est qui ont plus de devoirs que d'autres. Là est l'inégalité. Une inégalité de sommations, comprenez-vous ? A qui fera-t-on croire que tous les hommes, je dis tous, sans privilège, sans particulière exonération, ont connu la déportation, la traite, l'esclavage, le collectif ravalement à la bête, le total outrage, la vaste insulte, que tous, ils ont reçu, plaqué sur le corps, au visage, l'omni-niant crachat ! Nous seuls, Madame, vous m'entendez, nous seuls, les nègres ! Alors au fond de la fosse ! C'est bien ainsi que je l'entends. Au plus bas de la fosse. C'est là que nous crions ; de là que nous aspirons à l'air, à la lumière, au soleil. Et si nous voulons remonter, voyez comme s'imposent à nous, le pied qui s'arc-boute, le muscle qui se tend, les dents qui se serrent, la tête, oh ! la tête, large et froide ! Et voilà pourquoi il faut en demander aux nègres plus qu'aux autres, plus de travail, plus de foi, plus d'enthousiasme, un pas, un autre pas, encore un autre pas et tenir gagné chaque pas ! C'est d'une remontée jamais vue que je parle, Messieurs, et malheur à celui dont le pied flanche !

Ah ! je demande trop aux nègres ?

(*Sursautant*)

Tenez ! Écoutez ! Quelque part dans la nuit, le tam-tam bat... Quelque part dans la nuit, mon peuple danse... Et c'est tous les jours comme ça... Tous les soirs... L'ocelot est dans le buisson, le rôdeur à nos portes, le chasseur d'hommes à l'affût, avec son fusil, son filet, sa muselière ; le piège est prêt, le crime de nos persécuteurs nous cerne les talons, et mon peuple danse !

(*Suppliant*)

Mais qui
qui donc
m'offrira
plus qu'une litanie de prêtre, plus qu'un éloge versifié,
plus qu'un boniment de parasite, plus que les prudences d'une femme, je dis quelque chose qui ce peuple au travail mette
quelque chose qui éduque
non qui édifie ce peuple ?

Martial Besse (*l'ingénieur*) — Majesté, constituer à un peuple un patrimoine, son patrimoine à lui
de beauté, de force, d'assurance
je ne vois pas d'œuvre plus digne d'un « paraclet », celui qui le hélant
appelle un peuple à sa limite
le réveillant à sa force occulte !

Christophe — Merci, Martial Besse... Merci... je retiens votre idée : un patrimoine. A ceci près que je dirai plutôt un patrimoine d'énergie et d'orgueil. D'orgueil, pourquoi pas ? Regardez cette poitrine gonflée de la terre, la terre qui se concentre et s'étire, se déprenant de son sommeil, le premier pas hors-chaos, la première marche du ciel !

Martial Besse — Majesté, à bâtir, ce sont d'effroyables pentes !

Christophe — Précisément, ce peuple doit se procurer, vouloir, réussir quelque chose d'impossible ! contre le Sort, contre l'Histoire, contre la nature, ah ! ah ! l'insolite attentat de nos mains nues ! Porté par nos mains blessées, le défi insensé ! Sur cette montagne, la rare pierre d'angle, le fondement ferme, le bloc éprouvé ! Assaut du ciel ou reposoir du soleil, je ne sais, la première charge au matin de la relève ! Regardez, Besse. Imaginez, sur cette peu commune plate-forme, tournée vers le nord magnétique, cent trente pieds de haut, vingt d'épaisseur, les murs, chaux et cendre de bagasse, chaux et sang de taureau, une citadelle ! Pas un palais. Pas un château-fort pour protéger mon bien-tenant. Je dis la citadelle, la liberté de tout un peuple. Bâtie par le peuple tout entier, hommes et femmes, enfants et vieillards, bâtie pour le peuple tout entier ! Voyez, sa tête est dans les nuages, ses pieds creusent l'abîme, ses bouches crachent la mitraille jusqu'au large des mers, jusqu'au fond des vallées, c'est une ville, une forteresse, un lourd cuirassé de pierre... Inexpugnable, Besse, inexpugnable ! Mais oui, ingénieur, à chaque peuple ses monuments ! A ce peuple qu'on voulut à genoux, il fallait un monument qui le mît debout. Le voici ! Surgie ! Vigie !

(*La Tragédie du roi Christophe*, acte I, fin,
Éditions Présence Africaine, Paris)

Quatrième partie

1970 À NOS JOURS
DE LA DÉSILLUSION
À LA DÉRISION :
Le temps des vaches maigres

VIII

Le contexte historique
et politique

Nous avions arrêté cette anthologie-histoire de la littérature négro-africaine en 1968. Nous la reprenons donc à partir de cette date, et sommes obligés de la situer dans le contexte des nombreux événements qui ont agité le continent noir. L'euphorie des Indépendances n'a duré que quelques années, et bien vite, l'on dut déchanter. Certains pays ont su garder un équilibre, améliorer parfois leurs niveaux de vie, ou tout au moins, conserver la paix intérieure. Mais tant d'autres, hélas, se sont heurtés à des obstacles de toutes espèces, sur les plans social, économique, politique! Coups d'État militaires en cascade, guerres de sécessions, guerres frontalières, guerres d'indépendance pour l'Angola, le Mozambique, le Cap Vert, guerre d'indépendance de la Rhodésie... et puis, toujours, l'abcès sud-africain. L'Afrique déchirée.

Puis les dictatures et les boursouflures des pouvoirs arbitraires, les Bokassa, les Idi Amin, les Ojukwu, les Macias Nguema. Les répressions, les corruptions, les richesses des États détournées au profit de hauts fonctionnaires. Puis les appels à l'aide internationale pour renflouer les budgets en faillite, la quête ardente de l'argent frais pour réinjecter la vie aux pays exsangues. Cependant que les voleurs de haut rang plaçaient leurs milliards en toute hâte en Suisse, aux Bahamas ou sur la Côte d'Azur!

Enfin, et pour que rien n'y manque, voici la sécheresse. Depuis 1972, dans tout le Sahel, ce sont les pluies qui se raréfient, les rivières qui s'assèchent, les fleuves dont le débit diminue... avec des saisons de pointe chaque année, dont le sinistre symbole fut cette photo du journal *Jeune Afrique* : sur la terre rase et craquelée, le cadavre d'une vache squelettique... Les troupeaux meurent à grande vitesse depuis le Sénégal jusqu'au Nord Cameroun en traversant Mali, Burkina Faso, Niger, Nigeria. Les hommes meurent avec eux, ou fuient vers les villes. Puis cela continue sur le

Tchad, l'Éthiopie (100 000 morts en 1973), la Somalie; et sur la Tanzanie, l'Ouganda.

Ouganda 1980 : au nord du pays, c'était la famine la plus atroce. Le sud se portait bien, merci! — Ouganda 1981 : le Fonds monétaire international impose au pays « la vérité des prix » — dévaluation de 1 000 %! Cette fois-ci, tout le monde plonge : le pays est ruiné, plus de pétrole, plus d'importations, il va falloir vraiment se débrouiller! On ne peut pas vivre éternellement avec l'argent étranger. Les monnaies africaines sont soutenues par la France, l'Angleterre, l'Amérique ou l'URSS, et les budgets renfloués tant qu'ils sont renflouables.

Car la gabegie a ses limites, et elle ne fait l'affaire des compagnies intercontinentales qui exploitent les pays africains qu'aussi longtemps que l'infrastructure demeure suffisante (routes, chemins de fer, pièces de rechange, combustible, etc.) et que l'organisation et la sécurité sont assurées. Sinon le pays exploité devient pays assisté, donc charge inutile. L'impérialisme n'a pas de cœur. Les gouvernements africains l'avaient-ils oublié? La capitalisme international a besoin d'ordre public, d'honnêteté bancaire, de partenaires intègres, de populations qui travaillent et surtout produisent. Comment faire de l'industrie agro-alimentaire dans un pays où les paysans fuient la campagne et où les dirigeants détournent les capitaux? Impossible.

Ceci n'est qu'un panorama inquiétant, et tous les pays d'Afrique n'en sont pas à cette extrémité. Mais beaucoup sont sur la pente; la crise mondiale aidant, bien sûr, avec la montée des prix et l'inflation. L'Afrique a mangé son pain blanc sans souci durant la première décennie. Voici le temps des vaches maigres et des politiques d'austérité. L'Afrique n'y est pas préparée; son élan vital est menacé. Elle voulait jouir, profiter, s'épanouir. Elle faisait des masses d'enfants, le taux de démographie le plus élevé du monde... Les écrivains rendront compte de ces contradictions. De ces désillusions. De ces déchirements entre l'espoir et les réalités décevantes. Mais l'espoir domine cependant jusque vers 1980. Après viendra le temps de la dérision et de l'absurde (voir p. 477 et suivantes).

IX

Le théâtre depuis 1970

Le théâtre négro-africain francophone a d'abord été marqué par quatre auteurs : **Aimé Césaire** avec *Le Roi Christophe* et *Une saison au Congo*, **Senghor** avec son *Chaka*, **Bernard Dadié** avec *M. Togognini* et *Béatrice du Congo*, et **Cheik A. Ndao** avec *L'Exil d'Alboury*. Ces pièces largement diffusées (montées, lues, enseignées) ont donné un souffle extraordinaire au **théâtre historique** amorcé dès l'expérience de l'École William Ponty que Bakary Traoré a relatée dans son étude sur « Le théâtre africain et ses fonctions sociales ».

Il y eut donc floraison de pièces sur le passé africain dans une optique souvent nostalgique (exaltation d'un héros, d'un prince, d'une époque) et accompagnée de jeux de miroirs sur la politique contemporaine. *Le Roi Christophe* et *Chaka* avaient ouvert la voie : le passé africain comme lieu d'interpellation du présent. La génération suivante s'y engouffra : outre Dadié et Cheik A. Ndao, ce furent **Tamsir Niane** avec *Sikasso*, **G. Chenêt** avec un *El Hadj Omar*, un *Chaka* de **Seydou Badian**, un *Amazoulou* de **Nenekaly Camara**, un autre *Amazoulou* (sur Chaka) de **Abdou Anta Ka** ; de **Charles Nokan**, *Abra Pokou* (reine baoulé), *Les Sofa* (sur Samory) de **Bernard Zadi**, *Kondo le requin* (sur Behanzin) de **Jean Pliya**, *Une si longue patience* (sur Babemba) de **M. Makan Diabate**, *Le Zulu* (encore Chaka) de **Tchikaya**, *Le Choix de Madior* de **Ibrahima Sall** (sur l'histoire du Kayor).

Veine inépuisable en vérité et profondément gratifiante pour un public local qui se réjouit et s'épanouit au spectacle de son histoire réhabilitée. Jusqu'à aujourd'hui sortent des « dramatiques » sur la résistance à la conquête coloniale dont le modèle fut sans conteste *La Mort du Damel* de **Cissé Dia** : ainsi **Moussa Sawadogo, Prosper Bazié, K. Noaga, Thierno Ba, M. Seyni Mbengue**, entre autres, reprennent le thème dans leurs contextes particuliers, mais sans grande différence sur l'objectif et les parties en présence. De même on explore les conflits des anciens royaumes (*Dialawaly* de

A.B. Beye, *Saran la reine scélérate* de **E. Dervain**), on reprend le mystère Chaka (**Marouba Fall**), on se penche sur le plus lointain passé, comme la chute du Ghana qui remonte au XIIᵉ siècle (*Wagadou* de **Moussa Diagana**).

Malgré leur abondance, rares sont les œuvres de valeur dans ce genre apparemment facile puisque, en somme, l'action est déjà donnée. Faux avantage, car l'issue est connue et supprime à la pièce tout intérêt, tout suspense, si le style est banal comme cela est trop souvent le cas : les personnages se schématisent vite en « types » figés dans une psychologie de commande : le roi toujours grand, noble, généreux mais autoritaire, l'ennemi (colon blanc ou noir-envieux) toujours cruel et fourbe, le griot toujours dithyrambique, le sorcier ou marabout inévitablement prophète de l'issue de la tragédie, l'épouse ou mère ou fiancée, en général dévouée jusqu'au sacrifice, et la série obligée de gens d'armes, messagers et serviteurs qu'en termes techniques on appelle les utilités.

D'inspiration très classique, décidément, plus Corneille que Shakespeare, hélas! la plupart de ces pièces sont assez ennuyeuses et bavardes, si bien que les auteurs y insèrent souvent des « danses folkloriques » pour alléger quelque peu les dialogues grandiloquents. Mais sans doute faut-il en écrire beaucoup pour que de temps à autre il en surgisse une vraiment intéressante comme *Thiaroye terre rouge* de **B. Boris Diop**. « Seules dix pièces historiques valables ont été écrites au Sénégal » estime Cheik A. Ndao... il est encore trop indulgent! Le théâtre historique est un genre sérieux et rien n'est plus difficile que de réussir une tragédie.

L'autre veine où l'on rencontre énormément de tentatives est la **satire politique ou sociale**. Depuis les *Trois Prétendants un mari* de **Guillaume Oyono**, Wolfgang Zimmer a pu recenser plus de 700 titres dans son « Répertoire du Théâtre Camerounais » en 1986 : la grande majorité étant des comédies de mœurs ou des pièces-pamphlets comme *Politikos* qui eut un vif succès populaire.

Dans les autres pays, on remarque, sous ces deux enseignes, des réussites certaines : le *Togognini* déjà cité de B. Dadié et, plus récemment, *Papa Sidi* ; *L'Œil* de B. Zadi ; *C'est quoi même* de **Sidiki Bakaba** ; les pièces ivoiriennes de **Saïdou Bokoun** : *Termites* de **E. Dervain** ; les comédies de **Guy Menga** au Congo et celle de **Bilal Fall** à Dakar. Citons encore **J.-P. Guingané, Martin Zongo, Prosper Kompaore** au Burkina. Sans oublier **Boukman** avec *Les Négriers*, et **Maryse Condé** aux Antilles. Dans l'ensemble, ces pièces sont réalistes, parfois dramatiques, mais le plus souvent pleines d'humour et de situations cocasses. On vise la communication populaire, donc on évite le langage sophistiqué ou érudit, on cherche le ton juste pour chaque personnage de la comédie sociale, même si on ne le trouve pas toujours.

C'est aussi dans ce genre de pièces que peut se développer un théâtre en langues nationales ou en créole pidgin. **Edge Diop** et **Ibrahima Fall** s'y sont essayés au Sénégal et **B. Zadi** en Côte d'Ivoire. Toujours avec un grand succès. **G. Chenêt** a même tenté au Sénégal une expérience bilingue en wolof et français avec un *Œdipe*. Les troupes d'amateurs, en campagne, montent aussi très souvent des pièces dans leurs langues, au Mali, en Guinée, au Sénégal, qui restent en diffusion très locale. De même aux Antilles se développe un théâtre en créole très dynamique, avec **G. Mauvois**, **H. Melon**, le Théâtre du Cyclone, les troupes Kouidor et Kimafoutiésa.

Cependant, **avec les années 80, le théâtre africain** (celui des villes) **va s'internationaliser** grâce à une politique d'échanges, de tournées et de stages dans les pays de la francophonie. Les pièces africaines sont représentées dans le cadre de « semaines culturelles » au Canada, aux Antilles, en Belgique, dans différentes villes de France (Lyon, Avignon, Strasbourg, Toulouse). Elles passent aussi, mais plus rarement, dans les autres capitales africaines.

Un festival de la Francophonie est organisé à Limoges et tous les ans, durant un mois, des troupes africaines offrent des spectacles. C'est grâce à cela que le grand public (car le festival est très médiatisé par la radio et la télévision) découvre **Bernard Zadi** avec sa troupe Didiga, **Souleymane Coly** avec sa troupe Koteba, *La Grève des Battu*, roman de **A. Sow Fall**, qui fut monté en spectacle avec brio par Sorano, **Soni Labou Tansi** qui crée un style théâtral plus mordant, caricatural et symbolique, pour décrire de plus haut cette Afrique qui se débat jusqu'à la démence, **Werewere Liking** enfin avec ses immenses marionnettes qui donnent une dimension épique au drame villageois, mais qui peuvent aussi bien rendre une saga à portée métaphysique : *Dieu Chose* est un spectacle bouleversant.

En fait, on constate une nette tendance à la **professionnalisation**. Des stages de plusieurs mois sont organisés pour les auteurs (qui écrivaient déjà) afin qu'ils suivent des cours de mise en scène, de gestuelle, de scénario, manipulation des plateaux et décors... bref des mille ressources que possède le théâtre moderne et dont les Africains découvrent vite les possibilités. Si bien qu'en 1991 **Souleymane Coly** montera à Paris un opéra mandingue : *Waramba*.

Bien sûr, cela ne remplace pas les *textes*, supports sans lesquels toute cette science demeurerait vide et inutile. Remarquons aussi que ce « décollage » du théâtre africain francophone n'est possible aujourd'hui que grâce à des années de **recherches sur place** : celles de Zadi, Bakaba, Coly à Abidjan avec leur spontanéisme contrôlé, celles du théâtre initiatique du Ki Yi Mbock avec Werewere et M. J. Hourantier, celles de Prosper Kompaoré et de l'Atelier-théâtre Burkinabé, celles de J.-P. Guingané et du Théâtre de la

Fraternité, celle de J. Leloup avec le théâtre universitaire de Yaoundé, celle du Théâtre national du Mali avec les recherches sur la comédie villageoise et le conte oral.

Quant à Soni Labou Tansi au Congo, dans sa province il avait déjà créé le Moni Mambou Théâtre, puis La Vérité Théâtre avant de venir à Brazzaville fonder le Rocado Zulu Théâtre. Il bénéficiera alors de l'expérience parallèle d'Emmanuel Dongala et son Théâtre de l'Éclair, de l'appui des professeurs A. et R. Chemain, de celui du Centre culturel français fondé en 1981, enfin de metteurs en scène comme **Gabriel Garran**. Dès 1985, Garran va monter *Je soussigné cardiaque* à Liège, puis au Palais de Chaillot à Paris. Il servira de même la pièce de Tchikaya, *Le Bal de Ndinga*, à la Cartoucherie de Vincennes en 1988. C'est encore G. Garran qui met en place le TILF (Théâtre international de langue française) à la Villette (Paris), permettant ainsi aux troupes africaines de venir y produire régulièrement des spectacles. En somme, il a repris le rôle de J.-M. Serreau, premier promoteur du théâtre africain.

Un peu à part de ces activités métropolitaines, il faut signaler le festival culturel de Fort-de-France, qui monte des pièces chaque année dans le cadre du SERMAC et du CMAC.

Enfin, n'oublions pas les trente ans de travail du Théâtre **Daniel Sorano** à Dakar, où ont été représentées des pièces difficiles comme *Le Roi Christophe, Macbeth, Le Malade imaginaire, Tête d'or* de Claudel, *Les Bonnes* de J. Genet, à côté d'œuvres sénégalaises, en français comme en wolof, et de spectacles plus folkloriques de type « Khawaré ». A côté du théâtre officiel ont essaimé beaucoup d'autres troupes desquelles émergent la Compagnie du Toucan et l'atelier Agit-Art de Jo Ouakam dont l'imagination créatrice est toujours au pouvoir !

Mais certes, techniquement, Sorano est plus solide, ayant bénéficié de metteurs en scène d'expérience comme Hermantier, J.-P. Leurs et M. Seyba, puis du concours et des conseils d'acteurs chevronnés comme J. et L. Lemoine, Doura Mané et bien sûr le génial **Douta Seck** pour qui le théâtre se confond avec la raison de vivre.

On ne peut clore ce chapitre sur le théâtre sans parler de **Wole Soyinka** qui s'est révélé le dramaturge le plus fécond et le plus talentueux d'Afrique noire. Des pièces comme *The Road, Kongi's Harvest, Brother Jero, The Dance in the Forest* ont suivi les premières (citées à la page 258), ont été traduites et diffusées sur trois continents ; cependant qu'il produisait des poèmes fort beaux *(Idanré, Cycles sombres)*, des romans assez sophistiqués et une merveilleuse autobiographie dont le premier tome : *Ake ou les années d'enfance*, à lui seul, aurait mérité le prix Nobel que Soyinka reçut en 1987. Notons le dévouement et le talent de ses traducteurs : Étienne Galle, Christiane Fioupiou, Elizabeth Janvier.

Signalons enfin, pour ceux qui s'intéressent de plus près au **théâtre négro-africain anglophone**, le numéro de R.A.L. (Indiana Univ. Press, 10th and Morton Streets, Bloomington, 1N47405- USA) consacré à ce sujet vol 22, n° 3, 1991. La place nous manque pour offrir des extraits. Que cela vous encourage à rechercher directement les ouvrages en librairie.

La collection Théâtre-Sud (L'Harmattan) et les éditions Présence Africaine publient la plupart des pièces d'Afrique francophone.

X

La poésie depuis 1970

Voici bien le genre littéraire qui, en Afrique francophone, a eu le plus de difficultés à se dégager de l'influence des poètes de la Négritude! Césaire et Senghor ont d'abord produit des dizaines d'imitateurs plus ou moins conscients, mais, en tout cas, persuadés que c'était comme cela qu'il fallait écrire, si l'on désirait être publié! Constatant ce phénomène, nous avons édité dès 1967 une petite anthologie de *Neuf Poètes camerounais* qui essayaient de s'affranchir tant des modèles européens que de ceux de la Négritude.

Mais poursuivant notre périple au Mali, puis en Côte d'Ivoire et au Sénégal, nous vîmes que le mal s'accentuait en allant vers l'ouest, trouvait son point culminant dans la patrie de Senghor. A cette époque, seul **Malick Fall** essayait une autre manière, mais il n'a jamais dépassé un premier recueil...

Nous créâmes, avec les Nouvelles Éditions Africaines, la Collection Woï : hélas, les manuscrits valables qui nous parvenaient arrivaient d'ailleurs. Des Haïtiens : **Morisseau Leroy**, avec son magnifique *Kasamansa*, **Gérard Chenêt**, avec *Les Poèmes de Toubab Dialaw* ; puis d'autres Africains : **Yé Vinou** et **Jacques Guégane**, avec *Poèmes voltaïques* : **Fernando d'Almeida**, du Bénin, etc. — mais comme il fallait aussi promouvoir la poésie sénégalaise, on publia dans la collection des auteurs très faibles mais nationaux. Et puis soudain, voici : **Ibrahima Sall** : *Génération spontanée*, et **Lamine Sall** : *Mante des aurores*. Un son neuf, une inspiration différente, la voix de l'Afrique réelle, de ses enfants d'aujourd'hui. Ces poètes qui n'étaient jamais sortis du Sénégal avaient quelque chose à dire qui n'avait pas encore été dit, et le don du chant, et leur façon de chanter. Il avait fallu attendre 1978! Dix-huit ans!

Paradoxalement, le renouveau avait germé plus tôt et plus vite vers l'Afrique centrale, loin des centres d'où rayonnait le mouvement de la Négritude. Le Congo Brazza, le Zaïre et le Cameroun en furent le terrain fertile. Le premier poète à être publié par les

Éditions Clé de Yaoundé (où nous avions sorti la petite anthologie citée plus haut) fut **Jean-Baptiste Tati-Loutard** en 1968 — il n'allait plus s'arrêter. Du même Congo Brazza, Clé publia **Maxime Ndébéka**, cependant que **Makouta-Mboukou** publiait chez Oswald à Paris.

De l'autre côté du fleuve Congo, le professeur **Mudimbe** lançait une collection, « Objectif 80 », vendue à très bon marché, où de jeunes Zaïrois totalement inconnus s'exerçaient — avec des résultats divers — à versifier en français. Leur seul point commun était qu'ils n'étaient ni « classiques », ni senghoriens ou césairiens. Les essais de poésie indépendante démarrèrent aussi au Cameroun et l'Association des Écrivains Camerounais, dirigée par **René Philombe** réalisa vers 1969 une anthologie présentant des styles très variés.

Malgré tous ces efforts, la moisson reste maigre, les poètes ont souvent le souffle court, et rien n'annonce une grande vague ou une grande école du niveau du mouvement de la Négritude.

Que peut-on dire aujourd'hui de la poésie de langue française ? On peut classer la production de ces trente dernières années en deux grands courants :

1) **Une poésie militante qui continue,** sur le ton instauré par la Négritude, à protester contre le sort des Nègres et de l'Afrique dans le passé proche et lointain : esclavage et colonisation... On n'oublie pas si vite. Sur le plan littéraire, tant aux Antilles qu'en Afrique, « une longue théorie de poètes va s'abîmer dans les dénonciations, les cris et les haines, avec le mot Nègre déposé dans chaque vers comme une pépite à vertu littéraire ». Ainsi parle Raphaël Confiant sans complaisance pour ses congénères, dans *Lettres créoles*.

D'ailleurs ces thèmes s'estompent aujourd'hui pour faire place à une protestation qui s'actualise : attaques virulentes contre les régimes d'après l'Indépendance, colère contre les tyrannies et les répressions, plaintes au vu des misères sociales accrues dans les nouveaux États libres.

Cependant que la poésie sud-africaine s'exaspère dans le combat pour une liberté qui s'arrache dans la douleur. On constate, dans la poésie francophone, que l'apartheid et le couple Mandela sont des thèmes bien répercutés, et qu'ils coexistent avec les imprécations contre les systèmes néo-coloniaux. Ce qui n'empêchera pas 45 pays d'Afrique de maintenir des relations commerciales avec le gouvernement sud-africain, comme le souligne Edem Kodjo. Mais la poésie est au niveau du discours, tandis que le commerce est au niveau de la pratique. Le hiatus entre les deux n'a cessé de s'agrandir.

Dans ce courant militant, on citera les poètes **Charles Nokan, Paul Dakeyo, Pacere Titinga, Souleymane Coly, Maxime Ndebeka,**

Noël Ebony, **Véronique Tadjo**, **Zadi Zaourou**, **Marouba Fall**, **J.-P. Ngampika**, **J.-B. Tiémélé**, **Jean-Marie Adjaffi**.

Tels sont les noms connus dans cette catégorie où souvent s'engagent d'abord les jeunes qui s'initient à la poésie. Parce qu'il existe déjà en littérature africaine une expérience dans cette voie, et qu'elle est prestigieuse.

2) Mais parallèlement se dessine une autre voie, celle **d'une poésie plus intellectuelle et plus intimiste** à la fois, qui exploite tour à tour les thèmes du terroir, de l'histoire antique (Égypte) où médiévale (grands empires), de l'amour, de la famille, de la mort. Elle prend parfois l'allure de la **méditation philosophique** sur le passé ou sur l'avenir de l'Afrique, du monde, de l'homme. Elle est à la fois plus enracinée et plus universelle.

Les poètes qui émergent sur ce créneau sont **J.-B. Tati Loutard, V.-Y. Mudimbe, Kadima Nzuji, Théophile Obenga, Fernando d'Almeida, Eno Belinga, Lamine Sall, Patrice Kayo, Charles Carrère, Babacar Sall, Ch. Aliou Ndao, F. Bebey, Modibo Aliou, M.-L. Tsibinda, J. Valverde, Lamine Diop**.

Bien entendu, ces clivages ne sont pas étanches et certains poètes jouent sur les deux registres. Ainsi Dakeyo, Nokan, Ebony et Titinga ont évolué du militantisme « hard » vers un lyrisme plus intimiste. Cependant que Ch. Ndao, Lamine Sall, ou F. d'Almeida écrivent aussi des poèmes très engagés.

On peut opérer un autre clivage dans cette deuxième et même troisième génération de poètes, ainsi que je l'ai esquissé plus en détail dans la préfacé à la *Nouvelle Anthologie de la poésie africaine et malgache* de **Ch. Carrère** et **L. Sall** : on peut les diviser en « poètes professeurs » et « poètes alphabètes ».

Tous ceux qui nous venons de citer appartiennent à la catégorie des **poètes professeurs**, ou encore « savants », car ayant une forte connaissance du français et une culture de niveau universitaire ; tel était déjà le cas pour **Paulin Joachim** (*Anti-grâce*), **Ray Autra** (*Vers la liberté*), **William Syad, Tirolien** et **Niger** qui poursuivirent en 1960 la lancée des Pères de la Négritude.

Du côté des Antilles ou de Haïti, on rencontre aussi ces « poètes-professeurs » pour qui le français n'est pas une langue étrangère : **Morisseau-Leroy, J.-C. Chasle, Gérard Chenêt, R. Parsemain, Henri Corbin, Anthony Phelps, L.-P. Dalembert, Frankétienne** enfin dont le « spiralisme » fait qu'il appartient autant à la poésie qu'à la prose.

Qu'entendons-nous par le terme de « **poètes-alphabètes** »? Ce sont des poètes (par le désir, la volonté d'écrire) qui, malgré une connaissance insuffisante du français, s'échinent, maladroitement, à composer des vers dans cette langue.

On ne peut les ranger parmi les écrivains totalement bilingues comme leurs aînés, ni même parmi les diglossiques comme le sont souvent les écrivains africains des années 80. Leur niveau d'instruction est réellement trop faible, interrompu trop tôt, pour qu'ils aient pu acquérir la maîtrise de cet outil complexe; encore moins la culture qui l'étaye. Ainsi arrivent chez les éditeurs des tas de manuscrits où « la langue est de moins en moins académique », comme le note pudiquement Arlette Chemain. En réalité, le français y est tellement minable et les erreurs si considérables que les publier fait du tort aux auteurs. Nous en avons donné quelques exemples dans l'anthologie de Ch. Carrère et nous n'y reviendrons pas.

Nous avions suggéré une solution pour ces poètes de cœur, égarés dans une langue qui les trahissait si cruellement : se servir de leur **langue maternelle**, véhicule plus fiable pour leur muse vagabonde.

Certains poètes-professeurs (au sens propre) comme **Cheik Aliou Ndao** et **Saxiir Thiam** n'ont-ils pas fait cette expérience avec profit ? Ainsi que **Sonny Rupaire**, **Morisseau-Leroy** et **Monchoachi** aux Caraïbes ?

Au Sénégal encore, nous avons l'exemple du jeune **Tierno Sall**, poète-alphabète, qui a compris et s'est reconverti… en bon poète Wolof.

D'autres s'obstinent hélas, un peu partout, jusqu'au Gabon et au Zaïre, à aligner des alexandrins balourds, ou une prose boursouflée.

En effet, le phénomène existe aussi en prose et le dernier exemple est le roman (?) de Mamadou Soukouna; l'éditeur de ce dernier (Belfond) a été obligé d'y adjoindre un lexique pour expliquer tous les mots que l'auteur avait détournés de leur usage légitime. Licence poétique ou canular? ou incompétence? Le seul fait qu'on doive se poser la question est déjà regrettable ! Quand on s'aperçoit que pour Soukouna le mot zéphyr signifie vent très violent, que commodité est mis pour vilénie, assorti pour : qui sort de, canevas pour cénacle … peut-on encore hésiter? La créativité certaine de cet auteur que l'écriture démange devrait pouvoir mieux s'exprimer dans son soninke natal.

Cet exemple ne peut évidemment être confondu avec les œuvres « métisses » au niveau de l'écriture de A. Kourouma, Confiant, Chamoiseau, Frankétienne.

S'il fallait poser un diagnostic plus général à toute l'Afrique francophone, on pourrait dire que, depuis l'indépendance, la poésie est le genre littéraire qui se porte le plus mal. Pourquoi? Les raisons sont sans doute multiples. Les écrivains semblent préférer le chemin du roman et de la nouvelle, pour exprimer leurs nouveaux problèmes.

Il faut dire que l'époque se prête mal au grand lyrisme, contrairement aux années 50-60 où l'illusion soutenait l'enthousiasme des Indépendances à venir.

L'avenir n'est pas rose pour l'Afrique traquée entre la guerre, la famine et l'inflation. Il serait difficile à présent pour un poète africain, quel que soit son âge, de prononcer, en croyant à leur efficacité, ces incantations de Césaire :

> « Je n'ai pour arme que ma parole
> je parle et j'éveille
> je parle et je rends l'Afrique à elle-même
> je parle et je rends l'Afrique au monde
> je parle et attaquant à leur base
> oppression et servitude
> je rends possible pour la première fois possible
> la fraternité. »

Aujourd'hui la poésie sert plus souvent de refuge, d'exutoire où s'exorcisent les phantasmes et les angoisses de l'âme. L'écrivain lui confie son inquiétude.

Ou alors, comme le réclame Bernard Zadi, la poésie doit déboucher sur l'action, mais le résultat n'est pas évident :

« La Négritude a pleuré sur le sort de l'Afrique mère. Plus personne, après Soweto, ne devrait se contenter de pleurnicheries débilitantes.

> "Devenir les mots qu'on emploie
> Les images qui nous investissent
> (...)
> C'est mon sang
> C'est ton sang, poète, que nous
> offrirons aux affamés
> (...)
> Toute envie de sauter
> devra être saut
> Toute envie de courir devra
> être course
> Pas de place
> Pour la demi-mesure."

La poésie, ainsi perçue, cesse d'être un simple jeu de l'esprit. Elle est tenue de s'impliquer dans les grands enjeux du continent. »

(B. Zadi, préface aux poèmes de J. Bohui Dali.)

J.-B. TATI-LOUTARD — Né au Congo-Brazza en 1939 et professeur de lettres à l'Université de son pays, il a publié en 1968 *Les Poèmes de la mer*, puis, dix ans après, *L'Envers du soleil, Les Racines congolaises, Les Normes du temps*, et deux recueils de nouvelles, *Chroniques congolaises* et *Nouvelles Chroniques congolaises*. Ici nous parlerons du poète qui inaugure une voie nouvelle qui semble ne pas devoir grand-chose à la génération précédente, et même pas à Tchicaya ou Maunick, déjà mondialement connus. Des poèmes assez courts, très enracinés dans la terre, la nature congolaise ; un lyrisme discret qui contraste avec la verve débridée de Tchicaya ; une très grande sensibilité qui corrige souvent une tendance à l'intellectualisme, voire l'abstraction. Est-ce affaire de tempérament, ou de prudence politique ? Il est difficile d'être poète sous un régime qui connaît des hauts et des bas. L'intellectuel est nécessairement suspect, on craint son jugement, on le tient à l'œil. Il parle, cependant, et clair quand il le peut, ainsi qu'en témoignent les trois textes qui suivent. Par ailleurs il est excellent prosateur et ses nouvelles prouvent qu'il a bien deux cordes à son arc musical.

CELA ME CONCERNE

Là-haut le soleil n'en finit pas d'exploser
Et la lune de traire le soleil
Et de nous prodiguer son lait
Mois après mois jour après jour.
Ainsi va le monde qui depuis les pôles
Ne tourne plus rond sur ses coussinets de glace.
Mais c'est ainsi que Dieu roule son monde ;
C'est un pacte ancien dont je ne me mêle pas.
Mais toi mon frère qui n'en finis pas d'user
Tes mains à tirer le diable par la queue
Jour après jour mois après mois,
Puis-je te dire sans me coincer le cœur
Une seule fois dans l'entre-deux-jours :
« Ta misère est un pacte dont je ne me mêle pas ? »

LA RÉVOLTE GRONDE

Nous avons rompu avec le soleil :
Au point du jour seuls les oiseaux s'en vont
Vers les collines accueillir ses rayons.
Que se passe-t-il ? Quelles voix étranges
Craquellent le silence aux quatre coins de la ville ?
Quelle race oubliée dans les décombres du siècle
Surgit des masures où la misère traîne

L'herbe comme un chien jusqu'aux pas des portes?
A-t-on vu jamais (hors saison) le ciel
se joindre à la terre?
Voici que les nuages descendent du Mont-Soleil
Pour fleurir une foule qui hisse au bout des lèvres
Des cris aigus comme des couteaux de jet.
La ville regarde à travers un masque blême
La marche des Cavernicoles. La peur gagne:
Même le temps s'effarouche dans le clocher;
On l'entend s'enfuir, sonnant aux pieds
ses anneaux de bronze.
La Révolte monte la Révolte gronde.

(Éditions L'Harmattan, Paris.)

MUKALA KADIMA-NZUJI — Né en 1947 au Zaïre. Docteur en lettres. A publié trois recueils de poèmes dont le premier en 1969. C'est sans doute le poète le plus éminent de la collection « Objectif 80 » qu'avait créée au Zaïre le professeur Mudimbe.

Kadima est bien un « Congolais ». Sa poésie rejoint celle de Tati-Loutard et Tchicaya par sa communication intense avec l'environnement de l'embouchure du Congo. N'est-ce pas le même, de part et d'autre du grand fleuve jaune couvert de jacinthes d'eau? Tornades et nuages lourds, la forêt dense, et le soleil de plomb, dès qu'il ne pleut pas. Mais ce soleil éclaire un Zaïre que Kadima déplore : la misère, la faim, la guerre, dans ce pays le plus riche de l'Afrique. L'amour et l'espoir l'aident à vivre cependant. C'est un auteur qui n'a pas atteint encore sa vitesse de croisière, son plein épanouissement. Il se fait lentement, se cherche, « à petits pas de cicatrices mal fermées », comme l'écrirait Césaire. Sa discrétion, sa réserve naturelle, son esprit autocritique sont sans doute les freins d'un lyrisme qui se veut constamment contrôlé.

Œuvres poétiques : *Les Ressacs, Préludes à la terre, Redire les mots anciens*. Essais : *J. Rabemananjara, l'homme et l'œuvre* (Présence Africaine). *Littérature zaïroise francophone* (thèse doctorat, 1979 Karthala).

Gorgé de sang, de sang, du sang
des milliers d'âmes innocentes
couchées silencieuses inertes sans souffle
sur tes mottes de terre calcinée.
Mon peuple aux flancs poignardés
aux côtes brisées dans le carcan de la haine
ces soleils crispés qui tombent tombent tombent
sur ta face tatouée, dans tes yeux qui interrogent
si jamais reviendra
la paix des brousses natales!
Ces soleils crispés qui roulent éperdument
sur tes tempes brûlées

sur tes joues griffées
seraient-ils des perles de rosée en déroute
ou des larmes d'enfants sans père, ni mère
seraient-ils bruine ou averse,
ou goutte de sang qui tremble tremble tremble
sur nos faces et nos paumes écorchées ?
   Là, dedans les forêts obscures bat encore
le sourd tam-tam le tam-tam sourd de la mort
éclatent des cris d'épouvante
enchevêtrés aux lourds nuages noirs
qui pèsent sur les villages.
Ah ! me revient toujours la triple mélopée
d'hommes morts, de cases en feu, de caillots de sang
et ces soleils crispés qui crient crient crient
      — Lubila !
je les vois encore rouler éperdument
sur nos corps défigurés.

(Éditions St Germain-des-Prés, Paris — extrait de *Redire les mots anciens*.)

CHARLES NOKAN — Cet Ivoirien, docteur en sociologie, et né en 1936 a écrit déjà plusieurs œuvres toujours plus proches de la poésie que du genre officiellement annoncé : ainsi ses romans : *Violent était le vent* et *Les Malheurs de Tchâko* ou sa pièce *Abra Pokou*. Ses recueils de poèmes, en revanche, se veulent résolument engagés, mais on pourrait leur reprocher d'être trop prosaïques. *Les Voix des peuples* (1980) sont proches du slogan, comme son cadet Paul Dakeyo ; je leur préfère *La Voix grave d'Ophimoï*, ces brefs poèmes de Nokan parus en 1970, où le chant et l'image sont présents et les apparentent un peu au Haï-Kaï japonais, sans rien enlever de leur accent révolutionnaire. On souhaite qu'il reprenne cette veine où transparaît son âme, son tempérament personnel, et où « passe » son extrême sensibilité.

Mon pays vient
d'accoucher d'une certaine indépendance.
Est-ce le crépuscule des colons et leurs collaborateurs ?
Est-ce une aube nouvelle ?
N'y a-t-il pas des nuages
dans le ciel clair de la liberté ?
Mon pays vient
d'accoucher d'une certaine indépendance,
et déjà son ventre porte une révolution.

*
**

C'est comme à Versailles
au temps de Louis XIV.

Le souffle du crépuscule
berce les fleurs rouges du jardin.
Par le petit trou de ma cellule,
Je vois, sur les tables, des moutons rôtis,
au bout de la Grande Allée des Mercedès endormies.
Je vois les putains dans leurs robes grises et pourpres,
dans leurs pagnes roses et bleus.
C'est comme à Versailles
au temps du roi Louis.

***
***

Je suis pareil au chien
à qui l'on lance un os,
semblable au singe
à qui l'on jette des bananes pourries.
Les crocodiles avalent des poulets blancs,
ô gais crocodiles de la rivière verte !

(Éditions L'Harmattan, Paris.)

PAUL DAKEYO — Né en 1948 au Cameroun. Docteur en sociologie. A publié *Les Barbelés du matin*, *Le Cri pluriel*, *Chant d'accusation*, *Soleils fusillés* et *J'appartiens au grand jour*. Il est par ailleurs l'auteur de deux anthologies consacrées respectivement à la poésie sud-africaine, *L'Aube d'un jour nouveau*, et aux poètes du Cameroun, *Poèmes de demain*. Il vit à Paris. Poète de combat, Paul Dakeyo se veut résolument engagé dans toutes les luttes de libération (Angola, Afrique du Sud, Palestine, etc.) et ses écrits sont plus près du tract que du poème. Il exprime peu l'enracinement dans son terroir, si sensible chez Tati, Kadima, Lamine Sall, ce qui rend ces textes assez impersonnels. Sans doute est-ce un choix ; ses poèmes peuvent servir de chants de mobilisation pour tous les maquis du monde. Le politique semble sciemment avoir étouffé les sentiments personnels et les recherches littéraires. — Souhaitons qu'il évolue et comparons deux poèmes l'un de combat, l'autre plus lyrique (voir complément bibliographique).

Nous irons avec des fusils
Portant la furie
Et ma douleur
Nous serons partout
Je vous le jure
Nous serons partout
Traquant le silence
Jusqu'à la justice

Nos morts aussi
Ressuscités et dressés
Contre l'espace carcéral
Nous serons tous présents
Face à la nuit putride
Frappant de porte en porte
Avec nos soleils
Resculptant les âmes brisées

***
***

J'appartiens au grand jour
Avec ma parole fidèle
J'appartiens à ma terre
Avec mon chant qui résonne
Par les rues silencieuses
Avec le soleil porté sur ma
                              tête.
Je reviendrai comme une lave
                              bleue

A l'aube parmi les récifs
L'essence de ma parole dressée
A la dimension de mon souffle
Sur mes pieds calleux
Par-dessus tes montagnes
                              feutrées
Avec des mains qui referont le
                              jour.

(Éditions St Germain-des-Prés, Paris.)

AMADOU LAMINE SALL — Né en 1951 à Kaolac, Sénégal. Ce jeune auteur a fait ses premiers écrits en prose : des nouvelles, fort bien construites d'ailleurs, et pleines d'intérêt. Et voilà tout d'un coup que, après quelques essais de poèmes assez médiocres, il jaillit de lui, dans une grande coulée lyrique ininterrompue, cette *Mante des aurores* (1979) qu'on acceptera sans discuter aux éditions N.E.A. En un seul ouvrage, il se haussait au niveau des Nokan, Tati-Loutard, Kadima-Nzuji, qui publiaient déjà depuis dix ans. Est-ce un miracle dû à un état de grâce qui ne se produit qu'une fois ? Je ne sais. Mais voici toujours quelques extraits de Mante-Manthie, cette femme perdue à qui s'adresse le poète (voir complément bibliographique).

Où es-tu fille de la nuit
Les heures cavalent
Et tu sais que je ne suis pas un tardif de la 13e heure
Car chez nous aux portes de la savane il est écrit que le
                                                          premier
Pilon est le germe fertile
Et te voilà perdue dans l'ombre entre le toucher et la rosée
Des langues
Et le néant se rit de mes appels balafrés
Où es-tu femme
Dans quel entrepôt du silence es-tu tapie
Et qui te fait l'amour ce soir de Mai
Hier j'ai prêté serment devant ton corps
Pourtant le sachant tourmenté comme mer battue
Hier seulement mes yeux
Parcouraient éperdus ta géométrie irréelle et parfaite
Hier seulement l'amour s'étageait dans ton regard
Et ton corps s'offrait droit tendu
A la droite violence de mon désir torse-nu
Je refuse de céder à la colère au désespoir aux larmes

Car je sais que tu es partie lourde de moi
Moi au plus profond de tes songes
Le temps est venu de vouer le doute aux orties
De proclamer l'amitié de l'errante
Dans le silence porteur de vérité
Je partirai te chercher
Jusqu'aux lieux les plus reculés de l'énigme de l'étoile

Nous irons prier jusque tard dans la foi
Assis sur les nattes coraniques
Dans la cour des mosquées de raphia
Dans la fraîcheur de l'heure
Nos fronts longuement posés aux sommets des minarets
Parmi les oiseaux de lumière
Aux plumes tressées dans un ciel immaculé
Nous prierons
Nous prierons haut dans le silence des sourates chastes
Et quand l'horizon à plat ventre se relèvera de son
Coït ultime avec la nuit
Nous quitterons Dieu
Debout somnolents sur le dos des coupoles
Dans la grisaille du péché pardonné
Nous irons marcher longtemps sur les asphaltes humides
Nous serrerons le pouce de ceux que la lèpre a vaincus
Et sur leur paume solitaire
Nous poserons nos derniers sous.

(Nouvelles Éditions Africaines.)

F. PACERE TITINGA — (Burkina) Maître Pacere, comme on l'appelle, est un avocat bien connu à Ouagadougou et pas seulement pour ses poèmes. Il a fortement impulsé la recherche en littérature orale, et sa personnalité affirmée relève plus de la mentalité du « fils de chef » qu'il est réellement que du colonisé-opprimé qu'il chante souvent dans ses poèmes. En réalité, il s'inscrit dans la lignée des Boubou Hama, Hampaté Ba, Oumar Ba, avec une dimension plus pugnace. Il a écrit entre autres : *Refrains sous le Sahel* (1976), *Ça tire sous le Sahel*, *Quand s'envolent les grues couronnées*, *Poèmes pour l'Angola* (1982), *La Poésie des griots* (1982), *Du lait pour une tombe* (1984), ainsi que de nombreux articles.

Mais moi, Titinga
Je sais que l'homme
A beau être grand,
Il ne peut être plus haut
Que sa coiffure.

Les yeux sont tout blancs.
Mais les yeux
Ne voient pas loin.
Dès lors,
Que l'homme de l'âge

Ne médise pas ;
Dès lors,
Que le connaisseur
Ne médise pas ;
Parce que le surnom
          du nouveau-né
Malgré ses quatre pieds, est
L'incertitude et la chute,
Pour qu'on tire,
Qu'il puisse courir
Et venir tirer son père.

J'implore le Dieu de Zida
Pour que là ou s'insère l'erreur,
Qu'une autre personne
Vienne redresser,
Parce que
L'oiseau de la rivière
Ne chante pas seul ;
C'est sauterelle par sauterelle
Que la gourde se remplit.
C'est toujours une foule
Qui soulève le toit,
Afin que l'ombre rentre dans la
                                    case.

« Voici donc ce qui sous-tend mes travaux.

De 1973 à ce jour, j'ai réalisé plus de 2 000 cassettes d'enregistrements de magnétophone, de vidéofilms et autres ; je me suis dit, à tort ou à raison, en fonction de la confiance de certains vieux qui, malheureusement, sont morts, je veux dire qui ne peuvent plus confier cela à d'autres, je me suis dit, et je répète, à tort ou à raison, qu'il me fallait exploiter et révéler certaines intimités de nos civilisations. Dès lors, j'ai décidé de ne pas être un homme qui applaudirait pendant qu'on le pousse vers la tombe. J'ai décidé d'un combat, et ce n'est pas la première fois. »

(Extrait de *Annales Fac-Lettres*, Ouagadougou.)

CHARLES CARRÈRE — Né à St. Louis (Sénégal) en 1928, Ch. Carrère-Mbodj n'est plus vraiment un jeune homme. Il a cependant publié ses premiers recueils de poèmes à partir de 1979 et appartient donc, littérairement, à cette troisième génération. Sa plume raffinée, légère et subtile, le situe à part de ses collègues, non loin de Verlaine et Francis Jame. Bien que de formation juridique, il s'est voué à la muse poésie en acceptant la vice-présidence de la « **Maison internationale de la Poésie** » à Bruxelles, en participant au maximum aux manifestations poétiques d'Europe et d'Afrique, ainsi qu'au vaillant **Journal des poètes d'Arthur Haulot**.

Il a écrit *Océanes* (1979), *Lettres de Corée* (1982), *Mémoires de la pluie* (1983), *Insula, Noël pour Malaïka* (1988), *D'écume et de granit* (1989).

        mes yeux sur ma mère
                    posent un regard de songe
        ses mains lavent le poisson
        épluchent l'ail
                    les oignons
                    coupent le gombo

son visage épouse la claire lumière
                          du soir
que la bonté adoucit
                          tranquille
la cuisine a le calme
                          d'une chapelle
dans la paix hivernale
                          lourde
d'odeurs
          d'encens
                          vespérales
à peine le chant du muezzin
et du grillon
                que la paix réveille
au crépuscule
                et le cœur de ma mère
dans toute la maison
mère
me voilà enfant
                à tes pieds
comme l'enfant au pied
                de la croix
la nuit avance
sur un voile de tendresse
mon âme s'arrondit
sous la tiède caresse
ruisselante de paroles
                de chants voluptueux
les étoiles soupirent
comme des fantômes nocturnes
                remontant le temps
des racines du sommeil
                au firmament
          pour éclairer les hommes
                semer le vent
à travers la lumière
mon cœur trace
                à l'ombre de ta main
des mots clairs
                des mots d'écume
dans la beauté du soir

(Extrait des *Mémoires de la pluie*, 1983, Euro-éditor, Luxembourg.)

MONCHOACHI — Voici une grande voix, elle nous vient des Antilles. Le lyrisme de Césaire ; puis l'amour du créole. Monchoachi écrit en créole et publie en bilingue : le résultat est spectaculaire. Nous ne saurions trop encourager ces expériences encore trop rares, qui exaltent la langue de départ, tout en enrichissant la langue d'arrivée. Le créole se trouve ennobli et le français est son héritier émerveillé : tout le monde y gagne — Monchoachi a publié : *Dissidences* (1976), *Bel Bel Zobel* (1978), *Konpé Lawouzé* (1979), *Manteg* (1980), *Nostrom* (1989).

Il ne naissait rien. Rien ne levait ni ne surgissait. C'était toujours la même torpeur de toutes parts, une même langueur, tout au long, sans le rêve, sans l'attente, sans faim secrète, sans serment obscur. Tout était trop plein, tout était trop plein de rien.

Allaient les peuples à leur reniement, allaient les hommes à leur dédit...
Et nous avions beau solliciter plus pure exigence, nous avions beau mander plus haute solennité...
Et ce n'est pas assez héler gens de vaste mémoire sur tous faits du monde, interroger le sable avide ou la roche obstinée,
le calendrier aztèque ou le conteur mandingue,
ce n'est pas tout, non plus, d'aller haler les dieux oublieux,
ni d'écorcher l'humain sous son écale misérable — et qu'irait-on trouver là ? L'hostilité froide du métal, une solitude âcre, ou un pain de maïs doré comme une lune... ? Ou des racines enfouies comme des sabres magnétiques ? —
Car ce n'est pas d'aboutement dont nous avons besoin ! Mais d'un dénouement, et d'une recréation.

Mais aujourd'hui, je veux entendre encore
vos complaintes, qui firent frémir les mers,
tout ce charroi de nostalgies et de voix rauques,
tout ce chargement d'âmes gravides...
Je veux entendre l'écho qui encombra vos nuits
s'y précipitant
et y roulant comme un tambour ténébreux,
je veux saisir l'éclair qui vous illumina quand
vos visions escaladaient le ciel,
je veux palper la terre que vos mains
ont triturée, et ramasser, comme une fleur fanée,
l'épi de cendre qui obstrua le jour...

... Et puis, oh ! laissez-moi aussi étreindre ce qui vint ici prendre vie,
une parole nouvelle
— ou plutôt une modulation nouvelle sur l'interminable locution
humaine, une intonation dans l'immense chœur des humains —
Un amour nouveau, une ardeur nouvelle,
et vous donner un baiser solitaire et fraternel...

(Extrait de *Nostrom*, 1989, Éditions Caribéennes, Paris.)

WOLE SOYINKA — Nous n'avons plus à présenter le prix Nobel de littérature. Mais le poète est moins connu que le dramaturge (dans cette anthologie p. 258).

Tout entier inspiré par son village d'Abeokuta, son recueil *Idanre* nous transporte sur les hauteurs de la montagne où Ogoun, le dieu yoruba, prend l'auteur en charge et lui insuffle sa force. Idanre, c'est le mythe vécu de Soyinka. Poème cosmogonique, dit Senghor, composé de sept chants qui se trouvent « à la hauteur de la vision ». La préface du poète sénégalais n'est pas inutile pour introduire le lecteur à ce lyrisme parfois ardu. De même que les études critiques des professeurs Etienne Galle et C. Fioupiou. E. Galle a traduit aussi *Cycles sombres*, le deuxième recueil des poèmes de Soyinka.

Ogoun est le dieu lascif qui pour la guerre se munit
De sept gourdes. L'une pour la poudre,
Une autre pour les amulettes, deux pour le vin de palme et trois
Étanches à l'air et en bronze poli
Pour ses provisions de spermes

Ogoun mon dieu est le bouclier des orphelins
Collines en terrasses qui s'échelonnent d'elles-mêmes jusqu'aux
cieux
Voilà sa demeure ; Ogoun, celui qui ouvre les chemins, qui va
Droit devant lui quand d'autres dieux ont fait demi-tour.
Bouclier des orphelins, ton bouclier ce jour-là
Tomba-t-il hérissé de pointes sur les vies qui sous lui s'abritaient

Pourtant il avait fui, sa tâche originelle terminée,
Fui les hommes et les dieux, cherchant les collines
Et les limites des rochers. Le granit d'Idanre lui offrit la paix
Et c'est là qu'il vécut jusqu'à l'arrivée des émissaires
Sois notre chef et notre roi.

   Qui me parle je ne puis le dire
   Qui conduit le vol du marteau

Les dieux somnolent d'ennui et leur piété
Trouve un éveil facile avec de riches rites obséquieux
Parce que le rongeur a grignoté son igname
Le paysan a loué un chasseur, l'a bourré de vin
Et lui a fourré un brandon à la main

On ne brûle pas les bois pour prendre au piège
Un écureuil ; on ne demande pas l'aide de la montagne
Pour casser une noix.

(Extrait de *Idanre*, 1982, NEA, Dakar.)

MELVIN DIXON — Il a été Professeur Fulbright d'études américaines à l'Université de Dakar. Il est Professeur à la City University of New York, et a enseigné à Columbia University, à Williams College et à Fordham University. En plus des nombreuses publications sur la littérature afro-américaine, M. Dixon est l'auteur d'un recueil de poésies, *Change of Territory* et d'une étude littéraire intitulée : *Ride out the Wilderness : Geography and Identity in Afro-American Literature*. — Son « come back Africa » lui a inspiré six très beaux poèmes publiés en anglais et en français.

LES VENDEUSES DE SANDAGA [1]

Nous portons le poids des enfants sous le soleil
leurs têtes, dans un sommeil rapide, tanguant
sur nos dos, leur bouche
offrant à manger aux mouches du marché à midi.

Nous portons le poids des paniers et des pots
d'argile bourrés de mangues, de pagnes,
et de pain. La chaleur qui nous appelait ici
brûle à présent la route qui mène
à la maison, loin du bruit du marché

Qui porte le poids des tissus ocres et indigo,
la vente des bracelets de cheville gorgés
en dollars, en francs, ou cloués de cauries
et d'or africain sur la peau d'ébène.

1. Marché de Dakar.

Nous portons le poids des langages et des signes,
anglais commercial, hollandais et portugais.
Des mots tambourinés sur la peau noire tendue
riment en ouolof nos chants et danses

Pour porter le poids des enfants perdus
aux océans du nord et de l'ouest. Ceux qui
jadis s'embarquaient pour des siècles
sont de retour, les lèvres peintes en rouge
et les mains vertes de dollars.

(Extrait de *Six Poems for Senegal*.)

NOËL EBONY — (Côte d'Ivoire) De son vrai nom Essi Kouamé, fut surtout connu comme journaliste à Africa International. Mais son recueil *Déjà vu* révéla un poète d'un lyrisme très intense, d'une écriture libérée de toute entrave, et d'un potentiel de révolte inégalé. Il nous a quitté trop tôt. Cet extrait peut servir d'exemple pour un exercice en classe d'écriture automatique. On peut aussi le lire en rétablissant la ponctuation.

(QUELQUE PART) cette afrique n'est pas afrique pas afrique cette afrique miroirs mirage de toutes les ombres tous les zombis au-delà où se projettent les désirs insoumis parade de putschs paraphrase de discours qui se cassent la gueule cette afrique est sombre cette afrique sombre son histoire est nôtre (apprentis) sage tapisserie du temps dur exercice du sang sacrifice humain parole infernale afrique miroir brisé bris collé rêver de soi de toi parler d'amour aux éclairs dire ses noms à l'étoile gifler les tanks à la volée penser les cibles on y perd son savon (à blanchir un nègre) on y perd son rythme (à danser avec un toubab) danse de ce continent perdu désaxé pantin cette afrique occidentée accidentée je dis ailleurs que je suis venu dire qu'à se libérer par les armes de caliban l'on n'y gagnera que de nouvelles chaînes (L'ESCLAVE EST SON MAÎTRE LE PIRE) cette afrique n'est pas afrique pas afrique est miroirs mirage rage (QUELQUE PART)

(*Nina, quelque part*, Notre Librairie n° 87)

XI

Le Roman, la Nouvelle et l'Essai de 1970 à 1980

Nous avons dit précédemment que le théâtre africain se cherche toujours, tandis que la poésie n'a pas encore trouvé son second souffle. En revanche, le roman, la nouvelle et l'essai connaissent un essor sans précédent.

Depuis 1968, avec d'une part *Les Soleils des Indépendances* de **Ahmadou Kourouma,** et d'autre part *Le Devoir de violence* de **Yambo Ouologuem,** un grand nombre de consciences négro-africaines se sont exprimées, un grand nombre de langues se sont déliées, un grand nombre d'écrivains se sont révélés, en abordant avec courage et lucidité la situation politico-sociale de l'Afrique « en voie de développement ».

Les noms abondent et je ne saurais les citer tous. E. **Dongala,** A. **Fantouré,** V. **Mudimbe,** Cheik A. **Ndao,** W. **Sassine,** Massa M. **Diabate,** Francis **Bebey,** Henri **Lopes,** Evembe, Guy **Menga,** G. **Ngal,** N. **Rawiri,** S. Labou **Tansi,** Aminata **Sow,** Mariama **Ba,** Ibrahima **Sall,** Mbaye Gana **Kebe,** Abdou Anta **Ka,** S. **Bokoum,** D. **Oussou-Essui,** M. **Konate,** M. Alpha **Diarra,** Pascal **Couloubaly,** Guillaume **Oyono,** B. **Nanga,** T. **Tchichelle,** Idé **Oumarou,** M. **Mvomo...** Tous, à des degrés divers, ayant parfaitement observé les problèmes africains survenus après les Indépendances, refusent de rester figés sur la vision idéaliste de la Négritude (tout à fait légitime en son temps; voir première partie de cet ouvrage). Ils préfèrent la vérité du témoignage sincère au prestige de « l'image de marque » africaine qui était un peu le mot d'ordre de leurs aînés.

Et cette authenticité porte ses fruits, beaucoup de ces romans et de ces nouvelles sont excellents. Les nouveaux écrivains ont tendance à opter pour un style réaliste assez sobre et neutre (sauf pour des auteurs hyperdoués comme Mudimbe, Kourouma, Ouologuem, Sassine, Dongala, Labou Tansi). Mais ce style laisse transparaître à merveille toute la complexité des convulsions souvent tragi-comiques de l'Afrique actuelle.

Pourquoi donc le roman semble-t-il aujourd'hui le meilleur véhicule pour l'expression littéraire du monde noir, alors que Sartre insistait il y a trente-cinq ans sur le rôle privilégié et révolutionnaire de la poésie dans ce même monde noir ! Peut-être ici les théories de Lukacs et Lucien Goldmann peuvent-elles fournir un essai d'explication ? Le roman africain s'épanouirait parce que le roman serait par excellence le genre de la « médiation » où les héros tentent un compromis entre leur idéal et l'histoire concrète ; et la dégradation du héros qui est entraînée par ce processus est aussi un fidèle reflet de la dégradation de la société...

Ajoutons que ce roman africain est doublé par un extraordinaire essor de **la Nouvelle**, qui développe les mêmes thèmes, mais sur de plus brèves distances.

L'Anthologie de la Nouvelle sénégalaise, réalisée par feu **Pierre Klein,** est un exemple convaincant de la vitalité de ce genre qui était nettement mineur avant les indépendances. La nouvelle, cette espèce de gros plan d'un événement ou d'un caractère, se prête à tous les tons : caricatural, pamphlétaire, onirique, symbolique, allusif, populiste, journalistique, etc. Sa capacité d'adaptation au souffle (souvent bref) des jeunes auteurs, et son extrême variété dans les registres qui permet des essais de styles très diversifiés, voilà sans doute les raisons du succès de la nouvelle. La nouvelle se publie plus aisément aussi dans une revue, un journal.

Enfin il faut préciser que roman et nouvelle, ces deux genres florissants, sont stimulés par plusieurs facteurs :

En priorité, l'encadrement idéologique des essayistes qui écrivent eux aussi, et beaucoup : **J. Ki-Zerbo, A. Tevoedjre, Memel Fote, Amady Ali Dieng, Pathé Diagne, Marcien Towa, Alpha Sow, Stanislas Adotevi, Eboussi Boulaga, P. Hountondji, Youssouf Guissé, G.L. Hazoumé, J.-P. Ndiaye, Babacar Sine, V.Y. Mudimbe, E. Niangoran, E. Mveng, Th. Obenga, J.-M. Ela, Abiola Irele, S.M. Cissoko, B. Barry, H. Aguessy, Njoh Mouelle, E. Mbokolo, Bimwenyi, Samir Amin, I. Kake, Assane Sylla, Fatou Sow, A. Ndaw, Tidjani Serpos.**

Tous ces penseurs, pour la plupart, sont professeurs d'université, chercheurs ou journalistes, et ils donnent le ton : ils remettent en question divers aspects de la Négritude, et procèdent à un inventaire et à un réquisitoire tant politique que culturel de la société néo-coloniale. Ils poursuivent ainsi le mouvement de réflexion inauguré par **Alioune Diop, Bakary Traoré, Mahjemout Diop, Abdoulaye Ly, Hampaté Ba, Boubou Hama** et **Cheikh Anta Diop,** dès avant l'Indépendance ; mais ils s'affrontent, se contestent, protestent, analysent, comparent, proposent différentes solutions aux malheurs du continent.

Elles varient beaucoup, depuis l'application rigoureuse du marxisme (maoïste plus souvent que stalinien) jusqu'à des idéologies essentiellement « nègres », en passant par des « synthèses » où philosophies noires et technologies occidentales auraient pu faire (sur le papier) un vrai mariage d'amour ! Sans oublier les spéculations sur l'histoire antique et sur les ressources des religions locales (animistes, musulmanes, chrétiennes et syncrétiques) Cette « fermentation philosophique » des intellectuels a beaucoup joué, je pense, pour orienter les romanciers sur les pistes nouvelles.

Un autre facteur fut la création de nouvelles maisons d'édition : Clé, N.E.A., A.B.C., Oswald, L'Harmattan, Karthala, qui prirent les risques de publier des auteurs nègres inconnus, cependant que Présence Africaine continuait d'assumer son rôle historique d'éditeur noir-leader culturel.

De grandes maisons françaises comme Le Seuil, 10/18, Maspéro et R. Laffont par exemple ont aussi « lancé » du jour au lendemain des auteurs dont les premiers essais étaient des coups de maîtres. Ce fut le cas pour **Kourouma, Ouologuem, Sony Labou Tansi** ; pour **Dorsinville, Simone Schwartz-Bart** et **Maryse Condé.**

Mais ceci nous amène à jeter un coup d'œil très rapide sur le *troisième facteur* qui stimule le roman africain francophone d'aujourd'hui : **le renouveau de la littérature nègre périphérique.**

Ce renouveau est fort impressionnant. Si l'on regarde **les Antilles et Haïti,** outre les trois auteurs cités plus haut, on peut aligner les noms de **Frankétienne, X. Orville, Boukman, Métellus, Chenêt, Phelps, D. Maximin, D. Radford, H. Corbin.**

.Cependant que **René Depestre**, après avoir été l'un des jeunes chantres de la Négritude avant 1960, entre avec fracas dans la contestation de cette idéologie avec *Bonjour et adieu à la Négritude*, tel un écho d'Amérique au célèbre *Négritude et négrologues* de Stanislas Adotevi.

Chez les **écrivains noirs américains de langue anglaise,** on enregistre aussi une nouvelle série de romanciers de première qualité et surtout des femmes. **Toni Morrisson** est sans doute la plus féconde avec *The Bluest Eyes, Sula, Song of Solomon, Tar Baby*. Mais il y a aussi **Maya Lou Angelou, Margaret Walker** (*Jubilee*), **Toni Cade Bambara,** et les poétesses **Niki Giovanni** et **Gwendolin Brooks.**

Bien sûr, cela ne signifie pas que les hommes se taisent. Qui n'a pas lu *L'Homme invisible* de **Ralph Ellison**, les pièces incendiaires de **LeRoy Jones** et *Racines* de **Alex Haley** ? Chez ces Noirs américains, il y a de très bons auteurs non encore traduits, mais les critiques les résument et les analysent dans la presse nègre francophone.

Des revues comme *Continent, Jeune Afrique, Afrique-Asie,*

Recherche Pédagogique et Culture (Audecam), *Présence Africaine*, *Présence francophone* (Québec), *Topic* (américain) et *African Arts* (en langue française) ont été en Afrique et en Europe des courroies de transmission de l'information littéraire concernant les nouveaux auteurs anglophones tant américains qu'africains.

Car l'**Afrique anglophone**, dont nous avions naguère remarqué le dynamisme littéraire, n'a cessé d'amplifier sa production : de nouveaux romanciers ont surgi : **James Ngugi** (Kenya), **Ayi Kwei Armah** (Ghana), **Buchi Eméchéta** (Nigéria), **A. La Guma** (Afr. du Sud) sont venus étayer les ténors : Soyinka, Achebe et Ekwensi, dont *Présence Africaine* a publié les traductions de romans et d'articles. Nous ne pouvons nous étendre sur le champ très vaste des écrivains d'Afrique anglophone, nous recommandons deux thèses d'État qui ont parfaitement fait le point sur *Le Roman en Afrique du Sud*, du professeur **Jean Sevry**, et *Le Roman au Nigéria*, du professeur **Geneviève Coussy.**

Le courant passe donc, bien que difficilement encore, entre les écrivains des deux langues, et certes, la précoce liberté d'expression des romanciers anglophones d'après l'indépendance a dû inspirer celle des auteurs de l'ex-Afrique française...

En résumé, on peut affirmer que **le roman et la nouvelle jouent à fond leur rôle de témoins véridiques**, en prise sur la réalité, sur toutes les réalités de l'Afrique noire d'aujourd'hui. En même temps on constate que, sur le plan de la qualité stylistique, ces deux genres littéraires sont en pleine expansion. Il existe un avenir proche brillant pour ces deux genres de pointe, en français comme en anglais.

Il existe aussi, à notre avis, mais cela ne reste à prouver que par les Africains eux-mêmes, un avenir à créer dans des **œuvres en langues nationales.** Le mouvement est amorcé au Kenya, en Tanzanie, au Zaïre, au Togo et même au Sénégal. Mais tant que les maisons d'édition feront le barrage, ce mouvement sera bloqué. Cependant, nous espérons que ce barrage culturel est condamné à terme, et que les Africains accoucheront de leurs littératures écrites nationales, aux forceps s'il le faut, et sans toutefois renoncer à leur littérature internationale...

« C'est d'une nouvelle naissance, Messieurs, qu'il s'agit » déclarait le roi Christophe, et en Afrique toute naissance est la renaissance d'un ancêtre.

CHEIKH ANTA DIOP — Devant toute la nouvelle génération de penseurs, philosophes, ethnologues et historiens negro-africains que nous venons d'évoquer, le manque de place nous contraints à n'en citer que deux, Cheikh Anta Diop et René Depestre.

En 1956, Cheikh Anta Diop publiait *Nations nègres et culture* qui affirmait l'origine nègre de la civilisation égyptienne. Cela provoqua un tollé dans les milieux universitaires français (linguistes et égyptologues) à deux exceptions près : le sociologue Gurviteh et l'égyptologue Schwaller de Lubicz[1]. Dans les milieux de la Négritude, au contraire, le livre soulevait l'enthousiasme. Il donnait un énorme contrepoids à cette race dite, à l'époque, sans passé, sans histoire, sans civilisation autre qu'archaïque et primitive.

Cheikh Anta traversa tous ces remous sans perdre un grain de son assurance. Mieux, il poursuivit l'exploration de sa mine d'or : l'Égypte africaine. Il publia sans se presser : *Unité culturelle de l'Afrique noire* (1960), *L'Afrique noire précoloniale* (1960), *Antériorité des civilisations nègres* (1967), *Parenté génétique de l'égyptien pharaonique et des langues négro-africaines* (1977), et enfin *Civilisation ou barbarie* (1981). Cheikh Anta approfondissait sa recherche en utilisant toutes les disciplines : archéologie, datation au carbone 14, études chimiques sur la pigmentation des momies, études de linguistique comparative, et enfin dans son dernier livre, l'étude détaillée de la *culture* égyptienne, dans ses aspects scientifiques et religieux, ce qui n'avait été qu'ébauché dans son livre de 1956, où il s'appuyait davantage sur des éléments extérieurs (physionomie négroïde de certains pharaons, témoignages des historiens grecs, etc.). Et au fur et à mesure de ses publications nouvelles, ses travaux furent reconnus par les égyptologues tant américains que russes, belges ou... égyptiens ! L'École française resta sur sa réserve — disons plutôt son allergie. Les travaux de Cheikh Anta sont surtout contestés sur les plans linguistique et ethnologique. Mais il faut remarquer que les égyptologues français ne connaissent ni les langues ni les civilisations noires, et que les ethnologues et linguistes africanistes ne connaissent pas grand chose à l'égyptologie et ne savent pas lire les hiéroglyphes. C'est donc un dialogue de sourds, Cheikh Anta ne trouvant pas d'interlocuteurs valables, les gens ne connaissent qu'une face du problème, alors que lui connaît les deux ; il lit couramment les hiéroglyphes et connaît parfaitement le wolof, sa langue maternelle.

Il n'y a qu'un linguiste-ethnologue[2] à Paris, qui puisse témoigner pour la validité des travaux de Cheikh Anta, avec la compétence nécessaire. C'est Luc Bouquiaux, maître de recherches au C.N.R.S. ; il a d'abord fait des études sur la langue égyptienne. Ensuite il a travaillé au Nigéria sur le haoussa. Il a été frappé par les ressemblances structurelles entre les deux langues, et en conséquence les théories de Cheikh Anta lui paraissent parfaitement fondées.

Du côté africain, Cheikh Anta Diop, depuis vingt-cinq ans, n'a pas cessé de fasciner l'élite intellectuelle. Rares sont les professeurs d'universités africaines ou négro-africaines qui passent à Dakar et ne demandent pas à rencontrer Cheikh Anta Diop. Pourquoi exactement ? Quel est son rôle ? Pourquoi ce besoin non seulement de le lire, mais de le voir et de discuter

---

1. Schwaller de Lubicz est l'un des rares égyptologues français qui a étudié l'ésotérisme égyptien. Son œuvre monumentale, *Le Temple de l'homme*, est en 3 tomes, mais la collection Champs en a publié un extrait déjà très convaincant : *Le Miracle égyptien.* Cheikh Anta l'a connu personnellement et fut encouragé par lui dans sa recherche.

2. A ma connaissance, en tout cas.

avec lui ? Cela tient au rayonnement de sa personnalité. Je pense qu'il est, pour les intellectuels noirs, une espèce de pôle, la référence exemplaire d'une quête à la fois historique, scientifique et idéologique. D'une part son obstination, son travail acharné, son honnêteté intellectuelle ; et d'autre part, son refus du compromis, son incorruptibilité, son courage sans défaillance ; tout cela situe cet homme au sommet d'une génération de chercheurs et de professeurs pour qui il incarne l'intellectuel non galvaudé, celui qui a su rester « pur ». Et, à des degrés divers, chacun tente de lui ressembler, ou, tout au moins, lui rend hommage.

Valeur de la théorie kamitique

Le terme kamit est ethnique ; étymologiquement, il signifie noir, charbonner, ébène, chaleur, dans les langues mêmes des peuples qui l'ont transmis à l'histoire : égyptien et hébreux, et dans les langues africaines actuelles. On a en *Égyptien ancien* :
Kem = noir, être noir
Kemt = la Noire = l'Égypte
hem = être chaud
hemm = chauffer, devenir chaud
hemw = chaleur, brûlure.

Réciproquement, l'ensemble des pays étrangers, leucodermes en particulier, est désigné par le terme générique : Desret, la rouge ; par opposition à l'Égypte la noire.

Les asiatiques étaient désignés par les qualificatifs les plus injurieux que les Égyptiens aient pu imaginer : « Asiatiques ignobles » d'après Manethon « maudits », « pestiférés », « pillards », etc.

Leur nom était écrit : Sati qu'on traduit par archers ? Mais qui signifie encore voleur, en valaf. Ce sens est le seul qui soit bon, car il est confirmé par la racine sémitique (cf. Maspéro op. cit. p. 121.)

Comme il fallait s'y attendre, on a tout de suite supposé que le terme kemit = noir qui a été utilisé par les Égyptiens eux-mêmes, pour désigner leur propre pays, ne peut concerner que la couleur noire du limon constitutif du sol d'Égypte, et non celle des habitants du pays. Plutarque et des auteurs arabes postérieurs sont cités. Mais il est remarquable que cette précision ne se trouve dans aucun texte de la langue égyptienne et que celle-ci, cruelle ironie, n'ait d'autre expression pour désigner la race nègre, pour dire homme noir, que celle-là même qui sert à désigner la race des Égyptiens.

Dans un millénaire, peut-être, un savant soutiendra gravement que les expressions Afrique noire, Afrique blanche, etc. ne sauraient concerner que la couleur du sol des pays considérés et non point celle de leurs habitants. Peut-être, aussi, sera-t-il attentivement écouté et pris au sérieux?

Des témoignages précédents, il ressort que pour toute l'Antiquité savante, l'Égypte était, avec l'Éthiopie, le berceau de la race noire. N'était-il pas alors naturel qu'elle fût appelée « La Noire » par ses propres habitants, les noirs qui y vivaient.

Quoi qu'il en soit, cette identité d'étymologie du terme Kam, dans toutes les langues concernées, permet de se demander pourquoi, quand et comment, kam (noir, charbonné, ébène, etc.) a été blanchi.

Cette opération politico-culturelle du blanchiment de l'ancêtre charbonné coïncide avec l'apogée du colonialisme. Il était devenu moralement indispensable de blanchir les origines de la civilisation égyptienne. (Cf. *Nations Nègres et Culture*.)

(Antériorité des civilisations nègres : mythe ou vérité historique,
Éditions Présence Africaine, Paris 1967.)

RENÉ DEPESTRE — est resté plus de quinze ans à Cuba. Il fut ensuite à l'Unesco. Il a écrit *Arc-en-ciel pour un Occident chrétien*, *Poète à Cuba* et *Alléluia pour une femme-jardin*. Son ouvrage le plus intéressant est certes son essai, *Bonjour et adieu à la Négritude*. Il y éclaire, d'une façon jamais faite encore jusqu'ici, les débuts de la prise de conscience dans les communautés noires des îles Caraïbes (Cuba, Jamaïque, Haïti, Trinidad, Porto-Rico, La Barbade), de Guyane et du Brésil. Il met en évidence des figures peu ou mal connues comme José Marti, Jean-Price Mars, J.C. Mariategui, P. Henriquez Urena et surtout Jacques Stephen Alexis. Enfin, il donne son point de vue, souvent très critique, sur les « anthropologues européo-centristes » et sur le mouvement de la Négritude et ses partisans.

REGARD D'AUJOURD'HUI SUR LA NÉGRITUDE

Il convient, au départ, de souligner l'aspect et le contenu de plus en plus indéterminés de la notion de négritude. Elle énonçait initialement une forme de révolte de l'esprit contre le processus historique d'avilissement et de dénaturation d'une catégorie d'êtres humains que la colonisation baptisa génériquement et péjorativement *nègres*.

Mais le concept de négritude, à mesure qu'on l'érigeait en idéologie, voire en ontologie, devait prendre un ou plusieurs sens des plus ambigus jusqu'à offrir le paradoxe suivant : formulée pour réveiller et alimenter l'estime de soi, la confiance en leurs propres forces, chez des types sociaux que l'esclavage avait ravalés à l'état d'animaux de trait, la négritude les évapore dans une métaphysique somatique.

Loin d'armer leur conscience contre les violences du sous-développement, la négritude dissout *ses nègres* et *ses négros-africains* dans un essentialisme parfaitement inoffensif pour le système qui dépossède les hommes et les femmes de leur identité. Aujourd'hui les « négrologues » de la négritude la présentent sous la forme d'une conception du monde qui, dans des sociétés américaines ou africaines, serait exclusive aux Noirs, indépendamment de la position qu'ils occupent dans la production, la propriété, la distribution des biens matériels et spirituels. En fait, il s'agit d'une *weltanschauung* d'origine antiraciste qui, récupérée par le néo-colonialisme, essaye à son ombre, à grand renfort de sophismes, d'écarter les nègres opprimés des déterminations qui doivent féconder leur lutte de libération. La négritude, de mouvement de contestation littéraire et artistique qu'elle a été à ses débuts, à idéologie d'État qu'elle est devenue, n'est toutefois pas un phénomène de génération spontanée. La négritude a un passé : elle est, à coup sûr, étroitement tributaire de l'histoire et des structures sociales façonnées par les scandales américains de la traite négrière et du régime de plantation.

Il faut donc remonter aux racines de la négritude, aux divers chemins qui y mènent, à ses répondants de la société coloniale, afin de montrer que, de son vivant, elle aura été, en littérature et en art, l'équivalent moderne du marronnage culturel que les masses d'esclaves et leurs descendants opposèrent à l'entreprise de déculturation et d'assimilation de l'Occident colonial.

(*Bonjour et adieu à la négritude*,
Éditions Robert Laffont, Paris.)

AHMADOU KOUROUMA — Né en 1927 aux frontières du nord de la Guinée et de la Côte d'Ivoire et de nationalité ivoirienne. Docteur en droit et actuaire d'assurances. Le roman de Kourouma, d'abord paru au Canada en 1968 puis repris par Le Seuil, a été au début très mal compris. *Les Soleils des Indépendances*, qui est aujourd'hui un classique au programme de toutes les universités africaines, fut mal accueilli à cause d'un style déroutant, douteux et même fautif (voir critique de Lamine Diakhate dans *Bingo*.)

En réalité, Kourouma avait tenté une expérience résultant d'un pari avec un camarade : écrire en français un récit fourmillant d'expressions malinké traduites. Ainsi tout au long de son texte il marche sur cette corde raide, et l'expérience devint performance, imposant un style inimitable et cependant exemplaire. Car le livre est bien construit, les personnages parfaitement vrais et vivants. La description de la société, arriviste en ville, et toujours féodale au village, et l'affrontement des deux systèmes de valeurs, est franche et lucide. Enfin, c'est le premier roman critique des mœurs politiques de l'Afrique des Indépendances. Sa qualité, son ton majeur, son réalisme marié à la poésie (autre paradoxe) sont aujourd'hui reconnus par tous les critiques africanistes noirs et blancs. En plus, Kourouma a prouvé que, même en régime de parti unique, un écrivain africain pouvait écrire ce qu'il pensait et demeurer dans son pays. Dadié avait prouvé la même chose dans ses pièces de théâtre à peu près à la même époque.

FAMA, LE ROI MENDIANT

Fama déboucha sur la place du marché derrière la mosquée des Sénégalais. Le marché était levé mais persistaient des odeurs malgré le vent. Odeurs de tous les grands marchés d'Afrique : Dakar, Bamako, Bobo, Bouaké ; tous les grands marchés que Fama avait foulés en grand commerçant. Cette vie de grand commerçant n'était plus qu'un souvenir parce que tout le négoce avait fini avec l'embarquement des colonisateurs. Et des remords ! Fama bouillait de remords pour avoir tant combattu et détesté les Français un peu comme la petite herbe qui a grogné parce que le fromager absorbait tout le soleil : le fromager abattu, elle a reçu tout son soleil mais aussi le grand vent qui l'a cassée. Surtout, qu'on n'aille pas toiser Fama comme un colonialiste ! Car il avait vu la colonisation, connu les commandants français qui étaient beaucoup de choses, beaucoup de peines : travaux forcés, chantiers de coupe de bois, routes, ponts, l'impôt et les impôts, et quatre-vingts autres réquisitions que tout conquérant peut mener, sans oublier la cravache du garde-cercle et du représentant et d'autres tortures.

Mais l'important pour le Malinké est la liberté du négoce. Et les Français étaient aussi et surtout la liberté du négoce qui fait le grand Dioula, le Malinké prospère. Le négoce et la guerre, c'est avec ou sur les deux que la race malinké comme un homme entendait, marchait, voyait, respirait, les deux étaient à la fois ses deux pieds, ses deux yeux, ses oreilles et ses reins. La colonisation a banni et tué la guerre mais favorisé le négoce, les Indépendances ont cassé le négoce et la guerre ne venait pas. Et l'espèce malinké, les tribus, la terre, la civilisation se meurent, percluses, sourdes et aveugles... et stériles.

Comme une nuée de sauterelles les Indépendances tombèrent sur l'Afrique à la suite des soleils de la politique. Fama avait comme le petit rat de marigot creusé le trou pour le serpent avaleur de rats, ses efforts étaient devenus la cause de sa perte car comme la feuille avec laquelle on a fini de se torcher, les Indépendances une fois acquises, Fama fut oublié et jeté aux mouches. Passaient encore les postes de ministres, de députés, d'ambassadeurs, pour lesquels lire et écrire n'est pas aussi futile que des bagues pour un lépreux. On avait pour ceux-là des prétextes de l'écarter, Fama demeurant analphabète comme la queue d'un âne. Mais quand l'Afrique découvrit d'abord le parti unique (le parti unique, le savez-vous? ressemble à une société de sorcières, les grandes initiées dévorent les enfants des autres), puis les coopératives qui cassèrent le commerce, il y avait quatre-vingts occasions de contenter et de dédommager Fama qui voulait être secrétaire général d'une sous-section du parti ou directeur d'une coopérative. Que n'a-t-il pas fait pour être coopté? Prier Allah nuit et jour, tuer des sacrifices de toutes sortes, même un chat noir dans un puits, et ça se justifiait!

Mais alors, qu'apportèrent les Indépendances à Fama? Rien que la carte d'identité nationale et celle du parti unique. Elles sont les morceaux du pauvre dans le partage et ont la sécheresse et la dureté de la chair du taureau. Il peut tirer dessus avec les canines d'un molosse affamé, rien à en tirer, rien à sucer, c'est du nerf, ça ne se mâche pas. Alors comme il ne peut pas repartir à la terre parce que trop âgé (le sol du Horodougou est dur et ne se laisse tourner que par des bras solides et des reins souples), il ne lui reste qu'à attendre la poignée de riz de la providence d'Allah en priant le Bienfaiteur miséricordieux, parce que tant qu'Allah résidera dans le firmament, même tous conjurés tous les fils d'esclaves, le parti unique, le chef unique, jamais ils ne réussiront à faire crever Fama de faim.

(*Les Soleils des Indépendances,* Éditions du Seuil, Paris.)

YAMBO OUOLOGUEM — Malien, né à Bandiagara en 1940, d'ethnie dogon. La même année 1968[1] paraissait au Seuil un roman qui eut beaucoup de succès en France (Prix Renaudot) et que la critique africaine a boudé jusqu'à aujourd'hui.

Pourquoi? *Le Devoir de violence* est cependant un monument lyrique et épique, écrit dans un français éblouissant, dont je n'ai rencontré l'équivalent, en littérature nègre, que chez Jacques Stephen Alexis. D'abord c'était un roman à clef où les intellectuels connaissant Ouologuem ont immédiatement reconnu les démêlés ancestraux des Peuls (les maîtres), ici désignés comme Négro-Juifs, et des Dogon (population autochtone) qui furent conquis par ces derniers et réduits à les servir. Pour Hampaté Ba, par exemple, qui vient lui aussi de Bandiagara, ce livre était un odieux procès intenté aux Peuls de cette région; et cela ne l'étonnait guère, venant d'un Dogon fils de forgeron!

Ensuite ce roman fut la première œuvre de réaction contre l'idéologie de la Négritude, et tout particulièrement contre l'idéalisation de l'Afrique

---

1. Notre *Anthologie négro-africaine* parut cette année-là, autrement dit avant la parution du roman d'Ouologuem. C'est pourquoi cet auteur n'y figurait pas.

pré-coloniale qui était de rigueur à cette époque : Senghor et Césaire avaient chanté le « retour aux sources », les Princes et les Princesses d'antan, s'appuyant sur les épopées locales[1] tout autant que sur des ethnologues comme Frobenius (qu'on retrouve dans le roman sous le nom de Schrobenius). Ouologuem voulut revenir à une évocation moins idyllique (lui dont l'ethnie était de l'autre côté de la barrière), et donner le point de vue de ceux qui payaient le prix de cette civilisation féodale si brillante : les esclaves, les dominés, les exploités. De plus, il situe son histoire dans le Kanem Bornou qui eut en effet une dynastie aux pratiques très violentes, remplies de complots, d'assassinats et de révolutions de palais[2].

Tout vrai romancier fait un *amalgame* : ainsi procèdent Mongo Beti dans *Le Pauvre Christ de Bomba,* Maryse Condé dans *Hérémakhonon.* Dongala dans *Un fusil dans la main un poème dans la poche.* Ouologuem aussi fit un amalgame des faits et situations réels, pris dans différents lieux de l'Afrique de l'Ouest. Mais il mit en évidence le négatif des mœurs politiques précoloniales, ce que la Négritude avait soigneusement passé sous silence jusqu'ici.

C'est pour ces raisons que l'ouvrage fut refusé à Présence Africaine. Le livre fit scandale, d'autant plus que, sur le conseil de son éditeur français, on demanda à Ouologuem d'ajouter des passages épicés (scènes sexuelles, voire pornographiques, scènes de sadisme, de sodomie, etc.). Tout cela ne se trouvait pas dans le premier manuscrit qu'avait lu Birama Touré[3], ami de Ouologuem, à qui le jeune écrivain venait montrer son œuvre chapitre après chapitre. Scandale aussi parce que, par dérision, Ouologuem emprunte, par-ci par-là, un passage à Maupassant, et aussi la structure-saga du *Dernier des justes* de Schwartz-Bart. Ces emprunts sont de très loin dominés, engloutis, dans le lyrisme de l'auteur, et ils ne lui étaient visiblement pas nécessaires. Mais on en profita pour lui faire plusieurs procès.

Ainsi les Africains le refusèrent parce qu'il donnait une vilaine image de l'Afrique, et l'Europe le refoula rapidement sous prétexte qu'il n'était qu'un plagiaire ! Ouologuem explique très clairement et avec amertume dans *La France nègre* la recette pour faire un roman à succès en France : un zeste de politique, un zeste de sadisme (sang, crimes, etc.), un zeste de sexe (obscénité, pornographie). Mais qui a lu ce deuxième livre ?

Je pense, après information et révision de toute cette histoire, que l'incompréhension de la critique a tué un jeune écrivain africain de toute première qualité.

COMMENT FUT CHOISI UN DÉPUTÉ REPRÉSENTATIF DU PEUPLE

Cependant, mué en exigence de réformes, il avait soufflé sur le Nakem-Ziuko un courant d'émancipation.

Renard[4], avait convoqué Saïf ben Isaac El Héït[5], l'informant que Paris, désireuse d'associer plus étroitement les populations d'outre-mer à la gestion de leurs intérêts propres, laissait aux indigènes le choix de leur député.

1. Qui sont toujours faites à la gloire des maîtres, comme dans toutes les sociétés féodales.

2. Voir *Histoire de l'Afrique de l'Ouest,* de Sékéné Modi Cissoko.

3. Licencié en Économie. Depuis, ambassadeur de Côte d'Ivoire dans plusieurs pays : Algérie, Nigéria, etc.

4. Le gouverneur en place.

5. Le chef traditionnel « négro-juif » du Nakam (Kanem).

De retour à Tillabéri-Bentia pour son Conseil de notables, Saïf fit comprendre aux dignitaires qu'il s'agissait, en fait, pour la France, de ne pas se laisser devancer par la rapide évolution politique de ses colonies. C'était, au fond — fit-il valoir — à l'occasion de la naissance des Nations unies et de leur dirigisme, la traduction législative du mot d'ordre fameux lancé au moment où l'Union française s'ébrouait dans la boue sanglante des rizières d'Indochine : « Lâchons l'Asie, gardons l'Afrique ! »

Dépêchant donc le prince Madoubo auprès de tous les chefs coutumiers de l'ancien empire Nakem, Saïf fit pression sur les forces traditionnelles qui, récoltant les fruits de leur politique des années 1900, prétextèrent coopérer avec les Flençèssi [1], plaçant en avant les rejetons même de la civilisation française : les fils de serfs, formés à l'école chrétienne et missionnaire, à travers lesquels, défendant ses intérêts au sein de l'Assemblée nationale à Paris, la tradition nakem gouvernerait.

Lentement, au milieu des débats, des silences, des ordres, un nom de candidat fusait, à rebours semble-t-il, tout bosselé dans les gorges sèches — s'élançait enfin, né de quelque sombre calcul de notable, non pas encore trahi, ou même bousculé, mais alerté.

On proposait à Saïf des centaines de nègres mal blanchis, fils de domestiques : qui, imberbes encore, tenaient gauchement la plume ; qui, affublés d'une vague admissibilité au brevet élémentaire, braillaient remporter, s'ils étaient présentés, au moins le double des suffrages escomptés ; qui, parés du titre de moniteur d'enseignement primaire ou de certifié, voire — miracle ! — de bachelier, juraient, oye ! ne guère rentrer à la maison s'ils n'étaient candidats.

Les têtes enturbannées se hochaient, et chacun, secrètement, ruminait la même timide pensée : l'homme de la situation, c'était Raymond-Spartacus Kassoumi [2], dont la réussite universitaire aux pays des Flençèssi se murmurait parmi le peuple qui le disait, après Dieu, ouiche ! plus instruit que le plus instruit des Blancs.

En hommage à sa science, hon, une Blanche n'avait-elle pas savouré le bonheur extatique de prendre pour moitié Raymond le fameux, auquel ne pouvait plus prétendre nulle Négresse, car le bâtisseur, tjok ! parlait maths et physique aussi facilement que sa mère décortiquait les cacahuètes…

Assurément, cet homme-là, han, ne se mouchait pas du pied. Seigneur, une larme pour la négraille — par pitié !…

Or, plus d'un conseiller de Saïf avait saisi que depuis la littérature shrobéniusologique salivant, en un rusé mélange de mercantilisme et d'idéologie, la splendeur de la civilisation nègre, depuis les

1. Français.
2. Le dogon fils d'esclave… natif de la population dominée par les Négro-juifs.

guerres mondiales où le tirailleur noir avait éclaté de violence au service de la France, il s'était créé une religion du *Nègre-bon-enfant*, négrophilie philistine, sans obligation ni sanction, homologue des messianismes populaires, qui chantent à l'âme blanche allant à la négraille telle sa main à *Ya Bon, Banania*.

Choisir dans ces conditions Raymond-Spartacus Kassoumi, c'était combler le peuple.

> (*Le Devoir de violence*, Éditions du Seuil, Paris.)

WILLIAM SASSINE — Né en 1944 à Kankan et professeur de mathématiques, Sassine s'est imposé avec son premier roman, *Saint Monsieur Baly*, publié en 1973. Il a depuis écrit *Wirryamu* et *Le Jeune Homme de sable* (voir complément bibliographique).

Je voudrais parler de ce *Monsieur Baly*, de préférence, car voilà bien une œuvre classique qu'il serait utile d'étudier dans les lycées et universités d'Afrique ; d'abord à cause de la qualité du style qui est parfaite ; ensuite à cause de son sujet qui est *l'école*, justement. Ce livre ne peut laisser nul étudiant et nul professeur indifférents ! Il s'agit pourtant de l'histoire d'une école primaire de brousse, et de la lutte solitaire qu'entreprend un vieil instituteur mis à la retraite, contre la malveillance d'un gouvernement qui lui préfère un jeune Français aux méthodes « nouvelles », pour construire une petite école privée dans son propre village. Thème jamais traité encore dans la littérature africaine, peut-être parce que l'accent n'est pas mis sur la politique, mais le social et l'éducation. Peut-être aussi parce que les héros de cette histoire sont les mendiants. C'est en effet par sa grande charité musulmane que Monsieur Baly pourra recruter une main-d'œuvre gratuite parmi les miséreux de toutes espèces qui se multiplient dans nos cités africaines. Et l'école se construit et réussit. Les enfants comme les mendiants qui l'entretiennent viennent y apprendre à lire en langue nationale. Alors interviennent des provocateurs partisans de l'enseignement « officiel » pour monter un complot contre Monsieur Baly. Les paysans sont crédules, et les parents d'élèves (qui ne veulent pas payer une scolarité même modeste) sabotent l'école, aidés par les provocateurs en question. Ils en détruisent même les murs ! Mais Monsieur Baly est un saint. Il reconstruira son école, et ses mendiants le feront vivre, alors que lui-même sera tombé dans le plus complet dénuement. C'est un médecin qui l'aidera car, entre temps, Baly, comme Job, a attrapé la lèpre. Ce médecin commence par lui confier son propre pessimisme et ses illusions perdues, mais paradoxalement, c'est Baly qui réussit à le convaincre que c'est la foi qui déplace les montagnes et qu'il peut tout recommencer. Avec l'aide du médecin et ses amis d'une part, et ses fidèles mendiants, aveugles et lépreux d'autre part, Baly remontera les murs en banco de son école et la fera fonctionner envers et pour tous. *Saint Monsieur Baly* est un très grand roman de courage, de souffrance et d'espoir. — D'une même envergure spirituelle et littéraire que *L'Aventure ambiguë* de Cheikh Hamidou Kane.

LES MOUCHES, OU LA CHARITÉ DU LÉPREUX

Le vieil instituteur reprit lourdement son chemin vers la station des voitures ; il dépassa un groupe de mendiants qu'il dispersa à coups d'injures en évitant de regarder l'homme-pourri[1] tapi dans un coin, ses éternelles mouches au-dessus de lui. C'était vrai qu'il n'avait jamais tendu la main, mais pour quelles raisons tout se liguait-il contre lui lorsqu'enfin il ouvrait les bras ?

Il atteignit l'autogare, l'âme en peine et essoufflé, le cœur encore soulevé au souvenir des morceaux de morve de Salim, de la puanteur de l'homme-pourri et des mouches. Les tempes battantes, il vomit à l'angle d'un grand magasin, l'urinoir officiel de la ville ; des mouches et des enfants vinrent silencieusement tourner autour de lui ; il s'adossa au mur, en s'efforçant de bien respirer ; il ne réussit qu'à avaler l'air chaud, alourdi de vapeurs d'urine. Sa vue se brouilla ; il secoua la tête comme pour se libérer du vertige et de la nausée qui lui avaient retiré la force de ses jambes ; les mouches profitèrent de sa faiblesse pour l'attaquer et bientôt s'agglutinèrent sur son gros crâne chauve, ses oreilles et sur chacune des parties découvertes de son corps. Plus il en écrasait, plus il en venait ; le soleil pompait inlassablement le relent de sa vomissure et des urines ; il entendit comme à travers un songe les enfants hurler et fuir ; comme à travers un songe, lorsqu'il reprit ses esprits, il vit l'homme-pourri, sa face monstrueuse crispée sous l'effort, se traîner vers lui, ses moignons de main plantés dans le sable.

Le misérable s'approcha de lui, et le caressa d'un regard amical. Puis il remua désespérément ses longues lèvres boursouflées par la maladie. Il lui tendit alors un bras, comme on jette un pont ; et ils restèrent ainsi figés pendant un long temps mort peuplé seulement du sourd bourdonnement des mouches. Une à une, elles se détachèrent de M. Baly et rejoignirent le corps plus appétissant de l'homme-pourri.

LE MÉDECIN ET L'INSTITUTEUR

M. Baly a attrapé la lèpre ; le médecin qu'il consulte lui raconte ses propres illusions de jadis et veut le convaincre que son projet (reconstruire l'école sabotée) est inutile...

— Je me promis de vivre comme tous les autres pour moi-même et pour ma famille ; j'abandonnai également mon projet de construire une clinique privée bourrée de médicaments où j'aurais consulté et soigné gratuitement les riches et les pauvres ; oui, même les riches, car si personne ne leur donne quelque chose, nul n'a le droit de leur reprocher leur égoïsme ; mais moi, de quoi aurais-je vécu pendant ce temps ?

1. Un lépreux.

451

Il se dressa soudain de toute sa petite taille et frappa la table si violemment que M. Baly se réveilla.

— Pourquoi toutes les belles et douces idées qui rapprochent tant l'homme de Dieu ressemblent-elles à des rêveries ? murmura-t-il d'un ton las, en se rasseyant... Je n'aurai jamais ma clinique, et vous n'aurez jamais votre école. Alors, le jour où je pourrai prendre ma retraite, croyez-moi, Baly, je sauterai de joie. Après moi viendra un autre médecin : nul n'est irremplaçable. On finit toujours par se prendre pour le Bon Dieu quand on s'obstine à vouloir rendre ses semblables plus heureux qu'ils ne le sont, et ça, tôt ou tard, c'est la tête contre le mur.

Il s'arrêta de parler, mit ses lunettes et examina M. Baly comme s'il venait de se rendre compte de sa présence :

— Au fait, Baly, il y a d'étranges bruits qui courent dans cette ville depuis quelque temps ; on raconte que les petits mendiants que vous avez recueillis blasphèment tout le temps contre le Dieu de Mahomet et le Dieu de Jésus... J'ai entendu parler surtout de votre François, ce lépreux-maudit, moitié-homme, moitié-démon qui, il n'y a pas bien longtemps, traînait au marché, couvert de mouches...

— Docteur, l'interrompit brusquement M. Baly, votre clinique comme mon école peuvent devenir une réalité, si comme moi vous acceptez de vous placer désormais sous la protection de notre Dieu ; non, docteur, rassurez-vous, je ne suis pas fou, continua le vieil instituteur, quoique par les temps que nous vivons la folie reste le seul refuge des sages. Je prie toujours comme un musulman, mais dans mes prières je m'adresse à un autre Dieu qui un jour fera accomplir des miracles pour la race noire ; je suis convaincu que ce Dieu existe et qu'il commence à se manifester : nos marabouts boivent de l'alcool, bouffent du cochon ; ce n'est rien, à côté des chrétiens, dont un seul depuis deux mille ans n'a pu dire à une montagne « déplace-toi » et que la montagne se soit déplacée même d'un millimètre ; pourtant Jésus ne demandait pour le faire qu'une foi aussi petite qu'un grain de sénevé ; pourtant, parmi nous, les Noirs, certains ont eu la foi plus grosse que ça, mais le plus petit caillou ne leur a jamais obéi. François dit que nous sommes les bâtards des dieux et que la dernière lumière vivifiante jaillira de notre vieux continent lorsque nous accepterons de tendre la main vers notre Père légitime... On m'a chassé, tout à l'heure, de la mosquée, docteur ; c'est peut-être mieux ainsi, parce que le seul temple digne de notre Dieu est au fond de nous-mêmes et dans toutes les places où nous déciderons à combattre la nuit. C'est pourquoi mon école, et si vous le voulez votre clinique...

« Mais cet homme est en train de perdre la raison », pensa le médecin ; il débrancha le climatiseur pour mieux se faire entendre.

— Maître, vous avez raison ; votre école revivra, mais en attendant, il vous faut vous fortifier, vous soigner ; le pays a besoin d'hommes comme vous... reposez-vous. Enfin ! vous êtes très vieux, vous avez le droit et même le devoir de vous arrêter, de penser à vous-même.

— Jamais, docteur ! Jamais ! Et qui s'occuperait de mes enfants ? Et mon école ?... C'est vrai que je suis fatigué et malade ; il y a parfois dans ma tête des pensées effrayantes, si contradictoires que j'ai des migraines atroces ; ça me dit tout le temps : « Va, arrête-toi, vas-y, continue, repose-toi. » C'est infernal... Vous êtes si gentil, docteur ! Je n'ai besoin que de deux années encore, juste le temps de m'assurer que nulle part, même au ciel, le Noir n'a personne sur qui compter. Je n'ai peur que de la folie, mais déjà c'est une folie que d'avoir accepté la vie jusqu'ici, avec cette conscience... la vôtre, quand vous étiez petit. Mais...

— Maître ! Voici ce que nous allons faire, décida le docteur ; je crois que même votre livret de pension est confisqué. Bon ! Vous avez un début de lèpre : ce n'est pas grave si vous suivez les traitements que je vais vous prescrire... Amenez-moi tous vos enfants dès demain, enfin tous ceux qui sont malades. En attendant, prenez ces vitamines. Nous verrons après : mes gosses ont besoin de cours ; je parlerai de vous à mes amis : ils se plaignent tous du système d'enseignement actuel ; nous avons encore besoin d'un bon instituteur comme vous.

(*Saint Monsieur Baly*, Éditions Présence Africaine, Paris, 1973.)

ALIOUM FANTOURÉ — Né en 1938 en Guinée, études de sciences économiques.

En 1973 paraît *Le Cercle des Tropiques* qui, plus qu'un roman, est un journal-fiction sur la situation politique et sociale dans la Guinée actuelle. Très bon livre, au style neutre mais efficace et vivant, qui décrit les espoirs, puis les affres et les déboires de militants d'une Indépendance ayant débuté dans l'enthousiasme populaire général puis sombrant petit à petit dans la dictature, les complots, la délation, la répression, l'emprisonnement. Cela ne s'est pas passé qu'en Guinée, et en régime « socialiste », rappelons-le pour ceux qui ont trop tendance à faire de Sékou Touré le bouc émissaire de ces « maladies infantiles de l'Indépendance ». A des degrés divers, maintes situations du *Cercle des Tropiques* ont eu leur équivalent dans des pays africains « de droite » ou « non-alignés ». Son intérêt en est renforcé, et il reste supérieur par sa sobriété et sa dignité à cet autre livre sur le même thème, écrit par un autre Guinéen, Tierno Monenembo, *Les Crapauds-brousse* (voir p. 514).

(voir p. 514)

LES ÉLECTIONS LIBRES

En quelques semaines toute la population des Marigots du Sud fut recensée, répertoriée, immatriculée, fichée, codée. Comme pressé par le temps, par les événements et son ambition, le Messie-koï annonça peu après qu'un référendum allait avoir lieu. Le peuple « libre » allait pouvoir se prononcer sur « la nomination à vie » du Messie-koï Baré Koulé à la tête de la république démocratique des Marigots du Sud et le choix d'un dauphin au cas où par malheur le chef de l'État viendrait à s'éteindre. Le peuple des Marigots du Sud, spécifiait-on, devait exprimer franchement son avis. Le référendum était si libre et démocratique que les responsables avaient cru devoir l'aider en mentionnant sur l'un des bulletins de vote : « J'accepte le Messie-koï à vie et son dauphin. Je renouvelle mon attachement indéfectible à notre Messie-koï à vie et je jure d'élever mes descendants dans l'esprit du destin éternel du Parti Social de l'Espoir et de ses dirigeants. » Le deuxième bulletin supposant le refus ne portait aucun commentaire, il était tout simplement rouge.

Au jour des élections nous avions congé. Ni les enfants, ni les vieillards, ni les malades ne devaient manquer à l'exercice de leur droit d'hommes libres. Aux Marigots du Sud nous avions appris à respecter et à donner un sens à la démocratie, même les nouveau-nés devaient voter. Nous étions sur pied bien avant le lever du jour. Un retard au rendez-vous pouvait être préjudiciable au citoyen messie-koïque. Cette peur d'être parmi les derniers aux urnes avait envahi toute la population. A Porte Océane, dès l'aube, les rues étaient grouillantes de monde. Des milliers d'agents du Parti, mobilisés pour canaliser l'engouement des électeurs, avaient pris place dans les bâtiments administratifs comme dans les hôpitaux.

Devant les bureaux de vote, les responsables du Parti étaient débordés par l'assaut des sujets. Perdu dans la masse, j'attendais avec ma famille. Les bureaux furent enfin ouverts, les agents s'installèrent. Lorsqu'ils se sentirent prêts, un porte-parole s'adressa à nous :

— Au nom de la démocratie, de la révolution, du Parti, de l'intérêt du peuple et de ses guides et l'avenir du pays, vous allez voter. Vive le Parti et le Messie-koï !

Cela dit, les choses sérieuses commencèrent. En rangs serrés nous avancions les uns après les autres. Lorsque vint notre tour le cadre de service prit un dossier, nous dévisagea un à un pour s'assurer que les photos d'identité correspondaient bien à nos têtes, mit un paraphe au bas de la feuille et me dit de prendre les bulletins de vote.

— Quatre de chaque, le blanc et le rouge.

Je pris cinq bulletins de chaque.

— J'ai dit quatre !

— Ma femme attend un troisième enfant, dis-je.

Il m'ignora et grinça d'un ton menaçant :

— Choisissez le blanc ou le rouge. Bon va pour le blanc !

Avant même d'entendre ma réponse un autre agent m'enlevait déjà les bulletins, déchirait les rouges et mettait les quatre bulletins blancs favorables au Messie-koï dans l'urne.

— Au suivant ! cria le préposé.

Les autres électeurs écoutaient les mêmes questions, suivies des mêmes réponses. Nous avions voté en quelques secondes. Mes enfants de sept ans avaient voté, il n'y avait pas de raison qu'ils ne fassent pas leur devoir de sujets, c'était du « suffrage universel ».

(*Le Cercle des Tropiques*, Éditions Présence Africaine, Paris, 1972.)

EMMANUEL DONGALA — Né au Congo-Brazzaville en 1941. Cet écrivain s'est imposé, parmi beaucoup d'autres, estimables, par un premier roman, *Un fusil dans la main un poème dans la poche*. C'est l'itinéraire d'un intellectuel africain qui, marqué par Fanon, Cabral et Lumumba, veut d'abord aider à la libération des Noirs d'Afrique du Sud, y rejoint le maquis, et participe à des opérations aussi héroïques que suicidaires, vu l'inégalité des forces. L'extrait qui suit en montre toute l'horreur. Mais Mayela (le malin, en lingala), après la mort de ses plus proches compagnons, s'échappe en Rhodésie puis finit par rejoindre sa terre natale. Là, il trouve le pays en pleine ébullition ; il prend la tête de l'opposition, est porté jusqu'à la présidence et tombe peu après par un coup d'État militaire. Il sera exécuté. Ce roman qui s'étale sur quinze ans de vie trépidante (de 1960 à 1975) est écrit magnifiquement et sans un temps mort. (Voir complément bibliographique en fin de volume.)

LA PANIQUE DANS LE MAQUIS

Le petit groupe de Mayéla résista jusqu'à l'aube. Le soleil était déjà bien haut dans le ciel lorsque le contact fut rompu avec l'ennemi. Ce fut le sauve-qui-peut général. La fuite était rendue difficile par la pluie qui était tombée une partie de la nuit et les obligeait maintenant à passer sans transition des zones de terre ferme à des zones marécageuses. Une odeur de poudre et de brûlé s'accrochait encore dans l'air moite et chaud de la forêt. Ils couraient tous dans n'importe quelle direction, butant contre les ronces, s'arrachant des morceaux de peau aux épines des arbustes, s'affalant, se relevant. Certains, épuisés, n'en pouvaient plus, s'allongeaient tout d'un coup pour ne plus se relever, tandis que d'autres se terraient dans n'importe quel creux qui ressemblait à un trou. Un avion passa en rasant la cime des arbres et lâcha une bombe au napalm, au hasard. Elle explosa en avant du groupe en débandade et la forêt prit feu. Ce fut un nouveau sursaut de frayeur. Ceux qui étaient couchés se relevèrent et reprirent leur fuite en sens inverse. De toute façon, ils ne savaient plus où ils se trouvaient. Atteindre la frontière ou les lieux de passage secrets était leur seul but. Le soleil, que l'on voyait par-delà les arbres, très haut dans le ciel, guidait certains d'entre eux; mais d'autres s'enfonçaient aveuglément dans la profondeur des arbres. Un autre hélicoptère passa et lâcha une bombe qui incendia une partie de la forêt en exhalant une forte odeur de soufre.

Quelques minutes après son passage, Maléya sortit du trou où il s'était jeté à l'aveuglette, tête en avant. Il se remit en marche comme un automate. Il buta sur un corps : les cheveux étaient brûlés; le côté gauche du visage, complètement boursouflé, s'ouvrait et coulait comme un fruit trop mûr, tandis que le côté droit était intact. Cela paraissait bizarre, presque irréel. L'homme avait probablement essayé de se jeter à plat ventre lorsque la bombe l'atteignit en plein mouvement. Ses vêtements étaient en haillons, et son dos avait des croûtes qui s'ouvraient. Il vivait encore et grognait comme une bête aux abois.

Mayéla eut la nausée. Cela ressemblait si peu à la mort héroïque à laquelle il s'était préparé. L'homme gémissait toujours ou plutôt râlait. « Il faut le secourir, il faut le secourir. » Le bruit d'un avion puis celui d'une explosion se firent entendre. Mayéla mit deux doigts dans les trous des oreilles pour ne pas entendre. Malgré lui, une jambe se leva, suivie de l'autre, et ses bras achevèrent le mouvement. Fuir. Rien ne sert de mourir inutilement. Je dois mourir au combat et non réduit en cendres par une bombe anonyme dans une forêt obscure. Je ne fuis pas parce que j'ai peur, c'est pour me préserver pour des tâches futures… Je n'ai pas peur… Je n'ai pas peur. Il avalait difficilement sa salive. Il ne se rappelait même pas qu'il avait déjà jeté son fusil ; il jeta alors son barda pour aller plus vite. Plus vite, **Maléya dia Mayéla**, plus vite, l'hélicoptère est derrière toi !

(*Un fusil dans la main un poème dans la poche*, Éditions Albin Michel, Paris.)

CHEIK NDAO — Né au **Sénégal** en 1933. Longtemps professeur d'anglais à Thiès, et aujourd'hui conseiller culturel à la présidence, Cheik Ndao a vraiment bénéficié d'une « ascension » dans la fonction publique, grâce au succès de ses livres. Sa pièce, *L'Exil d'Albouri*, le fit connaître d'un seul coup et avec éclat. Son roman, *Buur Tilleen* (le roi du quartier Tilleen, quartier populaire de Dakar), fut d'abord écrit en wolof. Ne trouvant pas d'éditeur, il en fit une version française qui eut, elle aussi, un succès immédiat. Cheik Ndao a écrit des poèmes, *Mogariennes,* et d'autres pièces. Mais c'est décidément dans le récit qu'il est le plus convaincant. *Marabout de la sécheresse* vient de nous le prouver encore (Éditions NEA). (Autres ouvrages, voir complément bibliographique.)

Si j'ai choisi de citer des extraits de *Buur Tilleen*, c'est que, avec ce court roman de 110 pages, Cheik Ndao a su, d'un ton juste, nuancé et sans parti pris, poser l'un des problèmes sociaux auxquels la société sénégalaise est le plus sensible : celui du mariage entre castes différentes. Nous serions tentés, en tant qu'Européens et démocrates, d'insinuer que c'est un problème tout à fait dépassé, et qui ne devrait plus jouer dans les sociétés actuelles d'Afrique ou d'ailleurs. On se trompe, cela joue beaucoup encore, dans les sociétés qui furent féodales, et même si elles sont techniquement très modernes et développées, comme le Japon par exemple. Au Sénégal comme au Mali, au Niger comme en Côte d'Ivoire ou en Guinée, le mariage entre castes différentes crée des drames, et celui que décrit Cheik Ndao n'est nullement exagéré. L'intérêt de ce livre si sobre est qu'il montre avec équité le point de vue des parents aussi bien que celui du jeune couple qui se marginalise en transgressant la tradition. Cheik Ndao constate mais ne tranche pas. Ce n'est pas un livre de combat mais le miroir fidèle des conflits qui déchirent aujourd'hui encore bien des familles, et pas seulement au Sénégal.

LA MÉDITATION D'UN PÈRE

« "Buur Tilleen"… Qui désire porter un tel titre dans cette Médina empuantie, harcelée par une armée de mouches ? Les voisins ne m'aiment pas ; me pensent méprisant, hautain ; … c'est ma nature. Ils jubilent à leur victoire prochaine offerte par Raki[1], unique bourgeon de mon sang. Oh ! Dès que j'ai saisi la mentalité de Ndakarou[2] où le mensonge, le reptilisme soutiennent les gens, les poussent au sommet, je me suis dit : "Je resterai au bas de l'échelle, mais fidèle à ma naissance." Dans certaines situations, la mort demeure seule vérité… L'honneur au-dessus de tout…

---

1. Sa fille unique, qui a « fauté ».
2. Nom traditionnel de Dakar.

... J'ai souvent vu ce jeune homme venir te chercher, Raki, pour t'accompagner à l'école. L'idée ne m'est pas venue que ma fille penserait à entretenir des relations coupables avec un garçon hors de sa caste, en dépit de tant d'avertissements répétés. Bougouma[1] a fait du tort à son père; Meissa[2], si imbu de dignité, de considération, n'a pas déçu mon estime... et voilà ce que vous nous apportez, vous nos propres enfants. Le tollé que ne manquera pas de soulever votre conduite sera une braise dans le cœur de mon ami. Vous avez introduit la rupture entre nous. J'ai remarqué dès mon arrivée à Dakar que Meissa ignore l'hypocrisie, le mensonge, si communs chez les citadins. Ses qualités m'ont conduit à l'adopter comme confident de l'effort. Son digne comportement m'a poussé à persévérer dans notre amitié, à me rendre à la mosquée avec lui, à le visiter souvent. Chaque fois que je sors de chez moi, Maram peut être certaine que je suis dans la maison de Meissa... Pourtant chacun de nous est conscient de l'origine de l'autre. La génération actuelle ignore le respect du sang... Si nous tournons le dos à la cohésion du groupe, si nous perturbons le cercle ancien, nous aboutirons à l'abîme. Vers quel rivage?... Quel horizon de ténèbres, d'émiettement des valeurs, de dispersion de notre pérennité? »

LES JEUNES

Bougouma abandonne le groupe[3] sans dire un mot. Le mal dont souffrent les intellectuels est le bavardage... Ils sont doués pour analyser, ausculter, critiquer, mais l'action les effraie. Quel conseil pratique, utile, lui ont-ils donné? Bougouma s'interroge sur le fossé qui sépare la profession de foi des jeunes de la réalité quotidienne. Où sont les compagnons d'autrefois, quand ils maraudaient les vergers de manguiers, ou lorsqu'ils aidaient les pêcheurs à traîner leur pirogue sur le sable; et les moutons, les jours de Tabaski, dans la blancheur matinale de Sumbedioune[4], parmi les cris, les excitations d'enfants noirs debout sur l'équilibre précaire des vagues? Plus tard il y a eu les militants déterminés, résistant aux brimades, bravant les menaces, le chantage. Seraient-ils devenus timorés?

Bougouma et Raki mesurent leur isolement.
Sans soutien. Sans avis. Seuls. Ils ne prennent plus part aux

1. Amant de Raki.
2. Père de Bougouma.
3. Le groupe de ses amis étudiants.
4. Quartier de Dakar, en bordure de mer.

bruits de la grande ville, aux distractions. Leur horizon est obstrué, l'infortune les emprisonne comme dans un filet; ils butent contre l'incompréhension, la méchanceté. Les amies de Raki ne vont pas la voir. Ses promotionnaires si émancipées, faisant fi des préjugés, de la bêtise des aînés, promptes à citer des lignes entières sur les droits de la femme, répugnent à pénétrer chez Tante Astou..., l'opinion les cloue sur place. Les unes, marquées par une tradition stricte, ne plaignent pas Raki, ne lui montrent aucune sympathie. Les autres apportent un appui silencieux, purement moral, tenant compte du jugement des parents, de la pression du cercle familial.

LA RUPTURE

Au déjeuner le riz a perdu son goût. Deux, trois boulettes, Gorgui se lave les mains, s'en va. En le revoyant dès dix-huit heures, Maram pressent le pire; que cache ce changement dans ses habitudes? Lorsque Raki trouve Gorgui dans la chambre, celui-ci ignore la main qui lui est tendue.

— Maram, Maram!

— Mbodj!

La femme vient s'asseoir sur le lit près de son époux.

— Je ne souffre plus de voir Raki chez moi.

— Ey, Mbodj! Nous sommes ses parents, quelle que soit sa faute.

Ne me contredis pas. Que Raki sorte de ma maison. Quelle aille où elle veut.

— « Se perdre », tu entends. Où se diriger dans Dakar quand une jeune fille est renvoyée par ses parents?

— Elle aurait dû y réfléchir avant. Que Raki parte! telle est ma volonté; je suis le maître de mon foyer.

— Je ne me vois pas en face de mon enfant lui ordonnant d'aller elle ne sait où.

— Au lieu qui a abrité sa forfaiture avec Bougouma, au point qu'elle nous en revienne méconnaissable.

— Thiey! Mbodj, soumets-toi à la volonté d'Allah. Accepte l'inévitable, le glaive du destin. Et moi, Mbodj, ma tristesse est plus grande. Une mère n'ayant que Raki. J'ai souvent rêvé sa cérémonie nuptiale, sa nuit d'honneur... oh! seigneur... mon attente, mes prières non exaucées!... Pourtant, je ne puis me résoudre à chasser Raki.

— Maram! Nous avons partagé tant de malheurs. Néanmoins notre accord a été parfait. Je ne regrette pas de t'avoir épousée. Aujourd'hui nous baignons dans la même douleur. Devant l'immensité de la honte que nous promet Raki, il ne nous reste qu'à nous séparer d'elle.

> — Une petite faveur, Gorgui; mettons-la dans le train pour Ndar. Là-bas elle se reposera, se fera oublier du quartier.
>
> — Tu ne me saisis pas. J'ai effacé ma fille de ma mémoire, elle cesse d'exister. Si tu prends sa défense, libre à toi d'en tirer les conclusions.

(*Buur Tilleen : roi de la Medina*, Éditions Présence Africaine, Paris, 1972.)

MASSA MAKAN DIABATE — M.M. Diabate, né en 1938, est l'écrivain **malien** le plus connu, et qui s'affirme de livre en livre, avec un talent à multiples facettes. Ayant commencé par des traductions de *L'Épopée de Soundiata* (dont il a d'ailleurs établi une version bilingue complète pour sa thèse en sociologie), Massa Makan s'est tourné vers des œuvres plus personnelles et il faut avouer que ses trois romans sont des réussites; *Comme une piqûre de guêpes* évoque l'éducation traditionnelle malinké, de la petite enfance à la circoncision (vers 14 ans). Le style emprunte ses images au mandingue, mais les personnages sont, à dessein, très stéréotypés : mère effacée et dévouée, père patriarche autoritaire et respecté, enfants obéissants et respectueux... c'est la vision idéalisée d'une société et d'une famille sans autre problème que le maintien de son harmonie — l'équivalent de ce que Brecht aurait appelé une « leerstüke », un récit didactique. Olympe Bhêly Quenum a fait un récit du même type avec *Un enfant d'Afrique*.

Personnellement, je préfère *Le Lieutenant de Kouta* et *Le Coiffeur de Kouta* (1979), où Massa Makan inaugure une prose beaucoup plus vivante sur le ton ironique, percutant, où il excelle. C'est la chronique d'un village, à la veille des indépendances, où débarque un extraordinaire lieutenant noir, pur produit des armées coloniales. Ce dernier se croit malin en jouant la carte française, mais il se fait presque châtrer par ses compatriotes; et à cause de son échec, il sera désavoué et emprisonné par ses maîtres et alliés de la veille. Le récit est mené tambour battant et se lit d'un trait, comme un grand verre de niamakoudji[1] un soir de Ramadan.

L'auteur donne une leçon à tous les transfuges anciens ou modernes, ces Africains qui se sont dénégrifiés, se coupant de leur peuple, sans arriver à se faire adopter sincèrement par l'Europe, qui les laissera tomber sans scrupules dès qu'ils ne seront plus politiquement utilisables.

Dans le concert des critiques sur les nouveaux régimes des indépendances africaines, M.M. Diabate rappelle avec opportunité que, si la « négritude » n'est pas la solution à tous nos problèmes, l'« assimilation » et la « francisation » sont encore pires : elles vous séparent de l'Afrique et vous placent en situation fausse.

L'assimilé perd et sa culture d'origine et son crédit populaire. « Il faut assimiler et non être assimilé » dit toujours très justement Léopold Sedar Senghor.

LE RETOUR DU LIEUTENANT KEITA

Le lieutenant Siriman Keita était descendu du wagon réservé aux fonctionnaires; à six pas du commandant, il claqua un garde-à-vous

---

1. Citronnade locale au gingembre, piquante.

sonore et s'immobilisa, comme pétrifié. Les gardes-cercles jouèrent la Marseillaise, les enfants des écoles la chantèrent; ensuite joueurs de balafons, de tam-tams et de tambourins avaient donné libre cours à leur inspiration.

Une chanson naquit, qui devint son titre d'honneur :

Lieutenant Siriman Keita,
Enfant de notre pays,
Tu es allé au pays des Blancs,
Tu as porté le fusil pour eux,
Nous suivrons ton exemple.

Bien calé dans la voiture officielle, à la droite du commandant, il était venu à la résidence où un vin d'honneur fut servi pour célébrer son retour au pays natal. En grande tenue d'apparat, couvert de toutes ses médailles, il s'entretenait avec son hôte.

— Vous savez, lieutenant, il y a une vague de protestation contre la France. Elle nous inquiète fort. On parle d'indépendance.

— Il faut triquer, mon commandant. Il faut sévir et sans faiblesse, opina le lieutenant.

— Mais que diront les ennemis héréditaires de la France?

— Les ennemis de la France? Foutre, mon commandant! La France ne se soucie que de ses amis.

— Voilà qui est bien parlé, lieutenant. Évidemment, je peux compter sur vous pour expliquer à la population que l'indépendance ne serait qu'un leurre, un mirage.

— L'indépendance, souffla le lieutenant en s'essuyant les lèvres du revers de la main; par ces temps qui s'annoncent, il vous faut, mon commandant, des collaborateurs qui n'hésiteraient pas à frapper au risque de se rendre impopulaires.

Dotori posa sa coupe; il n'avait fait qu'y tremper les lèvres.

— Encore un autre verre, lieutenant, dit-il.

Le boy apporta la bouteille de vin rouge.

— Pose-la sur la table, fit Dotori. Le lieutenant se servira tout seul, et je le comprends; avec toute la fumée que dégagent ces trains, il a besoin de se nettoyer la gorge.

Le lieutenant remplit son verre et le vida, cul sec, en souriant, béat, les pupilles dilatées.

— Je sais que vous êtes d'une famille qui a souvent eu la chefferie du canton. Évidemment l'administrateur des colonies intervient toujours, mais discrètement. Son rôle est de pacifier.

Il s'arrêta, prit son verre et avala une gorgée :

— Voyez-vous, quand j'ai reçu votre mandat pour vous bâtir une maison à Kouta, parce que vous ne teniez pas à vous installer à Kouroula, votre village natal, je me suis dit : « Voici l'homme de la situation. » par ailleurs, votre chef hiérarchique m'a adressé une lettre confidentielle vous concernant. Que d'éloges, lieutenant! Que d'éloges!

461

Il fit signe au boy qui accourut et remplit sa coupe.

— Koulou Bamba est encore efficace. Il prend de l'âge, ce qui le handicape quand il doit prendre une décision. Soyez patient, lieutenant, et nous ferons de grandes choses ensemble.

(*Le Lieutenant de Kouta*, Éditions Hatier, Collection « Monde Noir », Paris.)

V.Y. MUDIMBE — Né au Zaïre en 1941, professeur à l'Université de Duke, aux USA et animateur culturel dynamique, Mudimbe est bien connu de l'élite intellectuelle africaine tant anglophone que francophone. Ce n'est pas un débutant, et sa formation polyvalente (philosophie, linguistique, théologie, sciences politiques) lui offre les ressources d'une culture très étendue. *L'Autre Face du royaume* est un essai qui témoigne de la dimension de son auteur. Des romans comme *Entre les eaux, Le Bel Immonde, L'Écart*, jouent sur trois registres différents : l'écartèlement d'une âme religieuse, la tragi-comédie politique et la sophistication d'un déraciné. Personnellement, nous avons préféré *Entre les eaux*, où l'histoire est la plus attachante : un prêtre qui quitte son couvent pour rejoindre le maquis où combattent les nationalistes, voilà un thème peu courant. Mudimbe le traite avec subtilité, délicatesse et profondeur. Il a sans doute écrit là le premier vrai roman psychologique de l'Afrique... où l'intellectuel se trouve si souvent « entre les eaux » comme « entre deux chaises ». A lire aussi : son essai *L'Odeur du père* et son roman : *Shaba 2*, un chef d'œuvre.

LE JUGEMENT SOMMAIRE. [1]

— Camarade, essayai-je.

— Je ne suis plus ton camarade. D'ailleurs je ne l'ai jamais été.

Un fleuve venait. Le bruit régulier de la pluie. Des roues vont me laminer encore. La panique. Je sentis d'avance les coups. Ils adorent frapper à la tête. Parler.

— Vous êtes un ancien, monsieur ?

— Ah, monsieur le curé a peur ?

— Oui, j'ai peur. Vous n'allez pas me battre n'est-ce pas ?

— Si. Un prêtre a tué ma mère, dit-il, haineux.

— Mais non. Ce n'est pas vrai. Un prêtre ne peut pas tuer. Ne tuera jamais. Surtout une femme.

— Et toi, tu ne tuais pas ici ?

— Mais j'étais des vôtres.

— C'est pour cela que tu es ici. Des nôtres, un prêtre !

---

1. Le prêtre Pierre Landu a rejoint le maquis. Mais une lettre qu'il a écrite à son évêque est interceptée. Du coup, ses camarades l'arrêtent et le malmènent, croyant qu'il les a trahis...

Son visage était sans expression. Il se mit à avancer, il s'approchait doucement. Il n'est pas content. Une révolte me monte. Que lui ai-je fait? Je ne lui avais rien fait, à lui. Mes yeux se brouillèrent. J'attendais qu'un coup me frappe à la tête. Je l'entendis s'adresser au gros.

— Je vais le corriger un peu, le prêtre.

— Ne l'abîme pas trop. On doit le fusiller vivant.

Le coup vint. A la tête. Brutal. Il se renouvela. La douleur de mes pieds revint, aiguë, insistante. On tapait à côté sur un mur en béton, et cela résonnait dans ma tête. Un violent coup dans les reins me fit vomir. Il me regarda.

— Dis, tu te prends pour un martyr?

Je le regardai. Je le haïssais. Me venger. Comment? Non. Le pardon. Mais mon pardon n'était-il pas l'aveu d'une impuissance réelle? Que pouvais-je faire, sinon lui pardonner et recouvrer ainsi une certaine paix de l'âme.

Prier. Il me fallait prier. Oublier ma déchéance. J'essayai. La distance s'établit, nette. Dieu est toujours trop loin...

« Imbécile heureux, tu sais bien que c'est inopérant. » Un mot immense emplissait ma tête, submergeant l'abandon divin. Un mot rouge de mon sang. J'étais là, le visage en sang, presque tailladé, comme l'autre. C'était moi, cet autre. Une énorme pancarte autour de mon cou. C'est juste, non? pour un condamné à mort! Que puis-je faire? C'est après tout vrai: Pierre Landu, prêtre et traître. Ça pouvait aller. Cela passera. « Mais oui, de grâce, la paix... J'accepte, oui, je ne suis qu'un traître. Mais oui, oui, tout ce que vous voulez, tout ce que vous voudrez. De grâce, pitié pour un traître. »

« Tu manqueras aux tiens », m'avait dit mon oncle, il y a plus de dix ans; j'ai refusé d'être initié. Que voulait-il dire? Ce sont eux qui me manquent. Serait-ce leur malédiction? La formule m'envahit, discrète d'abord, puis éblouissante, m'empêchant de penser : « Attends que nos ancêtres descendent. Ta tête brûlera, ta gorge éclatera, ton ventre s'ouvrira et tes pieds se briseront. Attends que les ancêtres descendent. » Ils étaient descendus. Et je n'avais que la sécheresse d'une Foi rationalisée pour me défendre contre l'Afrique.

(*Entre les eaux*, Éditions Présence Africaine, Paris, 1973.)

NTYUGWETONDO RAWIRI — Née au **Gabon**. Un vrai roman, touffu de personnages et de situations variées et enchevêtrées comme la forêt gabonaise. L'auteur est une jeune femme. Elle raconte bien, avec tous les détails et une grande sincérité dépourvue de complexes, le tissu même de la vie d'une famille librevilloise et de ses amis.

Parmi les multiples problèmes qu'elle aborde, citons celui du « maraboutage » ou recours au féticheur, qui, comme un fil conducteur, parcourt tout le livre. Les pratiques occultes ont repris en effet une grande vigueur dans toutes les capitales africaines depuis l'Indépendance ; celui des rapports délicats entre nouveaux coopérants et autochtones ; celui de la crise économique et d'une de ses conséquences sur le travail et la mentalité des populations ; enfin celui du cambriolage comme celui de l'éducation. Problèmes universels, certes, mais à chacun des aspects de la vie qu'elle évoque, Mme Rawiri fait ressortir le « *paramètre africain* », c'est-à-dire les attitudes, les réactions spécifiques de ses compatriotes aux événements quotidiens. C'est cette vérité presque photographique, qui fait de son roman un authentique document sociologique, sans cesser pour autant d'être une œuvre littéraire, agréable à lire, et pleine d'humour.

Le « Fétichisme » et les intellectuels

Un mois après la reprise des cours, une dîner-party fut organisée par le recteur de l'université d'Eboma. C'était là une tradition dont l'objectif essentiel était d'encourager le rapprochement entre Blancs et Noirs dont la séparation de fait était très visible dans les grandes écoles d'Elonga. L'initiative en avait été prise par le ministre de l'Éducation nationale. C'est pourquoi les instituteurs et les professeurs se faisaient un devoir et un honneur d'y assister. Chacun prêtait beaucoup d'attention aux problèmes qui préoccupaient les responsables de l'enseignement. Les plus bavards établissaient devant tous les autres des programmes de concertation qui n'aboutissaient jamais. Dans ces discussions vives et houleuses, ils préconisaient des mesures pour le développement de l'éducation. Ils oubliaient que rien de constructif ne sortait de ces rencontres, même si personne n'y manquait. Igowo vint cette fois comme les précédentes dans l'espoir de nouer des relations solides et de trouver chez ses collègues des idées intéressantes pour son travail universitaire. Comme toutes les réunions précédentes, celle-ci fut monotone. Le recteur écoutait avec bonhomie les avis des uns et des autres. De temps en temps, il donnait quelques conseils, félicitait Untel pour les bons résultats qu'il obtenait ou bien prenait des notes. Ayant repéré Igowo[1], il se fraya un passage parmi son auditoire et parvint jusqu'à lui.

— J'ai ouï-dire que vous avez été gravement malade et que vous avez été soigné par des guérisseurs noirs. De quoi souffriez-vous au juste ?

— Je m'interroge moi-même jusqu'à présent sur la nature et l'origine réelles de cette maladie. J'ai eu sur tout le corps une irruption de boutons. Ce fut le médecin lui-même qui me conseilla, reconnaissant son impuissance, de voir un certain ganga réputé pour

---

1. Igowo, le professeur qui avait eu une maladie bizarre.

son pouvoir de guérison des maladies mystérieuses. Je suis resté chez ce dernier plus de trois mois.

Le recteur Nya hocha la tête. Apparemment il attendait des détails qui ne venaient pas. Il ajouta alors :

— Si vous aviez grandi ici, nos croyances magico-religieuses vous seraient familières. Contrairement à vous, j'ai l'avantage d'avoir grandi dans un village avant de venir à Elonga. Je suis donc imprégné de nos traditions et j'appartiens encore aujourd'hui à trois sectes de ma région et de la capitale. Bien que j'aie poursuivi mes études en Espagne, et que je vive au contact des Blancs, je retourne chez moi toutes les vacances, dans ce monde que vous considérez, vous autres, comme arriéré. Si jusqu'à maintenant je me porte bien et que personne ne peut me jeter un mauvais sort, c'est parce que mes grands-parents paternels ont hérité de leurs parents la connaissance de ces pratiques de la sorcellerie. Ma vie est enfermée dans un cadenas jeté dans le fleuve de mon village. Pour pouvoir m'atteindre, il faudrait connaître ce secret que seulement mon père et moi connaissons. Et même si l'on trouvait le cadenas, seuls mes grands-parents pourraient l'ouvrir. Comme ils sont morts, je suis tranquille.

— Vous voulez dire que vous êtes protégé pour tout le restant de votre existence ?

— Oui, répondit Nya en souriant.

— Vous avez beaucoup de chance !

Il se tut. Il fixait ses doigts effilés. Ses lèvres remuaient. Avait-il renoncé à partager son enseignement ? Igowo l'observait. Il voulait en savoir plus. Il était extrêmement perplexe. Fallait-il douter ou croire au fétichisme ? Son interlocuteur poursuivit :

— Voyez-vous, la sorcellerie a pris une ampleur telle que rien ne se fait en dehors d'elle. Si vous voulez réussir à vos examens, allez d'abord vous laver le corps. Souhaitez-vous effectuer un voyage dans un pays lointain ? Assurez-vous avant de partir que l'avion ne tombera pas. Votre épouse se livre-t-elle à des écarts de langage ? Voyez si cela ne provient pas de sa collègue ou de sa tante. Nous en sommes là. Pour justifier cette manière de se comporter, certaines personnes prétendent que ce sont les contraintes croissantes de nos sociétés en développement qui poussent jeunes, adultes et vieux à assurer leur lendemain. Ma réponse serait nuancée. Tout cela a toujours existé. A mesure que les générations passent, l'homme améliore sa façon de vivre par des recherches et des inventions qui créent des besoins nouveaux qui lui deviennent si nécessaires qu'il ne peut plus s'en passer. Il est incontestable que les découvertes d'aujourd'hui sont plus impressionnantes que celles du XIXᵉ siècle par exemple, et l'être humain n'a jamais cessé de s'adapter à son temps. Je ne pense pas que le progrès puisse affliger quelqu'un qui a le privilège d'en bénéficier. Qui se plaindrait de faire le trajet Paris-Caracas en Concorde en quatre heures et demie au lieu de douze heures? D'un autre côté, le désir forcené d'acquérir des moyens qui donnent accès aux bienfaits du progrès peut inciter l'homme à se servir de tout ce qui est à sa portée. Ne parlons pas des autres considérations qui peuvent l'entraîner par exemple à recourir au fétichisme. Le développement de la sorcellerie est peut-être dû au fait que cette pratique s'applique à tous les aspects de notre vie. Dans un sens, ce qui était sacré autrefois ne l'est plus aujourd'hui. Dès lors, la sorcellerie devient encombrante et dangereuse.

— Je persiste à croire que l'on peut vivre sans ses croyances et qu'on se porterait très bien.

— Pouvons-nous réellement vivre sans nos croyances? Quant à moi, je ne le crois pas.

— Oui. Mais nous savons tous que la pratique de la sorcellerie ne peut changer le cours d'une existence. On finit toujours par assumer son destin. Quoique la destinée soit un vain mot.

— C'est justement là où la sorcellerie joue un grand rôle. Elle aide ceux qui la pratiquent à modifier leur sort. Prenez le cas d'une personne à qui on refuserait un emploi qui lui tient à cœur. Il lui suffirait de voir un féticheur pour obtenir ce poste et améliorer son existence.

(*Elonga*, Éditions L'Harmattan, Paris.)

MARYSE CONDÉ — Née à Pointe-à-Pitre, en Guadeloupe en 1931, Maryse Condé commença, comme nombre d'Antillais, à aller « chercher ses racines » en Afrique. Elle enseigne d'abord en Guinée, puis au Ghana, à l'Institut idéologique de Winiba. Elle en est expulsée en 1966, à la chute de Nkrumah. Elle récidive et retourne au Sénégal où elle sera professeur aux lycées de St Louis puis de Kaolack. En 1970, elle décide de revenir à Paris et de passer une thèse de doctorat en littérature comparée avec Etiemble. Elle a enseigné depuis aux universités de Jussieu et Nanterre, ainsi que dans maintes universités américaines.

Mais c'est comme écrivain et journaliste qu'elle se fit connaître. Ses émissions à Radio France Internationale, ses articles dans *Présence Africaine, Demain l'Afrique, Continent,* lui font une réputation de critique littéraire à la dent dure. En effet, Maryse est sans complaisance pour la médiocrité, qu'elle soit noire ou blanche. C'est l'anti-Jacques Nantet. Black is beautiful, d'accord, mais un mauvais livre reste un mauvais livre. Inutile d'ajouter que sa franchise est exceptionnelle dans le monde des africanistes et lui attire beaucoup d'hostilité.

Si l'on se tourne du côté de son œuvre littéraire, on remarque deux pièces estimables, *Dieu nous l'a donné* et *La Mort d'Oluwemi d'Ajumako,* premières œuvres qui promettaient. Mais elle se tourne vers le roman : *Heremakhonon* amalgame plusieurs aspects de son expérience africaine, entre autres son enfance antillaise, son enseignement à Winiba, la quête de ses racines, ses désillusions devant les réalités de l'Afrique actuelle. Un autre roman chez Robert Laffont : *Une saison à Rihata,* qui se passe toujours en Afrique. Plus une série d'essais : *Le Roman antillais, La Poésie antillaise* (Nathan), *La Civilisation du bossale* (esclave récemment importé aux Iles) et

La Parole des femmes, à l'Harmattan, son étude sur *Césaire* (Hatier). A relire : *Heremakhonon* (1976) (c'est-à-dire : Erè ma konon = le bonheur n'est pas dedans, en malinké), j'y remarque ce style à phrases courtes qui galope, rapide et sec comme un cheval arabe. Et puis toujours la franchise. La franchise sur soi-même, sur la société africaine, cette ironie parfois méchante mais démystificatrice et que M. Condé pratiquait déjà dans sa première pièce sur les Antilles. « J'ai toujours déplu » écrit-elle. Elle s'en moque ! Un ton neuf dans la critique négro-africaine, et l'on pardonne difficilement à une femme de faire un best-seller, comme son *Ségou* qui a fait le tour du monde. (Voir complément bibliographique.)

LA VISITE DU MINISTRE
DE L'INSTITUT IDÉOLOGIQUE

A 9 h 30, des hurlements de sirènes retentissent (Mwalimwana est ponctuel) et tous les élèves s'agglutinent aux fenêtres. Les voilà qui se mettent à compter.

— Une Lincoln Continental. Une, deux, trois, quatre, cinq, six... Mercédès.

Ils sont marrants, ces gamins ! Est-ce qu'ils veulent que Mwalimwana s'en aille à bicyclette comme les souverains du Danemark ? Les souverains du Danemark n'ont plus rien à prouver. Lui, Mwalimwana, au contraire. Un berger devenu père de la nation doit s'entourer de faste. Ces enfants ont entendu parler de l'ancien esclave Christophe ?

Et de sa cour ? Il lui fallait prouver, toujours prouver qu'il était *civilisé*...

— Mademoiselle, Mademoiselle, Mwalimwana viendra sûrement dans notre salle. Il adore parler de Marx !

En effet, il y entre à 10 h 10. Une partie de son escorte reste dans le couloir à bavarder. Saliou est à son côté, l'air tendu. Bel homme ! Oui. Bel homme, Mwalimwana, un peu lourd peut-être. Il commence à souffrir de l'embonpoint des nantis. L'infarctus du myocarde le guette. Il me sourit.

— Des Antilles[1] ? Comme c'est bien. C'est une de ses enfants que l'Afrique avait perdues...

Vendue, Mwalimwana, vendue[2]. Pas perdue. Tegbessou se faisait 400 livres sterling à chaque navire.

— ... et qu'elle retrouve. Comment travaillent nos garçons ?

Ils ne foutent rien. Ils ne songent qu'à critiquer vos faits et gestes.[3]

— Travailleurs vous dites ? Mais parfois un peu noncha-

---

1. Le professeur est une antillaise, le ministre approuve.
2. Mise au point silencieuse du professeur.
3. Idem.

lants? Secouez-les! C'est que nous les gâtons trop. Des écoles gratuites du primaire au secondaire. Des instituts universitaires gratuits aussi. Des dispensaires gratuits pour soigner leurs plaies. Du temps des Blancs, vous savez comment cela se passait : des écoles de brousse où on prenait feu sous la tôle. Des écoles coraniques où on apprenait par cœur les versets en jetant de temps en temps un coup d'œil sur la page écrite...

Et pourtant Mwalimwana ils ne sont pas contents. Cela je m'en suis déjà rendu compte. Ils comptent vos Mercédès et s'indignent des parures de vos femmes. Ils disent qu'une oligarchie avide a pris la relève de l'Europe. Au lieu du Coran, ils psalmodient Fanon. Hier ils ont voulu m'entraîner dans une discussion des *Damnés* que je n'ai pas lu. Mea culpa! Mea maxima culpa!

— Nos efforts incessants doivent tendre à trouver nos propres voies de développement si nous voulons que notre révolution se fasse sans que notre personnalité soit altérée...

(*Heremakhonon*, Éditions 10/18, Paris.)

MARIAMA BA — Décédée en août 1981 au **Sénégal**, alors qu'elle avait à peine une cinquantaine d'années, Mariama Ba nous laisse *Une si longue lettre* (1980), dans lequel elle décrit les déboires des « premières épouses » dans les mariages polygames. Cette fois-ci, le roman est résolument féministe et décrit avec sensibilité et sobriété la fragilité du statut de première femme chez deux héroïnes aussi attachantes l'une que l'autre. Ces deux histoires qui se répondent à travers la correspondance de deux amies sont extrêmement riches malgré une totale absence de bavardage. Tout est dit en peu de mots, mais justes, totalement justes : d'abord l'amour et le bonheur du mariage entre deux êtres bien accordés ; puis, très vite, la cruauté : l'influence de la famille ou l'inconstance masculine qui pousse le mari à prendre une deuxième femme sans l'accord de la première, évidemment ; le drame que celle-ci vit alors, la jalousie, la colère, la rupture chez l'une ; la panique, la souffrance, la résignation chez l'autre amie. Puis les difficultés d'argent amplifiées par les charges nouvelles ; et les problèmes des enfants, les garçons accidentés parce qu'ils jouent dans la rue, la fille qui tombe enceinte d'un étudiant ; le deuil enfin, la femme qui doit désormais se débrouiller seule, certes, mais malgré tout éprouve un sentiment de revanche sur le mari qui l'a humiliée ; et le pardon, parce qu'il est mort. Et la liberté devant les nouveaux prétendants qu'elle repousse. Enfin, dans toute cette vie racontée si simplement, des pages bouleversantes.

L'AVEU DE LA FILLE À SA MÈRE

Elle avoua être bien avec lui! Non, Iba n'avait rien sollicité, ni exigé. Tout était venu naturellement entre eux. Iba connaissait son état. Il avait refusé les services d'un copain qui voulait « l'aider ». Il tenait à elle. Boursier, il était décidé à se priver pour l'entretien de son enfant.

J'apprenais tout, d'un seul trait, avec une voix pleine de hoquets entrecoupés de reniflements, mais sans aucun regret !... L'aînée devait être exemplaire... Mes dents claquaient de colère...

Me souvenant, comme d'une bouée de sauvetage, de l'attitude tendre et consolatrice de ma fille, pendant mes longues années de solitude, je dominais mon bouleversement. Je recourais à Dieu, comme à chaque drame de ma vie. Qui décide de la mort et de la naissance ? Dieu ! Tout Puissant !

Et puis, on est mère pour comprendre l'inexplicable. On est mère pour illuminer les ténèbres. On est mère pour couver, quand les éclairs zèbrent la nuit, quand le tonnerre viole la terre, quand la boue enlise. On est mère pour aimer, sans commencement ni fin.

Faire de mon être un rempart défensif entre tous les obstacles et ma fille. Je mesurais, à cet instant de confrontation, tout ce qui me rattachait à mon enfant. Le cordon ombilical se ranimait, ligature indestructible sous l'avalanche des assauts et la durée du temps. Je la revis, nouvellement jaillie de mes flancs, gigotant dans ses langes roses, son menu visage fripé sous les cheveux soyeux. Je ne pouvais pas l'abandonner, comme le dictait l'orgueil. Sa vie et son avenir constituaient un enjeu puissant qui démolissait les tabous et imposait à mon cœur et à ma raison sa supériorité sur tout. La vie qui frémissait en elle m'interrogeait. Elle grouillait pour s'épanouir. Elle vibrait pour demander protection.

C'est moi qui n'avais pas été à la hauteur. Repue d'optimisme, je ne devinais rien du drame de sa conscience, du bouillonnement de son être, de la tourmente de sa pensée, du miracle qu'elle portait.

On est mère pour affronter le déluge. Face à la honte de mon enfant, à son repentir sincère, face à son mal, à son angoisse, devrais-je menacer ?

Je pris dans mes bras ma fille, je la serrais douloureusement dans mes bras, avec une force décuplée, faite de révolte païenne et de tendresse primitive.

(*Une si longue lettre*, Nouvelles Éditions Africaines, Dakar.)

AMINATA SOW FALL — Née en 1945 à St Louis et professeur de lettres dans un lycée de Dakar, Aminata S.F. nous a donné coup sur coup deux romans qui ne sauraient passer inaperçus : *Le Revenant* (1976) et *La Grève des Battu*[1] (1979). Si le second roman se rapproche, par son thème socio-politique, de l'œuvre de Sembene Ousmane, *Le Revenant* en revanche ne doit rien à personne. C'est une critique cinglante des mœurs de la société sénégalaise quotidienne. Toutes les familles de Dakar se retrouveront un peu dans les « obligations » des cérémonies coûteuses et trop fréquentes : baptêmes, mariages, deuils, autant de circonstances qu'*il faut* célébrer avec faste, quitte à s'endetter, afin de sauver le *diom*, l'honneur. Et cela quel que soit votre salaire ou votre caste !

Ici il s'agit d'un très modeste employé des postes (il s'occupe des chèques postaux, salaire maximum 60 000 C.F.A.) qui se voit obligé de dépenser une fortune pour se marier d'abord et « baptiser » neuf jours après. Dans l'extrait qui suit, on montre le baptême orchestré par Yama, la sœur du héros Bakar ; Aminata Sow photographie de sa plume alerte une scène fort courante à Dakar et dans les autres villes du Sénégal. On appréciera tout au long du livre qui finit mal (le héros a dû détourner douze millions et jeté en prison ; du coup sa famille le renie et sa femme divorce) la froide lucidité de cet auteur féminin qui n'a aucune pitié pour les femmes — trop nombreuses dans cette société urbaine — qui n'hésitent pas à ruiner leur mari ou leur frère pour éclabousser par une téranga[2] mal comprise les braves gens de leur quartier.

Aminata Sow Fall n'a pas peur de dire la vérité, même si celle-ci n'est flatteuse ni pour son sexe ni pour sa société. Elle écrira plus tard *L'Ex-père de la nation*, roman politique, et fondera une maison d'édition, le C.A.E.C.

LE BAPTÊME ET LA DRIANKÉ

Le jour du baptême, une atmosphère effervescente régnait à la rue 6. On y vit les perruques les plus diverses, allant du blond au brun méditerranéen, en passant par le roux. L'or brillait à gogo sur les doigts, au poignet, sur tout le long du bras, aux oreilles, au cou. Les lamés les plus riches, les velours les plus rares et les broderies les plus fines étaient sortis du fond des armoires.

Yama fit son entrée dans la maison de Wellé Gueye[3], accompagnée de ses sœurs et d'une escorte d'une centaine de personnes. Des femmes portaient des valises, des paniers et même des « baignoires » pour le bain de la petite Bigué. Il avait fallu cinq cars rapides et quatre taxis pour transporter tout ce monde et ses bagages. Une foule de griots chantait les louanges de Yama, célébrait sa générosité et la rattachait à quelque branche généalogique dont elle n'avait jamais entendu parler dans sa jeunesse. Elle n'était d'ailleurs pas dupe, mais elle était flattée de constater que ceux qui sont les plus propres à vous mépriser n'hésitent pas à se faire valets, à se complaire dans le mensonge des louanges hypocrites dès

1. Les Battu = les mendiants.
2. Téranga : hospitalité généreuse.
3. La famille de l'épouse qui a accouché.

qu'ils peuvent vous soutirer quelque chose. Yama s'était souvent représenté son enfance. Personne n'avait jamais cherché à connaître l'ascendance de ses parents car, aux yeux de cette société où elle vivait, les pauvres ne méritent aucun intérêt, fussent-ils nantis des meilleures qualités humaines. Quel chemin parcouru depuis cette époque ! « Il est vrai que la nudité et la sécheresse n'ont jamais attiré les mouches, il leur faut du gluant », pensait-elle fréquemment.

Yama et sa délégation s'installèrent dans la cour toute bâchée, sur des nattes étendues à même le sol. Malgré la fraîcheur, elle tenait un éventail qu'elle agitait de temps en temps. Pour cette cérémonie, elle avait fait appel à Malobé Niang, l'homme-femme le plus redoutable, le plus redouté, mais aussi le plus recherché. C'était lui qui agençait les cérémonies des vraies « diriyanke » ; il faisait la fine bouche ; rares étaient celles à qui il acceptait d'offrir ses services, car il était exigeant, il voyait les choses en grand et ne souffrait pas que l'on discutât ses propositions. Toute grande dame cherchait sa compagnie, entrer dans ses faveurs était un gage sûr de célébrité.

Yama agitait son éventail et regardait Malobé assis au Centre du cercle. Il était vêtu d'un grand boubou bleu en bazin riche brodé jusqu'au bas ; il avait une stature de géant, un cou de taureau qui faisait contraste avec la note toute féminine, légère, traînante qui sortait de sa voix lorsqu'on l'entendait prononcer :

— Deux cents pagnes tissés « njaago », trois valises d'effets pour le bébé, six baignoires pour le bain du bébé, cent mille francs : voilà ce que Adja Yama Diop a apporté pour le bébé.

Toute l'assistance marqua un air d'étonnement et de surprise. La partie s'avérait dure. Les griots commençaient à se manifester lorsque Malobé exigea le silence et continua :

— Ces soixante-quinze mille francs, Adja Yama Diop les offre aux hommes de caste et aux esclaves.

Les intéressés ne purent se garder d'exprimer leur joie, et c'est au milieu d'un brouhaha que Malobé enchaîna :

— Adja Yama Diop donne cinquante mille francs aux cousins du bébé.

— Ces cinquante mille francs sont la part des grands-parents.

L'assistance était interloquée. Après un moment de silence, les uns criaient, les autres chantaient, d'autres marquaient leur surprise en tapant des mains. Il était impossible de discerner ce qui se disait dans ce désordre total de la parole et des gestes. On n'avait jamais vu cela, décidément, Yama avait battu tous les records.

(*Le Revenant*, Nouvelles Éditions Africaines, Dakar.)

FRANKÉTIENNE — (Haïti) Éminemment créateur, le style de Frankétienne. Créateur dans le vocabulaire bourré de néologismes évocateurs ; créateur d'un genre littéraire entre le roman et la poésie, où l'un se mêle à l'autre inextricablement, et culminant sur la ligne frontière sur 200 pages, si bien que le lecteur en reste pantois. Il a bien lu une histoire avec des personnages qui parlent et agissent. Il a bien compris qu'il s'agit d'un maître tyrannique, Saintil, entouré de zombis (mortsvivants) et que tout le problème est de réveiller ces zombis pour en faire des « bois-nouveaux » capables de se révolter. C'est donc un roman que ce livre, *Les Affres d'un défi*. Mais c'est aussi un poème écrit en paragraphes souvent rythmés, alternant l'action et le chant onirique, la passion de l'amour et la complainte de la solitude, la vieillesse triste de Gédéon dont toute la famille est en exil, et la faim carnassière de Sultana qui officie pour le maître, mais se consume d'amour pour l'esclave. Tout cela sur fond de vaudou et de combats de coqs, caractéristiques de Haïti.

Inclassable, ce Frankétienne, pas de catégories prévues pour ce genre d'écrivain. Mais y en a-t-il une de prévue, dans l'Histoire, pour Haïti ?

Autres œuvres : *Ultra-vocal, Tronfoban, Mûr à crever*. Il écrit aussi en créole.

LA MÉDITATION D'UN ZOMBIE

Quelle sangsue nous suce le sang sans éveiller le moindre soupçon ? Quels termites rongent nos rêves ? Le soleil s'estompe par-delà une efflorescence de nuages, portant ainsi des poules idiotes à jucher sur des branches en plein jour.

Les cyclones ont dévasté nos champs, saccagé nos chaumières, semant sur leur passage la mort brutale, la folle désolation. Brassage et ventripotence de vents mercenaires. Piaffements hystériques dans la boue. Nous n'oublierons jamais les clowneries des maîtres-jongleurs.

Les gosses d'antan s'amusaient à cœur fou à des jeux variés : le mayamba : les parties de football dans les rues ou sur des terrains vagues, avec des balles fabriquées à l'aide de lanières élastiques ou de déchets de tissu ; l'usage de vieilles marmites, de boîtes de conserves et de noyaux d'avocat en guise de balles dans les compétitions sportives improvisées sur les trottoirs, les billes de cristal multicolores aux reflets huileux ; les flâneries interminables sous le soleil ; le saut à la corde. Avec le temps, tous ces jeux ont disparu de nos mœurs. Songerie d'oiseau malade. Poussière d'ombre à contresource de la lampe nostalgique. Modification du décor, la lune aurait changé de quartier. Mais, avons-nous réussi à accrocher nos rêves à portée de la main ?

De toutes parts assiégés par les fourches de la faim, nous étouffons sous le poids de nos misères. Nos ennemis médisent de nous ; ils nous traitent péjorativement de primitif ; ils ne s'imaginent pas que nous ayons le courage de marcher à longueur de journée sous les javelots et les coups de griffes d'un soleil de proie. Cuirassés d'expériences, imbus de nombreuses tactiques de combat, cherchant sur quel pied entrer dans la danse, nous avons appris à rire, même dans les affres de la faim. Mais, quelle astucieuse sangsue nous suce le sang sans éveiller le moindre soupçon ? Quelle colonie de termites rongent nos rêves ?

(*Les Affres d'un défi*, Éditions Henri Deschamps, Haïti.)

HENRY LOPES — Né en 1937, Lopes est un métis **congolais** qui depuis 15 ans a su mener parallèlement une œuvre littéraire et une carrière politique. Il a été ministre de plusieurs gouvernements, passant à travers les coups d'État comme un djinn à travers les murs ! Il se trouve en tête de cette génération de nouvellistes si fertiles : Mbaye Gana Kebe, Ibrahima Fall, Evembe, Francis Bebey, Lamine Fall, T. Tchichelle, A.G. Ngom, M. Ly Sangare. Sa plume acérée griffe de manière indélébile chaque situation ou personnage qu'elle attaque. Dans son recueil *Tribaliques* Lopes en deux pages a croqué les rêves de Marie-Thérèse, maîtresse du député Ngouakou-Ngouakou, et sa désillusion devant la réalité cruelle. Du même coup il démystifie le discours officiel. Lopes a aussi écrit *La Nouvelle Romance, Sans Tam-tams*. Mais son chef-d'œuvre sera : *Le Pleurer-rire* (voir complément bibliographique).

MONSIEUR LE DÉPUTÉ

Elle rêve que Ngouakou-Ngouakou est venu la chercher avec une grosse voiture américaine. Il est habillé de noir et tout joyeux. Il lui dit que sa femme est morte, qu'il revient de l'enterrement et qu'il vient la chercher pour l'emmener dans un autre pays. Elle n'ose y croire. Elle veut prendre quelques pagnes et quelques robes, mais Ngouakou-Ngouakou lui dit qu'il ne faut pas perdre de temps.

Elle saute dans la voiture et Ngouakou-Ngouakou l'emmène à vive allure vers l'aéroport. Sur le chemin elle voit dans la rue beaucoup de gens qu'elle connaît et malgré la vitesse de la voiture, elle entend distinctement ce qu'ils disent. Ils jettent sur elle l'opprobre d'enlever un vieil homme à ses enfants et ils l'accusent d'avoir tué Madame Ngouakou-Ngouakou. Elle est tout en sueur quand elle parvient à l'aérodrome. Dans l'avion, il n'y a plus de place et on les a mis dans la cabine de pilotage. C'est Ngouakou-Ngouakou qui prend les commandes de l'appareil. Il met en marche les réacteurs. L'avion roule sur la piste mais n'arrive jamais à s'élever à plus de trois mètres. On dirait que le chien noir qui poursuit Marie-Thérèse va réussir à sauter dans l'avion...

Marie-Thérèse se réveille et voit Ngouakou-Ngouakou debout, déjà habillé.

— Il faut que je rentre maintenant.

— Elle lui tend les mains en lui souriant. Il vient s'asseoir au bord du lit. Il lui embrasse la tempe et dit :

— Allons. Il faut que je m'en aille.

— Mais j'ai quelque chose à te dire.

— Ah tu cherches encore à me retenir.

— Non c'est sérieux. Elle a pris la main de l'homme qu'elle passe sous le drap et pose sur son ventre.

— Je crois que j'attends un enfant de toi.

— Quoi?... Mais tu plaisantes...

— Non c'est sûr...

— Mais qui me prouve qu'il est de moi?

Marie-Thérèse se tourne sur le ventre et, la tête dans l'oreiller qu'elle mord, se met à pleurer. Elle tape le lit de ses deux poings, elle tape des pieds.

— Qu'est-ce qui te prend, petite?

— Salaud, va-t-en, salaud, salaud...

Le soleil apparaît à l'horizon et monte lentement dans le ciel. Il fera chaud aujourd'hui sans doute. Ses rayons pénètrent par les fenêtres. Ainsi Mademoiselle Ngouakou-Ngouakou est réveillée par la clarté du jour. Elle tourne comme chaque matin le bouton de son transistor pour écouter le poste national. Cela l'empêche de se rendormir. On donne les informations : hier le député Ngouakou-Ngouakou a fait une intervention à l'ouverture du congrès des femmes avant-gardistes. Il a mis l'accent sur la nécessité de libérer la femme qui n'est pas un être inférieur à l'homme.

(*Tribaliques,* Éditions Clé, Yaoundé.)

BERNARD NANGA — Né en 1934 au **Cameroun**. Professeur de philosophie à l'Université de Yaoundé.
Il nous a quitté trop tôt et tragiquement. Nous ne citerons ici qu'un extrait des *Chauves-souris* qui est un premier roman, mais où déjà l'auteur maîtrise son style et son sujet : l'ironie qui va jusqu'au persiflage, cache et révèle en même temps, d'une manière propre au Cameroun, l'arrivisme et la corruption des « cadres », les maux sociaux aggravés par le besoin de consommation et la hausse des prix, cette espèce de débandade de toute une société urbaine prise dans la course vers l'enrichissement. Mais, « les gens d'ici vous disent les choses sérieuses en riant, vous le savez bien, il peuvent tuer en riant » comme le dit si bien l'auteur. A mon avis, ce livre est du niveau des romans de Mongo Beti. Dans le texte qui suit tout est suggéré, mais avec une subtilité rare : la contestation des étudiants, la rivalité Est-Ouest, la crainte des Européens de perdre leur monopole économique, la complicité du ministre africain qui n'est pas dupe, mais désire « partager le gâteau », leur double hypocrisie sur les tensions et inégalités sociales, au nom d'une fictive Afrique « pacifique par nature ».

Après un léger apéritif dans le jardin, que M. Chauvin avait admiré, Bilanga avait invité son hôte à le suivre au salon où il attendait un dîner en tête à tête. Bilanga s'était excusé pour sa femme qui, avait-il précisé, était un peu souffrante. Les enfants étaient déjà couchés. Seul Roger était rentré vers dix heures du soir, le visage fatigué.

— Mon fils aîné, dont je ne suis pas toujours fier, avait dit Bilanga la bouche pleine et la fourchette levée, en présentant Roger.

— Félicitations, vous avez déjà de grands enfants, avait répliqué M. Chauvin en adressant un sourire aimable au jeune homme.

— Tu pourrais au moins dire bonsoir à M. Chauvin. Qui sait, peut-être t'initiera-t-il un jour au sens des affaires.

Pour toute réponse, Roger jeta un regard hostile à son père et disparut à la cuisine où il avala en vitesse les restes du repas de midi et sortit de nouveau.

— Je ne sais pas à quoi ils pensent, les jeunes d'aujourd'hui. Voilà un garçon intelligent et qui a tous les moyens dont nous ne disposions pas à notre époque. Plus ils ont de facilités, moins ils travaillent.

— C'est un phénomène tout à fait général. Mon fils parcourt le monde en ce moment en stop. Aux dernières nouvelles, il se trouverait quelque part à Bombay. La sagesse orientale, les gourous, voilà ce qui attire nos jeunes révoltés d'Europe. Nous sommes les derniers représentants de la grandeur de l'Occident. Heureusement, l'Afrique est encore pour nous une alliée sûre dans la contestation générale qui mine nos valeurs humanistes.

— La contestation est déjà entrée chez nous, assura Bilanga. Voyez mon fils. Il y a dans son lycée un petit agrégé qui a été formé dans vos universités. Il est sûrement communiste. Il a sur mon fils une influence néfaste. Vos jeunes vont en Inde, les nôtres veulent aller à Moscou. Mais tant que nous serons vivants, l'Afrique ne renoncera pas à ses options pour les libertés démocratiques.

— Vos paroles me rassurent, monsieur Bilanga. Une grande menace du drapeau rouge plane sur l'Afrique et le monde. Il faut absolument barrer la route au marxisme. Déjà, plusieurs de vos pays se sont laissés gagner par cette idéologie infâme et ont nationalisé nos entreprises. La conséquence, c'est le marasme le plus total dans ces pays-là.

Bilanga reconnut la version voilée d'une idée ancrée chez certains Européens d'Éborzel, qui refusaient d'africaniser les postes de cadres de leurs entreprises sous prétexte qu'elles tomberaient aussitôt en faillite. La colonisation n'avait jamais préparé la relève. La formation scientifique et technique était fermée aux indigènes, comme on les appelait, parce qu'on avait décidé qu'ils en étaient incapables. Cela permettait au colon de rester maître. Mais Bilanga ne voulut pas s'aventurer sur ce terrain glissant.

— Les nationalisations, monsieur Chauvin, sont des expériences malheureuses que nous ne tenterons jamais. Nous souhaitons cependant une africanisation accélérée des cadres. Vos intérêts dans nos pays n'en seront que mieux respectés. Voyez-vous, nous sommes convaincus que, dès que l'Afrique aura assez de savants et de techniciens, c'en sera fini de l'attrait du marxisme. Toutes nos couches sociales bénéficieront des retombées de la science et de la technologie, comme elles commencent à en bénéficier dès maintenant. Et, pour vous dire le fond de ma pensée et vous rassurer davantage, je ne crois pas à l'égalitarisme des démocraties populaires, qui veulent marcher à coups de révolutions. Nos peuples ne sont pas faits pour les révolutions.

— Tout à fait d'accord avec vous. L'Africain est pacifique par nature.

(*Les Chauves-souris,* Éditions Présence Africaine, Paris, 1980.)[1]

---

1. Autre roman : *La Trahison de Marianne*, NEA, Dakar, 1984, Prix Noma.

XII

Le Tournant des années 80-90 ou l'afropessimisme

LE ROMAN DE L'ABSURDE AFRICAIN

Il est intéressant de voir l'effort des critiques pour tenter de saisir, de définir ce qui se passe chez les écrivains africains au cours de ces dernières années. B. Mouralis oppose les auteurs de « l'âge classique du roman africain » à ceux d'aujourd'hui qui cherchent à souligner l'absence de structures et le caractère essentiellement « informe » de l'univers qu'ils mettent en place dans leurs textes.

Suzanne Gasster et Locha Mateso parlent de romans qui sont des « épopées à l'envers » ou des « contre-épopées » dont les personnages « vaincus par leur propre histoire » sont anti-héros projetés dans un monde qu'ils ne comprennent plus.

A. Chemain de son côté est frappée par la violence croissante contenue dans ces récits et s'interroge sur sa signification : symptôme de l'exacerbation des conflits de la société post-coloniale ou catharsis salutaire et présageant une renaissance ? Séwanou Dabla y décèle, lui, « **la confusion dans les valeurs, l'absurdité d'un univers désarticulé** ».

Que s'est-il donc passé dans cette Afrique soi-disant sans histoire ? Il y a trente ans à peine les écrivains noirs de trois continents se livraient au prophétisme inspiré de la Négritude où se pressaient les accusations, les revendications… et les plus grandes espérances !

Certes, nous avions signalé l'amorce, dès les années 70, d'une littérature de « désenchantement », selon le mot de J. Chevrier, qui traduisait bien le processus illusion/désillusion ayant marqué les lendemains des Indépendances dont les bénéficiaires attendaient des miracles.

Certes, les romanciers et dramaturges d'Afrique tant francophone qu'anglophone avaient très vite réagi et répercuté les dérives des politiciens autochtones, les ridicules et contradictions des mœurs de la nouvelle bourgeoisie, les déceptions et les difficultés du peuple dont la situation empirait au lieu de s'améliorer. — Mais, comment dire ? il y avait toujours l'Espoir ! Des romans comme ceux de Francis Bebey : *Le Fils d'Agatha Moudio*, ou *La Poupée Ashanti*, *Saint Monsieur Baly* de W. Sassine, ceux de Sylvain Bemba *Les Cargonautes*, ou les *Monimambou* de Guy Menga, ceux d'Aminata Sow Fall comme *La Grève des Battu* ou *L'Appel des arènes*, ceux de Seydou Badian ou de Pascal Couloubaly, tous révélaient les tourments de la vie africaine, mais aussi ses bonheurs, même si l'on était loin des paradis promis par les campagnes électorales. *Le Soleil des indépendances* de Kourouma, pourtant radicalement pessimiste, demeurait tempéré par l'humour constant qui le parcourait et en masquait le tragique profond, un humour qui n'était pas encore destructeur.

Le dernier ouvrage de cette lignée fut *Le Pleurer-rire* de H. Lopès, dont le titre exprimait parfaitement le dosage de poivre-et-sucre qui fut pendant près de vingt ans la recette du roman africain post-colonial. Cela correspondait assez aux réponses miti-gées que faisaient les Africains à la question banale et quotidienne — « Comment ça va ? » — « Un peu seulement » dit le Camerou-nais ; — « doni-doni » dit le Malien ; « Sénégalaisement » dit le Dakarois ; entendons : ce n'est pas brillant, mais on supporte !

Et puis soudain, on ne supporte plus. Le ton change. Paraissent coup sur coup *Le Bel Immonde* et *Shaba 2* de Mudimbe, *L'État honteux*, *L'Anté-peuple*, *Lorsa Lopez* de Soni Labou Tansi, *Les Cancrelats* et *Les Méduses* de Tchikaya, *Le Récit du cirque* de Fantouré, *Toiles d'araignées* d'Ibrahima Ly, *Le Zéhéros* de W. Sas-sine, *Le Temps de Tamango* et *Les Tambours de la mémoire* de Boubakar Boris Diop, J. Oto : *Le Drame d'un pays*, *Routiers des Chimères* d'Ibrahima Sall, *La Latrine* de Severin C. Abega, *Les Écailles du ciel* de Tierno Monemembo, *Sahel sanglante sécheresse* de Alpha Diarra, *Le Bal des caïmans* de Yodi Karone, *Au bout du silence* de Laurent Owondo...

Silence en effet ! on ne rit plus. Ou alors le rire devient grimace, ricanement, râle. Voici une avalanche de récits « où fait le beau l'apocalypse des monstres » comme Césaire l'écrivait jadis (1939), Césaire le visionnaire. Le critique est tenté de faire ici appel au poète, qui pourrait mieux sans doute trouver les mots décrivant cet univers halluciné qui, chez nos romanciers, fait place à l'Afrique bon-enfant où l'humour et la débrouillardise permettaient toujours aux héros de se tirer d'affaire : le héros est supprimé ou dérisoire, personnage errant, humilié, dans des récits dont les couleurs (s'il fallait les peindre) vont du rouge sang (guerres, meurtres, répres-sions) au bourbeux (corruptions, prostitutions, drogues), du gris-cendre (comme la vie de L'Homme, de Ayi Kwei Armah) au noir absolu (comme la vie de l'enfant, dans les romans de L. Owondo ou de S. Abega).

Tout se passe comme si les écrivains ne pouvaient plus s'empêcher d'exhumer, avec **une violence inouïe**, les déjections de ces régimes pourris qui agissent comme des cancers en infectant à leur tour toutes les couches de la société qu'ils gangrènent. Selon leur souffle et leur capacité, sur le mode réaliste, mais plus souvent onirique voire délirant, ils expulsent par l'écriture **une réalité qui tourne au cauchemar.** Mais quel que soit le mode d'expression, le texte débouche sur la folie, la mort ou l'hébétude.

La récurrence de ce type de récits est en train d'engendrer une nouvelle école qu'on pourrait nommer celle de « **l'absurde africain** ». Ces romans ont en effet **une portée métaphysique** qui dépasse leur argument, et que l'on mesure au malaise profond qu'ils dégagent. Ils provoquent l'interrogation angoissée non seulement sur l'actuelle situation politico-sociale de l'Afrique, ou sur l'aventure des peuples noirs, mais sur l'homme tout court, l'humanité et son degré de détérioration. Car, dans ces récits déprimants, Nord et Sud sont inextricablement mêlés. Non par la présence effective d'Européens (elle se fait de plus en plus rare dans le roman moderne). Mais la purulence des prisons où l'on torture, des industries qui polluent (comme dans *Les Écailles du ciel*), des villes et bidonvilles, de l'argent pour lequel on empoisonne, on tue et on se vend, ne provient-elle pas de l'Occident ?

On retrouve donc — avec un décalage de quarante ans — ce sentiment d'un monde absurde que les écrivains existentialistes avaient si fortement exprimé pour nos générations d'après-guerre. **Monde sans justice, sans finalité, sans lois sinon celle du plus fort,** la loi de la bombe et du canon. Sartre, Camus, accusaient alors un dieu indifférent. Les écrivains africains n'accusent plus personne. Ils crient dans le vide. Et c'est sinistre. Cependant, cet absurde africain est moins l'héritier des existentialistes de 1945 et du nouveau roman français, que des romanciers sud-américains comme Cortazar, Asturias ou Garcia Marquez. Leur monde « sous-développé » est plus proche de l'environnement urbain d'Afrique, de la misère des campagnes. On distingue aussi l'influence des Africains anglophones comme Kwei Armah, Ngugi, Soyinka.

De plus, nos écrivains y trouvent des **partis pris d'écriture qui relèvent de la modernité,** et leur permettent de quitter le moule du roman français du XIXe siècle, ou du conte oral. Ainsi, au désordre d'un univers chaotique, correspondra un récit affecté d'accidents divers. Nous avons déjà signalé l'effacement du héros « exemplaire » ; ce phénomène est accentué par la dégradation ou la caricature des personnages secondaires. On constate des ruptures dans la logique des comportements ou des situations ; ou encore la suppression quasi totale de l'action (chez Laurent Owondo, par exemple), ce qui donne un récit stagnant, obsédante méditation sur un être qui s'englue lentement, dans le silence, entre la mer et le bidonville. Ou alors, au contraire, l'action s'évapore dans un délire vécu/rêvé qui devient pur discours surréaliste, allégorie parfaite d'événements non racontables sans doute. Ainsi *Les Sept Solitudes de Lorsa Lopez* de S. L. Tansi : on ne peut aller plus loin dans l'homologie recherchée de l'écriture et de son objet. Mais on atteint là une expérience-limite ; le texte lui-même est devenu inintelligible et perd tout intérêt en dehors du fait qu'il symbolise intégralement cette société hétéroclite, atroce et dégoûtante, et qu'il constitue la seule réalité opposable à « l'absurdité d'un discours devenu vide dans lequel la parole a cessé de désigner et de signifier pour devenir un ensemble de slogans » (R. Fonkua).

Cependant, selon les auteurs, cette réalité innommable contient menaces, colères, et donc encore germes de vie ; ou bien elle est seulement ce magma morne d'un univers frappé d'entropie et qui se désagrège, stade préalable à une apocalypse salutaire dont les romanciers n'ont d'ailleurs aucune idée précise. Car **tous les repères ont été brisés.** On ne peut plus invoquer le grand soir communiste, ni attendre secours de l'URSS et rédemption de la Révolution. L'idéologie de la Négritude n'inspire plus les romanciers et non plus le rêve de l'*American way of life*. Ils sont devenus très réservés, voire **muets sur les théories politiques,** qu'elles soient de gauche ou de droite. L'**éthique est bafouée,** qu'elle soit traditionnelle ou rationaliste, la race n'est plus innocente, la famille s'est muée en parasites, le village n'est plus l'autorité de référence et le refuge des déclassés (comme elle l'était dans *Maïmouna,* ou *Africa Baa*). De l'autre côté, le diplôme ne conduit plus au recrutement, et les religions sont inopérantes pour réorienter les masses urbaines dévorées de besoins multipliés par les gadgets importés ; cette **société « poubelle »** de l'Occident, Pape Pathé Diop en montre à merveille le processus de **déconstruction intérieure,** dans son roman-parabole. Les romans de l'absurde africain sont donc les témoins de toutes déviations et perditions.

Mais, au-delà de cette dérive idéologique, on peut s'interroger sur l'**apport littéraire** de ces livres. Où vont les écrivains africains ? L'**effort sur l'écriture est incontestable.** « Avant je racontais, maintenant j'écris », dit Henri Lopès pour décrire cette attention plus soutenue apportée au style, le texte devenant l'ultime tentative de rendre compte (ou d'échapper) au réel intolérable. L'écrivain, certes, ne se fait plus les illusions de naguère, je l'ai signalé à propos des poètes. « Je ne cherche pas à changer la société... Ce ne sont pas les romans qui vont changer le monde... mais ce qui me déplaît je le dénonce... j'écris pour ne pas sombrer, nous vivons dans une telle situation que chacun se doit de posséder sa propre bouée de sauvetage, et moi c'est à mes livres que je m'accroche ». Ainsi parle le romancier malien Moussa Konate (*Notre Librairie* n° 103-1990).

Comparons cette modestie avec les déclarations sur la puissance du verbe, « arme miraculeuse », apte à transformer le monde ; on constate donc aussi, et c'est nouveau, un arrêt des spéculations sur la force de la parole, sur l'incantation sorcière, sur la dimension magique et pédagogique à la fois de la littérature africaine. **Nos romanciers ne se veulent plus moralistes, porte-parole,** « catalyseurs » de leurs peuples, comme le souhaitaient encore Cheik Hamidou Kane ou Seydou Badian Kouyate, à l'instar des mots d'ordre donnés par Alioune Diop et les deux Congrès des Écrivains et Artistes noirs. **L'écriture s'affranchit** de ses contraintes antérieures : militantisme, prophétisme, éducation, *vox populi*, bref tout ce qu'il était convenu de nommer « Littérature engagée ». En somme, le projet de l'écrivain africain s'individualise, se replie sur son ego. Les meilleurs exemples de cette tendance sont *L'Écart* de V. Y. Mudimbe, et *Giambatista Viko* de M. a M. Ngal.

Mais chez Mudimbe, cette tendance va s'ouvrir sur l'angoisse métaphysique, et plus encore dans *Shaba 2* où elle s'affirme souveraine ; tout en laissant au lecteur le choix de décider si cette terrible histoire relève de la grâce divine ou de l'absurdité de la condition humaine.

Ainsi le romancier se libère des tâches collectives pour des objectifs plus personnels, et une recherche stylistique accrue. Cette recherche à son tour engendre des modifications, puis **des perturbations dans la structure narrative des romans.** Notre collègue Mohamadou Kane avait bien mis en évidence, dans sa thèse *Roman et Tradition*, l'analogie entre la structure du récit oral et le récit romanesque écrit. En particulier l'aspect linéaire de l'action, le déroulement d'une chronologie continue et le schème du voyage, la minceur psychologique des personnages et le recours fréquent au dialogue. Jusqu'au côté didactique du roman qui rappelait la fonction sociale du conte traditionnel.

Mais voici qu'avec le nouveau roman africain tous ces paramètres se trouvent bousculés : la propension au dialogue déborde sur la narration pour donner « l'oralité feinte » (Alioune Tine), le récit perd son fil chronologique pour faire des bonds — en avant et en arrière — dans le temps comme dans l'espace. Temps de l'action présente, futur projeté, passé ressurgissant, reprise du présent, temps dédoublé dans les consciences d'autres narrateurs, temps vécu/temps rêvé, bref du gâteau pour les amateurs de Genette et des accidents de la diégèse !

Écoutons L. Mateso qui nous en donne une idée : « Tout est dans la manière de concevoir le rapport des écrivains au monde par le biais du signe. Ces derniers contestent le contrat d'énonciation qui régissait traditionnellement ce rapport... il y a rupture avec l'écriture normée... récit délinéarisé, oralisé, sollicité par des intertextes exogènes, ruptures de contexte et destruction de l'effet de réel... Avec ses qualifications redondantes et ses reprises mimant la structure de la langue conversationnelle, le roman s'installe dans un flottement syntaxique permanent. » (cf. *Notre Librairie* O.C.)

On admettra, après ce diagnostic, que l'ère du roman-conte s'achève, et qu'il faut d'autres critères pour appréhender les romans d'après 1980. Oui, les romanciers ont vraiment cassé leur moule, et on peut s'attendre à toutes les surprises de Pandore lorsque aujourd'hui on ouvre un roman « black » de la nouvelle école.

LE ROMAN DE MŒURS

Cependant, **parallèlement à ce courant d'avant-garde, continue** la production de **l'honnête roman de mœurs**, où l'on se contente d'évoquer — sans ambition visionnaire et sans aventure stylistique — l'Afrique quotidienne dans ses micro-milieux, urbains de préférence. *Excellence vos épouses* ou *Marabout de la sécheresse* de Ch. Ndao, sont, dans ce genre, exemplaires ; de même que les romans de Francis Bebey cités plus haut. On peut placer dans cette catégorie la plupart des **« romans de femmes »** : Aminata Sow Fall, Mariama Ba, Catherine Ndiaye, Ken Bugul, Nafi Diallo, A. Rawiri, C. Beyella, Simone Kaya, Régina Yaou, P. Bassek, Maïga Ka, Flora Nwapa au Nigéria, Grace Ogot en Ouganda, Rebecca Njau au Kenya, toutes restituent avec des talents divers les affres du mariage, avec l'amour, la jalousie, la concurrence, l'adultère, l'abandon, la stérilité, et puis les enfants, les tensions, les ruptures. Dans le contexte du conflit tradition/modernisme, elles abordent les problèmes des croyances et pratiques traditionnelles, de la condition féminine, de la famille étendue et ses contraintes. Certaines, comme A. Sow Fall, Awa Keita, échappent à cet univers féminin spécifique. *L'ex-père de la nation* est un roman des mœurs politiques, qui aurait bien pu être écrit par un homme ; c'est aussi de politique que parle Awa Keita : meeting, discours, fraternité militante. Khady Sylla de son côté explore les interférences du réel et de l'imaginaire, dont l'écriture est le point de rencontre.

Signalons aussi le reportage romancé d'une toute jeune fille, Aïcha Diouri, 15 ans, qui traite de la chute et de la remontée d'un drogué, dans *La Mauvaise Passe* (Éditions C.A.E.C.). Il faut lire les mémoires d'une jeune prostituée que Mamadou Samb, enseignant, a publié sous le titre *De pulpe et d'orange* (Éditions Enda,

1990). La drogue et la prostitution (voir P.G. Ilboudo) sont deux thèmes favoris des romans de mœurs des années 80, témoignant ainsi de l'extension de ces plaies sociales. Le roman le plus achevé sur le milieu des jeunes drogués est celui de Abasse Dione : *La Vie en spirale* (N.E.A., Dakar).

Pour les autres aspects de la vie sociale, citons G. Oupah et J.-M. Adiaffi, Asse Gueye qui élargit la voie encore étroite du **roman policier,** suivi par J.-P. Dikolo, Moussa Konate et M.S. Keita avec *L'Archer bassari.* Moussa Konate est pourtant mieux connu pour des ouvrages dramatiques qui mettent en scène une enfance douloureuse *(Fils du chaos).* Dans le même registre s'inscrivent les cruelles nouvelles de Maurice Bandaman : *Une femme pour une médaille* (Éditions Ceda) et de Tanella Boni avec *Une vie de crabe.*

Comme on le voit, les **romans sociaux** actuels n'hésitent plus à « dépoétiser » la société traditionnelle naguère sacralisée par des ouvrages comme *L'Enfant noir* ou *L'Aventure ambiguë.* Mais n'était-ce pas Amar Samb qui fut précurseur de ce néo-réalisme avec son *Matraqué par le destin*? roman si mal accueilli dans les années 70...

Une tendance du roman de mœurs s'aventure dans un **naturalisme** parfois irrespirable, avec Mpoyi Buatu et *La Reproduction,* Emongo Lomomba, Ilboudo, S. Okoumba.

Enfin — hélas — se développe **le roman carcéral** qui est devenu une catégorie **à cheval sur le roman de mœurs et le roman de l'absurde** : *Le Bal des caïmans* de Y. Karone, *Prisonnier de Tombalbaye* d'Antoine Bangui, *Toiles d'araignées* d'Ibrahima Ly, *Cet homme est mort* de Soyinka, égrènent les misères — les horreurs — des prisons noires, où les « politiques » sont la plupart du temps mélangés aux « droits communs ». Les romans sud-africains évoquent aussi les prisons blanches. Apparemment, elles se valent, pour la violation des droits de l'homme.

LE ROMAN RÉGIONALISTE

Nous ouvrirons un troisième volet pour rendre compte d'un type de romans plus étroitement inséré dans un terroir particulier, et spécialement rural. — Il se veut exploration en profondeur de l'âme paysanne, et prend parfois le relais de l'ethnologie. Ses préoccupations sont à l'échelle du village et il se tient éloigné de la politique nationale ou internationale. Il s'écrit dans une prose sage, très contrôlée, souvent classique. Il vise à évoquer l'Afrique « de brousse » en face d'elle-même.

En tête de ce mouvement que je qualifierais de régionaliste, on devrait citer Olympe Bhely-Quenum, qui s'est d'ailleurs presque toujours inscrit dans cette optique, avec *Le Chant du lac, Un piège sans fin* et surtout *L'Initié*.

Le roman didactique de Massa Makan Diabate : *Comme une piqûre de guêpe*, ou encore *L'Assemblée des Djinns* sont de véritables documents sur le Mali occidental ; de même sa trilogie sur le coiffeur, le boucher et le lieutenant de Kouta.

Les romans de Tidiane Dem et d'Amadou Koné sont très liés eux aussi à la savane. Et l'univers de *Au seuil de l'irréel* et *Le Temps des Bilakoro* évolue à son rythme, loin du stress de la grande ville.

Si l'on considère *Le Cap des chèvres* de Weynde Ndiaye (Éditions C.A.E.C.), on découvre la vie d'un petit village perché au bord de l'Océan, où le merveilleux sérère côtoie les petites intrigues électorales du coin. Là aussi, Dakar semble à 10 000 kilomètres. On vit à l'échelle de Clochemerle. Chaque personnage est une personne, elle compte pour la communauté.

Le Silence de la forêt de E. Goyemidié est un récit tout simple, presque intemporel, regard d'une ethnie sur une autre, des Banga sur les Pygmées ; perception d'abord des différences, puis apprentissage de la communication, du respect, de l'amour.

Dans cette veine de l'Afrique profonde, voici enfin le beau texte de Jean Pliya, *Les Tresseurs de corde* (1987), où les questions sont posées à la mesure des villageois et par eux prises en charge. Étienne Yanou, Ab. Lam et K. Noaga évoquent aussi cette problématique rurale.

Enfin une nouvelle génération d'écrivains malgaches comme Charlotte Rafenomanjata, Michèle Rakotoson, M. Raharimanana, s'orientent aussi vers l'investigation socio-culturelle de la grande Ile.

Inutile de dire que ce courant est fécond. Il a donné en France des auteurs comme Giono, Pagnol, Mistral, la Georges Sand de *La Petite Fadette* et les beaux récits normands de Barbey d'Aurevilly.

LA QUESTION DES LITTÉRATURES NATIONALES

Cet aperçu concernant le roman régional nous amène à évoquer la question des littératures nationales. Ce fut tout un débat lancé vers 1985 devant l'abondance de la production africaine et antillaise. Des tables rondes eurent lieu, en France surtout, sur ce sujet, et l'on demanda aux critiques et écrivains de se prononcer : ce qui aboutit évidemment à diviser ce qui auparavant était uni sous la bannière de la littérature négro-africaine. Certains virent le danger et parlèrent de tentative de balkanisation ; d'autres au contraire (A. Huannou, Pius Ngandu) y virent une promotion plus grande des écrivains de chaque pays et une libération du joug de la Négritude. Certains critiques en vinrent à contester l'existence même d'une civilisation africaine commune, oubliant que cette dernière pouvait abriter diverses cultures et diverses langues sans perdre son unité et ses caractères distinctifs des autres continents.

La plupart des grands écrivains cependant refusèrent d'entrer dans ces querelles de mandarins et prétendirent qu'ils ne voyaient nulle contradiction entre être auteur africain et auteur sénégalais, par exemple. Ils affirmèrent en tout cas leur volonté de témoigner et de s'adresser à toute l'Afrique, s'opposant à la culture restrictive que leur infligeait la classification par nationalité.

Sur le plan pédagogique plus spécialement, **la présentation des écrivains par pays et par ordre alphabétique offre une « vision éclatée » des différents mouvements littéraires, négligeant l'histoire qui leur donne sens et les hiérarchies qui les structurent; la vision nationaliste conduit à morceler des groupes d'auteurs qui s'expliquaient par leurs influences réciproques.** Ainsi Césaire se retrouve en Martinique, loin de Damas qui est sous le chapeau Guyane, plus loin encore de Senghor exilé dans la rubrique Sénégal, et à aucun moment il n'est prévu de rubrique qui traite convenablement de ce qui les a rassemblés! A l'intérieur d'un pays, toujours dans ce curieux souci de classification géo-alphabétique, on rencontrera Senghor bien après les Fall, les Diop, les Ndiaye, les Sall et les Sembène, même s'il est leur aîné à tous et le plus grand poète non seulement du Sénégal, mais de l'Afrique francophone.

On voit les désavantages de ce nationalisme littéraire dès qu'on veut le rendre prioritaire sur les lignes de force qui canalisent les intellectuels de tout le continent. Car jusqu'ici, hormis un courant régionaliste encore mince, on peut remarquer que dans chaque pays, **du Zaïre jusqu'au Mali, les écrivains** de l'absurde comme ceux du roman de mœurs **tournent autour des mêmes obsessions,** dénoncent les mêmes tares de la société urbaine, se plaignent des mêmes contradictions entre les vieilles coutumes et les exigences de la vie moderne. **Rien ne les différencie encore suffisamment pour qu'on les sépare de cette façon mécanique, au nom des frontières...** coloniales, et donc ne correspondant pas à des entités culturelles homogènes.

En effet, **les vraies cultures nationales sont liées aux ethnies et nous savons que les frontières partagent presque chaque ethnie en pays différents** : la Côte d'Ivoire, la Guinée, le Mali et le Burkina se partagent ainsi l'ethnie mandingue. Que dire des Peuls qui sont implantés sur au moins dix pays du Sahel? Dès lors, séparer Hampate Ba de Alpha Sow ou de Cheik Hamidou Kane, sous prétexte qu'ils sont respectivement Malien, Guinéen et Sénégalais, revient de toute façon à occulter leur vraie culture fondamentale commune et le système de valeurs qui lui est attaché, constituant une base nécessaire pour élucider leurs œuvres...

D'autre part, **le corpus littéraire africain est encore bien maigre**, rappelons-le ; certains pays n'ont qu'un ou deux romanciers, deux ou trois poètes exportables (en langue française, bien entendu). **Tout découpage de cet ensemble va donc le fragiliser**, le rendre plus inconsistant, voire dérisoire en face de l'abondance des publications européennes. S'il est normal de faire le bilan des productions dans chaque pays ou encore d'établir des dictionnaires comme le font Ambroise Kom ou Mongo Béti, il nous semble pour l'instant **non souhaitable et non fondé de promouvoir un** *enseignement* **de ces œuvres hors du contexte historique et continental qui les a rendues intelligibles** : « La littérature africaine d'expression française est le produit d'une période ; née et promue grâce notamment aux contradictions de la colonisation, elle fut longtemps littérature de revendication et de révolte. Elle le fut par son thème constant : le meurtre du père », écrit V. Y. Mudimbe. Peut-on affirmer aujourd'hui que l'intellectuel africain a cessé de « tuer le père » ?

LA LITTÉRATURE SUD-AFRICAINE

L'Afrique du Sud constitue cependant une exception. Les événements politiques qui ont déchiré ce pays depuis près de cinquante ans ont modelé chez ses écrivains une conscience caractéristique qui transcende les diversités tribales (sans les annuler) et qui s'inscrit dans la lutte contre l'apartheid et pour la reconnaissance de leurs droits civiques.

Depuis Peter Abrahams, Richard Rive et E. Mphalele, **le nationalisme des écrivains sud-africains n'a fait que croître** jusqu'à s'exacerber dans les textes de Lewis Nkosi, W. Modisane, Miryam Tlali, Alex La Guma, D. M. Zwelonke, M. Wally Serote, S. Sépamla, O. Mtschali, D. Marachera, M. Matshoba, Mewa Ramgobin, et j'en passe. A intégrer dans cette armée, l'action des écrivains blancs libéraux, engagés aux côtés de leurs collègues : les romanciers André Brink, J.-M. Coetzee, Nadine Gordimer, et le poète B. Brettenbach. Certains noms de lieux ou de leaders, significatifs des événements marquant les étapes d'une lutte acharnée, sont inséparables des œuvres littéraires nées dans ce creuset brûlant : Nelson Mandela, l'A.N.C., Steve Biko, Desmond Tutu, Soweto, Sharpeville, le P.A.C., la revue *Drum*, et bien sûr tous les tons, le mot, les lois et les formes de l'**apartheid**.

Ce dernier aboli — tout au moins légalement —, que deviendra une littérature dont il était le thème central ? Des voies plus culturelles comme celle de Bessie Head ou Masizi Kunene pourront sans doute s'épanouir. Nous conseillerons aux chercheurs, comme études de référence, de J. Alvarez Pereyre : *Les Guetteurs de l'aube, poésie et apartheid* (Grenoble, 1979) ; de Jane Watts : *Black Writers from South Africa* (New York, 1989) ; de Jean Sevry : *Afrique du Sud, littérature et ségrégation* (L'Harmattan, 1991).

LA LITTÉRATURE ANTILLAISE

Devient-il de plus en plus difficile d'intégrer la littérature antillaise dans la littérature africaine ? Oui et non. Il reste exact — rigoureusement — que **le mouvement de la Négritude résultait d'un front commun**, et qu'il est aberrant de parler de Damas, de Niger, Depestre, Tirolien, de Césaire, sans citer Senghor, Sadji, Soce, Dadié, Birago et Alioune Diop. Il est vrai aussi que de ce carrefour rayonnèrent plusieurs romanciers et poètes antillais qui écrivirent en Afrique et sur l'Afrique : Bertène Juminer, Morisseau Leroy, Roger Dorsinville, Gérard Chenêt, M. Vieyra.

Mais en Haïti (M. Saint-Aude, Gérard Étienne, J.-C. Fignolé, J.-C. Chasles, Frankétienne), les critiques remarquèrent bientôt des courants complètement indépendants de la perspective africaine. Le « spiralisme » en particulier touchait le problème des genres et refusait la distinction entre prose et poésie.

Guyane, Martinique et Guadeloupe de leur côté enregistraient un balancement dialectique en récusant les orientations jugées trop centrifuges de Césaire et Fanon ; **les écrivains des îles se recentrent donc sur leurs îles,** leur histoire, leurs mentalités, leur langage. **Édouard Glissant a marqué cette période** (70-80) avec *L'Intention poétique et le Discours antillais.* Puis J. Bernabé et ses amis écrivent *L'Éloge de la créolité* qui devient la bible d'une nouvelle école : R. Confiant et P. Chamoiseau, V. Placoly, Jorif, S. Dracius, Serge Patient, A. Parepou, L.Prudent, Elie Stephenson ; aussi bien Ina Césaire, Daniel Maximin, X. Orville, Myriam Vieyra, semblent décidés à creuser profond dans la conscience et l'inconscient de la société antillaise, rejoignant ainsi S. Schwartz-Bart et Maryse Condé, elle aussi recentrée sur la Guadeloupe après son best-seller *Ségou* encore lié à l'Afrique.

Par ailleurs, Confiant et Chamoiseau toujours et des poètes, comme Restog et Monchoachi, ont fait le saut culturel périlleux **d'écrire directement en créole,** initiative reçue avec peu d'enthousiasme par la Francophonie, mais analogue en somme au geste de Gilbert Gratiant *(Fab'Konpê Zicake)* et de Morisseau-Leroy.

L'identité nationale — la vraie — passe évidemment par la récupération de la langue maternelle. Il y a là une logique implacable à laquelle même des auteurs comme Ina Césaire sont sensibles : la légitimité du créole s'impose d'autant plus qu'il est compris dans toutes les Caraïbes, et que les populations des Dom-Tom sont aujourd'hui scolarisées à 100 %. Cela fournit une masse de lecteurs potentiels bien suffisante, ce qui n'était pas le cas lorsque Aimé Césaire écrivait le *Cahier* !

De toutes les façons, il existe aujourd'hui, même lorsqu'ils écrivent en français (ce qui demeure la majorité) chez tous les auteurs antillais, « une grande homogénéité de l'intention scripturale formelle : **le français doit, d'une façon ou d'une autre, porter le "sceau" créole** », écrit Raymond Relouzat qui fait de plus remarquer que ce sont surtout des positions d'intellectuels, et singulièrement d'enseignants, caste à laquelle il appartient lui-même ainsi que des collègues comme Bernabé, Toumson, A. Anselin, Serge Domi, Mandibele, Kwateh, et les équipes des revues *Carbet* et *Karibèl* et du journal *Antilla*. — Sans vouloir traiter des positions politiques de ce dernier au sein de la Martinique, nous avons remarqué que par le biais du créole, ce journal pouvait s'ouvrir à la Dominique, la Jamaïque, Cuba et autres îles de langue anglaise ou espagnole. Il est donc susceptible de faire recirculer le sang de la communication culturelle dans cet archipel écartelé par les différents colonisateurs, ce que ne pourra jamais aucune publication uniquement francophone. Rien que pour cela, *Antilla* était utile. Nous conseillons l'ouvrage de Toumson : *La Transgression des couleurs : littérature et langage des Antilles* (Éditions Caribéennes, 1989) et *Lettres créoles* de R. Confiant et Chamoiseau.

LES CRITIQUES AFRICANISTES

L'intérêt pour les études africanistes est plutôt en train de rétrécir dans l'Université française, tant parmi les étudiants que dans les structures de l'institution : en effet, comment expliquer qu'après 30 ans d'indépendances africaines, il n'y ait toujours pas en France de création d'une licence de littérature africaine ? **La littérature africaine n'est toujours pas considérée comme une discipline à part entière** ; on la « case » soit avec l'ethnologie, soit avec la linguistique, soit avec les « Lettres modernes » françaises, anglaises ou lusophones, soit avec la littérature comparée, soit enfin avec la Francophonie où elle voisine avec le Canada, la Belgique, la Suisse et la Louisiane ; ce qui signifie que **l'on sous-estime la culture pour privilégier la langue**.

Cette espèce de dériliction, pour ne pas dire malédiction, due aux pouvoirs publics, n'a cependant pas empêché les recherches et les publications d'un nombre toujours grandissant de critiques africanistes noirs et blancs. Ils se sont réunis en quelques **associations**, A.L.A. et A.S.A. aux États-Unis, A.P.E.L.A. en France, l'A.C.E.A. au Canada. Ces associations furent très vite internationales et intercontinentales. L'A.P.E.L.A. accepte même aujourd'hui les critiques de la littérature maghrébine.

Aux **maisons d'éditions spécialisées** comme L'Harmattan, N.E.A., Nubia, Karthala, Présence Africaine, sont venues s'ajouter Jamana au Mali, les Éditions Caribéennes, Silex-Noüvelles du Sud ; Edicef, Ceda et Hatier ont créé des collections pour les romans africains. En Amérique, nous citerons seulement l'effort des très savantes Indiana University Press pour ouvrir son angle ethnologique sur les questions de culture et de littérature africaine ; mais nombre d'universités publient des recherches sur les Black et African Studies. Cependant, c'est Heineman et Longman qui gardent jusqu'ici le quasi monopole de l'édition populaire où les romans africains trouvent une large diffusion. Signalons encore l'effort de James Currey Publishers à Londres.

Les **revues africanistes** connaissent des hauts et des bas. Si les revues ethno et sociologiques reliées aux instituts de recherche demeurent stables, il n'en est pas de même des revues littéraires. Ainsi on a vu disparaître *Continent, Demain l'Afrique, Pédagogie et Culture, Abbia... Ethiopiques* et *Présence Africaine* ne paraissent plus que très irrégulièrement. Le célèbre *Drum* est-africain a eu des éclipses, de même que *Transition* qui ressuscite. On peut en dire autant de *L'Afrique littéraire et artistique*. Mais cette revue, comme *Notre Librairie*, est soutenue par des subsides du gouvernement français, et ne dépend donc pas de la vente ou des abonnements. Il n'y a pas en Afrique francophone un organe comme *Staffrider* (Afrique du Sud encore). En revanche, nous avons remarqué le dynamisme de *Carbet* et *Antilla* et la ténacité de *Conjonction, Chemins critiques, Dérives, Nouvelle Optique*, pour Haïti.

Aux USA, *Research in African Literatures*, dirigée d'abord par Bernth Lindfors, puis par Richard Bjornson, est la principale revue consacrée à la littérature africaine, avec *African Literature Today* et *Callaloo* dirigé par Ken Harrow. Mais de nombreux périodiques publient des articles épisodiques sur notre sujet, ainsi *The African Studies Review*, organe de la toute puissante African Studies Association (A.S.A.), *Africa Today, Contemporary French Civilization* (Montana State University), *L'Esprit créateur* dirigé par John Érikson (Louisiane, Baton Rouge) ; au Canada *Études françaises* et *Présence francophone* sont aussi ouvertes aux articles sur la littérature africaine. En Europe, ce sont en principe les revues de littérature comparée qui font une petite place à ce grand continent.

R.L.C. n'étant pas suffisamment ouverte, le professeur Pageaux a créé *Cham* qui est peu diffusée et manque de moyens, — comme le bulletin du *Cerclef*, créé par les professeurs Jouanny, Manne et Chevrier. Signalons encore *Bayreuth African Studies* (Bayreuth) où l'anthropologie supporte le voisinage de la littérature africaine écrite, et aussi *Matatu* (Francfort), *Third World Quarterly* (Londres), *Neohélicon* (Budapest)...

Mais il ne saurait être question d'établir ici une liste exhaustive des revues qui s'intéressent de temps en temps à notre discipline. Nous choisirons plutôt d'évoquer les **critiques et professeurs, nos collègues**, qui y consacrent la majorité de leurs activités. Et si j'en oublie, que l'on veuille bien m'excuser et remarquer qu'il n'est pas de tentative précédente visant à inventorier les collègues dans une Anthologie ou une Histoire des lettres africaines.

Au fil de la mémoire donc, voyons d'abord les **critiques africains** les plus notoires actuellement : Abiola Irele, Isidore Okpewho, Okafor et Izevbaye ont inauguré une série de Nigérians qui publient dans *R.A.L.* et auxquels la revue *Éthiopiques* avait consacré un numéro. — Eldred Jones, Edriss Mackward et Daniel Kunene, B. Koudjo et J.N. Vignonde, J. MBiti et B. Mve Ondo, S. Sanou et I. D'Almeida, Ambroise Kom et A. Songolo, B. Kotchy, C. Dailly et G. Ngal, M. Kane et M. Diouf, Papa S. Diop et Bassirou Dieng, Locha Mateso et Pius Ngandu, Sewanou Dabla et Fame Ndongo, Amadou Kone et Romuald Fonkua, Kadima Nzuji et A. Huannou, Elizabeth Mudimbe et O. Midiohouan, Tidjani Serpos et M. Ngalasso, Prosper Kompaore et Ndiawar Sarr, A. Tine et S. Gikandi. N'oublions pas les Antillais déjà cités et d'abord Jean Bernabé, R. Toumson, R. Relouzat, T. Achille toujours actif, Prisca Degras, E. Glissant, S. Domi et les Haïtiens Maximilien Laroche, R. Gaillard, J. Jonassaint, Max Dominique, Cl. Souffrant.

En France, les plus connus sont : Janheinz Jahn et Cornevin tous deux déjà partis, Gérald Moore, Michel Fabre, Jack Corzani, Bernard Mouralis, Alain Ricard, Mineke Schipper, Jean Sevry, J.-L. Goré et J.-M. Grassin, D. Coussy et J. Bardolph, Pinto Bull et J.-P. Massa (littérature lusophone), Régis Antoine et Jean-Louis Joubert, R. Mane et R. Jouanny, J.-P. Richard et Jacques Chevrier, Michel Hausser et J. Leiner, Bernard Magnier et J. Derive, E. Galle et C. Fioupiou (traducteurs de Soyinka), et *last but not least*, le couple R. et A. Chemain qui ont si bien servi la littérature congolaise.

Outre-Atlantique, les collègues spécialisés se sont multipliés si vite que je ne puis les suivre ! Citons seulement Mercer Cook, Dorothy Blair, B. Lindfors, Stephen Arnold, M. Mortimer, Nancy Smith, Richard Bjornson, Bernadette Cailler, Eloïse Brière, Tom Hale, Ken Harrow, R. Scharfman, N. Vaget, Suzanne Gasster, Keith Walker, H.L. Gates Jr., Frederic Ivor Case, Ellen Kennedy,

Georges Joseph, Daniel Racine, Colette Michaël, Keith Warner, L.F. Hoffmann, Chris. Miller, Claire Dehon...

Ajoutons impérativement à ces listes déjà longues les **Belges** Paul Aron et Albert Gérard; les **Canadiens** Michel Tétu, Fernando Lambert et Cléo Godin; les **Italiennes** Cristina Brambilla, H. Bertoncini, Carla Fratta et F. Marcato, ainsi que Graziano Benelli, traducteur de Césaire; la **Brésilienne** L. Pestre de Almeida; les **Allemands** Ulla Schield, Barb. Ischinger, Rainer Arnold, Janos Riesz, H. Lüsebrink, W. Glinka et M. Prinz; la **Norvégienne** Inse Skattum; les **Sud-Africaines** A. Wijnschank et Fr. Brown; le **Japonais** Y. Sunano; la **Bulgare** Emma Ilieva, le **Yougoslave** Konstantinovitch. Cependant, c'est la **Hongrie** qui semble le pays de l'Est le plus ouvert sur la littérature africaine et en particulier les universités d'Eötvos (Budapest) et de Pesch. Citons seulement Szilard Biernaczky, G.J. Nagi et Arpad Vick.

Nous ne parlerons pas des chercheurs et critiques en littérature orale, nous n'en finirions pas...

En revanche, il nous semble nécessaire de mentionner les **essayistes africains** qui alimentent aujourd'hui (certains depuis dix ou quinze ans) la réflexion sur la culture et l'histoire de l'Afrique : V.Y. Mudimbe, Paulin Hountondji, J.-M. Ela, Tidian Diakité, Etounga Manguele, A. Irele (toujours lui), Meinrad Hebga, A. Aly Dieng, Fatou Sow, Eloi Metogo, K. Wiredu, Edem Kodjo, Alain et Ed. Hazoumé, la décoiffante Axelle Kabou, et bien sûr Théophile Obenga, héritier spirituel de Ch. Anta Diop. Signalons aussi l'influence grandissante de nouveaux historiens dont le souci est moins de revaloriser le passé africain que d'y voir clair, avec une plus grande objectivité. Les meilleurs exemples de cette nouvelle école sont sans doute Mamadou Diouf, A. Mbodj et Yoro Fall à l'université de Dakar.

ET L'AVENIR? LITTÉRATURE ET HISTOIRE...

Comment préjuger de l'avenir de cette littérature?

Nous nous posions déjà semblable question en terminant notre thèse sur l'histoire des *Écrivains noirs de langue française* en 1961... et il est amusant de relire les hypothèses que nous avancions alors. Certaines se sont pourtant vérifiées, comme celle du désengagement politique d'un certain nombre d'écrivains.

Nous constatons cependant, durant ces soixante-dix ans, les liens étroits que les écrivains noirs, toutes origines et langues confondues, continuent d'entretenir avec l'histoire de leur race et de leur continent. Ils sont ainsi passés par des phases de révolte et de souffrance (Mouvement de la Négritude), d'espoir, et d'enthousiasme (Époque des Indépendances), de désillusions et de contradictions (Temps du Désenchantement), de découragement et d'angoisse amère (Temps de l'Absurde).

Cependant, l'histoire avance. Les structures des partis uniques craquent sous la tension de la crise économique; nombre de jeunes États sont au bord de la faillite, sous le poids conjugué de la Dette, la Démographie, et la Dictature, faillite que le F.M.I. tente de conjurer par des mesures d'austérité drastiques. Mais si les peuples supportent bien des choses à condition qu'on leur donne « du pain et des jeux » (comme les anciens Romains), rien ne va plus lorsque s'installe la pénurie. Dure est la chute du niveau de vie provoquée par le chômage croissant, la natalité croissante, les prix croissants, la nourriture décroissante, les salaires stagnants, les recrutements se raréfiant, l'argent s'amenuisant.

Les trois D s'entrechoquent alors pour produire l'exigence d'un quatrième : **la Démocratie.** En effet, les régimes monopartistes ayant perdu la bataille du développement, leur crédibilité s'effondre. Les masses soutiennent désormais les partis d'opposition jusqu'ici muselés. Les puissances étrangères cessent leur appui à ces régimes jusqu'ici maintenus à bout de bras. On assiste donc à une redistribution des cartes. Cela ne va pas sans soubresauts parfois sanglants et révisions déchirantes, sans règlements de comptes et tentatives séparatistes. Que sortira-t-il de ces affrontements et de ces brassages? de ces Conférences nationales et Gouvernements d'Union nationale?

Période stimulante en tout cas, où tout, de nouveau, semble possible : les élections vraiment libres, les débats sincères entre adversaires politiques, les programmes communs de salut public... Bénin, Mali, Niger, Congo,... Cependant que pour d'autres régions de l'Afrique, il est déjà trop tard; elles s'abîment dans un néant économico-administratif d'où il semble que nul sursaut politique ne soit à même de les sauver : Éthiopie, Somalie, Tchad, Libéria, Zaïre...

Dans d'autres États, plus avancés que ne l'étaient les pays francophones, la démocratie et le pluripartisme n'ont pu empêcher les coups d'États militaires, la corruption généralisée et la désagrégation des institutions héritées de l'Occident. Le Nigéria, par exemple, n'en finit pas d'essayer d'interrompre cette gangrène. Le Kenya, l'Ouganda ne se portent pas beaucoup mieux. Le Ghana est une exception.

Il faut savoir que **la démocratie n'est pas la potion-miracle.** Elle ne permettra pas de faire l'économie de l'austérité et de l'effort collectif, de la purge et du contrôle effectif des rouages rouillés de la Fonction publique, de la répression effective des abus, détournements de fonds, trafics d'influence, népotismes et tribalismes qui sont aujourd'hui usage courant dans toutes les structures de l'État africain moderne.

Attendons-nous donc à ce que **la littérature africaine évolue, et dans une double direction**. Tout d'abord, celle qui fut la sienne depuis l'origine, à savoir le **dialogue-dialectique entre l'écrivain et l'Histoire, les événements, les mœurs**. Et selon que les mutations politiques s'avèrent fructueuses ou décevantes, le roman et le théâtre africains reprendront des couleurs plus optimistes... ou poursuivront leur descente vers l'enfer de l'absurde et du désespoir.

L'autre direction sera celle d'un refus des contraintes de l'histoire, un affranchissement du rôle de témoin, d'auteur engagé, etc. au profit d'une liberté de l'imaginaire et de l'écriture, liberté toute formelle certes, mais aussi vieille que le monde : celle de la **transcendance de l'art**.

Ces deux voies se poursuivront dans les langues française, anglaise, portugaise. Mais il n'est pas exclu qu'elles s'emparent aussi — enfin — des langues nationales. Comme le dit bien J.-M. Adjaffi dans *La Carte d'identité* : « aucune langue ne naît riche, c'est l'usage qui l'enrichit ». Si les États africains se décidaient à subsidier systématiquement l'édition de leurs propres langues, comme le Maroc et l'Algérie le font pour l'arabe, le problème serait résolu.

*
**

C'est le moment, en terminant ce panorama mouvementé de la littérature négro-africaine, de rappeler que l'Histoire n'est jamais finie. Elle connaît des hauts et des bas. **L'homme agit sur son destin, il peut changer son avenir.**

On peut considérer que la littérature africaine a connu des débuts triomphants, mais qu'elle s'enlise aujourd'hui dans les ressassements passéistes, la dérision masochiste ou encore qu'elle s'évade dans l'esthétisme, « l'art pour l'art ». Mais quel que soit le cas, on ne saurait faire abstraction du contexte d'où surgissent ces écrits « pleins de bruits et de fureur ».

Pour mieux comprendre la littérature présente, produite essentiellement par des intellectuels, il sera utile de lire avec attention les analyses d'Edem Kodjo dans *Et demain l'Afrique*, celles de P. Houtondji, Aly Dieng, Mamadou Diouf, A. Kabou, Boris Diop, Penda Mbow, E. Manguelle : tentatives courageuses, souvent provocantes, de diagnostiquer les maux qui nous rongent à l'aube du XXIᵉ siècle.

Certes, l'on s'y trouve constamment agressé dans ses certitudes et dans ses préjugés. Mais ce sont des chocs salutaires — « Secousse,

secousse, savane blanche » dit le proverbe bambara ! — **Il est essentiel que les vraies questions soient posées.** Restent bien sûr à trouver les réponses... mais l'intéressant est **que ce soient des Africains** (et non plus les René Dumont et autres spécialistes du tiers-monde) **qui manient le scalpel de l'autocritique,** et tentent de situer sans hypocrisie les blocages des sociétés africaines et les errements de leurs politiques culturelles et économiques.

Les écrivains répercutent, en la transposant et en la métaphorisant, cette histoire si perturbée. C'est déjà une prise en charge, consciente ou non. Mais cette histoire peut changer, changerait si à tous les niveaux s'opérait une semblable **prise en charge de soi par soi, au lieu d'attendre l'aide étrangère et ses pseudo-solutions.** L'humiliation africaine ne cessera que lorsque les Africains, lorsque le corps social tout entier se mobilisera pour supprimer au moins la moitié de ses calamités, par la prise en charge de l'hygiène, de l'éducation, de l'habitat, de la santé collective.

A l'exemple de l'opération Set-setal, où les jeunes de Dakar-Pikine ont pris en charge la propreté dans cette capitale qui tournait en cloaque. Or l'opération Set-setal n'est rien d'autre que cet effort collectif et gratuit qui rend dignité au groupe qui l'effectue.

A un niveau supérieur, A. Kabou admire le Japon « aujourd'hui au premier rang mondial pour avoir pratiqué un opportunisme scientifique remarquable en s'appropriant les techniques inventées ailleurs ». **Mais s'approprier ne signifie pas recevoir ; on ne reçoit pas le développement, on le fait, on le construit, « un pas, encore un pas, et tenir gagné chaque pas »** (Césaire). Relire la tirade du Roi Christophe, page 411... C'est d'une véritable révolution psychologique qu'il s'agit et ce, au-delà de toutes les politiques de gauche ou de droite.

Dans l'État africain actuel, la mentalité d'assisté instaurée par ces trente ans de régimes néo-coloniaux n'a eu que des effets pervers. Elle risque de faire échouer n'importe quelle tentative de « redressement national ».

Il faut accepter l'évidence : le poète, à cinquante ans de distance, écrivait : « voici le temps de se ceindre les reins comme un vaillant homme » (Césaire). Il faudra en plus, à présent, se serrer la ceinture.

Le chemin sera long.

DANIEL MAXIMIN — Né en 1958 à la **Guadeloupe**, Maximin est un des plus brillants écrivains de sa génération. Son style coule avec une aisance et une vivacité de source fraîche. Sa quête de l'identité antillaise à travers la famille, l'histoire, l'esclavage, le détour par Césaire dont il se veut fils spirituel, la remontée jusqu'à Delgrès et Toussaint Louverture, les rappels de Rimbaud, Breton, Lafcadio Hearn, Léon Damas, de Richard Wright et Langston Hughes, de Schoelcher et de Fanon, d'Angela Davis et du Black Power, sont autant de jalons pour l'itinéraire de ce poète sensible... Car malgré l'intitulé du roman, *L'Isolé Soleil* est plutôt l'évocation à plusieurs voix d'un état d'âme.

Mais quand donc finirons-nous de penser pour les Nègres, de leur panser des blessures imaginaires savamment blanchies, d'inventer pour la cause de nos besoins des aliénations à soigner, bien recouvertes de théories de négrisme et de négritude et d'indigénisme et de grioteries mal remises de la fréquentation des morales bourgeoises, travail, sueur et terre régénérée à grandes giclées de sang pur d'esclaves bien rythmés, des valeurs bourgeoises famille, maternité : il faut toujours des enfants qui naissent de la mère à la mort du héros à la fin de nos romans nègres.

Nègres bien sûr, mais Nègres sans la santé, l'harmonie, l'équilibre, comme s'il y avait des danses possibles sans équilibre et harmonie, des Nègres coulivicous tristes au lieu des Nègres colibris, des Nègres électeurs de tout Christ noir prêt au sacrifice du clou dans sa main vide, des Nègres à assurer sociaux, des Nègres sans danger tirés à blanc, Nègres bien masqués de peaux noires et blanches, bien écorchés entre rationnel et traditionnel, Nègres décousus sur mesure par les élites qui les rendent malades pour mieux imposer leur médecine.

Et toi, Siméa, tu te demandes sans désespoir mais maintenant sans plus de forces en réserve comment nous tous quêteurs d'assimilation avons pu oublier le communisme présent dans les mémoires d'ancêtres, le surréalisme de nos paysages et renier la leçon des peuples cannibales, à savoir que l'altérité ne se commande pas et qu'il faut savoir dévorer l'autre pour acquérir ses qualités.

(Extrait de *L'Isolé Soleil*, Éditions du Seuil, Paris, 1981.)

NADINE GORDIMER — Née en 1923 dans la région minière du **Transvaal**, Nadine Gordimer écrit depuis trente ans. Son besoin de lucidité et son ouverture d'esprit l'ont amenée à s'engager totalement dans la lutte pour la reconnaissance des droits de la majorité noire de son pays, avec ce que cela implique de révision, de restriction des privilèges dont jouit la minorité blanche à laquelle elle appartient. De ce fait, elle s'est marginalisée pour rejoindre cette « minorité dans la minorité » constituée par les intellectuels libéraux qui ont choisi de dire la vérité sur le paradis afrikaans, à la face du monde, au grand dam du gouvernement sud-africain qui a interdit leurs livres durant des années. Leur témoignage a confirmé les écrits accablants de leurs confrères noirs, et a contribué à faire pression sur l'opinion internationale pour qu'elle prenne à son tour le parti des Noirs en Afrique du Sud. A l'intérieur du pays, leur rôle est aussi exemplaire dans le milieu étudiant qu'ils poussent à la contestation des lois de l'apartheid.

Nadine Gordimer est aussi un grand écrivain. Pour elle, littérature et engagement semblent inséparables. Elle cite la phrase de C. Milosz : « Qu'est-ce qu'une poésie qui ne sauve pas les nations ni les hommes ? ». Le prix Nobel de littérature 1991 vient de cautionner son action politique et sa valeur littéraire tout à la fois.

Elle a écrit entre autres les romans suivants (publiés chez Albin Michel) : *Un monde d'étrangers, Fille de Burger, Ceux de July* (1983), *Quelque chose de là-bas* (1985), *Le Conservateur* (1988). L'extrait que nous présentons vient d'un recueil d'essais : *Le Geste essentiel* (Plon, 1989) traduit par J.-P. Richard. Si N. Gordimer l'a choisi pour figurer dans ce recueil récent, c'est que les positions qu'elle y défend sur les rapports futurs des Noirs et des Blancs d'Afrique du Sud lui semblent toujours d'actualité.

L'AVENIR ?

L'envie de se débrouiller tout seuls démange les Africains. Le seul fait qu'un Blanc accueille la nouvelle Afrique avec presque autant d'enthousiasme qu'eux paraît en soi une ingérence.

[...]

Le Blanc qui veut avoir sa place dans la nouvelle Afrique doit apprendre un certain nombre de dures réalités. Il ferait bien de se considérer comme immigré dans un nouveau pays ; un endroit où il n'a encore jamais vécu, mais dont il s'est engagé à être partie prenante. Il lui faudra oublier les vieux réflexes de commandement et la tentation de donner des conseils, confortée par l'expérience et la culture de la civilisation occidentale ; l'Afrique traverse une phase où elle préfère passionnément ses propres erreurs aux réussites (ou aux erreurs) venant d'autrui. C'est là une phase absolument indispensable de tout développement politique, sociologique ou spirituel, mais c'est une phase qui décontenance et désillusionne. Renoncer à cette envie de donner des conseils, à ce penchant à l'ingérence, [...] n'est peut-être pas aussi facile que nous [...] le pensons. [...] Nous nous sommes habitués à exercer le commandement, ou du moins la tutelle, fût-ce seulement à l'occasion de campagnes libérales visant à ce que les Africains obtiennent le droit de vote et celui de s'exprimer directement. Notre souci de voir les Africains faire marcher leur nouvelle Afrique risque de nous pousser (et nous poussera, je le sais) à nous proposer comme guide quand personne ne nous aura rien demandé. Nos bonnes intentions et l'excellence ou l'urgence des conseils ne comptent pas. Plus vite nous en convaincrons notre amour-propre, mieux ce sera. Ce qui compte, c'est le besoin qu'a l'Afrique de prendre confiance en elle, par l'expérience directe : on se relève, on secoue la poussière et on repart. [...]

Si nous voulons avoir une place quelque part en Afrique, voici ce qu'il nous faudra nous-mêmes apprendre à faire : répondre à l'appel, de bonne grâce et de bon cœur, quand on nous demande quelque chose ; et autrement, la boucler.

(1959)

ÉCRIVAINS NOIRS/ÉCRIVAINS BLANCS
LITTÉRATURE ET POLITIQUE

[...] Le soulèvement commença par une révolte de la jeunesse et entraîna chez les écrivains une nouvelle prise de conscience : hardie, incantatoire, d'une témérité messianique. Cela les plaça également devant de nouvelles exigences quant au « geste essentiel » les unissant à un peuple qui danse sur place au petit matin avant les sprints d'entraînement à la liberté et la menace de mort.

Les émotions personnelles furent inévitablement proscrites par des militants politiques trop pris pour en avoir et pour en tolérer. Des écrivains noirs, l'on attendait qu'ils manifestent la *condition révolutionnaire* inhérente à leur couleur de peau, en se pliant dans leurs œuvres à une orthodoxie non écrite d'interprétation et de représentation.

J'insiste sur le mot « non écrite », car il n'y avait pas d'Union des écrivains d'où expulser les réfractaires. Mais il y avait un aréopage de dirigeants politiques, d'intellectuels et la nouvelle catégorie de la jeune garde qui faisait honte aux autres avec son courage physique et intellectuel — tous prêts à ostraciser un recueil poétique ou un texte en prose pour peu qu'on le jugeât dénué de pertinence par rapport à la création formelle de l'image d'un peuple à l'héroïsme anonyme et souvent spontané.

[...]

S'agissant de leur geste essentiel, à qui les écrivains sud-africains doivent-ils des comptes, s'ils ne se trouvent pas dans la situation historique et concrète des Noirs et si (axiome qui ne vaut pas pour tous au même degré) ils sont aliénés par rapport à « leur » monde : la situation historique et concrète des Blancs? Seule une partie des Noirs a une quelconque exigence vis-à-vis des écrivains blancs : parmi les Noirs radicalisés, il s'agit du groupe qui reconnaît l'intégrité des Blancs expressément favorables à la lutte de libération des Noirs. Faire partie de ces écrivains, c'est d'abord se voir investir d'une responsabilité politique, pour ne pas dire soumis à une véritable orthodoxie : « travailleur culturel », l'écrivain blanc a pour tâche d'élever le niveau de conscience des Blancs, dont les yeux, contrairement aux siens, ne sont pas encore ouverts ; car la majorité de ses lecteurs sont blancs. Il exerce une certaine influence sur les Blancs, mais pas sur le gouvernement à direction blanche ; il peut influencer telle ou telle personne encore hébétée après le trip du pouvoir, mais déjà en passe de reprendre ses esprits, ou telle autre qui découvre en toutes lettres l'expression de sa révolte refoulée et s'enhardit alors.

Je doute que l'écrivain blanc, même s'il traite des thèmes identiques à ceux des Noirs, soit d'une grande utilité sociale pour mobiliser les Noirs, ou qu'on ait besoin de lui pour cette tâche. D'un point de vue populiste, il manque à l'écrivain blanc l'accréditation fondamentale : il ne partage pas la vie des ghettos noirs. Par contre, les écrivains noirs ont en commun avec les blancs le même type d'influence sur les Blancs qui les lisent. Ainsi la littérature opère-t-elle le mélange de catégories que les autorités voudraient maintenir séparées : « geste essentiel » inattendu des écrivains quant à leur responsabilité sociale dans un pays divisé.

Les opprimés vis-à-vis de qui l'écrivain blanc s'est déclaré responsable n'attendent pas de lui qu'il soit « davantage qu'un écrivain » ; l'on ne considère pas en effet que sa position historique lui permette de jouer un rôle central dans la lutte des Noirs. Mais plusieurs écrivains ont remis en cause cette définition en assumant exactement les mêmes responsabilités révolutionnaires que des écrivains noirs, tel Alex La Guma, Dennis Brutus et Mongane Serote, qui ne font aucune différence entre les tâches de l'action clandestine et l'écriture romanesque ou poétique. Comme Brutus, les écrivains blancs Breyten Breytenbach et Jeremy Cronin furent jugés et emprisonnés pour avoir accepté la nécessité, selon eux, d'être « davantage que des écrivains ». Leur interprétation de la responsabilité de l'écrivain, dans le pays et dans la situation qui sont les leurs, demeure un défi.

[...]

Pour qui a choisi comme unique responsabilité d'être « simplement écrivain », il reste encore à décider ce que cela signifie...

[...]Exprimant, depuis le Mexique, les besoins du tiers monde, Octavio Paz attribue une fonction fondamentale de critique social à l'écrivain « simplement écrivain ». C'est une responsabilité qui remonte aux sources : au corps de la langue dont naît l'écrivain. « La critique de la société commence donc avec la grammaire, et le rétablissement des signifiés. » Telle fut la responsabilité dont se chargèrent dans la période post-nazie Heinrich Böll et Günter Grass et c'est elle qu'assument actuellement les écrivains sud-africains, noirs ou blancs, quand ils dévoilent la véritable signification du lexique cher au gouvernement sud-africain, plein d'euphémismes racistes tels que « développement séparé », « réinstallation », « États nationaux », et sa syntaxe d'un Parlement raciste, composé de trois chambres, l'une pour les Blancs, l'autre pour les soi-disant « gens de couleur » et la troisième pour les Indiens, toute représentation de la majorité des Sud-Africains (ceux qui sont classés comme Noirs) étant exclue.

(Plon, 1984)

PIUS NGANDU NKASHAMA — Né en 1945 au **Zaïre**, professeur d'université ayant enseigné en Algérie et actuellement à Limoges, Pius Ngandu est un personnage bien connu des milieux littéraires africanistes. Pour ses anthologies et études critiques d'abord : *Littératures africaines* (Silex), *Écritures et discours littéraires* (L'Harmattan, 1989) et son essai sur Ahmadou Kourouma. Mais aussi pour ses romans : *Le Pacte du sang, La Mort faite homme, La Malédiction*.

Pius est tellement ouvert à autrui cependant qu'il a su écrire ce dernier roman consacré à une histoire d'amour entièrement située en Algérie (où Pius a enseigné pendant dix ans). Roman d'un lyrisme intense et d'une invention stylistique stupéfiante — sans nul exotisme cependant — roman à moitié rêvé à partir du recueil *L'Amour — poème* de Majnoûn, auteur arabe quasi mythique. De même *Des Mangroves ou terre haute* (L'Harmattan, 1991) est un récit hanté d'un amour qui ne peut s'accomplir que dans la mort.

Mais nous conseillerions peut-être en priorité de lire son ouvrage au style si percutant qui rassemble ses souvenirs de coopérant en France ; le regard de l'autre, après 30 ans d'indépendance, c'est saisissant ! Le regard de la campagne française sur *Un primitif en Essonne* (L'Harmattan, 1987). Mais ce sont aussi les phantasmes de l'auteur et des images de l'Afrique d'aujourd'hui, de ses paradoxes et de sa misère ; le scandale permanent dans lequel vit un intellectuel sincère, lucide, extraordinairement cultivé et sensible.

[...]Le sous-développement économique, postulat d'un sous-développement culturel, pour sous-hommes sous-alimentés! Tout se tient, dans cette implacable dialectique.

Et puis, le préliminaire, ou le corollaire obligé : « C'est pourquoi nous avons des droits et des devoirs à leur égard ; parce que, dans le processus de l'histoire, nous avons une très grande avance sur eux, et que nous devons les aider à devenir plus humains (plus hommes?). » Comment s'opposer à tant de condescendance et de sollicitude, comment démentir un tel humanisme paroxystique concernant le désintéressement des idéologies des « peuples supérieurs »?

Mais il fallait taire les susceptibilités, et ne songer qu'à l'extase de cette découverte sensationnelle : un monde fascinant des forces secrètes et des énergies occultes, des traditions échappées de la corruption des technologies fossilisantes et du machinisme corrosif à outrance, qui réduisent l'homme (le vrai, l'Occidental), à l'état d'objets interchangeables. « Mais vous êtes encore à l'état pur (on ne dit plus « sauvage », ni « primitif »), il faut le rester, dans votre intérêt » ; et puis : « Pourquoi voulez-vous détruire l'équilibre originel de la primitivité de la nature? » Comment alors introduire les méfaits des multi et des trans-nationales, avec leurs cultures hamburger? Comment dire la panique des jeunes, dans les milieux urbains, avec leurs cortèges de frayeurs, qui ressemblent au génocide général de tant de peuples? « Parlez-nous de vous, et de nos différences (de nos indifférences)! »

[...]

Comment expliquer alors que les enfants y meurent de faim? Que les peuples croupissent dans la misère la plus indicible? Que des jeunes gens, douze-treize ans, se bousculent déjà autour des fourneaux en termitières de charbon de bois, le *makala* national? Et ils sont obligés d'aller le chercher à pied, en pleine brousse éloignée, à des dizaines de kilomètres de tout lieu habité. Et ils poussent devant eux, sur des chariots de fortune, une demi-tonne de charbon de suie. Et la détresse de « Borom Sarret » de Sembene Ousmane, comment l'accorder à l'« émotion nègre » et à la solidarité africaine la plus brute?

Alors, pour les jeunes collégiens, ces attitudes de perplexité et d'incompréhension :

— Et ils ne se révoltent pas? Nous, on aurait déjà fait la révolution.

— Ils n'en sont peut-être pas au point de défendre leurs droits et leurs libertés. Ils n'ont pas de syndicalistes compétents, pour se faire voler ainsi?

— Et vous, pourquoi ne rentrez-vous pas pour aller les aider à vivre mieux?

— Pourquoi ne réclamez-vous pas votre liberté et votre indépendance, si les étrangers viennent vous exploiter et vous opprimer? Voyez en Asie et en Amérique latine! Et nous les soutenons dans toutes leurs luttes. Vous ne luttez jamais, vous, et vous attendez toujours qu'on vous offre tout, gratuitement.

— Pourquoi ne fabriquez-vous pas des trains et des avions, des voitures et des tracteurs pour vos paysans, avec tout ce que vous possédez comme minerais?

— Nous, on n'a pas de matières premières, mais on a des idées. C'est pour cela que nous réussissons toujours. Vous, vous n'avez pas d'idées! Alors, pas du tout.

— C'est votre faute alors, puisque vous avez tant de richesses, et que vous ne savez pas les utiliser dans votre intérêt. Il faut que d'autres viennent vous les exploiter alors. Ne vous en plaignez pas. C'est dans votre intérêt.

— Et vos dirigeants, pourquoi vous volent-ils tant d'argent? Et vous ne faites rien pour les chasser? Sont-ils tellement forts pour vous? Alors que nous, il suffit que les lycéens bougent, les présidents tombent, comme en soixante-huit.

[...]

Curieux gosses terribles qui, tous, savaient trouver la « vraie solution » au « vrai problème » de l'Afrique. Étonnés que les Africains eux-mêmes n'y aient jamais songé, alors que cela ne demandait que si peu d'intelligence!

En réalité, les séances n'arrivaient que très rarement à ce paroxysme. Les réflexes pédagogiques finissaient toujours par l'emporter. Des phrases banales venaient enchaîner sur les littératures orales, sur les rhapsodies de la « négritude » ou les poèmes de Césaire : « Son langage est plus proche du nôtre, comme celui de Senghor, d'ailleurs. » Oui, les « nègres et leurs négritudes ». « Pourquoi nous, on n'a jamais parlé de "blanchitude"? » Mais il était exclu de montrer que tout n'était que « blanchitude » : la pensée et la philosophie, la raison et l'algèbre, la physique et les météorites, les astres et le jour, l'apartheid et le contraceptif, le développement et l'histoire, la paix et la liberté. Et qu'il ne nous resterait peut-être que les lascivités des rites initiatiques, les mystiques des Rastamen, et les vibrations des poésies assonancées.

La sympathie finissait par créer le courant : « Pour un Africain, vous en connaissez des choses! » Ou encore, lyrique : « Vous parlez bien français, vous êtes né en France? »

(Extrait de *Un primitif en Essonne*, Éditions L'Harmattan.)

AXELLE KABOU — Née en 1955 à Douala (**Cameroun**) et titulaire de plusieurs diplômes : maîtrise d'anglais, DEA en Idéologie et Mass-media, diplôme de la Chambre de Commerce et d'Industrie de Paris, cette jeune dame travaille en Afrique, depuis 10 ans au secrétariat de la Confédération de la Sénégambie.

Son essai polémique *Et si l'Afrique refusait le développement*? est extrêmement « décoiffant » et fondé sur une hypothèse jusqu'ici peu analysée par les philosophes africains : et si le développement était perçu, tant par les masses que par les élites, comme reposant sur des diktats émanant de l'Occident, et contrariant les cultures traditionnelles ? Et si, inconsciemment sans doute, les Africains refusaient cette « occidentalisation » technique, économique, scientifique même, pour préserver leur identité menacée ? Axelle Kabou dénonce plus particulièrement le danger du repli sur soi, soutenu par une paranoïa qui rejette sur l'étranger la responsabilité de tous les maux qui accablent l'Afrique. Même si Axelle Kabou exagère ou se montre injuste à plusieurs reprises, elle donne à réfléchir. Son livre fourmille d'observations pertinentes... et impertinentes ! Il mériterait d'être discuté dans tous les cénacles d'intellectuels. De même d'ailleurs que celui d'Edem Kodjo dont le ton est plus modéré et les perspectives plus précises. L'extrait suivant est à rapprocher de celui de A. Sow Fall, p. 470.

Les écarts entre les riches et les pauvres [...] ne suffisent [...] pas à rendre compte des mécanismes idéologiques de la perpétuation de la pauvreté en Afrique noire post-indépendantiste. Pour affiner cette analyse, il faudrait y intégrer le concept décisif de la fausse pauvreté. Celle-ci se traduit par une propension marquée de populations, apparemment démunies, à investir leurs revenus dans des manifestations collectives éphémères et dispendieuses, ayant pour seule fonction d'assurer la pérennité des traditions. [...]

Ce phénomène bien connu a été très souvent dénoncé par le roman social féminin africain. Or, on omet [...] de dire que ces fêtes, où l'on « claque » en une journée l'équivalent d'un salaire annuel moyen, ne revêtent leur signification profonde que replacées dans un contexte général de résistance à la toubabisation [...] Les sommes colossales jetées au griot ou au nganga au cours d'une cérémonie ne servent pas, on le sait, à créer des activités productives de biens matériels dont l'Afrique a besoin, mais à renforcer un narcissisme culturel perçu comme positif à tous les échelons de la société. Très clairement, le culturel, en Afrique, concurrence l'économique et le bat à plate couture [...]

[...][On pourrait reprendre ici le mot d'un journaliste à] propos du carnaval de Rio, [disant] que : « la misère d'un peuple se mesure à la splendeur de ses fêtes ». Sauf qu'en Afrique, il s'agit bien souvent d'une misère intellectuelle. La parfaite superposition des discours identitaires de l'élite cultivée et des masses populaires, la primauté de la résistance culturelle sur le bien-être économique expliquent que la misère soit un phénomène auto-entretenu en Afrique noire. L'économie d'affection n'a donc pas fini d'exercer ses ravages. Il serait, en effet, naïf de croire que le dégraissage des effectifs de la fonction publique, la privatisation des entreprises (pour ne citer que deux exemples du train de mesures censées assainir les économies africaines) vont changer les choses : plus la situation économique se détériorera, plus on s'accrochera à l'opium des valeurs africaines prétendument en voie de disparition et au football pour endormir les masses, et singulièrement la jeunesse.

Celle-ci doit donc savoir que ses chances de survie s'amenuisent avec le renforcement du refrain du retour au bercail ancestral. [...] Et, n'en déplaise aux théoriciens de la « décontraction passive du nègre-qui-n'a-pas-peur-de-l'avenir-et-qui-se-moque-de-l'argent », la prospérité matérielle des peuples ne se conquiert que sur le terrain de la productivité, de l'inventivité et de la lutte syndicale. Il n'existe pas d'exemple de nation, de continent au monde, qui soit parvenu à nourrir correctement ses populations en comptant sur le pouvoir des « multiplicateurs de billets »[1], ou sur celui de leurs pendants occidentaux et arabes : les bailleurs de fonds.

La pauvreté généralisée n'est pas le meilleur gage du bonheur social, contrairement à ce qui a été écrit. Les Africains ne doivent pas être condamnés à vivre les uns sur les autres par peur d'une industrialisation qui tuerait automatiquement les relations sociales ; encore une fois, la machine n'est pas une mécanique autonome. L'Afrique se leurre, du reste, en croyant qu'elle pourra « conserver » durablement ses valeurs de civilisation par la technique du repli des mentalités sur elles-mêmes. En persistant dans cette voie, elle creuse chaque jour davantage des écarts dangereux qui [...] autorisent déjà, çà et là, de regrettables entreprises de reconquête qui n'honorent pas les Africains.

La jeunesse africaine qui, dans sa grande majorité, n'a que le chômage comme horizon, doit, par conséquent, savoir que les capacités respiratoires d'une culture sont aujourd'hui fonction de son aptitude à inhaler les courants créatifs de la planète entière, à insuffler au marché mondial de la pensée et de l'inventivité des énergies sans cesse renouvelées. Or, l'Afrique post-indépendantiste croit que ses traditions la conduiront au développement, non à l'instar du Japon, mais comme par enchantement.

(Extrait de *Et si l'Afrique refusait le développement*, L'Harmattan, 1991.)

---

1. Le quotidien national sénégalais *Le Soleil* relate régulièrement des histoires d'hommes ou de femmes qui se font escroquer par des individus ayant prétendument le pouvoir de multiplier des billets de banque par le recours à la magie. On trouve des histoires semblables dans *Fraternité-Matin* (quotidien ivoirien).

AYI KWEI ARMAH (Ghana) — Ce n'est qu'aujourd'hui qu'on prend conscience, dans l'Afrique francophone, de l'importance de cet auteur ghanéen, universitaire discret vivant à Dakar et dont on connaît surtout un roman traduit en français en 1976 : *L'Age d'or n'est pas pour demain*. Deux autres : *Two Thousand Seasons* (1973) et *The Healers* (1979) sont des romans historiques, évocations souvent épiques d'un passé qui permet de réfléchir sur le présent. Ayi Kwei Armah apparaît comme le précurseur de certains romanciers francophones comme Boubakar Boris Diop, Monemembo ou Laurent Owondo ; l'absurde de la condition africaine instauré insidieusement en lieu et place des espoirs des Indépendances, il fut l'un des premiers à l'avoir perçu et exprimé avec cette lucidité calme, l'un des premiers à comprendre que la partie était perdue, pour cette génération tout au moins.

On éprouve un choc à lire *L'Age d'or...*, roman d'un anti-héros qui n'a à nous offrir que la pauvreté mesquine du petit employé en quête de son autobus quotidien, de son épouse qui se lance dans des combines hasardeuses pour sortir de l'impasse, de ses enfants qu'il essaye, malgré la pénurie, d'élever avec quelques principes ; le tout formant cycle, la fin du roman analogue au début, indiquant l'absence de tout horizon pour cette vie si banale, si prototypique des masses urbaines que l'auteur s'est abstenu de nommer son héros et l'appelle seulement : l'homme. Le style fonctionne comme une espèce de charme, et on en sort fasciné, nauséeux, et complètement déprimé devant cette inexorable entropie.

CETTE NOURRITURE DE BLANCS

En commandant toute cette nourriture de Blancs, le beau riz de luxe à grains longs, Uncle Ben, avec sur chaque paquet ce grand sourire de Nègre américain, les gâteaux en boîte de métal qui avaient voyagé des milliers de kilomètres en provenance des pays riches et le beurre de Nouvelle-Zélande, il savait bien que c'était stupide d'éprouver une telle satisfaction, simplement parce qu'il était en train d'acheter des produits qui en fait n'étaient pas dans ses moyens ; et malgré tout, il n'arrivait pas à réprimer le sourire qui se formait sur ses lèvres et qui répandait dans tout son corps cette sensation de bien-être. Si, à ce moment-là, il avait pu trouver ces boissons nobles que sont le White Horse et le Vat 69, il les aurait achetées de bon cœur, dans l'euphorie stupide de la minute présente, même si après il avait dû amèrement s'en repentir. Ce n'était pas seulement à cause des regards admiratifs des gens dans les magasins qui ne savaient évaluer un homme qu'à la somme qu'il pouvait débourser. Ce n'était pas entièrement à cause des remarques d'Oyo, de sa joie quand un visiteur important pouvait la complimenter sur ce qu'elle lui avait offert, ou de son silence boudeur quand il n'y avait rien d'autre que de la nourriture de racaille et de la boisson de racaille à offrir à tous ces gros bonnets quand ils venaient en visite. Il y avait aussi, au cœur de l'homme lui-même, une intense jubilation quand il se sentait en mesure, ne fût-ce qu'un instant, d'accomplir le geste héroïque qu'on attendait toujours de lui, même si, en définitive, c'était lui-même qu'il détruisait. Comment demander à un homme de se retenir, quand l'admiration du monde, l'orgueil des siens et son propre bonheur secret, au moins pendant un bref instant, le poussent à perdre sa maîtrise de soi et à se comporter comme celui qu'il n'est pas et ne sera jamais. Argent! Puissance!

Ne plus s'épuiser à attendre des merveilles.

Il y avait maintenant parmi les siens, faute de mieux, une volonté d'accepter son échec. Sans doute n'était-ce pas suffisant pour créer des élans de bonheur et de contentement, mais savoir qu'ils ne s'épuisaient plus à attendre des merveilles de gens qui ne pouvaient rien leur donner était tout de même quelque chose de consolant. La vie était donc ainsi, juste la vie. Avec une petite trépidation de temps en temps, et même une grande quelquefois. Mais pour l'œil exercé et l'oreille attentive, il était devenu clair que tout bouleversement, quel qu'il fût, ne pourrait se terminer qu'en laissant les choses dans leur état de toujours. L'homme commençait maintenant à comprendre comment chacun de nous marche inexorablement vers sa tombe. Quand tous les espoirs se sont mués en désillusions, on ne résiste plus guère à la pensée du grand départ.

Pendant quelque temps, on parla beaucoup d'enquêtes lancées pour nettoyer le pays de sa corruption. Lancées par qui? Où étaient donc les gens en place, non corrompus eux-mêmes? Le public discutait volontiers de la commission d'enquête, mais personne ne s'excitait là-dessus. La commission était présidée par un professeur de l'Université. De l'Université, pour donner, paraît-il, plus de poids et de sérieux à l'entreprise. Finalement le bruit courut que ce qui devait arriver était arrivé. Le filet avait été dressé selon cette technique spécifiquement ghanéenne qui permet aux grands personnages réellement compromis de passer à travers les mailles. C'était un filet qui ne retenait que le menu fretin, dont on pouvait aisément se débarrasser et qui, avec un aveuglement pitoyable, s'était cru capable d'atteindre la lumière et la richesse de la seule manière possible. Et les gros continuaient à sévir en toute liberté, comme tous leurs slogans. Mettez fin à la prévarication et à la corruption. Construisez le socialisme. Merde. Il était temps de se rendre compte qu'il n'y avait pas d'autre issue que le désespoir, pas de remède pour y échapper, excepté un seul. Mais celui-là pouvait attendre. Et dans cette attente, les jours continuaient à suivre leur cours, toujours identique. On pouvait apprendre à vivre en sachant beaucoup accepter. Vraiment beaucoup.

(Extraits de *L'Age d'or n'est pas pour demain* [*The Beautiful Ones are not yet born*], Éditions Présence Africaine.)

BOUBAKAR BORIS DIOP (Sénégal) — Né en 1946, ce professeur de philosophie devenu journaliste est l'un des plus intéressants romanciers de la nouvelle génération. Après un essai sur la négritude et un roman sur le racisme — les deux non-publiés —, il se fit connaître en 1981 par *Le Temps de Tamango* qui reçut aussitôt le prix du Bureau sénégalais des droits d'auteur, et par *Thiaroye terre rouge* porté au cinéma par Sembène Ousmane.

En 1987, *Les Tambours de la mémoire* vint confirmer un talent certain. Boris Diop s'est donné pour objectif de réfléchir sur l'histoire, non pour s'y mirer ou en tirer nostalgie, mais pour en extraire les significations profondes, tant négatives que positives. *Tamango* est une fiction qui s'appuie sur l'esclavage, *Thiaroye* ressuscite la révolte des tirailleurs rentrés au Sénégal après la guerre, les *Tambours* se font l'écho de la résistance casamançaise à travers le maquis instauré par la « reine » Aline Sitoé. Ce ne sont pourtant en rien des romans historiques. Les héros sont bien ces jeunes hommes d'aujourd'hui en proie à toutes les déceptions, les incertitudes de l'Afrique actuelle. Les fils de ceux qui ont fait l'Indépendance, et qui renient leurs pères rendus responsables de ce gâchis. Ou en tout cas coupables de l'avoir accepté, de s'en contenter, voire d'en profiter.

Fadel, ce mort qui est le centre du récit et qu'on appréhende à travers les souvenirs de ceux qui l'ont connu, est un peu la réplique de Samba Diallo de *L'Aventure ambiguë*. Un Samba qui serait né 30 ans plus tard et dont la pureté n'aurait pu survivre à ce monde en voie de désintégration. Mais, comme l'écrit Suzanne Gasster, « l'entropie du *Temps de Tamango* se transforme en plusieurs fils à tisser dans *Les Tambours* » et le lecteur prévoit l'évolution des personnages transformés par la mort de Fadel, par le sens de cette mort, par le mythe passé, transmuté et réactivé, pour lequel Fadel a choisi de se perdre.

La force de cette œuvre est d'abord dans sa densité. Boris Diop est un intellectuel au sens fort du terme. Dans *Tamango*, les narrateurs s'interrogent sur le bien-fondé de l'écriture, sur le poids de la littérature devant la vie concrète, sur la validité des genres, ils débattent de mille problèmes, ils sont hyperconscients d'eux-mêmes et ce jusqu'au narcissisme.

Dans *Les Tambours*, les personnages sont au contraire axés sur le héros absent, et spéculent à perte de vue sur ses motivations, laissant ainsi transparaître leur propre idéologie. Mais, d'un livre à l'autre, Boris Diop a affiné ses procédés d'écriture et abouti à une narration plus serrée. Ses petites phrases sèches, parfois télégraphiques, sont plus efficaces que les longs dialogues de naguère. S'il se réfère à Garcia Marquez dans le *Tamango*, il citera Ayi Kwei Armah dans *Les Tambours*, et ce n'est sûrement pas un hasard.

Boris Diop est un écrivain qui « se travaille » et son exigence envers lui-même laisse augurer d'une œuvre de grande envergure, dans une langue qui frappe par son aisance et sa modernité.

L'ÉCHEC D'UNE RÉUSSITE

[E.H. Madické Sarr vient d'apprendre la mort de son fils Fadel.]
Madické avait toujours su, une certitude bizarre, que Fadel mourrait très jeune. Déjà lorsque le garçon avait cinq ou six ans, et même bien plus tard, il lui était souvent arrivé de surprendre dans

ses yeux, le cœur serré, les lueurs indéfinissables de la mélancolie et du néant. Madické se disait, terrorisé, que ce n'était sûrement pas par hasard qu'il sentait de façon presque physique la mort rôder autour de Fadel et seulement de Fadel. Parfois, lorsque ses responsabilités politiques ou ses affaires l'éloignaient du pays, il se mettait toujours à un moment ou à un autre à s'imaginer le pire. Alors, de sa chambre d'hôtel, fût-ce à Séoul ou à New York, il téléphonait à la maison, taquinait Aïda, promettait des jouets aux petits-enfants et se sentait soulagé. Parce qu'il le savait vulnérable entre tous, Madické aimait Fadel plus que ses autres enfants. Cependant, il était bien trop orgueilleux pour le laisser paraître. Paisible, taciturne (mais d'une manière agressive et presque hautaine), Fadel avait toujours donné à son entourage l'impression de n'avoir aucun but précis dans la vie. Puis brusquement, au moment où tout le monde se demandait s'il allait continuer à tourner en rond (après son refus goguenard et jamais expliqué de travailler dans une des sociétés de Madické), Fadel s'était découvert une vocation tardive pour l'art. Impossible naturellement de lui faire dire ce qu'il entendait par Art. Se voulait-il musicien, poète, sculpteur? Mystère! Tout juste s'il avait daigné un jour faire allusion, oh! fort vaguement, et sur un ton exaspéré, à une statue géante de la reine Johanna Simentho qu'il voulait installer au grand carrefour du marché Sandaga, au mépris de la loi, en précisant : « A la place de celle du major Adelezo. »

C'était peu de temps avant son départ pour Wissombo, sombre période où Madické avait eu l'impression, sans oser se l'avouer clairement, que son fils le haïssait d'une façon implacable, avec encore plus de force que par le passé. Fadel lui reprochait, contre tout bon sens, d'avoir jadis maltraité une de leurs domestiques, une certaine Johanna. Il avait fallu du temps à Madické pour comprendre qu'il faisait ainsi allusion à Johanna Simentho. La femme reine Johanna Simentho qui faisait pour ainsi dire se pâmer quelques hallucinés en mal de porte-drapeau révolutionnaire. On la disait morte mais visible, vivante mais invisible, quelles fariboles! La malveillance politique s'en était mêlée et des opposants minoritaires et bruyants, lâchement tapis dans l'ombre, avaient vite fait d'appeler les populations à la révolte. Résultat : presque chaque année des troubles très graves au sud-est du pays, dans le District nº 8 correspondant pour l'essentiel à l'ancien royaume de Wissombo. Madické, au temps où il était ministre de l'Intérieur (c'était le premier gouvernement après l'Indépendance), avait lui-même mis en œuvre ce nouveau découpage territorial. On avait essayé de lui mettre des bâtons dans les roues mais il avait tenu bon. [...] Il avait toujours estimé qu'il était capital, pour forger chez tous le sentiment d'appartenir à une seule et même nation, de liquider

froidement toutes les nostalgies archaïques et dérisoires que véhi-
culaient les noms de ces anciens royaumes. Oui, bien sûr, lui-même
descendait d'une grande famille royale et quand les griots chantaient ses ancêtres, il frissonnait de fierté. De douces émotions
intimes. Les secrets inviolables de son cœur. Certainement pas une
raison de souhaiter un retour au passé. Tous ses efforts n'avaient
servi à rien si on en jugeait d'après les événements du District n° 8...
C'était complètement démentiel... Sous la direction d'un vieil
aveugle un peu cinglé, un certain Boureïma, des hordes fanatiques
s'étaient retirées dans la forêt, se lançant périodiquement à l'assaut
de la République en poussant des cris sauvages, armées de flèches,
de haches et de coupe-coupe. Il était difficile à Madické d'imaginer
Fadel parmi ces gens, scandant le nom de la reine Johanna Simentho au milieu d'une centaine d'individus hystériques. Fadel qui ne
lisait jamais les journaux. Qui ne s'était jamais intéressé à la
politique. S'être fait tuer pour une cause à laquelle il ne comprenait
probablement rien. On allait l'enterrer, peut-être le lendemain, et
ce serait fini. Et encore... Il n'y avait aucune raison de croire qu'il
avait échappé à la fosse commune. « Père, j'irai demain à Wissombo... » Sept ans après il entendait à nouveau la voix âpre et
intense de Fadel... Ah! il était donc resté tout ce temps à Wissombo... Comme le temps passait vite! Sept années entières et pas
une lettre, pas le moindre signe de vie. Rien. Image de Fadel lui
tournant le dos, la porte qui claque violemment; tout cela lui était
resté dans les yeux et les oreilles, image fondamentale, depuis lors,
de son existence. L'impression qu'il avait eue, vivace encore et
insupportable, que c'était lui au fond, Madické, le grand El Hadj
Madické Sarr, qui avait raté sa vie.

LA FORCE DU MYTHE

*[Fadel est tombé entre les mains des forces de la répression. Le
commissaire l'interroge sur le maquis de Johanna.]*
— Cette forêt? Cette jeune fille?
— Elle porte mon enfant, dit Fadel avec simplicité. Niakoly
écarquilla les yeux.
— Qui porte ton enfant? La jeune fille ou la forêt?
« Tiens, je n'y avais pas pensé », se dit Fadel. Il se sentit soudain
heureux.
Niakoly laissa entendre un rire nerveux suivi d'une nouvelle
explosion.
— Eh bien, bravo! Je vois que notre jeune citadin n'a pas perdu
son temps! Ainsi donc tu as réussi à faire un bébé à la reine Johanna
Simentho elle-même! Ce sera une fille, naturellement. Et tout aussi

naturellement elle s'appellera Johanna. Et ainsi de suite jusqu'à la fin des temps car il ne faut pas que la race des héros s'éteigne, n'est-ce pas! L'enfant va grandir dans la forêt en se nourrissant de baies sauvages et de lait de lionne avant de se lancer plus tard à l'assaut de quelque forteresse impérialiste! Ça va continuer jusqu'à quand, ces idioties?

Fadel éprouvait une profonde joie intérieure. Jamais au cours de sa vie il n'avait été aussi en paix avec lui-même.

— Je ne sais pas, répondit-il, le cœur en fête. Peut-être aussi longtemps que nous aurons besoin de la reine Johanna...

— Pauvre petit crétin, laissa tomber froidement Niakoly après un bref moment de réflexion. Toi, je peux t'assurer que tu n'auras plus besoin sous peu de la reine Johanna. Tu as fourré ton nez dans une sale histoire. On dirait que tu ne t'en rends pas compte.

— Vous allez me tuer, ça devrait vous suffire. Que vous faut-il de plus?

— Ha! ha! hurla soudain Niakoly, toi aussi, tu comptes sur moi pour devenir un martyr! J'en ai connu, dans ma vie, des illuminés de ton espèce! Tout ce qu'il leur faut, c'est qu'on les transforme en martyrs, autrement dit qu'on les tue sans les tuer! Le bon colonel Léonidas Vézélis m'a appris à dépister rapidement ces insensés qui même de l'au-delà veulent continuer à faire chier les honnêtes flics qui font juste leur boulot. J'ai beaucoup de sympathie pour toi, Fadel, mais ce serait vraiment trop bête de commettre une aussi grave faute professionnelle après tant d'années de bons et loyaux services! Tu ne seras même pas enterré dans le District! Demain ou après-demain ton corps sera déposé à la morgue dc l'hôpital du 20-Juillet. Ton père El Hadj Madické Sarr est un homme riche, influent et respecté : nous avons un dossier épais comme ça sur ses juteuses magouilles financières, il ne cherchera même pas à savoir ce qui t'est arrivé. Tes parents vont t'enterrer très vite, pour cacher ton corps, pas pour autre chose! Ils feront tous semblant de croire que tu étais devenu fou à Wissombo.

— Vous êtes vraiment fou, dit lentement Fadel avec beaucoup de conviction. Pourtant la vérité éclatera, comme pour la reine Johanna.

(Extraits des *Tambours de la mémoire*, Éditions L'Harmattan.)

MOUSSA KONATE (Mali) — Auteur-professeur comme beaucoup d'écrivains africains, né en 1951, Konate est un pur produit de l'enseignement africain d'après l'indépendance. Cela explique peut-être son très haut degré d'enracinement.

Ses romans sont tissés de dialogues qui allègent un style narratif assez lourd. Ou alors est-ce plutôt l'ambiance qui pèse étrangement dans ses écrits déjà nombreux : *Une aube incertaine* (roman), *Chronique d'une journée de répression* (roman, 1988), *L'Or du diable* (théâtre), *Le Cercle au féminin* (théâtre), *Le Dernier Pas* (théâtre), *L'Assassin du Banconi* (roman), *Fils du Chaos* (roman) qui est une sorte d'anti-*Enfant noir* dans sa volonté de démystifier l'idéalisation de la famille traditionnelle. *Une aube incertaine* aussi s'attache à pénétrer la cruauté du sort d'un enfant délaissé par sa mère. L'extrait suivant est tiré d'un récit qui retrace les affres d'un mouvement étudiant qui milite contre la dictature militaire. Roman-document très proche des événements qu'a connus le Mali ces dernières années.

L'INTERROGATOIRE

Dans un des nombreux couloirs de la direction générale de la Sûreté, le jeune lieutenant prit Hamidou par la main.

— Écoute, Hamidou, dit-il, il ne sert à rien de faire le brave. Moi, je sais ce qui t'attend. Parle. Il vaut mieux que tu parles. Tu ne supporteras pas le traitement. Autant parler tout de suite. Ne te fais pas abîmer pour rien.

— Je n'ai rien à dire, je ne sais rien ! lui rétorqua l'étudiant.

— Tu ne pourras pas supporter la torture, insista le jeune officier. C'est inutile de t'entêter. Il vaut mieux que tu parles, Hamidou. Pour ton bien...

— Vous êtes tous des assassins. Vous paierez un jour !

— Tu ne comprends pas, répliqua l'officier, tu ne peux pas comprendre. Il vaut mieux que tu parles, Hamidou, pendant qu'il est temps.

— Fiche-moi la paix !

— Bien ! Tu l'auras voulu.

— « Aziz ! Abdoul ! » cria le lieutenant. Deux tortionnaires à peine vêtus vinrent en courant. « Emmenez-le ! Il doit parler » « Bien, mon lieutenant ». Les deux hommes poussèrent Hamidou devant eux et le firent entrer dans une salle dont ils fermèrent la porte. Une odeur de moisi y planait, les murs aux couleurs défraîchies portaient des taches de sang. Dans un coin était installé un lit au sommier nu fait de fils de fer entrelacés. Au milieu, une table ovale enfoncée dans le sol présentait une fente circulaire sur un côté. Dans un angle étaient accrochés une multitude de fouets de toutes sortes..

« Déshabille-toi, petit ! » ordonna Abdoul qui ne portait lui-même qu'une culotte. Hamidou ôta son grand boubou, le tint un moment puis le laissa tomber. En voyant le corps maigre et la jambe gauche paralysée, Aziz frissonna. Il s'approcha de Hamidou.

— Tu sais, petit, on ne veut pas te faire mal. Parle avant qu'il ne soit trop tard.

— Fiche-moi la paix ! Vous n'êtes que des esclaves, vous deux ! lui cria l'étudiant.

Abdoul, bouillonnant de colère, s'élança, un fouet en main,

bouscula Aziz. La lanière s'enroula autour du corps nu de l'étudiant en un bruit mat. Abdoul tira le fouet pour le brandir de nouveau. Comme si on l'avait poussé dans le dos, Hamidou fut projeté contre le mur, la tête en avant. Il y eut un bruit sourd que la salle répercuta et presque simultanément un bruit sec comme celui d'un os qu'on casse. Hamidou resta un instant recroquevillé, la tête contre le mur, les bras pendants. Lentement, le corps se détacha, tomba lourdement. Le sang coulait du crâne de l'étudiant étendu sur le dos, les yeux fixés au plafond.

Le lieutenant, qui s'était arrêté dans le couloir, entra, se pencha sur Hamidou, leva un regard désapprobateur sur Abdoul, puis sortit hâtivement. Peu après, il revint accompagné du capitaine et du médecin. Ce dernier s'accroupit devant le corps : « Il est mort » dit-il en se relevant, comme fatigué. Abdoul voulut s'expliquer, mais le capitaine le foudroya du regard et sortit. Aussitôt à son bureau, il téléphona :

— Venez avec vos hommes, lieutenant. Il y a un autre mort. Faites vite !

Le directeur général se leva, arpenta la salle et s'assit sur le bureau, en face du médecin.

— C'est quand même idiot, murmura-t-il. Il faut recommencer à zéro !

— Pas tout à fait, répondit son interlocuteur, il y a Alassane.

— Je sais, mais avec celui-là, c'était plus facile. Tu vois, c'est quand même ignoble de se servir de jeunes gens de ce type. Je suis sûr qu'on se sert de lui. C'est toujours comme ça : on exploite les petites misères des étudiants et on les envoie à la mort.

— Il avait pourtant l'air bien convaincu, protesta le médecin.

— Oh ! tu sais, c'est toujours comme ça au début. Mais si ces salauds n'avaient pas frappé trop fort, le jeune homme aurait craqué, c'est sûr...

L'officier qui était demeuré à la Maison du Parti entra, suivi de deux soldats. Ils saluèrent mais le capitaine se contenta de leur indiquer la salle de torture. Les trois hommes saluèrent de nouveau.

[...]

— Tu as été méchant, Abdoul, dit Aziz en revenant vers son compagnon.

— Ce n'est pas ma faute, lui répondit Abdoul. Il m'a énervé.

— Oui, même avec ça...

— Alors, fiche-moi la paix, Aziz ! On est payés pour ça. Ce n'est pas la première fois que ça arrive. Et toi-même, tu en as tué combien ? Hein ?

— C'est pas la même chose, Abdoul. Celui-là était un enfant.

— Mais oui, on est payés pour battre les enfants et les vieillards.

Je n'ai fait que mon travail. Le coupable, c'est quelqu'un d'autre, pas moi !

Furibond, il s'en alla à grands pas, cependant que, ayant tourné le dos, Aziz baissait la tête.

(Extrait de *Chronique d'une journée de répression*, Éditions L'Harmattan.)

IBRAHIMA LY (Mali) — Né en 1936. Professeur de mathématiques à l'E.N.S. de Bamako puis à l'université de Dakar, I. Ly a passé trois ans dans les prisons maliennes pour d'obscures « raisons politiques » dont le régime militaire de Moussa Traore avait pris ombrage. Mais toutes les dictatures, qu'elles soient militaires ou civiles, sont susceptibles et méfiantes envers les intellectuels. Car l'intellectuel possède une arme empoisonnée : son stylo. Le professeur Ly s'en est bien servi lorsqu'il a écrit, après sa libération et son installation au Sénégal, son roman : *Toiles d'araignées* (1982). Chronique romancée de ses années de prison, cet ouvrage est un document accablant tant pour les humains enfermés qu'il évoque que pour les responsables de cette situation dégradante. Il s'imposa au point d'inaugurer une catégorie nouvelle dans le genre romanesque africain, à savoir le roman carcéral. Dans la même lignée : *Camp Boiro* de Ardo Ousmane Ba et *Prisonnier de Tombalbaye* de A. Bangui. Plus sombre encore, si cela est possible, et plus pessimiste est son deuxième ouvrage : *Les Noctuelles vivent de larmes* (L'Harmattan, 1988). Y défilent des personnages cruels, grotesques et corrompus aux côtés des victimes d'un système qui accumule les tares des coutumes traditionnelles et des exigences monétaires, de l'immense soif de paraître et de posséder de la société nouvelle. Ibrahima Ly nous a quittés trop tôt. Ses amis lui ont consacré un livre publié chez L'Harmattan en 1990 : *Paroles pour un continent, la vie et l'œuvre d'Ibrahima Ly*. — Il était de la race des meilleurs.

Le convoi des prisonniers

Le convoi de prisonniers, très nombreux en cette saison, en route pour le « grand Nord » [arriva]. Les déportés venaient de partout, déguenillés, squelettiques, les yeux sortant de l'orbite, effrayants. Tous avaient le même visage comme les herbes de saison sèche. Les camions les vomissaient devant la prison à toute heure de la journée et les emportaient, généralement, très tôt le matin, entre trois et quatre heures. Enchaînés les uns aux autres par groupes de deux, quatre ou six, ils étaient tous entassés dans une chambre où ils couchaient à même le sol. Ils passaient la nuit à crier ou à se battre. Certains pleurnichaient à longueur de temps. Tous étaient hagards, hirsutes, effrayants, effroyablement sales. La même tignasse partout. Les dents et les yeux brillaient, comme des lames de couteau bien aiguisées. Ils n'éveillaient pas la pitié, mais semaient la terreur. Ils arrivaient, les mains nues, sans aucun récipient, sans rien qui leur appartînt. Ils venaient, déféquaient dans les chambres, urinaient partout dans la cour et repartaient.

Les détenus abhorraient ces hallucinantes apparitions parce qu'il fallait se serrer, faire de la place. Ils craignaient surtout ce terrible face à face de plusieurs heures avec le destin. Tous ceux qui avaient écopé plus de deux ans de condamnation partiraient un jour, pour le « grand Nord ». Combien mourraient avant d'arriver? Combien reviendraient de ce voyage dans l'autre monde? Le « grand Nord », c'était l'arbitraire sans nom des soldats, les rigueurs du climat, des conditions de vie inqualifiables. On n'en revenait presque jamais. Un groupe avait particulièrement frappé la pauvre Mariama[1]. C'était le convoi du trente et un janvier. Ils étaient soixante-quatre, dont deux paralytiques. Deux hommes qui avaient perdu l'usage de leurs jambes par suite des tortures subies dans un camp militaire de la capitale. Deux paralytiques enchaînés l'un à l'autre, en route pour l'enfer du Nord. Paralysés et affamés, incapables d'effectuer le moindre déplacement par eux-mêmes. Enchaînés! Pourquoi? Mariama ne pouvait pas comprendre. Elle ne pouvait plus rien comprendre. Ces hommes ne pouvaient plus fuir. Ils ne pouvaient plus rien pour eux-mêmes. Ils étaient à la charge de la communauté, du pays tout entier. On les enchaînait à présent l'un à l'autre! Pourquoi?

LA PRIÈRE

Des jurons fusaient de partout telles des bulles d'une eau verdâtre, des coups de pieds étaient envoyés au hasard.

La querelle la plus pénible, la plus impitoyable fut celle qui opposa deux enchaînés. L'un voulait prier, l'autre refusait net de s'accroupir et de se lever alternativement.

— Pourquoi veux-tu prier? Que veux-tu demander? Qu'est-ce que tu attends? Est-ce que Dieu n'aurait pas dû intervenir plus tôt?

— Je veux simplement prier. Sois gentil, laisse-moi prier.

— C'est avant qu'il fallait prier. Maintenant, c'est trop tard. Nous allons à l'abattoir, lâches et braves confondus. Il n'est pas question pour moi de m'asseoir et de me lever avec toi. Que Dieu te détache d'abord.

— Je t'en supplie, laisse-moi prier. Je ne me lèverai même plus, je m'assoirai et me prosternerai simplement.

---

1. Mariama est une jeune fille détenue dans cette même prison qui sert de cadre à tout le roman.

— Comme tu es drôle ! Tu ne te lèveras même pas ! Tu vois, tu es une véritable poule. Tu t'es empiffré de déjections et il te faut maintenant te frotter le bec contre le sol pour le rendre bien propre. Prie si tu veux, mais pas avec moi.

Le musulman se mit à pleurer et à supplier son camarade.

— Laisse-moi prier.

— Est-ce moi qui t'ai enchaîné ? Adresse-toi aux gardes. Ce n'est ni moi ni Dieu qu'il faut prier, ce sont les gardes qu'il faut prier. Je t'aurais accompagné, si tu voulais aller aux latrines.

(Extraits de *Toiles d'araignées*, Éditions L'Harmattan, 1982.)

TIERNO MONENEMBO (Guinée) — Né en 1947. Après s'être fait remarquer par un roman assez faisandé, publié au Seuil et intitulé *Les Crapauds brousse*, ce professeur d'économie a produit un texte très supérieur tant par l'écriture que par l'envol de l'imaginaire avec *Les Écailles du ciel* qui fut récompensé par le jury de la fondation Senghor en 1987. Les exilés comme lui — de même que William Sassine, A. Fantouré — excellent à évoquer tour à tour la beauté et l'amour fou du pays natal, puis l'horreur des bourbiers où la politique l'a plongé.

Monenembo y ajoute une très personnelle qualité poétique lorsqu'il évoque en des pages superbes l'installation des Peuls nomades dans un village et son enfance rurale et pastorale. Le contraste est d'autant plus marqué lorsque son héros est projeté dans la folie urbaine où il découvre les mystères du régime du grand Silly dont l'ombre plane encore sur Conakry.

Le dernier roman de Monenembo est intitulé *Un rêve inutile*, sorti en 1991. Vu ses dons et sa fécondité littéraires, cet auteur sera peut-être l'un des grands de la littérature africaine.

LES GENS DU PAYS PEUL

C'est une terre avide de secrets, recroquevillée comme une mère fauve sur l'espérance de ses petits. Une terre gondolée et desséchée. Une terre apeurée qui fuit le désert et s'enfonce dans la forêt. Une terre hérissée de montagnes dodues, ridiculement crânes. Une terre d'eaux tumultueuses et de pierres ocre. Un vent cinglant et tiède fouette sans répit le moutonnement des forêts-galeries, hulule dans les gorges des rivières et dans l'anfractuosité des rochers sa complainte aiguë d'amant aigri et revanchard.

[...]

Ses hommes sont étiques et chipoteurs, indolents et pharisaïques. Mais que l'étranger ne se laisse pas abuser par leurs mines de passivité innée et de soumission fatale : le plus mou se révélera fougueux. C'est de l'eau dormante, c'est du sang chaud qui sait bouillir en secret. La chanson dit : « Je suis le pays des eaux folles, des pierres tranchantes et des hommes chétifs. Mais, prenez garde : mes hommes ont l'impétuosité de mes eaux et la rudesse de mes pierres. »

Si les regards sont volontiers timides, c'est pour mieux cacher la ruse atavique. Si les gestes sont gauches, c'est pour mieux enfouir le penchant à la fourberie. Si les voix sont feutrées et même obséquieuses, il y a là-dessous une âme entêtée naturellement rebelle, consciencieusement rogue.

Ici, la solitude est un réflexe. Les cœurs sont gros et les corps chatouilleux : chacun a vite fait de s'effaroucher pour un oui ou pour un non et d'aller planter sa hutte plus loin. Il paraît que cela vient de l'eau de ce pays, de son air malicieusement irritant et qui exalte l'orgueil. C'est de son sang fielleux que vient ce caractère indubitablement difficile, savoureusement grognard. Je dis que c'est une terre de douce férocité, de mesquines querelles et de rancunes tenaces qui explosent en esclandres meurtriers. Un effluve de tourment et de folie sort de ses bois, de ses marais, du front coriace de ses hommes. Je dis que c'est un pays discret et radin ; que ses hommes portent volontiers la guenille, auraient-ils nombre de terres et de bœufs. Mais, la guenille n'ôte rien à la fierté. Le plus mal vêtu va un pas de prince, jetant un regard paresseux et méprisant sur les hommes et les choses.

Mais, ce sont les femmes qui expriment mieux que tout autre les coups de vent de ce pays, ses sous-entendus, sa mince pudeur, le pétillement de ses eaux, les caprices de ses rivières et l'essence de ses agrumes. [...] Bête ou homme, nul n'ignore que la voix de la première femme qui a appelé sa vache est fixée dans les sons du vent en confortable réserve, en prévision de l'oubli des hommes. S'il arrivait à manquer une bergère, le monde aurait un sursis : le vent libérerait un peu de voix afin que les choses restent comme elles sont. Mais, si la réserve s'épuisait, la nature ne répondrait plus de rien. Cependant, aucun génie n'ayant soufflé mot de la quantité de cette réserve, le crépuscule venu, jeunes filles et vieilles femmes s'égosillent et envoient aux nues leurs appels aux bœufs tels d'ultimes psaumes. Parfois, le vent se fait distrait et libère une partie de la réserve. Alors, un frisson secoue la nature et les hommes et, du fond d'une case, une vieille femme murmure : « Hé ! Hé ! C'est mon tour à moi. Nul doute, cette fois, nul doute. Je sens dans ma bouche l'avant-goût de la mort. »

Mais si la femme est la voix de cette terre, c'est la vache qui est son âme. La première l'orne et la colore, la deuxième la structure. C'est au nom de la vache que répond ce pays. Ici, il n'y a pas de lopins de terre, mais des coins de fumier. Dans les veines des jumeaux coule le même lait. La plus belle des femmes s'appelle

Génisse. Une plaine sans troupeau repousse le regard. Un vallon sans enclos, n'en parlez jamais...

[...] Djimmeyabé avait terminé son cycle de détérioration et de laisser-aller pour s'engager dans une véritable phase de décomposition. Les lieux de travail avaient été abandonnés au profit de réunions politiques qui prenaient maintenant la majeure partie de la journée. Il fallait plus que jamais y démontrer son zèle : déclamer le plus haut possible les slogans du P.I., honorer la mémoire des héros nationaux Fargnitéré et Oumou en formules dithyrambiques, dénoncer les individus douteux, encenser Ndourou-Wembîdo — le Leader-Bien-Aimé — sous peine d'être fusillé. Leader-Bien-Aimé dont la somptueuse collection de titres s'enrichissait sans cesse de nouveaux bijoux : Bras-Droit-du-Peuple, Anti-Colonialiste-Invétéré, Camarade-Stratège, Éducateur-du-Peuple-Numéro-Un... Galeries de perles gracieusement mises à la disposition des militants en mal d'inspiration. On comprenait donc que, pris par des tâches aussi vitales, les gens aient quelque peu négligé le reste et que, fourbu par tant d'efforts, surmené par autant de difficile philosophie, on n'eût plus la force de s'attaquer aux hordes de rats, de souris et de taupes qui avaient envahi la ville et qui obstruaient les égouts, fourmillaient dans les habitations, jouaient à cache-cache entre les rues et les immondices et dont les carcasses couvraient tous les espaces libres. Que, luttant sans compter contre des ennemis aussi nombreux, on se fît envahir par des broussailles hirsutes jusqu'au perron des maisons. Qu'on ne trouvât plus le temps de s'occuper des venelles et des caniveaux où croupissaient des eaux jaunâtres peuplées de têtards, de grenouilles, de larves, de cadavres de mouches et de caméléons.

Dans ce décor de fin de guerre, la négraille évoluait à tâtons, rasait les murs comme une procession de zombies, s'éclaboussait de flaques d'eau, trimait avec philosophie, se débrouillait à qui mieux mieux, demeurée, handicapée, hagarde, fatale, comme hypnotisée, toute l'existence tendue vers une hypothétique poignée de riz. Car, en son inestimable sens politique, Ndourou-Wembîdo avait *stratégiquement* fait fermer les marchés où, disait-il, des individus de plus en plus nombreux fomentaient des traîtrises à voix basse et échafaudaient des complots au prix fort en feignant d'acheter du niébé. De sorte que, si l'on n'était pas au fait des artifices du marché noir, on ne trouvait aucune denrée et il ne restait plus qu'à tromper la faim avec des mangues vertes ou des fruits sauvages à moins de disputer aux rats les minces restes jetés dans les poubelles. Mais, du moment qu'à l'issue de trafics acrobatiques — auxquels tout le monde s'adonnait si passionnément qu'on eût dit un sport national — on arrivait à dénicher un bout de mangeaille, on ne s'alarmait pas. La terre pourrait s'ouvrir, le monde se décrocher... Mille fois tournée et retournée dans le fournil de l'Histoire, la négraille avait appris à se faire à tout.

LE CHOLÉRA

Mais le Mauvais-Liquide ne faisait que commencer son œuvre. L'épidémie enserra la ville comme un boa démoniaque. Elle se saisit d'une bonne partie de la négraille, essora ses boyaux, lui fit chier tout ce que la nature lui avait donné de sécrétion excrémentielle. Il en mourut dans les lits, il en mourut dans les latrines. Il en mourut dans les venelles, au Marché-du-petit-jour et au bord de l'Égout-à-ciel-ouvert. Le maudit canal noircit de plus belle et s'enrichit de pestilence. Dans les rues et sur les places gisaient des morceaux de macchabées que venaient déchiqueter des hordes de rats et de vautours.

Devant ce cataclysme, Ndourou-Wembîdo réagit avec le sang-froid d'un leader historique. Au stade du Premier-Avril, il prononça un discours qui dura sept jours et sept nuits. Il nous expliqua, à nous autres naïfs qui l'ignorions, que le Mauvais-Liquide n'existait tout simplement pas : ce n'était qu'une invention du colonialisme, une provocation, un acte de sabotage délibéré pour semer la confusion dans les rangs du Parti et dans les chaumières du pays. Il n'y avait que les agents du colonialisme qui puissent être sensibles au virus de cette maladie réactionnaire. Dorénavant, il fallait achever sur-le-champ toute personne qui en présenterait les symptômes. Car, il n'y avait aucun doute : ce ne pouvait être que de dangereux contre-révolutionnaires.

(Extraits de *Les Écailles du ciel*, Éditions du Seuil, Paris.)

SYLVAIN BEMBA (Congo) — Né en 1934, ayant écrit d'abord des pièces de théâtre, puis quatre romans : *Rêves portatifs*, *Le Soleil est parti à M'Pemba*, *Les Cargonautes* et *Léopolis*. Bemba mélange avec bonheur le réel et l'imaginaire ; il s'oriente dans son dernier roman vers une œuvre nettement visionnaire, en plaçant la tragédie de Patrice Lumumba à l'intérieur d'une fable d'anticipation : celle d'une Américaine qui revient sur les lieux de l'ancienne capitale, Léopold-ville, ensevelie sous la forêt vierge. L'étrangère y est assaillie de cauchemars et revit la passion du leader zaïrois mythifié par le souvenir populaire : son bataillon de paras (les Lions), la secte qui le protège (les Guerriers-serpents), les sinistres et les grotesques tant noirs que blancs que Lumumba dérange, et surtout le symbole messianique qu'il incarna pour cet État en décomposition.

Mais le seul fait que Bemba reprenne le thème de Lumumba (après Césaire, il y a 30 ans) indique que ce symbole dépassait les frontières nationales, et qu'en réalité le fleuve n'a jamais séparé l'âme commune des deux Congo.

La nuit suivante, la foudre tomba sur le camp para encerclé depuis vingt-quatre heures, et ce fut le commencement de la fin pour nous, les Lions de Fabrice, coqueluches d'un peuple, pleurés par tout le peuple. Les filles ne nous refusaient rien, les mères de famille avaient pour nous toutes les indulgences. En épousant un para, disait une chanson très populaire, je choisis le prestige et j'ai raison, car le prestige surpasse la richesse. Après chaque meeting para, notre réputation ne cessait de grandir. Habitués à voir les choses avec panache, nous détestions la bassesse, les petites combines à la noix. On nous apprenait que la parole d'un para vaut de l'or; la tenir à tout prix même en face de la mort, c'est être un homme; la renier, c'est se sentir tout nu. Le grand Fabrice avait bien voulu donner son nom à notre camp. Fardeau lourd à porter. Les autres corps en faisaient une maladie. On savait que Fabrice serait de retour le dimanche après-midi, même que tous les matches de foot avaient été annulés pour permettre à plus de gens d'aller l'accueillir à son retour d'Amérique. Après y a eu un contrordre ou quelque chose comme ça. En attendant, on nous a dit qu'on pouvait aller se taper nos trente kilomètres de marche à pied et sac à dos.[...]

Alors nous sommes partis pour la marche, on s'est mis en manœuvres avant de rentrer le soir au camp; avec la fatigue, on se rend compte de rien, chacun garde son barda, on rangera tout ça le lendemain dans le magasin des armes; y a pas le feu à la maison. La nuit on s'est douté de quelque chose quand on a vu tous ces avions qui survolaient la ville comme des sauterelles on a couru vers le magasin d'armes : il était vide! On a su alors qu'on nous avait éloignés exprès pour les manœuvres et c'est dans cet esprit qu'on a profité de la réunion de tous les haut gradés dans notre mess pour manifester, puis on a fait le con, on n'a pas su pousser notre avantage jusqu'au bout et on était piégés comme des rats, toute la journée on s'attendait au pire. Quand les grosses pièces ont commencé à faire les méchants, on savait ce qui nous attendait. Si le Bon Dieu est maître artilleur, le diable doit être pointeur, et la bouche du canon la porte de la destinée. C'est pas les blindés qui ont fait le coup, le sale boulot, c'est les artilleurs qui ont nettoyé le terrain.[...]

[...]Des crachats de feu et de fer nous atteignaient comme un grand coup de pied dans une fourmilière, on tombait comme des mouches, et le lendemain il y eut sur place de gros engins pour venir déblayer cette boucherie qui commençait à rendre fous les chiens du voisinage, lesquels furent devancés par les formidables crocs des pelles mécaniques, de telle sorte qu'en fin d'après-midi l'on ne pouvait plus voir qu'une place nette, une sorte de cimetière sans tertre qui parlait beaucoup plus aux imaginations effrayées qu'un champ de bataille.

*

Ne sachant pas qu'il se trouvait au sixième étage de l'hôpital de la ville, Fabrice M'PFum sursauta en entendant monter vers « le haut Polis » ce qu'il ne pouvait pas identifier comme un lamento funèbre de l'ampleur de plusieurs chutes d'eau réunies. Pas une rue où l'on ne pleurait un parent, une connaissance, un ami cher, un amant. C'étaient les idoles du public, les coqs du village. Le soir même, dans différentes veillées improvisées, des « témoins » s'emparèrent de la légende naissante, et suspendirent à leurs lèvres des auditoires qui communiaient avec les héros morts au combat en voulant délivrer l'homme de Leopolis. Ils ont vendu très cher leur peau, chantaient des bardes, c'était la bataille du buffle contre la panthère, le survivant ayant autant de blessures que celui qui a succombé aux siennes. Les héros sont morts, mais les Guerriers-serpents, buveurs de l'eau magique qui rend invulnérable, chasseront les Blancs. Le poète maudit de Leopolis, qui traînait sa carcasse étique dans des quartiers sordides, refit surface et déposa à la rédaction de l'unique quotidien de la ville, tenu par des Européens qui s'empressèrent de jeter son chef-d'œuvre dans la corbeille à papiers, une élégie qu'il disait avoir écrite avec son propre sang :

Nous n'avons plus de nom
un nom vous rive malgré vous au passé comme un
                              forçat à sa chaîne
Nous en forgerons d'autres dans l'action
Nous n'avons plus de souvenirs
pour nous protéger de la saison blanche et sèche[1]
Nous nous chaufferons au bois de l'insécurité et de la
tourmente, de l'inquiétude et de la bagarre
Nous n'avons plus de toit, le ciel y pourvoira
Nous reviendrons sans chaînes
avec les étais de nos épaules pour soutenir Leopolis
et pour venger Fabrice le juste, le patricien
Nous le jurons nous les Renaissants
Nous sommes forts parce que nous devons croire à notre
                              force
justes parce que nous devons croire à la justice
libres parce que nous devons croire à la liberté.

1. Titre d'un livre du romancier sud-africain André Brink.

Leopolis pleura ses héros toute la nuit, et Fabrice M'PFum ne put fermer l'œil.

(Extrait de *Leopolis*, Éditions Hatier, Paris, 1987.)

VÉRONIQUE TADJO — Née en 1952. Une prose poétique avec des mots très simples, des phrases qui ressemblent aux vagues de la mer. Et puis l'angoisse de la jeune génération à qui l'on n'en conte plus. Les grandes questions sur l'Afrique, le monde, la vie, la mort, l'amour.

Et constamment, la manipulation des symboles transparents certes, mais toujours efficaces. Textes à lire à haute voix, et que tous peuvent comprendre, sans jamais tomber dans le populisme, la trivialité, ou le slogan. Comment fait-elle ? Elle a écrit *A vol d'oiseau* (1983), *Latérites* (1984), *La Chanson de la vie* (1990) et *Le Royaume aveugle* (1991, L'Harmattan). L'extrait suivant est la parabole d'un certain pouvoir en déroute, au royaume de l'absurde.

LA FIN DES AVEUGLES

Les jours passaient. Les semaines passaient. Les mois passaient. Le royaume était toujours en plein tumulte.

Le roi avait perdu la tête. Il donnait des ordres et les révoquait dans les minutes qui suivaient. Il s'emportait pour des futilités. Il renvoyait tous ses ministres et les rappelait ensuite l'un après l'autre. Il exigeait que tout le monde fût présent, mais il ne voulait parler à personne.

Il ne se lavait plus. Il ne changeait plus de vêtements. Il se laissait pousser la barbe. Il se laissait pousser les cheveux. Il se laissait pousser les ongles. Son haleine incommodait ceux qui l'approchaient.

Chaque jour, il commandait d'énormes quantités de nourriture dont il ne mangeait qu'une bouchée. Par contre, il faisait ouvrir un grand nombre de bouteilles de vin qu'il buvait méthodiquement jusqu'à s'affaisser et s'endormir sur son immense table.

La peur l'habitait. Il se sentait vieux. Il se sentait menacé.

« Pourquoi maintenant ? se demandait-il sans cesse. Pourquoi maintenant, alors que j'ai perdu ma force d'antan et que mes os me font souffrir ? Pourquoi est-ce maintenant que le pays bouge ? »

Car c'était le temps des marches incessantes. Tous les jours, les habitants des taudis déferlaient par groupes serrés sur la ville. La répression était grande, mais les soldats perdaient chaque fois un peu plus de courage. Le doute s'était infiltré dans leur esprit. Ils comprenaient maintenant qu'ils luttaient contre eux-mêmes, qu'ils se battaient contre ceux qui leur ressemblaient tant. Beaucoup se dévêtirent de leur uniforme et partirent dans les taudis. Alors, les Aveugles se barricadèrent dans leurs demeures ou cherchèrent la fuite.

Dans le palais, ceux qui avaient accepté de tout sacrifier pour sortir des taudis, ceux qui avaient renié père et mère pour se ranger aux côtés des Aveugles, sentaient à présent que leur monde s'effondrait.

Ceux qui avaient misé tout sur le présent et le présent seulement, sans jamais avoir une pensée pour demain, qui s'étaient laissés emporter par un océan de mensonges, qui avaient refusé de voir malgré leurs yeux ouverts, qui avaient choisi de s'asseoir avec l'injustice, ceux-là sentaient maintenant que leur existence était brisée.

Le palais était devenu une prison, leurs habits d'emprunt, des chaînes trop lourdes, leurs titres, une condamnation à perpétuité.

[...]

Puisqu'ils avaient tout fait comme les Aveugles, mimant jusqu'à leur cécité, puisqu'ils leur avaient emboîté le pas et avaient accepté de profaner l'avenir, puisqu'ils avaient abandonné Karim et les autres, qu'ils avaient ri de leurs paroles et ri de leur défaite, puisqu'ils avaient loué les décisions du roi et demandé plus de dureté, puisqu'ils n'avaient rien fait pour empêcher le massacre des habitants des taudis, puisqu'ils avaient refusé de voir malgré leurs yeux ouverts, ils se regroupèrent dans une salle obscure qui sentait l'humidité et la moisissure. Là, chaque homme, chaque femme, empoigna un couteau à la lame d'acier et se creva les deux yeux : cornée trouée — iris perforé — Œil éclaté — cornée trouée — iris perforé — Œil éclaté.

Et le monde devint une nuit sans matin, une grotte profonde où les sens se perdaient, un cauchemar dans lequel le temps n'avait nul repère.

(Extrait de *Le Royaume aveugle*, Éditions L'Harmattan, 1991.)

SÉVERIN C. ABEGA (Cameroun) — Né en 1955. Chargé de recherches en anthropologie à l'Institut des sciences humaines de Yaoundé, Séverin Abega est évidemment bien placé pour une observation pertinente des comportements sociaux actuels. Voici, après *Les Bimanes* (1982) et *Entre terre et ciel* (1986), son troisième ouvrage intitulé *La Latrine* (1987) que nous avons trouvé tout à fait bouleversant. D'un fait divers banal (un gamin qui tombe dans une fosse d'aisance), l'écrivain a tiré une tragédie insoutenable dont les acteurs sont le père hargneux polarisé par son commerce, la mère coincée par les interdits du mari et ses querelles incessantes, les voisins tribalistes qui ont mis cette famille à l'écart, les camarades vite bloqués par les parents, les pompiers qui mettent une heure à se déranger, le chef du quartier qui fait des discours et tout le monde qui se perd en palabres inutiles, alors que l'enfant faiblit et s'enfonce dans une mer d'étrons. Seul le frère aîné, dix ans, se démène tout seul pour alerter les adultes, les convaincre d'intervenir... Comment un enfant peut mourir par la pure sottise des hommes, Séverin Abega nous convainc en tout cas que cela est possible, avec son style imagé, son regard lucide et quasi chirurgical, qui met à nu les plaies des âmes.

[Le frère de l'enfant tombé dans la latrine est venu prévenir son père, mais le monde s'impatiente dans la boutique de ce dernier.]

— Frère boutiquier, vous voulez notre mort ici?

— Viens quand même nous servir, on est pressés. Aah! Tu déchires mon habit. Mais laisse-moi, tu déchires mon habit... Faut pas t'amuser comme ça hein? Ça coûte cher cet habit, hein!

— Pardon alors. Je n'ai pas fait exprès. C'est les gens derrière là qui poussent comme ça!

Le boutiquier avait fini d'hésiter. Il fallait que cet enfant soit puni. Ainsi, il comprendrait finalement qu'il est dangereux d'aller ainsi s'amuser avec une latrine. Il fallait qu'il passe dans cet abîme le temps nécessaire pour lui inspirer une contrition définitive. Ses clients l'appelaient. Il tourna le dos au garçonnet, recommença à les servir.

Ses yeux se mirent alors à le suivre partout. D'immenses yeux blancs, avec une île noire et ronde au milieu. Des yeux dans lesquels tremblotait la peur. Lui était satisfait. La peur, lui semblait-il, engendre l'obéissance. Si ses enfants ne le craignaient pas, ils seraient déjà devenus des délinquants de la pire espèce, des voyous. Heureusement, il les fouettait suffisamment pour cultiver cette peur. Elle se nourrissait de chaque fessée, de chaque taloche, de chaque gronderie. Mais la peur n'ose jamais regarder en face ce qui l'inspire. La peur se recroqueville, la peur fuit. La peur évite d'affronter. Les yeux du garçonnet le suivaient. Ils s'agrandissaient encore plus de l'espoir qui les habitait. Espoir de quoi? Visiblement, le petit attendait quelque chose.

Ses yeux s'incrustaient dans son dos, lui empoignaient la nuque. Les yeux accrochaient son regard, cherchant à y déceler autre chose que cette froide indifférence qu'il affectait. Ces yeux encombraient sa boutique. Il les voyait partout. Ils lui emmêlaient les jambes, alourdissaient son bras. Ils enchevêtraient ses calculs. Il se trompa plusieurs fois en rendant l'argent de ses clients. Il se retourna vivement plusieurs fois pour regarder le petit garçon à la dérobée.

[...]

Ces yeux l'engluaient, le ligotaient, lui glissaient entre les pieds de perfides crocs-en-jambe. Ils dissolvaient l'entrain qui l'habitait tantôt. Il était devenu coléreux. Il ne répondait plus aux boutades des clients qui, déjà, l'irritaient. Et pourtant, il ne pouvait pas céder.

Pas de défaut dans sa garde. Il ne fallait pas qu'il se montre faible. Il fusilla les yeux d'un grand coup de gueule : « Qu'est-ce que tu fais encore là ? Va à la maison, fous le camp. Vous êtes tous les mêmes. Comme ça, ça va vous apprendre. Qu'il reste d'abord là-bas ».

(Extrait de *La Latrine*, N.E.A., Dakar.)

NURRUDIN FARAH — Parmi la foison des romanciers de l'Afrique anglophone, nous choisirons d'attirer cette fois l'attention sur le professeur Somalien né en 1945, qui a écrit déjà plusieurs romans : *From a Crooked Rib* (c'est-à-dire : « D'une côte tordue », mal traduit en français : *Née de la côte d'Adam*), *A Naked Needle, Sweet and Sour Milk, Sardines*. L'extrême-est de l'Afrique devrait être très différent de l'extrême-ouest (Sénégal). Leur univers urbain et rural nous paraît cependant consonner étrangement, avec l'influence de la culture pastorale et l'impact profond de l'islam. L'originalité de l'auteur est qu'il plonge à merveille dans les mentalités féminines et prend leur défense contre les pesanteurs d'une tradition séculaire et phallocrate.

LA DIFFICULTÉ D'ÊTRE FEMME

Mais qu'est-ce que je veux, à la fin ? Je ne suis plus une enfant, je suis une femme maintenant. C'est quand j'ai des problèmes que ça se voit le plus que je suis femme ! Quand les hommes ont des histoires avec les femmes, ça n'a pas l'air de les déranger beaucoup ! Parce que je suis une femme, je suis d'un rang inférieur ; au prix du sang, je n'ai pas la même valeur qu'un homme. Et comme c'est Dieu qui a fixé pour toujours la place de ses créatures et qu'il est le Tout-Puissant, on ne va pas dire qu'il s'est trompé... S'il a jugé que je valais deux fois moins qu'un homme, c'est qu'il a ses raisons !

Oh ! mon Dieu ! si les hommes comprenaient ce que c'est que la tentation pour une femme ! Bien sûr, on peut refuser, on peut toujours dire « non », mais souvent, chez nous, les femmes, le désir est plus fort que chez les hommes. La vieille Arrawello qui était d'une grande sagesse a laissé avant de mourir un message étonnant. Elle a dit : « Vous, les femmes, apprenez donc à dire "non", même si vous deviez le regretter par la suite. Restez fermes, ne vous laissez pas influencer par les hommes. Observez les convenances et que le respect vous habite. » Voilà des mots qui ont de quoi faire rougir de confusion les hommes qui sont nos soi-disant supérieurs !

J'aurais dû dire non à Awill... Si je lui avais dit non, peut-être qu'il serait venu me prier, qu'il aurait insisté... Mais, je me connais... J'aurais toujours fini par dire oui !

Si j'étais restée au pays, si j'avais épousé l'homme que le grand-père me destinait, je n'en serais pas là...

Il y a des moments où je me dis que je suis aussi triste qu'une chamelle quand elle perd son petit. Tout ce que j'ai de plus qu'elle, c'est la possibilité de raisonner, de parler... Mais, pour parler, il faut que quelqu'un vous écoute et je n'ai personne. Il y a bien Dieu, mais ça fait trop longtemps que je n'ai dit les prières, que je L'ai oublié... D'ailleurs, on dirait que tout le monde m'abandonne... les parents, les amis, je les ai perdus les uns après les autres. Mon frère ne veut plus entendre parler de moi et il ne reviendra jamais me voir. Ne parlons pas des cousins! Ils doivent m'en vouloir à mort. Entre Asha et moi, l'amitié, c'est fini et, à part elle, je ne connais personne d'autre dans cette ville. Tiffo? Oui, mais l'amitié n'est pas possible entre mari et femme puisqu'ils ne sont jamais au même niveau, que la femme est toujours en position d'infériorité. Pour être amis, il faut être égaux, sinon à la première phrase un peu méprisante, un peu condescendante, l'amitié s'envole!

Bon! décide-t-elle brusquement, puisque c'est comme ça, je vais m'acheter des goyaves dès demain matin... Le Prophète a dit que si on mourait quarante jours après avoir mangé des goyaves, on était sûr de monter droit au Paradis!

(Extrait de *Née de la côte d'Adam*, Éditions Hatier, Paris.)

CATHERINE NDIAYE — Un regard de sociologue parfois un peu pédant, mais aigu et amusé, sur un **Sénégal** dont elle pénètre les nuances culturelles avec volupté. Cette jeune femme (presque 40 ans tout de même) nous offre avec *Gens de sable* une série de photographies en prose, avec un stylo-pinceau très adroit.

Ses remarques sur la danse, la famille, la vieillesse, la coquetterie, l'art de la généalogie, le rite du thé, le médecin de brousse, les lèvres, le regard, et enfin l'art littéraire, sont un mixte de création et de réflexion très stimulant. Son érudition fait bon ménage avec ses repères traditionnels. Osmose réussie et apparemment sans douleur. Et comme il est reposant de parler chiffons !

RÉFLEXION SUR LA NOTION DE MINIMUM

La pauvreté est la raison du bric-à-brac apparent des vendeurs de tout et rien, trois fois rien, moins que rien ; le dénuement explique le désordre des boutiques, et de tout le petit commerce.

Un carton debout sur un autre, et dedans tout un petit bazar : quelques douceurs, des petits sacs de cacahuètes, des caramels mous, des chewing-gums, des cure-dents, des piles électriques, des lames de rasoir, des cigarettes qu'on vend — ainsi que chacun sait — à l'unité, des savonnettes et du shampooing, des chapelets, du khôl pour les yeux, des boîtes de cigares.

Un seul de ces étalages volants suffit à faire réfléchir sur la notion de minimum vital.

Le minimum qu'est-ce ?

Il n'est pas vrai que le très pauvre exclut de lui-même ce qui excède la décence et la dignité. A-t-on le droit de le faire pour lui ?

Car de la propreté à la coquetterie, bien sophiste celui qui peut fixer la limite. Quelle philosophie hygiéniste et minimaliste peut se permettre de recommander l'usage du savon et critiquer la dépense luxueuse du parfum? Qu'est-ce qui définirait ce minimum? Il n'est pas facile de dégager des priorités. Le débat, je crois, est ancien[1]. D. Laerce rapporte que Diogène, qui prétendait avoir tourné le dos à la civilisation, prit brusquement conscience de la difficulté à fixer le seuil du minimum vital lorsqu'il fut saisi par le spectacle suivant : « Voyant un jour un petit garçon qui buvait dans sa main, il prit l'écuelle qu'il avait dans sa besace et la jeta en disant : « Je suis battu, cet enfant vit plus simplement que moi. »

Que dirait Diogène s'il déambulait sur l'agora[2] dakaroise? En tout cas, les stocks dérisoires, éclectiques, hors catégorie de ce commerce de détail (au sens strict) sont, pour moi, la preuve de la mauvaise foi de ceux qui posent au plus pressé le problème de la répartition des richesses, en opposant, comme si cela allait de soi, le minimum vital au luxe et au gaspillage.

COMMENT PORTER LE BOUBOU

Depuis le riche bazin des jours de fête, jusqu'à la cotonnade-toile-d'araignée, le boubou se taille dans les grandes largeurs, se coud vite, se brode abondamment, se porte statuairement.

« Driankê », c'est ainsi que l'on nomme certaines des élégantes en grand boubou. Il faudrait traduire à la fois par « princesse », « courtisane », « grande dame ». Ces statues ont un port de reine, une arrogance muette; elles font la mode et détiennent les règles discrètes de l'art du paraître, de l'extériorité radieuse.

Elles ont la rondeur agréable des majas vestidas, l'air courroucé de princesses offensées, et le geste ample. En marchant, elles relèvent leur drapé; une main immobilisée par ce geste qui les situe immédiatement dans la catégorie des aristocrates inactives. Le handicap est volontaire : c'est le signe de reconnaissance de ce mandarinat au féminin. Le vêtement est soi-disant surélevé pour ne pas traîner à terre; car la vraie coquetterie est rusée, elle se cache derrière la prétendue contrainte, la supposée raison pratique. En fait, le boubou relevé laisse apparaître le pagne — chef-d'œuvre de broderie et de tissage; pièce maîtresse du vêtement, qui tient à la fois de la robe, de l'aube, du jupon. Dessous-dessus, montré-caché, apparitions réglées par la furtivité du geste.

Ravissement pour l'œil, ce vêtement laisse, en même temps, sur

1. Bien antérieur aux théories de Baudrillard sur le gaspillage.
2. Agora : place publique (en grec).

son passage un sillage odorant et tenace, une véritable trace. Parfum que je situe, comme je peux, entre l'encens d'Église et les effluves musquées de Jeanne Duval[1]. Plus étonnante encore est l'opération par laquelle s'imprime cette odeur : il faut piler de l'encens brut et y répandre du parfum. On installe le mélange dans un petit pot en terre et on l'enflamme. Quand la fumée se dégage des petites meurtrières découpées dans le vase, la femme s'accroupit sur l'épais nuage. Alors, le boubou se gonfle d'odeur..., et pour l'érotisme, quel raffinement que ce parfum qui exalte et qui s'élève à partir du fondement...

(Extraits de *Gens de sable*, Éditions P.O.L., Paris.)

MIRIAM TLALI — (Afrique du Sud) Née en 1933 et vivant à Soweto. *Entre deux mondes* fut son premier roman interdit en 1979. Pourtant sans excès, ni de langage ni de sentiments. Reportage du quotidien de l'apartheid avec ses contradictions et ses mesquineries. Sans caricaturer les personnages, sans scènes ni drames ni violences, Miriam Tlali arrive à mettre en évidence la sottise du système. Entre des petits commerçants juifs et leurs employés noirs compétents, à tout moment l'apartheid et le racisme ordinaire bloquent la communication. Et pourtant il ne faudrait pas grand chose pour que l'estime et la compréhension se faufilent entre la grille des interdits.

Tlali annonce une Afrique du Sud nouvelle, celle de Johnny Clegg et des Savuka. Lorsque les lois stupides auront changé. Mais d'autres œuvres plus radicales comme : *Amandla* (Massacre des lycéens de Soweto), *Crimen injuria, Forced Landing*, indiquent que pour Tlali la guerre de libération n'est pas terminée.

LA TRANSPLANTATION CARDIAQUE ET L'APARTHEID

« Jonas, va m'acheter le journal ! Prends-moi le *Transvaler* et le *Star*[2]. »

Mme Singham releva le nez :

« Vous avez vu dans le journal, hier soir ? La transplantation cardiaque a réussi[3]. »

Oui ; les deux autres avaient vu.

Mme Singham demanda :

« Mais ils greffent le cœur d'un métis chez un Blanc ! Comment

---

1. Jeanne Duval était la maîtresse métisse de Baudelaire.

2. *Die Transvaler* : quotidien de langue afrikaans, organe du pouvoir national-chrétien d'apartheid ; *The Star*, quotidien de langue anglaise, proche des milieux d'affaires capitalistes anglophones et du parti « libéral » blanc au sein du parlement raciste. (N.d.T.).

3. Allusion à la première transplantation cardiaque au monde, qui eut lieu en décembre 1967 au Cap. (N.d.T.).

peuvent-ils faire une chose pareille, alors qu'ils croient à l'apartheid ? »

Il s'ensuivit l'une des discussions les plus animées qu'il m'ait jamais été donné d'entendre. Je me tus. J'écoutais.

Mme Stein releva immédiatement la réflexion de Mme Singham[1], comme s'il s'agissait d'un défi personnel.

« Vous savez, Madame Singham, le cœur n'est qu'un muscle. Il sert à faire circuler le sang, tout simplement. »

A ce stade, je ne pus m'empêcher de demander :

« Mais je ne vois pas comment ils auraient pu entièrement nettoyer ou stériliser le cœur du métis au préalable, pour éviter d'injecter ne serait-ce qu'une seule goutte de son sang dans les veines du Blanc ? »

Mme Singham renchérit : « Comment auraient-ils pu éliminer totalement du cœur le sang du métis ? C'est impossible. D'ailleurs, le métis et le Blanc appartenaient peut-être au même groupe sanguin, en sorte que l'organisme du Blanc n'aurait pas rejeté le sang du métis.

— De toute façon, dis-je sur un ton plus ferme, du sang est toujours du sang et les quatre grands groupes sanguins chez l'homme se retrouvent dans tous les groupes raciaux. Il n'y a pas de sang blanc, ni de sang non-blanc. »

Mme Singham acquiesça :

« Oui, tout cela est ridicule.

— Je vous ferai remarquer qu'il y a également eu des donneurs blancs, dont ont profité des Bantous et des métis », dit Mme Stein, en regardant d'abord Mme Singham, avant de reporter les yeux sur moi. « Vous vous souvenez, Madame Kuhn, de la greffe du rein dont ils parlaient l'autre jour dans le journal !

— Bien sûr, Madame Stein ; mais il s'agit d'un rein ; ce n'est pas le cœur. Le rein, passe encore… Mais le cœur !

— Pour moi, le cœur d'une personne, c'est son âme, dit Mme Singham en appuyant sur le mot final.

— Ah ! on va les entendre, les ennemis de l'Afrique du Sud ! Ils vont hurler ! dit Mme Kuhn en secouant la tête d'un air lugubre.

— Oui, ils vont dire que les Blancs de ce pays sont des hypocrites, ajoutai-je ; et que lorsqu'ils ont la mort en face et la peur au ventre, ils laissent bien vite leur orgueil au vestiaire.

— C'est bien la preuve que tous les hommes sont les mêmes », dit Mme Singham.

[…]

---

1. La narratrice est une employée noire, Mme Singham est hindoue, les deux autres femmes sont blanches.

Pendant une longue minute, régna un silence embarrassé, que rompit enfin Mme Kuhn :

« Il y a quelque chose d'anormal, dès le départ. Ils auraient dû transplanter le cœur d'un Blanc chez ce patient, et non pas celui d'un métis. »

Mme Singham demanda, d'un air songeur :

« Dans quel groupe racial classeriez-vous un Blanc chez qui l'on a greffé les organes d'un non-Blanc? »

Personne ne répondit. Tout le monde se taisait. Mes pensées suivaient le même cours : « blancheur », « non-blancheur »…

Comment pouvait-on dire d'un corps qu'il était purement blanc, quand il avait le cœur métis? Automatiquement, le receveur devenait alors non-Blanc, pour autant qu'on sût. Et si la loi autorisait l'échange d'organes entre donneurs et receveurs, indépendamment de la couleur de leur peau, et transformait donc ainsi des receveurs blancs en non-Blancs, la loi ne se rendait-elle pas alors, en vertu de ses propres dispositions, coupable du délit d'immoralité?

(Extrait de *Entre deux mondes*, Éditions L'Harmattan.)

ALEX LA GUMA — Né en 1925, métis et autodidacte, La Guma a milité contre l'apartheid aux côtés de Mandela ; après la prison, puis l'assignation à résidence, il finit par s'exiler et fut de 1978 à 1985 représentant de l'A.N.C. pour l'Amérique latine. Il mourra à Cuba en 1985.

C'est un des écrivains les plus connus de l'Afrique du Sud. *And a Threefold Cord* (1964), *In the Fog of the Season's End* (1972), *Nuit d'errance* (1984), *L'Oiseau meurtrier* (1986) sont des romans qui ne sont pas sans rappeler *Les Raisins de la colère* de Steinbeck, et constituent une espèce de « panoramique de la société sud-africaine vue à travers le regard d'un militant », selon la formule de Jean Sevry. Son style n'est pas très différent de tous les prosateurs sud-africains de cette période : récit proche du reportage, beaucoup de dialogues, réalisme dans les descriptions et les situations.

Dans l'extrait suivant, La Guma met en scène le mécanisme psychologique par lequel une militante récupère pour la cause un homme mû seulement, au départ, par un sentiment de vengeance personnelle.

— Ces choses-là, moi, je les sens, dit la femme d'un ton grave. Écoute-moi : on dit que la vengeance est un plat qui se mange froid. Alors, c'est ça que t'es venu savourer?

— Ça ne te regarde pas. C'est mon dû, riposta Shilling Murile. Quelqu'un a une dette à payer.

— Certainement, dit Mma-Tau. Il y a un tas de comptes à régler. Il ne m'appartient pas de te barrer la voie si tu as envie de récupérer ton dû. Mais écoute-moi bien : un peuple entier est en train de s'engager à récupérer un dû collectif et le moment où cette dette devra lui être soldée approche. D'un bout à l'autre du pays, les gens le sentent. T'es absent depuis des années; il est normal que tu ne saches pas combien ça bout dans la marmite. Ta dette, à côté, même si à tes yeux elle compte tant, est toute relative.

— Ça ne regarde que moi, dit Shilling Murile, d'un air renfrogné. Mon frère a été assassiné, non?

— Personne ne dit le contraire. Tu as droit à la justice.

— J'ai passé huit ans dans les geôles des Blancs.

— Je sais, mon garçon. Mais les nôtres vont en prison tous les jours. Nos dirigeants ne sont-ils pas en prison? Nous sommes tous en prison. Le pays entier est une prison. A chaque instant les nôtres meurent; on les affame; on les assassine; on leur tire dessus; on les pend.

— Pourquoi me dis-tu tout ça?

— Tu peux nous être utile. Tu as en toi de la haine, une haine puissante, et tu brûles d'obtenir réparation. Mais ne te contente pas d'obtenir, si tu y arrives, réparation pour les torts que tu as personnellement subis. Ce n'est pas grand chose comparé à la soif de justice du peuple. Comme je t'ai dit, quelqu'un qui a en lui pareille soif de vengeance a sa place au sein du peuple.

Shilling Murile la regarda d'un œil torve:

— Je n'ai que faire du peuple. C'est une affaire qui ne regarde que moi; après, je repars de mon côté.

— Pour aller où?

— N'importe où.

— T'as un *pass*? L'autorisation d'aller ici, d'aller là?

— Désormais je me moque des lois du Blanc. J'irai où bon me semblera, sans leurs bouts de papier.

La femme rit: son grand corps s'agita sous la lune.

— Tiens! tu vois: tu as le défi dans le sang! Elle secoua la tête. « Ah! ces *pass*, requis pour le moindre pas à droite, le moindre pas à gauche... Je me rappelle, quand ils les ont imposés aux femmes noires pour la première fois. J'ai été au nombre de celles qui ont marché sur la capitale pour protester. Des milliers de femmes: du coup, nous avons senti notre force. J'ai compris alors la force des multitudes.

— Tu m'as l'air dangereuse, dit-il. Tu devrais être à la ville, pas ici.

Elle rit encore:

— Ah! ils ont trouvé que j'étais trop dangereuse pour la ville. Alors, je suis là. J'étais partie là-bas pour être infirmière. Mais ils en ont décidé autrement. C'est drôle de les voir à chaque fois tomber dans leur propre panneau. Dès qu'on devient trop gênant en ville, ils vous envoient à la campagne. Comme si tout était rose à la campagne... Les chômeurs qui crèvent de faim en ville, ils les réexpédient chez eux crever la faim à la campagne. Résultat: nous travaillerons à unir les gens de la campagne et ceux des villes. C'est un piège dans lequel ils tombent à tous les coups et un jour, hé! le piège se refermera sur eux!

— T'es plutôt dangereuse. Pour la sœur d'un chef... dit Shilling Murile.

(Extrait de *L'Oiseau meurtrier*, Éditions L'Harmattan, 1986.)

MEWA RAMGOBIN — Né en 1932, Ramgobin vient seulement de publier son premier roman, *Quand Durban sera libre*, traduit en français par J.-P. Richard en 1988. D'origine indienne et descendant du Mahatma Gandhi qui avait créé le Congrès indien du Natal dès 1884, M. Ramgobin a dirigé ce N.I.C. qui s'allia à l'A.N.C.; il connut bien sûr la prison, l'interdiction d'activités politiques, l'assignation à résidence et les procès répétés. Il rejoint cependant le Front Démocratique Uni (U.D.F.) qui luttera surtout contre les pseudo-réformes du gouvernement et sa théorie des institutions parallèles (parlements, écoles, universités, entreprises et logements). Son roman est non seulement un rappel des événements marquants des 20 dernières années, mais aussi un document véridique sur la vie des *townships*[1] sud-africains, ghettos organisés pour mieux contrôler les masses noires.

A travers une famille qui se débat pour survivre, on assiste à la lente prise de conscience du destin collectif et à l'interprétation de l'histoire qui permet de la faire avancer. On n'oubliera pas non plus les très belles figures de Elias amputé d'une jambe après avoir été blessé lors d'un attentat terroriste, et de Lucy qui se prostitue pour élever son enfant et loger-nourrir son mari handicapé à vie. L'extrait suivant offre un modèle d'éducation politique.

POURQUOI LES FAIT-ON BOIRE?

Un camion les dépassa, avec un attelage de trois citernes sur remorque. Le cheval mécanique tirait lentement ses remorques jusqu'au cœur de la *township*[1]. Elias demanda à Lucy si elle savait ce que contenaient les trois citernes.

— Tu ne sais pas? Du *juba* : c'est la bière que la municipalité fabrique à notre intention. Ils l'apportent aujourd'hui, de façon à ce qu'elle soit vendue ce week-end. Il leur faut commencer à la transporter dès le jeudi, en prévision du vendredi soir et du samedi. C'est à ce moment-là que nos frères et nos sœurs en ont le plus besoin, après la paye. Et quand ils ont de l'argent, ils ne peuvent pas s'empêcher de boire.

— Je me demande pourquoi ils encouragent ainsi les gens à boire leur paye.

— Selon le Congrès du Peuple[2], le but recherché est que les Noirs se soûlent tous les week-ends. Pendant leur temps libre, au lieu de

1. Faubourg où vivent les Noirs.
2. Parti national noir.

faire ce qui pourrait servir à édifier une véritable communauté, nos hommes et nos femmes ou bien sont soûls et dorment chez eux, ou bien sont soûls et vont aux matchs de foot — et là, dans leur ardeur à encourager leur équipe favorite, et dans leur ivresse, ils s'étripent mutuellement. Et les profits tirés de la vente de *juba* dans les tavernes municipales servent à administrer la *township* — tu n'étais pas au courant?

— Sûrement qu'ils utilisent aussi les loyers qu'on paye, non?

— Bien entendu, mais ça ne suffit pas. Ils ne nous payent pas assez pour que nous puissions acquitter un loyer plus élevé.

— S'ils veulent que nous nous soûlions, pourquoi nous interdisent-ils de faire nous-mêmes notre bière?

— La ville veut en récolter les profits. Ils veulent nous voir dépenser nos sous dans leurs tavernes municipales, et non pas dans les *shebeens*. Le Congrès du Peuple dit que la recherche du profit est le moteur et la raison principale de toutes les injustices que nous subissons aujourd'hui.

— Mais personne ne nous oblige à acheter du juba!

— Non. Mais tu as vu combien de tavernes on a ici? Et est-ce qu'on a d'autres lieux de réunion? Oui, un terrain de football — et je t'en ai déjà parlé. S'ils avaient envie qu'on ne boive pas, est-ce qu'ils construiraient toutes ces tavernes? Est-ce qu'ils apporteraient tout ce *juba*?

— Lucy, tu as vraiment l'esprit biscornu! Je sais que je n'ai pas d'instruction, moi, mais je crois que c'est plus simple que tu le dis. Je crois qu'ils nous apportent du *juba* tout simplement parce que nous en avons envie. Si on n'en voulait pas, ça ne se vendrait pas.

— Elias, tu ne bois pas, toi. Je ne sais pas pourquoi. Mais chez toi, tu as Themba et moi, et nous nous aimons. Tu n'es pas tout à fait comme les autres, comme la plupart des autres hommes. Tu ne t'es pas retrouvé ici tout seul, ou avec quelqu'un que tu n'aimes pas beaucoup, un vendredi soir, sans savoir quoi faire de toi.

— J'ai cette chance, en effet.

Et il lui sourit.

— Mais, imagine que tu rentres d'une longue journée de travail; que ta femme ne t'aie rien préparé à manger, qu'elle soit paresseuse, ou malade, ou même qu'elle ne soit pas encore à la maison quand tu rentres... Et si, en plus, tu es nouveau ici... Qu'est-ce que tu fais?

— J'imagine que je sortirais, j'essaierais de rencontrer des gens, de me faire des amis.

— Oui, et où ça?

— Je crois que le Congrès du Peuple va chercher trop loin.

— Trop loin en tout cas pour que ça plaise aux Blancs! Ils en sont terrifiés. Un jour viendra où le Congrès du Peuple gouvernera dans tout le pays. Un pays que les Blancs nous ont pris par la force de leurs fusils, et qu'ils refusent de partager avec nous; et ce qui a été pris par la force, ce qui se perpétue par la force, ne pourra être repris que par la force.

— Lucy, je suis peut-être quelqu'un de simple, mais je sais que la bonne réponse n'est pas celle-là. Des gens peuvent se faire tuer, se faire estropier. Ce n'est pas bien.

— Il n'y a pas d'autre voie.

(Extrait de *Quand Durban sera libre*, Éditions L'Harmattan, 1988.)

SONY LABOU TANSI — (**Congo**). Nous avons déjà évoqué l'itinéraire de ce dramaturge congolais habité par la passion du théâtre, et dont la troupe Rocado Zulu interprète les pièces sur des plateaux de plus en plus intercontinentaux[1].

Les personnages qu'il met en scène allient le grotesque à la tyrannie. Sony a déjà ainsi créé la plus belle série de *Ubu rois* de la littérature africaine. Mais à côté de ces tragiques pantins, Sony fait des romans où il représente un univers en dislocation, dans lequel il y a des gens qui périssent, qui pourrissent ou qui s'interrogent. Écoutons-le parler de son travail: « Le monde est d'une telle fragilité chez nous que tout peut arriver ! Notre société est fondamentalement perturbée : les gens se sont vendus pendant quatre siècles... il y a un fou en chacun de nous, il faut le laisser s'exprimer... car dans ce problème de la mocheté et de l'absurdité de la vie seuls les fous sont libres. Je crie et j'écris, mon écriture sera plutôt criée qu'écrite » (interview ORTF).

Labou Tansi rejoint là cette vision du monde hallucinée qui est commune aux romanciers de l'absurde africain, et dont l'un des objectifs semble de « ne rien oublier, ne plus rien pardonner... devant les horreurs infligées... les violences subies... les forces de répression qui supplicient... » Ainsi parle Pius Ngandu à propos de Laurent Owondo et de sa pièce *La Folle du gouverneur*.

Mais le Zaïrois, le Congolais, le Gabonais se rejoignent. Par-delà les frontières artificielles de leurs pays, ils se rejoignent dans le message et le langage. La rage et l'orage, qui ouvrent les portes de la prison de l'Histoire. Ne fut-ce qu'au niveau de l'écriture et du mirage... Témoigner du non-sens pour rétablir un sens. Car comme l'écrit le pasteur Kā Mana[2] : « dans notre Afrique contemporaine, c'est l'ensemble des conditions de l'existence qui est en crise... tout se passe comme si le fil était rompu entre la vérité de notre histoire et la signification de notre être. »

L'écrivain témoigne de cette rupture, il est surgissement de la conscience hors du chaos, espoir d'un dépassement, et germe d'une renaissance.

L'ANTÉ-PEUPLE

[Dans un pays déchiré par les convulsions d'un régime militaire contesté par des maquisards, une jeune femme de Brazzaville s'est réfugiée chez un vieux pêcheur qui demeure au bord du fleuve.]

1. Voir liste des œuvres dans le complément bibliographique p. 542.
2. Dans son livre *L'Afrique va-t-elle mourir ?*, Éd. du Cerf, Paris, 1991.

Ils avaient pris la coutume de parler, le soir, après la soupe aux poissons. Le pain quotidien, ils l'avaient. Ils l'auraient encore tant qu'ils resteraient. Mais la paix, non. Le bonheur ce n'est pas le pain, c'est ce qu'il y a derrière le pain. Le bonheur c'est la paix de l'âme, c'est la paix du sang, la paix des yeux, la paix des oreilles, la paix des culs. Mais tant qu'on partait — partir des lieux d'où l'on ne part pas ! — il y aurait tout sauf l'essentiel. Il y aurait tout sauf l'amour et la paix. Il y aurait la misère. Physique et morale. Il n'y aurait pas d'hommes. Mais des bêtes qui se guettaient, qui se traquaient, qui se tuaient pour des raisons plus sales et plus ignobles que celles du léopard qui déchire une biche. Il y aurait des plaies physiques et morales comme celles de Yealdara, comme celles du vieux. Il y aurait les mouches. Il y aurait de quoi cracher.

— C'est le pays où les choses sont les plus tendres du monde. Le ciel, le fleuve, l'herbe — tout est tendre. Mais c'est sur cette divine tendresse des choses que les hommes se tuent : ça déconne un peu de penser qu'on s'immole sur la fête des existences.

— Oui, dit le vieux. [...] On peut penser que les hommes de la forêt ont raison, qu'ils se battent pour une « cause » juste. Mais quand ils prendront la ville, quand ils prendront les filles, les vins et les voitures, qui nous dit qu'ils n'agiront pas comme ceux de la ville d'aujourd'hui ? Qui nous dit qu'ils ne tueront pas comme eux de paisibles innocents ? (Même si nous sommes au pays des coupables — un pays où personne n'est plus innocent tout à fait.)

— Ne parlons pas de cela. Parlons du poisson et du fleuve. Autrement, on devient fou. Parlons du sable et des pirogues. C'est cela qui nous reste de ce monde. Cela et la fin.

— Cela et la fin, dit le vieux. Dans dix ou vingt ans, vous savez, nos enfants haïront le béret comme nous avons haï le colon. Et commencera la nouvelle décolonisation. La plus importante, la première révolution : le béret contre le cœur et le cerveau. Si ça peut venir, alors il n'y aura plus de fin. Il y aura le commencement. La haine sera passée. Le sang, la chair, le béret. On aura alors nos Marx, nos Lénine, nos Mao, nos Christ, nos Mahomet, nos Shakespeare, nos « nous-mêmes ».

Le vieux parlait comme s'il lisait quelque part sur les murs de la cabane ce qu'il disait. Il avait les yeux durs et le visage fort. Ses cheveux blancs semblaient se dresser au rythme de sa parole. Il parla tellement qu'il entra en transe. La nuit était belle dehors, avec l'ombre auguste du fleuve et le ciel cent mille fois cloué d'étoiles fixées comme des yeux. Il serait une grande consolation de mourir n'importe où, n'importe comment et de n'importe quoi par une nuit pareille.

» ... Il y a ici la naissance d'un phénomène qui devient progressivement naturel et qui s'appelle « mocherie ». Et c'est pourquoi nous vivons et crevons dans ce monde le plus moche du monde. Ici c'était bien. C'était le fleuve, le poisson et les hommes. Et comme je disais il y a encore très peu de temps : ici pouvaient encore venir tous ceux qui avaient « perdu » — je disais perdu mais il faut rectifier parce que, ceux qui meurent ici, c'est les « gagnants du monde », les gagnants des choses, de toute chose. C'est les gagnants du « chemin ».

Yealdara dormait déjà sur sa natte à moitié étendue.

[...] Le temps vint et se retira, chargé d'événements qui mangèrent tant d'amis, tant de connaissances, tant d'espoir, tant de force. Restait le fleuve entre deux rives. Restait le ciel. Restait aussi la natte pour le vieux, pour Yealdara, pour tant d'autres, à tant de villages de pêcheurs.

(Extrait de L'Anté-peuple, Éditions du Seuil, 1983.)

COMPLÉMENT
BIBLIOGRAPHIQUE
DES AUTEURS CITÉS
AVANT 1980

Dans cette mise à jour de notre anthologie, nous n'avons pas reparlé des auteurs déjà cités et situés avant 1980.

Cependant, nombre d'entre eux n'ont pas cessé d'écrire et d'enrichir soit une œuvre déjà riche, soit un premier roman prometteur.

Ainsi — à tout seigneur tout honneur — **Senghor** a publié depuis : ses essais *Liberté*, en trois tomes, parus au Seuil, et son autobiographie : *La poésie de l'action* (Stock). Cependant que sa poésie se couronne de beaux textes sur la mort de Martin Luther King et celle de Pompidou, dans *Élégies majeures*, et d'un recueil de poèmes d'amour, très frais, *Lettres d'hivernage*. Le président a pris sa retraite, mais non le poète.

Césaire, de son côté, a continué la veine théâtrale inaugurée avec le célèbre *Roi Christophe*, par une tragédie sur Lumumba, *Une saison au Congo*, et une comédie satirique inspirée de Shakespeare. *Une tempête*, sur les rapports de classe et de race dans les îles d'Amérique. Il écrit toujours des poèmes publiés dans plusieurs revues ou dormant dans ses manuscrits : *Moi Laminaire* (Seuil).

Léon-Gontran Damas est mort en 1978 et **Alioune Diop** en 1980. Mais en Afrique, « les morts ne sont pas morts », comme le rappelle si justement le cher Birago Diop, qui vient de nous quitter en 1989.

A propos de **Birago Diop**, lui qui disait avoir « cassé sa plume », l'a reprise pour écrire son autobiographie (N.E.A.-Présence Africaine) en 5 tomes.

Camara Laye[1] quitta la Guinée; Senghor lui donna un poste à l'IFAN de Dakar. Laye, après le célèbre *Enfant noir* et *Dramouss*,

---

1. Camara Laye est mort en 1980. Il m'avait dit (et il faut bien le signaler ici enfin) que *Le Regard du roi* avait été écrit par un *Blanc*. Cela n'enlève rien à son mérite personnel, mais devrait stopper les savantes spéculations des critiques européens sur l'âme et la mystique noire à propos de ce roman. Ce n'est pas un hasard si les critiques africains étaient restés étrangement silencieux sur ce si bel ouvrage, on aurait dû leur en demander la raison...

avait publié chez Plon une adaptation de l'épopée de Sundiata, plus touffue et plus complète que celle de Tamsir Niane, mais frappée du même handicap : pourquoi adapter et non pas *traduire*? Je comprends à la rigueur qu'on « refasse » des contes dont la trame peut sembler parfois trop maigre. Mais l'épopée africaine est un genre si intensément riche que toute adaptation ne peut que la déflorer.

Tamsir Niane est d'ailleurs tout à fait d'accord sur ce point, et il a écrit cette adaptation de Sundiata qu'on étudie dans les écoles, par souci de vulgarisation et de simplification pour un public qu'il ne jugeait pas capable, à l'époque, d'apprécier le texte intégral. Depuis, Niane a laissé à d'autres (Massa Makan Diabate, M. Doukouré et Mme Diallo, de l'IFAN du Mali, puis aux linguistes anglais et américains) le soin d'établir plusieurs versions du texte célèbre en malinke-français et malinke-anglais.

Tamsir lui-même poursuit une œuvre scientifique avec sa belle synthèse *Le Soudan occidental*[1] et une œuvre littéraire avec des nouvelles sur les motifs tirés de la littérature traditionnelle. Il a aussi publié une pièce, *Sikasso*, chez Oswald, qui fut jouée à Dakar.

Le docteur **Bertène Juminer**, après avoir travaillé à Dakar jusqu'en 1970, rentra en France et écrivit un roman-pamphlet très enlevé, *La Revanche de Bozambo*[2], et un roman sur Dakar : *Les héritiers de la presqu'île*.

Rabemananjara fut d'abord ministre dans le premier gouvernement de Tsiranana, puis « remanié », et travaille depuis aux bureaux de Présence Africaine. Il a écrit *Les Ordalies*[3], à la suite d'une œuvre déjà longue.

Édouard Maunick, le Mauricien, poursuit, avec *Ensoleillé vif* (Prix Guillaume Apollinaire), *En mémoire du mémorable* et *Saut dans l'arc-en-ciel*, une œuvre poétique dense et complexe.

Joseph Zobel, qui fut professeur puis chroniqueur littéraire à Radio-Dakar, n'a cessé de s'affirmer comme prosateur avec *Soleil partagé, Laghia de la mort*[4]. J'ai rarement vu un homme qui aimait les mots et polissait les phrases avec cette minutie d'artisan-bijoutier.

Guy Tirolien nous a quittés, et aussi **Roger Dorsinville** qui avait écrit plusieurs romans sur l'Afrique.

Eno Belinga, ce géologue branché sur la tradition orale, a publié un remarquable livre chez Klincsieck, en texte bilingue : *Les Chantefables bulu* et plusieurs ouvrages sur les rapports de la littérature

1. Chez Présence Africaine.
2. Présence Africaine.
3. Le Seuil.
4. Chez Armand Colin.

orale et de la musique, la philosophie, etc. Son meilleur ouvrage est un texte intégral d'une épopée bulu : *Le Mvet*, et des poèmes.

Je voudrais attirer l'attention à ce propos sur le considérable travail de recherches entrepris sur **l'enregistrement, la transcription et la traduction de la littérature orale.** Des chercheurs, tant Africains qu'Européens et Américains, s'y sont attachés. Certaines maisons d'édition leur ont ouvert leurs portes. Ainsi Armand Colin (collection Classiques Africains), Klincsieck (qui a fait faillite), Nathan (pour des traductions), le CILF (collection Fleuve et Flamme, également en traductions), N.E.A. (surtout des adaptations et quelques ouvrages bilingues), le centre de Niamey dirigé par Diouldé Laya et subsidié par l'Unesco, les collections P.O.F. de l'Institut des Langues Orientales et NUBIA, fondée par Alpha Sow. Mais dans l'ensemble, on constate une *résistance des maisons d'édition aux langues nationales africaines*. Le « bilingue » leur fait peur, peur de ne pas *vendre*.

Pourtant les manuscrits prêts à être publiés sont là, contenant les épopées peules, wolof, mandingue, bulu, béti ; les chants de baptême, de mariage, de travail, de mort ; les textes initiatiques, les mythes de fondation, les genres littéraires liés aux groupes sociaux (le Tassu, le Fantang, le Pekane), les prophéties des Saltigui, les romans d'aventure, les milliers de proverbes, les centaines de contes...

Ils s'entassent notamment à Niamey, au Centre des Traditions Orales à qui l'on subventionne 4 titres par an pour toute l'Afrique ! Ils s'entassent à Dakar, aux Archives Culturelles, au C.E.C. et enfin à l'IFAN où nous avons des manuscrits et études en peul-français, malinke-français, bambara-français, wolof-français, sérère-français, soninke-français, diola-français... mais pas d'argent. Ils s'entassent au G.R.T.O., le centre de recherches de l'université d'Abidjan, ou encore dans ceux de l'université du Cameroun ou du Zaïre[1], du Congo et du Gabon où a été fondé le C.I.C.I.B.A., Centre des Civilisations Bantoues.

La situation n'a pratiquement pas évolué depuis 1980. Le problème reste donc entier pour les œuvres orales. Voici à présent la suite de ce complément bibliographique des principaux écrivains cités dans notre ouvrage.

---

1. Zaïre : Éditions C.E.E.B.A. (centre d'études de Bandundu).

Amadou Hampaté Ba :
L'Éclat de la grande étoile (conte initiatique), Éditions Armand Colin, coll. Classiques africains, 1974.
Djeddo Dewal : mère de la calamité (conte initiatique), Nouvelles Éditions Africaines, 1985.
L'Étrange Destin de Wangrin (roman), Union Générale d'Éditions, Coll. 10/18, 1973.
Amkoullel l'enfant peul, Éditions Actes Sud, 1991.

Sylvain Bemba :
L'Enfer c'est Orféo (théâtre).
Une eau dormante (théâtre).
Rêves portatifs (nouvelles), Nouvelles Éditions Africaines, 1979.
Le Soleil est parti à M'Pemba (roman), Éditions Présence Africaine, 1983.
Le Dernier des cargonautes (roman), Éditions L'Harmattan, 1984.
Leopolis (roman), Éditions Hatier, Coll. Monde Noir Poche, 1984.

Mongo Beti :
Remember Ruben (roman), Éditions L'Harmattan, 1982.
Perpétue (roman), Éditions Buchet-Chastel, 1974.
Les Deux Mères de Guillaume Dzewatama (roman), Éditions Buchet-Chastel, 1983.
La Revanche de Guillaume Dzewatama (roman), 1984.
La Ruine presque cocasse d'un polichinelle (Théâtre), Éditions L'Harmattan, 1979.
Revue : *Peuples noirs, peuples africains.*
Dictionnaire de la négritude, Éditions L'Harmattan, 1990.

Olympe Bhely-Quenum :
Un enfant d'Afrique (roman), Éditions Larousse, 1970.
Liaisons d'un été (nouvelles), Éditions SAGEREP, 1968.
L'Initié (roman), Éditions Présence Africaine, 1980.

Maryse Condé :
Ségou, les murailles de terre, Éditions Robert Laffont (2 tomes).
La Vie scélérate, 1987.
Traversée de la mangrove, 1991.

Raphaël Confiant :
Le Nègre et l'Amiral (roman), Éditions Grasset, 1988.
Marisosé (roman), Presses Universitaires Créoles, 1987.
Eau de Café (roman), Éditions Grasset, 1991.
L'Allée des soupirs (roman), Éditions Grasset, 1991.

Bernard Dadié :
Monsieur Tagegnini (théâtre), Éditions Présence Africaine, 1968.
Béatrice du Congo (théâtre), Éditions Présence Africaine.
Les Voix dans le vent (théâtre), Éditions Clé puis NEA.

Iles de tempête (théâtre), Éditions Présence Africaine.
Papa Sidi, maître escroc (théâtre), Éditions NEA, Abidjan.

Paul Dakeyo :
La Femme où j'ai mal (poèmes), Éditions Silex.

Emmanuel Dongala :
Jazz et vin de palme (nouvelles), Éditions Hatier, coll. Monde Noir Poche.
Le Feu des origines (roman).

Roger Dorsinville :
Un homme en trois morceaux, Éditions 10/18.
Kimby, Éditions Présence Africaine.
L'Afrique des rois, Éditions 10/18.

Aminata Sow Fall :
La Grève des Battu (roman et théâtre), Nouvelles Éditions Africaines, 1979.
L'Appel des arènes (roman), Nouvelles Éditions Africaines, 1982.
L'Ex-père de la nation (roman), Éditions L'Harmattan, 1987.

Alioum Fantouré :
L'Homme du troupeau du Sahel (roman), Éditions Présence Africaine, 1980.
Le Voile ténébreux (roman), Éditions Présence Africaine, 1985.
Une aube incertaine (roman), Éditions Présence Africaine.

Édouard Glissant :
Boises (poèmes), Éditions Gallimard, 1983.
Malemort (roman), Éditions du Seuil, 1975.
Monsieur Toussaint (théâtre), Éditions du Seuil, 1986.
L'Intention poétique (essai), Éditions du Seuil, 1969.
Le Discours antillais (essai), Éditions du Seuil, 1981.

Seydou Badian Kouyaté :
La Mort de Chaka (théâtre), Éditions Présence Africaine, 1973.
Le Sang des masques (roman), Éditions Présence Africaine.
Noces sacrées (roman), Éditions Présence Africaine.

Henri Lopes :
Le Chercheur d'Afrique (essai autobiographique), Éditions du Seuil, 1989.
Sans tam-tam (roman), Éditions Clé, 1977.
Le Pleurer-rire (roman), Éditions Présence Africaine, 1982.

Guy Menga :
L'Oracle (théâtre).
Les Aventures de Moni Mambou (récit), Éditions Clé, 1974.
La Palabre stérile (théâtre).
Kotawali (roman), Nouvelles Éditions Africaines, 1977.
Case De Gaulle (roman), Éditions Karthala, 1985.

Tierno Monenembo :
Les Écailles du ciel (roman), Éditions du Seuil, 1986.
Les Crapauds-brousse (roman), Éditions du Seuil, 1979.
Un rêve inutile (roman), Éditions du Seuil, 1991.

Mudimbe :
Shaba 2 (roman), Éditions Présence Africaine.
L'Odeur du père (essai), Éditions Présence Africaine, 1987.
The Invention of Africa, 1989.

Cheikh Aliou Ndao :
L'Ile de Bahila (théâtre), Éditions Présence Africaine, 1975.
Le Fils de l'Almamy (théâtre), Éditions L'Harmattan, 1973.
Le Marabout de la sécheresse (nouvelles), NEA, 1979.
Du sang pour un trône (théâtre), Éditions L'Harmattan, 1983.
Excellence, vos épouses! (roman), NEA, 1984.
Un bouquet d'épines pour elle (roman), Éditions Présence Africaine, 1988.
Lolli (poèmes), Éditions IFAN, Dakar, 1990.

M. a M. Ngal :
Giambatista Viko (roman), Éditions Hatier, Coll. Monde Noir Poche, 1984.
L'Errance (roman), Éditions Clé, 1979.

Théophile Obenga :
L'Afrique dans l'antiquité (essai historique).
Stèles pour l'avenir (poèmes), Éditions Présence Africaine.
Astres si longtemps (poèmes), Éditions Présence Africaine, 1988.
Pour une nouvelle histoire (essai), Éditions Présence Africaine, 1980.
Les Bantu, langues, peuples et civilisations, Éditions Présence Africaine, 1985.

Sembène Ousmane :
Xala (roman), Éditions Présence Africaine, 1974.
Le Dernier de l'empire (roman), Éditions L'Harmattan, 1981.
Niiwam (nouvelles), Éditions Présence Africaine, 1987.

541

William Sassine :
Le Jeune Homme de sable (roman), Éditions Présence Africaine.
Wirriyamu (roman), Éditions Présence Africaine, 1976.
Le Zéhéros n'est pas n'importe qui (roman), Éditions Présence Africaine, 1985.
L'Alphabète (contes), Éditions Présence Africaine, 1982.
Mémoire d'une peau (roman), (sous presse).

Sony Labou Tansi :
Conscience de tracteur (théâtre), Nouvelles Éditions Africaines, 1979.
Je soussigné cardiaque (théâtre).
Antoine m'a vendu son destin (théâtre).
L'Anté-peuple (roman), Éditions du Seuil, 1983.
L'État honteux (roman), Éditions du Seuil, 1981.
Les Sept Solitudes de Lorsa Lopez (roman), Éditions du Seuil, 1985.
Les Yeux du volcan (roman), Éditions du Seuil, 1988.

J.-B. Tati-Loutard :
Les Feux de la planète (poèmes).
Le Dialogue de plateaux (poèmes) Éditions Présence Africaine, 1985.
La Tradition du songe (poèmes), Éditions Présence Africaine, 1985.
Le Récit de la mort (essai), Éditions Présence Africaine, 1987.

Tchichelle Tchivela :
Longue est la nuit (roman), Éditions Hatier, Coll. Monde Noir Poche.
L'Exil ou la tombe (nouvelles), Éditions Présence Africaine, 1986.

Tchikaya U'Tamsi :
L'Arc musical (poèmes), Éditions L'Harmattan, 1966.
Le Ventre/Le Pain et la cendre (poèmes), Éditions Présence Africaine, 1964.
Les Cancrelats (roman).
Les Méduses (roman).
Les Phalènes (roman).
Les Fruits si doux de l'arbre à pain (roman), Éditions Seghers, 1987.
Le Zoulou (théâtre), Éditions Nubia, 1977.
Le Destin glorieux du maréchal Nnikon Nniku (théâtre), Éditions Présence Africaine, 1979.
Le Bal de Ndinga (théâtre).

QUELQUES OUVRAGES DE RÉFÉRENCES

1) Anthologies

C. Belvaude : *Littérature d'Afrique australe,* Éditions Silex, 1985. *Ouverture sur la littérature en Mauritanie,* Éditions L'Harmattan, 1989.

Charles Carrère et A. Lamine Sall : *Nouvelle Anthologie de la poésie nègre et malgache,* Éditions Simoncini, 1990.

Jack Corzani : *La Littérature des Antilles-Guyane françaises,* Éditions Désormeaux, Fort-de-France, 1976.

Paul Dakeyo : *Poèmes de demain* (poésie camerounaise), Éditions Silex, 1982.

L.G. Damas : *Poètes d'expression française,* Éditions du Seuil, 1947.

Ellen Kennedy : *The Negritude Poets,* Viking Press, New York, 1975.

Lilyan Kesteloot : *Anthologie négro-africaine : panorama critique des poètes, romanciers et dramaturges noirs,* Éditions Marabout, 1968. (Nouvelle édition et mise à jour, Éditions Edicef, 1992.)

Alain Locke : *The New Negro,* August Meier General editor, Athéneum, New York, 1925.

Marc Rombaut : *La Poésie négro-africaine,* Éditions Seghers, 1976.

A. Rouch et G. Clavreuil : *Littératures nationales d'écriture française,* Éditions Bordas, 1986.

L. Sainville : *Anthologie de la littérature négro-africaine : romanciers et conteurs,* Éditions Présence Africaine, 1963.

L.S. Senghor : *Anthologie de la nouvelle poésie nègre et malgache,* Éditions du Seuil, 1947.

J. Sevry, D. Coussy, J. Bardolph : *Anthologie critique de la littérature africaine anglophone,* Éditions Présence Africaine, 1983.

J.-B. Tati-Loutard : *Anthologie de la littérature congolaise d'expression française,* Éditions Clé, Yaoundé, 1976.

2) Études critiques générales

Stanislas Adotevi : *Négritude et négrologues*, Éditions 10/18, 1970.

Régis Antoine : *Littérature franco-antillaise*, Éditions Karthala, 1992.

R. Bjornson : *The African Quest for Freedom and Identity*, Indiana U.P., 1991.

C. Brambilla : *La Négritudine*, Éditions Nigrizia, Bologne, 1972.

J.-L. Calvet : *Linguistique et Colonialisme*, Éditions Payot, 1974. *La Guerre des langues*, Éditions Payot, 1987.

J. Champion : *Les Langues africaines et la francophonie*, Éditions Mouton, La Haye, 1974.

R. et A. Chemain : *Panorama critique de la littérature congolaise*, Éditions Présence Africaine, 1979.

J. Chevrier : *Littérature nègre*, Éditions Armand Colin, 1974.

R. Confiant et P. Chamoiseau : *Lettres créoles*, Éditions Hatier, 1991.

R. Cornevin : *Littérature d'Afrique noire de langue française*, PUF, 1973.

F. Fanon : *Peau noire masques blancs*, Éditions du Seuil, 1952.

A. Gérard : *Études de littérature africaine francophone*, NEA, Dakar, 1976. *African Language Literatures*, Three Continents Press, 1981.

H. Giordan et Alain Ricard : *Diglossie et littérature*, Bordeaux 1976.

Ken Harrow : *Faces of Islam in African Literature*, James Currey Pub., London, 1991.

Michel Hausser : *Poétique de la négritude*, Éditions Silex, 1984.

Abiola Irele : *The African Experience in Literature and Ideology*, Heinemann, 1981.

B. Ischinger : *Der Antikolonialisch roman in frankophone schwartz Afrika*, Éditions Peter Lang, Francfort/Berne, 1975.

J.P. Jacquemin et coll. : *Forces littéraires d'Afrique*, Éditions De Boeck, 1987.

Janheinz Jahn : *Muntu*, Éditions du Seuil, 1961. *Littérature néo-africaine*, Éditions Resma, 1969.

J.-L. Joubert : *Littératures de l'océan Indien*, EDICEF, 1991.

Mohamadou Kane : *Roman et traditions*, NEA, Dakar, 1984.

Lilyan Kesteloot : *Les Écrivains noirs de langue française, naissance d'une littérature, 1963.* (Traduction anglaise à Howard University Press, Washington : 1991, *Black writers in French : a Literary History of Negritude.*)

Yanick Lahens : *L'Exil. Entre l'ancrage et la fuite : L'Écrivain Haïtien*, Éditions Deschamps, Port-au-Prince, 1990.

Locha Mateso : *La Critique des critiques*, Éditions Karthala, 1985.

A. Memmi : *Portrait du colonisé*, Éditions Pauvert, Paris, 1966.

O. Midiohouan : *L'Idéologie dans la littérature négro-africaine*, Éditions L'Harmattan, 1986.

Christofer Miller : *Theories of Africans*, Chicago U.P.

Bernard Mouralis : *Littérature et développement*, Éditions Silex, 1984.

E. Mphalele : *The African Image*, Faber and Faber, London, 1961.

V.Y. Mudimbe : *The Invention of Africa*, Indiana U.P., 1989.

Pius Ngandu Ngashama : *Littératures africaines*, Éditions Silex, 1984. *Écritures et discours littéraires*, Éditions L'Harmattan, 1990.

G. Pothékina : *Essais sur les littératures contemporaines de l'Afrique occidentale*, Éditions Naouka, Moscou, 1970.

J. Price Mars : *De St-Dominique à Haïti : essai sur la culture, les arts et la littérature*, Éditions Présence Africaine, 1959.

Jean Sevry : *Afrique du Sud : ségrégation et littérature*, Éditions L'Harmattan, 1990.

Roger Toumson : *La Transgression des couleurs, Littérature et langages des Antilles*. Éditions Caribéennes, 1989.

Auguste Viatte : *La Francophonie*, Éditions Larousse, 1969.

Jean Wagner : *Les Poètes Nègres des États-Unis*, Éditions Istra, 1963.

Claude Wauthier : *L'Afrique des Africains, inventaire de la Négritude*, Éditions du Seuil.

3) Revues

Research in African Literatures, Ohio University et Indiana University Press, USA.

African Literature Today, James Currey Publishers, London.

Callaloo, John Hopkins Un. Press, Baltimore.

Éthiopiques, Fondation Senghor, avenue S. N. Tall, Dakar.

L'Afrique littéraire, 2, rue Crétet, 75009 Paris.

Présence Africaine, 25 bis rue des Écoles, 75005 Paris.

Notre Librairie, Clef, 57 bd des Invalides, 75007 Paris.

Études guadeloupéennes, Port-au-Prince.

Matatu, Francfort, Allemagne.

Tropiques, Éditions J.-M. Place, Paris, 1978.

La Revue du Monde noir, Éditions J.-M. Place, Paris, 1992.

Œuvres et Critiques : littérature africaine et antillaise, Éditions J.-M. Place, 1979.

REMERCIEMENTS

Nous remercions Messieurs les Auteurs et Éditeurs qui ont bien voulu nous autoriser à reproduire les textes ou fragments de texte dont le copyright reste leur propriété : Éditions Albin Michel, Paris ; Éditions Buchet-Chastel-Corréa, Paris ; Éditions Caribéennes, Paris ; Éditions Casterman, Tournai ; Éditions Clé, Yaoundé ; Nouvelles Éditions Debresse, Paris ; Éditions Delroisse ; Éditions Henry Deschamps, Haïti ; Éditions 10/18, Paris ; Euroéditor, Luxembourg ; Éditeurs Français Réunis, Paris ; Éditions Gallimard, Paris ; Éditions de L'Harmattan, Paris ; Éditions Hatier, Paris ; Éditions René Julliard, Paris ; Monsieur Anoma Kanié, Ambassadeur de la Côte d'Ivoire en Israël, Jérusalem ; Éditions Robert Laffont, Paris ; Longman, Grcen & Cy, Harlow ; Nouvelles Éditions Latines, Paris ; François Maspero éditeur, Paris ; Monsieur Ezekiel Mphalélé, Professeur à l'Université de Makerere, Ouganda ; Nouvelles Éditions Africaines, Dakar ; Éditions Pierre Jean Oswald, Paris ; Allen Lane the Penguin Press Ltd, Harmondsworth ; Librairie Plon, Paris ; Éditions P.O.L., Paris ; Présence Africaine, Paris ; Les Presses de la Cité, Paris ; Presses Universitaires de France, Paris ; Éditions Quatre-jeudis, Paris ; Monsieur Flavien Ranaïvo, Directeur de l'Information, Tananarive ; Éditions Pierre Seghers, Paris ; Éditions du Seuil, Paris ; Éditions St-Germain-des-Prés, Paris ; Madame Efua Theodora Sutherland, Ministère de l'Éducation, Accra.

Nous tenons à remercier spécialement les Éditions Stock à Paris, les Éditions Nbari à Ibadan et les Éditions Abbia-Clé à Yaoundé dont le concours nous a été particulièrement précieux.

Malgré nos efforts, nous n'avons pu, pour certains textes, en identifier les ayants droit. Nous prions ceux-ci de bien vouloir prendre contact avec nous, afin de combler ces lacunes dont nous nous excusons.

SOURCES DES ILLUSTRATIONS

Couverture : conception et réalisation, Nicole Gouju

TABLE DES MATIÈRES

LILYAN KESTELOOT. En 1968 fut publiée la première édition de cette *Anthologie négro-africaine* qui tentait de rapprocher les textes du contexte historique. Son succès fut tel que cette anthologie pas comme les autres n'a cessé d'être rééditée et mise à jour par l'auteur. Elle est surtout utilisée dans l'enseignement.

Lilyan Kesteloot a encore publié trois études sur *Aimé Césaire* (chez Seghers, avec B. Kotchy chez Présence africaine et aux Éditions Saint-Paul), une étude sur les *Poèmes de Senghor* (Éditions Saint-Paul), la traduction de *L'Épopée bambara* de Ségou.

Enfin, avec Hampaté Ba, le récit peul *Kaïdara*; avec Chérif Mbodj et Bassirou Dieng *Contes et mythes wolof* I et II, et *Tyamaba mythe peul* (Éditions IFAN) avec M. Siré Ndongo.

Par sa connaissance personnelle des chefs de file de la littérature négro-africaine, par la qualité de ses travaux et la pénétration de ses analyses, Lilyan Kesteloot s'est hissée, en peu d'années, au tout premier rang des spécialistes de la culture nègre.

Venant à la suite des précieux travaux de J. Jahn, de Lépold Sédar Senghor — en les complétant —, son *Anthologie négro-africaine* rend magistralement compte de l'ensemble d'une littérature multinationale et polyglotte. Tour à tour, elle nous présente des œuvres écrites aux État-Unis, aux Antilles, en France, en Afrique et à Madagascar. Partant, elle propose une matière solide à la réflexion de ceux qui s'interrogent sur le passé ou l'avenir de la culture africaine.

Lilyan Kesteloot enseigne actuellement à Paris IV-Sorbonne, et demeure professeur attaché à l'IFAN, Université de Dakar.

Imprimé par Mame à Tours (07102054)
Dépôt légal : 10/2007 - Collection 41
Edition 06 - 59/4341/0